LES TECHNIQUES FIDUCIAIRES
À L'AUNE DU PRINCIPE
DE SPÉCIALITÉ
DES PERSONNES MORALES

Fondée par
Henry Solus
Professeur honoraire
à la Faculté de droit
et des sciences
économiques de Paris

BIBLIOTHÈQUE
DE DROIT
PRIVÉ
TOME 487

Dirigée par
Jacques Ghestin
Professeur émérite
de l'Université de Paris I
(Panthéon-Sorbonne)

LES TECHNIQUES FIDUCIAIRES À L'AUNE DU PRINCIPE DE SPÉCIALITÉ DES PERSONNES MORALES

Isabelle Jeulin
Docteur en droit
Notaire

Préface de
Christian Jubault
Agrégé des Facultés de droit
Professeur à l'Université du Littoral

L.G.D.J

31, rue Falguière, 75741 Paris Cedex 15
I.S.B.N. : 978-2-275-03236-8 I.S.S.N. : 0520-0261

PRÉFACE

« Se spécialiser, c'est rétrécir son univers ».

Cet apophtegme de Debussy, choisi à titre d'incipit par Madame Isabelle Jeulin pour son ouvrage, *Les techniques fiduciaires à l'aune du principe de spécialité des personnes morales*, ouvre un fameux paradoxe, tant la formule du compositeur sonne juste pour faire comprendre d'un mot l'idée de spécialité et tant, lorsqu'on lit la thèse de Madame Jeulin, l'on a, au contraire d'un rétrécissement, une occasion d'entrer dans un univers en expansion…

La loi du 19 février 2007 instituant la fiducie – la France pourra ainsi ratifier une convention de La Haye du 1er juillet 1985 relative au trust – est un indice fort d'un monde fiduciaire en extension, ouvrant à point nommé un espace nouveau remettant au cœur de l'actualité la recherche menée par Madame Isabelle Jeulin.

L'auteur est passionnée par la fiducie, cet objet juridique *a priori* étranger, par tradition, à la culture juridique française. Avec beaucoup de science, Madame Jeulin – qui n'avait pas encore à sa disposition le support d'une consécration législative expresse de la fiducie – parvient à démontrer que la fiducie tenait, même avant la loi nouvelle, à tout le moins une place « voilée » dans notre droit positif. Différentes techniques, à fin de gestion, telle la convention de portage de titres, ou à fin de gestion voire de sûreté, telle la mise en pension de titres, illustrent la place latente de techniques fiduciaires dans notre droit, dès avant toute proclamation expresse. La même analyse, d'une présence sourde de la fiducie, s'infère d'opérations qui reviennent sur les devants de la scène, telles les substitutions, devenues donations graduelles depuis la loi du 23 juin 2006. De nombreuses autres traces de fiducie sont relevées par l'auteur, sans préjudice des projets législatifs qui mettaient la fiducie en candidature de droit positif.

L'objectif de la thèse est alors, à partir de ce matériau glané, de réfléchir à la présence et à l'opportunité d'un principe de spécialité, dans les techniques fiduciaires, par analogie avec le principe souvent invoqué, mais rarement approfondi, de spécialité des personnes morales. En effet, fiducie et personne morale, pour fondamentalement différentes qu'elles soient, peuvent entretenir une ressemblance fonctionnelle. Au sein des principes de spécialité, il était de ce fait cohérent de s'arrêter sur le principe de spécialité des personnes morales.

Et, pour pouvoir, par transposition, réfléchir à la spécialité des techniques fiduciaires, il fallait alors pénétrer la touffeur de la spécialité des personnes morales.

L'étude menée sur le concept de spécialité et sur la spécialité des personnes morales, l'un des piliers de la recherche, constitue un apport passionnant et désormais incontournable de l'ouvrage de Madame Isabelle Jeulin, qui ne néglige pas d'observer les apports pouvant venir du droit public.

Les manifestations du principe de spécialité – association, GIE, SPCI, fondation… –, tant pour la spécialité légale que statutaire, invitent à qualifier la règle. La spécialité est-elle une règle de capacité, une règle de pouvoir ? Madame Jeulin, partant d'hypothèses de travail paradoxales – une société ayant un but associatif, ou une association dont le but serait de partager un bénéfice –, propose de voir également dans la spécialité, parfois, une règle d'existence même de la personne morale – exemples également donnés de retrait d'agrément pour perte de sa condition d'obtention ou de dissolution d'association méconnaissant son objet légal –, en lien avec un *numerus clausus* des personnes morales.

Le principe de spécialité des personnes morales, ainsi maîtrisé, ouvre la perspective de clefs pour la mise en lumière pressentie d'un principe de spécialité des techniques fiduciaires et de sa sanction.

Avec intuition, et par recherche analogique, Madame Jeulin aperçoit un programme légal et un programme « statutaire » des fiducies.

De lege lata, la spécialité « légale » des techniques fiduciaires semble consacrée par la loi du 19 février 2007, lorsque l'article 2013 du Code civil fulmine la nullité des fiducies-libéralités.

La spécialité « statutaire », elle, résulte, selon l'auteur, de la détermination, au sein de chaque contrat, de l'étendue des pouvoirs du fiduciaire. Il est piquant de constater que l'article 2018 du Code civil issu de la loi de 2007, exige que le contrat de fiducie fixe la mission du fiduciaire et l'étendue de ses pouvoirs.

Les développements de Madame Jeulin envisagent également de façon prémonitoire la superposition des spécialités, celles procédant du droit des sociétés et celles attachées à l'opération de fiducie.

Observons que la loi du 19 février 2007 donne aux sociétés le monopole des opérations de fiducie, tant pour la qualité de constituant que pour celle de fiduciaire et il se pourrait bien, alors, comme l'a aperçu l'auteur, que la validité de certains actes soit successivement passée au crible de la spécialité des personnes morales puis au filtre de la spécialité des techniques fiduciaires.

Dans le sillage d'auteurs et d'ouvrages remarquables qui ont ouvert les portes du droit français à la fiducie, Madame Jeulin apporte une pierre utile et solide à la compréhension du patrimoine et de ses démembrements.

Le beau livre de Madame Jeulin sera apprécié de ses lecteurs, non seulement pour la science qu'il recèle, mais également pour sa forme accessible et élégante – exemplaire pour certains aspects des canons de l'exposé –, offrant un équilibre heureux entre théorie et enjeux de la vie des échanges.

Madame Jeulin a écrit en parallèle à une carrière engagée dans la pratique. Les lecteurs devineront alors d'autant mieux les trésors de travail qui ont été déployés pour mener à bien cet ouvrage. Il ne serait pas surprenant que la voix de ces lecteurs s'associe aux compliments chaleureux que l'on redira ici à Madame Isabelle Jeulin.

Christian JUBAULT
Agrégé des Facultés de droit
Professeur à l'Université du Littoral

REMERCIEMENTS

Une sincère reconnaissance est adressée en premier lieu à mon directeur de thèse – le Professeur Christian Jubault – pour ses critiques constructives, sa rigueur, et ses encouragements tout au long de ce travail. Qu'il soit également remercié pour sa bienveillance, ses précieux conseils de méthode, et, tout simplement, pour sa disponibilité, malgré la distance qui nous séparait, et ses lourdes obligations professionnelles.

Je tiens également à remercier le Professeur Jacques Foyer et le Professeur Hervé Le Nabasque d'avoir accepté spontanément d'être rapporteurs du jury, ainsi que le professeur Emmanuel Putman et le Professeur Gérard Champenois, membres du jury.

Je tiens aussi à remercier chaleureusement Madame Sylvie Ceccaldi, magistrat – anciennement à la Direction du Bureau des Affaires civiles et du Sceau de la Chancellerie – pour la confiance témoignée à la suite de notre rencontre impromptue en décembre 1995. L'étude que Madame Ceccaldi me confia sur la fiducie et le patrimoine d'affectation au cours de l'année 1996, sous l'égide de Monsieur Pierre Celard – alors magistrat à la Direction du Bureau du Droit commercial de la Chancellerie – bien qu'elle n'ait point abouti, fut à l'origine du thème choisi. Ce fut à partir de cette idée que le Professeur Jubault me proposa de traiter le sujet de la présente thèse. Que Madame Ceccaldi et Monsieur Celard soient remerciés pour leur confiance et leur sympathie qu'ils m'ont accordées sans parcimonie, tant lors du stage effectué à la Chancellerie en 1996, qu'ultérieurement, et pour avoir permis la divulgation de documents inédits.

Que soient également remerciées les personnes du pôle « Financements Structurés – BDDF » du groupe BNP PARIBAS qui ont contribué à mes recherches sur les techniques fiduciaires bancaires, tant pour leurs explications et leur patience, que pour la documentation fournie.

Enfin, je ne peux oublier ma proche famille, notamment Aldric, Pierre, Hugues et Cyril pour leurs encouragements estivaux, et surtout mes parents, pour leur soutien moral discret, sans relâche, leur présence et leur compréhension. Tout en sollicitant leur indulgente critique, je leur dédie ce travail en témoignage de gratitude pour avoir su éveiller, avec habileté, mon intérêt pour cette difficile et rigoureuse discipline qu'est le Droit privé.

SOMMAIRE

TABLE DES ABRÉVIATIONS

AJDA	Actualités juridiques de droit administratif
Bull. civ.	Bulletin des arrêts de la Cour de cassation (chambres civiles)
Bull. crim.	Bulletin des arrêts de la Cour de cassation (chambre criminelle)
Bull. Joly	Bulletin mensuel Joly d'information des sociétés
C. ass.	Code des assurances
C. civ.	Code civil
C. com.	Nouveau Code de commerce issu de l'ord. n° 2000-1223 du 14/12/2000
C. dom. État	Code du domaine de l'État
C. mon. fin.	Code monétaire et financier issu de l'ord. n° 2000-1223 du 14/12/2000
C. pén.	Code pénal
C. trav.	Code du travail
CCH	Code de la construction et de l'habitation
CE	Arrêt du Conseil d'État
CGCT	Code général des collectivités territoriales
CGI	Code général des impôts
Chron.	Partie chronique du recueil Dalloz
Civ.	Arrêt de la Cour de cassation (chambre civile)
CJCE	Arrêt de la Cour de justice des Communautés européennes
CJEG	Cahiers de jurisprudence électricité-gaz
Com.	Arrêt de la Cour de cassation (chambre commerciale)
comm.	Commentaire
concl.	Conclusions
contra	Solution contraire
Contr. conc. consomm.	Revue contrat, concurrence, consommation
CPI	Code de la propriété intellectuelle
Crim.	Arrêt de la Cour de cassation (chambre criminelle)
D.	Recueil Dalloz (parties jurisprudence, chronique, sommaire et info. rapides)
D. aff.	Recueil Dalloz, affaires
D. social	Revue Droit social
DA	Revue droit administratif

Def.	Répertoire du notariat Defrénois
Dr. soc.	Revue Droit des sociétés
GAJC	Les grands arrêts de la jurisprudence civile
Gaz. Pal.	Gazette du Palais
ibid.	*Ibidem*, soit au même endroit
infra	Renvoi à une note (ou un paragraphe) placée après
IR	Partie informations rapides du recueil Dalloz
J.-Cl. Proc. Pén.	Juris-Classeur de procédure pénale
JCP E	Semaine juridique, édition entreprise
JCP G	Semaine juridique, édition générale
JCP N	Semaine juridique, édition notariale
JOCE	Journal officiel des Communautés européennes
Mél.	Mélanges
MTF	Marchés et Techniques Financières
NC pén.	Nouveau Code pénal
obs.	Observations
Op. cit.	*Opere citato* (ouvrage déjà cité)
PA	Les Petites Affiches
PUF	Presses universitaires de France
RDBB	Revue du droit bancaire et de la bourse
RDC	Revue de droit commercial
RDP	Revue du droit public et de la science politique
RD sanit. soc.	Revue de droit sanitaire et social (Sirey)
Rev. crit. DIP	Revue critique de droit international privé
Rev. dr. imm.	Revue de droit immobilier
Rev. soc.	Revue des sociétés
RFDA	Revue française de droit administratif
RIDC	Revue internationale de droit comparé
RJ Com.	Revue de jurisprudence commerciale
RJDA	Revue de jurisprudence de droit des affaires
RJPF	Revue juridique personnes & famille
RSC	Revue de la science criminelle
RTD Civ.	Revue trimestrielle de droit civil
RTD Com.	Revue trimestrielle de droit commercial
S.	Recueil Sirey
supra	Renvoi à une note placée avant (ou un paragraphe)
TA	Tribunal administratif
T. Com.	Tribunal de commerce
T. Corr.	Tribunal correctionnel

INTRODUCTION

> « *Un système juridique statique est, par son essence même, mauvais. Il pourra se maintenir pendant un certain temps, mais un moment viendra où il ne sera plus possible d'en assurer le respect. Devenu désuet et archaïque, il ne sera plus compris, l'homme ne pourra plus s'y soumettre. Ce n'est pas l'homme qui doit se plier au droit, mais le droit qui doit tenir compte des besoins de l'homme (...)* ».
>
> SPETH (F.-H)[1]

1. « Se spécialiser, c'est rétrécir son univers », selon les termes de Debussy. Certes, aucun fil ne relie le célèbre compositeur au principe de spécialité des personnes morales, si ce n'est son appartenance à l'époque de l'élaboration de cette théorie par le Conseil d'État. Celle-ci n'en comporte pas moins l'idée de rétrécissement qu'il convient de préciser. L'étude portant sur « *les techniques fiduciaires à l'aune du principe de spécialité des personnes morales* » propose un approfondissement du sens et de la portée de la théorie de la spécialité des personnes morales afin, dans une démarche prospective, de tenter de transposer partie du raisonnement à la fiducie, soit, plus généralement, aux techniques fiduciaires. Autrement dit, dans quelle mesure le principe de spécialité des personnes morales peut-il inspirer les techniques fiduciaires ?

On retiendra synthétiquement que la fiducie est un transfert patrimonial à vocation temporaire, dans l'intérêt d'un bénéficiaire, aux fins de gestion, de sûreté ou de libéralité. Les biens mis en fiducie formeront une masse séparée. « *La*

---

1. SPETH (F.-H.), *La divisibilité du patrimoine d'une personne*, Paris, LGDJ, 1957, n° 4 p. 3 et 4.

Qu'il s'agisse de la théorie du patrimoine, pilier de la conception civiliste auquel se référait cet auteur belge, ou de la théorie de la spécialité des personnes morales de droit privé, autre pilier (bien que critiqué), il convient de les actualiser, de les remettre en cause, de les harmoniser avec l'évolution du droit afin de garantir leur fonction et leur respect. Précision étant ici faite que « remettre en cause » ne signifie pas abolir lesdits piliers, mais seulement leur donner une nouvelle interprétation, proposer une solution entre immobilisme et instabilité (V. RIPERT, *Les forces créatrices du droit*). Par référence à la dialectique platonicienne, « *la stabilité des mots s'oppose à la mouvance de leur manifestation sensible* », c'est-à-dire qu'il convient, le cas échéant, de dissocier la définition du mot de ses manifestations qui évoluent au fil du temps.

technique fiduciaire permet d'organiser une gestion pour le compte d'autrui »[2]. C'est à cette technique fiduciaire que pourrait être éventuellement transposé un principe de spécialité.

Une définition du langage courant suggère que la spécialité marque « la qualité de ce qui est particulier à une espèce, par opposition à général qui appartient à un genre »[3]. C'est à nouveau l'idée de limitation qui est mise en lumière, et l'on songe, pour l'illustrer, à un professionnel qui, par sa spécialité, aurait acquis un « ensemble de connaissances approfondies sur un objet d'étude limité (considéré comme partie d'un domaine plus vaste) »[4]. La spécialité ainsi abordée trouve de nombreuses applications en droit public et en droit privé[5], où, à chaque fois, l'idée de restriction, de limitation, est sous-jacente. Appliquée aux personnes morales, la spécialité pourrait alors se définir comme la règle suivant laquelle « *les activités de celles-ci sont limitées aux domaines et objets en vue desquels elles ont été créées* »[6]. Plus schématiquement, le principe de spécialité des personnes morales pourrait se reconnaître comme la règle exigeant de ne pas entreprendre de tâches hors du secteur d'activités qui leur est imparti.

Cette approche de la théorie de la spécialité des personnes morales serait assez aisément transposable aux techniques fiduciaires : une règle imposerait alors de ne pas entreprendre de tâches hors du secteur d'activités qui aurait été imparti au sein de chaque contrat de fiducie conclu.

Toutefois, n'y a-t-il pas un obstacle intellectuel à transposer, à la fiducie, un principe notamment applicable aux personnes morales[7], alors que celle-là n'a pas la

---

2. KUHN (C.), *Le patrimoine fiduciaire, contribution à l'étude de l'universalité*, Thèse Paris I, déc. 2003, p. 12.

3. LITTRÉ, *Dictionnaire de la langue française*.

4. ROBERT, *Dictionnaire alphabétique et analogique de la langue française*, 1977.

5. *Infra* n°s 9 et 10.

6. ASSOCIATION HENRI CAPITANT, *Vocabulaire juridique*, sous la dir. de G. CORNU, 4e éd., PUF, mai 2003.

7. Toute personne morale serait, *a priori*, dominée par le principe de spécialité, sauf à mettre à part l'État, qui n'est pas une personne morale comme les autres. En effet, « la spécialité de l'État est tellement large, que le terme n'a plus guère de sens. [...] L'État est une personne morale sans spécialité » : BRAIBANT (G.) et STIRN (B.), *Le Droit administratif français*, 5e éd., Presses de Sciences po. et Dalloz, 1999, p. 57. Le Conseil d'État a eu l'occasion de formuler cette idée : « *le principe de spécialité qui concerne les personnes morales de droit public ayant une compétence limitée ou précisée par les textes les instituant ne s'applique pas à l'État* » (CE, 29 avril 1970, *Soc. Unipain, AJDA* 1970, 430, concl. BRAIBANT, *RDP* 1970, 1423, note WALINE).
Contra : ATIAS (Ch.), *Les personnes, les incapacités*, 1re éd. PUF, 1985, p. 248 s. : selon cet auteur, le principe de spécialité est applicable à l'État, parce que, d'une part, ses organes ont une compétence définie par la Constitution, d'autre part, et surtout, leurs initiatives et leurs décisions doivent respecter des principes constitutionnels pour lesquels n'existe aucune procédure de réforme. La société française a pour but « la conservation des droits naturels et imprescriptibles de l'homme », et « ces droits sont la liberté, la propriété, la sûreté et la résistance à l'oppression » (art. 2 DDHC du 26 août 1789). L'application du principe de

personnalité morale[8] ? Une réponse négative peut être avancée pour deux raisons : d'une part, la spécialité n'est pas propre aux personnes morales[9], d'autre part, et surtout, la personne morale et la fiducie présenteraient certains traits de ressemblance qu'il convient de développer.

2. Une analyse plus approfondie de la fiducie et de la personne morale fait en effet apparaître trois éléments de similitude, permettant de dépasser l'antagonisme du premier abord :

une identité de fonction, une identité de but servi par des moyens opposés, et parfois, une identité de caractéristiques au regard de l'évolution de la personnalité morale.

3. En premier lieu, par référence au droit positif et bien au-delà des querelles doctrinales[10], la personnalité morale serait dès lors perçue comme remplissant une fonction.

Selon la conception pragmatique du professeur Paillusseau[11], si l'on s'attache à cette fonction, la personne morale apparaît alors essentiellement comme un

---

spécialité à l'État suppose admise la théorie de la supra-constitutionnalité, fondement de la limitation de l'action étatique.

8. Au vu du projet de loi de 1992 et des projets subséquents.

9. *Infra* n°s 15 à 22.

10. En Droit français, la notion de personnalité morale ne fait l'objet d'aucune disposition législative. Or de telles dispositions existent dans d'autres législations, par exemple le *BGB* allemand ou le Code suisse. La législation française se limite à des dispositions relatives aux conditions d'octroi de la personnalité morale (*par exemple* : art. 1842, al. 1 C. civ. et art. L. 210-6 C. com. pour les sociétés ; art. 5 et art. 11 loi 01/07/1901 pour les associations ; art. 13 et s. loi 01/07/1941 mod. par loi 08/04/1942 pour les congrégations religieuses ; art. 18 loi 23/07/1987 pour la fondation ; art. 19-1 issu de la loi du 04/07/1990 pour la fondation d'entreprise).
Ainsi, « *résultat d'une systématisation doctrinale et jurisprudentielle « très aboutie », la théorie de la personnalité morale est écrite, non dans les textes de loi, mais dans les ouvrages de doctrine et les arrêts de jurisprudence (...) en passe de devenir un fonds historique* » : CORNU (G.), *Droit civil – Introduction, Les Personnes, Les Biens*, 10e éd., Paris, Montchrestien, 2001, p. 330.

11. Depuis Saleilles et Michoud au début du XXe siècle, et Coulombel dans les années cinquante, il semblerait que deux auteurs seulement aient proposé un regard neuf sur la personnalité morale, lequel constitua le point de départ d'un nouveau courant doctrinal. Après avoir constaté l'inadaptation de la conception traditionnelle de la personnalité morale aux nouvelles réalités, ces deux auteurs – le Professeur Jean Paillusseau et Madame Valérie Simonart – proposèrent une solution délivrée de tout raisonnement par anthropomorphisme, chacun dans un champ d'application précis. La personnalité morale ne serait ni une fiction, ni une réalité, *mais un concept*, « une représentation mentale, abstraite et générale », d'où l'unité de la personnalité morale enfin retrouvée : SIMONART (V.), *La personnalité morale en droit privé comparé*, Thèse Bruxelles, coll. Université Libre de Bruxelles, Bruxelles – Bruylant, 1995 ; PAILLUSSEAU (J.), « Le droit moderne de la personnalité morale », *RTD Civ.* oct.-déc. 1993, p. 705 s.
SALEILLES (R.), *De la personnalité juridique, histoire et théories – vingt cinq leçons d'introduction à un cours de droit civil comparé sur les personnes juridiques*, 2e éd., Rousseau & C., 1922 ; MICHOUD (L.), *La théorie de la personnalité morale et son application au droit français*, 2 vol., 2e et 3e éd., par Louis TROTABAS, LGDJ, 1924 et 1932

instrument au service d'un projet, « une technique d'autonomie juridique pour l'exercice d'une activité, celle-ci ne pouvant exister toutefois sans le support d'une organisation »[12]. Cette organisation juridique ou « structure d'accueil » proposée par le législateur « permet à ceux qui le veulent d'entreprendre quelque chose dans le cadre de règles de fonctionnement préétablies, au moins en partie »[13].

« La personnalité morale est instrumentalisée »[14]. Par exemple, lors de la création de l'entreprise unipersonnelle à responsabilité limitée en 1985, le législateur eut le choix entre deux « structures d'accueil » : le patrimoine d'affectation ou la personne morale. En raison de la non-légitimité du patrimoine d'affectation en Droit français, le choix fut alors simple à opérer.

Ressentie comme un instrument au service d'une activité, la personnalité morale présenterait alors une ressemblance certaine avec la fiducie qu'il convient, dès lors, de définir plus précisément. Celle-ci est « *un acte juridique (contrat ou dans certains cas legs) par lequel une personne, nommée fiduciant, transfère la propriété d'un bien corporel ou incorporel à une autre personne, nommée fiduciaire, soit à titre de garantie d'une créance (fiducie à fins de sûreté) sous l'obligation de rétrocéder le bien au constituant de la sûreté lorsque celle-ci n'a plus lieu de jouer, soit en vue de réaliser une libéralité (fiducie à fins de libéralité) sous l'obligation de retransférer le bien à un tiers bénéficiaire après l'avoir géré dans l'intérêt de celui-ci ou d'une autre personne, pendant un certain temps, soit à fins de gérer le bien dans l'intérêt du fiduciant sous l'obligation de le rétrocéder à ce dernier, à une certaine date (fiducie à fins de gestion)* »[15]. Plus synthétiquement, on retient que la fiducie est une technique de transfert patrimonial à vocation temporaire, aux fins de gestion, de sûreté ou de libéralité.

La fiducie ainsi présentée apparaît essentiellement fonctionnelle. Les expressions servant à en illustrer les différentes catégories sont à cet égard symptomatiques : instrument à fins de sûreté, à fins de libéralité[16] ou à fins de gestion[17].

(la 1re éd. date de 1909) ; COULOMBEL (P.), *Le particularisme de la condition juridique des personnes morales de droit privé*, Thèse Nancy, 1949, Langres – Imprimeries modernes 1950.

12. PAILLUSSEAU (J.), *op. cit.*, p. 724.

13. *Ibid.*, p. 725.

14. CORNU (G.), *op. cit.*, p. 331 n° 737.

15. ASSOCIATION HENRI CAPITANT, *Vocabulaire juridique*, sous la dir. de G. CORNU, PUF, 4e éd. mai 2003.

16. Un troisième projet sur la fiducie du 7 février 1995 (projet inédit), qui émanait de la Chancellerie, préféra différer les utilisations les plus larges de la transmission à titre gratuit. La raison était de permettre d'établir un diagnostic précis quant aux conséquences des techniques fiduciaires à fins de libéralités sur le droit des libéralités et des successions.

17. Le droit romain évoquait des *fiducia cum creditore* ou encore des *fiducia cum amico* selon une distinction faite par Gaïus dans les *Institutes* : v. GIFFARD (A.-E.), *Droit Romain et Ancien Droit Français (obligations)*, Précis Dalloz, 1958, p.87 s. (*infra* nos 33 s.). Quelques auteurs, en particulier le Professeur GRIMALDI, distinguent deux grandes variétés de fiducies : *la fiducie-sûreté*, en vertu de laquelle le transfert de propriété s'explique par le souci du constituant de conférer une sûreté efficace en garantie de la dette dont il est redevable au fiduciaire, et *la fiducie-gestion*, en vertu de laquelle le transfert de propriété s'explique par le souci du constituant de donner au fiduciaire les moyens d'une gestion efficace dans l'intérêt,

4. En deuxième lieu, l'exposé des motifs du projet de loi de 1992 instituant la fiducie indique clairement le but poursuivi par la fiducie :

« Les biens transférés vont former un patrimoine séparé[18], distinct du patrimoine personnel du fiduciaire. Les biens ne pourront être saisis ni par les créanciers du constituant, ni par ceux, personnels, du fiduciaire. Il s'agit donc d'un patrimoine d'affectation. C'est l'originalité essentielle de ce nouveau contrat (...) »[19].

C'est également dans la perspective de former une entité juridiquement séparée des patrimoines personnels de chacun des membres de la personne morale qu'est créée telle ou telle personne morale. Par la personne morale, « c'est mécaniquement que se constitue le patrimoine d'affectation dans la mesure où le principe de spécialité de l'objet social associe le patrimoine à une activité »[20]. Il existe toutefois quelques cas dans lesquels la réalisation de l'activité ne nécessite aucune affectation de patrimoine[21].

L'on peut ainsi reconnaître à la fiducie et à la personne morale une identité de but (isoler une masse patrimoniale affectée à une certaine activité, des créanciers personnels du constituant, du fiduciaire, ou des membres de la personne morale), servi par deux moyens différents (soit le patrimoine d'affectation, soit la personne morale).

5. En troisième lieu, les techniques fiduciaires et la personne morale peuvent présenter une identité de caractéristiques, notamment en raison de l'évolution même de la personnalité morale.

La dichotomie entre l'évolution jurisprudentielle, proche d'un droit naturel de la personnalité morale, et l'évolution législative, favorable à un droit fictif de la personnalité morale, montre l'inexistence d'une théorie d'ensemble de la personne morale[22], et les incohérences que cette notion recouvre. En effet, une personne

---

soit d'un tiers (fiducie-libéralité), soit du constituant lui-même (fiducie-gestion au sens strict) : GRIMALDI (M.), « La fiducie – réflexions sur l'institution et sur l'avant-projet de loi qui la consacre », *Def.* 1991, n°s 35085 et 35094, p. 897 et 961, n° 4.

18. Il convient toutefois de préciser qu'en vertu du projet de loi, « la fiducie ne transfère pas une universalité avec une masse active et une masse passive, mais seulement des actifs » : « Exposé des motifs du projet de loi instituant la fiducie », *Bull. Joly* 1992 p. 381.

19. *Ibid.*, p. 382.

20. Sociologie juridique du patrimoine : la réalité de la règle de l'unicité du patrimoine (dans la perspective de la fiducie), Rapport général remis à la Chancellerie sous la responsabilité de M.-A. FRISON-ROCHE et de F. TERRÉ, Paris, Laboratoire de Sociologie Juridique de l'Université de Panthéon-Assas (Paris II), 1995, t. 1, n° 25.

21. Quelques personnes morales, certes peu nombreuses, n'ont en effet aucun patrimoine à gérer : par exemple, la masse des obligataires ou encore la société de quirataires. Néanmoins, ces personnes morales, comme toute personne morale, se caractérisent par une *affectation de moyens au service de leur activité* (*infra* n°s 51 et 320).

22. La raison de cette absence d'unité fut clairement exposée par Mme Charlaine BOUCHARD dans sa thèse sur *La personnalité morale démythifiée : étude de droit comparé franco-québécois sur les notions de personnalité morale et de patrimoine d'affectation*, Thèse Laval (Québec), LGDJ (Presses de l'Université de Laval), 1997, p. 141 : « *les différences entre la personnalité morale législative et la personnalité morale jurisprudentielle*

morale peut se voir dépouillée des caractéristiques traditionnelles[23], c'est-à-dire qu'elle n'est plus forcément liée à l'existence d'un groupement de personnes : par exemple, les fondations ou encore les fonds de garantie n'ont pas pour but de permettre l'expression d'un groupement de personnes, et pourtant, le législateur dote ces masses de biens de la personnalité morale. À l'inverse, une autre catégorie de masse de biens affectés à la réalisation d'une activité – à l'instar de la fondation – n'est pas pourvue de la personnalité morale : il s'agit de la fiducie[24].

Enfin, dans la lignée du professeur Paillusseau, les juristes voient plutôt dans la personnalité morale, un instrument de contournement, si ce n'est une franche atteinte au principe de l'unicité du patrimoine[25], comme pourrait l'être également la fiducie[26]. L'explication tient à la tendance qu'ont les praticiens à adopter désormais une conception instrumentalisée du droit qui doit servir au mieux leur projet et leur intérêt[27] ; la règle juridique doit se plier à leur volonté.

6. Les relations ainsi démontrées entre la personne morale et la fiducie (identité de fonction, identité de but servi par des moyens différents et, parfois, identité de caractéristiques) permettent donc de dépasser l'obstacle intellectuel pressenti interdisant de décliner, aux techniques fiduciaires, un principe de spécialité.

---

s'expliquent par la divergence des fondements à la base des conceptions. Il ne peut y avoir cohérence du droit des personnes morales, lorsque les motifs qui sous-tendent leur création ne sont pas les mêmes. Lorsque le législateur crée et organise une personne morale (...), il est uniquement guidé par des considérations de politique juridique. (...) Les motifs à la base de cette reconnaissance, [par la Cour de cassation] *ou de cette dénégation, sont alors bien loin de ceux du législateur* ».

23. C'est-à-dire un groupement de personnes ayant un intérêt propre distinct des intérêts individuels de chacun de ses membres. « *La personnalité morale est désormais une technique de scission du patrimoine d'un individu unique* » : GRIMALDI (M.) et REYNIS (B.), « Brèves réflexions d'avant-congrès sur le patrimoine professionnel », *Def.* 1987, art. 33947.

24. Sont également dépourvues de la personnalité morale, quoique affectées à la réalisation d'une activité, les masses de biens tels que les fonds communs de placement (art. 7-1 de la loi du 23 décembre 1988). De même, la loi du 23 décembre 1988 susvisée qui créa, sur le modèle des fonds communs de placement, les fonds communs de créances (voués à l'acquisition de ces créances et à leur émission sur le marché financier comme valeurs mobilières) affirma d'emblée que le fonds commun n'avait pas la personnalité juridique (art. 34, v. *D.* 1989, lég. 43).

25. Entretien BELLARGENT (G.) et DELPEUCH (J.-P.), notaires, *in Sociologie juridique du patrimoine, op. cit.,* 2e vol., ANNEXES : « Sur le plan interne, il en est de même pour l'EURL et pour le mécanisme général de la société : tout ce qui est société est en fait une exception à l'unicité du patrimoine ».

26. Entretien SARDA (F.), avocat, *in Sociologie juridique du patrimoine, ibid.* : « quant au projet de loi sur la fiducie, je crains que cela ne soit encore une organisation de masque ». L'analogie posée entre la personnalité morale et la fiducie prospère d'autant mieux que la notion même de personne a à faire avec celle de masque.

27. Le phénomène est accru lorsqu'il s'agit non plus de juristes mais de financiers, voire de gestionnaires.

Les éléments de correspondance entre fiducie et personne morale, malgré leur différence, justifient une recherche, par analogie[28] ou par exemplarité[29], d'un principe de spécialité pour les techniques fiduciaires. En d'autres termes, lesdites similitudes invitent à se demander (par analogie) si la spécialité, telle qu'elle se révèlerait à l'ensemble des personnes morales mais aussi en dehors d'elles[30], ne pourrait pas trouver application aux techniques fiduciaires, par transposition ou déclinaison.

7. Le premier obstacle ayant été levé, un autre surgit : est-il opportun de s'intéresser à un principe de spécialité à partir du principe de spécialité des personnes morales, alors que celui-ci semble délaissé ?

En effet, la démarche peut encore surprendre, doublement, dans la mesure où le principe de spécialité des personnes morales paraît abandonné sur un plan pratique et sur un plan théorique :

– **en pratique :** les cas particuliers de son application au cours du XIXe siècle, notamment pour entraver le développement des établissements du culte et affaiblir leur influence en leur déniant toute vocation charitable ou scolaire, sont désormais dépassés depuis la loi de 1905 qui a supprimé les établissements cultuels[31]. « La loi de séparation de l'Église et de l'État a refusé aux choses de la religion tout caractère d'intérêt public. Enfin, elle a en même temps restitué à l'Église sa liberté, et rendu

---

28. Le raisonnement par analogie est un « *procédé classique d'interprétation rationnelle, relevant de la méthode exégétique qui consiste à étendre la solution édictée par un texte pour un cas à un cas semblable non prévu par le texte, en montrant que la raison d'appliquer la règle a la même force dans les deux cas, ce qui est démontré lorsque, dans la ratio legis, ce en quoi les cas sont semblables est déterminant pour l'application de la règle* ».

In Vocabulaire juridique, ASSOCIATION HENRI CAPITANT, *op. cit.* V. également, GENY, *Méthodes d'interprétation et sources en droit privé positif*, t. 1, 2e éd., 1919, n°s 20 et s. : « *le fonctionnement de l'analogie consiste tout entier dans le procédé logique qui consiste à induire de solutions particulières le principe intime qui les explique* ». V. également CORNU (G.), *Introduction, les personnes, les biens, op. cit.*, n° 410 : « *l'analogie est l'opération intellectuelle de comparaison qui consiste à étendre la règle énoncée pour un cas, à un cas reconnu analogue pour lequel aucune solution expresse n'avait été donnée* ». V. CORNU (G.), « Le règne discret de l'analogie », *in Mél. Colomer*, Litec 1993, p. 129 et s.

29. V. CORNU (G.), *Introduction, les personnes, les biens, op. cit.*, n° 215 bis : « *L'exemplarité est une espèce d'analogie. Fondée sur l'appréciation des similitudes, elle permet de passer d'un cas énoncé (monté en épingle) – en se laissant porter par sa valeur exemplaire – à un cas non prévu, d'aller du certain au nouveau (il y a du mouvement comme dans la présomption. Dans cette démarche de l'esprit, l'exemplarité a cependant pour originalité profonde d'être préposée à libérer le potentiel d'une règle, donc de procéder en* ***compréhension*** *et non par extension : méthode de compréhension analogique qui voue l'exemple à l'exploration des normes-cadre, au comblement des lacunes intra legem (…)* ».

30. *Infra* n°s 15 à 22.

31. « *Les lois de 1890 et de 1898 ont atteint le principe de spécialité, en établissant que les syndicats de communes et les chambres de commerce pouvaient gérer des services multiples. Le coup décisif fut porté par la loi de séparation de l'Église et de l'État en 1905, car le principe de spécialité était surtout dirigé contre l'accroissement des biens ecclésiastiques. Maintenant que les établissements du culte ont disparu, il est à croire qu'il perdra beaucoup de son importance (…) C'est un principe d'ordre assurément mais d'un ordre un peu rigide qui s'adapte mal aux besoins de la vie* » : HAURIOU (M.), *Précis de droit administratif et de droit public*, 11e éd., p. 931.

inutile l'arme que l'État s'était forgé contre les empiètements de corporations et de fondations confessionnelles qui souffraient impatiemment la suprématie de l'autorité civile »[32]. Aujourd'hui, tout se passe comme si aucun débat n'avait eu lieu, alors qu'aucune solution définitive n'a été apportée, selon un auteur[33].

– **Sur un plan théorique**, le principe de spécialité des personnes morales ne solliciterait actuellement guère les plumes doctrinales. Les ouvrages récents de droit public et de droit privé[34] n'éludent toutefois pas complètement la question, mais ils n'en consacrent qu'un développement laconique. Leur lecture fait d'ailleurs toujours apparaître un désaccord portant sur la nature juridique du principe, voire sur son caractère, et implicitement sur son fondement[35]. Les raisons de son abandon pourraient être réunies en trois courants de pensée ou trois écoles :

- pour les uns, les principes auraient vocation à ne pas durer[36]. Un auteur déclara d'ailleurs, dans les années soixante, qu'il n'existait pas de doctrine de la spécialité[37] ;
- pour d'autres, certaines personnes morales ne pourraient être assujetties audit principe de spécialité[38], et notamment les sociétés commerciales[39] ;
- enfin, pour une large majorité doctrinale, la portée de la règle de la spécialité s'est considérablement amoindrie tant en droit privé[40] qu'en droit

---

32. BÈQUE (F.), *La théorie générale de la spécialité des personnes morales*, Thèse Grenoble, 1908, p. 2 et s.
Sur l'historique du principe de spécialité des personnes morales, *infra* n°s 24 et s.

33. ATIAS (Ch.), *Les personnes, les incapacités*, 1re éd. PUF, 1985, p. 250.

34. Depuis 1977, aucune thèse, semble-t-il, n'a été écrite sur le principe de spécialité en tant que tel. Seul un ouvrage récent qui sera souvent mentionné au long de ce travail, y a porté un intérêt en ce qui concerne les sociétés : PRIETO (C.), *La société contractante*, Thèse Aix-Marseille, 1994.

35. Nombre d'auteurs assimilèrent – et assimilent toujours – le fondement à la nature juridique du concept, la nature au caractère, si bien que ce manque de rigueur rend difficile la compréhension du principe de spécialité. Peut-être serait-ce là quelques raisons, sans être les seules, à l'ambiguïté et à la confusion régnant sur la spécialité des personnes morales ?

36. Illustrant cette affirmation, l'on pourrait songer à Vautrin, héros balzacien qui déclarait : « *il n'y a pas de principes, il n'y a que des événements* » : BALZAC (H. de), *Le père Goriot*, Soc. d'éditions littéraires et artistiques, Librairie P. Ollendorff, Paris, p. 82.

37. TIMSIT (G.), *La spécialité des entreprises publiques*, *in Études de droit public*, Cujas, 1964, p. 475 à 500.

38. Quelques auteurs sont même allés jusqu'à affirmer que le principe de spécialité ne s'appliquait pas du tout aux personnes morales de droit privé : v. PLANIOL (M.) et RIPERT (G.), *Traité pratique de droit civil français – les personnes*, t. I, 2e éd., par R. SAVATIER et J. SAVATIER, Paris, LGDJ, 1952, n° 878, note 1 de l'ouvrage.

39. CARBONNIER (J.), *Droit civil – les personnes*, t. 1, Thémis, PUF, 1999, p. 405 : « *le principe n'est pas applicable aux sociétés (commerciales, notamment). Il est admis qu'une société peut étendre son activité au-delà de l'objet social, tel que défini par les statuts* (…) *; qu'elle peut, en cours de route, modifier ses statuts, pourvu que soient respectées les procédures statutaires* ».

40. V. par exemple :
– MESTRE (J.), *Droit commercial*, 24e éd., LGDJ, 1999, p. 173 : « en réalité, la portée de la spécialité statutaire est aujourd'hui bien moindre ».

public[41]. Selon elle, la cause principale réside dans la compréhension de plus en plus souple de ce principe, non seulement par le législateur eu égard à la définition de l'objet de quelques personnes morales, mais aussi par les jurisprudences administrative et judiciaire. Par exemple, la Cour de cassation a depuis longtemps admis que l'activité d'une personne morale puisse être étendue aux activités complémentaires ou accessoires à l'activité principale[42], mais aussi aux filiales et aux prises de participation ; en outre, elle a admis depuis 1978, non seulement une possible modification de l'objet statutaire de certaines personnes morales[43], mais aussi une possible divergence entre l'objet statutaire et la forme légale[44].

De ce fait, un constat semblerait aujourd'hui s'imposer : celui d'un principe vieillissant, mené par la doctrine au Panthéon des principes révolus, faute d'intérêts pratiques et « dépourvu d'actualité depuis longtemps »[45], alors qu'aucune théorie d'ensemble n'a pu être élaborée. Son abandon s'expliquerait par un contenu mal défini, un caractère et une nature juridique controversés, une fonction imprécise, et par voie de conséquence, des sanctions inappropriées en cas de violation, d'où son inefficacité aux yeux de beaucoup, et le recours jurisprudentiel fréquent à des substituts mieux définis.

8. Toutefois, ne serait-il pas légitime de prétendre qu'actuellement, la théorie de la spécialité des personnes morales ne présenterait pas seulement un intérêt universitaire ?

Déjà, au début du XXe siècle, un éminent auteur laissa présager l'importance de son rôle en ces quelques lignes : « cessant d'être une arme anticléricale aux mains du gouvernement, il [le principe de spécialité] apparaîtra sous son vrai jour et

---

– JUGLART (M. de), et IPPOLITO (B.), *Cours de droit commercial*, vol. 2, 10e éd. refondue par J. Dupichot, Paris, Montchrestien, 1999, p. 46 : « Si, en théorie, il s'agit d'un concept d'une importance juridique considérable au plan du caractère civil ou commercial, des pouvoirs et de la responsabilité des dirigeants, sa portée pratique est plus limitée qu'il n'y paraît ».

– JEANTIN (M.), *Droit des sociétés*, 3e éd., Montchrestien, 1994, p. 33 : « l'importance de ce principe de spécialité de l'objet social n'a cessé de décroître et n'a aujourd'hui qu'un intérêt très limité ».

41. V. par exemple HAURIOU (M.), *Précis de droit administratif et de droit public*, 11e éd., p. 931 : « les lois de 1890 et de 1898 ont atteint le principe de spécialité, en établissant que les syndicats de communes et les chambres de commerce pouvaient gérer des services multiples. Le coup décisif fut porté par la loi de séparation de l'Église et de l'État en 1905, car le principe de spécialité était surtout dirigé contre l'accroissement des biens ecclésiastiques. Maintenant que les établissements du culte ont disparu, il est à croire qu'il perdra beaucoup de son importance (...) C'est un principe d'ordre assurément mais d'un ordre un peu rigide qui s'adapte mal aux besoins de la vie ».

42. Civ., 20 juin 1934, « Cie de voies ferrées économiques du Poitou », *D.* 1935, I, 49, note WALINE : *infra* n° 118.

43. *Infra* n°s 113 et s.

44. *Infra* n°s 106 et s.

45. DOUENCE (J.-C.), « La spécialité des personnes publiques en droit administratif français », *RDP* 1972, p. 753 s.

s'imposera aux esprits les plus prévenus comme la règle fondamentale de l'activité juridique des personnes morales »[46]. À cette époque, il fut téméraire d'affirmer si péremptoirement que le principe de spécialité des personnes morales acquerra une valeur et une importance croissantes en dominant l'activité corporative sous toutes ses formes, alors que germait dans les esprits sa fin inévitable. Que reste-t-il, à présent, de l'intuition intéressante de Bèque ? À l'aube du XXIe siècle, soit quasiment un siècle plus tard, une recherche approfondie sur le principe de spécialité des personnes morales permet de répondre à cette question, et d'espérer que l'audace de Bèque sera gratifiée dans un proche avenir. La disparition des établissements du culte ne lui enlèverait en effet, ni sa raison d'être, ni son utilité pratique. Reprenant l'idée dégagée par le professeur Atias, l'adoption d'une théorie serait indispensable pour fonder des solutions cohérentes, car le principe de spécialité demeure sous-jacent à beaucoup de questions actuelles de *droit public* et de *droit privé*[47].

9. En droit public, d'une part, la jurisprudence eut recours, en 1994, à la règle de la spécialité, sur la question de la conformité d'opérations de diversifications engagées par Gaz de France, aux dispositions législatives et réglementaires régissant cet établissement public[48].

Quelques jours plus tard, le Conseil d'État rendit un avis important sur cette même question[49]. Il ajouta que le principe de spécialité ne s'opposait pas « par lui-même » à ce que Gaz de France se livrât à des activités nouvelles. Le Conseil d'État soumet toutefois ces activités nouvelles à une double condition : *d'une part*, elles doivent être techniquement ou commercialement le complément normal de la mission statutaire principale de GDF ou être au moins connexes à ces activités ; *d'autre part*, elles doivent être d'intérêt général *et* directement utiles à l'établissement. Au nom du principe de spécialité nouvellement redéfini, les tribunaux acceptèrent ainsi certaines diversifications, en particulier :

---

46. BÈQUE (F.), *op. cit.*, p. III.

47. ATIAS (Ch.), *op. cit.*, p. 248 et s.

48. TA Paris 25 mai 1994, « Chambre synd. des sociétés d'études techniques et d'ingénierie », *RFDA*, 1994, p. 157, concl. contraires PLOUVIN (J.-Y), note SABLIÈRE (P.) : « Considérant que les établissements publics constituent des démembrements de la collectivité publique qui les crée auxquels la personnalité civile n'est conférée *que parce qu'un objet spécial leur est attribué* (nous soulignons) ; que par suite il est de la nature même des établissements publics (…) de n'avoir d'autre objet que celui qui leur a été spécialement attribué par leurs règles constitutives ; qu'ils *ne peuvent avoir d'activités que s'inscrivant dans les limites que définit ledit objet* (nous soulignons) ; que ces activités doivent en conséquence avoir un rapport direct avec cet objet soit que, sauf à méconnaître les impératifs d'une bonne gestion du patrimoine des établissements, elles résultent nécessairement de leur mission, soit qu'elles contribuent étroitement à l'amélioration des conditions d'exercice de celle-ci, soit, enfin, qu'elles soient connexes à leurs activités principales ou puissent leur être annexées sans les dénaturer ».

49. Avis CE, 7 juillet 1994, *CJEG* 1995, p. 164 ; « Grands avis du Conseil d'État », p. 405, commentaires VIGOUROUX (Ch.) ; également, v. l'étude de RODRIGUES (S.), « Actualité du principe de spécialité des entreprises publiques – À propos de la diversification d'Électricité de France – Gaz de France », *RFDA* 1994, p. 1146.

– la diversification des Charbonnages de France dans la production d'électricité[50],

– l'activité de conseil et d'assistance effectuée par la RATP en dehors de la région parisienne…

L'avis du Conseil d'État indiqua également que le principe s'appliquait aux filiales et aux prises de participations de l'établissement. Il ajouta que le législateur était néanmoins toujours libre de l'écarter ou de l'aménager.

La règle fut encore récemment d'actualité lorsqu'en 1999, Gaz de France proposa de soumettre aux pouvoirs publics un dossier argumenté sur la possibilité de produire de l'électricité en dehors du cadre actuel des installations de cogénération[51]. La décision à venir serait une décision de principe, permettant de poursuivre

---

50. CE, 9 juillet 1997, *Soc. Maison Balland-Brugneaux, CJEG* 1997, 400, concl. BERGERIE et *AJDA* 1998, p. 616, note LICHÈRE (F.).

51. Ce dossier eut sa source dans un projet bien spécifique détenu par une filiale de GDF, la société F. Les grandes lignes du projet étaient, pour la société F., de répondre à un appel privé d'offres lancé par un client industriel portant sur l'achat d'électricité, pour une puissance globale de 110 MW, pour l'alimentation de ses sites éligibles de consommation. Le projet était placé sous la responsabilité d'une filiale de la société F. créée *ad hoc,* dénommée la SNE. Dans le montage envisagé, la SNE serait l'entité cocontractante du client industriel, chargée d'assurer la fourniture des sites de consommation. *Le projet reposait donc sur deux points* : d'une part, sur la reprise et l'exploitation, par la SNE, de l'unité de production installée et actuellement exploitée par le client, d'autre part, sur la fourniture d'électricité au client, à partir de l'électricité produite par cette unité et à partir de l'électricité achetée pour être revendue. La société F. s'est donc interrogée sur les différents obstacles que pouvait rencontrer ledit projet, notamment *au regard de la spécialité actuelle de Gaz de France.* En effet, il s'agissait *d'activités nouvelles pour GDF* ne fonctionnant *qu'accessoirement au gaz naturel,* telles l'exploitation de l'unité de production électrique qui n'est pas une installation de cogénération (la cogénération est une activité dans laquelle GDF. est très présente), et l'activité d'achat pour revente d'électricité qui est l'activité principale du projet. Aux termes d'une consultation – *Consultation du cabinet d'avocats Stibbe Simont Monahan Duhot & Giroux en date du 27 décembre 1999 sur le principe de spécialité et la production d'électricité* – la compatibilité de ces activités a été démontrée sur le plan juridique, *grâce à l'évolution possible et prochaine des missions de GDF,* telle qu'elle a été prévue *dans les différents documents publics relatifs à l'avenir de Gaz de France dans le secteur libéralisé du gaz.* Ces documents ont admis la possibilité d'offres « *multiénergie* » pour GDF :

– le livre blanc du *secrétariat d'État à l'Industrie de juin 1999* indiquait que GDF devra pouvoir affronter la concurrence à armes égales en offrant aux clients éligibles des « offres globales » et des « services complets » ;

– le rapport Fiterman du *Conseil économique et social* sur la future organisation gazière française, en date du 27 octobre 1999, indiquait que GDF devra pouvoir proposer une offre « *multiservices et multiénergies* » pour répondre à la demande « *d'offre globale* » des clients éligibles ;

– le rapport présenté par Madame BRICQ, député, le 27 octobre 1999, sur la « mission de réflexion et de concertation sur la transposition de la directive européenne sur le marché intérieur du gaz » indiquait, à propos du « développement de GDF dans le contexte européen », que le projet industriel de GDF « se déclinera dans le développement des usages du gaz en France d'une part, dans le développement de l'entreprise à l'international (dans les métiers que maîtrise bien GDF) d'autre part, et enfin dans son intégration à la chaîne de valeur (services et amont gazier) ».

l'évolution du principe de spécialité telle qu'elle a été confirmée par le Conseil d'État en 1994[52].

Dernièrement, au cours d'un entretien diffusé sur les ondes radiophoniques en janvier 2004, Monsieur Dieffenbacker, Président de la Commission départementale du Lot-et-Garonne, évoqua *l'évolution certaine du principe de spécialité* si l'établissement public EDF-GDF devenait une société commerciale. Précision étant ici apportée que le terme « évolution » ne signifie pas « disparition »[53].

10. En droit privé, d'autre part, malgré une définition imprécise de l'objet de certaines personnes morales par le législateur, la règle de la spécialité fait l'objet, depuis peu de temps, d'un regain d'attentions tant doctrinales que jurisprudentielles.

L'ouvrage de Madame Prieto[54] en est une remarquable illustration. En effet, elle s'attacha à redonner une véritable valeur juridique à la spécialité légale en matière sociétaire. Selon elle, la reconnaissance d'une authentique force obligatoire attachée à cette théorie protègerait l'activité légalement déterminée. Également, « des recommandations ont été émises par les praticiens du droit, notamment dans les relations contractuelles au sein des groupes, pour préserver ou invoquer la spécialité légale »[55]. Quant aux syndicats professionnels, leur spécialité fait toujours l'objet de controverses jurisprudentielles ardentes[56] : en effet, les intérêts professionnels dont ils ont la charge sont diversement entendus, et leur avenir dépend de l'interprétation de ce principe que donneront, à leur égard, les tribunaux. Que dire encore des associations de tous types qui prétendent tirer un grand avantage politique et social de leur spécialité, des fondations, des groupements d'intérêt économique et des groupements d'intérêt économique européens, des coopératives, mais aussi des sociétés, et plus généralement de toutes les formes de groupements du droit privé ? Ne sont-elles pas toutes régies par le principe de spécialité qui fonde le droit de la collectivité[57] ? Finalement, selon l'intuition de Bèque, le principe de spécialité pourrait être la loi fondamentale de la vie juridique des personnes morales, mais il n'est plus reconnu comme tel par le droit positif.

---

52. Observation étant ici faite que la proposition est restée en suspens, occultée par le débat actuel sur la privatisation de l'établissement public EDF-GDF. Il n'en demeure pas moins que la question risque à nouveau d'être soulevée dans les proches années à venir, eu égard au nouveau statut d'EDF-GDF devenu société anonyme depuis la loi du 22 juillet 2004.

53. *Supra* note 1 (introduction).

54. *Supra* n° 7, note 34.

55. BERTREL, « La gestion de trésorerie au sein des groupes de sociétés », *RJDA* 7/92, chron. p. 539 ; GAVALDA, « Les crédits intra-groupe », *RDBB* sept-oct. 1991, p. 168.

56. Le dernier litige connu, semble-t-il, fut tranché par la chambre mixte de la Cour de cassation en 1998 : Ch. mixte, 10 avril 1998, *D.* 1998, IR, 126 ; CAIGNY (Ph. de), « À propos des arrêts du 10 avril 1998 de la chambre mixte », *in Rapport de la Cour de cassation*, 1998, La Documentation Française, p. 59 et s. (*infra* n° 86 s.).

57. BÈQUE (F.), *op. cit.* ; CHÉTY (M.), *La nature juridique du principe de spécialité chez les personnes morales*, Thèse, Paris, 1914, p. 3.

11. Le second obstacle à la démarche entreprise est donc levé : la spécialité des personnes morales est ce que l'on pourrait appeler « un vieux principe bien actuel »[58], justifiant ainsi l'opportunité de s'y intéresser.

Ainsi, la confrontation des techniques fiduciaires au principe de spécialité des personnes morales se justifie pleinement, compte tenu des éléments de similitude démontrés entre la personne morale et la fiducie, d'une part[59], de l'actualité du principe de spécialité des personnes morales, d'autre part.

La démarche générale ayant été dessinée, il importe désormais de fixer les contours que l'on retiendra de la théorie de la spécialité (§ 1), de retracer plus précisément l'historique du principe de spécialité des personnes morales (§ 2), ainsi que celui de la fiducie (§ 3). Ensuite, après avoir délimité la réflexion entreprise (§ 4), il deviendra possible de présenter les articulations de la recherche à partir desquelles un plan sera annoncé (§ 5).

§ 1 – LES CONTOURS DE LA THÉORIE DE LA SPÉCIALITÉ

12. Le langage courant comme le langage juridique peinent à offrir une définition accomplie, donc incontestée, de la spécialité.

Le terme désigne le « caractère de ce qui est spécial »[60]. Étymologiquement, « spécial » vient du latin *specialis*, relatif à l'espèce, *species.* Ainsi, la spécialité marque « la qualité de ce qui est spécial, particulier à une espèce, par opposition à général qui appartient à un genre »[61]. De ce fait, l'idée de limitation est mise en lumière.

Un souci de précision conduit alors à délimiter les frontières de la spécialité : tout d'abord, un tableau de diverses applications de la théorie de la spécialité sera dressé (I), afin de ne retenir, par la suite, que son application aux personnes morales (II).

I. LES DIVERS CHAMPS D'APPLICATION DE LA SPÉCIALITÉ

13. La spécialité ainsi abordée trouve de nombreuses applications dans le langage courant, mais aussi dans de nombreuses branches du droit.

L'expression connaît un essor important :

– d'une part, elle peut s'appliquer à une institution, un organe[62], une personne. Il peut en effet s'agir du « domaine dans lequel une personne a acquis une qualification particulière, par exemple la spécialité d'un avocat en matière de

---

58. Expression en témoignage de gratitude au professeur Synvet qui intitula l'un de ses articles : « Une vieille question bien actuelle ».

59. *Supra* n°s 2 à 6.

60. ASSOCIATION HENRI CAPITANT, *Vocabulaire juridique*, sous la dir. de G. CORNU, 4e éd., PUF, mai 2003.

61. LITTRÉ, *Dictionnaire de la langue française.*

62. Par exemple, une chambre spéciale, une juridiction spéciale, un magistrat délégué *ad hoc.*

brevets »[63]. Elle peut aussi être employée pour désigner une branche de commerce ou de fabrication : par exemple, la spécialité des cotonnades[64].

– D'autre part, elle est utilisée dans de nombreuses matières juridiques. Il suffit d'ouvrir un traité juridique ou un manuel afin d'y retrouver, de prime abord, l'un des tous premiers aphorismes faisant partie du cours d'introduction générale au droit : « *specialia generalibus derogant* »[65]. Par la suite, une lecture plus approfondie permet de découvrir l'existence de cette règle en droit pénal (A), en droit civil (B), en matière de baux commerciaux (C), en droit de la propriété industrielle (D), en droit de la concurrence (E), ou encore dans divers domaines réservés au droit public (F).

A. LE DROIT PÉNAL INTERNE, LE DROIT PÉNAL INTERNATIONAL

14. La théorie de la spécialité se rencontre non seulement en droit pénal interne, mais aussi en droit pénal international.

À titre d'illustration, l'on peut évoquer la récidive spéciale[66], la spécialité du préjudice, le principe de spécialité d'une incrimination[67], le principe de spécialité des infractions commises par les personnes morales[68] ou encore le principe de la spécialité en droit pénal spécial interne[69] et international[70].

---

63. *Vocabulaire juridique*, *op. cit.*

64. LITTRÉ, *Dictionnaire de la langue française*.

65. *Adages du droit français*, par ROLAND et BOYER, Litec, 3e éd. : « *Les lois spéciales sont d'interprétation stricte* », c'est-à-dire que leur domaine ne saurait être étendu à des situations voisines qui n'y sont pas expressément incluses. C'est naturellement à l'occasion d'un conflit entre un texte général et un texte spécial qu'il y a lieu de comparer les degrés respectifs de généralité, l'un par rapport à l'autre. L'adage peut incontestablement être rapproché d'un autre : « *exceptio est strictissimae interpretationis* » : « les exceptions doivent alors être interprétées strictement », de façon à ne pas étendre la portée au-delà du domaine dans lequel les textes qui les prévoient les ont cantonnées. L'exception désigne alors « une règle qui borne l'étendue des autres » : DOMAT, *Les lois civiles dans leur ordre naturel*, Livre préliminaire, cité par le professeur JUBAULT dans son article sur « Les « exceptions » dans le Code civil, à la frontière de la procédure et du fond », *PA* des 15, 16 et 17 janvier 2003.
Ainsi retrouve-t-on dans l'idée d'interprétation stricte, celle de limitation.

66. Crim., 22 février 1895, *Bull.* 65 ; Crim., 24 décembre 1908, *Bull.* 53. La *récidive spéciale,* par opposition à *récidive générale,* est le « fait, pour un individu qui a encouru une condamnation définitive à une peine par une juridiction française et pour une certaine infraction, d'en commettre une autre (distincte) de même nature » : *Vocabulaire juridique*, ASSOCIATION HENRI CAPITANT, sous la direction de G. CORNU, 4e éd., PUF, mai 2003.

67. T. Corr. Clermont-Fd, 12 janvier 1968 et Annecy, 26 avril 1968, *RSC* 1969, p. 396, obs. LEGAL. En application de cette règle, il a été décidé qu'en cas d'homicide ou de blessures survenues dans la personne de passagers d'un train ou d'un téléphérique du fait de l'imprudence d'un employé, l'article 19 de la loi du 15 juillet 1845 sur la police des chemins de fer s'appliquait par préférence aux articles 221-6 et 222-19 du Code pénal. De même, en cas d'infraction en matière de chèque, le décret-loi du 30 octobre 1935 s'appliquait par préférence à l'article 313-1 du Code pénal.

68. Les êtres moraux ne peuvent être engagés qu'à propos des infractions pour lesquelles un texte le prévoit expressément : art. 121-2, al. 1 du NCP en vertu duquel « les personnes morales sont responsables pénalement dans les cas prévus par la loi ou le règlement, des infractions commises (…) ».

69. « *Le* ***droit pénal spécial*** *est le catalogue de toutes les infractions aux règles que le législateur a voulu assortir d'une peine. Il convient de le distinguer :*

B. Le droit civil

15. Jusqu'en 1965, un principe de spécialité se rencontra dans le droit des régimes matrimoniaux appliqué à l'autorisation maritale donnée à la femme par son mari ou par la justice.

De l'Ancien droit à la réforme de 1965, la spécialité de l'autorisation maritale fut une manifestation de la prééminence du mari, lequel apparut, au XVIe siècle, comme « le seigneur et maître de la communauté »[71]. En vertu de cette règle, il avait quasiment des pouvoirs de propriétaire sur les biens communs. Quant aux biens propres, s'il conservait, en principe, ses pouvoirs sur sa fortune personnelle, l'épouse les perdait à son profit, dans la limite de l'administration[72]. La règle n'était énoncée de manière expresse dans le Code civil que pour un cas particulier, à propos de la femme séparée de biens qui voulait aliéner ses immeubles[73]. Sa portée absolue était néanmoins supposée dans l'article 223 dudit Code, lequel limitait l'effet de l'autorisation aux seuls actes d'administration. Si le mari avait autorisé sa femme à passer seule tous les actes qu'il lui aurait plu de passer, le mari aurait abdiqué sa

---

*– du droit pénal, ensemble de **règles générales** (nous soulignons) concernant les principes de la responsabilité pénale, etc.*

– de la procédure pénale qui précise les conditions de mise en application du droit pénal et les moyens de poursuivre les auteurs d'infraction en respectant les droits de la défense,

– de la criminologie qui cherche à expliquer le comportement des délinquants (...).

Le *droit pénal spécial* ne peut être dissocié du droit civil, du droit commercial, de l'économie, puisqu'il sanctionne le comportement d'un individu soumis à toutes les règles de la société dans laquelle il vit, qui, bien que n'étant pas sanctionnées pénalement, conditionnent souvent la nature des infractions » : BLANCHOT (A.), *Droit pénal spécial*, Les Cours de Droit, 1993, p. 7.

70. BOULOC (B.), « Le principe de la spécialité en droit pénal international », *Mél. Holleaux*, Litec, Paris, 1990, p. 7 s. : énoncé de manière particulière *à propos de l'extradition*, tant dans la loi interne du 10 mars 1927, en son article 21, que dans la Convention européenne d'extradition du 13 décembre 1957, en son article 14, le *principe de spécialité* est une « règle selon laquelle l'État requérant ne peut juger l'individu livré pour des faits autres que ceux pour lesquels l'extradition a été accordée ».

L'existence de ce principe n'est peut-être pas étrangère au fait que, dans certains cas, les États ont recours à des substituts, comme le refoulement (refus d'accès du territoire à un étranger), l'expulsion, préférant ainsi ne pas mettre en œuvre une procédure d'extradition. La Cour européenne condamne d'ailleurs tous procédés de substitution qui tendent le plus souvent à éliminer les contraintes. Indirectement, elle rappelle le principe de spécialité qu'il convient de respecter. Cette règle est de plus en plus invoquée dans cette matière, et certains auteurs souhaiteraient même l'étendre à toute entraide judiciaire internationale en matière pénale : « *n'est-ce pas **un principe d'humanité et de bon sens** qui est à la source de la règle de la spécialité ?* » (BOULOC, *ibid.*).

71. Art. 225 de la Coutume de Paris.

72. PLANIOL (M.) et RIPERT (G.), *Traité de droit civil*, 7e éd., t. 1, Paris, LGDJ, 1915, p. 319 s. Cet abaissement de la femme mariée s'exprima par l'aphorisme « *uxor non est propie socia sed speratur fore* » : le droit de l'épouse n'était qu'un droit informe se réduisant au droit de partager un jour les biens qui composeraient la communauté lors de la dissolution.

73. Art. 1538 C. civ. avant la loi n° 65-570 du 13 juillet 1965.

puissance, disait-on[74]. Le fondement de la spécialité de l'autorisation maritale résidait donc en une idée de protection de la femme[75].

16. La règle de la spécialité s'applique aussi à la technique du mandat. Comme tout contrat, le mandat donne naissance à des obligations. Plus précisément, il est « un acte par lequel une personne donne à une autre le pouvoir de faire quelque chose pour le mandant et en son nom »[76]. Le mandat a donc pour objet d'allouer des pouvoirs au mandataire, sans pour autant retirer au mandant la faculté d'agir lui-même. Le mandat délimite les pouvoirs du mandataire qui ne lie le mandant que s'il a agi dans la limite des pouvoirs qui lui ont été conférés. « Le mandataire ne peut rien faire au-delà de ce qui est porté dans son mandat : le pouvoir de transiger ne renferme pas celui de compromettre »[77]. On retrouve à nouveau l'idée de limitation, de restriction dans la notion même de mandat[78]. La loi dispose que le mandat est **spécial** pour une affaire ou certaines affaires seulement. Elle dispose qu'il peut également être général, et ce pour toutes les affaires du mandant[79]. Plus précisément, un contrat est qualifié de mandat spécial lorsque le pouvoir du mandataire a pour objet des actes limitativement énumérés, par exemple, un acte déterminé ou un bien déterminé[80]. La loi impose cette règle, non parce que la volonté du mandant serait obscure, mais afin de le protéger.

17. La théorie de la spécialité se rencontre également à propos des sûretés réelles immobilières, mais aussi mobilières, justifiée par un souci de protection. *Les sûretés réelles immobilières* : le droit fait application du principe de la spécialité des hypothèques[81] – à ne pas confondre avec la spécialité de l'inscription

74. PLANIOL (M.) et RIPERT (G.), *op. cit.* note 61 de l'ouvrage, p. 321.

75. La protection ne serait-elle pas la raison d'être de tout principe de spécialité quel que soit son champ d'application ?

76. Art. 1984 C. civ.

77. Art. 1989 C. civ.

78. *Supra* n°s 1 et 12.

79. Art. 1987 C. civ.

80. Civ. 1re, 29 juin 1983, *Bull. civ.* I, n° 192 : « le mandat de faire une donation ne peut être qu'un mandat dit spécial » : MALAURIE (Ph.) et AYNÈS (L.), *Droit civil – Les contrats spéciaux*, 8e éd., Cujas, 1994/1995, n° 571.

81. La spécialité propre à l'hypothèque conventionnelle a une double portée (art. 2114, 2129 et 2132 C. civ.) :

– d'une part, la sûreté doit être *spéciale quant aux créances garanties*. On en donne pour justification la *protection du crédit du débiteur*, mais aussi l'intérêt des tiers futurs créanciers ou acquéreurs. Cette spécialité permet de conférer plusieurs sûretés sur un même bien ou sur un même ensemble de biens : chaque créancier peut ainsi vérifier que sa créance, jointe à celles qui grèvent déjà le ou les mêmes biens, n'en excède point la valeur ;

– d'autre part, la sûreté doit être *spéciale quant aux biens qui forment son assiette*. Cette spécialité est plus embarrassante en ce qu'elle entrave le jeu de la subrogation réelle. Ainsi, lorsque la sûreté grève une universalité de fait, comme un portefeuille de valeurs mobilières, elle peut empêcher les arbitrages. Mais la législation récente incite à admettre le jeu de la subrogation en une telle hypothèse (art. 29, al. 3 L. du 3 janvier 1983), comme elle l'a admis en matière d'indemnités d'assurance.

hypothécaire[82], ainsi que de la spécialité de certains privilèges immobiliers[83]. Deux observations peuvent être formulées :

– **Première observation** : la spécialité du gage hypothécaire, innovation de la Révolution, fut introduite dans notre droit par la loi du 11 brumaire an VII. Jusqu'à la Révolution, il était permis d'établir à volonté des hypothèques générales, c'est-à-dire frappant tous les biens présents du débiteur et tous ceux qu'il pouvait acquérir par la suite. À ce jour, seules les hypothèques légales demeurent générales pour la plupart, bien que leur généralité soient fortement atténuée par la spécialité de leur inscription.

– **Seconde observation** : ce principe fut délaissé par de nombreuses législations étrangères : la loi belge admit depuis peu l'hypothèque pour toutes sommes, et la loi québécoise, le gage portant sur l'ensemble des meubles.

Concernant les sûretés réelles mobilières, la spécialité s'applique aux différents gages[84], et à certains privilèges mobiliers que la doctrine classa en trois groupes[85].

C. Les baux commerciaux

18. En matière de baux commerciaux, le législateur institua deux formes de déspécialisations des baux : la déspécialisation partielle[86] et la déspécialisation plénière[87].

Parler de déspécialisation des baux veut bien dire qu'il existe une certaine « spécialisation » attachée au bail commercial, même si le terme n'est pas usité dans les ouvrages. En effet, celui-ci détermine de manière très précise le type de commerce ou d'industrie pouvant être exercé dans les lieux loués, à l'exclusion de tout autre. Il s'agit bien de spécialisation au sens de « limitation d'activité »[88]. Jusqu'à la loi du 12 mai 1965, modifiée sur certains points par celle du 16 juillet 1971, le locataire était tenu de respecter rigoureusement la destination des lieux loués, sauf à encourir la résiliation anticipée du bail ou, au moins, le refus d'un renouvellement, sans indemnité. Cette situation n'était pas sans inconvénient, notamment pour les petits commerçants. Ils ressentaient cette contrainte comme un obstacle à leur évolution face à la concurrence. Aussi, précisément pour favoriser

---

82. Selon le système de l'Édit de 1673, la constitution de l'hypothèque pouvait être générale et porter sur tous les biens. Seule la publicité était spéciale. Le Code italien applique d'ailleurs toujours ce système aux hypothèques générales qu'il a conservées.

83. Art. 2103 C. civ. : les trois principaux sont le privilège du vendeur, le privilège du prêteur de deniers et le privilège du copartageant. Ils ne permettent de primer que les créanciers inscrits du chef du même débiteur, à l'exclusion des créanciers inscrits du chef de leur titulaire. Aussi, les notaires soutiennent leur inutilité, pour partie, en particulier le privilège du vendeur d'immeuble : celui-ci étant publié en même temps que la vente, le vendeur ne se trouvera jamais en présence d'un créancier de l'acquéreur inscrit antérieurement.

84. Art. 2073 et s. C. civ.

85. Art. 2102 C. civ. : ceux du 1er groupe fondés sur l'idée de gage tacite, ceux du 2e groupe fondés sur l'enrichissement procuré au débiteur, et ceux du 3e groupe fondés sur l'idée de perte évitée au débiteur par le créancier.

86. Art. L. 145-47 NC. com. (anc. art. 34 du décret du 30 sept. 1953).

87. Art. L. 145-48 NC. com. (anc. art. 34-1 du décret du 30 sept. 1953).

88. *Supra* nos 1 et 12. La « spécialité du bail commercial » est justifiée par *l'idée de protection* : à l'origine, il s'agissait de sauvegarder et de protéger la clientèle par l'exercice d'un seul type d'activité, et donc de protéger le fonds de commerce.

ces adaptations et ces reconversions, le législateur institua *les deux formes de déspécialisations susvisées* :

– **La déspécialisation partielle** permit au locataire d'adjoindre à l'activité initiale prévue dans le contrat de bail, dans les lieux loués, des activités connexes ou complémentaires, suivant une procédure stricte[89] ;

– **En vertu de la déspécialisation plénière**, une modification substantielle du bail par transformation du fonds de commerce devint réalisable. Elle permit ainsi au locataire d'exercer des activités entièrement nouvelles dans les lieux loués.

Contrairement à la déspécialisation partielle, la déspécialisation plénière ne constitue pas un droit : par conséquent, elle se trouve soumise à l'autorisation du bailleur, lequel a la faculté de s'y opposer, soit en contestant les conditions de la demande, soit en invoquant un motif grave et légitime, personnel ou tenant aux droits des tiers. La déspécialisation plénière apporte ainsi une dérogation manifeste à l'inspiration centrale du statut des baux commerciaux. Le législateur ne chercha donc plus à sauvegarder l'intégrité de la clientèle ou la stabilité du fonds de commerce ; il chercha bien davantage à protéger le locataire en tant que tel, le commerçant en tant que professionnel, mais aussi le bailleur en cas de non-respect de la procédure prévue par le texte dans l'exercice de ce droit à la déspécialisation[90].

D. Le droit de la propriété industrielle

19. Le droit de la propriété industrielle fait également usage du principe de spécialité en matière d'appellations d'origine et de marques de fabrique.

---

89. Un abondant contentieux résulte de l'incertitude des notions de connexité et de complémentarité en l'absence de critère précis. « *Les tribunaux disposent d'un pouvoir souverain d'appréciation et se livrent à une approche casuistique de l'article 34 du décret* (art. L. 145-47 NC. com. désormais). *Aussi est-il difficile de tirer un enseignement général* » : AUQUE (F.), *Les baux commerciaux*, LGDJ, 1996, p. 136. Ce qui est certain d'après la Cour de cassation, c'est l'impossible confusion des notions de connexité et de complémentarité avec celle d'accessoire : Civ. 3e, 24 octobre 1984, *JCP* 1985, II, 20474, note BOCCARA et *Rev. dr. imm.* 1985, p. 294, obs. DERRUPÉ et BRIÈRE de l'ISLE : « *l'article 34 du décret du 30 septembre 1953 impose seulement que l'activité envisagée soit connexe ou complémentaire et il importe peu qu'elle soit prépondérante par rapport à l'activité ancienne* ».

90. Dernièrement, la Cour de cassation a rappelé le principe élémentaire de l'article L. 145-7 NC com. en vertu duquel « *le locataire peut adjoindre à l'activité prévue au bail des activités connexes ou complémentaires* ». Encore faut-il qu'il demande l'accord du bailleur, et qu'en cas de refus de ce dernier, le locataire n'anticipe pas sur la décision du Tribunal. En l'espèce, la bailleresse s'étant opposée à l'adjonction de l'activité de vente de crêpes, non comprise dans la destination contractuelle, la locataire l'avait assignée aux fins d'être autorisée à exercer cette activité ainsi que la vente d'autres produits non visés dans le bail. La bailleresse, en se fondant sur un commandement resté infructueux, visant la clause résolutoire qui faisait injonction à la locataire de respecter la destination du bail, avait reconventionnellement demandé que soit constatée l'acquisition de la clause résolutoire, et ordonnée l'expulsion de la locataire. La Cour d'appel de Montpellier (CA Montpellier, 28 novembre 2001) a accueilli la demande, et le pourvoi interjeté par la locataire fut rejeté par la Cour de cassation : Civ. 3e, 28 mai 2003, *Sté Mica c/ SCI La Diane*, *Droit et Patrimoine* déc. 2003, n° 3402 p. 94, note CHAUVEL.

L'enregistrement de la marque confère à son titulaire un droit de propriété sur une marque pour une période de dix ans indéfiniment renouvelable. Ce droit s'étend à l'ensemble du territoire, et il est protégé par une action en contrefaçon qui engage la responsabilité civile de son auteur. Le droit de propriété sur la marque ne vaut que pour les produits ou les services désignés[91]. La protection de la marque comporte une double limite : la théorie de l'épuisement des droits[92], et le *principe de spécialité.* En vertu de ce principe, la protection ne peut être réclamée que si un concurrent use du signe déposé pour des produits ou des services similaires ou identiques à ceux qui ont été désignés dans la demande d'enregistrement. L'appréciation portée sur la notion de produits identiques ou similaires est une question de fait. Plus une marque est connue, plus les tribunaux ont tendance à étendre la protection à des secteurs voisins[93].

Le principe de spécialité a été assoupli par le législateur[94] pour la protection des marques notoires : ainsi, par dérogation au principe, l'emploi d'une marque de haute renommée ou d'une marque notoire, pour des produits ou services qui ne sont pas similaires à ceux qu'elle couvre, engage la responsabilité civile de son auteur, à condition :

- que l'emploi soit de nature à causer un préjudice au propriétaire de la marque,
- ou que cet emploi constitue une exploitation injustifiée de la notoriété[95].

Par cet élargissement, en l'absence de tout risque de confusion, le législateur a entendu condamner une concurrence parasitaire qui comporte un danger d'affaiblissement de la valeur commerciale de la marque[96].

E. Le droit de la concurrence

20. Il convient de rappeler brièvement quelques points du droit de la concurrence, nécessaires à la compréhension du principe de spécialité des activités comparées.

L'action en concurrence déloyale propre à ce droit repose sur les articles 1832 et 1833 du Code civil. Elle suppose donc l'existence d'une faute, c'est-à-dire une pratique contraire, soit aux règlements ou aux lois, soit aux usages du commerce.

---

91. Art. L. 713-1 CPI.

92. Cette théorie a été initialement dégagée par la CJCE pour assurer la libre circulation des marchandises dans le Marché commun. Elle a été consacrée par le droit français des brevets par la loi de 1991. Le droit conféré par la marque ne permet pas à son titulaire d'interdire l'usage de celle-ci pour des produits qui ont été mis dans le commerce dans la Communauté européenne, sous cette marque, par le titulaire, ou avec son consentement (art. L. 713-4 CPI). L'épuisement du droit se produit dès l'instant où le produit, couvert par la marque, est mis dans le commerce avec le consentement du titulaire, directement par lui ou par un intermédiaire, dans un territoire quelconque de la Communauté.

93. Paris, 10 janvier 1959, Ann. prop. ind. 1959, 126 ; Paris, 10 mars 1981, *PIBD*, 1981, 3, 130.

94. Son champ d'application a été en réalité *élargi.* Cet élargissement n'est pas particulier à ce type de spécialité. Faut-il y voir un déclin du principe de spécialité, ou, au contraire, une nouvelle orientation ?

95. Art. L. 713-5 CPI ; Com., 18 janvier 1994, *RDC* 1994, 265, obs. CHAVANNE.

96. V. BRAND (D.), *La protection élargie de la marque de haute renommée au-delà des produits identiques et similaires*, Thèse Lausanne, 1985. Observation étant ici faite que l'idée de protection est à nouveau sous-jacente à la volonté du législateur.

En pratique, l'acte de concurrence déloyale se caractérise le plus souvent par la captation d'une clientèle.

La faute doit-elle nécessairement être commise dans le cadre d'un rapport de concurrence, ou peut-elle exister en dehors d'une telle situation ? La réponse dépend de l'appréciation portée par les juges sur la situation de concurrence à propos de laquelle *le principe de spécialité des activités comparées est invoqué*[97] : en effet, l'action en concurrence déloyale suppose l'existence d'une clientèle, ainsi que la communauté de cette clientèle entre l'entreprise fautive et l'entreprise victime. La spécialité des activités comparées permet ainsi de déterminer l'existence d'une situation de concurrence entre elles.

Néanmoins, la jurisprudence fut amenée à adopter une approche plus compréhensive de la notion de situation de concurrence, en raison de l'évolution des relations économiques. Désormais, l'action en concurrence déloyale n'est plus, à chaque fois, subordonnée à l'existence d'un rapport de concurrence entre les parties[98] : la faute de concurrence déloyale peut être constituée en dehors de l'existence d'une clientèle commune[99].

F. LE DROIT PUBLIC

21. Enfin, le droit public fait également appel au principe de spécialité dans divers domaines.

Sans entrer dans les détails, l'on peut songer, par exemple, à la spécialité législative[100], au principe de spécialité du droit budgétaire[101], au principe de spécialité des exercices comptables[102], à la spécialité du dommage administratif ou encore au principe de la spécialité administrative[103]...

---

97. RIPERT (G.) et ROBLOT (R.), *Traité de droit commercial*, t. 1, 17e éd. par M. Germain et L. Vogel, Paris, LGDJ, 1998, p. 512 s.

98. Com., 8 novembre 1994, *Bull. civ.* IV, 1994, n° 325 ; *Contr. conc. consomm.* 1995, n° 6, obs. VOGEL ; *D.* 1995, Som., 209, obs. SERRA ; *JCP E* 1995, *I*, 492, n° 1, obs. VOGEL.

99. Com., 30 janvier 1996, *Bull. civ.* 1996, IV, n° 32 ; *D. aff.* 1996, 257 ; Versailles, 10 mai 1996, *D.* 1996, Som., 249, obs. SERRA ; Paris, 24 septembre 1996, *D. aff.* 1996, 1189.

100. Ce principe, hérité du droit colonial de l'ancien régime et constamment réaffirmé depuis, n'est applicable qu'aux TOM actuels. En vertu dudit principe, les lois et les décrets métropolitains ne sont applicables dans un TOM que sur mention expresse. Ces textes font l'objet d'une promulgation et d'une publication locales par le représentant de l'État. Ne sont pas concernés par ce principe, sauf clause contraire :

– les lois de souveraineté dont la vocation est de s'appliquer à toute la République ;

– les traités.

101. En vertu de ce principe, les dépenses autorisées dans un budget le sont pour un but précis et déterminé.

102. Rappelons que la vie des entreprises est découpée en exercices dont la durée est de 12 mois. Le résultat comptable est calculé à la clôture de chacun des exercices. Pour que ce résultat ait une signification, et qu'il serve à apprécier la qualité de la gestion et à mesurer les performances réalisées, il importe qu'il soit calculé chaque année en respectant les mêmes méthodes ; c'est le principe de spécialité des exercices comptables, en vertu duquel il convient de rattacher à chaque exercice tout ce qui lui revient et rien d'autre : v. COZIAN (M.), *Précis de fiscalité des entreprises*, Litec, 1995-1996, nos 758 et s.

22. Le tableau ainsi dressé, loin d'être exhaustif, il est aisé de constater combien les applications de la théorie de la spécialité peuvent être nombreuses et variées.

L'exercice permit aussi d'apercevoir, en filigrane, l'idée générale dominant la théorie de la spécialité quel que soit son champ d'application : celle d'une limitation de buts, souvent fondée sur la protection. Toutes les hypothèses susvisées seront exclues des développements subséquents, sauf à introduire, le cas échéant, quelques références comparatives avec le domaine d'application qui seul retiendra l'attention : *les personnes morales.*

II. LA SPÉCIALITÉ APPLIQUÉE AUX PERSONNES MORALES

23. D'une manière générale, le principe de spécialité, appliqué aux personnes morales, pourrait se définir comme une règle imposant à ces personnes de ne pas entreprendre de tâches hors du secteur d'activité qui leur est imparti.

Cette conception négative et peu précise est admise par la quasi-totalité de la doctrine. Elle sera retenue dans un premier temps, de manière à être affinée ultérieurement. La règle revêt-elle la même signification tant à l'égard des personnes morales de droit privé qu'à l'égard de celles de droit public ? Une réponse se profile à partir du constat d'une contradiction. Tandis que la spécialité serait considérée comme un *élément caractéristique de toute personne morale de droit privé*[104], elle ne s'appliquerait qu'aux seuls établissements publics du droit administratifs[105].

Par exemple : c'est au nom de ce principe que l'article 39 B du CGI impose la comptabilisation d'un amortissement minimum, et sanctionne les amortissements irrégulièrement différés.
Autre exemple : c'est également en application du même principe qu'il est interdit de prendre en compte des événements qui se sont produits après la clôture de l'exercice.
Pour d'autres exemples, v. COZIAN (M.), *ibid.*

103. « Principe selon lequel chaque service possède ses propres attributions et doit s'y cantonner sous peine de voir ses actes attaqués pour excès de pouvoir » : BARRAINE (R.), *Nouveau dictionnaire de droit et de sciences économiques*, LGDJ, 1974.

104. Sous réserve de certains auteurs qui soutiennent le contraire : *supra* n° 7.

105. *Supra* n° 1. Le Conseil d'État est intervenu à ce propos en 1970 : « le principe de spécialité qui concerne les personnes morales de droit public ayant une compétence limitée ou précisée par les textes les instituant ne s'applique pas à l'État » (CE, 29 avril 1970, *Soc. Unipain*, *AJDA* 1970, 430, concl. BRAIBANT, *RDP* 1970, 1423, note WALINE, *op. cit.* note 7 p. 2 de l'ouvrage). BRAIBANT ajoute dans ses conclusions : « *la spécialité de l'État est tellement large que le terme n'a plus guère de sens* (...). *L'État est une personne morale sans spécialité* ». Nombre d'auteurs, tant publicistes que privatistes, refusent également d'admettre l'application du principe de spécialité à l'État.
Dans ce sens :

– PLANIOL (M.), *Traité élémentaire de droit civil*, t. 3, 7e éd., Paris, LGDJ, 1918, n° 3331 : « le principe de spécialité ne concerne donc ni l'État, ni les départements, ni les communes. Il est fait seulement pour les établissements détachés des administrations publiques et érigés en organes distincts, dotés de la personnalité » ;

– LAUBADÈRE (A. de), VÉNÉZIA (J.-C.) et GAUDEMET (Y.), *Traité de droit administratif*, t. 1, 15e éd., LGDJ, 1999, n° 408 : « le principe de spécialité est une règle d'interprétation des compétences de chaque établissement public. Il apparaît comme une exception à la compétence générale de l'État ou, pour les affaires locales, des collectivités territoriales ».

La contradiction vient du fait que les deux droits se sont peu à peu coupés l'un de l'autre et ont évolué séparément depuis au moins un demi-siècle. Il n'est donc guère étonnant que l'approche d'un terme identique soit différente en droit privé et en droit public. Néanmoins, les controverses doctrinales s'intéressent toutes aux problèmes du caractère, du fondement, de la nature juridique et de la portée du principe de spécialité des personnes morales.

Les contours de la théorie de la spécialité ayant été précisés, il importe désormais d'en retracer plus précisément l'historique, afin de comprendre au mieux son origine et son évolution.

§ 2 – L'HISTOIRE DE LA THÉORIE DE LA SPÉCIALITÉ DES PERSONNES MORALES[106]

24. La théorie de la spécialité appliquée aux personnes morales s'est développée progressivement, à l'instar de celle de la personnalité morale,

---

Contra :

– RIALS (S.), « Les incertitudes de la notion de constitution sous la Ve République », *RDP* 1984, p. 588 : « l'application du principe de spécialité à l'État suppose admise la théorie de la supra-constitutionnalité, fondement de la limitation de l'action étatique ».

– ATIAS (Ch.), *op. cit.*, p. 248 s. : « ce principe est applicable à l'État car ses organes ont une compétence définie par la Constitution, et surtout, parce que leurs initiatives et leurs décisions doivent respecter les principes constitutionnels pour lesquels n'existe aucune procédure de réforme ».

106. Seuls les ouvrages utilisés pour le présent travail sont indiqués, la liste étant naturellement loin d'être exhaustive : CARBONNIER (J.), *Droit civil – les personnes*, t. 1, Thémis, PUF, 1995, p. 383 ; CHARTIER (Y.), *Droit des affaires/Sociétés commerciales*, t. 2, Thémis, PUF, 1985, p. 34 n° 5 ; CUQ (E.), *Études sur le droit babylonien*, Paris, 1929, p. 286 ; GAUDEMET (M.), *Cours de droit romain*, Les Cours de droit, 1953-1954, p. 706 s. ; GOUBEAUX (G.), *Traité de droit civil/les personnes*, sous la direction de J. Ghestin, LGDJ, 1989, p. 18 ; HILAIRE (J.), *Introduction historique au droit commercial*, Collection droit fondamental, PUF, 1986, n° 98 et s. ; JUGLART (M. de), et IPPOLITO (B.), *Traité de droit commercial – les sociétés*, vol. 2, 3e éd. par du PONTAVICE et DUPICHOT, Montchrestien, 1980-1982, n° 336 ; LÉVY-BRUHL (H.), *Histoire juridique des sociétés de commerce en France aux XVIIe et XVIIIe siècles*, Paris, Domat-Montchrestien, 1938, p. 43 ; MICHAUD-QUANTIN, *Universitas, expression du mouvement communautaire dans le Moyen Âge latin*, Librairie philosophique Vrin, 1970, p. 67 ; MICHOUD (L.), *La théorie de la personnalité morale et son application au droit français*, 2e éd., par L. Trotabas, LGDJ, 1924 (la 1re édition date de 1909) ; PLANIOL (M.), *Traité élémentaire de droit civil – les personnes*, t. 3, 7e éd., Paris, LGDJ, 1918, n° 3331, n° 3331 ; POTHIER, *Traité des personnes*, éd. Buguet, titre VII : *Des communautés* ; RIPERT (G.) et ROBLOT (R.), *Traité de droit commercial*, t.1, 17e éd. par M. GERMAIN et L. VOGEL, Paris, LGDJ, 1998, p. 910 ; SALEILLES (R.), *De la personnalité juridique, histoire et théories – vingt cinq leçons d'introduction à un cours de droit civil comparé sur les personnes juridiques*, 2e éd., Rousseau & C., 1922, p. 45 ; VALÉRY (J.), « Comment s'est formée la théorie de la personnalité des sociétés commerciales », *Recueil d'études sur les sources du droit en l'honneur* de F. GÉNY, t. 1, Paris, Librairie Duchemin, 1977, 101 ; VAREILLES-SOMMIERES (Marquis de), *Les personnes morales*, Paris, LGDJ, 1919.

puisqu'elles sont intimement liées, mais dans les deux cas, il est difficile d'en connaître l'origine exacte, ayant suscité autant de controverses l'une et l'autre.

La difficulté peut venir du fait qu'« il arrive fréquemment que des conceptions doctrinales se trouvent exister à l'état latent, comme dissimulées sous la diversité des faits, et des solutions juridiques semblent n'avoir été passées sous silence, la plupart du temps, pour n'être mentionnées qu'à l'occasion, chemin faisant, et comme des choses allant de soi et indiscutables »[107]. Cette assertion de Saleilles, émise à propos de la personnalité morale, pourrait fort bien être transposée à la théorie de la spécialité des personnes morales. C'est ainsi qu'il apparaît malaisé de connaître exactement le moment auquel le principe de la spécialité des personnes morales a pu prendre naissance, et les ouvrages qui y font référence sont loin d'être unanimes : en effet, si de très rares ouvrages font remonter les applications du principe de spécialité des personnes morales *à l'époque romaine*[108], sans disparaître totalement de l'Ancien Droit[109], la théorie n'en a été exposée progressivement par le

---

107. SALEILLES (R.), *Nouvelle revue historique*, 1888, p. 500 et *op. cit.*, p. 48.

108. Par exemple, VIGNON (L.), *Le principe de la spécialité et les êtres collectifs*, Thèse, Paris, 1903, p. 148 s. : selon lui, *le principe de spécialité était appliqué et reconnu à Rome*. En effet, la disparition des sentiments religieux, et notamment celle de la crainte des dieux, eut comme conséquence que « *les banquets que l'on faisait en l'honneur du dieu de la collectivité dégénérèrent en bacchanales, d'où un premier sénatus-consulte restrictif de la liberté des associations, en l'an 186 avant Jésus-Christ (...). Telle fut à Rome la première application du principe de la spécialité. Les associations dès ce moment furent placées sous la dépendance de l'État (...)* ». L'auteur ajouta *que* « *le principe de la spécialité, et plus généralement le droit que s'est réservé l'État de permettre l'existence d'une association est né de ce qu'une association fondée dans un but inoffensif, utile même, peut devenir dangereuse, si on lui permet d'en changer* ». La spécialité trouverait ainsi son fondement dans l'idée de protection de l'État.

Contra : SALEILLES (R.), *op. cit.*, p. 113 : « *ce que nous appelons aujourd'hui le principe de spécialité, conséquence forcée du principe de* ***concession*** *(nous soulignons),* ***était chose inconnue en droit romain*** ». Pour SALEILLES, le principe de la spécialité était lié à la théorie de la fiction de la personnalité morale. Il ne pouvait donc pas exister dans la conception romaine, puisque l'*universitas* du droit romain ne constituait pas une véritable théorie de la personnalité morale ; celle-ci sera l'œuvre des docteurs médiévaux qui la transmettront aux juristes modernes. Le droit romain a résolu des problèmes de la vie pratique, sans que la notion de personne morale ait été clairement dégagée (v. en ce sens, par exemple, GAUDEMET, GOUBEAUX, CARBONNIER, PRIETO).

109. V. les développements de VIGNON (L.), *op. cit.*, p. 152 à 155 : dans l'Ancien Droit français, « *le principe de spécialité est un principe en vertu duquel la capacité des personnes morales est limitée au but qu'elles poursuivent. Ce principe ne peut avoir d'application qu'autant qu'il existe un pouvoir gouvernemental assez puissant pour le faire respecter. C'est un principe de contrainte (...)* ».

Néanmoins, on rencontre, selon VIGNON, un petit nombre d'application du principe de la spécialité dans l'Ancien droit français, en raison de « *l'absence d'un gouvernement suffisamment puissant et organisé pour en maintenir l'observation. Jusqu'au XVIIe siècle, ce pouvoir manquait en France, surtout à l'égard des communautés religieuses dont la puissance était particulièrement redoutable* ».

Contra : PLANIOL (M.), *op. cit.*, n° 3331 : « la règle de la spécialité *n'existait pas dans notre ancien droit*. Pothier, qui s'est occupé des corps ou communautés capables de posséder des biens à l'instar des personnes, ne soupçonnait pas qu'il puisse y avoir, pour eux, une restriction de ce genre ».

Conseil d'État que dans le courant du XIXe siècle, au milieu de bien des incertitudes, et non sans changer plusieurs fois de système (I). L'ouvrage de MICHOUD[110] aurait porté un point final à la controverse, du moins en apparence, puisqu'à l'heure actuelle, aucune solution définitive ni théorie incontestée n'ont été apportées (II).

I. LA THÉORIE DE LA SPÉCIALITÉ DES PERSONNES MORALES DU XIXe SIÈCLE JUSQU'AU DÉBUT DU XXe SIÈCLE

25. Les rédacteurs du Code civil de 1804 ont suivi Pothier, semble-t-il, puisqu'ils n'ont pas même entrevu l'utilité de cette spécialisation des différents établissements existants[111].

Voilà pourquoi le mérite de l'élaboration progressive de la doctrine de la spécialité revient au Conseil d'État. À l'origine, elle fut établie afin de limiter les libéralités octroyées aux établissements ecclésiastiques et de bienfaisance en faveur des pauvres. Tous les détails de cette histoire bien tourmentée s'avérant peu utiles en l'espèce à retracer[112], seuls les faits les plus notoires seront relatés, groupés en deux périodes principales :

– ***la première période*** comprend une grande moitié du XIXe siècle[113], pendant laquelle l'histoire du principe se confondit avec celle de la capacité des fabriques catholiques[114], rétablies par l'article 76 de la loi du 18 germinal an X, à recevoir des dons et des legs en faveur des pauvres.

Quant aux ouvrages généraux sur le droit des personnes, consultés (la liste n'est pas exhaustive), aucun ne mentionne son existence embryonnaire à l'époque romaine, ni même dans l'Ancien Droit. Il semblerait que le principe de spécialité des personnes morales n'ait pris naissance qu'au cours du 19e siècle, du moins pour les partisans de la théorie de la fiction de la personnalité morale. En effet, lorsque le législateur a « créé » la personnalité civile, il en a fixé en même temps le champ d'activité : V. par exemple ATIAS (Ch.), *op. cit.*, PLANIOL (M.), *op. cit.*, TEYSSIÉ (B.), *Droit civil, les personnes*, 5e éd., Litec, 2000.

110. MICHOUD (L.), *La théorie de la personnalité morale et son application au droit français*, 2 vol., 2e et 3e éd., par Louis TROTABAS, LGDJ, 1924 et 1932 (la 1re éd. date de 1909).

111. PLANIOL (M.), *op. cit.*, n° 3331.

112. Pour une étude très approfondie de l'histoire du principe, v. notamment : NORMAND (J.), *Du principe de la spécialité en matière de dons et de legs*, Thèse Rennes, 1900 ; VIGNON (L.), *op. cit.*, p. 147 à 172 ; RIPERT (H.), *Le principe de la spécialité chez les personnes morales du droit administratif et son application en matière de dons et legs*, Thèse Paris, 1906, p. 51 à 63 ; CHÉTY (M.), *op. cit.*, p. 8 à 16.

113. Au cours de celle-ci, le principe de spécialité fit l'objet de phases d'hésitations et de tâtonnements, puis d'une formulation rigoureuse et d'une application non moins rigoureuse, sans correctif pratique. Par la suite se succédèrent des périodes marquées, au contraire, par de fortes atténuations apportées au principe, voire même, entre 1873 et 1881, une éclipse dudit principe.

114. Avant la Révolution de 1789, l'assistance était aux mains du clergé qui possédait les biens des pauvres, et était comptable des deniers donnés à cet effet. La Révolution supprima les communautés et les établissements religieux : les biens des pauvres furent dès lors tous réunis au domaine de l'État, et le clergé, sans ressources spéciales, n'eut plus d'obligations de charité. Le culte catholique fut cependant rétabli en vertu du Concordat du 26 messidor an IX. À partir de là, la lutte entre les pouvoirs laïc et ecclésiastique recommença, *sous le couvert du principe de spécialité.*

Un bref rappel du début anecdotique de cette histoire mouvementée permettrait de situer le contexte dans lequel il évolua. Il serait né d'une controverse entre l'Administration de l'Intérieur et celle des Cultes sur le sens exact du mot « aumônes » de l'article 76 susvisé, lequel disposait, entre autre : « [...] *pour veiller à l'entretien et à la conservation des temples et à l'administration des aumônes* ». S'agissait-il d'aumônes en faveur des pauvres ou d'aumônes pour les frais du culte ? En d'autres termes, toute fabrique catholique ainsi rétablie avait-elle la capacité de recevoir des dons ou des legs en faveur des pauvres ? Tandis que Portalis, ministre des Cultes, répondit par l'affirmative, Chaptal, ministre de l'Intérieur, soutint le contraire.

– ***La seconde période*** pourrait commencer à partir de l'avis rendu le 13 avril 1881, époque à laquelle le principe de spécialité réapparut dans toute sa rigueur primitive. Cet avis a refusé aux fabriques et aux consistoires protestants le droit de recevoir des legs et des dons en faveur des pauvres. Deux autres avis ont fait application du principe, l'un aux conseils presbytéraux[115], l'autre aux consistoires israélites[116]. La raison fut d'empêcher de conférer aux établissements publics des attributions générales, afin d'éviter de « leur fournir en même temps le moyen de réorganiser les établissements supprimés et d'éluder sa prohibition »[117].

L'avis du 13 avril 1881 indiqua un nouvel aspect du principe de spécialité, *sous une double face* : *la spécialité fonctionnelle* et sa conséquence, *la spécialité juridique*[118]. Les établissements publics « *ont reçu une mission spéciale et ils ne sont aptes à recevoir et à posséder que dans les limites de ces attributions* »[119]. Le Conseil d'État fut enfin d'avis que les fabriques ayant été instituées exclusivement dans l'intérêt de la célébration du culte et pour l'administration des aumônes, n'étaient aptes à recevoir et à posséder *que dans les limites de ces attributions.*

Par la suite, la jurisprudence du Conseil d'État se conforma aux avis de 1881[120].

---

115. Avis du 4 mai 1881.

116. Avis du 8 avril 1886.

117. Notes de jurisprudence CE Édit. 1899, p. 198, référence prise chez VIGNON (L.), *op. cit.*, p.169.

118. VIGNON (L.), *op. cit.*, p. 167 : « *le principe de la spécialité considéré dans ses applications à l'ordre fonctionnel et économique* » signifie que « *la personnalité juridique de l'être collectif lui a été donnée pour faciliter l'accomplissement de son but, et elle ne lui a été accordée que pour cela* ».
En outre, en vertu de la « *spécialité juridique* », qui est la conséquence de la première, « *la validité des actes faits par l'être collectif dépend de l'objet en vue duquel il a été fait ; si cet objet est celui indiqué par l'acte constitutif de la société, l'acte est valable, s'il est fait dans un but tout autre, il est nul* ».
Observation étant ici faite que les deux sortes de spécialités soulignées par VIGNON ne sont pas sans rappeler les spécialités légale et statutaire qui seront dégagées de façon très claire par COULOMBEL dans les années cinquante (*infra* n° 31).

119. Avis du 13 avril 1881.

120. L'on pourrait noter ici un arrêt notoire rendu par le Conseil d'État : CE, 22 mai 1903, « Caisse des écoles du 6e arrondissement de Paris », *S.* 1905, 3, 33, 1re espèce, note HAURIOU : « *dès lors que les caisses des écoles ont pour mission de faciliter la fréquentation des seules écoles publiques, elles ne peuvent s'employer à faciliter aussi celle*

26. Contrairement au Conseil d'État dont la jurisprudence a fait subir au principe de spécialité tant de variations[121], les tribunaux judiciaires eurent rarement l'occasion de se prononcer.

Deux causes expliqueraient la quasi-absence de jurisprudence judiciaire à cette époque :

– D'une part, dans le cas des dons et des legs soumis à l'autorisation gouvernementale, le Conseil d'État se montrait si sévère dans l'application du principe de la spécialité qu'il ne restait guère de place pour la jurisprudence judiciaire.

– D'autre part, dans les autres cas, l'autorité judiciaire était assez rarement mise en jeu, car ce principe, fort discuté en doctrine, était encore fort peu connu[122].

Bien que le principe de spécialité fût rendu notoire par les avis du Conseil d'État en 1881, quelques rares décisions judiciaires antérieures le formulèrent également en matière de dons et de legs[123]. À partir de 1881, elles devinrent plus fréquentes, mais les commentateurs de l'époque ne s'entendaient pas sur l'interprétation à donner aux différentes décisions. Chacun citait le même arrêt en faveur de sa propre thèse : tandis que les uns reconnaissaient l'existence du principe de spécialité des personnes morales, d'autres la niaient purement et simplement.

27. La jurisprudence de la Cour de cassation fut également très rare, puisque cinq arrêts seulement auraient été rendus entre 1852 et 1908[124].

Le dernier en date mériterait une attention particulière, car il fut rendu *dans un domaine autre que les dons et les legs* : en effet, il fut jugé par la Chambre criminelle qu'en raison de leur mission légale, « le patrimoine mobilier des syndicats ne pouvait comprendre que des éléments susceptibles de concourir à la défense des intérêts collectifs représentés par ces syndicats »[125]. Par suite, « un

---

des écoles privées ». En le faisant, elles sortiraient de leur spécialité qui est donc d'aider les élèves des écoles publiques, et seulement eux. Force est de constater ainsi l'évolution du domaine d'application du principe de spécialité qui, en l'espèce, ne concerne plus les dons et legs aux établissements ecclésiastiques, même si, au fond, la lutte entre les pouvoirs laïc et religieux subsiste.

121. Toutefois, « *il n'est véritablement qu'une chose sur laquelle le Conseil d'État n'ait pas varié : l'affirmation d'une certaine spécialité des établissements publics et la nécessité de les y maintenir par l'exercice des droits de tutelle et de contrôle de l'administration* » : RIPERT (H.), *op. cit.*, p. 6.

122. VIGNON (L.), *op. cit.*, p. 60.

123. *Ibid.*, p. 61. Cet auteur n'a relaté que trois décisions rendues par les juridictions inférieures : en particulier, un jugement décida, en 1845, qu'il appartenait au bureau de bienfaisance et à l'administration des hospices respectivement d'accepter les legs faits aux curés pour les pauvres de leur paroisse, et à l'aumônier d'un hospice pour les pauvres malades de cet hospice (Tribunal Douai, 11 février 1845, S. 1845, 2, 273).

124. Cassation, 11 mars 1852, S. 1852, 1, 124 ; Cassation, 14 juin 1875, S. 1875, 1, 467 ; Cassation, 31 janvier 1893, *S.* 1893, 1, 345 ; Cass., 26 mai 1894, *S.* 1895, 1, 217 ; Crim., 29 mai 1908, *D.* 1909, 1, 28. Quelques auteurs citèrent d'autres arrêts, notamment CHÉTY (*op. cit.*, p. 67), mais aucun d'eux ne put reconnaître l'abondance du contentieux.

125. Crim., 29 mai 1908, *D.* 1909, 1, 28.

syndicat professionnel ne saurait légalement posséder une marque de fabrique ou de commerce »[126].

Sans développer davantage toute la jurisprudence qui ne présente, à l'heure actuelle, plus qu'un intérêt historique, il peut simplement être intéressant de remarquer la mésentente qui régnait à nouveau entre les commentateurs d'arrêts identiques : pour les uns, il n'était guère possible de nier la consécration du principe de spécialité des personnes morales, considéré en outre comme une pure règle de droit administratif, non seulement par la Cour de cassation, mais aussi par la majorité des tribunaux de première instance et des Cours d'appel[127] ; en revanche, pour d'autres, il paraissait insensé de déduire de cette même jurisprudence l'existence d'un quelconque principe de spécialité, et encore moins d'en faire une règle de droit[128].

Ainsi, jusqu'au début du XXe siècle, les nombreuses polémiques furent bien la conséquence d'une jurisprudence fluctuante et fort mal établie. En réalité, les controverses se rattachaient toutes aux discussions sur la nature de la personnalité morale. Selon certains auteurs[129], l'ouvrage de MICHOUD aurait porté un point final à la controverse[130]. Quel fut alors l'avenir de la théorie de la spécialité des personnes morales à partir du début du XXe siècle[131] ?

II. LA THÉORIE DE LA SPÉCIALITÉ DES PERSONNES MORALES À PARTIR DU XXe SIÈCLE

28. Postérieurement à l'œuvre fondamentale de Michoud, la doctrine publiciste – *a fortiori* la doctrine privatiste – ne s'intéressa plus guère à la question, au moins pendant quelques années.

L'étude de la théorie de la spécialité des personnes morales ne fit l'objet que de deux thèses[132], pour être, par la suite, abandonnée durant de longues décennies. Le temps apporta avec lui l'oubli. N'avait-on plus besoin de préciser le contenu de ce principe traditionnel, soit qu'il allait de soi, soit qu'il ne présentait plus aucun

---

126. *Ibid.*

127. VIGNON (L.), *op. cit.*, pp. 78 et 79.

128. CHÉTY (M.), *op. cit.*, p. 69. Toutefois, l'auteur reconnut que la jurisprudence des cours d'appel et des tribunaux de première instance, malgré quelques flottements, *semblait* considérer le principe de spécialité comme une règle de droit.

129. En particulier, DOUENCE (J.-C.), *op. cit.*, p. 753.

130. MICHOUD (L.), *La théorie de la personnalité morale et son application au droit français*, 2 vol., 2e et 3e éd., par Louis TROTABAS, LGDJ, 1924 et 1932. Il démontra que le principe de spécialité des personnes morales était un principe d'affectation de droits à un but déterminé, et qu'il devait donc être admis par les partisans des deux théories de la personne morale (fiction et réalité) : *infra* n°s 50 s.

131. La 1re édition de l'ouvrage de Michoud parut en 1909, mais sa conception aurait été exposée antérieurement, en 1908 ou même en 1906 dans les *Annales de l'Université de Grenoble* sous le titre « Capacité patrimoniale des personnes morales ».

132. CHÉTY (M.), *La nature juridique du principe de spécialité chez les personnes morales*, Thèse Paris, 1914 *(op .cit.)*, et BENOIST (P.), *Les dons et legs à personnes morales et le principe de la spécialité*, Thèse, Paris, LGDJ, 1938.

intérêt[133] ? Ces deux raisons furent sans doute à l'origine du tarissement des travaux et de la jurisprudence afférents audit principe, au moins jusque dans les années soixante-dix.

29. Dès lors, la spécialité fit l'objet de regains sporadiques d'attentions doctrinales, principalement en droit public[134].

Ses réapparitions successives semblaient ainsi infirmer les deux raisons de son dépérissement antérieur. La théorie de la spécialité des personnes morales n'allait pas de soi, et présentait un intérêt. En conséquence, son enterrement n'était pas encore d'actualité, du moins en apparence. S'agissait-il de nouvelles tentatives d'élaboration d'une solide théorie, par souci d'éliminer les précédentes jugées insatisfaisantes, ou s'agissait-il de tenir compte de faits nouveaux dont se serait enrichi le concept, et par conséquent de les adapter à la théorie ? Il paraîtrait, à la lecture de leurs travaux, que les auteurs modernes furent inspirés principalement par la seconde motivation. Il est en effet difficilement contestable que « le mouvement du temps » oblige à opérer une mise en harmonie des principes classiques avec le contexte nouveau[135], voire leur refonte complète afin de mieux les adapter aux faits nouveaux.

La confrontation de ce principe aux données actuelles et à l'évolution de la jurisprudence fut l'occasion, pour la plupart des auteurs publicistes, d'une analyse critique de la théorie, malheureusement peu constructive :

– **Pour les uns[136],** la fin du principe de spécialité[137] était proche *en raison de son évolution vers une bien moindre rigueur.* L'on assistait alors, selon ces auteurs,

133. DOUENCE (J.-C.), *op. cit.*

134. Il convient cependant de noter la grande relativité de ce renouveau chez les auteurs publicistes : le principe de spécialité n'a fait l'objet que d'un mémoire, en 1974, de deux thèses (1974 et 1976) et de cinq articles :

– BEN AISSA (M.S.), *Le principe de la spécialité et les établissements publics économiques en droit tunisien et en droit français*, mémoire de DEA, Centre d'études, de recherches et de publication de la faculté de droit et des sciences politiques de Tunis, 1974 ;

– BALDOUS (A.), *Le principe de spécialité en droit administratif français*, Thèse Aix, 1974 ;

– FERSTENBERT (J.), *Recherche sur la notion juridique de spécialité des personnes publiques*, Thèse Paris II, 1976 ;

– DOUENCE (J.-C.), « La spécialité des personnes publiques en droit administratif français », *RDP* 1972 ;

– LOSCHAK, « Les problèmes juridiques posés par la concurrence des services publics et des activités privées », *AJDA* 1971 ;

– RANDOUX (D.), « La spécialisation des sociétés », *Mél. Weil*, Dalloz-Litec, 1983 ;

– RODRIGUES (S.), « Actualité du principe de spécialité des entreprises publiques », *RFDA* 1994 ;

– TIMSIT (G.), *La spécialité des entreprises publiques*, Études de droit public, Cujas, 1964.

135. RIVERO (J.), *Le régime des entreprises nationalisées et l'évolution du droit administratif*, Archives de Philosophie du droit, 1952, p. 150.

136. V. BALDOUS (A.), *op. cit.*, BEN AISSA (M.S.), *op. cit.* et TIMSIT (G.), *op. cit.*

137. À défaut de précision apportée, il semblerait qu'il s'agisse, dans l'esprit de ces auteurs, de la spécialité des *établissements publics*. Un rapport du Conseil d'État considère que « *l'établissement public est une personne morale de droit public assumant une mission*

à une sorte de « crise » de la spécialité, notamment depuis les nationalisations de 1945-1946. En effet, l'esprit et la logique de la gestion commerciale incitaient les entreprises publiques à étendre et à diversifier leur domaine d'activité[138]. Ainsi, elles se donnaient les chances d'une pleine réussite commerciale, dans le but de soutenir au mieux la concurrence avec le secteur privé[139] :

- Tout d'abord, la jurisprudence administrative ne s'opposa plus à l'exercice, par une entreprise publique, d'activités complémentaires ou accessoires à l'activité principale[140].
- Il fut également admis que le principe de spécialité ne faisait plus obstacle à l'extension d'activités répondant simplement à des impératifs de bonne gestion commerciale du service[141]. Cette situation doit toutefois demeurer exceptionnelle, marquant ainsi la limite extrême de l'interprétation libérale du principe de spécialité.

---

spéciale et disposant pour cela d'une certaine autonomie administrative et financière » : DELVOLVE (P.) et VEDEL (G.), *Droit administratif*, tome 2, 1992, Thémis, PUF p. 611.

Il convient de situer l'établissement public par rapport aux autres personnes morales de droit public (l'État, les collectivités territoriales). Trois éléments le différencient de ces dernières : la personnalité, leur spécialité, les contrôles auquel il est soumis. Tout d'abord, les établissements publics sont des services publics « personnalisés ». Ils peuvent être dotés d'un conseil d'administration comprenant des représentants des différentes catégories intéressées (par exemple, à la suite des événements de 1968, la formule juridique de l'établissement public a été utilisée pour assurer une certaine autonomie aux universités). Ensuite, *les établissements publics se caractérisent par la spécialité* (par exemple, il fut jugé, en 1939, qu'un bureau des bienfaisance ne pouvait pas exploiter un cinéma ; ou encore, CE, 22 mai 1903, *Caisse des Écoles du 6e arrondissement*, et CE, 24 mai 1963, *Fédération nationale des parents d'élèves des écoles publiques* : *supra* n° 25, note 120). Pour une position minoritaire de la doctrine selon laquelle le principe de spécialité ne s'appliquerait pas aux entreprises publiques : V. PANCRACIO (J.-P.), « D'un prétendu principe de spécialité des entreprises publiques », *Quot. Jur.* n° 126-127, 10-13 nov. 1984.

138. Par exemple, la société des Houillières de Rochebelle put légalement prendre des participations et créer des filiales dans différents domaines, nonobstant le principe de spécialité : CE, 13 juillet 1951, *Thiriez et a.*, *D. social* 1952, p. 149, note PERSONNAZ (J.). Des décisions des tribunaux de l'ordre judiciaire ont admis la projection par l'ORTF de films du commerce, alors que le statut de cet établissement ne prévoyait pas expressément la projection de telles œuvres : T. Com., Seine, 8 mars 1965, *Féd. nat. des cinémas français c/ ORTF*, *JCP* 1965, II, 14208, note LYON-CAEN. Plus récemment, il fut admis que la production d'électricité thermique brûlant du charbon pouvait entrer dans la spécialité des Houillières *en tant qu'activité connexe de leur activité principale* : CE, 9 juillet 1997, *Soc. Maison Balland-Brugneaux* (*supra* n° 9, note 50).

139. À ce titre, la plupart des ouvrages de droit administratif citent un exemple classique d'extension d'activité d'une entreprise publique : il peut être intéressant pour une entreprise publique exploitant une source d'eau minérale d'assurer elle-même la fabrication des bouteilles nécessaires à la commercialisation de cette eau, susceptible d'en étendre le marché.

140. V. à ce propos le 7e rapport de la Commission de Vérification des Comptes des entreprises publiques, 8 nov. 1960, *JO Doc.* n° 1115-60 p. 84 et le 8e rapport en date du 16 nov. 1962, *JO Doc. Adm.* du 22 janvier 1963 , p. 108, cités par TIMSIT (G.), *op. cit.*

141. Équilibre financier de l'entreprise, intégration des productions, utilisation des sous-produits, etc.

- L'assouplissement de cette règle se trouva également dans la formulation vague de l'objet propre de l'entreprise, incluant « tout ce qui se rattache directement ou indirectement à la mission principale de l'établissement »[142].
- Enfin, « un mouvement de transgression de la spécialité s'opéra par le jeu des prises de participation »[143].

– **Pour d'autres**[144]**,** le principe de spécialité était *entendu trop rigoureusement en matière d'activités administratives*, apparaissant alors comme un **principe d'ordre,** strictement conçu et destiné à assurer le respect de la répartition des attributions de l'institution en cause. Toute institution exerçant des activités administratives devait s'en tenir à l'exercice de la mission qui lui a été attribuée, définie en des termes clairs. Observation étant ici faite qu'on retrouve, par cette interprétation de la spécialité, celle développée par la jurisprudence à partir de 1881[145].

Ainsi, à compter des années soixante-dix, le principe de spécialité ne réapparut pas sous son meilleur jour dans l'opinion doctrinale : pour les uns, par sa trop grande souplesse, sous prétexte d'assurer une nécessaire autonomie à l'établissement public, il devenait alors une règle inutile, devant être frappée de caducité ; pour les autres, sa trop grande rigueur en matière d'activités administratives créait un frein à l'évolution des institutions. Récemment encore, l'on s'interrogeait sur la soumission justifiée ou non de certains établissements publics au principe de spécialité[146].

---

142. Art. 18 loi du 30 déc. 1982 pour la SNCF. Cette formulation n'est pas sans rappeler l'admission par la Cour de cassation du « *rattachement indirect à l'objet social* » qui suffit à caractériser la conformité de l'acte litigieux à l'objet social statutaire : Com., 15 mars 1988, *Rev. soc.* 1988, p. 415, note GUYON (*infra* n° 118).

143. ATIAS (Ch.), *op. cit.*, p. 249. Un auteur a défini la participation financière « *comme étant la participation d'une entreprise au capital d'une autre entreprise, quel qu'en soit le pourcentage* » : JACQUIGNON (L.), « Éléments d'une étude des finances et de la gestion des entreprises nationales », *AJDA* septembre 1967, p. 446.

144. RODRIGUES (S.), *op. cit.*, p. 1148.

145. *Supra* n° 25, note 120 : CE, 22 mai 1903, *Caisse des écoles du 6e arrondissement de Paris* ; CE, 28 sept. 1984, *Cons. rég. de l'ordre des architectes de Bourgogne, DA* 1984, p. 309 : « si une chambre d'agriculture peut créer ou subventionner tous établissements d'intérêt agricole, elle ne peut, sans méconnaître la spécialisation de ses attributions, assurer (comme maître d'œuvre) la construction d'un foyer de jeunes » ; CE, 23 oct. 1985, *Comm. de Blaye-les-Mines, DA* 1985, p. 297 : « un projet d'adduction d'eau potable ne peut assurer le service de la distribution de cette eau ».

146. En vertu du principe de spécialité, les EPIC (tels qu'EDF, GDF, la SNCF ou encore la Poste) « *ne peuvent exercer que les activités pour lesquelles ils ont été créés, ainsi que des activités complémentaires ou connexes à leur activité principale qui, en outre, leur sont directement utiles et présentent un caractère d'intérêt général. La violation du principe de spécialité expose l'EPIC à voir sa responsabilité engagée devant le juge administratif, et les contrats conclus en violation de ce principe peuvent être annulés du fait de l'incompétence de leur signataire. La finalité du principe de spécialité est d'éviter que le secteur public ne concurrence l'initiative privée, afin que soit préservée la liberté du commerce et de l'industrie.* [...] *Or, dès lors que le droit communautaire place certains établissements publics en concurrence directe avec des opérateurs privés, la soumission de ces établissements au principe de spécialité est-elle encore justifiée ?* » BRENOT (V.) et

En conséquence, le principe de spécialité était, certes, à nouveau d'actualité, mais pour la préparation de son « enterrement », semblait-il.

30. Toutefois, souplesse n'implique pas déclin, et rigueur n'exprime pas toujours frein à une quelconque évolution ou expansion[147].

En effet, d'une part, si les entreprises publiques peuvent ainsi, de par la loi ou la jurisprudence, déborder les limites de leur spécialité, le principe n'est pas pour autant dépourvu de toute action. Si l'établissement ne peut pas sortir de sa spécialité, il a cependant droit au respect de cette dernière[148]. Plus précisément, « si le principe de spécialité peut être appliqué dans le domaine économique avec plus de souplesse et une plus grande marge d'appréciation que lorsqu'il s'agit de collectivités et d'établissements à caractère administratif, *il n'en doit pas moins être respecté* et il est essentiel que les prises de participation restent toujours rattachées aux activités pour lesquelles l'entreprise publique a été créée »[149].

D'autre part, la rigueur du principe de spécialité dénoncée en matière d'activités administratives ne signifie pas unicité des activités octroyées à l'institution, et donc frein à son expansion. Par exemple, les chambres de commerce ne sont pas cantonnées dans leur mission de représentation et de défense des intérêts professionnels de leurs ressortissants. Elles ont la possibilité d'exercer diverses activités en rapport avec le commerce et l'industrie, en vertu de la loi du 9 avril 1898[150], comme l'exploitation d'entrepôts, l'organisation d'expositions, la création et la gestion d'écoles de commerce[151]... Il appartient au texte institutif de déterminer la ou les activités qui seront confiées à l'institution en cause.

31. En droit privé, si le principe de spécialité des personnes morales suivit un début d'évolution identique à celui évoqué pour les personnes morales de droit public (compréhension souple par la jurisprudence, intérêt doctrinal

---

DAMBRINE (A.-L.), « Les lois de privatisation et la diversification des entreprises publiques », in *Les Échos* du 31/03/2003.

147. « *On a très justement dénoncé la précipitation avec laquelle certains juristes se hâtent, dès que surgit l'exception, de sacrifier la règle, suspecte de caducité* » : RIVERO (J.), « Le régime des entreprises nationalisées et l'évolution du droit administratif », in *Archives de philosophie du droit*, Sirey, 1952, p. 147.

148. CE, 26 déc. 1908, « Comm. de Saint-Vallier », *S.* 1909. 3. 81, 2e espèce, concl. TEISSIER, note M. HAURIOU : une commune ne pouvait pas concurrencer son bureau de bienfaisance en distribuant elle-même des secours.

149. Extrait du 9e rapport d'ensemble de la Commission de vérification des comptes des entreprises publiques de 1964.

150. RODRIGUES (S.), « Actualité du principe de spécialité des entreprises publiques », *RFDA* 1994, p. 1146 ; v. également l'analyse de cette loi faite par HAURIOU (*supra* n° 7, note 31).

151. Tel est le cas, parmi d'autres, de la Chambre de commerce et d'industrie de Paris qui gère l'école des Hautes Études Commerciales et l'école Supérieure de Commerce de Paris.

moindre)[152], on n'en relève pas moins la rareté d'application et d'ouvrages à partir de Michoud en 1909[153].

Selon quelques auteurs[154], le *modus vivendi* établi entre le pouvoir laïc et le pouvoir religieux en fut la principale raison. Les controverses doctrinales ont parcouru le XXe siècle et n'ont guère évolué au fil du temps. Ainsi, dans la première moitié du siècle, la spécialité des personnes morales soulevait, pour certains, un problème de personnalité et non de capacité[155] ; pour d'autres, en revanche, elle apparaissait comme une règle limitant la capacité de toutes les personnes morales, étant entendu que ce principe se manifestait surtout en droit administratif à propos des libéralités[156].

Les concepts actuels de « spécialité légale » et de « spécialité statutaire », propres au droit privé semble-t-il[157], ne furent guère usités : la spécialité était considérée dans son ensemble, sans aucune distinction évidente[158], *au moins jusque dans les années cinquante* où commencèrent à se profiler très distinctement dans les esprits les deux types de spécialités. À cette époque, la « fragmentation du régime juridique des personnes morales »[159] se traduisit par l'existence d'un « principe de spécialité légale » leur imposant de respecter la finalité de la catégorie à laquelle elles appartenaient[160]. Coulombel souligna par-là l'une des manifestations de la vigilance du législateur à l'égard des personnes morales de droit privé. Vint s'ajouter à la spécialité légale, « comme une limitation au second degré », l'existence d'une spécialité statutaire particulière à chaque personne morale, en vertu de laquelle, soit les statuts se bornaient à définir le but ou l'objet de cette personne, soit ils lui interdisaient nommément certaines catégories d'actes[161].

---

152. L'immense majorité de la doctrine voit dans cet assouplissement le déclin du principe de spécialité des personnes morales (*supra* n°s 29 et 30).

153. D'ailleurs, la question ne fut traitée qu'indirectement dans quelques ouvrages, ce qui pourrait contribuer à la preuve d'un manque d'intérêt : COULOMBEL (P.), *Le particularisme de la condition juridique des personnes morales de droit privé*, Thèse Nancy, 1949, Langres – Imprimeries modernes 1950, p. 214 et s., p. 325 s. ; CHAPUT (Y.), *De l'objet social des sociétés commerciales*, Thèse Clermont, 1973 ; SÉRIAUX (A.), *Les personnes*, 2e éd. refondue, Que sais-je, PUF, 1997, p. 89 à 101.

154. CARBONNIER (J.), *op. cit.*, p. 405 ; HAURIOU, *op. cit.*

155. HOUIN (R.), « Les incapacités », *RTD Civ.* 1947, p. 395.

156. PLANIOL (M.), *op. cit.* note 25 de l'ouvrage, p. 97.

157. En droit public, on trouve les concepts de « spécialité fonctionnelle » et de « spécialité juridique » à partir de l'avis du Conseil d'État en date du 13 avril 1881 (*supra* n° 25).

158. Cette distinction apparut toutefois *à l'état embryonnaire* chez BÈQUE en 1908 (*infra* n° 48). Quant à l'ouvrage de CHÉTY (*op. cit.*) en 1914, il fit référence, d'une part, à « *quelques lois ayant déterminé expressément l'objet des personnes morales* », affirmant d'autre part que « *l'objet de la personne était déterminé plus spécialement dans ses statuts* ».

159. Selon l'expression de COULOMBEL dans son ouvrage précité.

160. *Ibid.*, p. 209 s.

161. MARTY (G.) et RAYNAUD (P.), *Leçons de droit civil – les personnes*, t. I, 2e vol., 2e éd., Sirey, 1967, n° 778 et s. La seconde option relèverait davantage d'une incapacité statutaire (*infra* n° 105).

32. À l'aube du XXIe siècle, aucune solution incontestée n'apparaît, puisque les controverses se poursuivent, succinctement[162], tant sur le terrain de la nature juridique et des sanctions y attachées, donc finalement sur celui de la valeur même du principe de spécialité des personnes morales.

– **Considérons la première série de controverses afférentes à la nature juridique du principe de spécialité des personnes morales** : pour les uns, le principe de spécialité des personnes morales serait une *règle de limitation générale des pouvoirs* des organes de gestion des personnes morales[163] ; pour d'autres, il serait une *règle limitant la pleine capacité de jouissance* des personnes morales[164].

– **Considérons maintenant la seconde série de controverses relatives à la valeur même du principe de spécialité des personnes morales :** pour les uns, le législateur donnerait une portée accrue voire excessive au principe de spécialité[165] ; pour d'autres, la spécialité des personnes morales n'aurait pas une valeur suffisamment reconnue par le droit positif[166].

Mais de quelle spécialité s'agit-il ? À quelle spécialité les auteurs se réfèrent-ils ? La spécialité légale ne serait-elle pas, en réalité, assimilée à la spécialité statutaire ? En outre, la jurisprudence récente semble avoir totalement éludé le principe de la spécialité légale au profit de la seule spécialité statutaire.

Finalement, à l'aube du XXIe siècle, n'existerait-il pas une similitude entre le bilan qu'on pourrait établir du principe de spécialité des personnes morales et celui de la théorie de la personnalité morale ? Il y a vingt ans, le professeur Guyon évoquait dans ses écrits la crise de la personnalité morale. Dix ans plus tard, certains propos furent encore plus désabusés : « le droit de la personnalité morale erre, tel un bateau ivre, sur un océan de contradictions […] »[167], célèbre propos qui pourrait être transposé sans difficulté au principe de spécialité des personnes morales qui erre, lui aussi, « sur un océan de contradictions ».

---

162. En effet, le principe de spécialité n'agite plus guère les plumes doctrinales, bien qu'aucune théorie incontestée n'ait été révélée : *supra* n° 7.

163. TEYSSIÉ (B.), *Droit civil, les personnes*, 5e éd., Litec, 2000, n° 542 ; RIPERT (G.) et ROBLOT (R.), *Traité de droit commercial*, t.1, 17e éd. par M. Germain et L. Vogel, Paris, LGDJ, 1998, p. 195 et s. ; JEANTIN (M.), *Droit des sociétés*, 3e éd., Montchrestien, 1994, p. 33.

164. MESTRE (J.), *Droit commercial*, 24e éd., LDGJ, 1999, p. 173 ; de JUGLART (M.), et IPPOLITO (B.), *Cours de droit commercial*, vol. 2, 10e éd. refondue par J. DUPICHOT, Paris, Montchrestien, 1999, p. 46 et p. 98 ; GUYON (Y.), *Droit des affaires*, 10e éd., Economica, 1998, n° 186 ; GUYON (Y.), « Personnalité morale des sociétés – effets », refondu par N. DION, *Juris-Classeur, Traité du droit des sociétés*, 1997, Fasc. 28-15 ; LARROUMET (Ch.), *Droit civil – Introduction à l'étude du droit privé*, 3e éd., Economica, 1998, n° 391 ; MALAURIE (Ph.) et AYNÈS (L.), *Droit civil, les successions, les libéralités*, par Ph. Malaurie, 4e éd., Cujas, 1998, n° 326 ; PRIETO (C.), *La société contractante*, Thèse Aix-Marseille, 1994.

165. RANDOUX (D.), « La spécialisation des sociétés », *Mél. Weill*, Dalloz-Litec, 1983, p. 471.

166. PRIETO (C.), *op. cit.*

167. FREYRIA (Ch.), « La personnalité morale à la dérive », *Mél. Breton-Derrida*, Dalloz, 1991, p. 121.

Ainsi, l'histoire du principe de spécialité des personnes morales apparaît plus que tourmentée, tout autant que celle de la fiducie, semble-t-il, beaucoup plus ancienne.

§ 3 – L'HISTOIRE DE LA FIDUCIE

33. La fiducie n'est pas un phénomène nouveau dans le temps. La fiducie s'est rencontrée en Égypte pharaonique, en Grèce antique, dans le vieux droit musulman…

Seule la « *fiducia* » romaine fera l'objet d'une étude historique, puisqu'elle inspira, pour partie, le projet de loi de 1992 instituant la fiducie. Apparue à l'époque de la Rome antique, la *fiducia* était un contrat réel de bonne foi (I). Elle subit toutefois une mutation (II).

I. LA « FIDUCIA », CONTRAT RÉEL DE BONNE FOI

34. Bien que quelques rares courants minoritaires tentèrent de faire remonter les origines de la « fiducia » à la loi des Douze Tables[168], voire même à une époque encore antérieure[169], la plupart des historiens soutinrent que l'usage en datait au moins du IVe siècle de Rome[170].

Du VIIIe au Ve siècle, le droit primitif ne connaissait que des actes juridiques peu nombreux et solennels. La simple convention était incapable de transférer la propriété. Les rites étaient donc indispensables pour que le transfert ait valablement lieu, non par transfert du droit, mais par transfert de la *res* (chose matérielle)[171]. Toutefois, l'acte rituel ne pouvait exister sans un rapport de confiance : la *fides*[172],

---

168. Notamment GIFFARD (A.-E.), *Droit romain et ancien droit français (Obligations)*, 5e éd., Précis Dalloz, 1958 et LÉVY-BRUHL (H.), « Nouvelles études sur le très ancien droit romain », *Recueil Sirey*, 1947.

La loi des Douze Tables (450 av. J.-C.) était une transaction entre Plébéiens et Patriciens. Ce fut l'écrit le plus ancien et le plus célèbre, connu seulement par des citations de jurisconsultes ou de grammairiens : CUQ (E.), *Manuel des institutions juridiques des romains*, seconde éd., LGDJ, 1928, p. 58 et s.

169. GLARD (I.), *De la fiducie*, Thèse Rennes, 1893-1894, Paris, A. Rousseau 1894, p. 25.

170. V. par exemple, JACQUELIN (R.-L.-D.), *De la fiducie (dr. rom.) : de la juridiction administrative dans le droit constitutionnel*, Thèse Paris, 1890-1891, p. 36 ; REYMOND (C.), *Essai sur la nature et les limites de l'acte fiduciaire*, Thèse Lausanne 1948, Montreux, Ganguin et Laubscher SA, 1948, p. 4.

Rappelons seulement que la fondation de Rome remonterait à 763 av. J.-C.

171. LEPOINTE (G.), *Droit romain et ancien droit français (Biens)*, Précis Dalloz 1958, p.14 s.

172. Voici l'apparition pour la première fois de la *fides*, l'ancêtre de la *fiducia* (du latin *fido, es, ere* : avoir confiance / *fido* : j'ai confiance). L'étymologie de la fiducie confirme sa parenté avec le *trust* signifiant également « confiance », même si « la fiducie et le *trust* évoluent dans des systèmes juridiques distincts » : KUHN (C.), *Le patrimoine fiduciaire, contribution à l'étude de l'universalité*, Thèse Paris I, décembre 2003, p. 1.

c'est-à-dire la confiance du fort dans l'acte qu'il accomplit, et la confiance du faible dans l'acte accompli par le fort[173].

Ainsi, la *fides* était un lien moral ; plus encore, elle était un lien religieux. En effet, « divinité commune aux Latins et aux Sabins, la *Fides* avait à Rome plusieurs temples dont le premier, au rapport de la légende, aurait été établi sur le mont Palatin par la Rhoma, petite-fille d'Énée, à l'arrivée de ce dernier en Italie. Non contente d'en faire une divinité spéciale, la religion romaine considérait encore la *Fides* comme un attribut de Jupiter, honoré sous le nom de *Dius Fidius.* Le *Dius Fidius* vengeait les offenses à la bonne foi et à la rupture des promesses faites sous la garantie de la *fides.* Enfin, Hercule était aussi le protecteur de la bonne foi, en même temps que le dieu du serment »[174].

Aussi devenait inutile, à cette époque, le recours à toute action en vue de protéger une obligation fondée sur la *fides.*

35. Par la suite, l'évolution de la société nécessita des solutions permettant d'atteindre des buts non envisagés, voire prohibés par la loi.

Le rigorisme du droit défendant l'introduction de formes nouvelles, les parties utilisèrent les anciennes pour consacrer des rapports nouveaux, en modifiant leurs effets ordinaires par une simple convention. Ainsi fut engendrée la *fiducia,* par un phénomène universel de réaction : elle naquit par nécessité économique, celle de constituer une sûreté réelle au profit d'un créancier. En effet, d'une part, le gage n'était pas connu, puisque la possession n'était pas encore protégée aux mains du non-propriétaire, d'autre part, les modes solennels tels la *datio,* la *mancipatio*[175] ou l'*in jure cessio*[176], transféraient la propriété à titre incommutable, perpétuel et n'admettaient pas de condition résolutoire.

---

173. LEPOINTE (G.), *ibid.* : l'imposition de la main droite sur la personne ou sur la chose pouvait caractériser le rite.

174. GÉNY (F.), *Étude sur la fiducie : de la responsabilité des locataires envers le bailleur en cas d'incendie de la chose louée (dr. rom.)*, Thèse Nancy, 1884-1885, p. 16 et 17.

175 . Acte formaliste de *jus civile* accessible aux citoyens et aux bénéficiaires du *commercium,* le plus ancien et le plus solennel de transmission. C'était le transfert *per aes et libram* : une balance et un lingot d'airain, un porte-balance, cinq témoins citoyens et pubères et le prononcé d'une formule rituelle (acte décrit dans les *Institutes* de GAÏUS – IIe siècle ap. J.-C.). La chose aliénée devait être aussi présente, d'où l'idée selon laquelle seuls les objets mobiliers pouvaient être mancipés. Mais dès la Loi des XII Tables, les immeubles purent incontestablement être mancipés, un objet symbolique devant les représenter. Le domaine de la mancipation s'est étendu au Ve siècle de Rome, et elle est devenue un acte abstrait. Son champ d'application s'est beaucoup développé, et elle est devenue un mode général de transfert de propriété des *res mancipi.* Elle servit en dehors de la vente, en cas de donation, de dot, de legs, et permit d'offrir une garantie à un débiteur, sous la forme de la *vente fiduciaire*, forme du gage de ce temps : LEPOINTE (G.), *op. cit.*, p. 14 et s.

176. L'*in jure cessio* était également un mode solennel de transfert de propriété qui faisait un peu double emploi avec la *mancipatio*, mais moins pratique, car, outre le prononcé d'une formule déterminée, la présence d'un magistrat était requise. En sorte qu'à un moment donné, le seul et exclusif domaine d'application de l'*in jure cessio* fut le transfert des choses incorporelles, notamment des servitudes (c'est aussi dans le domaine du transfert des droits plus que dans celui de transfert des choses que l'*in jure cessio* s'est révélée utile) : LEPOINTE (G.), *ibid.*

Ainsi, l'esprit pratique des romains pallia l'insuffisance de la législation, par la *fiducia*[177]. Elle consistait en un transfert de propriété manifesté par une obligation de donner, la *datio*. Le transfert s'accompagnait d'une convention[178] dans laquelle celui qui avait reçu la chose s'obligeait, dans un certain délai et sous des conditions préalablement fixées, soit à restituer la chose à l'aliénateur, soit à la transmettre à un tiers. L'aliénation devait être volontaire, et le transfert de propriété certain. Voilà pourquoi le droit romain, qui reconnaissait trois modes de transmission possibles[179], n'en accepta que deux pour l'aliénation fiduciaire, c'est-à-dire, soit sous la forme d'*in jure cessio,* soit sous la forme de *mancipatio*[180]. En effet, la *traditio*[181], c'est-à-dire la simple remise de la chose, était insuffisante, car trop sommaire et insusceptible de nuances.

36. Les applications de la fiducie dans le droit des choses furent classées par Gaïus[182], jurisconsulte du IIe siècle, sous la division caractéristique de *fiducia cum creditore*, d'une part, et de *fiducia cum amico*, d'autre part[183].

– **La *fiducia cum creditore*** consistait à donner une sûreté réelle à un créancier *(pignoris jure)* au moyen d'une translation de propriété[184]. Le débiteur transférait au créancier la propriété d'une chose lui appartenant, avec convention que le créancier la lui rendrait après paiement[185]. L'inconvénient majeur de la constitution d'une sûreté réelle par *fiducia* était de dépouiller le débiteur de la propriété d'un bien, conséquence directe du transfert. Voilà pourquoi la pratique imagina l'insertion de clauses de *precarium* ou de *locatio,* permettant au créancier-fiduciaire ayant reçu la chose, de donner immédiatement au débiteur-fiduciant la jouissance du bien. Ces clauses permettaient non seulement d'éviter la dépossession, mais comportaient également deux séries d'avantages : d'une part, le débiteur-fiduciant bénéficiait des fruits de la *res fiduciaria*, d'autre part, le créancier-fiduciaire ne pouvait point abuser de son « droit de propriété » puisqu'il ne tenait pas en ses mains cette *res fiduciaria.*

– **La *fiducia cum amico*** permettait de réaliser un transfert en pleine propriété à un tiers de confiance, l'*amicus,* des biens qu'il devait gérer, avant de les remettre à une date fixée à un tiers bénéficiaire. Ainsi, « cette application de la fiducie a eu comme utilité première de suppléer dans un droit encore archaïque l'insuffisance des

---

177. GLARD (I.), *op. cit.*, p. 20 s.

178. Le pacte de fiducie constituait ainsi une sorte de contre-lettre venant contredire la dation à laquelle il était joint : GÉNY (F.), *op. cit.*, p. 13.

179. *Supra* n° 35 (par *mancipatio*, par *in jure cessio*, ou par *traditio*).

180. MONIER (R.), *Manuel élémentaire de droit romain*, 6e éd., Domat-Montchrestien, Paris, 1947, t. 1, n° 96 et s. ; GAUDEMET (M.), *Cours de droit romain*, Les cours de droit, 1953-1954.

181. La *traditio*, mode du *jus gentium* (à la portée de tous, contrairement au *jus civile* – *supra* n° 35), exigeait un formalisme moindre, puisqu'elle ne postulait que la remise de l'objet lui-même par l'aliénateur à l'acquéreur. C'était un mode non solennel de transfert : LEPOINTE (G.), *op. cit.*, p.14 et s.

182. *Institutes* de Gaius, II, 60.

183. JACQUELIN (R.), *De la fiducie*, Thèse Paris, 1891, p. 88.

184. Ce mécanisme rappelle celui de la fiducie-sûreté du projet de loi.

185. GIFFARD (A.-E), *op. cit.*, p. 89 et 90.

techniques contractuelles »[186]. En effet, par cette technique, il s'agissait surtout de réaliser un contrat de dépôt, de commodat ou de gage à une époque où les « *Institutes* » de Gaïus passaient sous silence ces contrats réels de bonne foi.

37. Au cours de la République romaine, la « fiducia » subit quelques transformations permettant la distinction entre deux périodes : la période des actions de la loi, tout d'abord, celle de la procédure formulaire, ensuite.

– *La période des actions de la loi*[187] : une action en justice ne pouvait être introduite qu'à l'unique condition d'avoir été prévue par la loi. Le demandeur devait alors utiliser une formule rituelle. Or, aucune formule n'ayant été prévue pour l'action en récupération d'une *res fiduciaria*, le fiduciant n'avait d'autre possibilité que de s'en remettre à la loyauté du fiduciaire[188]. Le fiduciant n'était toutefois pas démuni :

- d'une part, il bénéficiait d'une garantie morale issue de la publicité entourant la *mancipatio* (les cinq témoins) et l'*in jure cessio* (la présence du juge)[189],
- d'autre part, il disposait d'une facilité légale : s'il récupérait la *res fiduciaria* et la conservait pendant un an, il en recouvrait la propriété. Il s'agissait d'un cas particulier d'usucapion sans transmission, ni bonne foi : l'*usureceptio fiduciae*[190].

– *La période formulaire dès le IVe siècle de Rome*[191] : le régime de la *fiducia* va bénéficier de l'introduction de la procédure formulaire. Une action en justice ne pouvait désormais être introduite que sur une formule délivrée par le prêteur. Celui-ci était susceptible d'en délivrer deux sortes : soit des formules prévues par la loi (formules *in jus*) ouvrant des actions dites de droit civil, soit des formules créées par lui (formules *in factum*) contenues dans un édit qu'il présentait lors de son entrée en fonction[192]. Ces formules *in factum* ouvraient alors des actions prétoriennes appelées « actions de bonne foi » ou « actions *in factum* ». Il s'agissait d'actions infamantes qui n'étaient pas des actions en justice. La *fiducia* fut tout d'abord rattachée à une action *in jus,* dont la formule contenait ces termes : « *ut inter bonos bene agere oportet et sine fraudatore* »[193]. Vers la fin de la République, elle fut insérée parmi les actions renfermant la clause « *ex fides bona* » (actions de bonne foi infamantes). Par cette action infamante, le fiduciant ayant aliéné sa chose avec un pacte de fiducie pouvait espérer en obtenir la restitution. Finalement, sous le Haut Empire, la loi *Aebutia* lui accorda une action principale et directe de droit civil : l'*actio fiduciae*

---

186. WITZ (C.), *La fiducie en droit privé français*, préface de D. Schmidt, Paris, Economica, 1981, p. 23.

187. Soit jusqu'à peu près 250 av. J.-C.

188. Ce que traduit la *fides* : confiance.

189. *Supra* n° 35.

190. GIFFARD (A.-E.), *op. cit.*, p. 58 s.

191. C'est-à-dire à l'époque classique.

192. Le prêteur était élu pour un an par les comices centuriates.

193. « Comme il faut agir entre honnêtes gens et sans fraude » : MONIER (R.), *op. cit.*, n° 95.

directa, conférant à la *fiducia* le caractère obligatoire dont le gage n'était pas pourvu, et permettant au fiduciant de réclamer une indemnisation[194].

Ainsi, la *fiducia* connut un vif succès à Rome, soit à travers la *fiducia cum creditore*, laquelle fut utilisée notamment pour la transmission des terres nobles en Italie, soit à travers la *fiducia cum amico,* lorsqu'il fallait recourir à un intermédiaire de gestion.

38. Tombée pourtant en désuétude au Bas-Empire, elle fut absente des compilations de Justinien[195].

La raison de sa désuétude fut le nombre important d'inconvénients par rapport aux avantages :

– Tout d'abord, la *fiducia cum creditore* se heurta à la prise de conscience d'un gaspillage du crédit, cela chaque fois que la valeur de la *res fiduciaria* était supérieure au montant de la créance garantie.

– Ensuite, l'aliénation fiduciaire, utilisée pour réaliser un dépôt ou un commodat, présentait le désavantage de ne pas satisfaire pleinement le but des parties :

- *Du côté du fiduciant-débiteur* : tout d'abord, cessant d'être propriétaire, il était, en conséquence, privé du droit de percevoir et de garder les fruits dont la valeur aurait pu être pu employée afin d'éteindre une partie de la dette. D'où l'épuisement de son crédit. Ensuite, il perdait son action réelle en revendication au profit seulement d'une action née du contrat de fiducie, c'est-à-dire une action personnelle. De ce fait, cette action exposait le débiteur à l'insolvabilité du créancier. Enfin, faute de droit de suite, il ne pouvait réclamer sa chose en quelque main qu'elle fût, même si l'aliénation avait été faite par un fiduciaire de mauvaise foi.
- *Du côté du fiduciaire-créancier* : le contrat de fiducie ne pouvait être consenti qu'au profit de créanciers citoyens, et non au profit de n'importe quel créancier[196]. De plus, et surtout, le fiduciaire ne tenait pas en ses mains la *res fiduciaria*[197].

– Enfin, la disparition de la fiducia résulta du mouvement d'affinement croissant de la technique juridique : « le transfert de propriété à titre de garantie a semblé devoir être avantageusement remplacé par des institutions plus élaborées et

---

194. MONIER (R.), *op. cit.*, t. II, n° 229 p. 314.

195. 533-534 ap. J.-C. : GIRARD (F.), *Manuel élémentaire de droit romain*, Paris, Rousseau, 8e éd. par F. Senn, 1929, p. 90 et s. L'auteur précise : « *il est difficile, par suite des interpolations de Justinien, de préciser l'époque à laquelle la fiducie a disparu. Les documents de la pratique la mentionnent encore au IIe siècle, les textes juridiques au Ve siècle.*
Elle a perdu successivement ses cas d'application, dans le droit des personnes et dans le droit des choses, pour les hypothèses du dépôt et du commodat, qui se sont dégagées de la fiducie (cum amico), pour devenir des contrats distincts ; La mancipation fiduciaire cum creditore a survécu plus longtemps. On la retrouve encore dans les Sententiae Pauli au Bréviaire d'Alaric. Mais elle n'existe plus dans le droit de Justinien. La fiducie et ses actions se sont transformées au Digeste, par interpolation en pignus et en actions pigneraticiae ».

196. *Supra* n° 35.

197. GIFFARD (A.-E), *op. cit.*, pp. 89 à 91.

plus adaptées aux objectifs poursuivis par les contractants »[198]. Ainsi, la naissance des actions *commodati, depositi* et *pigneraticia*, élevant les conventions de gage, de dépôt et de prêt à usage, au rang de contrats, sonnèrent le glas de la fiducia[199]. La seule remise en possession d'une chose, dans ces nouveaux contrats réels, présentait sans aucun doute plus d'attrait que l'aliénation de propriété inhérente à la fiducia[200]. Néanmoins, la fiducia ne fut pas totalement enterrée, puisque au fil du temps, il y eut régulièrement quelques résurgences de la technique fiduciaire.

II. DE LA *FIDUCIA* À LA FIDUCIE

39. Après la disparition de la « fiducia » romaine, l'institution du fideicommis joua un rôle essentiel dans le renouveau de la fiducie lors de la renaissance du droit romain au XIIe siècle[201].

Cette institution se développa dans le cadre des successions. Au sens large, « le *fideicommis* s'entend d'une libéralité et plus spécialement d'un legs, dans lequel une personne gratifiée en premier ordre est chargée de rendre la chose léguée à une autre personne gratifiée en second ordre »[202]. Dans un sens plus étroit, on emploie dans la pratique l'expression de *fideicommis* pour désigner « *une simple prière par laquelle le disposant demande à l'institué ou à quiconque reçoit une portion héréditaire de donner ou d'accomplir quelque chose en faveur d'un tiers* »[203]. En d'autres termes, l'institution permettait de transmettre des biens à celui qui ne pouvait pas directement être institué héritier, ou désigné comme légataire, puisque le disposant remettait les biens à un intermédiaire de confiance, prié de les restituer à la personne désignée (fidéicommissaire). La libéralité ainsi réalisée n'était que précative. L'institution reposait donc sur la bonne foi.

Étymologiquement, le terme *fideicommissum* est issu du verbe latin *fideicommittere* signifiant « abandonner quelque chose à la foi de quelqu'un ». Les similitudes entre la fiducie et le *fideicommis*[204] n'éludaient pas leur différence notoire quant à leur qualification juridique : tandis que le *fideicommis* s'adressait à ceux qui recueillaient des biens par la voie successorale, et par là même, constituait un **acte unilatéral de volonté**, la fiducie, accompagnant les transmissions de biens entre vifs, constituait un contrat.

---

198. OPPETIT (B.), préface p. VIII *in* Les opérations fiduciaires : pratiques, validité, régime juridique dans plusieurs pays européens et dans le commerce international, Colloque de Luxembourg des 20 et 21 septembre 1984, sous la direction scientifique Claude WITZ, préface de Bruno OPPETIT, Paris, FEDUCI – LGDJ, 1985.

199. GIRARD (F.), *op. cit.*, pp. 432- 433.

200. En effet, celui qui avait remis la chose en restait propriétaire, pouvant ainsi la revendiquer, même entre les mains d'un tiers. En outre, il pouvait utiliser certaines actions pénales, telle l'*actio furti* soit encore l'action de la loi *Aquilia*.

201. WITZ (C.), *La fiducie en droit français*, thèse Paris, Economica, 1981, préface de D. SCHMIDT, n° 25, p. 26 et s.

202. *Encyclopédie juridique Dalloz* – Répertoire de droit civil publié sous la direction de M. Vergé et de M. Ripert – tome II – Paris, 1952.

203. WITZ (C.), *op. cit.*, p. 26 et s.

204. D'une part, le grevé de fidéicommis se nomme *fiducarius*, tout comme celui qui s'est obligé en vertu du *pactum fiducia*. D'autre part, l'*hereditas* est aussi appelé *fiducaria*, tout comme la chose donnée en fiducie : JACQUELIN (R.), *De la fiducie*, Paris, 1891, pp. 412-413.

À partir de l'Empire, le *fideicommis* se transforma en une institution réglementée, suite à l'intervention de l'Empereur Auguste, pour pallier les abus, d'une part[205], les sollicitations des fidéicommissaires, d'autre part[206].

40. Les institutions de l'Ancien Droit firent référence à une fiducie, laquelle n'avait toutefois aucune correspondance avec la fiducia romaine. Elle constituait un type de *fideisicommis*[207], avec sa variante, la substitution fidéicommissaire.

La substitution fidéicommissaire assurait le maintien de l'objet légué dans la famille, en raison de l'obligation, pour l'héritier ou pour le légataire, de conserver les biens donnés, et de les transmettre à son propre décès à un tiers désigné par avance. Elles étaient devenues fréquentes, correspondant aux besoins d'une société féodale dans laquelle la personne était plus un membre d'une famille, d'une communauté, qu'un individu. Elles étaient utilisées dans toutes les classes sociales où elles poursuivaient des objectifs très divers : éviter le morcellement du patrimoine, préserver l'autorité de la famille, maintenir l'éclat du nom... Elles répondirent principalement à un besoin politique, étant un moyen de conserver, autour du trône, une aristocratie puissante et riche, puisque leur but était de maintenir l'intégrité du patrimoine familial, et d'asseoir la puissance des familles féodales en rendant les biens inaliénables. En effet, l'obligation en laquelle se trouvait le grevé de substitution de transmettre à l'appelé[208] les biens qu'il avait reçus, avait pour conséquence, non seulement l'inaliénabilité et l'insaisissabilité des biens grevés de substitution, mais aussi, politiquement, de consolider la noblesse, et, économiquement, de soustraire des biens importants à toute circulation[209]. Ce fut pour cette raison économique qu'une ordonnance du chancelier d'Aguesseau prohiba les substitutions perpétuelles en les limitant à deux générations[210]. Le Code Napoléon maintint la prohibition, reprenant la loi révolutionnaire du 14 novembre 1792, tant pour des raisons politiques qu'économiques[211].

---

205. Par exemple, pour contourner une incapacité de recevoir motivée par une raison d'ordre public.

206. Par exemple, lorsque les fidéicommissaires ne pouvaient obtenir des héritiers ce que le défunt avait souhaité leur transmettre.

207. « Libéralité pour cause de mort, sans intention libérale du disposant à l'égard du grevé » : WITZ (C.), *op. cit.* p. 37.

208. Le premier gratifié s'appelle le « grevé de substitution », le second bénéficiaire, « l'appelé ».

209. MALAURIE (Ph.) et AYNES (L.), *Droit civil – les successions, les libéralités*, par Ph. MALAURIE, 3e éd., CUJAS, 1995/1996, n° 781.

210. Ord. 7 août 1747, art. 30 : « *l'article 59 de l'ordonnance d'Orléans sera exécuté, et en conséquence, toutes les substitutions faites, soit par contrat de mariage ou autre acte entre vifs, soit par disposition à cause de mort, en quelques termes qu'elles soient conçues ne pourront s'étendre au-delà de deux degrés de substitués outre le donataire, l'héritier institué ou légataire ou autre qui aura recueilli le premier les biens du donateur ou du testateur* » (Réf. tirée de l'ouvrage de MALAURIE, *ibid.*).

211. Art. 896 C. civ. : « *Les substitutions sont prohibées. Toute disposition par laquelle le donataire, l'héritier institué ou le légataire, sera chargé de conserver ou de rendre à un tiers, sera nulle, même à l'égard du donataire, de l'héritier institué, ou du légataire* ».

41. Le principe de la prohibition des substitutions fidéicommissaires posé par l'article 896 du Code civil est sans doute à l'origine du silence dudit Code sur la fiducie[212].

Toutefois, cette dernière ne fut pas totalement ignorée de notre arsenal législatif. En effet, au cours du XIXe siècle, une double résurgence circonstancielle se produisit, pour des objets spécifiques, c'est-à-dire les créances[213] et les navires[214].

Également, la lecture de certains ouvrages littéraires la fit réapparaître[215].

42. Les étapes ultérieures, plus récentes, furent particulièrement significatives de la renaissance de la fiducie.

Pendant l'Exposition Universelle à Paris, en 1937, la Semaine internationale de droit retint plusieurs thèmes en raison de leur « actualité pressante » ou de leur « intérêt constant ». Parmi ces sujets figura « la Fiducie en droit moderne » dont le rapporteur, Savatier, constata qu'elle n'avait pas d'existence en tant qu'institution autonome. Dans le rapport général, Demogue souligna que « la fiducie sous sa forme romaine n'était nullement interdite dans le droit actuel, mais elle offrait peu d'intérêt »[216]. Tel ne fut pas l'avis, par la suite, de l'immense majorité des praticiens qui réclamèrent – et réclament encore aujourd'hui – la création d'une « fiducie à la française », à l'instar du *trust* anglo-saxon ou des fiducies étrangères.

---

212. Un auteur justifia ce propos ainsi qu'il suit : « la fiducie ayant toujours été étudiée par la doctrine de l'Ancien droit à propos des effets des substitutions fidéicommissaires, l'interdiction de ces substitutions a pu cacher aux rédacteurs du Code civil l'existence de la fiducie maladroitement greffée sur les substitutions par une tradition doctrinale séculaire » : WITZ (C.), *op. cit.* p. 42.

213. Par exemple, l'article 38 de la charte de 1814, et la loi du 19 avril 1831 prévoyaient un transfert fiduciaire de propriété par une vente apparente avec clause de restitution, utilisé quelquefois pour permettre à des personnes peu fortunées d'être éligibles à des fonctions politiques, fonctions qui requéraient un certain cens : GENY (F.), *op. cit.*, p. 114.

214. Par exemple, on peut mentionner l'extrait du rapport présenté à l'Assemblée Nationale par GRIVART, sur la proposition de loi, qui deviendra la loi du 10 décembre 1874 sur l'hypothèque maritime pour les bateaux circulant sur nos canaux de navigation : « *pour la garantie d'un prêt ou de toute autre créance, le propriétaire cède en douane le navire ou l'intérêt qui lui appartient. La cession n'est qu'apparente ; après le paiement de la dette, une rétrocession s'opère et la propriété rentre dans les mains du débiteur, qui en réalité, ne l'avait point aliéné, mais seulement mise en gage. Ce nantissement déguisé, dont la jurisprudence a reconnu la validité, n'est autre chose que le retour à l'antique contrat de fiducie, qui apparaît dans le droit romain comme la première forme du crédit réel, mais auquel se substituèrent bientôt les formes perfectionnées du gage et de l'hypothèque* » : GENY (F.), *op. cit.*, pp. 114 et s.

215. Dans une nouvelle, Balzac raconta comment M. de Restaud remit sa fortune à titre fiduciaire à l'usurier Gobseck, afin que celui-ci la rendît à son fils : « *préparez les actes nécessaires pour transporter à Gobseck la propriété de mes biens. Je ne me fie qu'à vous, Monsieur, pour la rédaction de la contre-lettre, par laquelle il déclarera que cette vente est simulée, et prendra l'engagement de remettre ma fortune, administrée par lui comme il sait le faire, entre les mains de mon fils aîné à l'époque de sa majorité* » : BALZAC (H. de), *Gobseck*, Soc. d'éditions littéraires et artistiques, Librairie P. Ollendorff, Paris, pp. 76 et 77.

216. La Fiducie en droit moderne, Travaux de la Semaine internationale de droit de Paris, ASSOCIATION H. CAPITANT des juristes de la langue française, Paris, 1937.

En 1980, la thèse de doctorat de Claude Witz mit l'accent sur l'importance de la fiducie et sur les manifestations d'une fiducie innommée existant en droit positif de façon plus ou moins masquée[217]. Sans multiplier les exemples, cette thèse notoire reçut un grand écho dans les milieux juridiques, si bien qu'à compter des années ultérieures, les spéculations sur la fiducie furent nombreuses, et un véritable engouement se produisit. On ne compte plus aujourd'hui les articles, colloques, ouvrages que la fiducie suscita. Elle apparaîtrait aux yeux de beaucoup comme un instrument salvateur idéal à de nombreuses opérations d'ingénierie financière[218], évitant une délocalisation excessive d'un certain nombre d'opérations hors de France[219]. Elle pourrait apporter un régime plus précis à la cession de créances professionnelles à titre de garantie régie par la loi *Dailly*[220] en l'étendant, par exemple, aux créances non professionnelles. En matière de gestion de patrimoine, elle pourrait ouvrir de nouvelles voies en raison de son irrévocabilité – supériorité par rapport au mandat[221] – ce qui permettrait d'assurer une gestion à long terme des droits fiduciés[222]...

Depuis 1988, la Chancellerie, en l'occurrence le bureau de Droit commercial de la direction des affaires civiles, à l'époque sous l'autorité de Madame Jacqueline de Guillenchmidt, élabora divers avant-projets. Un projet de loi en date du 19 février 1992 fut déposé sur le bureau de l'Assemblée nationale le 20 février 1992[223]. Soumis à un certain nombre de critiques, il fut retiré, laissant ainsi la fiducie lettre morte en tant que telle dans l'esprit du législateur français, mais non dans celui des juristes, ni dans celui des praticiens[224].

La fiducie n'est donc pas un phénomène nouveau, et sa redécouverte ou plus exactement, sa renaissance, s'inscrit dans l'histoire cyclique des institutions[225].

---

217. WITZ (C.), *op. cit.*

218. V. par exemple FOUCAUD (A. de), « Le point de vue du chef d'entreprise sur la fiducie », *RDBB* 1990, p. 111 et s. : elle revaloriserait sans doute la technique du RAS (rachat d'entreprise par les salariés) sans l'apport, par les salariés, de fonds.

219. Les techniques de *defeasance* (*infra* 2nde partie, n°s 254 et 255).

220. Art. L. 313-24 C. mon. fin. V. *infra* 2nde partie.

221. Mandat, fiducie, *trust*, sont des techniques qui s'appuient sur la notion de confiance. Le mandant confère une mission de représentation au mandataire que parce qu'il lui fait confiance. À l'instar de la fiducie, le mandat organise la gestion des biens du mandant-propriétaire, mais à la différence de la fiducie, le mandat n'opère aucun transfert de propriété au profit du gestionnaire. La gestion des biens, par la technique du mandat, est assurée par la représentation du propriétaire, et non par le cumul des qualités de gestionnaire et de titulaire comme en matière de *trust*.

222. GRIMALDI (M.) et BARRIÈRE (F.), « La fiducie en droit français », *in* La fiducie face au *trust* dans les rapports d'affaires, 15e Congrès international de droit comparé, Bristol, 1998, Bruylant - Bruxelles, 1999, p. 257.

223. Ce fut le seul qui fut porté à la connaissance du public. *Infra* 2nde partie.

224. *Infra* 2nde partie.

225. TRIGEAUD (J.-M.), « Le droit ou l'éternel retour », *in Mél. en hommage à F. Terré*, Dalloz, 1999

La fiducie et le principe de spécialité des personnes morales ayant été situés dans leur contexte historique, il importe de préciser ce qui entrera dans l'étude et ce qui n'en sera pas.

§ 4 – DÉLIMITATION DE LA RÉFLEXION ENTREPRISE

Étude de droit privé, tout d'abord, puisque ne seront abordées que les techniques fiduciaires au regard du principe de spécialité des personnes morales de droit privé[226].

Étude de droit positif, ensuite, puisque tout rappel historique a été préalablement effectué, afin de comprendre au mieux lesdites notions. Si un effort sera accompli pour ne point abuser des abstractions[227], concepts que Gény avait en son temps récusés[228], une partie de la réflexion – parce qu'elle s'engage sur un terrain vierge – ne pourra être étayée ni par la pratique des affaires, ni par la jurisprudence, du moins de manière directe.

Étude de droit français enfin, sauf à introduire au cours des développements quelques références de droit comparé. Toutefois, l'occasion est donnée, dès à présent, de dégager succinctement les solutions de quelques pays occidentaux quant au principe de spécialité des personnes morales, d'une part, quant à la fiducie, d'autre part.

43. En premier lieu, le principe de spécialité des personnes morales, tout en n'étant pas totalement inconnu dans les pays occidentaux, semble différemment compris.

En droit anglais, le principe de spécialité des personnes morales a son équivalent avec la doctrine de l'*ultra vires*, en vertu de laquelle tout acte accompli par une personne morale en dehors de l'objet social pour lequel elle a été constituée, doit être *annulé* comme étant *ultra vires*[229]. Cette doctrine n'a jamais été considérée en

---

226. Les personnes morales à caractère mixte, telles que les sociétés nationalisées ou les sociétés d'économie mixte seront incluses.

227. Il convient de comprendre ce terme comme « concepts dépourvus de réalités concrètes », ou encore « sans référence à la réalité concrète » (*Dictionnaire de la langue française*, par Paul ROBERT, Société du Nouveau Littré, 1973).

228. GÉNY (F.), *Méthode d'interprétation et sources en droit privé positif – Essai critique*, préface P. SALEILLES, 2e éd., 1919.

229. Précision étant ici faite que la nullité ne peut être couverte, même à l'unanimité des associés. Cette interprétation était compréhensible dans le cadre de la législation de 1863 qui prohibait toute altération de la clause d'objet, même à l'unanimité. Depuis le *Companies Act* (1948), l'objet social peut être modifié par l'assemblée générale. Néanmoins, les conséquences sur les effets de la doctrine de l'*ultra vires* n'ont pas été modifiées.
En revanche, l'opération qui entre dans les pouvoirs de la société (*intra vires*), mais qui est en dehors des pouvoirs des dirigeants, peut être ratifiée par la société : *Charterbridge Corporation Ltd. v. Lloyds Bank Ltd (1970)* : TUNC (A.), *Le droit anglais des sociétés anonymes*, 4e éd., Economica, 1997, p. 52 et s. ; OLIVIER (H.), « La spécialité des personnes morales en droit anglais des sociétés – évolution de la doctrine de l'*ultra vires* », *Rev.* (belge) *dr. inter. et dr. comp.* 1977, p. 53 et s. ; Van OMMESLAGHE (P.), « Observations sur les

Angleterre comme un principe général du droit des sociétés, notamment pour deux raisons :

– **D'une part**, la doctrine de l'*ultra vires* ne s'applique pas à toutes les sociétés. Par exemple, les sociétés de *Common Law* incorporées par charte royale – seul mode d'incorporation de *Common Law* – ont une capacité qui n'est pas limitée à l'accomplissement d'actes nécessaires à la réalisation de l'objet social. Il en est de même pour les *Partnerships* et les *Join Stock Companies* constituées sous l'empire de l'*Act* de 1844. En revanche, les sociétés incorporées par acte spécial du Parlement, ou enregistrées sous l'empire du *Companies Act*, sont soumises à la théorie de l'*ultra vires*. Ces sociétés ou *Trade Unions,* sont de loin les plus nombreuses, en sorte que cette théorie de l'*ultra vires* constitue le droit commun[230].

– **D'autre part**, la doctrine de l'*ultra vires* apparaît dans d'autres branches du droit tel le droit constitutionnel. Elle fut d'ailleurs inspirée par ce droit, vers 1845[231], à propos des sociétés de tramways dont certaines activités portaient atteinte à des droits individuels. Elle fut consacrée par la Chambre des Lords en 1875[232].

Toutefois, tant de critiques contemporaines furent imputées à l'*ultra vires*[233], lesquelles furent à l'origine de deux propositions de réforme[234] et d'interventions

---

limites imposées à l'activité des personnes morales en droit comparé », sous Cass. 1re chambre, 31 mai 1957, *Rev. crit. de jurisprudence belge* 1958, p. 286 et s.

230. TUNC (A.), *op. cit.*, p. 52 et s.

231. « Selon le *Law Dictionnary* de BOUVIER, elle a été mentionnée pour la première fois au mot *Ultra Vires* à cette époque » : VIGNON (L.), *Le principe de la spécialité et les êtres collectifs*, Thèse, Paris, 1903, p. 223.

232. *Ashbury Railways Carriage and Iron Co. v. Riche* : la société avait pour principal objet la fabrication, la vente, le prêt de wagons et autre matériel de chemin de fer ; elle pouvait acheter, louer, construire des immeubles pour la réalisation de l'objet social ainsi que mener des activités de mécanique et d'entreprise générales. Le conflit a surgi après que la société ait décidé de financer la construction d'un chemin de fer en Belgique, réalisé par RICHE. Le contrat était-il valable ? La Chambre des Lords a jugé que ledit contrat n'était pas valable, car l'opération était *ultra vires.*

233. *Première critique, concernant la position des tiers dans la relation contractuelle* : l'exigence du devoir d'information pesant sur les tiers cocontractants est devenue aujourd'hui impraticable. C'est pourquoi, ils sont contraints d'accepter un certain risque juridique en fonction de l'importance de la transaction. Souvent, la règle de l'*ultra vires* est alors détournée de son but premier, puisqu'elle est invoquée par les sociétés en liquidation qui n'ont pas à sauvegarder des relations commerciales. *Donc, une première objection qui porte sur l'insécurité juridique des tiers qui en découle*, et non sur le principe en lui-même. Leur protection doit être assurée par d'autres règles.
Seconde critique, concernant les associés : l'*ultra vires* n'est pas une protection sérieuse pour les associés. En effet, en Grande-Bretagne, les dispositions statutaires prévoyant des objets sociaux très larges, couvrant toute espèce d'actes des dirigeants, se multiplient. Ainsi, il apparaît très souvent difficile de déterminer avec précision les limites statutaires à l'activité de la personne morale.
Par ailleurs, les juges reconnaissent de plus en plus la validité des dispositions statutaires conférant aux administrateurs eux-mêmes le soin d'apprécier ce qui est à faire dans l'intérêt social et d'en déduire les limites de l'objet social (affaire *Bell House Ltd. v. City Wall Properties Ltd*). La conséquence évidente est que tout recours contre ces dirigeants ne peut être accueilli, ce qui confirme le caractère illusoire de la garantie.

législatives diverses[235], qu'il est difficile de se rendre compte si, à l'heure actuelle, la théorie revêt encore une importance certaine ou non[236] sans une étude approfondie, laquelle ne pourra être effectuée au sein de ce travail[237].

Les États-Unis, ainsi que de nombreux pays du Commonwealth, ont tempéré, sinon abrogé la doctrine de l'*ultra vires* appliquée aux limites statutaires. Les critiques formulées à l'encontre de l'*ultra vires* portaient sur la validité des limites statutaires imposées à l'activité des personnes morales, dans la mesure où elles constituaient une atteinte aux droits des tiers de bonne foi. En conséquence, les droits des tiers ne trouvaient dans la théorie de l'*ultra vires* qu'une garantie illusoire. Ceux-ci se sentaient beaucoup mieux protégés par d'autres institutions[238].

Quant aux pays de la Communauté européenne, sous la pression d'un courant majoritaire allemand[239], ils se sont engagés dans un rejet massif de la théorie française de la spécialité et la théorie anglaise de l'*ultra vires*, après l'adoption de la

---

OLIVIER (H.), *op. cit.*, p. 53 et s., et Van OMMESLAGHE (P.), « Observations sur les limites imposées à l'activité des personnes morales en droit comparé », *Rev. crit. de jurisprudence belge* 1958, p. 286.

234. La première proposition de réforme, en 1945, émanant du « Comité Cohen » chargé de réformer le *Companies Act* de 1929, a conclu au rejet de l'*ultra vires* : la spécialité des personnes morales n'aurait d'effet *qu'entre les associés, par l'intermédiaire de restrictions aux pouvoirs internes des administrateurs*. Cette proposition ne fut pas retenue pour la rédaction du *Companies Act* de 1948. En 1962, la question fut à nouveau examinée par le « Comité Jenkins » : il ne s'agissait plus de renoncer à l'*ultra vires*, mais plutôt de renforcer le pouvoir de contrôle des associés, et ne pas conférer aux dirigeants un pouvoir plus large. Aucune proposition ne fut encore retenue pour la rédaction du *Companies Act* de 1967.

235. La dernière intervention législative dans laquelle la théorie de l'*ultra vires* fut à l'ordre du jour date de 1989, inspirée sur ce point par un rapport de D.D. PRENTICE. Il s'agissait d'adapter le droit anglais aux exigences communautaires, en donnant à la clause d'objet une portée purement interne (cf. « Comité Cohen »). De plus, tout dépassement d'objet social devait alors être validé par une résolution de l'assemblée générale. Les tiers étaient-ils désormais entièrement protégés ?
En tout cas, l'expérience britannique a montré combien il était difficile de poursuivre simultanément la protection des tiers et celle des associés.

236. Quelques auteurs s'accordent à affirmer que la théorie de l'*ultra vires* connaîtrait un déclin depuis peu, se référant à quelques derniers cas de jurisprudence de 1984 : TUNC (A.), *Le droit anglais des sociétés anonymes*, 4e éd., Economica, 1997, p. 52 et s.

237. Pour une étude approfondie, les ouvrages suivants pourront être consultés, la liste n'étant pas exhaustive : BRICE, *On the doctrine of Ultra Vires*, 1840 ; WEDDERBURN, *The Death of Ultra Vires*, 1966 ; pour l'historique de la théorie : GOWER (L.C.B.), *Modern Company Law*, London, 1969, p. 83 et s. ; FARRAR (J.H.) et POWLES (D.G.), *The effect of Section 9 of the European Communities Act 1972 on English company law*, 1973 ; DAVIES (B. J.), *Alteration of a Company Object Clause and the Ultra Vires Doctrine*, 1974.

238. Par exemple, la mise en cause de la responsabilité des administrateurs ou *officers*, soit encore l'injonction donnée par une cour de cesser une activité étrangère à l'objet social : TUNC (A.), *op. cit.* p. 52 et s. ; OLIVIER (H.), *op. cit.*, p. 53 et s. et Van OMMESLAGHE (P.), *op. cit.*, p. 286 et s.

239. Une minorité de la doctrine allemande s'était ralliée à la théorie de la spécialité, à l'instar de la théorie française.

première directive d'harmonisation du droit des sociétés[240]. Parmi la doctrine allemande minoritaire favorable au principe de spécialité des personnes morales, le droit allemand est peu clair : les auteurs sont généralement en accord sur les règles qui organisent la capacité[241] des personnes morales, alors qu'ils diffèrent d'avis sur la spécialité, considérée tantôt comme l'expression d'une limitation dans l'existence de la personne morale, tantôt comme une restriction au pouvoir de représentation des organes[242].

Le droit belge est un peu particulier. Si le principe de la spécialité des personnes morales n'y est pas inconnu, la Cour de cassation belge a développé une position très différente de la conception française, notamment à propos de l'opposabilité aux tiers des restrictions statutaires des pouvoirs de représentation des organes, soit encore à propos du droit reconnu aux tiers de provoquer l'annulation de décisions d'assemblée générale qui ratifieraient l'acte étranger à l'objet social[243].

44. En second lieu, l'attitude des pays voisins face à la fiducie révèle le retard français certain en la matière.

Même si quelques législations de la famille romano-germanique « *réfléchissent, sous l'influence de la doctrine et d'une nécessaire harmonisation du droit, à la possibilité d'une introduction de cette technique dans leur ordre juridique* »[244], nombreux sont nos pays voisins qui l'ont consacrée, soit par une création prétorienne, soit par la voie législative :

---

240. *JOCE* 14 mars 1968 (application au droit belge par la loi du 6 mars 1973).

241. *Die Rechtsfähigkeit.*

242. WITZ (C.), *Droit privé allemand*, p. 47 et s.

243. Van OMMESLAGHE (P.), « Observations sur les limites imposées à l'activité des personnes morales en droit comparé », à propos de Cass. 1re chambre, 31 mai 1957, *Rev. crit. de jurisprudence belge* 1958, p. 286.

244. LUCAS (F.-X.), *Les transferts temporaires de valeurs mobilières : pour une fiducie de valeurs mobilières*, préface de Louis Lorvellec, Thèse Paris X, LGDJ, 1997, p. 282.
La Convention de La Haye du 1er juillet 1985 relative à la loi applicable au *trust* et à sa reconnaissance requiert que les états signataires présentent dans leur législation une institution reprenant les critères posés : « *Aux fins de la présente Convention, le terme « trust » vise les relations juridiques créées par une personne, le constituant – par acte entre vifs ou à cause de mort – lorsque des biens ont été placés sous le contrôle d'un trustee dans l'intérêt d'un bénéficiaire ou dans un but déterminé. Le trust présente les caractéristiques suivantes :*

a) Les biens du trust constituent une masse distincte et ne font pas partie du patrimoine du trustee.

b) Le titre relatif aux biens du trust est établi au nom du trustee.

c) Le trustee est investi du pouvoir et chargé de l'obligation, dont il doit rendre compte, d'administrer, de gérer ou de disposer des biens selon les termes du trust et les règles particulières imposées au trustee par la loi » : article 2 de la Convention de La Haye.
La France n'a pas encore ratifié cette convention internationale, ainsi que d'autres pays, puisqu'elle ne comporte aucune institution présentant lesdites caractéristiques : ni la fiducie, ni le *trust* ne font partie de l'arsenal juridique français. Précision étant ici encore faite que l'objet de la Convention de La Haye n'est pas d'introduire le *trust* dans chacun des états signataires, mais d'inciter à uniformiser les instruments juridiques présents, en laissant à chacun le soin de s'organiser.

L'Allemagne et la Suisse, par exemple, ont en commun de connaître la fiducie de longue date. Son régime juridique s'est façonné au fil des années pour offrir, dans l'un et l'autre de ces pays, une physionomie différente, sous la dénomination de *Treuhand* en Allemagne et d'acte fiduciaire en Suisse[245].

D'autres pays ont fait à ce contrat une place significative : la province du Québec et le Grand-duché de Luxembourg sont deux exemples intéressants.

– **Le premier**, en raison de sa proximité géographique de la *Common law,* hésita longuement entre un mécanisme apparenté au *trust*, avant de reconnaître une fiducie d'inspiration plus romaine[246].

– **Le second**, après avoir consacré de façon très originale « une fiducie raisonnablement ambitieuse qui connaît un réel succès »[247], a finalement entériné, dans la loi luxembourgeoise du 27 juillet 2003 relative au *trust* et aux contrats fiduciaires[248], en son article 5, le contrat de fiducie : *« un contrat fiduciaire au sens du présent titre est un contrat par lequel une personne, le fiduciant, convient avec une autre personne, le fiduciaire, que celui-ci, sous les obligations déterminées par les parties devient propriétaire de biens formant un patrimoine fiduciaire ».*

La fiducie est également présente dans l'état de **Louisiane**[249], en **droit japonais** sous le nom de *Shintaku*[250], en **droit musulman** sous les noms de *Waqf* et *Moudaraba*[251]. L'expérience du **Liechtenstein** est également intéressante, puisque la fiducie fut introduite sous la dénomination de *trust,* mais il s'agit en réalité d'une fiducie inspirée du *trust,* et non à proprement parler d'un *trust*[252].

Finalement, si le principe de spécialité des personnes morales, un siècle après sa consécration par le Conseil d'État, semble vivre, tant en droit français, que dans les droits voisins, un destin peu comparable à celui de la fiducie, bien que celle-ci n'ait pas encore été inscrite dans notre *corpus* juridique[253], ledit principe n'en demeure pas moins source d'une véritable richesse propre à nourrir une réflexion. C'est pourquoi il importe, à présent, de dégager les principales articulations de la réflexion, lesquelles justifieront le plan choisi.

---

245. LUCAS (F.-X.), *ibid.*

246. LUCAS (F.-X.), *ibid.*

247. LUCAS (F.-X.), *op. cit.*, p. 291.

248. Loi du 27 juillet 2003, *Trust et contrats fiduciaires*, Mémorial A. n° 124 du 3 septembre 2003.

249. V. La fiducie ou du trust dans les droits occidentaux francophones, 3e Colloque de Luxembourg des 10-12 mai 1989, organisé par la section luxembourgeoise de l'IDEF, *RJPIC* 1990, 44/n° 2, Le Vésinet.

250. NISHIZAWA (M.), « L'état actuel du *trust (Shintaku)* en droit japonais », *RDAI* 1990, 7.

251. AL-MOUDABER (C.), *Fiducies islamiques et libanaises*, Mémoire DEA Paris I, 1997.

252. La fiducie et ses applications dans plusieurs pays européens (Allemagne, Angleterre, Liechtenstein, Luxemboug et Suisse), Colloque organisé par le Centre d'études juridiques françaises de l'université de la Sarre sous la direction scientifique de Claude WITZ, le 29 novembre 1990, *Bull. Joly* 1991, n° 4 bis.

253. La notion de fiducie, ou plus exactement, les techniques fiduciaires sont néanmoins largement présentes dans le droit positif français. La fiducie n'est pas une notion étrangère à notre droit : elle en fait partie, sans connaître encore de consécration directe : *infra* 2nde partie.

§ 5 – ARTICULATION DE LA RECHERCHE – PRÉSENTATION DU PLAN

45. L'étude portant sur « les techniques fiduciaires à l'aune du principe de spécialité des personnes morales » se propose d'approfondir le sens et la portée de la théorie de la spécialité des personnes morales afin, dans une démarche prospective, de tenter de transposer partie du raisonnement aux techniques fiduciaires[254]. Les éléments de similitude démontrés entre la personne morale et la fiducie (identité de fonction, identité de but servi par des moyens différents, et parfois, identité de caractéristiques)[255] permettent de dépasser l'obstacle intellectuel pressenti interdisant de décliner, aux techniques fiduciaires, un principe de spécialité.

La démarche peut encore surprendre, doublement, dans la mesure où deux concepts fuyants vont être confrontés : d'une part, le principe de spécialité des personnes morales – principe controversé – semblerait actuellement délaissé par la doctrine et la jurisprudence ; d'autre part, la fiducie est difficile à saisir, car ignorée *de lege lata* du droit français. Aussi, afin de lever l'une après l'autre, ces deux résistances, la démarche s'attachera, dans une *première partie*, à réhabiliter la théorie de la spécialité des personnes morales, par une nécessaire recherche approfondie consacrée au principe de spécialité des personnes morales[256]. Elle aura pour finalité de dévoiler, au rebours de l'évolution du droit positif, l'actualité et l'utilité dudit principe, en distinguant inéluctablement la spécialité légale de la spécialité statutaire des personnes morales. Tandis que la spécialité légale peut se définir comme l'assignation que fait la loi à une personne morale d'un champ limité d'activités, la spécialité statutaire borne la personne morale dans une activité définie au sein de ses statuts. Règle de capacité pour la première, au titre d'un ordre public de protection, règle de pouvoirs pour la seconde au titre d'une protection statutairement voulue de la personne morale, au moins par principe, chacune devra encourir une sanction appropriée. Mécanisme protecteur intervenant comme un régulateur des conflits d'intérêt entre les tiers et la personne morale, loin d'être désuet, le principe de spécialité s'avèrerait alors indispensable à la conduite de l'activité de chaque personne morale.

Une fois atteint l'objectif de réhabiliter le principe de spécialité des personnes morales, éliminant par là la première résistance pressentie, il deviendra intéressant, par la suite, de rechercher l'inspiration qu'il pourrait offrir à la compréhension de la fiducie. En d'autres termes, il s'agira de mettre en évidence la compatibilité juridique de la fiducie avec le principe de spécialité, soit encore, de confronter la technique fiduciaire avec l'outil juridique réhabilité qu'est le principe de spécialité. Ainsi se dessinera la *seconde partie* de la réflexion, qui réalisera une projection des fruits de la recherche accomplie sur le principe de spécialité des personnes morales,

---

254. *Supra* n° 1.

255. *Supra* n°s 2 à 5.

256. Il importe de préciser que la première partie du présent travail a pris appui sur une approche très intéressante du principe de spécialité des personnes morales, exposée en 1994 par Madame Catherine PRIETO (désormais professeur agrégé), dans sa thèse sur *La société contractante*. On y retrouve la volonté alors exprimée par BÈQUE (*op. cit.*) un siècle auparavant, de faire de la spécialité la loi fondamentale des personnes morales de droit privé.

leur transposition aux techniques fiduciaires. La démarche supposera qu'ait été préalablement établie l'exacte place qu'occupent les techniques fiduciaires au-delà de la consécration générale de la fiducie par le droit français. Concept à la présence seulement voilée, la fiducie est loin d'être étrangère au droit français, puisque les techniques fiduciaires sont aujourd'hui largement pratiquées sur la scène juridique. La seconde résistance pressentie de l'évanescence de la fiducie sera alors levée, sans nier pour autant la place potentielle *de lege ferenda* dans le droit positif français. L'étude du projet de loi montrera que les mécanismes fiduciaires pourraient se heurter à des difficultés de fonctionnement tenant à leurs variétés et à leurs différents objets. Il semblerait alors permis d'envisager, et ce sera l'hypothèse de recherche, qu'un principe de spécialité permettrait d'encadrer les activités fiduciaires, à l'instar du principe de spécialité des personnes morales.

Partie I – Recherche sur le principe de spécialité des personnes morales

Partie II – Transposition aux techniques fiduciaires

Partie I

RECHERCHE SUR LE PRINCIPE DE SPÉCIALITÉ DES PERSONNES MORALES

46. Essayer de dévoiler une partie du dynamisme du « vieux » principe de spécialité pourrait lui permettre d'être enfin considéré comme « la loi fondamentale de la vie juridique des personnes morales »[1].

Tel est l'objectif poursuivi par cette recherche approfondie sur le principe de spécialité des personnes morales. Celle-ci invite à s'interroger, en premier lieu, sur son identification (Titre I) pour, en second lieu, dégager les conséquences en résultant, c'est-à-dire les sanctions applicables en cas de non-respect (Titre II).

En effet, l'importance pratique du rôle que peut jouer une règle dans le monde des affaires dépend essentiellement de son efficacité, donc de ses sanctions, conséquences d'une identification clairement établie.

Titre I – Identification
Titre II – Sanctions

1. BÈQUE (F.), *op. cit.*, p. III et IV : « *On peut affirmer que son importance* [celle de la théorie de la spécialité des personnes morales] *croîtra du moment où, cessant d'être uniquement une arme anticléricale aux mains du gouvernement, elle apparaîtra sous son vrai jour et s'imposera aux esprits les plus prévenus comme la règle fondamentale de l'activité juridique des personnes morales* ».

Titre I

IDENTIFICATION

47. Identifier signifie « reconnaître (...) une chose en prouvant qu'elle est bien celle qu'on recherche »[1].

L'identification de la spécialité des personnes morales nécessite une démarche de reconnaissance, d'une part, de qualification, d'autre part. En d'autres termes, la reconnaissance du concept, ou la révélation de ses principales manifestations aux personnes morales (Sous-titre I), constitue l'étape préalable à sa qualification (Sous-titre II).

En effet, seules les manifestations d'un concept peuvent éclairer sa qualification, c'est-à-dire la détermination de la catégorie juridique dans laquelle il est loisible de le classer.

Sous-titre I – Manifestations
Sous-titre II – Qualification

1. *Dictionnaire des synonymes*, par R. BAILLY, Larousse, 1947.

Sous-titre I

MANIFESTATIONS

48. La recherche des manifestations de la spécialité, aux personnes morales, invite à réfléchir et à s'interroger sur deux points :

– D'une part, comment la spécialité se manifeste-t-elle, d'une manière générale, à l'ensemble des personnes morales (Chapitre 1) ?

– D'autre part, comment se révèle-t-elle à quelques personnes morales, choisies en raison de difficultés suscitées (Chapitre 2) ?

Chapitre 1

LES MANIFESTATIONS COMMUNES À L'ENSEMBLE DES PERSONNES MORALES

49. Ce concept s'applique-t-il à toutes les personnes morales et régit-il tous les types d'actes qu'elles peuvent accomplir ?

Cette double question de la généralité et de l'étendue de son application (Section 2), de laquelle dépend l'importance pratique de la théorie suppose de déterminer, préalablement, la manière dont il se traduit, en général, chez les personnes morales : est-ce par une affectation de moyens ou/et une limitation de buts (Section 1) ?

SECTION 1 LA LIMITATION DE BUTS ; L'AFFECTATION DE MOYENS

Au début du XXe siècle, deux courants doctrinaux proposèrent leur conception du principe de spécialité des personnes morales, *a priori* opposée selon les instigateurs (§ 1). Elles furent néanmoins consacrées et réunies en une seule par le droit positif (§ 2).

§ 1 – LES CONCEPTIONS DOCTRINALES ALTERNATIVES DU DÉBUT DU XXE SIÈCLE

Tandis que pour une majorité de la doctrine, la spécialité était une *règle de limitation de buts* (I), un auteur[1] défendit une conception moins étroite, selon lui, en vertu de laquelle la règle ne pouvait être qu'un *principe d'affectation des droits de la personne morale* (II).

1. MICHOUD (L.), *op. cit., supra* n° 3, note 11.

I. LA CONCEPTION DE BÈQUE[2]

50. « La notion de spécialité n'implique en aucune façon l'idée d'unité de but. Elle suppose seulement une limitation de buts, ce qui est bien différent »[3].

Sa démonstration fut la suivante : l'activité humaine[4] est conditionnée par des buts de nature diverse et en nombre illimité[5]. Si en théorie, l'homme peut les poursuivre tous, dans la pratique, il les limite et concentre ses forces sur quelques-uns seulement. Son activité est alors *spécialisée*, c'est-à-dire limitée et circonscrite. Elle représente « le cercle certain des buts déterminés que poursuit une personne donnée à un moment donné »[6]. Adaptée à la personne morale, la notion théorique de la spécialité est alors essentiellement une notion de but, exigeant, en pratique, un caractère de permanence[7], mais non d'unité.

Il réfuta ainsi la théorie en vertu de laquelle la spécialisation n'était envisagée que sous la forme de l'affectation d'une activité quelconque à *un but unique*[8]. Cette conception, trop étroite selon lui, était manifestement contraire aux faits et aux lois de 1867 et de 1901 sur les sociétés et les associations : en effet, argua-t-il, « un groupe ne peut être indéfiniment lié par le but qu'il s'est assigné lors de sa constitution. Un groupe organisé pour l'obtention d'un but peut modifier ce but à condition que l'unanimité des membres y consente »[9].

Il démentit également une conception trop large de la spécialité en vertu de laquelle de nombreux auteurs pensaient que la personne morale était déterminée exclusivement par sa nature même et sa constitution : « le principe de spécialité obligerait alors une société de commerce à ne pas faire des actes dont le but exclusif ne serait pas la poursuite d'un gain à réaliser, mais non point à faire uniquement le genre de commerce ou d'industrie prévu dans ses statuts. Ainsi comprise, la règle serait extrêmement large (...) Le principe n'aurait d'application vraiment rigoureuse

---

2. BÈQUE (F.), *op. cit.* Il fut l'instigateur d'un large courant doctrinal au début du XXe siècle. V. également la thèse de BENOIST : *Les dons et legs à personnes morales et le principe de la spécialité*, Thèse, Paris, LGDJ, 1938.

3. BÈQUE (F.), *op. cit.*, p. 3.

4 . Selon BÈQUE, il s'agissait d'une forme très particulière de l'activité humaine, portant le nom *d'activité juridique*, permettant à l'homme d'acquérir, de transformer, de transmettre voire d'éteindre ses droits.

5. À propos de cette loi de finalité, BÈQUE se référa à IHERING, *Esprit du Droit romain*, t. IV, 2e partie : Évolution du droit, trad. franç., pp. 2 s.

6. BÈQUE (F.), *op. cit.*, pp. 1 et 2.

7. *Ibid.* p. 2 et 3 : BÈQUE convint pourtant que dans la rigueur des principes, la spécialité, pour être effective, ne supposait en aucune façon une poursuite continue de buts déterminés. Il suffit, ajouta-t-il, qu'à un moment donné, une activité ait été exclusivement affectée à la réalisation d'une fin donnée pour être spécialisée. Il reconnut toutefois qu'en pratique, la spécialisation était un état habituel.

8. V. LAPRADELLE (A. de), *Théorie et pratique des fondations perpétuelles*, Paris, 1895, pp. 164 et 165.

9. BÈQUE (F.), *op. cit.*, p. 42 et 43.

qu'au regard des établissements publics et d'utilité publique dont le but est fixé d'une façon beaucoup plus étroite *par la loi ou le décret qui les institue* »[10].

Ainsi comprise par Bèque, la règle de la spécialité obligeait la personne morale à cantonner et à circonscrire son activité aux buts prévus et déterminés dans son statut particulier, œuvre de la collaboration de ses fondateurs, et de l'État, ce qui ne signifiait nullement l'idée de but unique. Sa conception fut suivie par un certain nombre d'auteurs[11] ; des divergences apparurent néanmoins au sein de ce courant doctrinal relatives à la portée, au caractère obligatoire et à la nature juridique dudit principe.

Une autre conception, très particulière selon Bèque, qu'un éminent professeur exposa à la même époque, mériterait désormais d'être relatée.

II. LA CONCEPTION DE MICHOUD[12]

51. Se consacrant à l'étude de la théorie générale de la personnalité morale, Michoud démontra que le principe de spécialité était un principe d'affectation des droits de la personne morale.

Il résulta de ses écrits, notamment : « si la personne morale peut acquérir tous les droits patrimoniaux, elle ne peut pas pour autant en faire les mêmes usages qu'une personne physique. » Il souligna de ce fait « l'aspect spécial » que prenait la propriété entre les mains de la personne morale. Elle ne pouvait être employée qu'à un ou plusieurs buts déterminés. Cette idée était à la base même de la théorie de la spécialité. Dans tous les cas, la personne morale ne devait donc point employer les ressources mises à sa disposition en vue des intérêts dont il s'agissait, à un but autre que la satisfaction de ces intérêts[13].

Autrement dit, l'affectation spéciale de droits mis à la disposition de la personne morale, à la base du principe de spécialité selon Michoud[14], résultait de la nature même de la personnalité morale. Il ne lui était donc pas interdit de poursuivre divers buts et d'en accroître chaque jour librement le nombre, pourvu que des masses de biens distinctes aient été affectées à la réalisation de chacun d'eux[15].

---

10. *(Nous soulignons). Ibid.*, p. 42. On aperçoit dans l'argumentation développée par BÈQUE une référence embryonnaire aux spécialités légale et statutaire, même si pour lui, la spécialité ne se comprenait qu'en fonction des statuts.

11. Par exemple, BENOIST (P.), *op. cit.*, p. 30 : le principe de spécialité *« tend à limiter l'activité de la personne morale aux buts pour lesquels elle a été créée »*.

12. MICHOUD (L.), *op. cit., supra* n°3 note 11 : *La théorie de la personnalité morale et son application au droit français*, 2 vol., 2e et 3e éd., par Louis TROTABAS, LGDJ, 1924 et 1932 (la 1re éd. date de 1909).

13. *Ibid.*, n° 243.

14. « Elle est également à la base, en droit anglais, de la théorie de l'*ultra vires*, qui est aux corporations anglaises ce que la théorie de la spécialité est pour nos personnes morales » : *ibid.* (*supra* n° 43).

15. En cela, la conception de BÈQUE n'était guère différente. Toutefois, considérée dans son ensemble, la théorie de MICHOUD ne reflétait pas, aux yeux de BÈQUE, le principe de

La conception de Bèque, qu'il ne réfutait d'ailleurs pas, était trop étroite selon lui, car elle ne pouvait s'appliquer à la personne morale considérée comme une réalité. Or, la spécialité ainsi comprise devait, aux yeux de Michoud, être admise non seulement par les partisans de la doctrine de la fiction, mais également par ceux de la théorie de la réalité de la personne morale : en effet, « cette réalité consiste dans l'existence d'un groupe humain *poursuivant collectivement un intérêt déterminé*. Cela seul suffit à faire pour elle du *but* quelque chose de différent de ce qu'il est pour l'individu »[16].

Observation étant ici faite que la conception de Michoud correspondait à la jurisprudence du Conseil d'État[17].

52. Ainsi, règle de limitation de buts pour les uns, règle d'affectation de droits pour les autres, telles étaient les manifestations du principe de spécialité des personnes morales dans l'esprit des juristes au début du XXe siècle.

Les divergences se poursuivaient également sur le terrain des conséquences juridiques attachées à ces deux règles : tandis que la règle de la limitation de l'activité ne pouvait être qu'une mesure d'ordre dépourvue de caractère obligatoire, celle de l'affectation des droits était une règle de droit, pourvue, en conséquence, d'un caractère obligatoire[18].

Par la suite, le droit positif se serait accordé, semble-t-il, à juger que la limitation de buts et l'affectation de droits ne constitueraient pas deux conceptions opposées, mais seraient, au contraire, toutes les deux liées à la règle de la spécialité des personnes morales[19].

---

la spécialité, car elle aboutissait logiquement, « *ou du moins elle conduirait à étendre ce principe aux individus. (...) Cela ne se peut pas, car traditionnellement on s'accorde à limiter aux personnes morales l'application d'une règle qui ne se conçoit que pour elles, qui a été créée exclusivement pour elles* » (BÈQUE F., *op. cit.*, p. 45 note 1 de l'ouvrage). Le propos de BÈQUE semble d'autant plus étrange que MICHOUD a pris le soin de parfaitement différencier les individus des personnes morales : « *les droits subjectifs ne sont pas mis à la disposition des personnes morales de manière aussi complète que chez les personnes physiques. (...) En effet, chez une personne physique, le droit subjectif sert indistinctement à atteindre tous les buts auxquels elle aspire. Tout but est permis pour elle, hormis ceux que la loi prohibe. En revanche, chez une personne morale, ce droit a pour but unique de desservir les intérêts collectifs d'un groupe humain. Aucune personne morale n'absorbe en entier la vie individuelle de ses membres. Les groupements tels que les établissements publics, mais aussi les associations et les fondations de droit privé, n'ont que des droits limités à la satisfaction d'un ou de plusieurs buts déterminés* » : MICHOUD (L.), *op. cit.*, n° 243.

16. MICHOUD (L.), *op. cit.*, n° 244.

17. Il suffit de rappeler à ce propos le célèbre arrêt *Larrieu* : CE, 3 mai 1918, Larrieu, Rec. 405 ; S. 1920, III, 57, note HAURIOU : « un syndicat de défense contre le phylloxéra ne peut affecter ses fonds libres à des œuvres qui ne se rattacheraient pas à la viticulture ».

18. MICHOUD (L.), *op. cit.*, n° 246 : « *Qu'un hôpital ne puisse employer le patrimoine qu'il possède à fonder une école, parce que ce patrimoine est affecté aux services d'hospitalisation, c'est bien une règle de droit* (...) *Mais qu'un hôpital ne puisse recevoir une libéralité pour fonder une école, c'est simplement une mesure d'ordre* ». Cette question sera approfondie par la suite (*infra* S/s Titre II de la présente partie).

19. Cette assertion est volontairement employée au conditionnel, faute d'avoir lu, dans les écrits ultérieurs, une quelconque controverse portant directement sur ce sujet. En effet, les

§ 2 – LES CONCEPTIONS DOCTRINALES CUMULATIVES DU DROIT POSITIF

Toute personne morale se caractériserait par une *affectation de biens, voire de moyens au service d'une ou plusieurs activités*[20] (I).

Envisager l'existence de l'affectation impliquerait aussi une idée de but : « affecter, ce n'est pas seulement vouloir réaliser un but (...), c'est avant tout choisir le but poursuivi »[21]. Or tout choix implique nécessairement une restriction, une *limitation* (II).

I. UNE AFFECTATION DE MOYENS À UNE ACTIVITÉ

53. L'affectation de biens, voire de moyens, à une personne morale paraît conditionnée par le principe de spécialité.

Dans le langage courant, on entend par affectation « toute décision par laquelle une autorité destine ou assigne quelque chose ou quelqu'un à un usage ou à un emploi précis »[22].

Le langage juridique donne de l'affectation la définition suivante : « détermination d'une fin en vue de laquelle un bien sera utilisé »[23]. Par référence à l'étude très complète sur la notion générale d'affectation réalisée par Serge Guinchard, il convient de retenir comme critère de l'affectation des biens celui *d'usage déterminé*. L'idée consistait à démontrer que le régime juridique des biens, en droit privé, était non seulement défini par leur nature, mais également par leur utilisation. Ainsi, il put constater que « lorsqu'un bien était utilisé pour un certain usage, un mot revenait toujours pour expliquer cette situation, *celui d'affectation* »[24]. Il poursuivit en observant « que les ouvrages non juridiques insistaient eux aussi (...) sur cette notion d'usage »[25], inhérente à l'affectation : « l'affectation est l'application à un certain usage ».

Voilà pourquoi si affecter signifie, pour une personne physique, « soumettre un bien à un usage déterminé »[26], par transposition aux personnes morales, l'on peut dire que toute personne morale, en raison de sa nature même, soumet tel(s) bien(s) à la réalisation de telle activité statutairement déterminée. L'on retrouve ainsi,

---

controverses actuelles ne s'intéressent qu'au fondement (raison d'être de la règle), à la nature juridique (règle de capacité ou règle de pouvoirs) et à l'assujettissement ou non de toutes les personnes morales audit principe de spécialité.

20. Remarquons que la réciproque n'est pas exacte, car l'affectation existe en dehors du principe de spécialité : v. GUINCHARD (S.), *L'affectation des biens en droit privé français*, Thèse Paris, 1974, LGDJ 1976.

21. *Ibid.*

22. *Dictionnaire alphabétique et analogique de la langue française*, par P. Robert, Société du Nouveau Littré.

23. *Vocabulaire juridique*, ASSOCIATION HENRI CAPITANT, sous la dir. de G. CORNU, 1re éd., PUF, 1987.

24. *Ibid.*, n° 2 (nous soulignons).

25. *Ibid.*, n° 14.

26. GUINCHARD (S.), *op. cit.*, n° 15.

formulée en d'autres termes, la théorie de Michoud, en vertu de laquelle toute personne morale, à raison de sa nature même, ne doit point employer « les ressources mises à sa disposition en vue des intérêts dont il s'agit à un but autre que la satisfaction de ces intérêts »[27]. Lorsque Michoud démontra que le principe de spécialité était un principe d'affectation des droits de la personne morale[28], il souligna par-là le rapport étroit entre le principe de spécialité et l'autonomie patrimoniale d'une personne morale : en effet, le droit ne concédait à ce type de personne une autonomie patrimoniale que dans la mesure où elle était créée pour satisfaire des buts particuliers, pour réaliser une activité particulière. Autrement dit, *toute personne morale se caractérisait par l'affectation d'un patrimoine au service d'une activité.*

Aujourd'hui, sa théorie mériterait une adaptation au regard de l'évolution de la personnalité morale, puisque le législateur accorde désormais la personnalité morale à des groupements dépourvus de patrimoines, lesquels groupements ne sont pas pour autant affranchis du principe de spécialité : par exemple, qu'il s'agisse de la masse des obligataires[29] ou de la société de quirataires[30], ni l'une ni l'autre ne se caractérise par l'affectation d'un patrimoine en l'occurrence inexistant[31]. Tandis que les quirataires, copropriétaires du navire, ne peuvent faire apport que de la jouissance de leurs droits afin de permettre l'exploitation en commun, la masse des obligataires réunit de plein droit les obligataires d'une même émission pour la défense de leurs intérêts communs[32]. Aussi, il serait sans doute plus exact de prétendre, au regard de la situation actuelle, que toute personne morale se caractérise par *l'affectation de moyens au service d'une activité*[33], étant entendu que le moyen, c'est-à-dire « ce qui sert pour arriver à une fin »[34], serait une notion beaucoup plus large[35]. En outre,

---

27. MICHOUD (L.), *op. cit.*, n° 243 (*supra* n° 49).

28. Michoud comprenait par-là non seulement les droits patrimoniaux mais aussi des droits de puissance publique dans lesquels il voyait des droits de la personne.

29. Art. L. 228-46 C. com.

30. Art. 11 à 30 de la loi n° 67-5 du 3 janvier 1967 portant statut des navires et autres bâtiments de la mer.

31. Si « l'affirmation paraissait choquante à l'époque où la personnalité morale était liée à l'existence d'un patrimoine », le droit moderne admet cette possibilité « pourvu que la personne morale assure la défense d'intérêts collectifs au moyen d'une organisation propre » : RIPERT (G.) et ROBLOT (R.), *op. cit.*, n° 1425 ; HÉMARD (J.), TERRÉ (F.) et MABILAT (P.), *Les sociétés commerciales*, t. 3, Dalloz, 1978, n° 193. D'ailleurs, ces formes juridiques ne sont pas isolées : le groupement d'intérêt économique a la même configuration.

32. Les actes juridiques accomplis par le représentant de la masse, sous la qualité de mandataire de la masse, peuvent avoir des incidences patrimoniales. Pourtant, il n'existe aucun patrimoine affecté à la réalisation de ces activités : la rémunération du représentant est à la charge de la société émettrice (L. 228-56 C. com.), et les frais de gestion sont supportés directement par la société débitrice ou par les obligataires en diminution des intérêts à percevoir (art. L. 228-71 C. com.).

33. V. la très complète analyse de J. PAILLUSSEAU en 1993 qui proposa un regard neuf sur la personnalité morale dégagé des théories de la fiction ou de la réalité (*supra* n° 3).

34. *Dictionnaire alphabétique et analogique de la langue française*, par P. Robert, Société du Nouveau Littré.

35. Toute affectation de biens serait une affectation de moyens, mais non la réciproque.

l'affectation à une entreprise commune des biens ou de leur industrie, par deux ou plusieurs personnes, fait partie intégrante de l'article 1832 du Code civil[36].

Ainsi, toute affectation de biens, voire de moyens, paraît conditionnée par le principe de spécialité des personnes morales. La soumission de biens, voire de moyens, à un usage déterminé, critère de l'affectation, ferait apparaître, en plus, semble-t-il, une idée de limitation de but.

II. UNE LIMITATION DE BUTS

54. La recherche accomplie par M. Guinchard fit ressortir les deux caractéristiques de l'affectation : la détermination d'un but et la réalisation de ce but[37].

« De ces deux aspects, le premier a été souvent négligé, voire ignoré ; affecter ce n'est pas seulement vouloir réaliser un but, cette réalisation ne pouvant se faire qu'à l'aide de techniques appropriées, c'est aussi choisir le but poursuivi »[38]. Prenant en considération l'existence de l'affectation, il constata que tout tournait autour de l'idée de but, comme d'ailleurs en Droit public où « l'affectation envisagée comme critère du domaine public devait être entendue comme la soumission d'un bien à un usage déterminé, à savoir l'usage du public ou d'un service public »[39].

Or, en vertu du bon sens, choisir, c'est renoncer ; choisir un but précis, c'est nécessairement restreindre son choix, le limiter, soit encore « borner son activité aux buts prévus et déterminés »[40]. Donc, l'affectation d'un bien (ou de moyens) à un usage déterminé – critère de la spécialité – n'est pas autre chose qu'une limitation de buts.

En outre, il a circonscrit le domaine de l'affectation à travers la dualité de ses buts correspondant à sa double fonction : une fonction d'exploitation des biens (affectations réelles) ou encore une fonction de *protection des personnes* (affectations personnelles), celle-ci n'étant pas sans rappeler, semble-t-il, la fonction de la spécialité[41].

Par conséquent, si, en vertu de la première assertion, le principe de spécialité conditionne l'affectation de biens – voire de moyens – à une personne morale (théorie de Michoud actualisée) [42], et qu'en vertu de la seconde, l'affectation à un usage déterminé évoque une limitation de buts (théorie de Bèque)[43], il apparaît bien

36. Art. 1832, al. 1 C. civ. : « la société est instituée par deux ou plusieurs personnes qui conviennent par un contrat *d'affecter à une entreprise commune des biens ou leur industrie* en vue de partager le bénéfice ou de profiter de l'économie qui pourra en résulter ».

37. Antérieurement, ces deux aspects furent développés par SIORAT (L.), « La notion d'affectation en matière domaniale », *RDP* 1958, p. 866 s.

38. GUINCHARD (S.), *op. cit.*, n° 13 p. 13.

39. *Ibid.*, n° 14 p. 13 s.

40. BÈQUE (F.), *op. cit.*, p. 42 (*supra* n° 50).

41. *Infra* n°s 148 et s. (S/s Titre II, Chapitre 1).

42. *Supra* n°s 49 et 51.

43. *Supra* n°s 48 et 52.

que ces deux théories, loin d'être opposées, seraient fortement liées : le principe de spécialité se manifesterait donc d'une manière générale, chez les personnes morales, par une affectation de moyens au service d'une activité, et corrélativement, par une limitation de buts.

Après avoir analysé comment la règle de la spécialité se révélait d'une manière générale aux personnes morales, il importe désormais de se demander si cette règle s'applique à toutes les personnes morales de droit privé et si tous les actes qu'elles peuvent accomplir y sont soumis.

SECTION 2
LA GÉNÉRALITÉ ET L'ÉTENDUE D'APPLICATION

55. L'importance pratique de la théorie de la spécialité dépend, en effet, de ces deux considérations, c'est-à-dire de la généralité mais aussi de l'étendue de son application.

En premier lieu, il s'agit de procéder à une recherche quantitative de son champ d'application, c'est-à-dire de vérifier que cette théorie s'applique, ou non, et de manière cohérente à toutes les personnes morales de droit privé (§ 1).

Cette recherche ne saurait être parachevée sans une interrogation qualitative : la spécialité intéresse-t-elle de la même façon toutes les personnes morales quant aux types d'actes qu'elles peuvent accomplir (§ 2) ?

§ 1 – LA RÈGLE DE LA SPÉCIALITÉ EST-ELLE GÉNÉRALISÉE ?

56. La réponse ne peut, en toute logique, que s'appuyer sur une définition solide du concept.

Règle imposant aux personnes morales de ne pas entreprendre de tâches hors du secteur d'activité qui leur est imparti[44], la spécialité peut désormais être affinée au vu de la démonstration précédente : elle serait une règle en vertu de laquelle une personne morale affecterait son patrimoine, voire ses moyens le cas échéant, à la poursuite d'un ou plusieurs buts déterminés en vue duquel ou desquels elle a été créée.

57. Cela étant, « il existe des personnes morales de nature si diverse, de constitution si différente, qu'il n'est point évident, au premier abord, que la règle de la spécialité doive s'y appliquer uniformément »[45] : la preuve en est le désaccord des auteurs à ce sujet[46].

En effet, cette généralisation ne s'impose toujours pas à l'ensemble de la doctrine privatiste comme une certitude, et trouve encore aujourd'hui des ennemis

44. *Supra* n° 23. En imposant une interdiction, cette vision de la règle est somme toute négative.

45. BÈQUE (F.), *op. cit.*, p. 116.

46. *Supra* n° 7.

invincibles[47]. Selon ces auteurs, la règle de la spécialité ne peut s'appliquer, ni aux sociétés, ni même à l'ensemble des personnes morales de droit privé, en raison de la liberté qui les caractérise : liberté de constitution, liberté de choix du but à poursuivre, liberté de modification des statuts en cours de vie. Il y a une contradiction certaine entre l'idée de spécialité et celle de liberté de but, car le concept de spécialité implique nécessairement l'unité du but poursuivi ainsi que son exclusivité.

Cette thèse paraît toutefois difficilement acceptable. Assurément, si Chaptal puis Champagny comprirent restrictivement le concept de spécialité des fabriques catholiques, c'est-à-dire comme impliquant l'unité du but poursuivi ainsi que son exclusivité, ce fut principalement pour le motif que ces établissements n'avaient qu'une vocation au culte, et qu'il existait des établissements de bienfaisance aptes à recevoir pour les pauvres[48]. Or, depuis bien longtemps, la spécialité ne signifie plus une permanence de buts, puisque *la notion demeure même si les buts changent.* La règle de la spécialité ne commande pas l'immutabilité du but ; elle défend seulement à la personne morale de poursuivre un but autre que celui en vue duquel elle a été constituée[49].

Y-a-t-il alors lieu de distinguer entre ces êtres juridiques au point de vue de l'application de la règle ? Il ne semble pas, en raison de la notion même de la personne morale, « quelle que soit d'ailleurs l'opinion que l'on ait sur la nature intime de cette personnalité »[50]. Toutes les personnes morales sont formées pour un certain but qui est leur raison d'être. Toutes n'existent que pour la poursuite d'un certain objectif, spécial, par opposition à universel, puisque « l'universalité de but est une *contradictio in adjecto*, une impossibilité logique pour une personne morale »[51]. C'est le but qui individualise chacune d'elle. Toutes n'existent « qu'en vue d'une fin, imposée par la loi ou fixée dans leurs statuts, en dehors de laquelle le droit leur refuse toute consistance intrinsèque »[52].

58. Si la règle s'applique sans exception à toutes les personnes morales de droit privé, s'applique-t-elle aussi aux personnes morales étrangères et aux

47. En particulier CARBONNIER (J.), *op. cit.*, p. 405 (*supra* n° 07). Au début du XXe siècle, v. notamment VAREILLES SOMMIERES (M. de), *op. cit.*, n°s 93, 1157 et 1162 ; NORMAND (J.), *op. cit.*, p. 107.

48. V. la circulaire du 28 vendémiaire An X du Ministre de l'Intérieur Chaptal publiée au lendemain de la loi du 18 germinal : « tout ce qui fait partie de donations affectées à des services de bienfaisance à quelque titre que ce soit, et sous quelque dénomination que ce soit, doit désormais être exclusivement régi par la Commission de bienfaisance » (in Wateville, *Législation charitable*, t. 1, p. 84) : citée par BÉQUET (L.), « Personnalité civile des diocèses, fabriques et consistoires », *Rev. gén. adm.* 1886, III, p. 27.

49. BÈQUE (F.), *op. cit.*, p. 3 et 130 ; *supra* n° 48.

50. *Ibid.*, p. 117.

51. *Ibid.*, p. 118.

52. SÉRIAUX (A.), *Les personnes*, 2e éd. refondue, Que sais-je, PUF, 1997, p. 80.

personnes morales internationales qui déploient en France leur activité juridique[53] ?

Il semble bien qu'une réponse affirmative puisse être apportée. « Les législations les plus favorables aux étrangers ne vont jamais jusqu'à leur faire au point de vue juridique une situation meilleure que celle des indigènes »[54].

Une théorie contraire fut néanmoins soutenue, en vertu de laquelle une telle règle ne pouvait se concevoir pour les personnes morales étrangères[55]. Cela signifiait-il que les pouvoirs de l'État étranger ayant restreint le champ d'action de la personne morale expiraient alors à la frontière ? Si tel était le cas, sans nul doute, « ce serait la négation même du droit international privé »[56].

La règle de la spécialité est donc généralisée à l'ensemble des personnes morales de droit privé. Cela étant, régit-t-elle toutes les formes de l'activité juridique des personnes morales ?

§ 2 – LA RÈGLE DE LA SPÉCIALITÉ RÉGIT-ELLE TOUTES LES FORMES D'ACTES JURIDIQUES ?

59. Cette question de l'étendue d'application de la spécialité ne saurait causer de soucis.

En effet, il semblerait qu'il n'y ait aucune raison de distinguer entre les divers actes juridiques qu'une personne morale peut accomplir pour assujettir les uns, et affranchir les autres de la règle.

60. Il conviendrait néanmoins de se demander quels sont les actes pouvant être qualifiés d'actes juridiques, et soumis, par conséquent, à la règle.

Comment définir l'acte juridique ? Le Code civil ne contient pas de textes généraux sur les actes juridiques. Il en a seulement réglementé, et d'une manière séparée, les principales espèces (testament, contrat...). La doctrine, au XIXe siècle, a procédé de même. La Commission de révision du Code civil, après discussion, s'est ralliée à une méthode similaire, et a rédigé un titre consacré aux règles générales des actes juridiques comportant soixante-dix articles[57] : « *l'acte juridique est une manifestation de volonté faite en vue de produire un effet de droit* »[58].

---

53. En supposant que ces personnes jouissent, bien entendu, de la pleine capacité en France.

54. VIGNON (L.), *Le principe de spécialité et les êtres collectifs*, Thèse Paris, 1903, p. 217.

55. LAISNÉ, *Des personnes morales en droit international privé*, p. 40.

56. BÈQUE (F.), *op. cit.*, p. 132.

57. V. Projet de révision du Code civil, art. 1er, Travaux de la commission de révision du Code civil, t. 3, 1947-1948, 339.

58. *Encyclopédie juridique, Répertoire de droit civil* – Publié sous la direction de MM. Vergé et Ripert, DALLOZ, Paris, 1951.
V. aussi CAPITANT, *Introduction à l'étude du droit civil*, n° 230 ; COLIN et CAPITANT, t. 1, nos 65-66 ; RIPERT et BOULANGER, t. 1, nos 274-275 (réf. prises dans l'*Encyclopédie*

Il importe d'inclure dans cette définition, en tant qu'actes juridiques soumis à la règle de la spécialité, toutes les manifestations unilatérales ou synallagmatiques de volonté qui ont pour effet de créer, transmettre, modifier ou éteindre des droits. Si, à l'origine, la règle ne s'appliquait principalement qu'en matière de dons et de legs, les autres actes n'en étaient pas pour autant affranchis[59]. Il en va de même aujourd'hui[60].

Mais que penser de la *délibération* ? Cet acte, plutôt particulier, peut-il également être assujetti à la règle ?

Les délibérations se définissent ainsi : « *décisions ou avis issus de la séance au cours de laquelle une assemblée a délibéré* »[61]. Si la question est délicate et fut discutée[62], il semblerait que la délibération pourrait être considérée comme une forme de l'activité juridique des personnes morales. En effet, elle réunirait toutes les conditions requises pour qu'il y ait acte juridique :

– en premier lieu, il s'agirait bien d'une manifestation de la volonté de la personne morale, même si, en pratique, la volonté émane des individus composant l'organe collégial ;

– en second lieu, lorsque cet acte est fait dans une forme légale et un but légal, il est pourvu d'un effet de droit. « La délibération a en effet force exécutoire au regard de l'organe exécutif de cette assemblée, car elle contient une mise en demeure d'avoir à prendre les mesures nécessaires à son exécution ; mais encore elle oblige les tiers, si elle a le caractère d'acte d'autorité, ou tout au moins peut former la base d'un contrat »[63].

En conclusion, non seulement, la règle de la spécialité s'appliquerait à toute personne morale de droit privé, mais elle régirait également toutes les formes d'actes juridiques pouvant être accomplis par chacune d'elles.

Aussi importe-t-il, désormais, de rechercher la manière dont la règle de la spécialité se manifeste aux quelques personnes morales ci-après choisies à raison de difficultés suscitées.

---

juridique visée dans la présente note) ; CORNU (G.), *Vocabulaire juridique*, ASSOCIATION HENRI CAPITANT, 4e éd., PUF, mai 2003.

59. Déjà en 1908, Bèque considéra que la restriction de l'application de la règle de la spécialité à la matière des dons et des legs était une erreur, contrairement à ce qui était soutenu par la majorité de la doctrine.

60. *Supra* n° 10.

61. CORNU (G.), *Vocabulaire juridique*, *op. cit.*

62. V. par exemple HAURIOU (M.), *op. cit.*, 6e éd., p. 119.

63. HAURIOU (M.), *S.* 1901, 3, 41.

Chapitre 2

LES MANIFESTATIONS PROPRES À QUELQUES PERSONNES MORALES CHOISIES

61. Comment déterminer ce qui entre ou non dans leur sphère d'activités ? Comment savoir si tel acte peut être accompli par telle ou telle autre personne morale ?

Une étude notoire de Coulombel[1] mit en lumière la manifestation fondamentale de la « canalisation de l'activité des personnes morales »[2] à travers la règle de la spécialité pouvant résulter, *soit de la loi, soit des statuts.*

Ainsi, tandis que l'existence d'une spécialisation par l'effet des lois imposerait aux personnes morales de respecter la finalité de la catégorie à laquelle elles appartiennent (Section 1), une spécialisation par l'effet des statuts viendrait compléter la précédente, « comme une limitation au second degré »[3] (Section 2).

SECTION 1 LA SPÉCIALISATION PAR L'EFFET DES LOIS

62. La définition légale de chaque personne morale privée révèle explicitement sa spécialisation, c'est-à-dire l'assignation que fait la loi, à chacune d'elles, d'un champ d'activité limité.

Il apparaît toutefois nécessaire de distinguer les *spécialités légales de droit commun* propres à chaque personne morale (§ 1), d'autres *spécialités légales dites « étroites »* qui trouvent leur application en matière sociétaire (§ 2). Le mérite de cette distinction et de ces appellations revient à Catherine Prieto[4] qui démontra avec talent, outre leur fondement différent, que les premières ne devaient pas être réduites aux secondes[5].

1. COULOMBEL (P.), *op. cit.*

2. *Ibid.*, p. 214. Selon son expression, cette limitation a son principe dans une « fragmentation de la condition juridique des personnes morales privées », dont l'un des aspects les plus remarquables est le principe de spécialité (*supra* n° 31).

3. STARCK (B.), *Introduction au droit*, par H. Roland et L. Boyer, 3e éd., Litec, 1990, p. 433.

4. PRIETO (C.), *op. cit.*

5. *Ibid.*, p. 51 s.

§ 1 – LES SPÉCIALITÉS LÉGALES DE DROIT COMMUN

63. En raison de la grande prolifération de personnes morales privées que connaît le droit français contemporain, il serait aride et fastidieux d'énumérer chaque type en indiquant sa sphère particulière légale d'activité.

C'est pourquoi, malgré les constatations de l'absence de théorie d'ensemble de la personnalité morale d'une part[6], de l'absence d'unité de ce concept d'autre part[7], aboutissant à de nombreuses incohérences[8], deux grandes catégories de personnes morales peuvent toutefois être dégagées : les *groupements de personnes* (I) et les *masses de biens* (II). À l'intérieur de chacune d'elles, seules les personnes morales les plus notoires suscitant des difficultés au vu de la spécialité légale, feront l'objet d'une analyse.

I. LES GROUPEMENTS DE PERSONNES DOTÉS DE LA PERSONNALITÉ MORALE

Leur sphère légale d'activité sera en premier lieu déterminée (A) pour s'attacher, par la suite, aux conséquences quant aux actes pouvant être accomplis (B).

A. La détermination de l'activité légale

Si le domaine d'activités réservées par le législateur à la société, à l'association et au groupement d'intérêt économique[9] reste équivoque (a), celui accordé au syndicat n'est pas moins sujet à une certaine controverse, notamment depuis son extension (b).

a) Les difficultés relatives aux sociétés, aux associations et aux GIE

La distinction de la sphère légale d'activités entre les sociétés et les associations d'une part (1), entre les sociétés et les GIE d'autre part (2), laisse subsister de grandes incertitudes dues à un manque de clarté manifeste.

1) Les sociétés et les associations

64. Avant la loi du 4 janvier 1978, il était relativement aisé de différencier le but de la société de celui de l'association.

---

6. V. MALAURIE (Ph.), « Nature juridique de la personnalité morale », *Def.* 1990, art. 34848 n° 12.

7. *Supra* n° 5.

8. *Supra* n° 5 : un groupement peut avoir la personnalité juridique sans en avoir les attributs : tels sont les cas, par exemple, de la société unipersonnelle, de la fondation, du syndicat professionnel en général et du syndicat des copropriétaires en particulier, des différentes masses. De même, un groupement peut avoir certains attributs de la personnalité juridique sans en avoir l'existence. Il s'agit, par exemple, de certains groupements dits dynamiques, tels les groupes de sociétés, la société créée de fait, la société en participation, ou encore l'association non déclarée ; au titre de groupements statiques dépourvus d'existence juridique mais dotés de certains attributs de la personnalité, on peut relever l'indivision, le fonds commun de placement ou le fonds commun de créances (L. n° 88-1201 du 23 décembre 1988, art. 7 et 34).

9. Il sera par la suite nommé GIE par souci de commodité.

En vertu de l'ancienne rédaction de l'article 1832[10] du Code civil, le but de la société était la *recherche et le partage de bénéfices.*

En revanche, l'association se caractérisait par un « *but autre que le partage, entre ses membres, de bénéfices* »[11], comme par exemple, une ligne de défense (but intéressé) ou la réalisation d'une fin purement idéale (but désintéressé)[12].

Le terme « bénéfice » fut défini par la jurisprudence dans un célèbre arrêt opposant la commune de Manigod à l'Administration de l'enregistrement comme « *un gain pécuniaire ou matériel qui ajouterait à la fortune des associés ; que dès lors, la différence qui distingue la société de l'association consiste en ce que la première comporte essentiellement comme condition de son existence la répartition entre associés de bénéfices faits en commun, tandis que la seconde l'exclut nécessairement* »[13]. En l'espèce, la Caisse rurale de la commune de Manigod fut qualifiée *d'association* et *non de société,* puisque son activité n'ajoutait rien à la fortune de ses membres : elle leur permettait seulement de réaliser des économies.

Ce critère de distinction était donc clair, à défaut d'être satisfaisant, selon quelques auteurs[14]. Il fut maintenu, par la suite, au point que la loi dut qualifier expressément de *sociétés* les groupements qui n'avaient pour but que de permettre à leurs membres de faire des économies[15] : les sociétés coopératives[16] ou les sociétés civiles professionnelles de moyens[17] furent ainsi les premières manifestations d'une entorse, par le législateur lui-même, à la définition de l'activité légale des deux groupements considérés.

65. La loi du 4 janvier 1978 sur les sociétés, en modifiant la rédaction de l'article 1832 du Code civil, loin d'avoir clarifié la distinction qui s'étiolait, soulève encore aujourd'hui des problèmes considérables de frontière.

---

10. « Contrat par lequel deux ou plusieurs personnes conviennent de mettre quelque chose en commun, dans le but de partager le bénéfice qui pourra en résulter ».

11. Loi du 1er juillet 1901, art. 1 : l'association est une « convention par laquelle deux ou plusieurs personnes mettent en commun d'une façon permanente leurs connaissances ou leurs activités dans un but autre que de partager des bénéfices ». Ainsi, tandis que la loi définit l'objet de la société de façon positive, pour l'association, elle le définit négativement.

12. Une association de pêche peut défendre les intérêts de l'ensemble des pêcheurs (but intéressé), ou ceux de la pêche (but désintéressé).

13. Ch. réunies, 11 mars 1914, *Caisse rurale de Manigod, DP* 1914, I, 257, note L.S. Sur l'ensemble de la question, v. TERRÉ (F.), « La distinction de la société et de l'association en droit français », *Mél. Secrétan*, p. 325.

14. Par exemple, JEANTIN (M.), « La réforme du droit des sociétés par la loi du 4 janvier 1978 », *D.* 1978, chron., 173.

15. SÉRIAUX (A.), *op. cit.*, p. 95.

16. Loi du 10 septembre 1947.

17. Loi n° 66-879 du 29 novembre 1966.

Le nouvel article 1832[18], dont il convient de rechercher *le sens*, d'une part, *la portée*, d'autre part, comprend des innovations – contestables selon certains auteurs[19] – concernant le but désormais dualiste reconnu au contrat de société :

– **Sens** : le but consiste dans la réalisation et le partage de bénéfices (comme dans l'ancien texte), mais aussi dans la réalisation d'économies qui profiteront à chacun des membres de la société constituée. Or, cette nouvelle définition de la sphère légale assignée à la société se superpose, en partie, à celle de l'association : en effet, celle-là peut être constituée dans un but autre que de partager des bénéfices, donc notamment dans le but de permettre à ses membres de réaliser des économies. Désormais, chaque fois qu'un groupement vise à assurer à ses membres des économies, il est susceptible d'être qualifié soit d'association, soit de société. Il en résulte que la recherche et le partage de bénéfices ne permet plus la distinction entre la société et l'association[20] ; le but lucratif poursuivi par la société serait donc le nouveau critère de distinction. Cependant, cette solution n'est guère satisfaisante eu égard aux difficultés rencontrées pour cerner la portée de l'article 1832 du Code civil. *Deux observations à l'appui de ce propos* : d'une part, aucune disposition légale n'interdit à une association de réaliser des bénéfices dès lors qu'ils ne sont point partagés entre ses membres ; d'autre part, une perte évitée n'empêche pas qu'il y ait société[21].

– **Portée** : la nouvelle rédaction issue de la loi du 4 janvier 1978 élargit considérablement la sphère légale d'activité de la société. L'extension du domaine de la société s'est effectué au détriment de celui de l'association. Par exemple : avant 1978, une association dont l'objet était en fait, sinon en droit, de procurer un certain nombre d'avantages à ses membres, notamment sous forme d'économies réalisées sur les prix d'achat de certains produits, ne pouvait être considérée comme une société. Depuis la réforme de 1978, une telle association peut être considérée comme une société.

66. L'ambiguïté notoire qui vient d'être développée est également entretenue par un certain nombre de lois intervenues à compter de 1978.

– **La loi du 16 juillet 1984** sur l'organisation des activités physiques et sportives posa en règle générale que les groupements sportifs devaient être constitués sous forme d'associations de la loi de 1901 (art. 7). En revanche, les groupements importants, c'est-à-dire ceux dépassant certains seuils fixés par décret, et participant habituellement à l'organisation de manifestations payantes, devaient se constituer sous la forme, soit de société anonyme à objet sportif, soit de société d'économie mixte locale conformément à des statuts types définis par décret du 11 mars 1986.

---

18. Art. 1832 C. civ. : « La société est instituée par deux ou plusieurs personnes qui conviennent par un contrat d'affecter à une entreprise commune des biens ou leur industrie en vue de partager le bénéfice *ou de profiter de l'économie qui pourra en résulter* ».

19. Notamment JEANTIN (M.), *op. cit.*

20. Ni entre les sociétés et les GIE : *infra* n° 66.

21. LARROUMET (Ch.), *Droit civil – Introduction à l'étude du droit privé*, 3e éd. Economica, 1998, n° 384.

– **La loi du 7 décembre 1987** a assoupli ce régime, en proposant aux groupements d'une certaine taille un choix entre la forme de société anonyme et celle d'association, cette seconde forme devant toutefois respecter plusieurs obligations semblables à celles pesant sur les sociétés anonymes (par exemple, l'établissement de comptes annuels et de documents de gestion prévisionnelle, la nomination d'au moins un commissaire aux comptes[22]). La Cour de cassation refusa néanmoins à un groupement sportif ayant opté pour la forme associative, le droit de se faire immatriculer au registre du commerce et des sociétés, ce droit n'étant admis qu'au profit des personnes morales énumérées dans le décret du 30 mai 1984 et au nombre desquelles ne figuraient pas les associations[23]. Quant aux clubs de joueurs professionnels de football, ils sont généralement constitués sous la forme associative. Les tribunaux les déclarent toutefois volontiers en règlement judiciaire ou en redressement judiciaire en tant qu'entreprises de spectacles publics[24].

– **Également, la loi fiscale** connaît des associations à but lucratif dont le régime fiscal est identique à celui des sociétés.

67. Tout ceci est plutôt regrettable, « la confusion des genres engendrant des litiges, des incertitudes et une insécurité »[25].

La définition de l'article 1er de la loi du 1er juillet 1901 n'est plus en harmonie avec la nouvelle définition de la société donnée par l'article 1832 du Code civil. Pour sortir de cette situation indubitablement floue, un bon nombre d'auteurs et de praticiens préconisent de remanier de fond en comble la distinction entre les sociétés et les associations[26] : si l'association ne devait avoir un but autre que le profit résultant d'un bénéfice ou d'une économie, la frontière serait à nouveau nette entre la société et l'association[27].

Ainsi, si le domaine d'activités réservées par le législateur à la société et à l'association, depuis 1978, est équivoque, la distinction entre les sociétés et les groupements d'intérêt économique est, elle aussi, devenue imprécise.

2) Les sociétés et les GIE

68. Créés par une ordonnance du 23 septembre 1967, les GIE sont constitués par « deux ou plusieurs personnes physiques ou morales » afin de « faciliter ou de développer l'activité économique de leurs membres, d'améliorer ou d'accroître les résultats de cette activité »[28].

---

22. Aj. loi du 13 juillet 1992.

23. Com., 1er mars 1994, *Rev. soc.* 1994, 502, note DERRUPÉ ; Com., 15 nov. 1994, *RJDA* 1994, n° 1312.

24. Rennes co., 31 janvier 1978, *Rev. soc.* 1978, 778, note PLAISANT ; Marseille co., 8 avril et 28 août 1980, *RDC* 1980, 110 et 590, *Rev. soc.* 1980, 827 et *Rev. soc.* 1982, 339, note PLAISANT.

25. LARROUMET (Ch.), *op. cit.*, n° 384.

26. Par exemple, v. LARROUMET (Ch.), *op. cit.*, n° 384 et s.

27. LARROUMET (Ch.), *ibid.*

28. Art. L. 251-1 C. com. (anc. art. 1 de l'ordonnance de 1967).

Tous les moyens peuvent ainsi être mis en œuvre au sein d'un GIE, tel un bureau d'importation ou d'exportation, un comptoir de vente ou une centrale d'achat... Il permet ainsi à des personnes ou à des entreprises d'unir leurs efforts tout en restant indépendants. Il est précisé que le but du GIE « *n'est pas de réaliser des bénéfices pour lui-même* »[29], que « son activité doit se rattacher à l'activité économique de ses membres et qu'elle ne peut avoir un caractère auxiliaire par rapport à celle-ci »[30].

69. Avant la modification de l'article 1832 du Code civil, la distinction entre le but poursuivi par les sociétés et les GIE était donc aisée :

Alors que le but de la société était la réalisation et le partage des bénéfices, le GIE était constitué dans un but autre que la réalisation et le partage de bénéfices[31].

70. En revanche, depuis l'extension du domaine des sociétés aux groupements ayant pour but de faire réaliser des économies à leurs adhérents, la distinction est devenue floue.

En effet, les GIE permettent la plupart du temps à leurs membres de réaliser des économies. Doivent-ils être alors qualifiés de sociétés ? Concrètement, le GIE ne peut poursuivre une activité distincte de celle de ses membres ; il ne fait que la prolonger[32].

Désormais, de deux choses l'une :

– soit l'activité poursuivie est nouvelle par rapport à celle des membres participant au groupement : il s'agit alors d'une société, et les tribunaux devront *disqualifier le GIE* constitué dans un tel but, sanctionnant une pratique courante ;

– soit l'activité n'est que le prolongement de celle de ses membres : en ce cas, on se trouve en présence d'un véritable GIE. Il reste à savoir si une société constituée dans ce dernier but serait disqualifiée.

71. Une question se pose alors : faut-il ériger comme critère distinctif entre la société et le GIE la poursuite d'une activité nouvelle ou non ?

Certains auteurs ne le pensent pas[33]. Le nouvel article 1832 du Code civil ne donne aucune précision quant au type d'activité qui doit être poursuivi, hormis le but lucratif. Aussi, si le GIE ne peut désormais empiéter sur le domaine de la société, il n'en est pas de même pour la société.

Que reste-t-il donc de l'intérêt à créer un GIE ? Comme peut le remarquer à juste raison un auteur[34], « *il n'y a pratiquement pas de différence entre les GIE et les*

---

29. Art. L. 251-1, al. 2 C. com.

30. Art. L. 251-1, al. 3 C. com.

31. Civ. 3e, 18 février 1975, *D.* 1975, 366, note GUYON ; *Gaz. Pal.* 1975, 2, 435, note BRAULT.

32. La jurisprudence refusa en effet le bénéfice de la propriété commerciale à un GIE pour la raison que, n'ayant pas d'activité distincte de celle de ses membres, il ne saurait posséder une clientèle propre : Civ. 3e, 18 février 1975 (*supra* note précédente). Cette solution fut poursuivie par la jurisprudence lorsqu'elle considéra que les membres d'un GIE exerçant une activité économique *devaient être assimilés à des associés* : Com., 12 mai 1975, *Rev. soc.* 1975, 694, note GUILBERTEAU.

33. JEANTIN notamment.

34. GUYON (Y.), *op. cit.*

sociétés de moyens constituées entre membres de professions libérales. Ces deux formes permettent la mise en commun de moyens tels que des locaux, du matériel, de la documentation, voire du personnel d'exécution »[35]. Toutefois, la structure très souple du GIE présente l'inconvénient d'une obligation indéfinie et solidaire au passif. Il est ainsi compréhensible que, pour développer une activité à risques, des partenaires préfèrent avoir recours à la société anonyme, même si elle est plus contraignante qu'un GIE. Ceux-ci constituent alors une société anonyme de moyens, dont les statuts précisent qu'elle aura pour objet de faciliter à chacun l'exercice de son activité, sans donner lieu à la réalisation de bénéfices[36]. Enfin, l'apparition relativement récente de la société par actions simplifiée[37] a accentué le déclin du GIE avec lequel elle a une grande parenté : en effet, cette société combine, à la différence du GIE, la liberté, la souplesse et la protection, puisque la responsabilité des associés est limitée, et non pas indéfinie et solidaire.

Si la sphère légale d'activité propre aux sociétés, aux associations et aux GIE paraît assurément délicate à définir en pratique en raison de notions plutôt équivoques, celle réservée aux syndicats ne fait pas moins, de façon périodique, l'objet de controverses ardentes, en particulier depuis son extension survenue en 1982.

b) L'extension de la spécialité légale des syndicats

72. La définition de l'objet des syndicats fut élargie par la loi du 28 octobre 1982 dont est issu le texte actuel, soit l'article L. 411-1 du Code du travail[38].

À l'origine, l'article 3 de la loi de 1884 disposait que les syndicats avaient pour objet exclusif « l'étude et la défense des intérêts économiques, industriels, commerciaux et agricoles ». Toute action politique leur était ainsi interdite. Les pouvoirs publics craignaient en effet la constitution de « sociétés ouvrières » ayant pour objet, notamment, la propagation des doctrines socialistes alors considérées comme subversives et proches des théories anarchistes[39]. D'ailleurs, les syndicalistes

---

35. GUYON (Y.), *Traité des contrats – les sociétés*, sous la direction de J. Ghestin, 4e éd., LGDJ, 1999, p. 268 et s.

36. La pratique française rejoint le droit allemand où la *BGB Gesellschaft* peut être utilisée dans un but autre que le partage de bénéfices : FROMONT (M.) et RIEG (A.), *Introduction au droit allemand*, t. III, p. 419.

37. Art. L. 227-1 à L. 227-20 NC. com. (loi du 3 janvier 1994 complétée par la loi du 12 juillet 1999 en son article 3 qui a ouvert la SAS en outre aux personnes physiques, sans condition de capital. La société par actions simplifiée unipersonnelle ou SASU fut instaurée par la loi de 1999).

38. Rappelons seulement qu'après l'interdiction de tous les groupements professionnels formulée par la loi *Le Chapelier* des 14 et 17 juin 1791, au nom de l'individualisme libéral, une tolérance de fait fut pratiquée par le Second Empire dans sa période libérale, alors que se développait l'industrialisation de la France entraînant, par voie de conséquence, l'accroissement du nombre des ouvriers et des problèmes sociaux. Après diverses crises politiques, la République fut définitivement acceptée comme le régime politique de la France, et les grandes libertés furent consacrées par le législateur, dont la liberté syndicale. C'est ainsi que *la loi du 21 mars 1884 reconnut le droit, pour les syndicats, de se constituer librement, et la personnalité morale leur fut attribuée.*

39. CAIGNY (Ph. de), *in* Rapport de la Cour de cassation 1998, La Documentation française 1999, p. 75.

se réclamaient d'un document fondamental de l'action syndicale, la Charte d'Amiens de 1906, toujours en vigueur actuellement, qui déclara, d'une part, l'indépendance des syndicats à l'égard des partis politiques, d'autre part, leur interdiction de « faire de la politique ».

Les lois des 27 décembre 1968 et 28 octobre 1982 ouvrirent de nouveaux horizons en donnant place, pour la première, et un surcroît de force, pour la seconde, à l'exercice du droit syndical dans l'entreprise. Le syndicat professionnel fut désormais doté d'un nouvel objet en vertu de l'article L. 411-1 du Code du travail qui dispose, notamment : les syndicats « *ont exclusivement pour objet l'étude et la défense des droits et des* ***intérêts matériels et moraux****, tant collectifs qu'individuels, des personnes visées par leurs statuts* ». En d'autres termes, les syndicats sont ordonnés à la défense et à la promotion des intérêts de la profession au sein de laquelle ils se forment[40].

73. De ce nouveau domaine d'action élargi, pouvait-on déduire que les syndicats auraient la possibilité de prendre des positions en matière politique, sous le couvert de la défense des intérêts moraux de leurs adhérents ? En d'autres termes, pouvait-on affirmer que la règle de la spécialité définie en 1884 demeurerait ?

Les commentateurs ne manquèrent pas d'émettre des avis fort contraires après l'adoption de ce texte :

– Pour quelques-uns, il fut indéniable que les syndicats pourraient désormais agir dans tous les domaines, et définir eux-mêmes leur champ d'activité, ceci en raison de la règle de la spécialité qui ne leur était plus applicable. Au soutien de cette position, ils firent valoir que le texte ancien, par l'interprétation qui en fut faite, se révélait dangereux pour l'existence même des syndicats : ne fut-ce point sur le fondement de la violation de celui-ci que fut prononcée en 1921, la dissolution de la CGT[41] ? Ces commentateurs n'admirent toutefois pas qu'un syndicat pût avoir pour objet la propagation d'idées politiques.

– Pour d'autres, à raison du fait que les syndicats participaient à la vie économique et sociale de leur entreprise, l'élargissement de leur objet ne ferait pas disparaître pour autant l'application, à leur égard, de la règle de la spécialité[42]. Le syndicat, tout en conservant un caractère professionnel, pourrait donc prendre des positions politiques, seulement lorsque celles-ci auraient trait à la défense des intérêts de leurs adhérents.

Aussi, en vertu de ce second courant qui mériterait approbation, il semblerait bien que la loi de 1982 n'ait point voulu supprimer la règle de la spécialité légale à l'égard des syndicats professionnels[43]. Cette thèse fut également défendue par M. de Caigny, avocat général à la Cour de cassation. Au soutien de son assertion, ce

---

40. CORNU (G.), *op. cit.*, n° 752 p. 337.

41. CAIGNY (Ph. de), *op.cit.*, p. 77 s. (opinion émise par MM. LYON-CAEN, PÉLISSIER et SUPIOT).

42. *Ibid.* (Opinion émise par M. VERDIER).

43. *Ibid.* (Avis émis par MM. RIVERO et SAVATIER).

dernier avança que l'adverbe « exclusivement » utilisé dans la définition de l'objet des syndicats en 1982, comme en 1884 ou en 1968, *justifiait à lui seul que le législateur entendait bien cantonner les syndicats au domaine professionnel.*

74. Le caractère exclusif de leur action demeure donc la règle, mais les intérêts qu'ils peuvent défendre doivent désormais être appréciés largement.

On assiste à une évolution de la règle de la spécialité légale, dans le sens d'une interprétation plus large, évolution d'ailleurs qui n'est pas propre à la spécialité des personnes morales de droit privé[44]. Ceci conduit à admettre qu'ils peuvent prendre des positions sur des problèmes politiques lorsque ceux-ci sont afférents aux intérêts moraux ou matériels des salariés : il en est ainsi, par exemple, lorsque le programme électoral d'un parti, ou même le gouvernement du moment, énonce un certain nombre de mesures à adopter, à propos de la durée hebdomadaire du temps de travail, de la protection sociale des salariés ou du patronat... L'opinion syndicale, tant du côté des salariés que de celui du patronat d'ailleurs, est le moyen de faire connaître si les mesures proposées sont conformes ou non aux intérêts en cause. Ceci rend alors délicate l'appréciation, par le juge, du caractère de l'écrit qui a amené sa saisine *au regard de l'objet légal du syndicat.*

75. L'extension de la spécialité légale du syndicat fait apparaître, à nouveau, une frontière fragile.

En effet, aux termes de l'article L. 411-18 du Code du travail, certaines activités leur sont autorisées, lesquelles consistent à :

« 1/ acheter pour les louer, prêter ou répartir entre leurs membres tous les objets nécessaires à l'exercice de leur profession, matières premières, outils, instruments, machines, engrais, semences, plantes, animaux et matières alimentaires pour le bétail ;

2/ prêter leur entremise gratuite pour la vente des produits provenant exclusivement du travail personnel ou des exploitations des syndiqués ; faciliter cette vente par exposition, annonces, publications, groupements de commandes et d'expéditions ».

Ces activités ne permettraient-elles pas aux adhérents de réaliser des économies ? En ce cas, ne faudrait-il pas qualifier le syndicat d'association, voire de société ?

Finalement, il apparaîtrait sans doute raisonnable, face à ces difficultés, de suivre le courant doctrinal en vertu duquel *la distinction entre le but principal et le but accessoire serait la seule à prendre en considération.*

La délimitation malaisée et laborieuse de l'activité légale des sociétés, des associations, des GIE et des syndicats invite maintenant à se pencher sur les conséquences quant aux actes que ces groupements peuvent accomplir.

---

44. La règle de la spécialité, quel que soit son champ d'application, subit en effet depuis quelques temps un élargissement de son domaine, du fait du juge ou du législateur, eu égard aux besoins de l'homme et de l'évolution de la société, qu'il s'agisse des personnes morales de droit public (*supra* n° 7), des baux commerciaux avec la déspécialisation (*supra* n° 18), du droit de la propriété industrielle (*supra* n° 19) ou du droit de la concurrence (*supra* n° 20).

B. LES CONSÉQUENCES QUANT AUX ACTES

Seuls quelques actes juridiques, contractuels ou unilatéraux, seront analysés comme pouvant heurter la règle de la spécialité légale. Ils seront classés en trois grandes catégories : les contrats de bienfaisance (a), les contrats à titre onéreux (b) et les actes du syndicat, catégorie un peu particulière (c).

a) Les contrats de bienfaisance

76. ***En premier lieu, les sociétés*** **: les contrats de bienfaisance visés par l'article 1105 du Code civil**[45] **sembleraient, *a priori*, fort éloignés de la recherche d'un profit ; ils devraient donc être exclus du champ d'activité de la société, en vertu de la spécialité légale.**

Un approfondissement de la question montre qu'il convient d'être plus nuancé dans la solution. La doctrine[46] classe les contrats de bienfaisance en deux catégories : d'une part, les *contrats à titre gratuit à proprement parler*[47], d'autre part, *les contrats de services gratuits.*

– **S'agissant des premiers, c'est-à-dire des contrats à titre gratuit**, bien que les sociétés soient éloignées de toute idée de générosité, le législateur admet pourtant un certain altruisme, dans *trois circonstances*, lorsque la bienfaisance s'explique par la poursuite d'un intérêt patrimonial, c'est-à-dire « *lorsque la philanthropie vient opportunément combler les carences des pouvoirs publics et sert ainsi l'intérêt général* »[48] :

1. Tout d'abord, le législateur accepte, par le biais du droit fiscal, que les entreprises effectuent des dons à des œuvres d'intérêt général, dans une certaine limite toutefois de leur chiffre d'affaires. Un mécanisme de réduction d'impôt s'est substitué au régime de déduction qui était en vigueur jusqu'au 31 décembre 2002[49], par la loi n° 2003-709 relative au mécénat, aux associations et aux fondations, dite encore loi *Aillagon*. L'article 238 *bis* du Code général des impôts est modifié, en instaurant, pour les entreprises, un régime fiscal

---

45. Art. 1105 C. civ. : « Le contrat de *bienfaisance* est celui dans lequel l'une des parties procure à l'autre un avantage purement gratuit ». Ceci passe nécessairement par un appauvrissement de la partie non bénéficiaire.

46. TERRÉ (F.), SIMLER (Ph.) et LEQUETTE (Y.), *Les obligations*, Précis Dalloz, 1993, n° 63.

47. Ils seraient constitués par la donation entre vifs et l'institution contractuelle, celle-ci ne concernant pas la société.

48. PRIETO (C.), *op. cit.*, p. 59.

49. La loi numéro 2003-709 relative au mécénat, aux associations et aux fondations fut adoptée après deux lectures dans chaque chambre, et promulguée le 1er août 2003 : *JO* du 2 août 2003, p. 13.277 à 13.281 ; *Def. Supplément rapide* n° 18 du 17 octobre 2003 ;
COURTOIS (A.), « Mécène *or not* Mécène ? », *Def.* 30 mars 2004, art. 37898 ; VIARD (C.), « À propos de la loi du 1er août 2003 relative au mécénat, aux associations et aux fondations », *PA* n° 11 du 15 janvier 2004, pp. 14 à 19.
V. aussi l'étude du projet de ladite loi adopté le 13 mai 2003 par le Sénat et le 1er avril 2003 par l'Assemblée nationale : CAFAREL (D.), *Dans quelle mesure une fondation, personne privée, peut-elle participer au financement de l'activité d'une personne publique, à titre de financement d'appoint ?*, Mémoire de Maîtrise, juin 2003, Université de La Réunion.

comparable à celui mis en place pour les particuliers : désormais, toute opération de mécénat réalisée au cours des exercices ouverts, à compter du 1er janvier 2003, par une entreprise relevant de l'IS ou de l'IR dans la catégorie des BIC, BNC ou des BA, donne droit à une réduction d'impôt égale à 60 % du montant des versements effectués[50].

2. Ensuite, depuis la loi du 4 juillet 1990, les sociétés peuvent créer des fondations d'entreprise en vue de réaliser une œuvre d'intérêt général. Cet intérêt général ne justifie cependant pas à lui seul l'entorse à la recherche du profit : en effet, les fondations d'entreprise sont présentées comme une modalité de mécénat, et le mécénat n'est qu'une variante du contrat de parrainage, lui-même dérivé de la publicité[51]. C'est pourquoi, dans toutes ces opérations, la société poursuit un intérêt propre consistant en un « retour d'image »[52]. Jusqu'au 1er août 2003, la réglementation en vigueur réduisait, pour les entreprises, l'intérêt de constituer de telles fondations : en effet, les salariés de l'entreprise fondatrice, voire même des entreprises du groupe auquel appartenait l'entreprise fondatrice, avaient l'interdiction d'effectuer des dons à la fondation de leur entreprise. Désormais, depuis la loi du 1er août 2003 susvisée, cette possibilité leur est accordée[53].

3. Enfin, les remises de dettes[54], fréquentes au sein des groupes de sociétés, rentrent malgré tout dans le cadre de l'article 1832 du Code civil, dès lors qu'un intérêt patrimonial se trouve justifié[55].

---

50. Cette faveur fiscale ne s'applique qu'aux entreprises qui destinent leurs dons à des organismes énumérés par l'article 238 bis 1-2 et 238 bis A du CGI, et en particulier, au profit : d'œuvres ou d'organismes d'intérêt général ayant un caractère philanthropique, éducatif, humanitaire, scientifique, social, familial, culturel…

51. STREIFF, « Commentaire de la loi du 4 juillet 1990 », *Bull. Joly* 1990, n° 259. Que dire des activités de *sponsoring*, lesquelles sont de plus en plus présent en matière sportive ? Il semblerait qu'elles revêtent le plus souvent un caractère intéressé qui les légitime au regard du droit commercial. Une entreprise qui subventionne une activité sportive agit en effet principalement dans un but de promotion commerciale, en espérant que son image de marque sera améliorée, dans l'esprit du public, par son association à telle ou telle manifestation sportive (ou culturelle) : v. LAPOYADE-DESCHAMPS (C.), « Un contrat au service de l'entreprise : le sponsoring », *Mél. Derrupé*, Litec, Paris, 1991, p.125 s. et GRUA (F.), *op. cit.*

52. LAPOYADE-DESCHAMPS (Ch.), *op. cit.*

53. En conséquence, le dernier alinéa de l'article 19-8 de la loi n° 87-571 du 23 juillet 1987 sur le développement du Mécénat est modifié. Pour plus de développements, v. COURTOIS (A.), *op. cit.*, p. 407.

54. Il s'agit de conventions, qualifiées de libéralités, et soumises, en conséquence, aux règles de capacité de disposer à titre gratuit : TERRÉ (F.), SIMLER (Ph.) et LEQUETTE (Y.), *op. cit.*, n° 1364.

55. Par exemple, il peut s'agir, de la part d'une société-mère, créancière de sa filiale, de renoncer au recouvrement de sa créance, sauvegardant ainsi les intérêts de sa filiale (donc les siens indirectement, et ceux du groupe également), dans le but d'éviter de supporter les conséquences d'un éventuel redressement judiciaire de cette dernière.

– **S'agissant des seconds, c'est-à-dire les contrats de services gratuits** tel le prêt à intérêt ou le cautionnement non rémunéré[56], l'absence de contrepartie devrait, en principe, les exclure du domaine d'application de l'article 1832 du Code civil. Pourtant, en suivant un raisonnement par analogie avec les contrats à titre gratuit, l'engagement de payer la dette d'autrui pourrait entrer dans le cadre de cet article, *à l'unique condition de servir, même indirectement, les intérêts de la société.*

On constate ainsi que l'intention libérale n'est pas toujours dépourvue d'une arrière-pensée intéressée qui sert l'intérêt social. « La gratuité n'exclut pas toujours un intérêt patrimonial »[57].

Observation : ces contrats demeurent dangereux, au même titre que la donation entre vifs qui suscite, chez les personnes physiques, des méfiances telles qu'elles sont soumises à des règles impératives de forme[58] et spécifiques de capacité[59]. Aussi, n'y aurait-il pas quelque avantage à reconnaître à la spécialité légale une règle de capacité, afin d'interdire *a priori* ce type de contrat, tout en autorisant une ratification « lorsque la personne protégée est bien en mesure de rapporter la preuve que ce contrat préserve bien ses intérêts »[60] ?

77. ***En second lieu, les associations*** **: le droit français a longtemps manifesté une grande hostilité à l'encontre des associations suspectées traditionnellement de porter ombrage à l'État, et de constituer des biens de mainmorte[61].**

Aussi la loi de 1901, en son article 6, contenait dans une même phrase, deux limitations, dont l'une tenait aux actes juridiques qu'elle pouvait passer : l'association était frappée d'une incapacité de recevoir à titre gratuit. La règle était quasiment absolue au début du XXe siècle, excepté pour les associations reconnues d'utilité publique. Cette interdiction était d'ordre public, et elle ne pouvait, par conséquent, être couverte ni par une confirmation, ni par une ratification.

---

56. Par exemple, une société pourrait garantir les dettes d'un fournisseur avec lequel elle a tissé des relations d'affaires. Le cautionnement serait ainsi conclu dans le but de favoriser l'activité sociale.

57. GRUA (F.), *L'acte gratuit en droit commercial*, Thèse Paris I, 1978.

58. L'acte de donation fait partie des actes solennels, c'est-à-dire, « tous actes portant donation entre vifs seront passés devant notaires, dans la forme ordinaire des contrats ; il en restera minute, sous peine de nullité » : art. 931 C. civ.

59. Art. 901 C. civ. : « Pour faire une donation entre vifs ou un testament, il faut être sain d'esprit ».
V. également les art. 505 et 513 C. civ. autorisant, dans certaines circonstances, les donations effectuées par des majeurs protégés. Cela étant, la Cour de cassation a rappelé récemment le pouvoir souverain des juges du fond dans l'appréciation de l'insanité d'esprit du donateur, sans être liés par la mesure de protection décidée, dans le cadre d'une instance distincte : Civ. 1re, 6 juillet 2000, *D.* 2001, S. 1506, obs. DELMAS SAINT-HILAIRE ; Civ. 1re, 28 janvier 2003, AJ 2003, 148, obs. F.B.

60. PRIETO (C.), *op. cit.*, n° 70-1 p. 59. *Infra* n° 171.

61. Ces craintes trouvèrent un fondement juridique et économique par la prise en compte des idées de POTHIER sur les héritages qui, une fois recueillis par des personnes morales, étaient morts pour le commerce. La mythique menace de la mainmorte récapitulait toutes les bonnes raisons de cette interdiction.

Toutefois, le principe s'est trouvé assoupli par une pratique et des usages, puis, plus récemment, par des dispositions législatives lui apportant exceptions et dérogations[62]. Ainsi, depuis la dernière loi en date du 23 juillet 1987, complétant l'article 6 de celle de 1901, toutes les associations déclarées ont désormais la possibilité de recevoir des dons manuels ainsi que des dons des établissements d'utilité publique. Cette ouverture est considérable, et la jurisprudence entend largement le don manuel puisqu'elle admet qu'il puisse être réalisé par chèque[63]. En outre, rien dans la loi ne limite son montant, et l'exigence de la jurisprudence sur sa modicité, antérieure à 1987[64], est tombée en désuétude[65].

Par ces différentes interventions législatives[66], dont la dernière, en date du 1er août 2003[67], la question de la capacité exacte de recevoir à titre gratuit des associations est devenue confuse, et toutes les distinctions sont d'une grande subtilité pour la pratique[68] :

– **Les associations non déclarées** n'ont aucune capacité à recevoir à titre gratuit, en raison de leur inexistence juridique[69] ;

– **Les associations simplement déclarées à la Préfecture** n'ont qu'une « petite personnalité » ou une « petite capacité ». Par conséquent, elles ne peuvent pas recevoir de libéralités, même par personnes interposées[70]. Elles ne peuvent que recueillir des cotisations, des oboles, des dons manuels. En outre, depuis 1987, elles peuvent recueillir des dons faits par des établissements d'utilité publique (par exemple : une institution privée d'utilité publique). Elles peuvent aussi recevoir des apports, ce qui soulève quelques difficultés de qualification[71] ;

62. *In Le monde associatif*, 92e Congrès des Notaires de France, Deauville, 12-15 mai 1996, 1re commission, p. 130.

63. Civ. 1re, 10 fév. 1993, *Bull.* I, n° 65.

64. Civ., 21 nov. 1960, *JCP* 1961, 12015, note VOIRIN.

65. *In Le monde associatif*, *op. cit.*, p. 132.

66. On en note un certain nombre, parmi lesquelles, à titre d'exemples, la loi du 29 nov. 1939 et un arrêté du 8 août 1940 permettant aux associations, œuvres de guerre, de faire appel à des ressources plus larges que celles de l'article 6 de la loi de 1901. Également, la loi du 9 déc. 1905, pour les associations cultuelles, la loi du 14 janvier 1933 pour les associations d'assistance et de bienfaisance…

67. *Supra* n° 76 : jusqu'au 31 décembre 2002, le taux de réduction d'impôt sur le revenu applicable aux personnes physiques qui effectuaient des dons et libéralités aux associations ou organismes d'aide aux personnes en difficulté s'élevait à 60 %, contre 50 % pour les dons effectués aux autres associations. Depuis le 1er janvier 2003, le taux de la réduction d'impôt en faveur des dons consentis à de telles associations ou organismes demeure fixé à 60 %.

68. MALAURIE (Ph.), *Droit civil – les successions, les libéralités*, 4e éd., Cujas, 1998, n° 326 s.

69. Civ. 1re, 5 avril 1978, *Bull.* I, n° 151 : « *le legs au profit de l'association communauté sociale européenne ne pouvait recevoir exécution, puisque la légataire, association non déclarée au jour du décès, n'avait pas capacité pour le recueillir* ».

70. Loi 1er juillet 1901, art. 17.

71. MALAURIE (Ph.), *op. cit.* : « *Comment qualifier l'apport à une association déclarée ?*

– ni ventes, car aucune contrepartie en argent ;

– ni donations, car ils peuvent être restitués lors de la dissolution de l'association (D. 16 août 1901, art. 15) ;

– **Les associations reconnues d'utilité publique**[72]**,** les associations cultuelles, mais également les associations simplement déclarées dont le but exclusif est l'assistance, la bienfaisance, la recherche scientifique ou médicale[73], ont la capacité de recevoir à titre gratuit, sous quelques réserves toutefois :

- d'une part, si elles peuvent recevoir des dons et des legs portant sur des immeubles, elles ne peuvent conserver que ceux qui sont nécessaires à leur fonctionnement[74] ;
- d'autre part, elles « ne peuvent accepter une donation mobilière ou immobilière avec réserve d'usufruit au profit du donateur »[75], ce qui protège la famille du disposant[76].

Une première observation : **dans une instruction fiscale n° 176 du 6 novembre 2003**[77]**,** la Direction Générale des Impôts a clarifié les conditions d'utilisation du régime des dons effectués au profit des associations ou des fondations reconnues d'utilité publique. Désormais, une donation temporaire d'usufruit à une œuvre d'intérêt général, tout en conservant la nue-propriété des biens meubles ou immeubles, ainsi que la possibilité d'en recouvrer la pleine propriété à l'issue d'une durée déterminée, n'est plus susceptible de donner lieu à la mise en œuvre de la procédure de répression des abus de droit[78], à condition toutefois :

– de prendre la forme d'une donation par acte notarié,

– d'être réalisée au profit d'un organisme appartenant à l'une des catégories suivantes : fondations ou associations reconnues d'utilité publique ; associations cultuelles ou de bienfaisance autorisées à recevoir des dons et legs ou établissements publics des cultes reconnus d'Alsace-Moselle ; établissements d'enseignement supérieur ou artistique à but non lucratif agréés ;

– d'être effectuée pour une durée au moins égale à trois ans ;

– l'apport ne sera qualifié de donation que si l'intention libérale est la seule cause, ce qui n'est pas le cas si l'auteur de l'apport recherchait la satisfaction d'un intérêt moral ou religieux, selon la jurisprudence ».

72. Loi 1er juillet 1901, art. 11.

73. Loi 1er juillet 1901, art. 6.

74. Loi 1er juillet 1901, art. 11, al. 4.

75. Loi 1er juillet 1901, art. 11, dernier al.

76. Les libéralités faites à ces associations doivent avoir été autorisées par l'administration (art. 910 C. civ.). Si l'association est cultuelle, deux conditions supplémentaires sont exigées :

– les libéralités doivent être « *destinées à l'accomplissement de leur objet (c'est-à-dire une activité cultuelle) ou grevées de charges précises ou cultuelles* » ;

– l'association doit avoir « *exclusivement pour objet l'exercice d'un culte* ». La conséquence est qu'aucune secte n'est autorisée à recevoir des libéralités (CE, 1er février 1985, *Asso. chr. Les témoins de Jéhovah*, *RDP*, 1985, 483, concl. DELON ; CE, 21 octobre 1990, *Église apostolique arménienne*, *D.* 1990, IR, 95). Toutefois, le maintien de cette interdiction n'empêche pas vraiment les sectes de prospérer et de détenir des participations souvent importantes dans des groupes internationaux : *In Le monde associatif*, *op. cit.*, p. 136.

77. BOI 7 S-4-03 ; *Def, supplément rapide*, n° 21 du 21 novembre 2003, p. 20.

78. En effet, l'administration fiscale remettait parfois en cause la validité et la déductibilité des donations temporaires d'usufruit à une œuvre d'intérêt général, considérant que le bénéfice fiscal constituait un abus de droit.

– de porter sur des actifs contribuant à la réalisation de l'objet de l'organisme bénéficiaire (il peut s'agir d'une contribution financière ou matérielle) ;

– de préserver les droits de l'usufruitier.

En conséquence, ladite instruction prive de toute portée le dernier aliéna de l'article 11 de la loi de 1901[79] relative au contrat d'association, élevant les associations reconnues d'utilité publique au même rang que les fondations. La diversité des associations et leur dynamisme contribuent, en effet, au même titre que d'autres organismes d'intérêt général, au développement du mécénat. La discrimination qui existait antérieurement à l'instruction susvisée n'était guère plus justifiée.

Une seconde observation : la Cour de cassation vient de prendre position en faveur du principe de l'assujettissement des dons manuels faits aux associations et révélés à l'administration à l'occasion d'une vérification de comptabilité. Ce principe, dont la portée est générale, a simplement été atténué dans ses conséquences par l'article 2 de la loi n° 2003-709 du 1er août 2003 qui a exclu du champ d'application de l'article 757 du Code général des impôts les dons manuels au profit d'organismes d'intérêt général mentionnés à l'article 200 du même Code[80].

En dépit des assouplissements apportés, au demeurant source d'une complexité certaine, le principe d'interdiction à recevoir à titre gratuit des associations demeure, non sans être fortement critiqué en raison de son anachronisme en contradiction avec l'ascension de la liberté d'association.

Ainsi, si certains contrats de bienfaisance paraissent délicats à accomplir au regard de la spécialité légale, d'autres, à titre onéreux, ne relèvent pas moins d'une certaine ambiguïté, qu'il s'agisse de ceux conclus par des sociétés par actions ou par des associations.

b) Les contrats à titre onéreux

78. *En premier lieu, les sociétés par actions* : certains contrats, tels « les cautions, avals et garanties » des articles L. 225-35, alinéa 4 et L. 225-68, alinéa 2 du Code de commerce sont le siège d'un abondant contentieux.

Le législateur a introduit dans le fonctionnement de ces sociétés un contrôle *a priori* des garanties personnelles consenties pour la dette d'autrui, dispositions vivement critiquées[81], et qui n'ont pas même été remaniées à l'occasion de la loi du 15 mai 2001[82]. L'organisation de l'autorisation préalable du Conseil d'administration,

---

79. *Supra* n° 77, note 75.

80. Com., 5 octobre 2004 – Rejet – n° de pourvoi : 03-15709. Sources : CRIDON Nord-Est – La Lettre électronique du Conseil Supérieur du Notariat du mardi 4 janvier 2005.

81. CABRILLAC (M.) et MOULY (Ch.), *Droit des sûretés*, 4e éd., Litec, 1997, n° 121 ; MOULY (Ch.), Rapport de synthèse, Aspects contemporains du cautionnement, Colloque de Toulouse, Cahiers du droit de l'entreprise 1992 : « *son absence de légitimité doit conduire à réduire sa portée à chaque occasion d'interprétation, et elles sont nombreuses* ».

82. Loi n° 2001-420 du 15 mai 2001 relative aux nouvelles régulations économiques (loi NRE) : commentaire de cette loi, notamment par SAINTOURENS (B.), « Les réformes du droit des sociétés par la loi relative aux nouvelles régulations économiques », *Def.* n° 24 du 30 décembre 2001, p. 1465.

voire du Conseil de surveillance, pour ce type de garanties, qui, par nature, sont suspectes, *laisserait présumer la poursuite d'un profit* : en effet, la réglementation contraignante de ces sociétés, quant à leur fonctionnement, est destinée à compenser la responsabilité limitée des actionnaires, et, par conséquent, à assurer une certaine protection des intérêts des créanciers. Selon toute logique, la sécurité juridique des tiers passe avant tout par une gestion saine des sociétés, c'est-à-dire une gestion conforme à leur objet légal[83], ce qui pourrait expliquer cette réglementation pour des actes qui semblent assez éloignés de la vocation première de la société[84].

Que suppose le terme « garantie » ?

Son emploi suscite un large domaine d'application, et des incertitudes subsistent, notamment quant à la nature de cet acte[85] : la notion est souvent qualifiée de nébuleuse puisque le législateur l'emploie dans de nombreux textes sans l'avoir explicitée[86]. Tentons toutefois, par une petite synthèse, de recadrer cette notion de garantie :

– Pour un bon nombre d'auteurs, le terme est générique et couvre toutes les sûretés, dès lors qu'elles concernent la dette d'autrui[87], et non la propre dette de la société.

Beaucoup d'autres auteurs ont commenté cette loi : v. par exemple (la liste n'est pas exhaustive) : MERLE (E.), « L'entrée en vigueur des dispositions de la loi NRE relatives aux sociétés commerciales », *PA* n° 101 du 22 mai 2001 ; le NABASQUE (H.), « Commentaire des principales dispositions de la loi du 15 mai 2001 sur les nouvelles régulations économiques intéressant le droit des sociétés », *PA* n° 134 du 6 juillet 2001 ; LUCAS (F.-X.), « Les régulations économiques nouvelles sont arrivées ! », *Dr. Soc.* Juillet 2001, p. 3 ; TAQUET (F.), « La loi sur les nouvelles régulations économiques – L'amélioration des conditions d'information des comités d'entreprise », *JCP G* 2001, Aperçu rapide, p. 1357 ; VIANDIER (A.), *Sociétés et loi « NRE »*, Francis Lefebvre, n°510 ; MESTRE (J.) et VELARDOCCHIO (D.), « Les réformes du droit des sociétés commerciales dans la loi « nouvelles régulations économiques » du 15 mai 2001 », *Bull. actu* ; Lamy soc. com., juin 2001, p. 11 ; BUREAU (D.), « La loi relative aux nouvelles régulations économiques ; aspects de droit des sociétés », *Bull. Joly* 2001, p. 553 et s. ; DAIGRE (J.-J.), « Loi du 15 mai 2001 relative aux nouvelles régulations économiques, Aspects de droit financier et de droit des sociétés », *JCP G* 2001, Actualités, p. 1253. V. également les intéressantes bases de réflexion préalable des auteurs ci-après : BEZARD (P.), BISSARA (Ph.), BLANQUET (F.), CHAMPAUD (C.), COURET (A.), DIDIER (P.), FOYER (J.), RANDOUX (D.), SAINTOURENS (B.), BOULOC (B.), DAIGRE (J.-J.), SERLOOTEN (P.) et VATINET (R.), « Le changement de millénaire et le droit des sociétés », *Rev. Soc.* 2000, p. 55 et s.

83. PRIETO (C.), *op. cit.*, n° 62 p. 52 et n°s 82 s.

84. Remarquons que la SARL, pour laquelle les préoccupations du législateur sont souvent analogues à celles de la société anonyme, ne connaît pas cette procédure d'autorisation préalable.

85. PRIETO (C.), *op. cit.*, p. 67.

86. CABRILLAC (M.) et MOULY Ch.), *op. cit.*, n° 4. Par exemple : garantie d'éviction en matière de bail (art. 1721 C. civ., art. 1725 C. civ.), en matière de vente (art. 1626 C. civ.), en matière d'échange (art. 1705 C. civ.), de partage (art. 884 C. civ.) ; garantie en matière de cession de créances (art. 1693 C. civ.)…

87. MALAURIE (Ph.) et AYNÈS (L.), *Sûretés, publicité foncière*, 9e éd., Cujas, 1998-1999 : « la sûreté est donc une garantie. Mais toute garantie n'est pas une sûreté ».

Se trouve ainsi réglée, semble-t-il, la question du cautionnement réel qui rentrerait dans le cadre de l'article L. 225-35, alinéa 4[88].

– Le terme générique de « garantie » permet-il d'englober les nouvelles pratiques issues du commerce international, situées aux extrémités du cautionnement, telle la *garantie autonome* d'une part, *la lettre d'intention* d'autre part ?

- La force du lien créé par la *garantie autonome* écarte les doutes. La Cour de cassation rappelle d'ailleurs que la garantie autonome rentre dans le champ d'application de cet article, qu'elle soit un engagement autonome ou un sous-cautionnement[89].
- En revanche, *les lettres d'intention*[90] laissent subsister des incertitudes, en raison de leur caractère hétérogène. Il est néanmoins possible de dégager quatre principaux types de lettres, allant du simple engagement moral[91] au véritable

---

88. « Une analyse doctrinale soumet le cautionnement réel aux dispositions de cet article (anciennement L. 98, al. 4 de la loi de 1966) à partir d'une distributivité des règles selon un principe de hiérarchie laissant la prééminence aux règles portant sur les sûretés réelles, celles relatives au cautionnement n'intervenant qu'à titre supplétif » : PRIETO (C.), *op. cit.,* n° 85 (v. GRUA, « Le cautionnement réel », *JCP* 1984, I, 3767 et CABRILLAC, *op. cit.*, n° 342).
Toutefois, une jurisprudence récente mériterait d'être relatée : Civ. 1re, 15 mai 2002, *D.* 2002, 1780, note BARBEROT ; *RTD Civ.* 2002, 546 et s., obs. CROCQ. Le cautionnement réel aurait une double nature juridique : il serait à la fois un engagement réel et un engagement personnel. « *Le nantissement constitué par un tiers pour le débiteur est un cautionnement réel soumis à l'article 1415 du Code civil ; que dans un tel engagement consenti par un époux sur des biens communs, sans le consentement exprès de l'autre, la caution, qui peut invoquer l'inopposabilité de l'acte quant à ces biens, reste seulement tenue, en cette qualité, du paiement de la dette sur ses biens propres et ses revenus dans la double limite du montant de la somme garantie et de la valeur des biens engagés, celle-ci étant appréciée au jour de la demande d'exécution de la garantie* [...] ».
Comme le remarquait à juste raison l'un des commentateurs de cet arrêt (P. CROCQ), il n'est pas certain que toutes les hypothèses de cautionnement réel expriment une telle volonté. Le cadre particulier de la situation, savoir le régime de communauté légale, imposerait une telle nuance.
Pour une confirmation de la double nature juridique du cautionnement réel, v. également : Com., 13 novembre 2002, *Bull. civ.* IV, n° 161 ; *RTD Civ.* 2003, 128, obs. CROCQ ; *RDC* 2003, obs. GRIMALDI.

89. Com., 26 janvier 1993, Liaisons juridiques et fiscales du 11 mars 1993, p. 2 : la Cour de cassation a été amenée à censurer une qualification de simple avance de trésorerie, qui permettait d'écarter la procédure d'autorisation ; l'analyse de l'engagement révélait une garantie autonome : la société anonyme s'était engagée à rembourser sans contestation et à première demande à la banque toutes les sommes que cette dernière pourrait être conduite à verser pour les droits à l'importation dans l'hypothèse où son client importateur ne pourrait pas les payer aux douanes grecques. Il était donc inutile et vain de tenter d'échapper à l'article 98, al. 4 de la loi du 24 juillet 1966 (L. 225–35, al. 4 C. com.).

90. On les trouve aussi sous l'appellation de lettres de confort (*letters of comfort),* soit encore lettres de parrainage ou de patronage. Elles émanent, en principe, de sociétés mères qui acceptent de donner quelque assurance aux créanciers de leurs filiales.

91. Paris, 30 avril 1984, *RTD Civ.* 1985, p. 730, MESTRE : la société mère avait fait une simple recommandation de sa filiale auprès d'un tiers amené à contracter avec cette filiale. *Aucun engagement de garantie* n'a été contracté par la société mère au profit du cocontractant de sa filiale.

cautionnement[92], en passant par celles qui renferment une simple obligation de moyens, ou encore celles qui laissent place à des obligations de faire. Selon les juges, aux termes d'un minutieux travail de qualification, seule une obligation de résultat est constitutive d'une garantie, laquelle se caractérise « dès lors qu'elle est de nature à rendre son auteur responsable des conséquences de la défaillance du débiteur »[93].

– La notion de garantie trouve encore une illustration dans des ***engagements*** *autres que celui de paiement de sommes d'argent*[94]. Dans une affaire relativement récente, la Cour de cassation approuva qu'un engagement de faire dût être, tout autant qu'une obligation de paiement, soumis à l'article 98, alinéa 4[95] (aujourd'hui article L. 225-35 C. com.).

– Enfin, il y aurait lieu de s'interroger sur la valeur de la *solidarité passive* en tant que garantie[96]. Présentée par la doctrine comme une variété de sûreté personnelle, elle faciliterait le recouvrement d'une créance. En outre, n'apprécierait-on pas la valeur d'une sûreté autant par la commodité qu'elle offre au créancier, que par la certitude du paiement[97] ? D'ailleurs, l'article 1216 du Code civil renforcerait particulièrement cette valeur de sûreté lorsqu'il dispose que « *si l'affaire pour laquelle la dette a été contractée solidairement ne concernait que l'un des coobligés solidaires,* ***celui-ci serait tenu de toute la dette vis-à-vis des autres codébiteurs****, qui ne seraient considérés par rapport à lui que comme ses cautions* ». Toutefois, l'obligation contractée à l'égard des tiers est un engagement à titre principal, en dépit de sa fonction exclusive de sûreté[98]. *Ce caractère d'engagement principal est*

Paris, 4 mai 1993, *Bull. Joly* 1993, p. 729, DELEBECQUE : il en va de même lorsque la société mère confirme au cocontractant de sa filiale, en des termes vagues, l'intérêt qu'elle porte aux affaires de celle-ci.

92. Versailles, 5 mai 1988, *D.* 1988, IR, 171 ; Paris, 31 mai 1989, *Bull. Joly* 1990 : la société mère offre de se substituer à sa filiale en cas de défaillance.

93. Com. 23 octobre 1990, *JCP* 1991, II, 21684, note LARROUMET ; *Bull. Joly* 1991, note JEANTIN ; *Rev. soc.* 1991, p. 86, note DELEBECQUE.

94. PRIETO (C.), *op. cit.*, n° 89.

95. Com., 17 novembre 1992, *Bull. Joly* janvier 1992, note CHAPUT : en l'espèce, « une société financière ayant pour objet social de favoriser l'industrialisation des régions minières, avait consenti un prêt à une société qui s'engageait, outre au remboursement, à diverses obligations. Parmi celles-ci, on relevait principalement le maintien d'un certain nombre d'emplois dans deux régions sinistrées, et la priorité de l'embauche du personnel minier reconverti. La société mère confirmait, en outre, à la société financière, qu'elle garantissait tous les engagements pris par sa filiale. Après le redressement judiciaire de la filiale, la société financière reprocha à la société mère d'avoir violé l'obligation de faire contractée, en ne s'étant pas substituée à sa filiale. *Sa demande fut cependant rejetée au motif que le président la société mère avait agi sans l'autorisation du conseil d'administration* ».

96. PRIETO (C.), *op. cit.*, n° 90.

97. SIMLER (Ph.) et DELEBECQUE (Ph.), *op. cit.*, n° 194 ; MESTRE, *Juris-Classeur Civil*, Contrats et obligations, « Obligations conjointes et solidaires, solidarité passive », art. 1197 à 1216, fasc. 2.

98. SIMLER (Ph.) et DELEBECQUE (Ph.), *op. cit.*, n° 195.

déterminant pour la jurisprudence qui considère que la solidarité passive ne peut être considérée comme une garantie[99].

Au final, les frontières entre les garanties autonomes, les lettres d'intention et la solidarité passive paraissent assez floues, et soulignent la difficulté de qualifier les engagements dans les marchés internationaux. Néanmoins, si de tels engagements ne sont pas soumis, le cas échéant, à la procédure de l'article L. 225-35, alinéa 4 ou L. 225-68, alinéa 2 du Code de commerce, ils restent assujettis au principe de spécialité légale de la société. Ainsi, l'acte pourrait être reconnu comme étant contraire à ce principe, dans la situation extrême de l'absence totale d'intérêt d'un engagement de codébiteur.

79. *En second lieu, l'association* : l'obligation légale de réaliser un but non lucratif pesant sur l'association ne lui interdit nullement l'exercice d'une activité lucrative lui permettant la réalisation de bénéfices, dès lors que celle-ci ne constitue pas son but essentiel.

En effet, les pouvoirs publics ont encouragé les associations à prendre des initiatives afin de poursuivre au mieux leurs objectifs, car conscients, d'une part, de l'insuffisance du simple recouvrement des cotisations pour entreprendre des projets, d'autre part, des limites du recours systématique aux subventions.

Ainsi, aux termes des articles 1er, 3 et 11 de la loi de 1901, toute association déclarée s'est vue reconnaître la possibilité d'accomplir des actes de la vie civile dans le respect de son objet, sous deux réserves :

- la licéité de la cause et de l'objet,
- l'absence de partage des bénéfices réalisés.

En conséquence, l'association peut exercer un certain nombre d'activités ci-après déterminées, et notamment :

– Tout d'abord, l'association peut exercer une *activité économique* lui permettant la réalisation de bénéfices, dès lors qu'ils ne sont point partagés entre ses membres, mais employés conformément à l'objet[100]. Dans le cas contraire, l'association serait traitée comme une société créée de fait, civile ou commerciale, selon l'objet statutairement défini. La notion d'activité économique est définie comme constituant « l'accomplissement d'une activité de production, de transformation et de distribution de biens meubles ou immeubles ou toutes prestations de services en

---

99. T. Com. Paris, 30 janvier 1991, *RJDA* 5/91 : en l'espèce, deux sociétés avaient constitué une filiale commune en vue de construire un réservoir souterrain de gaz liquéfié. Les sociétés mères s'étaient engagées solidairement à ce que leur filiale, devenue cessionnaire du contrat, remplisse de façon exacte et ponctuelle toutes les obligations lui incombant. Elles se considéraient comme liées sans appel par tout jugement ou toute sentence arbitrale rendue contre la société cessionnaire. *Le tribunal de commerce de Paris a requalifié l'acte initialement présenté comme un cautionnement* en « garanties autonomes et directes assorties de la solidarité passive », insistant ainsi sur le caractère d'engagement principal.

100. Com., 27 sept. 1989, *JCP G,* IV, 375, note GATUMEL ; Soc. 27 nov. 1989, *Bull. civ.* V, n° 544.

matière industrielle, commerciale, artisanale, agricole, sociale, culturelle, (...) »[101]. Cette définition ouvre un très large champ d'activités aux associations dans des domaines variés.

– Ensuite, elle peut exercer une *activité commerciale*, dès lors que celle-ci reste accessoire à l'activité principale[102]. Qui plus est, il semblerait le législateur ait expressément prévu cette faculté, de manière non seulement générale mais aussi particulière :

- *d'une manière générale*, en vertu de l'article 37 de l'ordonnance du 1er décembre 1986, lequel interdit à une association qui ne l'aurait pas prévu dans ses statuts d'offrir, de façon habituelle, des produits à la vente ou de fournir des services ;
- *d'une manière plus particulière*, en vertu de la loi n° 87-979 du 7 décembre 1987, laquelle permet aux associations rémunérant des sportifs professionnels, de poursuivre, sous certaines conditions, leur activité incontestablement commerciale[103], et de celle du 31 décembre 1990 (loi n° 90-1259) qui autorise certaines associations à fournir des consultations juridiques à titre onéreux. Néanmoins, la Cour de cassation refuse d'admettre qu'une telle association puisse être propriétaire d'un fonds de commerce et le donne en location-gérance[104].

– Également, afin de se procurer des ressources, une association peut recourir désormais à *l'emprunt*, et procéder à *l'émission de titres* depuis la loi n° 85-698 du 11 juillet 1985. En son principe, le prêt consenti par un sociétaire à son association ne soulève aucun problème de légalité. Seule la rémunération de l'emprunt pourrait s'analyser en un partage prohibé des bénéfices de l'association, et ce d'autant plus si le taux est stipulé variable en fonction des résultats[105]. Toutefois, ce risque paraît ténu, même si le taux d'intérêt paraît élevé, puisque les dispositions de la loi du 28 décembre 1966 demeurent applicables. Au surplus, une rémunération supérieure

---

101. La définition fut donnée par le garde des Sceaux, lors de la séance du 22 avril 1985 à l'Assemblée nationale, à l'occasion du débat sur la loi du 11 juillet 1985 permettant aux associations d'émettre des obligations (v. *JO* Déb. AN 22 avril, p. 290).

102. Com., 13 mai 1970, *D.* 1970, 644.

103. Elles sont alors considérées comme des entreprises de spectacle public (*supra* n° 66).

104. Com., 19 janvier 1988, *JCP G* 1989, 3385, note BRICHET : cette décision marqua un pas de plus dans le refus de faire de l'association une personne morale commerçante. Un argument supplémentaire fut avancé par rapport aux décisions antérieures, destiné à clore un débat sans fin : « *l'arrêt attaqué qui se borne à relever que l'association a accompli des actes de commerce, sans constater qu'elle eût jamais la qualité de commerçant, qualité incompatible avec son statut* [...] » ; à rappr. de Paris, 7 mars 1989, *D.* 1989, IR, 120 et *JCP E* 1990, I, 15923, n° 5-2, obs. MONEGER, refusant à une association le bénéfice du statut des baux commerciaux ; dans le même sens, Civ. 3e, 26 février 1992, *Gaz. Pal.* 8 déc. 1992 : une association d'enseignement à distance ne peut bénéficier du statut des baux commerciaux dès lors qu'aucun enseignement effectif n'est dispensé dans ses locaux et qu'ils sont seulement utilisés à usage de bureaux ; v. également Rép. min. n° 44492, *JO* du 25 mai 1992, *RDC* 1992, 580, obs. DERRUPÉ.

105. La loi sur l'émission d'obligations contient d'ailleurs des limitations dans ce domaine.

au taux moyen du prêt au profit du prêteur pourrait trouver sa justification dans l'insuffisance de garanties fournies par l'association emprunteuse et son risque d'insolvabilité[106]. En outre, le règlement des intérêts dus au créancier aurait vraisemblablement pour effet de réduire le bénéfice. En conséquence, il ne saurait s'analyser en un véritable partage de bénéfices, puisqu'il constituerait une simple charge contractuelle entre les mains du débiteur[107].

– Enfin, *l'association peut consentir des prêts à ses membres*. Elle n'est nullement concernée par les dispositions des articles L. 223-21ou L. 225-43 du Code de commerce. Toutefois, les prêts ne peuvent se réaliser que dans le respect de la loi du 24 janvier 1984 instituant un monopole en faveur des établissements de crédit agréés[108].

Ainsi, si l'accomplissement des contrats susvisés tant par les sociétés que par les associations, suscite quelques difficultés au regard de la spécialité légale, certains actes effectués par les syndicats font l'objet de controverses plus ardentes.

c) Les actes « politiques » des syndicats

80. L'exercice de la liberté syndicale, en raison de l'élargissement de sa spécialité légale[109], peut donner lieu à des abus, notamment en matière politique.

Par trois arrêts importants en date du 10 avril 1998, la Cour de cassation réunie en Chambre mixte rappela, non sans fermeté et d'une manière fort claire, que l'exercice d'une liberté publique, en l'occurrence la liberté syndicale, dont elle réaffirma la nature nationale, européenne et supranationale, ne saurait donner lieu à des abus[110]. Elle ajouta que, même si les syndicats professionnels pouvaient exprimer des opinions de nature politique, ils n'étaient en aucune façon des partis politiques, et que leur indépendance à l'égard des partis était l'une de leurs caractéristiques fondamentales.

---

106. En effet, la difficulté pour une association de recourir à ce mode de financement provient, le plus souvent, de son incapacité à fournir une garantie, soit en raison de la faiblesse de ses capitaux propres, soit en raison du caractère incertain des garanties réelles (son fonds de commerce, le cas échéant, est dénué de propriété commerciale).

107. *In Le monde associatif*, 92e Congrès des notaires de France, *op. cit.*, 2e commission, p. 260 s.

108. En vertu de l'article 11 de cette loi, « l'interdiction relative aux opérations de crédit *ne s'applique pas* :

1°) *aux organismes sans but lucratif* qui, dans le cadre de leur mission et pour des motifs sociaux, accordent sur leurs ressources propres des prêts à conditions préférentielles à certains de leurs ressortissants ».

109. *Supra* n° 72.

110. Ch. mixte, 10 avril 1998, 3 arrêts, *D.* 1998, IR, 126 et *Dr. soc.* 565 ; note Ph. de CAIGNY, à propos de ces arrêts, *in* Rapport de la Cour de cassation 1998, La Documentation française 1999, p. 59 s. ; v. aussi Montpellier, 9 juillet 1997, *D.* 1997, p. 469, note TOURNIER ; sur la question de savoir si l'organisation constituée par un parti politique sous la forme de syndicat professionnel peut prétendre au bénéfice de cette qualification, v. JEAMMAUD (A.), « Fraus omnia corrumpit », *D.* 1997, Chron. p. 19.

Dans cette affaire, la Chambre mixte était saisie de deux pourvois afférents à deux groupements revendiquant la qualité de syndicat professionnel, le « Front National Pénitentiaire »[111] et le « Front National de la Police »[112], auxquels il était reproché d'être l'émanation d'un parti politique. Quant au troisième pourvoi dirigé contre un arrêt de la Cour d'appel de Paris[113], il concernait un autre groupement, lequel revendiquait également la qualité de syndicat professionnel : le syndicat d'organisation de la profession d'ostéopathes diplômés d'État en kinésithérapie ou le « SOK ».

Ces trois affaires ne se présentèrent pas dans le même état procédural devant la Cour de cassation[114], mais elles soulevèrent des questions analogues, en particulier celle de savoir si les groupements – à supposer les actions recevables – devaient être considérés comme des syndicats professionnels : un problème de qualification juridique des groupements en cause se posa donc. En effet, le « SOK » et le Front National de la Police n'avaient pas poursuivi, selon les demandeurs à l'action, la réalisation de l'objet légalement défini par l'article L. 411-1 du Code du travail :

– **En premier lieu**, le grief invoqué à l'encontre du « SOK » reposa sur la promotion, par ce syndicat, de la pratique des manipulations caractérisant l'ostéopathie par les kinésithérapeutes sous contrôle médical, alors que la loi réservait *aux seuls médecins* la possibilité de mettre en œuvre de tels traitements. L'objet de ce groupement était donc illicite et ne pouvait être considéré comme « la défense des droits et des intérêts matériels et moraux » de ses membres ;

– **En second lieu**, le reproche formulé à l'encontre du Front National fut la poursuite d'un but autre que celui défini par l'article L. 411-1 du Code du travail, notamment la propagation de la doctrine du Front National, parti politique. Par conséquent, le Front National de la Police ne pouvait prétendre à la qualification de syndicat professionnel, et exercer les droits et les prérogatives reconnus aux syndicats.

Conformément à sa jurisprudence antérieure, la Chambre mixte réaffirma le principe de la spécialité légale des syndicats professionnels, ainsi que la nécessaire indépendance de ces groupements à l'égard des partis politiques, rappelant notamment que :

« *Par application combinée des articles 1131 C. civ., L. 411-1 et L. 411-2 C. trav., un syndicat professionnel ne peut pas être fondé sur une cause ou en vue d'un objet illicite ;*

Il en résulte qu'il ne peut poursuivre des objectifs essentiellement politiques ni agir contrairement aux dispositions de l'art. L. 122-45 C. trav. et aux principes de non-discrimination contenus dans la Constitution, les textes à valeur constitutionnelle et les engagements internationaux auxquels la France est partie […] ».

---

111. Montpellier, 9 juillet 1997, *op. cit.*

112. Paris, 17 juin 1997.

113. Paris, 29 janvier 1997.

114. En particulier, la dissolution du SOK fut demandée et prononcée, tandis que celle du Front National de la Police ne fut point demandée. Partant de là, les juridictions du fond adoptèrent des positions différentes quant à la recevabilité des actions en contestation de la qualité de syndicat professionnel.

Finalement, si la jurisprudence semble claire quant aux actes pouvant être accomplis par les syndicats, tant en matière politique, que dans d'autres domaines[115], la doctrine reste partagée, et le législateur semble entretenir une certaine confusion[116].

Considération faite des groupements de personnes dotés de la personnalité morale, un constat de confusion régnerait actuellement parmi les gouvernés[117], les frontières apparaissant actuellement peu nettes.

Qu'en est-il désormais des groupements moins « classiques », c'est-à-dire des masses de biens auxquelles le législateur octroie la personnalité morale ? Comment leur spécialité légale peut-elle être déterminée ?

II. LES MASSES DE BIENS DOTÉES DE LA PERSONNALITÉ MORALE

81. Si l'attribution du statut de personne morale à un agrégat de biens parut surprendre la doctrine, aucune réticence n'arrêta le législateur pour la mise en place de ces masses de biens « personnifiées ».

Celles-ci ayant pour mission exclusive la satisfaction de certains buts d'intérêt général, seuls les fonds de garantie d'une part (A), les fondations d'autre part (B), feront l'objet d'une analyse.

A. LES FONDS DE GARANTIE

82. Le législateur créa divers fonds de garantie afin d'indemniser un certain nombre de personnes.

Chacun a un but clairement défini, une spécialité légale propre. Certains sont créés pour indemniser les victimes d'accidents de la circulation[118], d'autres, pour les victimes d'actes de terrorisme et d'autres infractions[119] ou encore pour les victimes du virus « VIH » à la suite d'une transfusion sanguine[120].

Si ces fonds de garantie ne semblent pas vraiment soulever de problèmes quant à l'application de la règle de la spécialité légale, la question des fondations apparaît, en revanche, plus délicate.

---

115. Paris, 25e ch. A, 25 oct. 1994, *D.* 1995, IR, 8 : la Cour rappela que « ce principe attribue aux syndicats et unions de syndicats exclusivement pour objet l'étude et la défense des droits ainsi que des intérêts matériels et moraux, tant collectifs qu'individuels, des personnes visées par leurs statuts et leur interdit des opérations à but uniquement lucratif ou la défense d'intérêts purement privés ». Ainsi, en l'espèce, *un syndicat ne saurait valablement se porter caution du remboursement d'un prêt contracté par une société commerciale.* Crim., 29 mai 1908, *op. cit.* n° 27, en particulier note 124 : en raison de leur mission légale, « le patrimoine mobilier des syndicats ne pouvait comprendre que des éléments susceptibles de concourir à la défense des intérêts collectifs représentés par ces syndicats » ; par suite, « un syndicat professionnel ne saurait légalement posséder une marque de fabrique ou de commerce ».

116. *Supra* nos 72 à 75.

117. SÉRIAUX (A.), *op. cit.*, p. 97.

118. Art. L. 421-2 C. ass.

119. Art. L. 422-1 C. ass.

120. Art. 47-III de la loi n° 91-1406 du 31 décembre 1991 portant diverses dispositions d'ordre social.

B. Les fondations

83. Du latin «*fundare*» (*fundo-as-are*) signifiant bâtir, la fondation fut définie par Planiol comme une « affectation perpétuelle de biens ou de valeurs à un service déterminé par le disposant »[121].

La personnalité morale de la fondation est une notion beaucoup plus abstraite que celle des groupements de personnes : attachée directement à un patrimoine, elle n'est donc plus incarnée par un groupement de personnes physiques. Ce caractère abstrait expliquerait peut-être son apparition fort tardive[122].

En effet, les pouvoirs publics la regardèrent avec autant de méfiance que les associations, pour des raisons assez similaires : celles que l'autorité osa avouer, tel le refus de voir proliférer les biens de mainmorte, et celles, plus profondes, qu'elle tut, comme la crainte de voir se dresser soudain par le biais de ces nouvelles personnes morales, de redoutables contre-pouvoirs[123]. Finalement, entendues au sens large, les fondations apparurent indirectement à Rome, tout d'abord comme une initiative privée[124], sous la forme de fondations alimentaires en faveur des enfants pauvres d'une cité, par le biais de la libéralité avec charge : des biens étaient donnés à des cités, à cause de mort ou entre vifs, à charge d'affecter leurs revenus aux besoins de l'assistance.

84. Par la suite, son rôle fut loin d'être moindre, notamment pendant l'Ancien Régime[125], bien qu'elle fût assujettie au contrôle de l'État.

En effet, un édit de Louis XV d'août 1749, d'un côté, soumit à autorisation préalable les fondations par acte entre vifs, de l'autre, interdit purement et simplement toutes les fondations testamentaires s'inspirant alors peut-être du *Mortmain Act* anglais de 1736, ce dernier proscrivant toute fondation immobilière.

---

121. PLANIOL (M.), *Traité élémentaire de droit civil*, t. 3, 7e éd., Paris, LGDJ, 1918, n° 3331.

122. Si des inscriptions du IIe siècle avant notre ère prouvèrent l'existence, en Grèce, de nombreuses fondations religieuses, elles ne furent en aucun cas les ancêtres des fondations romaines : d'une part, leur structure juridique et leur but étaient différents, d'autre part, l'apparition de fondations quelques siècles plus tard à Rome empêcha de croire à une quelconque filiation : GAUDEMET (M.), *Cours de droit romain*, Les Cours de droit, 1953-1954, p. 732.V. également LANGERON (P.), *Les fondations*, Que sais-je, PUF, 1992 ; POMEY (M.), *Traité des fondations d'utilité publique*, Sirey, 1980.

123. *In Le monde associatif*, 92e congrès des notaires de France, *op. cit.*, p. 489.

124. L'idée fut cependant vite reprise par les empereurs : Nerva fut le premier empereur qui songea à développer cette institution, mais il n'en eut pas le temps ; Trajan organisa ensuite à Rome et en Italie des fondations alimentaires, puis Hadrien, Marc-Aurèle et Antonin suivirent l'exemple. Celui qui souhaitait réaliser une fondation donnait, à cause de mort ou entre vifs, une certaine somme à des propriétaires fonciers qui s'engageaient à en affecter les intérêts aux besoins de l'assistance. Leurs immeubles propres garantissaient le paiement perpétuel de la redevance, et des agents spéciaux étaient chargés de la gestion des fonds. Toutefois, *le capital affecté à la fondation n'avait pas la personnalité morale*. Sous le Haut-Empire, ces fondations se multiplièrent, car elles répondaient à des fins très diverses. V. GAUDEMET (M.), *op. cit.*, p. 732 et s.

125. Parmi les anciennes chartes de fondation qui furent conservées, on peut citer celle établie en 1443 par le Chancelier de Bourgogne, Nicolas Roblin, pour créer le célèbre Hospice de Beaune.

Leur liberté de création fut rétablie sous le Consulat en août 1802[126]. Néanmoins, la multiplication des initiatives privées fut telle que le Conseil d'État, saisi par le Gouvernement, rendit un avis *le 24 décembre 1805* duquel il résulta qu'une fondation ne pouvait désormais être créée que *sous la condition de se faire concéder existence et capacité par un décret du gouvernement, après avis de la section de l'intérieur du Conseil d'État.* Le Code civil consacra indirectement cette règle, en son article 910 en vertu duquel « les dispositions entre vifs ou par testament, au profit des hospices, des pauvres d'une commune, ou d'établissements d'utilité publique, n'auront leur effet qu'autant qu'elles seront autorisées par une ordonnance royale ».

85. La fondation est actuellement une institution toujours très vivante, plus encore à l'étranger, notamment aux États-Unis d'Amérique, qu'en France[127] où elle apparaît quelque peu freinée par une fiscalité et une procédure peu avantageuses. Toutefois, il en sera peut-être différemment dans l'avenir, lorsque la loi du 1er août 2003 aura porté ses fruits[128].

---

126. Toutefois, la fondation par testament, appelée encore fondation *« post mortem »*, se heurta très longtemps aux résistances de la doctrine et de la jurisprudence civilistes. Elles butaient sur l'objection logique inhérente à la fondation par testament, savoir l'impossibilité de transmettre des droits à un être inexistant (art. 906, al. 2 C. civ.). En réalité, l'obstacle venait de ce que, au jour du décès du fondateur, les biens allaient se trouver vacants et sans maître, puisqu'ils n'étaient pas donnés au profit d'un établissement encore inexistant. Un moyen se présentait pourtant afin de contourner la difficulté, comme celui, pour le fondateur, d'instituer légataire une personne physique ou morale à charge pour elle de procéder aux démarches en vue de la reconnaissance d'utilité publique puis, cette reconnaissance obtenue, de retransmettre les biens légués à la fondation ainsi créée (ce procédé était en quelque sorte celui utilisé à Rome). Ce cheminement aléatoire et onéreux ne fut admis par la jurisprudence civile qu'avec une grande parcimonie : la création d'une Académie littéraire par le testament d'Edmond de Goncourt en 1897-1900 fut d'ailleurs une affaire exemplaire souvent citée à ce sujet (pour un développement plus prolixe, v. GAUTIER P.-Y., *D.* 1991, Chron. 145). Quant au Conseil d'État, appelé à donner un avis sur les reconnaissances d'utilité publique, il adopta très tôt une attitude libérale, surtout lorsque le legs n'était nullement contesté par la famille du testateur. Il admettait implicitement une rétroactivité, sinon de l'être moral tout entier, du moins de sa capacité de recevoir le legs. Cette pratique n'encouragea pourtant guère les tribunaux judiciaires, et la Cour de cassation poursuivit sa résistance (Civ. 1re, 22 juillet 1987, *Bull. civ.* n° 258). Il fallut attendre la loi du 4 juillet 1990 pour entériner cette pratique (art. 18-2, al. 1, intégré dans la loi du 23 juillet 1987).

127. Fin 2003, on comptait, en France, 486 fondations reconnues d'utilité publique, 65 fondations d'entreprise, et 1 500 fondations abritées (rattachées à l'Institut de France et la Fondation de France) contre 12 000 aux États-Unis d'Amérique, 3 000 en Grande-Bretagne (*Charities trusts*) et 2 000 en Allemagne. En Espagne, le droit de fonder a été consacré par la Constitution fort récemment.

128. *Supra* n° 77 ; loi numéro 2003-709 relative au mécénat, aux associations et aux fondations, promulguée le 1er août 2003, après deux lectures dans chaque chambre : *JO* du 2 août 2003, p. 13.277 à 13.281 ; *Def.* Supplément rapide n° 18 du 17 octobre 2003, p. 21. Commentaires : COURTOIS (A.), « Mécène *or not* Mécène ? », *Def.* du 30 mars 2004, art. 37898 ; VIARD (C.), « À propos de la loi du 1er août 2003 relative au mécénat, aux associations et aux fondations », *PA* n° 11 du 15 janvier 2004, p. 14 à 19.
Observation étant ici faite que cette dernière réforme, inspirée entre autres, de la pratique nord-américaine, est non seulement fiscale, puisqu'elle consiste en la modification de divers articles

Organisme de droit privé[129], la fondation apparaît comme une mixtion de genres : son statut juridique résulte en effet d'un mélange de droit prétorien administratif et civil, de réglementation fiscale, et depuis 1987, de textes législatifs et réglementaires.

Il fallut ainsi attendre la loi du 23 juillet 1987 relative au développement du mécénat, modifiée et complétée par celle du 4 juillet 1990, pour apporter à la fondation deux contributions essentielles :

– **Une définition légale**[130] : en effet, « *la fondation est l'acte par lequel une ou plusieurs personnes physiques ou morales décident l'affectation irrévocable de biens, droits ou ressources à la réalisation d'une œuvre d'intérêt général et à but non lucratif* ». Toutefois, ni la procédure de constitution, ni les règles de fonctionnement ne sont réglementées, ce qui est bien peu habituel en droit français.

– **Une précision** : si l'acte de fondation a pour but la création d'une personne morale, la fondation ne jouit de la capacité juridique qu'à compter de l'entrée en vigueur du décret en Conseil d'État accordant la reconnaissance d'utilité publique[131], décret qui confère alors à la personne morale ainsi créée le statut de fondation d'utilité publique[132]. *La fondation est ainsi une personne morale de droit privé sous tutelle administrative*.

Ainsi, les fondations demeurent les seules personnes morales de droit privé à présenter la double caractéristique de se trouver soumises, quant à leur existence, à la volonté arbitraire du gouvernement, et de ne disposer d'aucun statut législatif ou réglementaire.

Présentent-elles également une singularité quant à l'application de la spécialité légale ? Une réponse ne pourra être apportée qu'après la détermination de leur activité légale (a) mais aussi des conséquences en résultant quant à certains actes juridiques (b).

a) La détermination de leur activité légale

86. En vertu de la loi de 1987, l'affectation irrévocable de biens doit, aux termes de l'acte de fondation, poursuivre « *la réalisation d'une œuvre d'intérêt général et à but non lucratif* ».

L'intérêt général est une notion imprécise dépourvue de définition légale. On pourrait s'accorder à reconnaître qu'il ne peut y avoir intérêt général dès lors que l'on poursuit un but personnel à son seul profit ; en revanche, la poursuite d'une œuvre personnelle au bénéfice d'une collectivité correspondrait à un intérêt général. Certains éléments constitutifs de cette notion pourraient, en outre, se trouver dans

---

du Code général des impôts, mais aussi réglementaire (accélération de la procédure de reconnaissance d'utilité publique, modification des statuts types, par exemple : *infra* n°s 189 et s.).

129. CE, 20 oct. 1971, *RD sanit. soc.* 1972, 209, concl. BERNARD, obs. LAVAGNE.

130. Avant 1987, la Cour de cassation a défini les fondations comme « *toute affectation d'une masse de biens à un but déterminé* » (Civ. 1re, 15 février 1983, *Bull. civ.*, I, n° 61).

131. La reconnaissance d'utilité publique est subordonnée à l'adoption de statuts types élaborés par le Conseil d'État, lesquels ont été assouplis par la loi du 1er août 2003 (*infra* n°s 192 et s.).

132. *In Le monde associatif*, 92e congrès des notaires de France, *op. cit.*, p. 494.

des dispositions d'ordre fiscal accordant des exonérations au titre d'activités d'intérêt général[133].

Quant à l'utilité publique qui permet à la fondation d'être dotée de la personnalité morale, elle est le corollaire régalien de l'intérêt général. Il ne peut y avoir reconnaissance d'utilité publique sans constatation préalable de l'existence d'un projet d'intérêt général[134].

Cette règle revêt néanmoins une acception différente selon le type de fondation envisagée (1). En outre, elle ne permet pas toujours de la distinguer aisément d'autres notions assez voisines (2).

1) Les différentes fondations

87. La fondation dite « classique » (celle reconnue d'utilité publique).
En vertu de la règle non écrite de la spécialité légale, donc en vertu d'usages, elle ne peut poursuivre plusieurs buts en même temps, même non lucratifs. Ainsi, une fondation qui poursuivrait à la fois un but social, éducatif, humanitaire,... n'aurait, en principe, aucune chance d'être reconnue par le gouvernement. Il ne saurait cependant être question d'enfermer la règle dans un dogme intangible sans lui laisser la possibilité de s'adapter aux besoins nouveaux de la société. Certaines fondations récentes peuvent d'ailleurs témoigner d'une souplesse incontestable de ladite règle, souplesse analysée par beaucoup comme un recul manifeste du principe de la spécialité. À titre d'exemple, il en est ainsi de la Fondation franco-japonaise Sasakawa[135] dont l'objet est de développer les relations culturelles et d'amitié entre la France et le Japon.

Enfin, il convient de souligner que le législateur a cherché à rendre un peu plus attractif le statut fiscal des fondations reconnues d'utilité publique par la loi susvisée du 1er août 2003, en leur qualité de donataires[136].

88. La fondation d'entreprise.
Personne morale créée par le législateur en 1990[137], elle ne peut poursuivre de but lucratif, à l'instar de la précédente. Si le Sénat manifesta le désir que fussent

---

133. *Associations*, œuvre collective sous la direction d'E. ALFANDARI, et la coordination de Ph.-H. DUTHEIL, Dalloz, 2000, p. 943 et s.

134. *Associations*, *op. cit.*

135. Fondation reconnue d'utilité publique le 23 mars 1990.

136. Les fondations reconnues d'utilité publique, pourtant sans but lucratif, sont assujetties à l'impôt sur les sociétés qu'elles doivent acquitter sur les fruits recueillis de la gestion de leur patrimoine, au taux réduit de 24 % ou, pour certains revenus mobiliers, de 10 % (mécanisme de calcul de l'IS dérogatoire au droit commun). L'article 5 de la loi numéro 2003-709 susvisée a porté l'abattement sur le montant total de l'IS dont elles sont redevables, à 50 000 € pour l'IS dû au titre des exercices ouverts à compter du 1er janvier 2003 (au lieu de 15 000 € pour les exercices ouverts avant cette date). Toutefois, le « sous-développement » (COURTOIS, *op. cit.*) du mécénat français ne s'expliquait pas seulement par une fiscalité contraignante, mais aussi par un régime juridique relativement complexe.

137. Aux termes du nouvel art. 19 de la loi de 1987, introduit par l'art. 4 de la loi du 4 juillet 1990, seules certaines personnes morales ont qualité pour créer une fondation d'entreprise : les sociétés civiles ou commerciales, les EPIC, les coopératives ou les mutuelles.

créées des fondations d'entreprise dotées d'un but lucratif[138], cette conception fut néanmoins condamnée par l'Assemblée nationale[139]. Au demeurant, comme en matière associative, la doctrine s'accorde à reconnaître que l'absence de but lucratif caractérisant toute fondation d'entreprise n'interdit pas la réalisation de bénéfices. Toutefois, lorsqu'elle est susceptible de développer de larges activités commerciales ou lucratives, il lui est fortement conseillé de créer, pour ce type d'activité, une structure *ad hoc*[140] ouvertement commerciale, assujettie aux contraintes fiscales, dont les bénéfices iraient à la fondation[141].

En outre, l'activité de la fondation d'entreprise ne doit pas bénéficier directement sur le plan financier à l'entreprise fondatrice. Le législateur, ayant sans doute à l'esprit les affaires *Philip Moris* et *Fluocaril*[142], exige en effet qu'aucune confusion ne puisse exister entre l'objet spécifique de la fondation d'entreprise et celui de l'entreprise fondatrice. Ainsi, les créateurs d'une fondation d'entreprise, rompus à la pratique des affaires, doivent s'attacher à ne poursuivre *que des buts altruistes, philanthropiques voire caritatifs*, ce que l'autorité administrative se charge de faire respecter.

Enfin, deux observations :

– d'une part, toute fondation d'entreprise peut poursuivre plusieurs objectifs dans des domaines d'activité indépendants les uns des autres, ce que ne peut réaliser la fondation classique ;

– d'autre part, étant temporaire et destinée à relayer des opérations de mécénat pur, la fondation d'entreprise n'emporte pas les mêmes risques d'atteinte au principe de spécialité auquel est astreinte la fondation reconnue d'utilité publique[143].

L'Administration a d'ailleurs eu l'occasion de préciser, en vertu de ces deux remarques, que le principe de spécialité ne touchait pas les fondations d'entreprise[144]. Certains auteurs soutiennent même que la dérogation audit principe se trouve par induction de la loi en son article 19, alinéa 4, lequel prévoit la présence, au conseil

---

138. LAFFITE (P.), Rapport, doc. Sén. n° 213-327-345, session ordinaire 1989-1990, spéc. p. 38 : cette possibilité pourra voir le jour « *dès lors que leurs versements seront assimilés à des frais généraux exposés dans l'intérêt de l'exploitation et seront déduits de leur bénéfice imposable en vertu de l'article 39-1 CGI* ».

139. « En aucun cas, la fondation d'entreprise ne doit être un faux nez de l'entreprise chargée d'effectuer des opérations commerciales en les habillant du prestige qui s'attache à la qualification de fondation » : MIGNON (H.), Rapport, doc. AN 1987, n° 1368 p. 24.

140. Telle une association ou une société commerciale. On cite volontiers le cas de l'Institut Pasteur, fondation d'utilité publique, qui commercialise ses produits par le biais d'une société commerciale, filiale. Toutefois, l'habileté fiscale peut susciter une désapprobation manifeste du Conseil d'État (ex. de la Fondation des droits de l'Homme dont la filiale exploitait l'Arche de la Défense).

141. LEPELTIER (D.) et STREIFF (Y.), « Associations – Fondations – Congrégations », *Bull. Joly* 1994, p. 135 et s.

142. *Infra* n° 93.

143. *Associations, op. cit.*, p. 987, n° 5750-5751.

144. Circ. 26 février 1992, doc. int. A 92 000 64 C.

d'administration, de personnalités siégeant au titre de leur qualités spécifiques *dans les différents domaines d'intervention de la fondation d'entreprise.*

L'admission d'une telle assertion reviendrait néanmoins à concevoir trop restrictivement la spécialité. De plus, elle ne semble pas tenir compte de l'évolution de la société et de ses besoins. Si la fondation est traditionnellement vouée à la perpétuité dans la poursuite d'un seul but, perpétuité et unicité de but ne sont cependant imposées ni dans la définition légale, ni dans les textes réglementaires. La pérennité se comprenait à une époque où les patrimoines étaient essentiellement composés de biens immobiliers ; il n'en est plus guère ainsi aujourd'hui dans une économie où les crises remettent fort souvent les patrimoines en cause. Aussi conviendrait-il, sans doute, de ne point assimiler la perpétuité à un immobilisme archaïque et sans avenir. À notre époque, il apparaît difficilement concevable de figer les biens dans leur affectation d'origine sans possibilité d'adaptation aux besoins de la société. Telle fut au demeurant la théorie soutenue par Speth en 1957[145]. Ainsi, la poursuite de plusieurs buts par ce type de fondation, *à condition d'être non lucratifs,* ne contreviendrait pas, semble-t-il, à la règle de la spécialité légale. C'est au contraire une manifestation éclatante de son adaptation aux besoins de la société, de son nouveau visage.

89. Les fondations « abritées » et les fondations sectorielles, nouveautés de la loi du 4 juillet 1990[146], tout en n'étant pas dotées de la personnalité morale, n'en sont pas moins légalement reconnues, à travers une fondation reconnue d'utilité publique.

Appelées antérieurement à la loi de 1990 des « fondations gigognes »[147], car coiffées par la Fondation de France ou l'Institut de France, elles ne poursuivent pas pour autant un but lucratif. En effet, en vertu de l'article 20, ces « comptes de fondation » constitués de biens, de droits ou de ressources sont affectés irrévocablement à une fondation reconnue d'utilité publique dont les statuts ont été approuvés à ce titre, *en vue de la réalisation d'une œuvre d'intérêt général et à but non lucratif,* par l'intermédiaire de la Fondation de France agissant en qualité de fiduciaire (ou *trustee*, car ce mécanisme ressemble aux *charitable trusts* des pays anglo-saxons). Le texte impose deux conditions pour leur permettre de bénéficier du régime juridique et fiscal des fondations d'utilité publique :

– les statuts de la fondation d'utilité publique bénéficiaire des comptes doivent avoir été approuvés par l'Administration sur ce point,

– les biens, droits ou ressources doivent obligatoirement être gérés par la fondation affectataire.

145. SPETH (F.H.), *La divisibilité du patrimoine et l'entreprise d'une personne* (*supra* note 1 de l'introduction et *infra* n° 313).

146. Art. 20 de la loi de 1987 sur le mécénat.

147. Le président de la Fondation Paribas, M. Philippe DULAC, s'exprima en ces termes dans le Figaro du 13 décembre 1988 : « *sur le plan juridique, ce n'est pas une fondation de droit français, trop complexe, mais en quelque sorte une fondation gigogne, sous l'aile de la Fondation de France* ».

Malgré l'absence de personnalité morale propre, ces masses de biens connaissent une *affectation spécifique* désormais légalement reconnue, sous la dépendance toutefois de l'Administration.

Le législateur consacra, de ce fait, une expérience officieuse concluante ayant permis à certains organismes non reconnus d'utilité publique de ne pas se trouver pénalisés lorsque la générosité du public se tournait vers eux, *ceci à travers un mécanisme fiduciaire*.

90. Enfin, la « Fondation du patrimoine », fondation à statut dérogatoire créée par la loi n° 96-590 du 2 juillet 1996[148] puis reconnue d'utilité publique par décret du 18 avril 1997[149], « *est une personne morale de droit privé à but non lucratif (…)* »[150].

Cette fondation est très originale au point de vue non seulement de son statut[151], mais aussi de la mission qui lui est impartie. En effet, la « Fondation du patrimoine » se voit reconnaître le droit de poursuivre plusieurs buts strictement énumérés par la loi, tels :

– Ceux « *de promouvoir la connaissance, la conservation et la mise en valeur du patrimoine national* »,

– Ou ceux d'apporter « *son concours à des personnes publiques ou privées, notamment par subvention, pour l'acquisition, l'entretien, la gestion et la présentation au public de ces biens, qu'ils aient ou non fait l'objet de mesures de protection prévues par la loi* »[152].

La « Fondation du patrimoine » dispose ainsi d'un *objet légal principal* (la poursuite d'un but à caractère non lucratif), *assorti de plusieurs objets légaux secondaires* afférents au patrimoine national en général.

Certains voient dans la poursuite de ces différents buts, comme pour la fondation d'entreprise, un recul du principe de la spécialité[153]. Pour eux, cette règle, au demeurant scrupuleusement appliquée par l'Administration et le Conseil d'État, est à nouveau battue en brèche par l'autorisation légale de la poursuite de plusieurs buts sans rapport vraiment direct les uns avec les autres. Une telle affirmation serait à nouveau critiquable, pour les mêmes raisons que celles développées précédemment[154].

Apparaissant mal comprise par une grande partie de la doctrine, semble-t-il, la règle de la spécialité légale n'en demeure pas moins capitale, et permettrait, notamment, de préserver la spécificité de la fondation par rapport à des institutions voisines. En effet, la frontière peut s'avérer parfois difficile à tracer.

---

148. *JO* 3 juillet 1996, *D.* 1996, p. 297 ; *Rev. soc.* juil-sept. 1996, p. 606.

149. *JO* 20 avril 1997.

150. Art. 1er de la loi du 2 juillet 1996.

151. Il ne s'agit pas d'une fondation *stricto sensu* telle que précédemment définie. C'est un mélange de deux genres, la fondation et l'association. La Fondation du patrimoine est donc tout autant une *affectation de biens*, qu'un *groupement de personnes physiques ou morales, publiques ou privées*.

152. Art. 2 de la loi du 2 juillet 1996.

153. V. *in Associations*, *op. cit.*, p. 1004.

154. *Supra* n° 88.

2) Une frontière parfois difficile

91. Si la distinction entre une fondation et un GIE ne semble guère confuse[155], il n'en va pas toujours de même pour différencier la fondation de l'association[156].

L'utilité publique s'apprécie au travers de la poursuite d'un but utile à la collectivité, dépassant un simple cadre local[157]. Néanmoins dans les faits, les deux institutions apparaissent souvent étroitement substituables l'une à l'autre, bien que les pouvoirs publics essaient d'être vigilants dans leurs appréciations : dès lors qu'une certaine précarité existe, ou dès lors que le but n'est pas totalement désintéressé, notamment en matière de fondation d'entreprise, ils ne recourent pas à la notion de fondation. En outre, M. Kahn, Conseiller d'État, fit remarquer lors du 92e congrès des notaires de France : « *il n'est pas besoin d'être particulièrement sensible aux nuances pour distinguer entre le calcul du fondateur qui ne poursuit que le salut de son âme et celui de l'entrepreneur qui cherche à vendre les produits de son industrie* ». L'on pourrait toutefois douter, dans les faits, d'une telle facilité à détecter, dans tous les cas, le but de l'intention à l'origine de la création de l'organisme en cause[158].

92. Enfin, en raison de leur analogie manifeste, la frontière peut être encore plus malaisée à tracer entre la fondation, le trust et la fiducie *de lege ferenda*.

Dans son ouvrage ***Laws of Trusts and Trustees***[159], Sir Arthur Underhill définit le *trust* comme une « obligation équitable en vertu de laquelle une personne, appelée *trustee*, s'engage à administrer la propriété de biens dont elle a le contrôle, au profit de certaines personnes, appelées bénéficiaires, dont éventuellement lui-même, chacune de ces personnes étant en mesure de lui réclamer l'exécution de cette obligation. » La bonne exécution du *trust* est assurée par les règles de l'*Equity*[160].

Quant à la fiducie *de lege ferenda*, elle fut définie comme un « contrat en vertu duquel un constituant transfère tout ou partie de ses biens et droits à un fiduciaire

---

155. En effet, un GIE recherche l'intérêt économique de ses membres et ne poursuit aucun but philanthropique.

156. En théorie, les différences sont certes manifestes, ainsi que l'a fait remarquer, à juste titre, un récent travail :
« *l'association comporte des membres, c'est une structure ainsi ouverte, leur volonté s'exprime au travers d'une assemblée générale. Elle vit des cotisations perçues par sur leurs membres. La fondation, elle, n'a pas de membres, ne perçoit pas de cotisations, elle dispose d'une dotation statutaire et elle est gérée par un conseil d'administration* » : CAFFAREL (D.), *Dans quelle mesure une fondation, personne privée, peut-elle participer au financement de l'activité d'une personne publique, à titre de financement d'appoint ?*, Mémoire Maîtrise, juin 2003, Université de La Réunion.

157. Étant ici précisé que si l'utilité publique d'une association s'apprécie et se décerne *a posteriori*, au vu de sa durée de vie (minimum trois ans), du nombre de ses membres (plus de 200) et en fonction de son domaine d'intervention (intérêt général), celle d'une fondation se décerne *ab initio*.

158. *Infra* n° 94.

159. Philip S. JAMES, *Introduction to English Law*, Butterworths, 1976.

160. *Chancery Division* de la Haute Cour de Justice.

qui (...) agit dans un but déterminé au profit d'un ou plusieurs bénéficiaires conformément aux stipulations du contrat »[161].

Même si le droit anglo-saxon n'a pas hérité de la notion romaine de la propriété, et connaît, par conséquent, une division des droits étrangère à nos concepts, il n'en demeure pas moins que le *trust* et la fiducie romano-germanique présentent de forts traits de ressemblance avec la fondation, tout en étant différents :

– le *trustee*, comme le fiduciaire, est « propriétaire » de biens *affectés à une destination précise*, dont il ne peut pas tirer profit à titre personnel, mais qu'il doit gérer pour le compte d'un bénéficiaire.

– Entre autre, nul ne peut nier que la notion d'affectation de biens à la réalisation d'un usage précis est centrale à la fondation. Celle-ci est bien un patrimoine affecté, à un double titre : avant d'être une personne morale, mais également après, puisque à sa disparition, les biens doivent faire l'objet d'une transmission à un établissement d'utilité publique ayant le même objet.

En conséquence, il paraît légitime d'affirmer qu'à travers cette notion d'affectation, fiducie, *trust* et fondation ne sont pas sans rapport, et ce d'autant plus dans le cas des comptes de fondations, que d'aucuns qualifient de « fiducie légale ».

Ainsi, la détermination de la spécialité légale des fondations n'est pas dénuée de toute singularité. Par voie de conséquence, n'en résulterait-il pas quelques particularités quant aux actes pouvant être conclus ?

b) Les conséquences quant aux actes

93. En vertu du principe de spécialité, une fondation ne peut se livrer qu'à des activités qui entrent dans son objet ou qui en favorisent sa réalisation.

Cette règle marque la fondation à tous les niveaux de son patrimoine, qu'il s'agisse des biens, des droits ou des ressources affectés, des subventions qu'elle reçoit, ou des libéralités qu'elle recueille :

– **Les biens, droits ou ressources affectés** : leur affectation revêt un caractère intangible, puisque la fondation doit pouvoir compter sur ces biens durant toute son existence, afin de mener à bien sa mission. Sauf clause d'inaliénabilité, seul le montant de l'affectation revêt ce caractère intangible, et non la nature des biens qui la composent[162].

– **Les subventions publiques** : elles doivent présenter un certain nombre de caractéristiques : elles sont conditionnelles, à fonds perdus, facultatives, précaires, accessoires, et surtout, leur emploi est contrôlé, c'est-à-dire que la fondation doit respecter leur affectation.

– **Les libéralités** : si le principe est celui de la pleine capacité, elles demeurent soumises à un contrôle obligatoire très strict de la part des autorités administratives : d'une part, une fondation ne peut accepter une libéralité grevée de charges contraires à sa spécialité[163] ; d'autre part, des conditions beaucoup plus nombreuses tiennent à la libéralité :

---

161. Projet de loi du 20 février 1992.

162. POMEY (M.), *Traité des fondations d'utilité publique*, Sirey, 1980, p. 409.

163. *Ibid.*, p. 412 et 420. C'est ainsi qu'une fondation ne saurait assumer des charges au seul profit d'un objet autre que le sien, même d'intérêt général.

- Alors que la loi interdit à toute association de posséder des immeubles en dehors de ceux nécessaires à la réalisation de son objet, une fondation peut détenir toutes sortes de biens immobiliers, en ce compris des immeubles de rapport. Également, réaliser une action de mécénat signifie mobiliser un capital, et se séparer définitivement de la propriété de ce capital, ce que permet la technique de la donation temporaire d'usufruit que toute fondation peut accepter[164]. Elle permet de donner, à une œuvre d'intérêt général, les produits générés par des biens meubles ou immeubles, tout en laissant la possibilité, pour le donateur, de conserver la nue-propriété de ces biens, ainsi que la possibilité d'en recouvrer la pleine propriété à l'issue d'une durée déterminée. Toutefois, l'Administration fiscale remettait souvent en cause la validité et la déductibilité de ces donations, considérant que le bénéfice fiscal constituait un abus de droit. Aussi, dans une instruction fiscale n° 176 du 6 novembre 2003[165], la Direction Générale des Impôts a-t-elle clarifié les conditions d'utilisation du régime, afin d'éviter tout risque d'abus de droit, et de donner l'assurance au bénéficiaire de disposer de revenus réels. Désormais, une opération de transmission temporaire d'usufruit n'est plus susceptible de donner lieu à la mise en œuvre de la procédure d'abus de droit, à condition de remplir un certain nombre de conditions cumulatives, et non alternatives[166].
- Hors le cas du don manuel[167], toute donation doit être consentie par acte authentique, à peine de nullité de la libéralité[168]. Cette distinction semble justifiée par la modestie supposée des dons manuels, et par la volonté du législateur de ne point handicaper ce type de don par une procédure trop lourde.
- Enfin, dans l'hypothèse d'un legs, la procédure à suivre est beaucoup plus lourde[169].

Observation étant enfin ici faite que, jusqu'au 1er août 2003, la réglementation en vigueur pour les fondations d'entreprises réduisait l'intérêt de constituer de telles fondations. En effet, les salariés de l'entreprise fondatrice ou des entreprises du groupe auquel appartient l'entreprise fondatrice, n'étaient pas autorisés à faire des dons à la fondation de leur entreprise. Cette possibilité est désormais accordée par la loi susvisée du 1er août 2003 relative au mécénat, aux associations et aux fondations, qui a modifié, par ses articles 11 et 12 la disposition de la loi du 23 juillet 1987 sur le mécénat. Cet avantage fiscal est toutefois uniquement réservé aux salariés des

---

164. *Supra* n° 77.

165. BOI 7 S-4-03 ; *Def,* supplément rapide n° 21 du 21 novembre 2003, p. 20 : *supra* n° 77.

166. *Supra* n° 77.

167. POMEY (*op. cit.*, p. 213) relève qu'une pratique administrative bien établie n'impose pas d'autorisation expresse pour les dons manuels, « *dès lors qu'il est effectivement impossible de prétendre les contrôler tous* ». Néanmoins, le Conseil d'État impose cette autorisation dans deux cas : lorsque le don porte sur des biens qui, par leur nature et leur importance, revêtent un caractère patrimonial avec affectation à la dotation, ou encore lorsque le don est assorti de charges par un pacte adjoint.

168. Art. 931 et 932 C. civ.

169. *Infra* n°s 201 et s.

entreprises fondatrices ou des entreprises du groupe auquel appartient l'entreprise fondatrice.

94. Les fondations ne peuvent donc poursuivre n'importe quel but, ni un but d'intérêt général par n'importe quels moyens.

C'est précisément pour cette raison qu'une fondation ne pourrait être autorisée à exploiter un fonds industriel ou commercial, même si les ressources résultant de cette activité sont affectées à la réalisation d'une œuvre d'intérêt général.

C'est ainsi qu'il existait, avant l'entrée en vigueur de la loi de 1987, une pratique abusive sous l'égide de la fondation : celle-ci consistait à appeler « fondation », terme très attractif, un nombre important d'associations, créant ainsi une confusion dans l'esprit de certains donateurs qui croyaient s'adresser à de véritables fondations d'utilité publique[170]. De telles pratiques, notamment par des organismes au statut juridique incertain, étaient devenues courantes dans le domaine du soutien publicitaire de marques commerciales. Les magistrats restaient vigilants à ce que, sous couvert de mécénat, ne fussent en réalité réalisées des opérations purement commerciales par ces fausses fondations non reconnues d'utilité publique. Toutefois, deux affaires retentissantes en 1979[171] ne manquèrent pas de frapper l'opinion publique, et sans nul doute le législateur intervenu quelques années plus tard, notamment pour protéger l'appellation « fondation ». Aux termes de nombreux attendus, les juges du fond condamnèrent les laboratoires Goupil sur le fondement, non de la violation de la spécialité légale, mais sur celui de la loi *Royer* (la publicité mensongère est un délit pénal). *La violation de la règle de la spécialité légale était pourtant manifeste* : sous couvert d'un but altruiste, à savoir une campagne d'intérêt général pour la santé et notamment l'hygiène dentaire, la fausse fondation réalisait une campagne publicitaire pour son dentifrice. Encore fallait-il que la sanction attachée à la violation d'un tel principe fût clairement établie.

Toutefois, si par définition, l'objet d'une fondation ne peut jamais être économique, il ne lui est pas interdit, pour réaliser sa mission, d'exercer des activités économiques, sous réserve du respect de deux conditions cumulatives :

---

170. Dans un rapport au Premier ministre de l'époque, le ministre de l'Intérieur, M. Pébereau, en dénonçant ouvertement cette pratique, dénombra près de deux tiers de fausses fondations sur les 350 ainsi dénommées. Ces pseudo-fondations constituaient, en réalité, de simples associations déclarées ou des groupements de fait, trompant ainsi abusivement l'esprit du public.

171. 1) La première affaire concernait la prétendue Fondation Fluocaril : *JCP E*, n° 10, 8 mars 1984, *suppl. Cah. dr. entr.* 1/1984 : sous couvert d'éduquer les parents et les enfants sur les éléments de base de l'hygiène dentaire, les laboratoires pharmaceutiques Goupil, après avoir constitué une association régie par la loi de 1901 qui avait pris le nom de « Fondation Fluocaril », poursuivaient en réalité un but inavoué de promotion commerciale du dentifrice Fluocaril.

2) La seconde affaire concernait la prétendue Fondation Philip Morris : *JCP E*, préc., p. 31 : l'arrêt de la Cour d'appel de Paris en date du 16 déc. 1981 a révélé que, sous couvert de mécénat auprès du jeune cinéma, la fausse Fondation Philip Morris poursuivait en réalité un but de promotion des cigarettes du même nom.

– les activités économiques doivent avoir été prévues par les statuts,

– et elles doivent également représenter un moyen nécessaire à la réalisation de l'objet de la fondation ou, au moins, rester accessoires à cet objet.

Les praticiens déplorent néanmoins l'absence de clarté du droit positif quant à la licéité d'une telle activité. Lors du congrès des notaires à Deauville, en 1996, ils se demandèrent s'il convenait de favoriser ces activités économiques, en vue de permettre un certain développement des fondations, ou, au contraire, s'il n'était pas opportun d'en limiter l'accès par l'exigence, notamment, d'un caractère essentiellement accessoire et dûment contrôlé. Sur ce point, le débat s'apparente à celui ouvert depuis des décennies à propos des associations.

C'est ainsi que, si l'existence d'une spécialisation par l'effet des lois impose à chaque personne morale de respecter la sphère d'activité à laquelle elle appartient, certaines sociétés relèvent en plus, d'une « étroite » spécialisation les cantonnant dans une activité très surveillée.

§ 2 – LES SPÉCIALITÉS LÉGALES « ÉTROITES » DES SOCIÉTÉS

95. Plus les techniques se diversifient, plus une spécialisation s'impose. Ainsi, « *la science juridique française connaît une inflation de textes de sources diverses qui en font un labyrinthe encadré par un langage savant* »[172].

Déjà en son temps, Gény alléguait que la spécialisation apparaissait incontestablement comme une réponse à un besoin, et constituait un principe actif fondamental du nouvel esprit de la science juridique[173]. Ces remarques s'adapteraient fort bien au droit des sociétés qui connaît, surtout depuis les années soixante, un vaste mouvement de spécialisation en raison de l'objet. La multiplication de sociétés particulières n'épargne point les secteurs économiques où apparut la nécessité de regrouper des moyens financiers et humains très importants[174].

C'est ainsi qu'à côté de la spécialité légale de droit commun, propre à chaque personne morale, coexiste une spécialisation « étroite » des sociétés entre elles. En d'autres termes, la société se trouve enserrée dans une activité légalement définie, et très précise, d'où cette appellation significative utilisée par Catherine Prieto dans sa thèse sur la société contractante[175].

Il convient d'analyser cette spécialisation sous un double point de vue : d'une part, les formes de spécialisation prévues par le législateur (I), d'autre part, l'extension récente de la sphère légale d'activités de certaines sociétés (II).

---

172. SOURIOUX (J.-L.) et LERAT (P.), *Le langage du droit*, PUF, 1975.

173. GÉNY (F.), *Science et technique en droit privé positif*, t. 1, 1939.

174. V. l'article de RANDOUX (D.), « La spécialisation des sociétés », *Mél. Weill*, Dalloz-Litec, 1983, p. 471 s.

175. *Supra* n° 62.

I. LES DEUX FORMES DE SPÉCIALISATION PRÉVUES

96. Si la diversité des formes sociales ne doit pas occulter le concept unitaire de « société contractante », la forme sociale reste néanmoins un élément déterminant de l'activité contractuelle de la société[176].

La structure sociétaire devient alors un mode original de réglementation d'une activité professionnelle ou commerciale[177] ; autrement dit, n'importe quelle société ne peut entreprendre n'importe quelle activité, le législateur entendant ainsi exercer une sorte de pouvoir de direction sur l'activité en cause.

Deux hypothèses se présentent : soit le législateur impose une certaine forme sociale compte tenu de l'activité de la société (A), soit il offre un choix entre plusieurs formes sociales[178] (B).

A. UNE FORME SOCIALE IMPOSÉE

97. Afin d'améliorer les conditions d'exercice de telle ou telle profession, le législateur peut imposer une forme sociale, et une seule, pour l'activité en cause, tout en gardant l'objectif de protéger les tiers.

– *En premier lieu, les sociétés civiles* se distinguèrent par la prolifération de sociétés à forme spéciale :

- Jusqu'en 1990[179], les professions libérales et les officiers ministériels non individuels devaient exercer au sein d'une société civile professionnelle régie par la loi n° 66-879 du 29 novembre 1966. Leur responsabilité devenait, de ce fait, plus lourde. La loi de 1990, relative aux sociétés d'exercice libéral, assouplit la réglementation, tout en conservant le principe de la responsabilité personnelle de l'associé pour les actes professionnels accomplis[180].
- Le secteur agricole se prêta tout autant à la diversité des formes sociales : un décret du 30 décembre 1954 créa les groupements forestiers en vue de favoriser le reboisement et la conservation des massifs forestiers. Les groupements d'exploitation en commun, issus de la loi du 8 août 1962, mais aussi les groupements fonciers agricoles, furent conçus par la loi du 31 décembre 1970 comme une alternative à l'indivision, en vue de restructurer le patrimoine foncier, notamment.
- Le secteur de l'immobilier fut également propice à l'imagination du législateur : par exemple, la loi du 31 décembre 1970 envisagea des sociétés civiles de placement immobilier (SPCI) autorisées à faire publiquement appel à l'épargne. Par la suite, la loi du 16 juillet 1971 créa des sociétés civiles en vue de

---

176. PRIETO (C.), *op. cit.*, p. 23 s. Alors que la diversité des types sociétaires expose l'activité contractuelle à des règles très différentes, sa thèse s'est attachée à envisager et à démontrer « la » société contractante, se dégageant ainsi du débat société-contrat ou société-institution.

177. *Ibid.*, p. 51.

178. MICHA-GOUDET (R.), *Juris-Classeur, Sociétés Traité*, fasc. 9-10, n° 20.

179. Loi n° 90-1258 du 31 décembre 1990.

180. JEANTIN (M.), « Commentaire de la loi du 31 décembre 1990 », *JCP G*, 1991, I, 3504 ; SAINTOURENS (B.), « Les sociétés d'exercice libéral », *Rev. soc.* 1991, p. 707.

la vente d'immeuble[181], ainsi que des sociétés civiles constituées en vue de l'attribution d'immeubles aux associés par fractions indivises[182]. La loi du 6 janvier 1986 donna, en outre, naissance à une variante de ces sociétés civiles : les sociétés d'attribution d'immeubles en jouissance à temps partagé.

– *En second lieu, les sociétés commerciales* furent gagnées, à leur tour, par une grande prolifération de types : par exemple, les bureaux de tabac, en vertu de la responsabilité personnelle du buraliste envers le Trésor[183], ne peuvent être exploités que sous la forme de la société en nom collectif. Dans d'autres cas, l'objet social suppose que la société atteigne une dimension telle, que la société anonyme s'impose. Il en est ainsi, par exemple, des compagnies d'assurance[184], des sociétés à objet sportif [185]...

Pour d'autres activités, en revanche, le législateur n'impose plus, mais il offre un choix de formes sociales, certes limité.

B. Des formes sociales proposées

98. Ces propositions se caractérisent, soit par un choix entre quelques formes sociales, soit par une interdiction.

Par exemple, les pharmaciens d'officines ont la possibilité d'exploiter leur commerce sous la forme, soit de société en nom collectif, soit de SARL (ou EURL), soit de société d'exercice libéral[186].

Quant aux entreprises d'assurances, de capitalisation ou d'épargne, par exemple, elles ont l'interdiction d'adopter la forme de SARL[187], car leur surface financière n'est pas suffisante pour garantir les droits de leurs clients ou ceux des tiers[188].

Cette « étroite » spécialisation a donc pour but d'orienter un certain type d'activité sociale, mais elle a pour conséquence de restreindre toute liberté contractuelle. Aussi, le législateur étendit-il le domaine d'actions de certaines d'entre elles, conscient de leur nécessaire adaptation à l'environnement économique.

II. L'EXTENSION DE LA SPÉCIALISATION DE QUELQUES SOCIÉTÉS

Ne seront prises en compte que trois catégories de sociétés, en raison de l'extension fort récente de leur spécialité, savoir :

Les sociétés d'économie mixte (A), les sociétés coopératives de commerçants détaillants (B) et les sociétés civiles de placement immobilier (SCPI) (C).

---

181. Art. L. 211-1 s. CCH.
182. Art. L. 212-1 s. CCH.
183. Art. 565 s. CGI.
184. Autres que les mutuelles (art. L. 322-1 C. ass.).
185. Loi n° 84-610 du 16 juillet 1984 modifiée par la loi du 13 juillet 1992, art. 11.
186. Art. 575 C. de la santé publique.
187. Art. L. 223-1 C. com. (art. 34 et 490 de la loi de 1966).
188. MICHA-GOUDET (R.), *op. cit.*, n° 22.

A. Les sociétés d'économie mixte[189]

99. Leur champ d'activité fit l'objet d'une première extension lorsqu'elles n'étaient encore que des sociétés de rénovation urbaine.

En effet, une circulaire du 17 août 1964 confirma, malgré leur objet initial pourtant limité[190], qu'elles pouvaient cumuler cet objet avec la poursuite d'opérations d'aménagement urbain et de construction, celles-ci étant considérées par le législateur comme « *le complément nécessaire* ».

Par la suite, en raison de leur développement récent considérable, le législateur dut intervenir afin de consacrer l'extension de leur sphère légale d'activité : en vertu de l'article L. 1521-1 du Code général des collectivités territoriales issu de la loi n° 2002-1 du 2 janvier 2002, la société d'économie mixte locale est créée pour « *réaliser des opérations d'aménagement, de construction, pour exploiter des services à caractère industriel ou commercial, ou pour toute autre activité d'intérêt général* ». S'agissant de l'aménagement, les opérations principalement visées sont mentionnées à l'article L. 300-1 du Code de l'urbanisme (développement des loisirs et du tourisme, réalisation d'équipements collectifs, sauvegarde et mise en valeur du patrimoine bâti ou non bâti, protection des espaces naturels...). S'agissant des opérations de construction, celles-ci s'exercent surtout dans le domaine de la construction d'immeubles à usage principal d'habitation en vue de leur location, vente ou location-vente. Il peut également s'agir d'immeubles à usage de bureaux, de commerces, d'équipements publics...

Un autre type de société a vu tout aussi récemment son objet légal notoirement élargi.

B. Les sociétés coopératives de commerçants détaillants

100. Ces sociétés trouvent, dans la loi NRE n° 2001-420 du 15 mai 2001[191], une extension notable de leurs activités[192].

Les activités auxquelles elles peuvent désormais se livrer connaissent une extension notable : elles sont autorisées, en vertu de l'article L. 124-1 6° du Code de commerce, dans des termes très larges, à définir et à mettre en œuvre par tous moyens une politique commerciale commune propre à assurer le développement et

---

189. La société d'économie mixte locale est une société anonyme associant dans son capital des collectivités locales majoritaires (commune, département, région ou leur groupement) et des partenaires économiques et financiers. Elle est régie :

– par la loi n° 83-597 du 7 juillet 1983 relative aux sociétés d'économie mixte locales codifiée dans le Code général des collectivités territoriales le 7 avril 2000 et modifiée par la loi n° 2002-1 du 2 janvier 2002,

– et par les règles sur les sociétés commerciales insérées dans le Nouveau Code de commerce qui la soumet aux règles du droit privé.

190. Circulaire du 17 août 1964 : « Les départements, les communes et leurs établissements publics peuvent participer financièrement à des sociétés anonymes ayant pour seul objet la réalisation d'opérations de rénovation urbaine ».

191. V. la liste non exhaustive des auteurs qui se sont penchés sur cette loi : *supra* n° 78, en particulier la note 82.

192. SAINTOURENS (B.), « Les réformes du droit des sociétés par la loi relative aux nouvelles régulations économiques », *Def.* du 30 déc. 2001, n° 24, art. 37451, p. 1465 s.

l'activité de leurs associés, notamment par la mise à disposition d'enseignes ou de marques dont elles ont la propriété ou la jouissance, par l'élaboration de méthodes et de modèles communs d'achat, d'assortiment et de présentation de produits, d'architecture et d'organisation des commerces.

La possibilité de pratiquer des prix communs, lors de la réalisation d'opérations commerciales (publicitaires ou non), est la disposition la plus remarquable, en raison du contexte jurisprudentiel défavorable à cette pratique de prix communs[193]. Cette validation légale pourrait peut-être constituer « *un facteur de renforcement et de développement des coopératives de commerçants, l'efficacité de leurs actions dépendant étroitement de la pratique de prix communs* »[194].

Enfin, les sociétés civiles de placement immobilier (SCPI), instaurées par la loi modifiée n° 70-1300 du 31 décembre 1970, ont vu leur objet légal assoupli.

C. Les SCPI

101. Instaurées par la loi du 31 décembre 1970, les sociétés civiles de placement immobilier avaient pour objet exclusif l'acquisition et la gestion d'un patrimoine immobilier locatif.

Or, pour les besoins de leur gestion, le législateur les a autorisées récemment à procéder à des travaux d'amélioration et, à titre accessoire, à des travaux d'agrandissement et de reconstruction[195]. Également, elles peuvent acquérir des équipements ou installations nécessaires à l'utilisation des immeubles. Elles peuvent aussi céder des éléments de leur patrimoine immobilier, dès lors qu'elles ne les ont pas achetés en vue de les revendre, et que de telles cessions ne présentent pas un caractère habituel[196].

Ainsi, la définition légale de chaque personne morale privée révèle explicitement sa spécialisation, c'est-à-dire l'assignation que fait la loi, à chacune d'elles, d'un champ d'activité limité. Aussi importe-t-il de ne pas confondre la spécialité légale de la spécialité statutaire ; celle-ci vient s'ajouter à la spécialisation par l'effet des lois, « *comme une limitation au second degré* »[197], bornant la personne morale dans une activité définie par ses statuts.

193. Com., 16 mai 1995, *BOCCRF*, 16 juin 1995, p. 197.

194. SAINTOURENS (B.), *op. cit.*, n° 70.

195. Art. L. 214-50 C. mon. fin.

196. Le décret n° 2003-74 du 28 janvier 2003 a assoupli l'accomplissement des opérations susvisées par ces sociétés. Sans entrer dans les détails de ces nouvelles dispositions, l'on pourra se reporter à l'instruction du 26 juin 2003 : *BOI* 4 H-3-03, *Def.* du 15 novembre 2003, art. 37833.

197. STARCK (B.), *op. cit.*, p. 433.

SECTION 2
LA SPÉCIALISATION PAR L'EFFET DES STATUTS

102. La plupart des personnes morales voient leur finalité définie, outre la spécialité légale, au sein de leurs statuts.

Alors que le législateur se cantonne à formuler une finalité générale propre à chaque personne morale, les fondateurs jouissent d'une grande liberté pour inscrire, dans les statuts, l'activité ou les activités que ladite personne morale entreprendra. Ainsi, à côté de l'objet légal de la personne morale coexiste un objet statutaire, lequel doit être déclaré dans la demande d'immatriculation de celle-là.

Une observation mérite toutefois d'être soulevée : depuis 1987, ce n'est plus l'objet social mais les « activités principales de l'entreprise » qui doivent être déclarées, le cas échéant[198].

La spécialité statutaire soulève un certain nombre d'interrogations qui pourraient être regroupées en deux principales, dont l'une relative à sa *détermination* (§ 1), l'autre aux *conséquences quant à certains actes* (§ 2).

§ 1 – LA DÉTERMINATION DE L'ACTIVITÉ STATUTAIRE

Déterminer le contenu de l'activité statutaire d'une personne morale invite à une double étude portant d'une part, sur sa définition (I), d'autre part, sur sa caractéristique essentielle, c'est-à-dire son élasticité (II).

I. LA DÉFINITION DE L'OBJET STATUTAIRE

Avant de rechercher les *difficultés* pouvant être suscitées par la détermination de l'objet statutaire (B), une *présentation* de cette forme de spécialisation s'avèrerait indispensable (A).

A. PRÉSENTATION

103. L'objet social, faute de définition légale, est généralement défini par la doctrine comme le but principal poursuivi par une personne morale, soit encore comme l'ensemble des activités déterminées par le pacte social que la personne morale peut exercer en vue de réaliser l'objet légal[199].

Plus précisément, c'est en quelque sorte la « présentation d'un programme, l'indication d'une orientation sans pour autant tracer un parcours »[200] ; il offre un

---

198. *D.* n° 84-406 du 30 mai 1984 modifié, art. 15, 5°.

199. MERLE (Ph.), *Droit commercial – Sociétés commerciales*, 5e éd., Dalloz, 1996, n° 52 ; COZIAN (M.) et VIANDIER (A.), *Droit des sociétés*, 10e éd., Litec, 1997, n° 148 ; RIPERT (G.) et ROBLOT (R.), *op. cit.*, n° 704 ; CHAPUT (Y.), *De l'objet des sociétés commerciales*, Thèse Clermont-Ferrand, 1973, p. 35.

200. DIDIER, *Droit commercial*, t. 1, PUF, 1970, p. 323.

choix d'activités qui n'ont pas l'obligation d'être réalisées dans leur ensemble. Ceci amène à distinguer l'objet social statutaire appelé également *activité statutaire*, de l'activité sociale qui est, selon l'expression du professeur Chaput[201], « *la mise en œuvre de l'objet social* ». Certains auteurs préfèrent nommer l'activité sociale par « *objet social réel effectif* », l'opposant ainsi à l'objet social statutaire[202].

L'objet social est donc un souhait, alors que l'activité sociale est un fait[203].

À titre d'exemple, les *associations* peuvent avoir pour objet statutaire de favoriser des activités de pêche à la ligne, de défendre les valeurs morales de leur choix ou simplement d'encadrer et de financer certaines infrastructures nécessaires au développement de tel ou tel but culturel, social...

104. Quant aux fondations, si aucun texte ne permet d'invoquer l'application d'une quelconque spécialité à leur égard, ce sont les usages qui l'ont réintroduite à l'occasion, non pas de leur activité conforme ou non à leur objet, mais dans la détermination de l'objet lui-même[204].

Trois critères peuvent déterminer l'objet statutaire d'une fondation[205] :

– *Un critère matériel*, appliqué aux fondations dédiées à perpétuer le souvenir d'un personnage. Beaucoup de fondations en fournissent l'illustration : par exemple, la Fondation Charles de Gaulle créée pour servir la mémoire du Général et faire connaître en France, mais aussi à l'étranger, l'exemple qu'il donna et les enseignements laissés par ses actions ou ses écrits[206]. Plus ancienne est la Fondation Napoléon dont le but est de « *faire connaître tout ce qui concerne l'histoire napoléonienne* »[207].

– *Un critère subjectif ou personnel*, dans le cas des fondations dédiées à dispenser à des catégories d'individus une action bienfaitrice. Par exemple, la Fondation Claude Pompidou vouée aux familles de handicapés, au soutien des malades des services de gériatrie ou atteints du virus HIV[208], mais aussi la Fondation Abbé Pierre pour le logement des défavorisés[209], soit encore la Fondation des Hôpitaux de Paris visant à faire, pour les malades de l'hôpital, un lieu de soins et un lieu de vie[210].

– *Un critère géographique*, en fonction de l'étendue et du lieu d'activité de la fondation. Par exemple, la Fondation Brigitte Bardot vouée à la défense et à la protection de l'animal sauvage ou domestique dans le monde entier[211], ou encore de

201. CHAPUT (Y.), *op. cit.*, p. 39.

202. GUYON (Y.), *Juris-Classeur, Traité du droit des sociétés* 2000, Fasc. 9, Objet social, n° 7.

203. *Ibid.*

204. *In Associations*, *op. cit.*, p. 944, n° 5527.

205. DEBBASCH (Ch.), « Fondations », *in Rép. civ. Dalloz* 1992.

206. Utilité publique du 22 septembre 1992.

207. Utilité publique du 12 novembre 1987.

208. Utilité publique du 16 septembre 1970.

209. Utilité publique du 11 février 1992.

210. Utilité publique du 20 décembre 1994.

211. Utilité publique du 21 février 1992.

la Fondation du Château de Maintenon consacrée à la protection du patrimoine de Mme de Maintenon (château, domaine, mobilier meublant...)[212].

105. Les statuts peuvent également interdire à la personne morale d'accomplir certains actes.

En d'autres termes, ils peuvent édicter des dispositions restrictives à l'intérieur même des activités conformes à l'objet statutaire, et créer ainsi de véritables incapacités statutaires[213]. Par exemple, un syndicat ne devra pas adhérer à une union syndicale ou encore, il ne devra pas passer de conventions collectives.

Ces clauses sont valables, mais, contrairement à ce qu'on a parfois pu prétendre[214], elles ne peuvent en aucun cas être assimilées à la spécialité statutaire. Seul le principe de spécialité légale délimite la capacité de jouissance de la personne morale[215]. Sous le nom d'incapacités statutaires se définissent des incapacités « *concernant la personne morale elle-même, interdisant à la personne morale elle-même de faire certains actes, par n'importe lequel de ses organes* »[216].

La détermination de l'objet statutaire peut également engendrer deux séries de difficultés, notamment pour les sociétés.

B. DIFFICULTÉS

La détermination du but statutaire peut donner naissance non seulement à une divergence entre la forme légale et l'objet statutaire, d'une part (a), mais aussi à un défaut de concordance entre l'objet statutaire et l'objet réel, d'autre part (b).

a) La divergence entre l'objet statutaire et la forme légale

106. En premier lieu, cette divergence peut avoir un caractère accidentel.

Il arrive qu'une société soumise à un statut spécial exerce, en pratique, une activité toute différente. Certains tribunaux en déduisent qu'elle perd le bénéfice de ce statut[217]. La solution doit cependant être plus nuancée, car les tiers sont toujours en droit de demander l'application de dispositions spéciales qui leur sont plus favorables.

Aucune difficulté sérieuse ne se rencontre lorsqu'une société commerciale accomplit accidentellement des actes de nature civile ou, inversement, si une société civile accomplit isolément des actes de commerce[218].

---

212. Utilité publique reconnue en 1983.

213. COULOMBEL (P.), *op. cit.*, p. 325.

214. Par exemple, STARCK (B.), *op. cit.*, p. 433 : il semble assimiler la spécialité statutaire aux incapacités statutaires.

215. *Infra* n°s 180 et s.

216. COULOMBEL (P.), *op. cit.*, p. 326.

217. Paris, 27 janvier 1995, *Bull. Joly* 1995, 334, note STENNER et *RTD Com.* 1995, 802, note JEANTIN.

218. Il est ainsi admis qu'un simple particulier peut, sans perdre cette qualité, accomplir des actes de commerce à partir du moment où ils ne font pas partie de sa profession habituelle (art. L. 121-1 C. com.). Cette solution se décline aux sociétés civiles.
De même, si un commerçant est amené à accomplir, pour les besoins de son commerce, mais de manière isolée, des actes de nature civile, il ne perd pas pour autant sa qualité de

La situation s'avère cependant plus délicate si l'acte, non seulement, n'est pas conforme à la nature de la société, mais n'entre pas dans le cadre de son activité[219].

107. Elles peuvent également revêtir un caractère systématique lorsqu'elles résultent d'une disposition statutaire. En ce cas, les difficultés sont plus sérieuses.

On peut distinguer deux hypothèses : d'une part, l'hypothèse de la société, commerciale à raison de sa forme, mais dont l'objet statutaire est civil ; d'autre part, la société dite civile[220], mais dont l'objet statutaire est commercial.

Reprenons l'une après l'autre ces hypothèses.

108. Première hypothèse : les sociétés à forme commerciale et à objet civil :

Parmi ces sociétés, il convient de différencier celles qui peuvent exercer une activité civile, de celles qui doivent exercer une activité civile.

Le cas général des sociétés commerciales pouvant exercer une activité civile :

Par référence à l'article L. 121-1 du Code de commerce, toute société dont l'objet statutaire est civil, mais dont la forme est commerciale, ne devrait pas être permise. Il s'agirait en effet d'admettre, au mépris de cet article, qu'une personne puisse avoir la qualité de commerçant sans accomplir d'actes de commerce à titre de profession habituelle.

Pourtant, l'art. L. 210-1 du même Code reconnaît la validité de telles sociétés dont la raison est principalement historique[221]. Ainsi, une société en nom collectif, une SARL ou une société par actions, peut avoir un objet statutaire civil, telle une activité agricole, immobilière ou artisanale.

---

commerçant : les actes civils qu'il a accomplis sont transformés en actes de commerce par accessoire. Cette solution se décline également aux sociétés commerciales : les actes de commerce sont transformés en actes civils par accessoire.

219. Par exemple, un gérant d'une société agricole utilise les fonds sociaux pour spéculer en bourse. Dans ce cas, la société n'est pas engagée si elle est une société civile ou une SNC (art. 1849 C. civ. et L. 221-5 C. com.). Au contraire, la société sera engagée si elle a la forme d'une société à responsabilité limitée (L. 223-18, L. 225-35, L. 225-56 et L. 226-7 C. com.). Cette différence s'explique par le fait que l'obligation au passif social des associés est indéfinie dans les sociétés civiles et dans celles en nom collectif.

220. C'est-à-dire régie par les art. 1845 s. C. civ.

221. Lors du scandale de Panama, on s'aperçut que les sociétés anonymes de travaux immobiliers avaient une nature civile compte tenu de leur activité, et échappaient, en conséquence, à la faillite, ce qui rendait impossible l'apurement collectif de leur passif. L'inconvénient était surtout sensible lorsque ces sociétés, parfois cotées en bourse, atteignaient une dimension considérable. Ainsi, une loi du 1er août 1893 déclara que ces sociétés seraient *commerciales à raison de leur seule forme*. La solution fut étendue aux SARL par la loi du 7 mars 1925, et aux SNC par celle du 24 juillet 1966. Depuis la loi du 13 juillet 1967, la commercialité par la forme a perdu sa principale raison d'être, puisque toutes les personnes morales de droit privé sont soumises aux procédures de redressement ou de liquidation judiciaire, même si elles ne sont pas commerciales (L. 620-2 C. com. : anc. art. 2 loi n° 85-98 du 25 janvier 1985) : V. GUYON, *Traité des contrats – les sociétés, op. cit.*, p. 274 et s.

Conséquence : la divergence entre la forme et l'objet entraîne un infléchissement certain du statut de la société. Mais cet infléchissement n'aboutit pas à assimiler totalement ce type de société à une société civile exerçant une activité commerciale : en effet, la commercialité par la forme l'emporte sur la réalité, c'est-à-dire sur la nature civile de l'activité exercée[222]. Cette « *prééminence de l'apparence sur la réalité est conforme aux nécessités du commerce, car la rapidité des opérations ne permet pas aux tiers de rechercher la nature de l'objet social. Les intéressés peuvent se fier aux qualifications légales* »[223].

Toutefois, à titre exceptionnel, le caractère civil de l'activité peut l'emporter sur la forme, notamment en matière de baux commerciaux. Les tribunaux tendent en effet à refuser à ces sociétés le bénéfice du statut des baux commerciaux, au motif qu'une société cantonnée dans des activités civiles ne peut pas exploiter une clientèle commerciale[224]. Pour pallier cet inconvénient, la jurisprudence a pourtant fini par admettre la validité de la soumission volontaire au décret du 30 septembre 1953[225] codifié aux articles L. 145-1 et suivants du Code de commerce[226].

Le cas particulier des sociétés commerciales devant exercer une activité civile : La loi du 31 décembre 1990 sur les sociétés d'exercice libéral (SEL) a donné naissance à une situation paradoxale : en effet, ces sociétés commerciales à raison de leur forme[227] sont cantonnées à des activités de nature civile ayant pour objet l'exercice en commun d'une ou de plusieurs professions libérales réglementées[228]. Les textes édictent une incompatibilité avec l'exercice d'une activité commerciale. Voilà pourquoi toute SEL qui accomplirait des actes de commerce à titre de profession habituelle, s'exposerait à des poursuites disciplinaires.

Cette commercialité par la forme est néanmoins limitée :

- le contentieux relève de la compétence des tribunaux civils et non des tribunaux de commerce, même en cas de procédure collective[229] ;
- mais la commercialité réapparaît avec la possibilité, pour les associés, de stipuler dans les statuts une *clause compromissoire*[230].

---

222. Ces sociétés relèvent de la compétence des juridictions commerciales : Com., 10 mars 1998, *Rev. soc.* 1998, 307, note BARBIERI.

223. GUYON (Y.), *op. cit.* note 475 de l'ouvrage.

224. Paris, 23 juin 1987, *Rev. soc.* 1988, Som. 293.

225. Civ. 3e, 3 novembre 1988, *Bull. civ.* III, n° 153, p. 83.

226. En outre, qu'en serait-il de la validité d'une clause compromissoire figurant dans les statuts d'une société de forme commerciale mais exerçant une activité purement civile ?

227. Cette loi a en effet facilité aux professions libérales l'accès aux capitaux extérieurs en instituant les SEL avec des variantes, telles celles à forme anonyme (SELAFA), celles à responsabilité limitée (SELARL), celles à commandite par actions (SELCA), celles à responsabilité unipersonnelle (SELUARL), celles à forme anonyme titulaires d'un office notarial (SELAFATON) (*supra* n° 97).

228. L. 31 déc. 1990, art. 1.

229. L. 31 déc. 1990, art. 15 ; Civ. 2e, 6 mai 1997, *JCP E*, 1997, II, 983, note T. BONNEAU ; *D.* 1998, somm. 186, note HALLOUIN ; *Bull. Joly* 1997, 989, note DAIGRE.

230. Les SEL, soumises ainsi à un statut mixte, ne sont pas sans rappeler celui des coopératives agricoles (L. 521-1 C. rur.).

La commercialité constituant souvent une contrainte pour les associés, certains cherchent à y échapper en exerçant leurs activités commerciales au sein d'une structure sociétaire civile : quelle est alors la validité d'un tel procédé ?

109. Seconde hypothèse : les sociétés à forme civile et à objet commercial
Lorsque les statuts d'une société à forme civile énoncent une activité commerciale, la situation s'avère complexe, bien que possible, « *puisque les greffiers des tribunaux de commerce ne sont pas juges de la régularité des demandes d'immatriculation ou de modification de statuts* »[231].

Il peut s'agir, par exemple, de marchands de biens dont l'activité, réputée commerciale en vertu de la loi[232], est exercée au sein d'une société civile.

Quelle solution convient-il d'adopter à l'égard de cette situation, au demeurant singulière ?

– ***1re solution envisageable*** : la société civile exerçant une activité commerciale devrait être annulée sur le fondement de l'article 1833 du Code civil (objet illicite). Mais en droit des sociétés, la nullité ne peut résulter que d'une disposition expresse ou de l'une des causes de nullité des contrats en général[233], lesquelles ne peuvent s'appliquer en l'espèce. En outre, le principe de la liberté du commerce implique que toute personne physique ou morale puisse exercer une activité commerciale[234], sauf interdiction précise.

Par conséquent, la société demeure valable. Cette solution n'est donc pas satisfaisante.

– ***2e solution envisageable*** : peut-on considérer que la société civile s'est transformée en société commerciale du fait de son activité ? Cette solution est assez conforme à la réalité, mais sa mise en œuvre est plus délicate. En effet, toute modification de statuts est soumise à un rigoureux formalisme. Donc, comment pourrait-on admettre une transformation implicite ?

De plus, si une telle transformation implicite était admise, quelle serait la forme sociale en résultant ? Deviendrait-elle une société en nom collectif, avec tous les inconvénients non voulus à l'origine par les associés qui ont choisi une forme civile ?

Cette solution n'apparaît également guère satisfaisante.

– ***3e solution envisageable*** : ne pourrait-on pas admettre la superposition, à la société civile, d'une société commerciale créée de fait ? Les conséquences seraient alors les suivantes :

- tout d'abord, les associés seraient tenus solidairement, et non plus conjointement, du passif social, et ils ne pourraient plus invoquer le bénéfice de discussion[235] ;

---

231. GUYON (Y.), *op. cit.*, p. 277.

232. L. 110-1 3° NC. com. (anc. art. 632-3° C. com.).

233. Art. 1844-10 C. civ.

234. Com. 18 juillet 1989, *RTD Com.* 1990, 36, note CHAMPAUD et *Rev. soc.* 1990, 598, note CHAPUT. *Infra* n° 165.

235. Art. 1858 C. civ.

- ensuite, la société créée de fait n'ayant pas la personnalité morale, les associés, réputés accomplir à titre personnel les actes de commerce, deviendraient des commerçants de fait ;
- enfin, la société civile n'ayant plus d'objet, elle serait dissoute de plein droit[236] ; elle survivrait toutefois jusqu'à la demande de la constatation de cette dissolution.

En conséquence, il semblerait que cette solution serait sans doute la plus satisfaisante à tout point de vue ; quelques auteurs y sont très favorables[237].

Cela étant, la divergence entre l'objet statutaire et la forme légale n'est pas la seule difficulté que peut faire naître la détermination de l'activité statutaire. Un défaut de concordance entre l'objet statutaire et l'objet réel peut également apparaître, source d'une autre difficulté qu'il convient, à présent, d'étudier et d'élucider.

b) Le conflit entre l'objet social statutaire et « l'objet réel effectif »

110. En cas de divergence entre l'objet social et l'activité réellement exercée, celle-ci prévaudrait, semble-t-il, sur celui-ci.

Cette orientation, s'appuyant sur la théorie de l'apparence[238], laisse peu de place, sinon celle d'une présomption simple, à l'objet statutaire[239]. Selon cette tendance, il entre dans le pouvoir souverain des juges du fond de rechercher quel est l'objet réel de la société à partir des opérations qu'elle accomplit. Néanmoins, la société peut prouver qu'elle n'a pas effectué les actes qu'on lui impute. L'accomplissement d'activités non prévues par l'objet social statutaire ne rend pas l'activité sociale ainsi accomplie illicite[240], d'autant plus que la rédaction des statuts ne permet pas toujours de fixer avec certitude la nature de l'acte à accomplir.

En outre, ne pourrait-on pas prétendre que les pouvoirs publics auraient implicitement admis, depuis 1987, la probabilité d'un défaut de concordance entre l'objet statutaire et l'objet réel, puisque seules les « activités principales » de la société doivent désormais être déclarées dans la demande d'immatriculation au registre du commerce et des sociétés[241] ?

Finalement, si la référence à l'objet réel pour déterminer le régime d'une société introduit quelque incertitude juridique à l'égard non seulement des tiers mais aussi des associés, lesquels souhaitent pouvoir s'en remettre à la lecture des statuts pour

---

236. Art. 1844-7-2 C. civ.

237. Rouen, 22 novembre 1995, *JCP E* 1997, II, 992, note J.-PARRIGHI. Quelques auteurs, dont GUYON, préconisent cette solution.

238. Sur la théorie de l'apparence, *infra* n° 172.

239. Req., 11 juin 1888, *S.* 1890, 1, p. 516 et *Rev. soc.* 1888, p. 460 ; Req., 6 mai 1932, *DH* 1932, p. 347.

240. Com., 18 juillet 1989, *op. cit. :* en l'espèce, une société, dont l'objet social était limité à l'ameublement, décide, pour améliorer ses résultats, d'adjoindre à son activité statutaire celle de la vente de fleurs. Le syndicat des fleuristes de Belfort lui chercha querelle au nom de la violation du principe de la spécialité des personnes morales. La Cour de cassation affirma cependant qu'une activité commerciale pouvait être exercée, même si elle n'apparaissait pas dans l'objet social, dès lors qu'elle n'était ni interdite, ni contraire à l'ordre public et aux bonnes mœurs, ni, enfin, soumise à autorisation préalable.

241. *Supra* n° 102.

connaître leurs droits ou obligations[242], il n'en est plus de même par la prise en considération de la caractéristique actuelle de l'objet statutaire. Son élasticité contribue à renforcer leur protection juridique selon les circonstances.

II. LA CARACTÉRISTIQUE ESSENTIELLE DE L'OBJET STATUTAIRE : SON ÉLASTICITÉ

Loin d'être attentatoire à sa rigueur, la *souplesse manifeste* (A) dont fait preuve la spécialité statutaire des personnes morales contribue à gratifier cette règle d'un étonnant dynamisme. Elle traduit, en outre, selon l'expression du doyen Hauriou, l'existence d'un « ***véritable principe d'expansion*** »[243] (B), dès lors qu'elle s'avère *justifiée* (C).

A. LA « TRÈS GRANDE SOUPLESSE »[244] DE LA SPÉCIALITÉ STATUTAIRE

111. La détermination de l'objet, expression de la raison d'être de la personne morale, revêt une importance considérable puisqu'elle conditionne la régularité des opérations à accomplir.

Sous réserve des personnes morales expressément réglementées[245], les fondateurs disposent d'une *grande liberté* pour définir le programme des activités auxquelles la personne morale peut se livrer (a). En outre, *la spécialité statutaire n'est pas intangible* (b) : les fondateurs peuvent modifier l'objet social, selon certaines procédures, afin d'offrir de nouvelles perspectives d'activités à la société ou lorsque la poursuite de l'objet social devient impossible par suite de la survenance d'événements.

a) La liberté de rédaction des statuts

112. Si les fondateurs disposent d'une certaine liberté dans la rédaction de l'objet statutaire, ce dernier doit toutefois être suffisamment explicite.

Dans le domaine associatif, par exemple, le laconisme des textes et le renvoi au droit des contrats par l'article 1er de la loi de 1901 se conjuguent pour laisser à l'autonomie de la volonté le soin d'organiser l'association.

Dans le monde sociétaire, une formule trop vague, comme « toutes opérations commerciales, industrielles ou financières » dénuée de toute autre précision, ne pourrait être tolérée. De même, il serait impossible et contraire à l'essence même de la personne morale de stipuler dans les statuts un objet universel : « *l'universalité de but est une contradictio in adjecto, une impossibilité logique pour une personne morale* »[246], celle-ci n'étant conçue qu'en vue de satisfaire un objectif précis[247].

---

242. VENANDET (G.), « Classification des sociétés », *Juris-Classeur, Soc. Traité*, 2000, n° 57.

243. HAURIOU, note sous CE, 3 mai 1918, *Larrieu et autres*, *DA* 1. 423.

244. Selon l'expression du professeur M. DELVOLVÉ : *Les délégations de matières en droit public*, Thèse Toulouse, 1930, p. 169.

245. *Supra* n°s 95 à 98.

246. BÈQUE (F.), *op. cit.*

247. Par exemple, stipuler dans les statuts que la société mènera n'importe quel type d'activités, est contraire à l'essence même de la personne morale créée pour satisfaire un but précis (*supra* n° 55), et à l'article 1108 C. civ.

La souplesse de la spécialité statutaire se manifeste, notamment, par l'absence d'intangibilité de l'objet statutaire.

b) La consécration de la non-intangibilité de l'objet statutaire

La non-intangibilité de l'objet statutaire se traduit, tout d'abord, par une possible modification de l'objet statutaire, notamment en matière associative ou sociétaire (1). Également, la fondation peut voir son objet évoluer, ce qui ne remet nullement en cause le désir du fondateur de se perpétuer dans le temps, par-delà sa propre mort[248] (2).

1) La possible modification de l'objet statutaire

Afin d'offrir de nouvelles perspectives d'activités à la société ou à l'association, évitant ainsi les risques de dissolution par suite de l'impossibilité de la poursuite de l'activité, les fondateurs peuvent, au cours de la vie sociale, modifier l'objet statutaire. Le changement de l'objet social reste toutefois un acte grave soumis à diverses conditions (α). L'objet social n'est donc pas un élément intangible qui commanderait à lui seul l'existence de la société, si bien que son changement n'affecte pas, en principe, la personne morale qui demeure (β).

α) Les conditions

113. Par « changement d'objet », il convient de comprendre la modification de sa description statutaire[249].

En effet, un changement de l'activité réelle de la société ne constitue pas un changement d'objet, dès lors qu'il respecte les dispositions statutaires. Toute modification de l'objet social, qu'il s'agisse d'une réduction ou d'une extension, est un changement d'objet[250]. Cette opération s'effectue selon la procédure applicable à la modification des statuts, laquelle varie selon la forme sociale. Aussi est-ce l'assemblée générale extraordinaire[251] ou l'unanimité des associés qui a compétence pour modifier l'objet social[252]. Dans les sociétés par actions, outre la décision de

---

248. *In Le monde associatif*, 92e congrès des notaires de France, *op. cit.*, p. 545.

249. MICHAT-GOUDET (R.), « Objet social – Notion et influence sur la condition juridique de la société », *Juris-Classeur,* Soc. Traité, 2000, n°s 33 s.

250. *Ibid.*, n° 35.

251. Art. L. 222-9, al. 2 C. com. : dans les sociétés en commandite simple, « *toutes autres modifications des statuts peuvent être décidées avec le consentement de tous les commandités et de la majorité en nombre et en capital des commanditaires* ».
Art. L. 223-30, al. 2 C. com. : dans les sociétés à responsabilité limitée, « *toutes autres modifications des statuts sont décidées par les associés représentant au moins les trois quarts des parts sociales(…)* ».
Art. L. 225-96 C. com. : dans les sociétés anonymes, « *l'assemblée générale extraordinaire est seule habilitée à modifier les statuts dans toutes leurs dispositions. (…) Elle statue à la majorité des deux tiers des voix dont disposent les actionnaires présents ou représentés* ».
Par exemple : Com., 18 oct. 1994, *Dr. soc.* 1995, comm. 15 ; *JCP N* 1995, II, p. 617 ; *Bull. Joly* 1994, p. 1330, note SAINTOURENS ; *RTD Com.* 1995, p. 141 ; Paris, 14 mars 1995, *Juris-Data* n° 020325.

252. Art. L. 221-6, al. 1 C. com. : dans les sociétés en nom collectif, « *les décisions qui excèdent les pouvoirs reconnus aux gérants sont prises à l'unanimité des associés. Toutefois les statuts peuvent prévoir que certaines décisions sont prises à une majorité qu'ils fixent* ».

l'assemblée générale extraordinaire, la modification de l'objet statutaire requiert la réunion de l'assemblée des obligataires, de celle des porteurs de titres participatifs[253], et de celle des porteurs de parts de fondateurs ; en effet, toute modification pourrait avoir des conséquences sur les résultats sociaux, entraînant de ce fait une modification de la rémunération des porteurs de titres participatifs ou de parts de fondateurs. Quant aux obligataires, comme ils ont prêté des capitaux en considération des aléas attachés à l'objet social, il apparaît logique de les associer à la modification.

Dans les sociétés où l'unanimité n'est pas requise, il n'est pas exclu que la majorité abuse de son pouvoir. Ainsi, la décision est annulée dès lors qu'elle a été adoptée « *contrairement à l'intérêt social et dans l'unique dessein de favoriser les majoritaires au détriment des minoritaires* »[254]. Inversement, il pourrait y avoir abus de minorité lorsque l'attitude des minoritaires a empêché la réalisation d'une opération essentielle pour la société dans l'unique dessein de les favoriser au détriment des autres associés[255].

Dans les associations, si par mégarde, la rédaction n'avait pas été assez large, la modification de l'objet peut être décidée, aux termes des statuts, à une majorité plus réduite de l'assemblée. Toutefois, il semblerait imprudent de laisser à tout organe d'administration ou de direction le pouvoir de modifier l'objet[256].

Ainsi, la possibilité de modifier les statuts permet à la personne morale de s'adapter à l'évolution économique. Elle peut apparaître nécessaire à son bon fonctionnement, et elle n'affecte pas, en principe, son existence.

β) Les conséquences : la survivance de la société

114. Cette question se pose principalement en matière de transformation de société qui est une modification comme les autres, du moins en droit privé[257].

Depuis la loi du 24 juillet 1966 (art. 5) et aujourd'hui l'article L. 210-6 du Code de commerce, il apparaît incontestable qu'un tel changement ne porte atteinte à lui seul à l'existence de la personne morale[258].

Art. 1836, al. 1 C. civ. : dans les sociétés civiles, « *les statuts ne peuvent être modifiés, à défaut de clause contraire, que par l'accord unanime des associés* ».

253. Art. L. 228-65 1° C. com.

254. Com., 18 avril 1961, *Gaz. Pal.* 1961, 2, p. 15 ; *GAJ Com.* p. 225, n° 69, obs. HOUIN ; Com., 4 mai 1993, *RJDA* 8-9/1993, n° 702.

255. Com., 9 mars 1993, *RJDA* 4/1993, n° 323 ; *JCP E* 1993, II, 448.

256. *In Le monde associatif*, 92e Congrès des Notaires de France, *op. cit.*, p. 77.

257. Art. 1844-3 C. civ. *in fine* : « *La transformation régulière d'une société en une société d'une autre forme n'entraîne pas la création d'une personne morale nouvelle. Il en est de même de la prorogation ou de toute autre modification statutaire* ».

258. Com., 4 mars 1969, *JCP G* 1969, II, 15949, note Y. GUYON, *D.* 1969, p. 687. Com., 7 mars 1984, *JCP N* 1986, II, 12, note C. DAVID : « *la transformation régulière d'une société en une société d'une autre forme, qu'elle soit civile ou commerciale, n'entraîne pas la création d'une personne morale nouvelle* ». *Supra* note précédente.

La jurisprudence considéra néanmoins qu'il pouvait en être autrement s'il s'accompagnait d'autres modifications importantes[259]. Elle proposa ainsi la distinction suivante :

– si les modifications étaient indépendantes les unes des autres, il y avait rupture des liens initiaux entre les différentes composantes de la société. Par conséquent, une nouvelle personne morale, différente, s'exprimait à travers ces éléments ;

– si, en revanche, ces modifications étaient liées entre elles, il n'y avait pas création d'une personne morale nouvelle.

En 1984, La Cour de cassation condamna ce critère de distinction à propos d'une transformation de société accompagnée d'un changement d'objet social et d'une mutation partielle du capital social : la Cour retint la régularité de la transformation comme critère du maintien de la personnalité morale de la société ; les modifications supplémentaires importaient peu[260].

115. L'Administration fiscale admet, néanmoins, un point de vue divergent. Ralliée à la position des tribunaux judiciaires, antérieure à la jurisprudence *Le Joncour*, elle assimile à une cessation d'activité les transformations importantes de l'activité d'une société, même en l'absence de modification de la forme de la société[261]. Une condition de changement profond d'objet ou d'activité réelle est toutefois exigée.

En revanche, lorsque l'objet social ne subit que des aménagements, la modification ne porte pas atteinte à l'intégrité de la personne morale : il en est ainsi lorsque la modification n'affecte que l'importance de la place tenue par un secteur d'activité par rapport aux autres au sein de l'entreprise[262]. De même, le seul changement d'objet social est sans incidence s'il ne s'accompagne pas d'un changement de l'activité réellement exercée par l'entreprise. Par exemple, la location-gérance n'est pas constitutive d'un changement d'activité. Mais si la modification substitue à l'objet primitif un objet totalement distinct, notamment si la société passe d'une activité de production à une activité de commercialisation ou encore, en cas de changement de branche d'activité, il en va autrement. Le changement d'activité, tel que défini ci-dessus, entraîne les mêmes conséquences qu'un changement de régime fiscal[263], avec les mêmes atténuations[264], sous réserve,

259. Par exemple, pour une modification de la forme sociale à laquelle s'ajoute entre autre une modification de l'objet social : Com., 2 juillet 1979, *Rev. soc.* 1980, p. 769, note D. RANDOUX.

260. Com., 7 mars 1984, *Sté Cine Le Joncour c/ Directeur général des impôts*, *Gaz. Pal.* 1984, pan. jurispr. p. 168, *Rev. soc.* 1984, note JEANTIN, *Def.* 1984, art. 33406, note JADAUD, *RD Com.* 1984, p. 684, obs. ALFANDARI et JEANTIN.

261. Instr. DGI, 10 mars 1986, *Dr. fisc.* 1986, n° 14, ID, 8740.

262. CAA Bordeaux, 31 déc. 1996, *Juris-Data* n° 049373, *Dr. fisc.* mai 1997, n° 19, comm. n° 539 p. 652 : « *ne constitue pas une cessation d'activité la substitution à l'activité habituelle de négociant en vins celle de loueur de chais, dès lors que cette activité nouvelle était prévue par l'objet social* ».

263. C'est-à-dire une imposition immédiate des résultats d'exploitation de l'exercice en cours à la date du changement d'objet, une imposition immédiate des bénéfices en sursis

pour les sociétés soumises à l'impôt sur les sociétés, de l'obligation de réintégrer immédiatement aux résultats imposables, les provisions réglementées qui ont été antérieurement constituées[265].

La non-intangibilité de l'objet statutaire se traduirait également par l'absence de pérennité de l'œuvre fondative, question qui n'apparaît toutefois pas dénuée de difficultés.

2) La question de la pérennité de l'œuvre fondative

116. Traditionnellement, les fondations sont des organismes voués à la pérennité.

La pérennité de l'œuvre, que nul texte n'impose, est certainement le caractère qui répond le plus, dans l'esprit du fondateur, à son désir de survie. Il convient toutefois de ne pas confondre pérennité avec intangibilité ou immobilisme. En effet, si cette position se comprenait à une époque où le système économique reposait essentiellement sur des biens fonciers, il ne peut plus en être ainsi à l'heure actuelle, dans une économie où les crises remettent périodiquement en cause les patrimoines. Il ne saurait donc être question de figer les biens dans leur affectation d'origine, sans possibilité d'adaptation aux besoins nouveaux. C'est pourquoi, si la dotation initiale revêt un caractère intangible, puisque son montant doit rester identique en toutes circonstances, il n'en demeure pas moins qu'un aménagement de gestion reste possible, avec, pour contrepartie, une obligation permanente de remploi de fonds conformément aux statuts, de manière à reconstituer une dotation identique[266].

En outre, en raison de l'évolution économique ou tout simplement de l'évolution des besoins de la société, une fondation peut voir son objet statutaire évoluer. Conscient de ce phénomène, le législateur autorise, depuis la *loi du 4 juillet 1984*, la révision en justice des charges grevant les donations et les legs, prenant exemple sur le monde anglo-saxon : la *cy-prés rule*, règle jurisprudentielle très ancienne, concède en effet le droit à la *Charity Commission*[267] de modifier le contenu de la mission

d'imposition (à savoir les provisions non encore réintégrées et les profits relevant de régimes spéciaux d'étalement d'imposition) et des plus-values latentes acquises à la date de modification de l'objet.

264. C'est-à-dire, une absence d'imposition immédiate des bénéfices en sursis d'imposition et des plus-values latentes, si aucune modification n'est apportée aux valeurs comptables des éléments d'actif, et si l'imposition reste possible dans le cadre du régime fiscal dont relève la société.

265. Mémento pratique Francis Lefebvre, *Fiscal*, 2004, n°s 7652, 7656 et 7664.

266. La dotation est une garantie de la réalisation de l'objet de la fondation. Précision étant ici faite que la loi numéro 2003-709 du 1er août 2003 relative au mécénat, aux associations et aux fondations, a porté, en son article 4, de cinq à dix ans la période pendant laquelle la dotation initiale d'une fondation peut être versée. Compte tenu des obligations qui pèsent sur les fondations reconnues d'utilité publique, et de l'encadrement strict par un décret en Conseil d'État (V. art. 18 de la loi n° 87-571 du 23 juillet 1987 sur le développement du mécénat), la possibilité d'étaler les versements de la dotation initiale ne fragilise pas ces organismes. Au contraire, elle assouplit leurs conditions de création, plutôt rigides (*supra* n°s 84 et 85).

267. Instance de surveillance et de contrôle des *trusts*.

d'intérêt général originaire, devenue sans objet en raison de l'évolution, sous réserve de se tenir le plus près possible de la volonté du fondateur[268].

En définitive, la consécration de la non-intangibilité de l'objet statutaire de ces personnes morales ne constituerait en aucune façon une atteinte au principe de spécialité, contrairement à l'assertion émise par la doctrine en grande majorité [269]. Non seulement elle ne le viderait pas de tout sens, mais elle contribuerait à souligner son adaptation aux besoins de la conjoncture. Un auteur dénonça, à ce propos et au rebours du droit positif, « *la précipitation avec laquelle certains juristes se hâtent, dès que surgit l'exception, de sacrifier la règle, suspecte de caducité (...)* »[270].

Cette souplesse de la spécialité statutaire traduit ainsi l'existence d'un « *véritable principe d'expansion* », selon l'expression du doyen Hauriou.

B. UN VÉRITABLE « PRINCIPE D'EXPANSION »

117. Une grande partie de la doctrine actuelle considère que l'accomplissement, par une personne morale, d'activités « annexes », « complémentaires », voire « connexes »[271] à l'activité principale, constitue une atteinte sérieuse au principe de spécialité, ou tout au moins une dérogation[272].

D'où son déclin, sa mort certaine et prochaine, selon les conceptions doctrinales majoritaires[273]. Il apparaît toutefois bien difficile de souscrire à une telle assertion. Le fait d'accomplir des activités annexes, complémentaires ou connexes à l'activité principale, observé chez les personnes juridiques évoluant dans un milieu économique et concurrentiel, serait, au contraire, à l'origine d'une « mutation » du principe de spécialité dont fit état, en droit public, le professeur Timsit[274]. À l'appui de cette allégation, l'on pourrait se référer aux propos tenus par un autre éminent professeur, à la fin du XIXe siècle qui considérait les sociétés commerciales : « *il n'y a pas d'entreprise qui ne soit appelée à grandir et à sortir de la lettre de ses statuts* »[275]. Cette observation pourrait fort bien s'étendre, aujourd'hui, à toute personne morale. L'esprit et la logique de la gestion commerciale conduisent en effet les entreprises, les associations, mais également les fondations, à intervenir dans des domaines qui sont le prolongement de celui où s'exerce leur activité principale.

---

268. POMEY (M.), *op. cit.*, p. 317 s.

269. *Supra* n°7 et en particulier les notes 40 et 41. V. aussi en ce sens VILLARD (P.), *Validité des actes engageant une société*, cité par BALDOUS (A.), *op. cit.* p. 575 : « *dans le droit des sociétés, il existe une entorse flagrante aux principes dégagés par la théorie de la spécialité, qui résulte de la possibilité de changement d'objet social* ».

270. RIVÉRO (J.), article cité *in Archives de philosophie du droit*, Sirey, 1952, 14.

271. Tous ces qualificatifs se retrouvent dans la doctrine, ou dans la jurisprudence.

272. BALDOUS (A.), *op. cit.*, p. 555.

273. *Supra* n° 7.

274. TIMSIT (G.), *op. cit.*, p. 475 à 500.

275. THALLER (E.), note sous Req., 26 nov. 1894, *D.* 1895, 1, 59.

Ainsi, à l'instar des entreprises publiques[276], les entreprises privées s'attachent à étendre et à diversifier leur domaine d'activité, répondant simplement à des impératifs de bonne gestion commerciale. Le principe de spécialité s'adapte, évolue, mais il ne peut être considéré en perte de vitesse.

Les velléités d'extension de la règle de la spécialité des personnes morales ont été dégagées non seulement par la *jurisprudence* (a), mais également par les *textes* (b).

a) La jurisprudence

118. Un « véritable principe d'expansion » se manifesterait au regard de la jurisprudence, par une formulation assez large de l'objet propre de l'entreprise incluant tout ce qui se rattache directement ou indirectement à celui-ci.

– Par exemple, la faculté fut accordée à une association anti tuberculeuse de créer une crèche pouponnière « en annexe au dispensaire organisé par elle (...) »[277] ;

– Également, l'autorisation fut accordée à une société concessionnaire de tramways départementaux de mettre en place un service d'autobus sur une ligne parallèle à la voie ferrée, au titre d'une « *activité accessoire* »[278].

– Récemment, la Cour de cassation décida « qu'il n'était pas interdit aux sociétés de contracter des obligations de banque ou de bourse, à la condition que ces obligations soient en rapport direct avec leur activité »[279].

– Une interprétation extrême du rattachement indirect à l'objet statutaire mériterait d'être rappelée : en l'espèce, il s'agissait de vérifier la régularité d'un cautionnement consenti par une société civile à une autre société ayant le même dirigeant. La conformité à l'objet social était-elle suffisamment caractérisée par le fait que les dirigeants aient été communs ? La majorité des commentateurs de cet arrêt estimèrent choquant d'invoquer, dans un tel contexte, le rattachement indirect à l'objet social pour attester de cette conformité[280].

119. Dans le cadre de « l'expansion du principe », l'on pourrait également traiter de la question des filiales et des participations au capital de diverses sociétés, prises dans la ligne de l'activité principale de la personne morale.

Si l'état de la jurisprudence demeure assez rare sur ce type de question en droit public, elle s'avère encore moins prolixe, voire inexistante semble-t-il, en droit privé.

Il résulta de l'avis du Conseil d'État en 1994 que le principe devait s'appliquer également aux filiales et aux prises de participations de l'établissement (en

---

276. En effet, « *pour toutes les institutions soumises à l'idée de spécialité, le droit positif public admet une certaine faculté d'entreprendre des activités "accessoires" à leur objet légal ou statutaire* » : BALDOUS (A.), *op. cit.*, p. 556 (*supra* n° 29).

277. CE, 24 juillet 1936, Bureau de bienfaisance de Saint-Léonard, R. 856.

278. Civ., 20 juin 1934, « Cie de voies ferrées économiques du Poitou », *D.* 1935, I, 49, note M. WALINE.

279. Com., 7 nov. 1996, *Bull. civ.* III, n° 420, p. 520.

280. Civ. 1re, 15 mars 1988, *Rev. soc.* 1988, p. 415, note critique Y. GUYON (*supra* n° 29 en particulier la note 142).

l'occurrence GDF)[281]. Aussi, l'on pourrait imaginer, dans un proche avenir, que la Cour de cassation ait aussi l'occasion de se prononcer dans le même sens.

L'aspect « expansion » du principe se révèle également dans quelques textes accordant à des personnes morales la faculté de prolonger leur mission statutaire vers des activités complémentaires.

b) Les textes

120. En premier lieu, il fut reconnu aux associations ayant une activité économique le droit de se développer, soit en créant des branches nouvelles, soit en reprenant des activités exercées par d'autres opérateurs.

Le recours à cette technique est encouragé, à condition de ne pas détourner l'association des buts qu'elle s'est fixée dans ses statuts.

Il ressort ainsi d'une réponse ministérielle récente[282] : « *sous réserve de l'appréciation souveraine des Cours et Tribunaux, aucune disposition de la loi du 1er juillet 1901 relative aux contrats d'association et de celle du 24 juillet 1966 sur les sociétés commerciales, n'interdit à une association d'être associée d'une SARL et donc, le cas échéant, d'être ou de devenir associé unique d'une EURL* ». Toutefois, ces participations ne doivent se réaliser qu'en ayant soin de veiller à ce qu'elles entrent bien dans l'objet de l'association, demeurant ainsi en parfaite conformité avec ses objectifs.

121. En second lieu, en vertu d'une loi très récente, les sociétés coopératives de commerçants détaillants peuvent désormais exercer leurs activités « directement ou indirectement »[283].

Cette disposition importante leur reconnaît la possibilité légale de filialiser certaines de leurs activités, dès lors que cette filialisation favorise l'accomplissement de leur but légal.

Cette évolution du domaine d'action des personnes morales de droit privé, à l'instar de celle des établissements publics, met directement en avant le sort du principe de spécialité. De ce fait, en vertu de l'interprétation doctrinale, la règle du principe de spécialité des personnes morales fut conduite progressivement au Panthéon des principes révolus. Il n'est pourtant point encore temps, pour ladite règle, de passer de vie à trépas. En effet, qu'il s'agisse du recours à la modification de l'objet social, du rattachement direct ou indirect à l'objet social ou du recours à des prises de participation, voire à la création de filiales, tout ceci répond à une nécessité pratique, sans que les exigences du principe de spécialité en soient altérées. Le principe de spécialité serait actuellement dans une période de transformation, laquelle soulignerait son adaptation aux besoins de l'homme, sa souplesse indéniable, contribuant, de la sorte, à le gratifier d'un formidable dynamisme, dès lors que ces dérogations puissent être *justifiées*.

---

281. *Supra* n° 9.
282. *JO* déb. Sénat, 2 février 1995, n° 8532.
283. Art. L. 124-1, al. 1 modifié NC. com. issu de la loi NRE (*supra* n° 100).

C. Les justifications

122. Les manifestations de l'élasticité du principe de spécialité ne sont pas propres au domaine d'application des personnes morales.

Cette évolution s'est constatée par ailleurs en matière de baux commerciaux, notamment, avec l'institution, par le législateur, d'une déspécialisation partielle mais aussi plénière. Le principe de spécialité a également été assoupli par le législateur en droit de la propriété industrielle pour la protection des marques notoires[284]...

À l'instar de ces hypothèses, l'assouplissement de la spécialité des personnes morales est mû par des *nécessités pratiques* (a), voire par la prise en considération de *l'intérêt général* (b).

a) Les nécessités pratiques

123. Les nécessités de la vie industrielle et commerciale ont conduit les entreprises, et plus généralement les personnes morales, tant de droit public que de droit privé, à déborder de leur vocation d'origine, et par conséquent, à écarter une interprétation stricte de la règle de la spécialité.

À l'époque où le libéralisme économique était à l'honneur, la rigidité de la règle de la spécialité commençait déjà à être dénoncée. Michoud préconisa d'ailleurs d'entendre cette règle avec une certaine largeur en remarquant qu'une « interprétation stricte et judaïque des statuts d'une personne morale aurait pour conséquence, en les enfermant dans d'étroits compartiments séparés par des cloisons étanches, *de leur interdire toute adaptation* au milieu social et de les empêcher de donner satisfaction à des besoins nouveaux et imprévus (...). Il ne paraît nullement désirable d'empêcher des personnes morales[285] d'adjoindre à leur objet primitif des objets accessoires *se rattachant plus ou moins directement à leur mission principale* »[286].

L'intérêt général apparaît également comme justificatif à l'assouplissement de la règle de la spécialité.

b) L'intérêt général

124. Si, en droit public, l'intérêt général fut une raison explicite propre à légitimer l'assouplissement de la règle[287], il est également loisible d'y puiser, en droit privé, un justificatif à l'élasticité de la spécialité statutaire.

Comment définir l'intérêt général ou l'intérêt social ? Quel sens revêt-il ? Cette notion, pourtant si riche de sens mais peu évoquée dans le Code civil[288] comme dans le Nouveau Code de commerce[289], n'est pas définie parles textes. L'essor du concept

---

284. *Supra* n°s 14 à 20.

285. À l'époque, il était davantage question des établissements publics pour lesquels la spécialité fut instaurée.

286. MICHOUD (L.), *op. cit.*, chap. VIII n° 252 p. 171 de la 2e éd. (nous soulignons).

287. BRAIBANT (G.) et STIRN (B.), *op. cit.* : la règle de la spécialité étant considérée en droit public comme un principe général du droit, « *le Conseil d'État admet largement la légalité des atteintes portées à un principe général de droit dans l'intérêt général* ».

288. Art. 1848 C. civ.

289. Art. L. 221-4 ; L. 233-3 ; L. 241-3 4° et 5° ; L. 242-6 3° et 4°.

est essentiellement prétorien, et le juge y fait référence dans des circonstances très variées de conflits d'intérêts.

Récemment, un auteur s'est « risqué », selon ses propres termes, à donner une définition de l'intérêt social : « *l'intérêt social peut ainsi se définir comme l'intérêt supérieur de la personne morale elle-même, c'est-à-dire de l'entreprise considérée comme un agent économique autonome, poursuivant ses fins propres, distinctes notamment de celles de ses actionnaires, de ses salariés, de ses créanciers dont le fisc, de ses fournisseurs et de ses clients, mais qui correspondent à leur intérêt général commun, qui est d'assurer la prospérité et la continuité de l'entreprise* »[290]. Si l'intérêt social ne peut se confondre avec l'intérêt de l'entreprise en tant que structure de production, cette notion se trouve aujourd'hui confrontée à l'intérêt du marché qui tend à prévaloir en ce qui concerne les sociétés cotées[291].

L'intérêt social apparaît ainsi comme « *un principe de survie qui profite autant à la société qu'à ses partenaires* »[292], justifiant, soit une modification de l'objet social statutaire, soit un rattachement indirect à l'objet social, manifestations d'un bon réflexe d'adaptation à la conjoncture.

Le contenu de l'activité statutaire ayant été amplement analysé, tant par sa définition que par sa caractéristique fondamentale, c'est-à-dire son élasticité, preuve de sa remarquable adaptation à l'évolution économique, il sied désormais de s'interroger sur les conséquences quant à certains actes que les personnes morales seraient susceptibles d'accomplir en contemplation de la spécialité statutaire.

§ 2 – LES CONSÉQUENCES QUANT À CERTAINS ACTES

Au regard de quelques difficultés suscitées et parfois non tranchées par la jurisprudence, l'analyse des conséquences de la spécialité statutaire portera sur deux catégories d'actes :

– d'une part, l'exercice de l'action en justice, par les associations, destinée à assurer la défense de divers intérêts (I),

– d'autre part, la non-réalisation de bénéfices par une société, en raison d'une politique voulue par une disposition statutaire[293] (II).

---

290. BISSARA (Ph.), « L'intérêt social », *Rev. soc.* 1999, p. 5 s. Cette définition fut donnée tout d'abord dans le rapport VIENOT sur le conseil d'administration des sociétés cotées, en juillet 1995.

291. *Ibid.*

292. PRIETO (C.), *op. cit.*, p. 92.

293. Seront écartées les deux hypothèses suivantes : celle de bénéfices réalisés mis en réserve au lieu d'être distribués, ainsi que celle de la non-réalisation de bénéfices subie entraînant, de ce fait, une procédure de redressement judiciaire.

I. LES ASSOCIATIONS ET LE DROIT D'AGIR EN JUSTICE POUR LA DÉFENSE DE DIVERS INTÉRÊTS

125. Toute association dotée de la personnalité juridique a la possibilité d'exercer les actions nécessaires à la défense de ses propres intérêts.

La loi de 1901 leur reconnaît, en effet, le droit d'ester en justice. C'est là, du reste, une conséquence nécessaire de la personnalité morale, et probablement même l'une de ses principales raisons d'être.

Certains auteurs, Planiol en particulier, voulurent néanmoins limiter la portée de ce droit d'ester en justice, en le bornant à la défense du patrimoine social. Au lieu d'être l'un des moyens d'atteindre le but de l'association, l'action en justice n'aurait été qu'un accessoire modeste du patrimoine. Cette opinion fut toutefois combattue par la majorité de la doctrine. La jurisprudence, après avoir été quelques temps hésitante, finit par l'abandonner à son tour aux termes de l'arrêt rendu le 5 avril 1913 par les Chambres réunies, en matière syndicale[294].

126. En revanche, un doute subsiste quant à l'exercice d'actions destinées à assurer la défense d'intérêts collectifs, à caractère économique[295], religieux, idéologique[296]...

Aucune réponse d'ensemble n'est venue trancher la question de savoir dans quelle mesure ces actions tendant à assurer la défense d'intérêts collectifs figurant dans les statuts, intentées par les associations, sont recevables ou non. Il paraît difficilement envisageable que l'association se fasse le champion de tous les intérêts qu'il peut prendre fantaisie à ses membres de défendre[297]. Son activité est nécessairement limitée par le principe de la spécialité statutaire ; au demeurant, il semblerait indiscutable que toute action en justice hors du champ de cette spécialité serait, par-là même, irrecevable[298]. Tel serait également le destin de toute action qui ne respecterait point la spécialité de chaque personne morale : par exemple, une action en justice n'ayant aucune fin patrimoniale, intentée par une société dont le but serait exclusivement patrimonial, serait sans nul doute repoussée.

---

294. Ch. réun., 5 avril 1913, *DP* 1914, 1, 65, note NAST ; S. 1920, 1, 49, note MESTRE. Cette décision reconnut au syndicat le droit d'agir en justice pour défendre « l'intérêt collectif de la profession ». Le législateur consacra cette jurisprudence, et une solution identique fut adoptée par des textes spéciaux, pour les ordres professionnels et pour diverses associations : AUDINET, « La protection judiciaire des fins poursuivies les associations », *RTD Civ.* 1955, p. 213.

295. Com., 19 janvier 1999, *D.* 1999, 331, 2e espèce, note L. BORÉ.

296. Paris, 5 juillet 1994, *D.* 1995, Somm. 263, obs. T. Massis ; *D.* 1996, 578, 1re espèce, note R. MARTIN : la Cour d'appel a déclaré irrecevable l'action d'une association de téléspectateurs tendant à assurer la défense du droit de ces derniers à une information « honnête ».

297. AUDINET (J.), *op. cit.*, p. 214.

298. TGI Paris, 29 novembre 1995, *D.* 1996, 578, 2e espèce, note R. MARTIN, soulignant que « *si une association régulièrement déclarée peut réclamer la réparation des atteintes portées aux intérêts collectifs de ses membres, il ne lui est pas possible, en l'absence d'une disposition légale l'y habilitant expressément, d'agir en justice pour la défense d'intérêts généraux* ».

En outre, que pourrait-il advenir à une société qui ne réaliserait aucun bénéfice en raison d'une politique voulue par une disposition statutaire ?

II. LES SOCIÉTÉS ET L'ABSENCE DE RÉALISATION DE BÉNÉFICES

127. L'objet même de la société peut révéler, implicitement ou expressément, l'intention de ne pas réaliser de bénéfices.

Une telle situation est concevable depuis la loi du 4 janvier 1978 qui assigna aux sociétés une finalité alternative : *partager des bénéfices ou réaliser une économie*[299]. Il est donc devenu possible de constituer des sociétés dont l'objet est de rendre service à leurs membres par la mise en commun de moyens[300].

Ceux qui mettent en commun des moyens pour développer une activité pourraient également constituer un GIE. Cette structure très souple présente toutefois l'inconvénient d'une obligation indéfinie et solidaire au passif[301]. Il est ainsi compréhensible que, pour développer une activité à risques, les partenaires préfèrent utiliser la société anonyme, même si elle est plus contraignante qu'un GIE. Ceux-ci constituent alors une société anonyme de moyens, dont les statuts précisent qu'elle aura pour objet de faciliter à chacun l'exercice de son activité, sans donner lieu à la réalisation de bénéfices[302].

La société reste cependant toujours tenue d'avoir un objet lucratif. L'alternative ouverte par la loi du 4 janvier 1978 ne fit point disparaître cette obligation.

128. Quelles sont alors les conséquences pouvant résulter de la non-réalisation de bénéfices statutairement imposée ?

– *1re conséquence* : au lieu d'encaisser un dividende, les associés doivent alors verser une cotisation périodique, car la mise en commun de moyens est génératrice de frais[303].

– *2e conséquence* : même si les comptes annuels sont approuvés, les résultats ne sont pas affectés, car les économies permises par l'activité sociale se sont réalisées directement dans le patrimoine de chaque associé. En revanche, si le déficit

---

299. JEANTIN (M.), « La réforme du droit des sociétés par la loi du 4 janvier 1978 », *D.* 1978, 173.

300. Tel est le cas des sociétés coopératives, mais aussi des sociétés civiles de moyens qui n'ont de statut propre que si elles sont constituées entre membres des professions libérales réglementées (L. 29 nov. 1966, art. 36). Des sociétés commerciales par leur forme peuvent aussi être des sociétés de moyens. Elles sont régies, en principe, par le droit commun.

301. *Supra* nos 68 à 71.

302. La pratique française rejoint le droit allemand où la *BGB Gesellschaft* peut être utilisée dans un but autre que le partage de bénéfices : FROMONT (M.) et RIEG (A.), *Introduction au droit allemand*, t. III, p. 419.

303. La situation serait identique si, « *au lieu de verser une cotisation périodique, les associés effectuaient en plus des apports au sens strict une mise de fonds, non incorporée au capital et destinée à couvrir les frais de fonctionnement de la société* » : GUYON (Y.), *op. cit.*, p. 270.

de l'exercice est plus grand que prévu, les associés seront alors appelés à envisager les mesures nécessaires à son apurement pour continuer l'activité sociale[304].

– *3e conséquence* : une difficulté peut survenir à propos de l'évaluation des droits sociaux. Dans les coopératives, pendant longtemps, la loi imposa une solution radicale : l'associé sortant ne pouvait recevoir que le remboursement de ses apports, c'est-à-dire la valeur des droits sociaux était égale à leur valeur nominale. Depuis la loi du 13 juillet 1992 relative à la modernisation des entreprises coopératives, la règle fut assouplie : les statuts peuvent désormais prévoir que l'associé sortant ayant 5 ans au moins d'ancienneté a la possibilité de recevoir une part des réserves constituées par la coopérative[305].

En revanche, rien n'a été prévu dans les autres sociétés de moyens. Il semblerait que la valeur des droits sociaux dépendrait de la participation à la société, et non de l'actif social généralement faible dans ce type de société, selon un auteur[306].

129. Si, au mépris d'une stipulation statutaire contraire, la société réalise tout de même des bénéfices, il convient alors de se rapprocher du droit des GIE afin de trouver une solution[307].

Par exemple, une société de moyens rend des services non seulement à ses membres, mais également à des tiers, dans une proportion telle que ses frais généraux sont couverts, et son exercice apparaît excédentaire. Dans ce cas, les bénéfices sont licites, à condition d'être le résultat et non le but de l'activité de la société. Ils sont considérés comme « *les accessoires non voulus d'une activité sociale orientée vers la recherche d'une économie* »[308]. En conséquence, ils ne doivent pas être partagés entre les associés, mais affectés au financement des activités sociales ultérieures.

En revanche, si la réalisation de bénéfices dépasse le stade d'accessoire à l'activité, c'est-à-dire si la société réalise systématiquement des bénéfices, *une modification des statuts s'impose.*

Au final, les sociétés, notamment les sociétés de moyens, ayant pour but de profiter d'une économie au lieu de partager des bénéfices, ont un fonctionnement original en raison de leur nature juridique proche de celle des GIE, bien que des différences subsistent :

– tout d'abord, la société qui cherche à réaliser une économie se limite à ce but, en ne mettant en œuvre qu'une collaboration réduite. Au contraire, le GIE a un objectif plus ambitieux : il tend à développer l'activité économique de ses membres,

---

304. GUYON (Y.), *op. cit.*, p. 271.

305. L. 10 sept. 1947 mod. par L. n° 83-657 du 20 juil. 1983 elle-même mod. par L. n° 92-643 du 13 juil. 1992, art. 18.

306. GUYON (Y.), *op. cit.*, p. 271.

307. Ord. 23 sept. 1967, art. 1 modifié par la loi du 13 juin 1989 (L. 251-1 s. C. com.).

308. GUYON (Y.), *op. cit.*, p. 271.

la recherche d'une économie n'étant qu'un moyen, parmi d'autres, de parvenir à ce résultat[309] ;

– ensuite, l'objet d'un GIE doit être le prolongement de l'activité de ses membres, alors que ce lien ne s'impose pas dans une société de moyens[310] ;

– enfin, il ne peut y avoir d'apports au sein d'un GIE, alors que ceux-ci sont un élément essentiel du contrat de société[311].

Ainsi, au sein de ce premier sous-titre ont été révélées les principales manifestations du principe de spécialité, d'une part, à l'ensemble des personnes morales, d'autre part, à quelques personnes morales bien choisies. Il s'est avéré que cette règle s'appliquait non seulement à toutes les personnes morales de droit privé, par une affectation de moyens au service d'une activité, et corrélativement, par une limitation de buts, mais également que tous les actes qu'elles pouvaient accomplir y étaient soumis. Quant aux personnes morales particulières, telles les sociétés, les associations, les groupements d'intérêt économique, les syndicats, ou encore les fondations…, il apparut essentiel de distinguer la spécialité légalement définie de celle statutairement définie, et de ne pas réduire la première à la seconde, contrairement à l'évolution qui semble se dégager du droit positif. Tandis que l'existence d'une spécialisation par l'effet des lois impose aux personnes morales de respecter la finalité de la catégorie à laquelle elles appartiennent, une spécialisation par l'effet des statuts vient compléter la précédente, comme une limitation au second degré.

Les manifestations de la spécialité aux personnes morales ayant ainsi dévoilé l'actualité certaine de ladite règle, il convient désormais de s'interroger sur la catégorie reconnue de concepts juridiques à laquelle elle pourrait appartenir. Sa qualification, éclairée par la révélation de ses manifestations, parachèvera, de la sorte, l'identification entreprise dans ce premier titre de la première partie.

---

309. Art. L. 251-1, al. 2 C. com. : « le but du groupement est de faciliter ou de développer l'activité économique de ses membres, d'améliorer ou d'accroître les résultats de cette activité. Il n'est pas de réaliser des bénéfices pour lui-même ».
Art. L. 251-1, al. 3 C. com. : « Son activité doit se rattacher à l'activité économique de ses membres et ne peut avoir qu'un caractère auxiliaire par rapport à celle-ci » (Ord. n° 67-821 du 23 septembre 1967, art. 1er).

310. Rép. Min. 13 sept. 1977, *Rev. soc.* 1977, 773 ; T. Com. Paris, 23 février 1970, *JCP* 1970, II, 16355, note GUYON ; *D.* 1970, 44, note GUYENOT.

311. Selon GUYON, « *ne pourrait-on pas soutenir qu'il y a dans tout GIE un apport en crédit, en raison de l'obligation indéfinie et solidaire des membres au passif, de telle sorte que cette différence n'existerait plus (L. 251-6 C. com.) ?* ».

Sous-titre II

QUALIFICATION

130. Qualifier équivaut à déterminer la catégorie juridique dans laquelle un concept peut être classé.

La qualification d'un concept utilisé par le droit est une démarche fondamentale, puisqu'elle appelle l'application d'un *corpus* de règles.

En l'espèce, cette question revêt une importance d'autant plus grande que la règle de la spécialité est sujette à controverses, moins toutefois sur le plan de son caractère, que sur ceux de sa nature ou de ses fondements. Il en résulte une imprécision quant aux sanctions applicables en cas de violation, laquelle pourrait expliquer, en partie, le recours jurisprudentiel à des principes moins critiqués et mieux établis[1].

Cette opération de qualification impose l'établissement préalable du caractère juridique de la règle de la spécialité (Chapitre préliminaire). Elle se poursuivra par la démonstration de son fondement (Chapitre 1), et de sa nature juridique (Chapitre 2).

Le plan ainsi choisi peut aisément se justifier : en effet, démontrer que la spécialité pourrait être une règle juridique, et même un principe juridique le cas échéant, ne renseigne point sur sa nature juridique (règle de capacité, règle de pouvoir ou autre) et donc sur les sanctions en résultant. Les questions du caractère et de la nature juridique sont là deux questions différentes. Néanmoins, pour beaucoup d'auteurs, principalement au début du XXe siècle mais encore aujourd'hui, elles n'en faisaient qu'une seule : le caractère juridique reconnu au principe de spécialité avait pour corollaire inéluctable l'admission d'une certaine nature juridique, celle de règle de capacité[2], sinon, ajoutaient-ils, la spécialité ne pouvait point être une règle de droit.

Cette vision, contestée par Bèque[3] en son temps, n'en est pas moins admissible à l'heure actuelle :

– d'une part, elle aboutit à contester le caractère juridique de toute règle existant en dehors du droit privé. Or, la règle de droit comprise comme une règle de

---

1. Par exemple, le principe de la liberté du commerce et de l'industrie (Com., 18 juillet 1989, *supra* n° 109 note 234 et n° 110 note 240), le principe de la liberté syndicale…

2. Excepté toutefois MICHOUD qui admit que le principe de spécialité produisait des effets de droit, tout en n'étant pas une règle de capacité.

3. BÈQUE (F.), *op. cit.*, p. 79 s.

conduite sociale, dont le respect est assuré par l'autorité publique, n'est pas l'apanage du droit privé.

– D'autre part, elle aboutit, semble-t-il, à ne reconnaître qu'une seule catégorie de règle de droit, la règle de capacité, ce qui est considérablement réducteur de l'arsenal juridique en droit français. Celui-ci est fort heureusement beaucoup plus riche.

Chapitre préliminaire – Une qualité à démontrer

Chapitre 1 – Un fondement rationnel controversé

Chapitre 2 – Une nature juridique controversée

Chapitre préliminaire

UNE QUALITÉ À DÉMONTRER

131. L'unanimité de la doctrine s'attache à présenter la règle de la spécialité comme un principe.

En effet, la plupart des manuels de droit privé ou de droit public font référence au « principe » de spécialité des personnes morales, et non à la règle ou au concept. Pourtant, dépassant la simple lecture d'ouvrages généraux pour s'immerger dans celle, plus approfondie, des quelques articles et thèses écrits sur le sujet, le caractère de cette règle fait l'objet de divergences doctrinales. Elle est ainsi présentée, soit comme une pratique administrative dépourvue de force obligatoire, soit comme une règle de droit (Section 1), soit encore comme un principe juridique (Section 2). Ces assertions ne résultant, semble-t-il, d'aucune recherche spécifique, il apparaît opportun, non seulement de ne pas tenir pour acquis l'une ou l'autre affirmation, mais de soumettre ces appellations à l'épreuve du raisonnement.

SECTION 1
LA SPÉCIALITÉ : SIMPLE PRATIQUE ADMINISTRATIVE OU RÈGLE JURIDIQUE ?

132. Une fois constituée et immatriculée, la personne morale est-elle libre de se tourner vers un but autre que celui pour lequel elle fut créée ?

A-t-elle le droit, à l'instar de toute personne physique, d'employer ses forces comme bon lui semble ou, au contraire, est-elle nécessairement et obligatoirement enfermée dans le domaine d'action qui lui a été réservé[1] ?

Tandis qu'une partie de la doctrine classique n'hésita point à dénier au principe de spécialité la qualité de « règle de droit », une autre affirma, en revanche, son caractère obligatoire.

L'alternative est donc la suivante : la spécialité est-elle une règle de bonne administration et de bonne politique (§ 1) ou alors, est-elle une règle de droit (§ 2) ?

1. CAPITANT, *Introduction à l'étude du droit civil*, 1re éd. 1898, p. 149-150 (cité par BÈQUE, *op. cit.*, p. 47).

L'importance d'une telle question apparaît sans peine :

– si la spécialité ne peut être qu'une « *pure règle de bon ordre administratif* »[2], comprise comme règle dépourvue de tout caractère obligatoire, sa nécessité risquera fort d'être compromise, en dépit de toute valeur pratique ;

– en revanche, si la spécialité peut être considérée comme une règle de droit, sa force obligatoire la rendra efficace, car elle sera ainsi soumise à une sanction légale.

Pour reprendre le propos de Bèque, « *c'est en un mot tout l'intérêt de la distinction entre les lois de nature et les lois de l'État* »[3].

§ 1 – UNE PRATIQUE ADMINISTRATIVE DÉNUÉE DE FORCE OBLIGATOIRE ?

133. Pour une partie de la doctrine, la spécialité ne pouvait revêtir que le caractère de « simple pratique de l'administration »[4] ou de « conduite administrative »[5], synonymes d'absence de force obligatoire, telles « les lois de nature » évoquées par Bèque.

Leur raisonnement s'appuyait sur les jurisprudences du Conseil d'État et des tribunaux judiciaires au début du XXe siècle, en matière de dons et de legs avec charges, qui reconnaissaient en la règle de la spécialité qu'une règle de conduite administrative. Les différents arguments avancés étaient alternativement les suivants :

– selon certains auteurs, l'autorisation d'accepter une libéralité, accordée par l'Administration, ne pouvait être ultérieurement remise en cause par les juridictions judiciaires[6] ;

– selon d'autres, parmi ceux qui reconnaissaient la compétence judiciaire en la matière, les tribunaux judiciaires refusaient, la plupart du temps, de faire application du principe de spécialité[7].

134. La thèse du principe de spécialité considéré comme simple pratique administrative fit l'objet de plusieurs critiques, au demeurant justifiées, en particulier par un auteur dont la démarche gagnerait à être brièvement rappelée[8] :

---

2. CAPITANT, *ibid.*

3. BEQUE (F.), *op. cit.*, p. 48.

4. BENOIST (P.), op. cit., p. 179.

5. Par exemple, RIPERT (H.), *op. cit.*, p. 30 : « *le principe de la spécialité n'a et ne saurait avoir qu'une portée purement administrative* » ; HAURIOU sous CE, 3 mai 1918 (*supra* n° 110, note 243), MICHOUD (L.), PLANIOL (M.).

6. PLANIOL (M.), note sous Cass. civ., 26 mai 1894 (*supra* n° 27, note 124) : « *la spécialisation des établissements publics est une pratique gouvernementale, une bonne habitude d'administration (…) subordonnée à des considérations politiques dont le Gouvernement est seul juge, et les tribunaux civils sont sans qualité pour rectifier sur ce point les appréciations du Gouvernement, et du Conseil d'État* ».

7. NORMAND (J.), *op. cit.*, p. 32 : « *la jurisprudence paraît admettre que la règle de la spécialité n'est pas un principe de droit civil, et elle semble bien se prononcer pour la capacité générale des personnes morales* ».

8. BALDOUS (A.), *op. cit.*, p. 475 à 482.

– d'une part, il reprocha à la doctrine classique de n'avoir pris en compte qu'un aspect très particulier de la règle de la spécialité, c'est-à-dire celui des libéralités avec charges accordées aux établissements publics religieux, domaine qui, même au XIXe siècle, fut loin de refléter les illustrations du principe ;

– d'autre part, l'argument tiré de l'attitude attribuée aux tribunaux judiciaires dans ce problème des dons et des legs était peu convaincant : contrairement à ce que nombre d'auteurs prétendirent, les tribunaux de l'ordre judiciaire, comme les tribunaux administratifs, se reconnurent expressément compétents pour examiner tous les vices dont les donations auraient pu être entachées, même après autorisation administrative donnée conformément à l'article 910 du Code civil[9].

Cet argument ne pourrait également plus être soutenu actuellement, puisque la jurisprudence judiciaire en matière de libéralités octroyées aux fondations, aux associations, ou aux sociétés, ne fait pas défaut, même si elle est fort peu abondante.

– Enfin, l'auteur rappela que dans chacune des hypothèses où le principe de spécialité fut utilisé, la jurisprudence et les commissaires du gouvernement, dans leurs conclusions[10], observaient toujours « *que le principe de spécialité était directement et expressément dicté par les exigences du législateur et non par simple référence à des pratiques administratives plus ou moins soumises à de pures considérations d'opportunité : il se présentait donc bien, formellement, comme une véritable norme juridique* »[11], et non comme une simple pratique administrative dénuée de tout caractère obligatoire.

En conséquence, la règle de la spécialité ne peut être considérée comme une simple pratique dénuée de force obligatoire. Serait-elle davantage une règle de droit ?

§ 2 – UNE RÈGLE JURIDIQUE ?

135. Résoudre la question de savoir si la spécialité constitue ou non une règle de droit invite, en premier lieu, à rappeler les caractéristiques d'une règle de droit.

La règle de droit est une « règle de conduite sociale dont le respect est assuré par l'autorité publique »[12].

Quatre caractéristiques peuvent se dégager de la présente définition :

– *Un caractère obligatoire* pour tous ceux à qui la règle de droit s'applique. Elle peut imposer des obligations plus ou moins nombreuses, plus ou moins strictes. Elle s'impose aussi à l'administration et au juge, tout en leur laissant, le cas échéant, un pouvoir d'appréciation.

---

9. À l'appui de son assertion, BALDOUS relata un certain nombre d'arrêts qui, à l'heure actuelle, ne présentent plus qu'un intérêt historique (*ibid.* p. 477 s.).

10. Par exemple, CE, 26 décembre 1908, « Comm. de Saint-Vallier », *S.* 1909, 3, 81, 2e espèce, concl. TEISSIER (*supra* n° 30, note 148).

11. BALDOUS (A.), *op. cit.*, p. 482.

12. MAZEAUD (H. et L.), MAZEAUD (J.), CHABAS (F.), *Leçons de droit civil – Introduction à l'étude du droit*, t. 1, vol. 1, 11e éd. par F. Chabas, Montchrestien, 1996, p. 9.

– *Un caractère général*, l'opposant, par conséquent à la décision individuelle, tel un jugement, voire un acte administratif. En théorie, la généralité de la règle de droit est une garantie contre toute discrimination personnelle. Cette protection paraît parfois assez faible, car son domaine peut être rétréci par une série de conditions pour n'atteindre, à l'extrême limite, qu'une seule personne[13].

– *Un caractère permanent*, c'est-à-dire une applicabilité constante de la règle pendant toute son existence. La règle de droit s'applique chaque fois que les conditions prévues sont remplies. Peu importe que son application effective soit plus ou moins fréquente.

– *Un caractère coercitif*, c'est-à-dire son respect doit être assuré par la contrainte ou par des sanctions. Si la règle est transgressée, les sanctions s'appliquent dans le but de punir, d'effacer les conséquences de cette transgression ou dans le but de réparer le préjudice qui en est résulté. La mise en œuvre des sanctions est réservée à la puissance publique[14] agissant selon certaines procédures. Toute justice privée est, par conséquent, prohibée, afin d'éviter tout risque de désordre plus grave que celui combattu.

136. Les caractéristiques inhérentes à la règle de droit ayant été relatées, il convient, en second lieu, de les confronter à celles de la règle de la spécialité.

– La preuve du *caractère obligatoire de la spécialité* résulte de la constitution même de la personne morale. « La personnalité juridique est subordonnée à une reconnaissance par l'État, fondée exclusivement sur le but poursuivi par le groupe (...) C'est sur le fondement de ce but collectif que les membres du groupe ont consenti à s'incorporer dans l'association, parce que la personne morale s'est engagée envers eux à ne pas dépasser ce but (...) »[15]. Autrement dit, une personne morale ne peut pas franchir le cercle de ses attributions légales ou statutaires, raisons pour lesquelles elle a été constituée, affirmant ainsi le caractère obligatoire de la spécialité.

– La *généralité de la spécialité* ayant été démontrée précédemment[16], un développement sur ce point apparaîtrait redondant.

– La *preuve du caractère permanent de la spécialité* résulte également de la raison d'être de la personne morale. Son application dure depuis sa création jusqu'à sa fin. Dès qu'elle accomplit un acte de la vie juridique, elle doit respecter les spécialités légale et statutaire qui lui sont attachées. Mais la permanence n'a pas

---

13. MAZEAUD (H. et L.), MAZEAUD (J.), CHABAS (F.), op. cit., p. 9 : « *En réalité, la seule protection contre la discrimination serait le principe d'égalité devant la loi reconnu par le droit constitutionnel et le droit administratif. Mais ce principe ne s'oppose pas à l'existence de règles propres à certaines catégories de personnes, lorsque ces distinctions sont justifiées, compte tenu du but de la règle de droit* ».

14. Sous réserve de rares exceptions, telle la légitime défense.

15. VAREILLES-SOMMIÈRES (Marquis de), *op. cit.*, p. 49 n° 92. V. également *supra* n° 52.

16. *Supra* n°s 54 et s.

pour conséquence un immobilisme qui empêcherait son adaptation aux besoins de la conjoncture[17].

– Enfin, *la méconnaissance de la spécialité* peut être invoquée à l'appui d'un recours contentieux. Cette caractéristique est celle qui, au regard de l'attitude doctrinale actuelle, susciterait sans doute le plus de réserves, puisque la sanction de la spécialité apparaît fort mal établie, controversée, imprécise. Toutefois, sa violation peut appeler l'intervention du juge, au moins lorsqu'elle est invoquée.

En conséquence, fort de cette confrontation de la spécialité aux caractéristiques d'une règle de droit, il est désormais loisible de prétendre que, dotée d'un caractère obligatoire, général, permanent et coercitif, la règle de la spécialité est une règle de droit qui s'impose à chaque personne morale, celle-ci ne pouvant employer ses forces qu'à la satisfaction du but pour lequel elle a été créée.

Apparaît-il possible, en outre, d'élever cette règle au rang de principe juridique ?

SECTION 2
LA SPÉCIALITÉ : PRINCIPE JURIDIQUE ?

137. À partir du moment où il est reconnu que la spécialité emporte des effets juridiques, il paraîtrait acquis, dans l'esprit de bien des juristes, que cette règle de droit doive revêtir la forme d'un principe juridique.

Les manuels contemporains ont en général adopté sans aucune discussion l'appellation de « principe de spécialité ». Mais de quel principe s'agit-il ? Est-ce un principe juridique, voire un principe général du droit ? Une grande incertitude règne sur le problème de l'identification d'une règle juridique à un « principe général du droit », en raison d'une absence, non seulement de réel critère de distinction, mais aussi de définition précise du principe général du droit.

L'on pourrait toutefois essayer de construire une réponse, par un raisonnement similaire au précédent qui a permis de démontrer que la spécialité pouvait être une règle de droit. Il convient donc de tenter de déterminer, en premier lieu, ce qui caractériserait un principe juridique (§ 1), pour, en second lieu, confronter la règle de la spécialité à ce principe ainsi défini, pour finalement en dégager les conséquences (§ 2).

§ 1 – LES CARACTÉRISTIQUES D'UN PRINCIPE JURIDIQUE

138. *« Les juristes parlent en général des principes juridiques comme d'une notion bien connue. Ils se dispensent ainsi de l'analyser »*[18].

---

17. *Supra* n°s 52 et s.

18. BOULANGER (J.), « Principes généraux du droit et droit positif », *Mél. G. Ripert*, LGDJ 1950, t. 1, p. 51 s.

Force est bien souvent de constater que le principe juridique n'éveille que des représentations assez confuses, faute de définition unique à laquelle se rallieraient les juristes. Aussi, en raison de l'intérêt porté à cette question par un grand nombre d'auteurs aux termes d'ouvrages conséquents, seul l'article de Boulanger sera retenu, lequel, semble-t-il, présenterait au mieux la notion de principe juridique[19].

Sans dénaturer la thèse de Boulanger, on l'espère, ce qu'on nomme « *principe* », notion liée à l'ordre juridique positif, « *n'est qu'un ensemble systématique de règles. L'appel aux principes est un moyen de simplifier la référence donnée à des règles juridiques* ».

139. Ainsi, une règle juridique se distingue d'un principe juridique, non seulement sur le plan de leur nature, mais aussi sur celui de leur rôle.

– *Une première distinction sépare la règle du principe, eu égard à la nature* : la généralité de la règle juridique ne doit pas s'entendre de la même manière que la généralité du principe. En effet, la règle de droit est générale « *en ce qu'elle est établie pour un nombre indéterminé d'actes ou de faits* »[20]. Elle est néanmoins spéciale en ce qu'elle ne régit que tels actes ou tels faits : elle est édictée en vue d'une situation juridique précise. En revanche, la généralité du principe est, pourrait-on dire, plus générale que celle de la règle de droit en ce qu'elle vise une série indéterminée de situations juridiques. Les philosophes appellent « *principes* », « *l'ensemble des propositions directrices (...) auxquelles tout le développement ultérieur est subordonné* »[21].

– *Apparaît alors une seconde distinction, en fonction du rôle* : un principe peut tout d'abord servir à légitimer l'application analogique d'un texte. Son rôle est également considérable lorsque, au regard d'une situation juridique déterminée, il n'existe aucune règle juridique. Le principe apparaît alors comme un indispensable outil de fécondation de l'ordre juridique positif. Boulanger rappelle, à ce propos, l'admirable description du processus de raisonnement par le doyen Gény aux termes de son ouvrage[22] : « *on s'empare d'un texte ou d'une série de textes, pour en extraire un principe. Le principe, une fois découvert, on redescend vers d'autres applications concrètes. Ainsi, le fonctionnement de l'analogie consiste tout entier dans le procédé logique qui consiste à induire de solutions particulières le principe intime qui les explique* ».

Les principes, toujours selon Boulanger, jouent aussi le rôle « d'armature des constructions juridiques », c'est-à-dire « une fois affirmés et appliqués par la

---

19. Que la doctrine non citée sur ce sujet ne prenne point ombrage de la présente opinion qui n'engage que son auteur.

20. PLANIOL (M.) et RIPERT (G.), *Traité élémentaire de droit civil*, I, n° 188 (cité par BOULANGER, *op. cit.*).

21. LALANDE, *Vocabulaire technique et critique de la philosophie*, 1951.

22. GÉNY, *Méthodes d'interprétation et sources en droit privé positif*, t. 1, 2e éd., 1919, nos 20 s.

jurisprudence, ils sont les matériaux grâce auxquels la doctrine peut édifier avec confiance des constructions juridiques ».

140. En définitive, est-il possible de distinguer les principes juridiques des principes généraux du droit ?

La doctrine reste partagée, et le problème semble revêtir un aspect différent en droit public et en droit privé[23]. En droit public, au lendemain de l'arrêt *Syndicat général des ingénieurs conseils*[24], une discrimination s'est établie entre les vrais « principes généraux du droit » dotés d'une valeur constitutionnelle, et les principes subsidiaires, secondaires, placés à un rang législatif ou réglementaire[25]. Cette distinction fit l'objet de nombreuses critiques, car jugée trop arbitraire.

Boulanger avança l'idée avancée selon laquelle « *il y a une hiérarchie à l'intérieur des principes* »[26]. S'agit-il d'une distinction de nature, comme entre la règle juridique et le principe ou alors, s'agit-il d'une simple distinction de degré ? Boulanger sembla préférer la seconde alternative, tout en ajoutant que « *l'imprécision de ce critère de généralité est manifeste. Que dire du seuil de généralité à partir duquel l'on passera du principe juridique au principe général ?* »[27].

Cela étant, à l'instar du droit public, ne pourrait-on arguer que le caractère de principe général du droit serait attribué à une règle appliquée par le juge en considération de sa « *valeur suffisamment fondamentale ?* »[28].

Au vu de ces considérations, la règle juridique de la spécialité participerait-t-elle d'un principe juridique, voire d'un principe général du droit ?

§ 2 – LA RÈGLE DE LA SPÉCIALITÉ À L'ÉPREUVE DU PRINCIPE JURIDIQUE

141. Il semblerait que la règle de la spécialité n'ait point été édictée en vue d'une situation juridique précise, à l'instar d'une simple règle de droit.

Elle viserait, au contraire, une série indéterminée de situations juridiques, puisque chaque acte accompli par une personne morale doit respecter cette règle[29].

---

23. Par exemple : ROUBIER (P.), *Théorie générale du Droit*, Sirey, 1951, n° 2 p. 14 : « *quantité de règles importantes sont de formation doctrinale : c'est ce qu'on nomme les principes généraux du droit* ».
Contra : RIVERO (J.), *Jurisprudence et doctrine dans l'élaboration du droit administratif*, EDCE, 1955, 27 (cité par BALDOUS, *op. cit.*, p. 683) : « *une telle conception ne peut être retenue car, quelle que soit la part de la doctrine dans la formation du droit, ce n'est pas en ce sens que sont compris, en droit administratif, les principes généraux du droit* ».

24. CE, 26 juin 1959, « Syndicat général des ingénieurs conseils », *D.* 1959, 545 ; *S.* 1959, 202, note DRAGO, *RDP* 1959, 1004, concl. FOURNIER.

25. V. sur cette distinction BRAIBANT (G.), « L'arrêt *Syndicat général des ingénieurs conseils* et la théorie des principes généraux du droit », *EDCE*, 1962, p. 67.

26. BOULANGER (J.), *op. cit.*, p. 72.

27. *Ibid.*, p. 56.

28. LAUBADÈRE (A. de), VÉNÉZIA (J.-C.) et GAUDEMET (Y.), *op. cit.*, n° 379.

29. *Supra* n°s 57 et s.

En outre, elle légitimerait l'application des divers textes visés dans l'étude de la spécialité légale et de la spécialité statutaire : elle pourrait donc être élevée au rang de *principe juridique*.

142. En revanche, le doute apparaît s'agissant de lui attribuer le caractère de principe général du droit.

Les nombreuses critiques adressées à son encontre, son abandon par la jurisprudence (du moins la spécialité légale) n'inciteraient pas à la présenter comme dotée d'une semblable valeur ou encore comme « touchant aux bases d'un secteur de l'ordre juridique »[30]. Cette impression apparaît corroborée par une constatation indéniable : parmi tous les principes généraux proposés par la doctrine, le principe de spécialité y figure rarement. Il convient néanmoins de préciser que les auteurs affirment le caractère non limitatif de leur énumération.

Quoi qu'il en soit, si le Conseil d'État, par la voix de ses interprètes les plus autorisés, a explicitement considéré « la spécialité des établissements publics comme un principe général du droit »[31], la Cour de cassation, semble-t-il, ne s'est pas encore prononcée. Aussi, une étape préalable à la démonstration de la spécialité en tant que principe général du droit s'imposerait : il conviendrait, par la voie jurisprudentielle, et pourquoi pas doctrinale, de reconnaître au principe de spécialité la valeur qu'il mériterait, grâce à un fondement et une nature juridique clairement établis, d'où résulteraient des sanctions précises. Ainsi, à partir de ce moment-là, il pourrait être érigé en principe général du droit.

Cette assertion invite tout naturellement à s'interroger, dans les développements subséquents, sur le fondement et la nature juridiques que ce principe pourrait revêtir, lesquels font intégralement partie de la qualification. L'analyse du fondement du principe de spécialité, préalablement à sa nature juridique, pourrait surprendre dans la mesure où cet ordre n'est habituellement pas celui suivi par les manuels juridiques. La démarche sera néanmoins choisie et maintenue, car elle s'attachera à démontrer que la double fonction du principe de la spécialité expliquerait sa double nature juridique.

---

30. BALDOUS (A.), *op. cit.*, p. 492 : expression du professeur EISENMANN (Ch.), *RDP* 1955, 803, Compte rendu de la thèse de M. Benoît JEANNEAU sur les *Principes généraux du droit dans la jurisprudence administrative*.

31. BALDOUS (A.), *op. cit.*, p. 493 et TIMSIT (G.), *op. cit.*

Chapitre 1

UN FONDEMENT RATIONNEL CONTROVERSÉ

La doctrine fut très prolixe au début du XXe siècle dans l'élaboration de divers fondements (Section 1). Toutefois, aucun ne rendrait vraiment compte de la vocation actuelle de la spécialité des personnes morales, celle-ci paraissant ne plus passionner les plumes, tenant peut-être pour acquis les fondements ainsi proposés. Mais une donnée essentielle est à prendre en compte : celle de l'évolution de la société et du droit qui invite, en conséquence, à reconsidérer le problème du fondement (Section 2).

SECTION 1
LES FONDEMENTS PROPOSÉS PAR LA DOCTRINE

143. En raison du très grand nombre proposé, pour la plupart en droit administratif, seuls quelques-uns d'entre eux seront mentionnés, le principal intérêt étant de réfléchir sur le double fondement retenu, au titre du paragraphe subséquent.

Un auteur, dont le plan – ou du moins les grandes divisions – sera repris ici par souci de ne pas dénaturer ses propos, regroupa en deux catégories les divers fondements proposés au principe de spécialité des personnes morales[1] : d'une part, les fondements qui procèdent de causes pratiques, c'est-à-dire de « raisons de fait qui justifient et imposent tel contenu pour les règles de droit » (§ 1), d'autre part, « ceux qui relèvent d'arguments logiques ou théoriques, qu'il s'agisse de principes ou de notions » (§ 2).

§ 1 – LES FONDEMENTS D'ORDRE PRATIQUE ET LEUR RÉFUTATION

La doctrine publiciste s'est en effet parfois fondée sur des considérations qui n'avaient rien de juridique. L'interdiction du marché (I), la division du travail (II), et

---

1. BALDOUS (A.), *op. cit.*, p. 353 et s. Son analyse s'appliquait aux personnes morales de droit public. Les auteurs privatistes ont parfois repris quelques analyses, mais ils ne furent, pour la majorité, guère passionnés par une telle recherche, leurs écrits étant peu prolixes.

même le thème de l'efficacité, furent parmi les fondements les plus couramment proposés.

La démarche qui suit a pour finalité, en premier lieu, de présenter les démonstrations entreprises par les publicistes, afin de réfléchir, en second lieu, à leur transposition possible ou non aux personnes morales de droit privé.

I. L'INTERDICTION DU MARCHÉ

144. L'interdiction, pour les services publics, de concurrencer les activités privées fut démontrée comme étant le fondement du principe de spécialité en droit public[2].

Reprenons le raisonnement suivi par le publiciste Loschak : le fondement du système économique français repose sur le principe de la liberté du commerce et de l'industrie proclamé par la loi des 2 et 17 mars 1791. Ce principe suppose, par conséquent, la liberté de la concurrence, ainsi qu'une égalité de conditions entre les différents agents économiques. En outre, tout système économique libéral traditionnel aboutit à réserver à l'initiative privée un domaine propre dans lequel l'administration ne peut, en principe, pas empiéter. Un problème juridique se pose alors : il s'agit de savoir dans quelle mesure les services publics existants, légalement créés, peuvent développer, en dehors de la mission stricte qui leur a été impartie par les textes, des activités susceptibles de faire concurrence aux entreprises et aux professions du secteur privé.

Or, l'on se trouve confronté à deux données contradictoires : d'une part, le principe de la liberté du commerce et de l'industrie, d'autre part, le caractère exorbitant des privilèges accordés aux services publics[3].

Ainsi, selon cet auteur, « l'invocation du principe de spécialité n'a pas tant pour objet de faire respecter les fondements de l'organisation administrative[4] que de limiter la concurrence faite par les services publics aux entreprises privées. Derrière la référence formelle au principe de spécialité, c'est en réalité l'interdiction d'intervenir sur le marché qui est en cause »[5].

Serait-il concevable, par transposition du raisonnement ainsi suivi, d'alléguer que l'invocation du principe de spécialité des personnes morales de droit privé aurait pour objet de limiter la concurrence faite par les entreprises privées aux services publics ? Une telle assertion paraît, en théorie, totalement apocryphe. Pourtant, il

---

2. LOSCHAK (D.), « Les problèmes juridiques posés par la concurrence des services publics et des activités privées », *AJDA* 1971, p. 261 s.

3. Cette situation fut celle au lendemain de la Seconde Guerre mondiale : en effet, l'évolution des données économiques s'est traduite par une intervention de l'État dans le domaine économique, tout d'abord exceptionnelle, puis systématique. En outre, elle s'amplifia avec l'entrée en vigueur du Traité de Rome : le Marché commun repose en effet sur le principe de la liberté de la concurrence, non seulement entre les États, mais aussi à l'intérieur de chaque État.

4. LOSCHAK considère que le principe de spécialité est, en outre, indéniablement un principe d'organisation administrative, dépourvu de tout caractère obligatoire.

5. *Ibid.*, p. 263.

n'en est pas tout à fait ainsi en pratique. Il convient alors de préciser davantage la pensée suivie :

– dans un système libéral d'économie, l'érection d'une activité économique en service public est, en principe, subordonnée à l'existence, d'une part, d'un intérêt public[6], d'autre part, à l'insuffisance de l'initiative privée dans le domaine en cause. C'est pourquoi, *en théorie*, une activité privée ne devrait jamais venir concurrencer un service public, et ce d'autant plus que ce type de système d'économie devrait favoriser le développement de l'entreprise privée. D'où l'impossibilité, et le non-sens, en théorie, de prétendre que le principe de spécialité des personnes morales de droit privé est fondé sur l'interdiction, pour l'entreprise privée, de concurrencer le service public ;

– toutefois, *en pratique*, la seconde condition susvisée, c'est-à-dire l'insuffisance de l'initiative privée dans le domaine en cause, est de moins en moins exigée par le juge ou plus exactement, exigée de manière moins rigoureuse[7], dans l'érection d'une activité économique en service public. Voilà pourquoi il apparaîtrait permis de s'interroger sur la volonté du juge : son attitude ne traduirait-elle pas, implicitement, un désir de voir l'État intervenir de plus en plus dans le domaine économique, supposant de ce fait, une régulation de l'initiative privée par le principe de spécialité ?

Quoi qu'il en soit, ce fondement ne rend pas entièrement compte de la vocation du principe de spécialité : en premier lieu, cette démonstration a été établie pour les établissements publics ; en second lieu, transposée aux personnes morales de droit privé, cette analyse ne paraît pas très satisfaisante : d'une part, elle élude la fonction du principe de spécialité statutaire, et d'autre part, elle extrapolerait quelques intentions qui n'existeraient peut-être point dans l'esprit du juge.

Un autre fondement fut invoqué par la doctrine, non seulement publiciste, mais aussi privatiste : la division du travail.

II. LA DIVISION DU TRAVAIL

145. Quelques auteurs prétendirent que le principe de spécialité ne trouvait de raison d'être que dans l'idée de division du travail[8].

La division du travail se caractérise précisément par la répartition de divers buts entre plusieurs individus qui les poursuivent parallèlement. « *C'est une idée en effet communément acceptée que toute division du travail a pour but et pour résultat la*

6. Celui-ci était limité tout d'abord à la satisfaction de besoins strictement matériels, tels le logement, l'alimentation, etc. Il engloba progressivement le tourisme, les sports, les spectacles…

7. CE, 20 novembre 1964, *Ville de Nanterre, AJDA* 1964, p. 705 et *Leb.* p. 563 : le Conseil d'État ne fit même plus référence à l'insuffisance de l'initiative privée, au demeurant fort douteuse en l'espèce. Il admit la légalité de la création d'un cabinet dentaire municipal pour le seul motif qu'elle répondait à un « *besoin de la population* ».

8. Par exemple, PLANIOL (M.), *Droit civil*, t. III, 1905, p. 698 ; PRADELLE (A. de la), *op. cit.*, pp. 164 et 165.

constitution d'unités homogènes, chacune parfaitement adaptée à la fin ou aux fins qu'elle doit réaliser »[9].

Certes, il y a là les éléments de la spécialisation, puisqu'il y a affectation exclusive d'une activité à un but. Néanmoins, la division du travail offre quelque chose de plus : le but de l'un est distinct du but de l'autre, ce que la spécialité n'exige point. Malgré l'existence d'un lien indiscutable entre la division du travail et la spécialisation, la division du travail ne peut être considérée comme le fondement, la raison d'exister du principe de spécialité[10].

La spécialisation présentée comme une conséquence de la division du travail s'avérerait inexacte : en effet, « la division du travail suppose une répartition de tâches, tandis que plusieurs activités peuvent poursuivre le même but sans cesser pour cela d'être spécialisées »[11]. Par conséquent, si la division du travail suppose une spécialisation préalable, toute spécialisation n'est pas forcément accompagnée d'une division du travail.

Ainsi, les fondements d'ordre pratique n'étant guère satisfaisants, que peut-on dire des fondements théoriques proposés ?

§ 2 – LES FONDEMENTS D'ORDRE THÉORIQUE ET LEUR RÉFUTATION

146. À côté des considérations pratiques, le fondement du principe de spécialité fut puisé dans des considérations plus théoriques, qu'il s'agisse de *principes juridiques* ou de *notions doctrinales* proposés.

– Parmi les *principes juridiques* proposés comme expliquant la raison d'être de la spécialité, il fut avancé que le principe de spécialité des personnes morales répondait à la « nature des choses »[12]. Pour cet auteur, il paraissait aller de soi « *que le champ d'action des personnes morales – auxquelles le principe s'appliquait en priorité – se trouvait enfermé dans un domaine étroit : c'est, a-t-on dit, la raison même qui l'exige* »[13].

Or, justifier la raison d'être d'un principe par l'évidence de son contenu, appliquant par-là même, semble-t-il, la méthode de Gény[14], paraît très difficilement acceptable lorsqu'un tel principe fait l'objet de tant de controverses.

9. BALDOUS (A.), *op. cit.*, p. 362.

10. V. BÈQUE (F.), *op. cit.*, p. 4.

11. *Ibid.*

12. Par exemple, PRADELLE (A. de la), *op. cit.*, p. 166.

13. *Ibid.*

14. GÉNY considérait comme *a priori* incontestable que les plus fermes et les plus sûrs préceptes du droit étaient ceux qui se dégageaient directement de la nature des choses, sans l'intermédiaire d'aucune conception idéale : GÉNY (F.), *Méthodes d'interprétation et sources en droit privé positif – Essai critique*, préface de P. Saleilles, 2e éd., 1919.

– Parmi les *notions doctrinales* avancées, celle de « personne morale » ou encore celle d'« institution », furent considérées comme des fondements au principe de spécialité. De toutes les réponses apportées au problème du fondement de la spécialité, celle prenant appui sur la notion de *personne morale* rencontra l'audience la plus vaste en doctrine[15].

En réalité, la personne morale ne peut être considérée comme le fondement du principe de spécialité : si, en effet, toute personne morale est spécialisée, la spécialité existe en dehors de la personne morale. En d'autres termes, si la personne morale reste le cadre essentiel, mais non unique, à l'intérieur duquel le principe de spécialité trouve application, l'analyse du droit positif révèle que ce principe existe en dehors d'elle[16].

Par conséquent, la personne morale est un domaine d'application du principe de spécialité, et non un fondement.

L'insatisfaction résultant des divers fondements proposés par la doctrine invite à s'interroger de manière plus approfondie sur ce qui constituerait la raison d'être de ce principe, ce pourquoi il existerait aujourd'hui.

SECTION 2
LE DOUBLE FONDEMENT RETENU

147. Les évolutions de la société et du droit invitent à reconsidérer aujourd'hui la question du fondement du principe de spécialité des personnes morales.

Conscient de cette évolution, un auteur se demanda, voilà près de trente ans, « si un principe forgé pour déterminer qui, de la paroisse ou du bureau municipal de bienfaisance devait recevoir un legs fait aux pauvres du village par une vieille dame pieuse, pouvait s'appliquer tel quel à la prise de participation d'une entreprise publique de transport aérien dans une société privée d'hôtellerie »[17]. La réponse ne pouvait dépendre, selon lui, que d'une nouvelle analyse du principe de spécialité[18].

Il paraîtrait néanmoins plus exact de se référer à la distinction effectuée précédemment, c'est-à-dire la spécialité légale d'une part (§ 1), la spécialité

15. BALDOUS (A.), *op. cit.*, p. 416. Par exemple, « *le principe de la spécialité ; une loi qui jaillit spontanément des fondements même de la personnalité civile* » : PRADELLE (A. de la), *op. cit.*, p. 164.

16. *Supra* n°1 en particulier la note 7 et n^{os}13 à 20 (Introduction).

17. DOUENCE (J.-C.), *op. cit.*, p. 755.

18. Son analyse fut au demeurant très particulière puisqu'il regroupa les personnes morales de droit privé et celles de droit public pour les classer en deux catégories : les personnes morales à caractère fondatif, et celles à caractère corporatif, se dégageant ainsi de la traditionnelle opposition. Son analyse est très intéressante, mais elle ne prend pas en considération la distinction spécialité légale/spécialité statutaire qui rendrait beaucoup mieux compte, semble-t-il, du fondement du principe de spécialité.

statutaire d'autre part (§ 2), chacune ayant un fondement propre, une vocation qui lui est attachée.

§ 1 – LA SPÉCIALITÉ LÉGALE : LA RÉFÉRENCE À L'ORDRE PUBLIC

148. Pourvue d'une force obligatoire, ainsi qu'il vient d'être démontré, la spécialité légale constitue alors un mode de régulation des actes accomplis par une personne morale, et dont la nature collective rend le fonctionnement complexe.

En effet, le recours à des représentants légaux fait la force de la personne morale, mais également sa vulnérabilité, puisqu'elle peut être exposée à des intérêts contraires au sien. La vocation de la spécialité légale est donc de préserver la personne morale au titre d'un mécanisme *d'ordre public*[19].

149. L'approfondissement de cette approche nécessite de tenter de cerner au mieux l'ordre public.

En effet, la notion d'ordre public est difficile à définir : elle n'est pas propre au droit privé[20], et elle a donné lieu à de nombreuses controverses[21]. Par référence à un ouvrage, l'ordre public apparaît comme un « *ensemble de règles qui sont d'un intérêt général pour la société. Au premier rang des règles qui intéressent l'ordre public, il faut placer celles qui concernent la sûreté générale de l'État,* ***celle des personnes***[22] *et des propriétés* »[23]. L'ordre public marque la suprématie des règles protégeant les intérêts généraux de la société sur les règles conventionnelles protégeant les particuliers.

Également, l'ordre public « *vise à reconnaître une force plus grande à une source ou à une règle de droit. L'ordre public ne saurait, par exemple, être identifié avec la loi impérative dont ni l'objet, ni la méthode, ni les caractères, ni la sanction ne sont nécessairement d'ordre public. Il a pour objet de faire triompher les intérêts*

---

19. V. PRIETO (C.), *op. cit.*, p. 51.
L'ordre public et les bonnes mœurs présentent une certaine parenté de *fonction* (ce sont des interdits sociaux restreignant la liberté contractuelle), et de *nature* (ce sont des normes à contenu indéterminé qui ne répondent à aucune définition précise. En conséquence, le rôle du juge apparaît fondamental). Toutefois, lorsqu'il est contraire à l'ordre public, le contrat est *illicite*, et *immoral* lorsqu'il heurte les bonnes mœurs : TERRÉ (F.), SIMLER (Ph.) et LEQUETTE (Y.), *Les obligations*, 5ᵉ éd., Précis Dalloz, 1993, nᵒˢ 347 et s.

20. En effet, la notion d'ordre public se rencontre, notamment, en droit public, en procédure civile, en droit international privé.

21. V. par exemple MARMION, *Étude sur les lois d'ordre public en droit interne*, Thèse Paris, 1924 ; MALAURIE (Ph.), *L'ordre public et le contrat (Étude de droit civil comparé : France, Angleterre, URSS)*, Thèse Paris, 1951 ; FARJAT (G.), *L'ordre public économique*, Thèse Dijon, 1963 ; RIPERT (G.), « L'ordre économique et la liberté contractuelle », *in Études Gény*, 1939, t. II, p. 347 et s. ; JULLIOT de la MORANDIERE (L.), « L'ordre public en droit privé interne », *in Études Capitant*, 1939, p. 381 et s.

22. (Nous soulignons) Parmi les personnes se trouvent bien évidemment les personnes morales.

23. Dictionnaire du notariat – Répertoire général de droit civil et fiscal avec formules, par les Rédacteurs du Journal des Notaires et des Avocats, 5ᵉ éd., t. 11, Paris, 1929.

généraux de la société sur les intérêts particuliers, alors que la loi impérative peut viser à protéger un intérêt privé »[24]. Autrement dit, l'ordre public a pour but de résoudre un conflit, au sein d'un état, entre deux sources de règles juridiques, l'une protégeant les intérêts généraux de la société, l'autre protégeant les intérêts des particuliers[25].

Cela étant, l'ordre public apparaissant comme une « notion à contenu variable », son état descriptif est toujours à reprendre[26]. C'est ainsi qu'au XIXe siècle, la qualité de personne morale éveillant la plus grande suspicion du législateur, celui-ci mit en place un mécanisme d'ordre public par des interdictions légales et des autorisations diverses[27]. Se voulant essentiellement conservateur, l'ordre public avait pour fonction de défendre les piliers de la société traditionnelle contre des débordements éventuels des personnes morales, en posant des interdits légaux. On parla alors *d'ordre public économique de direction*[28], constitué par un ensemble de « *règles au moyen desquelles l'État entend canaliser l'activité contractuelle dans le sens qui lui paraît le plus conforme à l'utilité sociale* »[29].

À l'État-Gendarme du XIXe siècle succéda l'État-Providence du XXe siècle avec un ordre public se voulant novateur, puisqu'il proposa de changer la société. L'on parla alors, par opposition à l'ordre public économique de direction, d'un *ordre public économique de protection*. Contrairement au précédent, l'ordre public économique de protection se veut positif, car il impose aux parties cocontractantes des obligations dans le but de protéger la partie la plus faible ou dans un sens jugé plus favorable à l'économie. L'ordre public économique de protection peut se définir comme un ensemble de règles au moyen desquelles l'État entend rétablir entre le faible et le fort un équilibre que ne réalisent pas spontanément les relations contractuelles[30].

---

24. *Répertoire de droit civil*, publié sous la dir. de G. Ripert et d'E.Vergé, t. III, Paris, Dalloz, 1953. V. *Ordre public*.

25. TERRE (F.), SIMLER (Ph.) et LEQUETTE (Y.), *Les obligations*, *op. cit.*, n° 349.

26. GHESTIN (J.), « L'ordre public, notion à contenu variable en droit privé français », *in* « Les notions à contenu variable en droit », *Travaux du Centre national de recherches de logique*, Bruxelles, 1984, p. 77 et s.

27. V. DURAND (P.), « L'évolution de la condition juridique des personnes morales de droit privé », *in Études* offertes à G. RIPERT, *Le droit privé français au milieu du XXe siècle*, 1950, p. 151 n° 9 ; COULOMBEL (P.), *op. cit.*, p. 236.

28. Observation étant ici faite que l'ordre public de direction ne se cantonne pas à sa seule dimension économique. Un ordre public, que l'on pourrait qualifier de « culturel », coexisterait en marge de l'ordre public économique. Il impose, dans la rédaction d'un certain nombre d'actes, l'emploi de la langue française. À l'origine, limitée aux actes juridiques (Ordonnance de Villers-Cotterets de 1539), puis étendue aux actes publics (loi du 2 thermidor an II), l'exigence fut ensuite imposée et étendue à un certain nombre de documents contractuels (V. loi du 31 décembre 1975 relative à l'emploi de la langue française) : TERRÉ (F.), SIMLER (Ph.) et LEQUETTE (Y.), *Les obligations*, *op. cit.*, n° 358 et s.

29. TERRÉ (F.), SIMLER (Ph.) et LEQUETTE (Y.), *Les obligations*, *op. cit.*, n° 358 et s.

30. V. TERRÉ (F.), SIMLER (Ph.) et LEQUETTE (Y.), *Les obligations*, *op. cit.*, n° 349 et s.
À cet effet, le législateur réglemente le contenu de certains contrats entre des parties qui sont dans une situation structurelle d'inégalité. Par exemple : les contrats entre bailleurs et fermiers, ou entre employeurs et salariés, ou encore entre bailleurs et locataires urbains…

Actuellement, en considérant de plus près la notion d'ordre public économique de direction, les interdictions procèderaient beaucoup moins d'une défiance, que d'un souci de promouvoir certaines activités économiques. En d'autres termes, un souci d'efficacité économique au titre d'un *nouvel ordre public de direction* l'emporterait désormais (I). Également, il semblerait qu'un *nouvel ordre public de protection* se serait développé en vue de protéger la personne morale elle-même[31] (II).

I. L'ORDRE PUBLIC DE DIRECTION : DE LA DÉFIANCE À L'EFFICACITÉ ÉCONOMIQUE

Si le principe de spécialité dans le monde associatif (A), manifestation d'une grande défiance du législateur au début du XXe siècle, suscite aujourd'hui un certain nombre de critiques car il apparaît suranné, il répondrait, en revanche, dans les sociétés, à un souci actuel d'efficacité économique (B).

A. Les associations et les fondations

Quelle signification, quel sens convient-il de donner à l'ordre public économique de direction en matière associative et fondative (a) ? À l'heure actuelle, apparaît-il encore bien-fondé (b) ?

a) Sens

150. Les libéralités testamentaires, ressources financières de premier ordre pour les associations ou les fondations reconnues d'utilité publique, demeurent soumises à un contrôle très strict de la part des autorités, conséquence de leur spécialité[32].

La raison d'être de ce contrôle administratif, manifestation d'un ordre public de direction, est fort ancienne : il traduisait la suspicion et la grande méfiance du législateur à l'encontre des acteurs privés se prévalant d'une quelconque intention de bienfaisance à l'égard d'autrui[33]. En effet, lors de l'élaboration de la loi de 1901, une sorte de « phobie viscérale de voir renaître des corps intermédiaires et des institutions d'ancien régime qui menaceraient, par leur richesse patrimoniale et leur puissance, un état républicain encore en proie à des tentatives de restauration monarchique »[34] s'empara du législateur. Également, la mythique menace de la mainmorte, contraire au développement de l'économie, récapitulait toutes les bonnes raisons d'interdiction de recevoir à titre gratuit : le législateur restait emprunt des idées de Pothier sur les héritages, lesquels, une fois recueillis par les personnes morales, devenaient morts pour le commerce[35]. D'où ce contrôle étatique strict dissuasif.

Toutefois, louable dans ses intentions, le développement d'une telle législation conduit parfois à des excès, tendant à une surprotection de la partie la plus faible au détriment de la partie, soit-disant la plus forte. Les droits du locataire urbain en sont un exemple type.

31. Cette analyse n'est, au demeurant, pas celle retenue par le droit positif.

32. *Supra* n°s 93 et s.

33. BARON (E.) et DELSOL (X.), « Les fondations reconnues d'utilité publique et d'entreprise », Paris, *éd. Juris-service*, 1992, p. 54 s.

34. *In Le monde associatif*, 92e congrès des notaires de France, *op. cit.*, 1re commission, p. 133.

35. *Supra* n° 77.

L'intervention du législateur dans un tel domaine s'avère-t-elle encore justifiée ?

b) Portée

151. Nombre d'auteurs, influencés notamment par les notaires, font remarquer que la règle de la spécialité, appliquée aux fondations, apparaît comme une « vieillerie qui bride l'institution et dont le droit français s'enrichirait en s'en défaisant »[36].

En réalité, ce n'est pas tant le principe en lui-même qui est critiquable que sa mise en œuvre dans les associations ou les fondations. Une confusion manifeste apparaît dans l'esprit de ceux qui ont érigé un bon nombre de critiques à l'encontre du principe de spécialité en matière associative et fondative : confusion entre le sens ou la raison d'être du principe, d'une part, et sa mise en œuvre, d'autre part. Or, on ne peut légitimement déduire de la lourdeur de la mise en œuvre d'un principe, l'inutilité dudit principe, sa désuétude. Le principe de spécialité doit conserver toute sa valeur, telle qu'elle fut démontrée au sein des développements précédents. En revanche, la mise en œuvre du principe de spécialité, manifestation de l'ordre public économique de direction en l'espèce, se traduit par une lourdeur administrative constitutive d'un véritable frein au développement des associations et des fondations. Cette lourdeur se manifeste non seulement dans la procédure d'autorisation d'acceptation de libéralités, mais aussi dans la procédure de reconnaissance d'utilité publique, lesquelles engendrent de très longs délais, et, en conséquence un frein au développement de ces personnes morales[37].

Lors de leur 92e congrès en 1996, les notaires proposèrent une véritable simplification de ces deux types de procédures, s'interrogeant notamment sur l'opportunité de l'avis préalable du Conseil d'État dans la seconde[38]. Eu égard aux besoins nouveaux, aux techniques de pointe utilisées, en particulier dans le domaine scientifique ou celui de la recherche, les notaires se demandèrent si ces hauts fonctionnaires étaient vraiment les mieux placés pour apprécier l'intérêt général ou non de l'objet de la future fondation. Ils ne préconisèrent nullement la suppression de tout contrôle, mais la transformation du contrôle *a priori* en un contrôle *a posteriori,* par le biais du contrôle étroit des rapports d'activités que ces fondations seraient tenues de fournir chaque année, et, souhaiterait-on ajouter, par une nécessaire restauration de la valeur juridique de la règle de la spécialité légale adaptée à l'évolution de la conjoncture[39]. Aussi, comment redonner une valeur

---

36. Selon les propos du Doyen HAMEL, *in Le monde associatif, op. cit.*

37. Unanimement dénoncés pour leur longueur, 88 % des fondations nécessitent un délai de un à deux ans pour obtenir la reconnaissance d'utilité publique. Quant à la procédure d'acceptation des libéralités, elle ressemble à un véritable *« parcours d'obstacles »,* selon l'expression de Mme PÉZERAT-SANTONI. La loi du 1er août 2003 a néanmoins posé de nouvelles mesures méritant de retenir l'attention (*infra* nos 201 et s.).

38. Il demeure l'élément essentiel, déterminant la naissance de la fondation, puisque c'est à cette occasion que les éléments caractéristiques de cette dernière, tels qu'ils résultent de la jurisprudence, sont minutieusement détaillés.

39. Cette seconde proposition est personnelle, et n'engage personne.
Observation étant ici faite à propos du contrôle *a posteriori* : ne constituerait-il pas, tout compte fait, une sanction au non-respect de la spécialité légale ou statutaire ? *Infra* nos 213 et s.

juridique à la spécialité si ce n'est en la définissant précisément et en l'assortissant, par voie de conséquence, de sanctions adéquates ? La liberté des fondateurs y gagnerait en partie[40], le nombre de fondations aussi[41].

Il convient enfin de souligner qu'aux termes de la loi n° 2003-709 du 1er août 2003 relative au mécénat, aux associations et aux fondations, un dispositif est prévu pour accélérer la reconnaissance d'utilité publique des fondations et des associations par décret en Conseil d'État, ce qui répondrait, en partie seulement, aux demandes formulées par les notaires. Ce dispositif d'accord tacite devrait réduire fortement la durée de la consultation des différents ministères concernés, afin que les demandes soient traitées dans un délai maximal de six mois. Pour l'instant, aucune appréciation ne peut être portée quant à cette mesure, faute de recul. C'est un premier pas, mais point suffisant encore.

Quant aux sociétés, si elles suscitèrent pendant longtemps, à l'instar des associations ou des fondations, une certaine défiance du fait même de la puissance qui pouvait résulter de la réunion des moyens mis à leur disposition par les associés, leur « étroite spécialisation » correspondrait aujourd'hui à un souci d'efficacité et de performance économiques.

B. LES SPÉCIALITÉS LÉGALES « ÉTROITES » EN MATIÈRE SOCIÉTAIRE

Il convient d'une part, de rechercher la signification que peut revêtir cet ordre public de direction (a), d'autre part, de s'interroger sur son bien-fondé (b).

a) Sens

152. Ces « étroites spécialisations » sont mues par un souci d'efficacité économique en vertu duquel le législateur assigne à la société un certain nombre d'objectifs, en échange, le plus souvent, d'avantages fiscaux[42].

En définissant le cadre de spécialités étroites, le législateur recherche un contrôle permanent, une mainmise sur une activité qu'il juge sensible. Il entend de la sorte canaliser, dans une activité donnée, la recherche du profit à laquelle s'identifie l'intérêt social minimal. La préoccupation de servir des impératifs économiques, *au nom de l'intérêt général*, l'emporte donc. Par exemple, l'intérêt général dicte que

---

40. Ce n'est bien sûr pas la seule mesure à prendre pour développer la création des fondations en France. Les notaires ont suggéré l'opportunité d'une intervention législative en vue d'instituer la liberté de fondation, au même titre que celle existant pour l'association. « *L'acte de fondation devrait être libre – dans le cadre des dispositions de l'article 931 C. civ – au moyen d'un acte authentique de donation de biens immobiliers ou mobiliers, auxquels seraient annexés les statuts de la fondation en cause, habilitée, du seul fait de la passation de cet acte, à recevoir les biens en cause* » : *in Le monde associatif*, p. 552. Le principe de la libre création de fondations dotées de la personnalité morale serait ainsi établi. Un statut fiscal approprié à ces nouveaux groupements devrait naturellement être créé. Cela étant, la spécialité ne constituerait pas un frein à la liberté, au contraire, elle éviterait des débordements. Mais il convient d'adapter sa mise en œuvre à l'évolution de la conjoncture.

41. Sur les conséquences néfastes de la procédure d'acceptation des libéralités : *supra* n° 101.

42. RANDOUX (D.), *op. cit.*

la profession de banquier soit exercée, pour la sécurité des transactions, par des personnes détenant une concentration de capitaux si importante que les personnes physiques ne peuvent prétendre l'atteindre[43]. Ce même intérêt général, par l'intermédiaire du monopole bancaire, commande l'interdiction faite à une société de conclure avec ses clients des opérations de crédit-bail, des opérations de « LMBO »[44], ou toute autre opération bancaire.

Si cette « fragmentation du régime juridique des personnes morales privées dues à la vigilance des pouvoirs publics »[45] s'avère nécessaire, ou du moins justifiée par la prise en compte des données économiques, traduit-elle, finalement, une bonne politique ?

b) Portée

153. L'aspect positif de cette spécialisation n'arrive guère à occulter ses inconvénients.

En effet, d'un côté, ce « dirigisme contractuel »[46] apparaît comme un mode d'organisation de la vie économique à qui les sociétés offrent un cadre juridique idoine. Mais de l'autre, le législateur a tendance à multiplier les spécialités légales étroites[47], enfermant ainsi les sociétés dans une orientation tellement précise que leur activité sociale se cantonne parfois à la conclusion d'un seul type de contrat, qui plus est, avec un profil déterminé de cocontractant. En les restreignant de la sorte, le législateur ne leur permet pas de réaliser l'objectif qu'elles poursuivent. Un intérêt social de survie finit par l'emporter, et le législateur se compromet dans une énumération de dérogations et de précisions devenant confuses et difficiles à mettre en œuvre[48].

---

43. *Ibid.*

44. De l'anglais : *Leverage Management Buy Out.* Pour les anglo-saxons, il s'agit d'une technique financière fondée sur l'endettement (ce que l'on appelle l'effet de levier). Le droit français, s'inspirant du modèle anglo-saxon, en a fait une technique adaptée de rachat : le RES (rachat de l'entreprise par les salariés). Le montage financier repose sur la constitution d'une holding à l'initiative des salariés repreneurs, et sur le recours à l'emprunt afin de financer le rachat de la société cible. Le RES permet aux salariés repreneurs de bénéficier d'avantages fiscaux supplémentaires, à condition toutefois, de respecter des contraintes juridiques. L'on peut citer, à titre d'exemples, les RES qui ont porté sur les sociétés Darty, Goupil, Moulinex, entre les années 1992 et 1996 : COZIAN (M.), *Précis de fiscalité des entreprises*, Litec, 1998, n°s 2388 et s.

Au final, cette technique connut peu de succès eu égard à sa complexité de mise en œuvre. Toutefois, à l'issue de la fusion entre les banques BNP et PARIBAS en 2000, le nouveau groupe BNP PARIBAS ainsi créé a repris à son compte, en décembre 2000, le pôle des « financements structurés » de PARIBAS en y développant les opérations de LBO, délaissant totalement la technique française.

45. COULOMBEL (P.), *op. cit.*, p. 209.

46. SÉRIAUX (A.), *Droit des obligations*, Collection Droit fondamental, 1992, n° 34.

47. *Supra* n°s 95 à 101.

48. PRIETO (C.), *op. cit.*, p. 84 et 85.

154. La spécialisation, telle que conçue actuellement, est ainsi critiquée par un bon nombre de praticiens, comme constitutive d'une politique dangereuse, non seulement sur le plan juridique, mais aussi sur le plan économique[49].

– *En premier lieu, sur le plan juridique*, au risque passager de discordance s'ajoute un éclatement du droit des sociétés par la multiplication des réglementations particulières[50] :

- le risque de discordance peut en effet apparaître lorsque le législateur laisse coexister le statut spécial et le droit commun destinés à un même groupement. En principe, les lois spéciales dérogent aux lois générales ; pourtant, dans certaines hypothèses, « faute de s'être interrogé sur la compatibilité des règles, le législateur laisse s'établir une coexistence qui s'avère source de complications voire de contradictions »[51] entre les textes ;
- quant à la multiplication des réglementations particulières, un exemple frappant en est offert avec la loi NRE du 15 mai 2001 qui modifia, entre autre, les activités des sociétés coopératives de commerçants détaillants[52] : l'énumération est fort longue et fastidieuse, signifiant ainsi que tout autre contrat est interdit à la société.

– *En second lieu, sur le plan économique*, la spécialisation des sociétés offrirait un intérêt théorique certain, puisque chaque groupement, recevant avec sa fonction spéciale une organisation appropriée, deviendrait ainsi un instrument efficace, une société particulièrement performante. Mais en pratique, sa mise en oeuvre présente un double danger : « au risque d'atrophie peut s'ajouter une tendance à la sclérose »[53]. En effet, si la détermination d'un objet social par le législateur n'est, en soi, pas critiquable, d'autant plus qu'elle s'accompagne généralement de mesures fiscales favorables en vue de permettre le développement de l'activité visée, elle introduit très souvent un manque de souplesse dans le fonctionnement de la société : l'objet social exclusif interdisant à la société toute activité accessoire, celle-ci ne pourra pas saisir toutes les opportunités d'adaptation éventuelle. Ses possibilités d'aménagement, manifestations d'un « intérêt social de survie »[54], ne pourront s'effectuer que sur la seule initiative du législateur. N'est-ce donc pas regrettable qu'il faille attendre une initiative législative, laquelle peut, au demeurant, prendre du temps, pour mieux adapter l'objet sociétaire légal à l'évolution de l'environnement

49. RANDOUX (D.), *op. cit.*

50. RANDOUX (D.), *op. cit.*, p. 475.

51. *Ibid.*, p. 476. Au titre des nombreux exemples fournis par l'auteur, l'on pourrait citer le cas des sociétés de construction-vente : si quelques dispositions se trouvent dans la loi du 16 juillet 1971 qui les a instituées, le reste renvoie aux chap. I et II du titre IX du livre III du Code civil. Or la situation de l'associé d'une société civile classique (droit de céder ses parts sociales ; exiger leur rachat au cas de refus d'agrément ; droit de se retirer de la société dans certains cas) se concilie difficilement avec les finalités du groupement, pouvant nuire à son bon fonctionnement : par exemple, le droit de retrait se conçoit mal avec l'obligation de répondre aux appels de fonds pesant sur tout associé d'une société de construction-vente.

52. Art. L. 124-1 C. com. (*supra* n° 100).

53. RANDOUX (D.), *op. cit.*, p. 478.

54. PRIETO (C.), *op. cit.*, p. 85.

économique, alors que les associés sont certainement les mieux placés pour déceler une telle nécessité et réagir au plus vite[55] ?

Au final, l'ordre public économique de direction, s'avère décevant dans sa mise en œuvre en matière associative et fondative, et regrettable pour le fonctionnement de certaines sociétés.

Qu'en est-il, à présent, de la vocation de la spécialité légale de droit commun ? Contrairement aux spécialités légales étroites, elle trouverait, semble-t-il, sa raison d'être dans un ordre public économique non plus de direction, mais de protection au bénéfice de la personne morale, assertion qu'il importe toutefois de démontrer.

II. L'ORDRE PUBLIC ÉCONOMIQUE DE PROTECTION : LA SPÉCIALITÉ LÉGALE DE DROIT COMMUN

Avant de rechercher le bien-fondé de l'ordre public de protection en matière sociétaire (B), il convient de s'interroger sur le sens qu'il peut revêtir, au regard notamment de la société-personne morale (A).

A. SENS AU REGARD DE LA SOCIÉTÉ-PERSONNE MORALE

155. La fonction de la spécialité légale de droit commun fut analysée dernièrement par Catherine Prieto dans sa thèse sur la société contractante[56].

La véritable dimension juridique de la spécialité légale réside dans la préservation de la vie sociale, au titre d'un mécanisme classique de l'ordre public de protection. En effet, l'exigence de la recherche d'un profit, en vertu de l'article 1832 du Code civil – principe de spécialité légale que Madame Prieto dénomme également « *principe de finalité intéressée* » – est un élément essentiel du contrat de société. Il s'agit là d'un intérêt social minimal en deçà duquel la société perd sa raison d'être. Aussi, son respect s'impose durant toute la vie sociale, puisqu'il participe de l'exécution de bonne foi du contrat de société au sens de l'article 1134 du Code civil, mais aussi de la viabilité de cette personne morale tournée vers le profit. La spécialité légale tend à préserver une exécution fraternelle du contrat de société, en *protégeant l'objet même du contrat*. En conséquence, elle tend à exclure une certaine fraternité à l'égard des tiers qui, par définition, lui est incompatible[57]. Loin de brider la personne morale, elle sert au contraire son plein épanouissement « *en la mettant à l'abri des dérives d'une prodigalité que la vie des affaires condamne avec un solide bon sens* »[58].

En outre, il convient de souligner que l'idée de protection serait à l'origine de tout principe de spécialité, quel que soit son champ d'application[59].

---

55. *Ibid.*, pp. 85 et 86.

56. *Ibid.*, p. 49 s.

57. GUYON (Y.), « La fraternité dans le droit des sociétés », *in* « Le bicentenaire de la Révolution française », *Rev. soc.* 1990, p. 439.

58. PRIETO (C.), *op. cit.*, p. 49. Le raisonnement pourrait également être transposé à toute personne morale de droit privé.

59. *Supra* n°s 14 à 20 (Introduction générale).

Le plein épanouissement de chaque personne morale, que préserve le principe de spécialité légale au titre d'un ordre public de protection, invite à réfléchir sur l'opportunité de ladite règle. En d'autres termes, les sociétés en particulier ou plus généralement, les personnes morales, « *méritent-elles de bénéficier d'un ordre public de protection ?* »[60].

B. Appréciation critique

156. Afin de répondre à la question de l'opportunité d'un tel principe, il convient de rappeler l'origine de la personnalité morale.

La personne morale n'acquit une pleine reconnaissance en tant que personne juridique à part entière qu'après une lente évolution. Malgré l'affirmation de quelques auteurs en vertu de laquelle le principe d'égalité des personnes physiques, qui avait une signification politique, selon eux, ne pouvait, en conséquence, être étendu aux personnes morales[61], le Conseil constitutionnel se prononça dans le sens contraire en 1982 : « *considérant que le principe d'égalité n'est pas moins applicable entre les personnes morales qu'entre les personnes physiques, car, les personnes morales étant des groupements de personnes physiques, la méconnaissance du principe d'égalité entre celles-ci équivaudrait nécessairement à une méconnaissance de l'égalité entre celles-là* »[62].

Aussi, « les personnes morales sont dignes de tous les égards dans la mesure où elles sont le prolongement de l'activité humaine, tout en étant des être immatériels produits de l'art juridique »[63].

En conclusion, par les spécialités étroites des sociétés, le législateur entend diriger, dans une finalité donnée, le profit auquel l'intérêt social s'identifie : telle est bien la manifestation d'un *ordre public de direction*[64]. Quant à la spécialité légale, elle aurait une valeur bien superficielle si elle ne servait qu'à différencier les personnes morales entre elles. Sa véritable dimension juridique réside donc dans la préservation de la vie de chaque personne morale : telle est bien la manifestation de *l'ordre public de protection.*

La spécialité statutaire, en revanche, ne satisfait à aucune exigence légale puisqu'elle est définie par les membres du groupement. Elle n'en est pas moins « un important mode de régulation des actes conclus au nom de la société »[65], protégeant également, par principe, la personne morale.

---

60. PRIETO (C.), *op. cit.*, p. 49.

61. URAND (P.), *op. cit.*

62. CC, 16 janvier 1982, sur la loi de nationalisation, *in Les Grandes Décisions du Conseil constitutionnel* par L. Favoreu et L. Philip, Sirey, n° 35.

63. MODERNE (F.), « Les bénéficiaires ou titulaires de droits fondamentaux », *in Annuaire International de Justice Constitutionnelle*, VII-1991, Economica, 1993.

64. PRIETO (C.), *op. cit.*, p. 51.

65. *Ibid.*, p. 87.

§ 2 – LA SPÉCIALITÉ STATUTAIRE : LA PROTECTION DE PRINCIPE DE LA PERSONNE MORALE

157. La spécialité statutaire est mue par un souci de protection de la personne morale, principe qui a toutefois tendance à fortement s'amenuiser en matière sociétaire.

Sa vocation doit être considérée dans les *rapports internes* à la société, comme dans les *rapports externes* où la question est plus complexe en raison des intérêts divergents à protéger. Si la spécialisation par l'effet des statuts protège incontestablement la personne morale dans l'ordre interne (I), cette protection apparaît plus difficilement réalisable dans l'ordre externe, notamment par la prise en considération des intérêts, non seulement de la personne morale, mais aussi des tiers.

I. UNE PROTECTION INCONTESTABLE DANS L'ORDRE INTERNE

La spécialité statutaire a pour fonction, dans l'ordre interne, de protéger essentiellement la personne morale, par le rôle dévolu à certaines clauses statutaires (A), par la possibilité d'une rédaction large des statuts (B), et par le développement d'une jurisprudence relative à la modification de l'objet social statutaire (C).

A. LE RÔLE DE CERTAINES CLAUSES STATUTAIRES

158. Les clauses statutaires limitant les pouvoirs des représentants légaux sont inopposables aux tiers.

Elles n'ont pour but que d'engager la responsabilité des dirigeants à l'égard de la société et des associés[66], dans les sociétés à risques illimités[67], comme dans celles à risques limités[68]. En d'autres termes, alors que certaines irrégularités affectant l'objet social statutaire peuvent entraîner la nullité de la personne morale[69] ou, dans le cas d'impossibilité survenue, sa dissolution, tout acte accompli par un dirigeant au mépris des limites statutaires n'a aucune influence sur l'existence de cette personne morale. Cette dernière est donc en principe protégée malgré le non-respect de limitations statutaires.

---

66. La nullité de l'acte peut être aussi prononcée, ainsi que la responsabilité d'un tiers conseiller par exemple (*infra* n°s 224 et s.).

67. Art. 1849, al. 3 C. civ. (S. civ.) ; art. L. 221-5, al. 3 C. com. (SNC).

68. Ordonnance du 20 déc. 1969 issue de la directive du 9 mars 1968 émanant du Conseil des Communautés européennes insérée dans les articles L. 223-18, al. 6 NC. com. (SARL), L. 225-56, al. 3 NC. com. (SA) et L. 225-64, al. 3 (SA à directoire et conseil de surveillance).

69. Art. L. 235-1 C. com. : « La nullité d'une société ou d'un acte modifiant les statuts ne peut résulter que d'une disposition expresse du présent livre ou des lois qui régissent la nullité des contrats. En ce qui concerne les sociétés à responsabilité limitée et les sociétés par actions, la nullité de la société ne peut résulter ni d'un vice du consentement ni de l'incapacité, à moins que celle-ci n'atteigne tous les associés fondateurs. La nullité de la société ne peut non plus résulter des clauses prohibées par l'article 1844-1 du Code civil. La nullité d'actes ou délibérations autres que ceux prévus à l'alinéa précédent ne peut résulter que de la violation d'une disposition impérative du présent livre ou des lois qui régissent les contrats ».

159. Dans les sociétés à risques limités où « *la société est engagée même par les actes du gérant qui ne relèvent pas de l'objet social* » sous réserve de la mauvaise foi du tiers cocontractant[70], trois hypothèses méritent d'être analysées au regard de l'existence de la personne morale.

Il s'agit en effet de s'interroger sur le sort de la personne morale dans le cas où un dirigeant accomplirait un acte portant atteinte soit à l'objet social statutaire, soit au mode statutaire d'exploitation, soit à la poursuite de l'objet social statutaire.

– 1re hypothèse : l'acte portant atteinte à l'objet social statutaire.

Ce peut être le cas lorsqu'un dirigeant de société aliène le fonds de commerce exploité par la société[71] : dès lors que la poursuite de l'objet social demeure concevable grâce, notamment, à la souplesse des termes employés dans sa rédaction, l'aliénation du fonds de commerce, et plus généralement, de biens sociaux, n'a aucune influence sur le sort de la personne morale[72].

Dans le cas contraire, c'est-à-dire si la stipulation des statuts révèle le rôle essentiel à jouer par le bien, objet de l'aliénation, dans la réalisation de l'objet social, l'acte du dirigeant constitue alors une modification *de facto* des statuts, entraînant, par conséquent, l'intervention de l'assemblée générale extraordinaire.

C'est ainsi que, *par souci de protéger la personne morale*, s'est développée toute une jurisprudence relative à la modification de l'objet social, notamment lorsqu'un dirigeant portait atteinte à l'objet social statutaire[73].

– 2e hypothèse : l'acte portant atteinte au mode d'exploitation de la personne morale.

La conclusion d'un contrat peut remettre en cause un mode d'exploitation expressément spécifié dans les statuts. À l'instar de l'hypothèse précédente, ce contrat n'influe pas sur l'existence de la personne morale, mais il appelle une modification statutaire préalable.

Tel fut le cas à propos d'un contrat d'amodiation de domaines miniers[74].

– 3e hypothèse : l'acte portant atteinte à la poursuite de l'objet social statutaire.

---

70. Art. L. 223-18, al. 5 C. com. (SARL), L. 225-56, al. 2 C. com. (SA), L. 225-64, al. 2 C. com. (SA à directoire et conseil de surveillance).

71. La vente n'est pas le seul acte concerné par l'atteinte aux biens statutaires. Le nantissement du fonds de commerce ou l'emprunt hypothécaire grevant l'immeuble social sont autant de menaces pour l'existence de la personne morale.

72. Com., 29 janv. 1979, *Bull. civ.* IV, n° 35 : la promesse de vente, consentie par le président d'une société anonyme sur « *le fonds de commerce de maison de repos* » exploité par la société et l'immeuble l'abritant, fut maintenue, dans la mesure où l'objet prévoyait « *l'exploitation de toute maison de repos* ».

73. *Infra* n° 161.

74. Com., 18 déc. 1990, *Bull. Joly* 1991, 60. Un contrat d'amodiation est une « convention par laquelle le concessionnaire en remet l'exploitation à un tiers moyennant une redevance périodique » (C. min. art. 44 et 58) : *Dictionnaire de la Langue Française*, LITTRÉ.

Dans une telle hypothèse, certaines solutions jurisprudentielles furent vivement critiquées en ce qu'elles devaient nécessairement conduire à des analyses subjectives, donc incertaines[75]. Par exemple, dans l'affaire du *Journal de Doullens*[76], la Cour de cassation manifesta une grande réticence à l'égard de cette solution par une substitution de motifs : elle écarta le motif selon lequel la cession litigieuse « *équivalait pratiquement à la disparition de l'objet social* » au profit de celui de « *pur droit* » relatif à la modification des statuts résultant de la disparition d'un hebdomadaire figurant dans les statuts.

En revanche, deux autres exemples, mentionnés dans la plupart des manuels, montrent que les juridictions du fond s'attachent à la viabilité de l'objet social statutaire : ainsi, dans deux affaires aux faits presque similaires, l'affaire *Bouygues*[77] et celle du Dauphiné Libéré[78], une cession de la quasi-totalité des actifs sociaux priva la personne morale de ses armes. La gravité des conséquences requérait donc une volonté collective élargie à l'assemblée des associés. Mais en chaque espèce, *la nullité de la cession fut prononcée en ce qu'elle portait atteinte à la poursuite de l'objet social* : elle excédait les pouvoirs du conseil d'administration, l'avenir de la société étant compromis.

Ainsi, si la protection de la personne morale est assurée par le rôle de certaines clauses statutaires, elle est également assurée par une rédaction large des statuts.

B. LA RÉDACTION LARGE DE L'OBJET SOCIAL STATUTAIRE

160. L'objet social peut être défini en des termes très larges, à condition d'être suffisamment explicites[79], et sous réserve des sociétés expressément réglementées[80].

Une rédaction large des statuts permet :

– d'une part, de ne pas limiter le champ ouvert aux initiatives des dirigeants,

– d'autre part, une adaptation de la personne morale aux besoins de l'économie[81].

La survie de la personne morale étant l'objectif principal des rédacteurs de statuts, une énumération assez longue des opérations est prévue, pouvant inclure la réalisation ou la participation à toutes opérations financières, industrielles ou commerciales se rattachant directement ou indirectement aux activités spécifiées[82].

Certaines difficultés d'interprétation peuvent toutefois apparaître : par exemple, un compromis d'arbitrage peut-il entrer dans l'objet social d'une société ?

---

75. PRIETO (C.), *op. cit.*, p. 95.

76. Com., 12 janv. 1988, *Rev. soc.* 1988, 263, note Y. CHAPUT, *Bull. civ.* IV, n° 24 : (v. aussi *infra* n° 161).

77. T. Com., Paris, 28 juin 1982, *JCP G* 1983, II, 14033, note A. VIANDIER ; *RJ Com.* 1983, p. 99, note J. MESTRE.

78. Grenoble, 31 mai 1983, *RJ Com.* 1983, p. 379, note J. MESTRE.

79. *Supra* n° 112.

80. *Supra* n°s 95 à 98.

81. MICHA-GOUDET (R.), *Juris-Classeur, Traité du droit des sociétés*, 2000, fasc. 9-10.

82. Ceci montre également la souplesse du principe de spécialité statutaire (*supra* n° 117).

La Cour d'appel de Paris, en se plaçant sur le terrain de la gestion courante, estima que l'arbitrage était un mode normal de règlement des litiges[83]. Implicitement, il fut donc considéré que le compromis d'arbitrage faisait partie des éléments nécessaires à la bonne réalisation de l'objet social. Cette interprétation eut le mérite de la souplesse pour un bon épanouissement de l'activité sociale, et donc pour la protection de l'existence de la société.

Toutefois, une interprétation trop large pourrait avoir ses revers en termes de protection de la société, notamment avec le « rattachement direct ou indirect à l'objet social » qui peut, parfois, être un peu trop poussé à l'extrême, négligeant alors l'intérêt de la personne morale au profit des tiers cocontractants[84].

Enfin, la protection de la société, mais aussi celle de tous ses partenaires, s'est vue garantie par le développement d'une jurisprudence relative à la modification de l'objet social statutaire.

C. LE DÉVELOPPEMENT D'UNE JURISPRUDENCE RELATIVE À LA MODIFICATION DE L'OBJET SOCIAL STATUTAIRE

161. Toute modification de l'objet social statutaire ne peut s'effectuer qu'en vertu d'exigences propres à chaque forme sociale, car elle ne doit pas porter atteinte à l'objet initialement prévu[85].

Elle trouve sa raison d'être dans la sauvegarde de la personne morale, et dans l'exécution de bonne foi du contrat de société : en effet, elle permet d'éviter la dissolution de la personne morale qui pourrait être prononcée si la poursuite de l'objet social devenait impossible par suite d'un événement survenu en cours de vie sociale.

Approfondissons le problème : dans les sociétés à risques limités où le dirigeant peut engager la société même par des actes en dehors de l'objet social, il serait fort périlleux, pour l'avenir de la personne morale, d'admettre la validité d'un contrat conclu au-delà de l'objet social. Ce ne peut être le cas dans les sociétés à risques illimités, puisque « *le gérant engage la société dans les actes entrant dans l'objet social* »[86]. C'est pourquoi, au nom de l'intérêt social, apparaissant alors comme un principe de survie profitant à tous les partenaires de la société autant qu'à la personne morale elle-même puisqu'elle n'est pas dissoute[87], toute une jurisprudence s'est développée, relative à la modification de l'objet social statutaire[88].

---

83. Paris, 22 mars 1990, *Rev. arbitrage* 1991, p. 123.

84. Civ. 1re, 15 mars 1988 (*supra* n° 118).

85. *Supra* n° 107.

86. Art. 1849, al. 1 C. civ. art. L. 221-5, al. 1 C. com.

87. V. cependant en droit fiscal, *supra* n° 115.

88. Com. 12 janv. 1988, *op. cit., supra* n° 159 spécialement la note 76 : la Cour de cassation a écarté, en l'espèce, la validité d'un contrat de cession d'un bien qui entraînait la disparition de l'objet social statutaire, faute pour le gérant d'avoir recueilli l'expression d'une volonté collective selon les règles de la modification des statuts. La cession d'un hebdomadaire était en cause, alors même que l'objet social de la SARL portait sur l'exploitation de cet hebdomadaire. Le contrat dépendait, pour sa conclusion, d'une modification statutaire selon les règles propres aux SARL, ce qui n'avait pas été respecté par le

Cette jurisprudence fait ressurgir une « sorte d'opposabilité aux tiers de la spécialité statutaire, en dehors des cas où les tiers connaissent le dépassement de l'objet social »[89], protégeant la personne morale.

Ainsi, dans l'ordre interne, la vocation de la spécialité statutaire apparaît incontestablement comme un rempart de protection de la personne morale, par sa souplesse qui se manifeste par une possible modification de l'objet social statutaire. En revanche, dans l'ordre externe, ce bouclier semblerait s'amenuiser, en raison du développement d'une certaine politique en faveur des tiers.

II. UNE PROTECTION PLUS DIFFICILE DANS L'ORDRE EXTERNE

Alors que la spécialité statutaire aurait pour vocation, dans le monde associatif, de protéger davantage la personne morale aux dépens des tiers (A), cette protection aurait tendance à s'inverser en matière sociétaire, surtout depuis la réforme du droit des sociétés de 1966 (B), d'où un difficile équilibre à réaliser lorsqu'il s'agit de protéger des intérêts divergents.

A. UNE PROTECTION ASSEZ SÛRE DANS LE MONDE ASSOCIATIF

162. Lorsqu'un tiers entre en scène pour contracter avec une association, il doit vérifier son existence, ainsi que la qualité de son interlocuteur ; il doit encore s'interroger légitimement sur les pouvoirs de son représentant.

En effet, les limitations statutaires, lorsqu'elles existent, sont opposables aux tiers[90]. Elles peuvent imposer, par exemple, la réunion d'un conseil d'administration ou d'une assemblée générale pour telle ou telle opération ou toute autre disposition statutaire restreignant les pouvoirs du président de l'association. Tout acte accompli en violation des limites statutaires est annulable, ce qui ne facilite guère les transactions, ni la tâche du tiers contractant pour qui cette vérification laborieuse peut s'avérer pesante.

Ce n'est là que l'application de la théorie du mandat. Le dirigeant d'une association est reconnu comme un mandataire du groupement[91]. Tout acte accompli par un mandataire qui excède les pouvoirs que lui confère le mandat, est nul. En d'autres termes, l'association n'est pas engagée par les actes accomplis en dehors de l'objet du mandat : *elle est donc protégée par la spécialité statutaire.*

---

gérant. Selon certains auteurs, dont C. PRIETO, c'est dans ce sens qu'aurait dû être tranchée une affaire qui, à l'époque, avait suscité un embarras certain (Com., 29 janv. 1979, *op. cit., supra* n° 159 spécialement la note 72) : « *il importait peu de relever que l'objet de la société anonyme Villa Les Sources n'était pas limité à l'exploitation de la Villa Les Sources, mais était plus généralement consacré à l'exploitation de toute maison de repos. En revanche, il était expressément mentionné que l'objet était "plus spécialement l'exploitation de la maison de repos Villa Les Sources". Dès lors, le président du conseil d'administration n'avait pas le pouvoir d'aliéner cette maison de repos en particulier, contrairement à ce qui a été jugé, précisément parce que l'immeuble avait une valeur statutaire* » : PRIETO (C.), *op. cit.*, p. 94.

89. PRIETO (C.), *op. cit.*, p. 96.

90. Ce qui n'est pas le cas pour les sociétés (*infra* n°s 168 à 170).

91. Civ. 1re, 5 fév. 1991, *Bull. civ.* I, n° 45.

Par exemple, la Cour de Versailles annula une acquisition de parts sociales effectuée par un président d'association sans habilitation du conseil d'administration, alors que les statuts requéraient son autorisation[92].

Ainsi, l'opposabilité aux tiers des limitations statutaires est surveillée avec beaucoup d'attention par le juge en matière associative.

163. Il peut toutefois arriver que les statuts soient muets sur les attributions respectives du conseil d'administration et de son président. En ce cas, la situation est plutôt floue, faute de précisions dans la loi de 1901.

Dans de rares cas, la jurisprudence fit une timide application de la théorie de l'apparence, lorsque le tiers avait pu légitimement croire que le prétendu mandataire avec lequel il avait traité, avait le pouvoir de représenter l'association[93].

Cette situation peut s'avérer dangereuse pour la personne morale, si l'acte accompli présente un risque quelconque pour l'avenir de l'association. Aussi, lors du 92e congrès à Deauville en 1996, les notaires proposèrent de conférer au Président d'une association, à l'instar des sociétés civiles, le pouvoir d'engager la personne morale qu'il représente, pour tous les actes entrant dans son objet. La protection de la personne morale serait de la sorte sauvegardée. Ce remède se doublerait d'un corollaire : aucune limitation statutaire ne serait opposable aux tiers, excepté en cas de connaissance préalable[94]. Cette formule participerait en réalité du droit commun des personnes morales, et serait un gage de sécurité pour les tiers cocontractants[95].

Il ne conviendrait absolument pas de souhaiter une règle encore plus large, qui permettrait au Président d'engager l'association pour tous les actes, même ceux accomplis en dehors de l'objet statutaire, à l'instar des sociétés à risques limités[96] : le principe de spécialité statutaire de l'association doit être sauvegardé, dans l'intérêt de l'association et des tiers si la réforme proposée par les notaires voit le jour.

164. Il convient, enfin, de souligner le cas particulier de la fondation.

Un tel système de protection des tiers lui est totalement inconnu. En réalité, en l'état actuel du droit, il s'avèrerait inutile en raison de la tutelle administrative qui pèse sur elle. En revanche, si le contrôle préalable était un jour supprimé[97] pour être remplacé par un contrôle *a posteriori*, un encadrement juridique complet devrait alors être prévu, de manière à sauvegarder la fonction du principe de spécialité statutaire dans l'ordre externe (protection de la fondation-personne morale, mais aussi des tiers).

---

92. Versailles, 28 sept. 1989, *Bull. Joly* 1989, p. 992 - 340, note JEANTIN.

93. Civ. 1re, 20 avril 1988, *JCP* 1989, II, 21229, note MONIGER.

94. Cf. art. 1849 C. civ.

95. *In Le monde associatif*, 92e Congrès des Notaires de France, 1996, *op. cit.*, p. 144.

96. *Infra* n° 169.

97. Le Conseil d'État le demanda dans un avis, ainsi que les notaires lors du 92e congrès précité (*supra* n° 151).

Finalement, si la personne morale semble bien protégée par la spécialité statutaire dans le monde associatif, en soulignant toutefois un équilibre peu satisfaisant avec les tiers, la vocation de la spécialité statutaire semble en régression patente dans le monde sociétaire, notamment depuis le développement d'une politique en faveur de la sécurité des transactions et des tiers.

B. UNE PROTECTION EN VOIE DE RÉGRESSION DANS LE MONDE SOCIÉTAIRE

Avant la réforme de 1966, la spécialité statutaire avait pour fondement initial la protection de la société. Celle-ci était notamment assurée par l'échec à toute velléité, de la part des tiers, à s'en prévaloir (a). Toutefois, la vocation de protection de la société fut très amoindrie par la suite, au profit de celle des tiers (b).

a) L'exclusion, en principe, de toute invocation de la spécialité par les tiers[98]

En principe, la fonction de protection de la société tient en échec tout désir, de la part des tiers, d'invoquer la spécialité statutaire pour échapper à leurs obligations.

C'est la raison pour laquelle ils ne peuvent s'en prévaloir (1), hormis dans de très rares hypothèses où ils peuvent néanmoins l'invoquer (2).

1) Une invocation par principe exclue

165. Les tiers ne peuvent invoquer un dépassement statutaire pour échapper à leurs obligations.

Considération faite, en premier lieu, du tiers cocontractant : en effet, la jurisprudence française, contrairement à la jurisprudence belge[99] qui pour cela fait l'objet de sévères critiques, ne semble pas avoir admis d'actions en nullité émanant de ces tiers, à l'encontre d'actes étrangers à la spécialité statutaire[100].

Considération faite, en deuxième lieu, d'un créancier de la société : il ne peut, lui non plus, contester la validité d'un contrat conclu, au regard de la spécialité statutaire[101]. Ainsi, lorsqu'une société est en redressement judiciaire, il serait inconcevable que les créanciers puissent éliminer des créances douteuses sur le fondement de la spécialité statutaire, dans le but de mieux assurer le paiement de leurs propres créances. Le droit des sociétés et le droit des procédures collectives s'y opposent totalement.

Considération faite, enfin en troisième lieu, des tiers *penitus extranei* : ils ne sont pas non plus autorisés à se prévaloir des limites statutaires. Une tentative fut faite pour déduire d'un dépassement d'objet social, l'exercice d'une activité jugée illicite, et dont la suppression avait été requise sur le fondement de la violation de la spécialité des personnes morales[102]. Il convient de souligner que dans son attendu de

98. PRIETO (C.), *op. cit.*, p. 97 s.

99. *Supra* n° 43.

100. COULOMBEL (P.), *op. cit.*, p. 238.

101. Y compris au regard de la spécialité légale.

102. Com., 18 juillet 1989 : en l'espèce, une société, dont l'objet social était limité à l'ameublement, décida, pour améliorer ses résultats, d'adjoindre à son activité statutaire, celle de la vente de fleurs. Le syndicat des fleuristes de Belfort lui chercha querelle au nom du principe de la spécialité des personnes morales. L'action du syndicat fut rejetée au motif

principe, la Cour de cassation ne fit nullement référence à la spécialité statutaire. Elle préféra même consacrer le principe de la liberté du commerce et de l'industrie, en ne reprenant pas l'argumentation développée par le syndicat des fleuristes[103].

Dans quelques rares hypothèses, les tiers peuvent toutefois se prévaloir de la spécialité statutaire.

2) Une invocation exceptionnellement possible

Deux hypothèses marginales admettent une argumentation des tiers sur le fondement de la spécialité statutaire de la société[104], celles-ci ayant trait à une appréciation de la bonne foi.

166. La spécialité statutaire peut révéler une compétence industrielle, commerciale ou encore professionnelle.

En ce sens, il pourrait être utile au tiers cocontractant de prêter attention à la spécialité *en tant qu'indice de bonne ou de mauvaise exécution du contrat.* La spécialité statutaire pourrait ainsi constituer un argument de défense pour celui à qui la société reproche un refus de vente ou un refus d'agrément. La mention d'une activité principale, fort éloignée de l'objet de la demande refusée, pourrait aider à la qualification d'un caractère anormal de la demande, au sens de l'article 36 de l'ordonnance du 1er décembre 1986[105].

167. Le lien entre la spécialité statutaire et la bonne foi pourrait encore être souligné dans le cadre d'un plan de cession d'entreprise résultant de l'ouverture d'un redressement judiciaire[106].

La spécialité statutaire pourrait être considérée comme un critère pour sonder la sincérité et la viabilité d'une offre de reprise censée répondre aux objectifs légaux, et notamment à l'article L. 621-83, alinéa 2 du Code de commerce : « *la cession a pour but d'assurer le maintien d'activités susceptibles d'exploitation autonome, de tout ou partie des emplois qui y sont attachés et d'apurer le passif* ». Ainsi, les propositions de tout candidat à la reprise doivent se soumettre à ces impératifs légaux. Elles seront examinées par le tribunal ordonnant la cession de l'entreprise dans un jugement arrêtant le plan de redressement[107]. Or, seule l'obligation de paiement du prix est expressément sanctionnée par l'article L. 621-93 du Code de

---

suivant : « *attendu qu'en constatant que l'activité de vente de fleurs reprochée à la société BAM n'était ni soumise à autorisation préalable, ni interdite, ni contraire à l'ordre public et aux bonnes mœurs et que le non-respect des formalités prescrites pour les mentions au registre du commerce et des sociétés n'avait aucune incidence sur le caractère licite ou non d'une activité commerciale, la cour d'appel a par ces seuls motifs légalement justifié sa décision* ».

103. *Supra* n° 109.

104. PRIETO (C.), *op. cit.*, p. 98 s.

105. Ordonnance n° 86-1243 relative à la liberté des prix et de la concurrence.

106. Observation étant ici faite que ce second exemple est sans doute à la limite de pouvoir figurer dans ce paragraphe, car le tribunal, comme l'administrateur à qui l'article L. 621-86 C. com. donne la charge de transmettre au tribunal « *tout élément permettant de vérifier le caractère sérieux de l'offre* (...) », ne sont pas vraiment des tiers proprement dits.

107. Art. L. 621-83 s. C. com.

commerce, et la jurisprudence n'entend pas étendre cette sanction à d'autres manquements[108].

Néanmoins, la bonne volonté du repreneur peut être prise en défaut au point de susciter de véritables mises en garde contre des détournements manifestes[109]. Ainsi, dans un arrêt rendu par la Cour d'appel de Paris[110] infirmant une décision de cession au motif d'un « *dévoiement de procédure* », l'offre de reprise d'une société fut refusée car elle ne visait, selon les juges du fond, qu'à réaliser une opération immobilière en acquérant les actifs immobiliers du débiteur. En effet, la société cessionnaire avait pour objet social l'activité de marchand de biens, la rénovation et la réhabilitation d'immeubles, alors que l'entreprise cédée était une brosserie industrielle. La spécialité statutaire de la société candidate à la reprise était donc parfaitement étrangère à l'activité du cédant.

Sous réserve de ces deux cas d'appréciation de la bonne foi, la spécialité statutaire ne peut pas être invoquée par les tiers, en raison de la protection de la personne morale recherchée par le législateur. Cette protection fut néanmoins très amoindrie après la réforme de 1966 au profit de celle des tiers.

b) Vers un étiolement notoire de la protection de la société

168. L'esprit de la réforme de 1966 voulut incontestablement restaurer la sécurité juridique des tiers cocontractants.

Une conception, dénoncée souvent comme trop rigoureuse de la protection des tiers, résulta de l'ordonnance du 20 décembre 1969[111], du moins pour *les sociétés à risques limités* (1). Dans les autres sociétés non concernées par ladite ordonnance, c'est-à-dire *celles à risques illimités* (2), une jurisprudence se développa également en faveur de la protection des tiers, en accord avec l'esprit de cette réforme.

1) Les sociétés à risques limités

169. La directive du 9 mars 1968 apparut relativement souple sur l'opposabilité de l'objet social aux tiers, considérée au demeurant comme une faculté laissée aux États membres[112].

C'est ainsi que l'ordonnance de 1969 admit cette opposabilité aux tiers de la spécialité statutaire *dans le seul cas de la mauvaise foi du tiers*[113] : « *(...) à moins*

---

108. Paris, 28 juin 1989, *JCP E* 1990, II, 15832, note PETEL ; v. aussi en ce sens, MARTIN-SERF, note sous Besançon, 24 mars 1989, *Gaz. Pal.* 1989, 2, 799 ; VACHET, *PA* du 16 juin 1993 (non-respect d'engagements sociaux) ; FRISON-ROCHE, *Rev. proc. coll.* 1994, 339 (engagements financiers).

109. PERROCHON (S.), « Halte au détournement de la cession judiciaire d'entreprise », *D.* 1990, chron. 252.

110. Paris, 23 juillet 1992, *JCP E* 1992, pan. p. 452.

111. Cette ordonnance est issue de la directive du 9 mars 1968 émanant du Conseil des Communautés européennes.

112. Dir., art. 9-1, al. 2.

113. D'autres droits (le droit belge, par exemple), admettent, en revanche, une opposabilité aux tiers, de principe, de toutes les limitations statutaires affectant les pouvoirs des dirigeants (*supra* n° 43).
En conséquence, il importe de vérifier la teneur du droit étranger avant de contracter avec les dirigeants d'une société étrangère, « *même si le principe de bonne foi devrait amener les parties,*

qu'elle ne prouve que le tiers savait que l'acte dépassait cet objet ou ne pouvait l'ignorer compte tenu des circonstances, étant exclu que la seule publication des statuts suffise à constituer cette preuve »[114].

Autrement dit, l'objet social statutaire n'est plus, depuis cette ordonnance, un obstacle à l'engagement de la société. En conséquence, la personne morale sociétaire ne demeure protégée contre un acte la mettant en péril, uniquement lorsque le tiers est de mauvaise foi, preuve qui reste difficile à rapporter : en effet, ni la fraude, ni l'intention de nuire ne sont constitutives de la mauvaise foi ; il faut que le tiers ait véritablement eu connaissance de l'objet et conscience de son dépassement, ce qui relève indéniablement d'une question de fait. Voilà pourquoi les hypothèses caractérisées de la mauvaise foi restent fort rares. Les manuels citent souvent celle où une banque, avant d'avoir pris à l'escompte une lettre de change acceptée, fit remarquer que le contrat de financement correspondant à la lettre de change excédait manifestement l'objet social[115].

170. Il conviendrait de souligner la conception très étroite de l'Ordonnance sur la sécurité juridique des tiers, bafouant ainsi le rôle de protection de la personne morale joué par le principe de spécialité statutaire.

En effet, reconnaître la validité d'un contrat conclu au-delà de l'objet social statutaire risque parfois de compromettre l'avenir de la société, et, par corrélation, la sécurité juridique de tous les partenaires de la société.

Tel fut le cas dans l'affaire assez récente qui opposa le *Savour Club* à la Banque française du commerce extérieur (ou BFCE)[116] : en l'espèce, la société *Savour Club,* compte tenu de son activité de négoce de vins et de spiritueux sur le marché international, se mit à prendre, par l'intermédiaire de son directeur financier et de la BFCE, des positions sur le marché à terme des devises, afin de faciliter les achats dans divers pays étrangers. Ces opérations dégénérèrent toutefois en activités spéculatives totalement étrangères à l'activité de la société, entraînant des pertes considérables pour la société. Face à ces pertes catastrophiques, la société fut assignée par la banque en paiement du solde débiteur qu'elle refusa de payer, invoquant, en défense, le dépassement de l'objet social, ainsi que la responsabilité de la banque qui n'aurait pas dû ignorer le caractère spéculatif des opérations.

La société *Savour Club* n'obtint pas gain de cause devant la Cour d'appel. La Cour de cassation, confirmant l'arrêt d'appel, répondit par un attendu de principe laconique : « *mais attendu que les opérations litigieuses relevant de la gestion financière de la société, les deux premières branches du moyen, tirées d'un dépassement de l'objet social, sont inopérantes* ». La Chambre commerciale alla encore plus loin que la Cour de Versailles, en ne limitant pas son appréciation à

---

au stade de la négociation, à une certaine coopération sur la connaissance des systèmes juridiques réciproques » : SYNVET, note sous Com., 21 déc. 1987, *Rev. soc.* 1988, p. 398.

114. Art. L. 223-18, al. 5 C. com. (SARL) ; art. L. 225-35, al. 2, art. L. 225-56, al. 2 et art. L. 225-64, al. 2 C. com. (Sociétés par actions).

115. Com. 25 juin 1985, *Bull. Joly* 1985, 295 ; *Rev. soc.* 1985, p. 829, note STORCK.

116. Versailles, 13e ch., 7 mars 1996, *BFCE c/ Savour Club, Dr. soc.* 1996, n° 199, obs. H. HOVASSE confirmé par Com., 7 avril 1998, *SA Le Savour Club c/ BFCE, Bull. Joly* 1998, p. 1068, note J.-J. DAIGRE et *Dr. soc.* juin 1998, n° 97, p. 18, note H. HOVASSE.

l'hypothèse des grandes sociétés. Elle posa, en principe apparemment absolu, que la gestion financière de la société, sous-entendue même spéculative, entrait dans les pouvoirs du dirigeant social.

Ainsi, selon l'interprétation du professeur Daigre, commentateur de l'arrêt, « *l'utilisation des ressources financières de la société ne serait pas soumise au principe de spécialité statutaire, et serait donc de libre parcours pour les dirigeants sociaux* ».

Toutefois, un autre auteur se montra plus sévère à l'égard de la jurisprudence de la Cour de cassation : « *en s'abstenant de prendre la dimension du problème posé, la Cour de cassation a mis à côté de la plaque* »[117]. Nous nous permettons d'approuver entièrement les propos tenus par le professeur Hovasse : en effet, d'une part, l'accent fut mis sur les pouvoirs du dirigeant au détriment de la protection des actionnaires, pour le plus grand avantage de l'établissement financier. Est-ce un bon équilibre ? D'autre part, même si personne ne souleva le problème, l'accumulation des pertes ne relevait-elle pas plutôt d'une violation de la spécialité légale sur le fondement de l'article 1832 du Code civil ? Cet arrêt serait à nouveau la preuve indéniable que la jurisprudence élude totalement la spécialité légale au profit de la seule spécialité statutaire. La protection des actionnaires, et donc de la société, aurait peut-être été sauvegardée[118].

En guise de conclusion du présent paragraphe, vouloir dissocier la sécurité juridique des tiers de la protection élémentaire de la société ne relève sans doute pas d'un très bon choix. Les deux vont souvent de pair, car il est plus opportun de prendre en compte la sécurité juridique du plus grand nombre de tiers, c'est-à-dire ceux qui sont concernés par la viabilité de la société en qualité de partenaires, que celle d'un seul cocontractant de la société[119]. La rigueur issue de l'Ordonnance ne peut donc manquer d'étonner, puisqu'elle n'a pas même été exigée par la Directive. En outre, elle prend à contre-pied la solution du droit antérieur que la réforme de 1966 avait maintenue *par souci de protection de la personne morale*.

Par ailleurs, dans les sociétés à risques illimités, la jurisprudence s'est montrée également favorable à la protection des tiers, se conformant à l'esprit de la réforme.

2) Les sociétés à risques illimités

171. En raison de l'inopposabilité aux tiers des clauses statutaires limitant les pouvoirs des dirigeants[120], la seule protection de la société relevant de l'initiative des associés tient, en principe, à la spécialité statutaire, c'est-à-dire à la définition de l'objet social dans les statuts.

---

117. HOVASSE (H.), commentateur de l'arrêt dans la revue *Dr. sociétés* (*supra* note précédente).

118. *Infra* n° 215.

119. PRIETO (C.), *op. cit.*, p. 92.

120. Art. 1849, al. 3 C. civ. (Sociétés civiles) et L. 221-5, al. 3 C. com. (Sociétés en nom collectif).

« Dans les rapports avec les tiers, le gérant engage la société par les actes entrant dans l'objet social »[121]. C'est ainsi que le tiers s'apprêtant à conclure un acte doit s'enquérir de la teneur de l'objet statutaire. Le rôle du notaire, lorsqu'il est choisi comme conseil en ce domaine, s'avère capital, et sa responsabilité pourra être mise en jeu le cas échéant.

Si l'interprétation de l'objet statutaire par les tribunaux se révèle parfois favorable à la personne morale[122], elle connaît des revers de plus en plus fréquents en termes de protection de la société. En effet, l'interprétation en vertu de laquelle il suffirait « *d'un rattachement direct ou indirect à l'objet social* » peut être trop laxiste, entraînant, de ce fait, un affaiblissement notoire de la protection de la société, si ce n'est des dérives[123]. Aussi, la spécialité légale constitue « un meilleur rempart de protection de la personne morale que la spécialité statutaire, précisément lorsqu'il s'agit de libéralités et de contrats de services gratuits pour lesquels la poursuite d'un profit propre à la société est douteuse »[124].

172. Enfin, la jurisprudence sur la théorie de l'apparence[125], toujours d'actualité pour ce type de sociétés selon la doctrine[126], constitue également un affaiblissement notoire de la protection de la personne morale, au profit des tiers.

Il suffit que le tiers puisse invoquer une erreur légitime[127], ce qui présente de grands risques pour la société. Cette apparence de conformité à l'objet social ruine

---

121. Art. 1849, al. 1 C. civ. (Sociétés civiles) et L. 221-5, al. 1 C. com. (Sociétés en nom collectif).

122. Paris, 22 mars 1990, *Rev. arbitrage* 1991, p. 123.

123. Civ. 1re, 15 mars 1988, *supra* n° 29 spécialement la note 142, et *supra* n° 118 spécialement la note 280.

124. PRIETO (C.), *op. cit.*, p. 89. *Supra* n° 76.

125. Rappelons que la *théorie de l'apparence*, élevée au rang de principe général du droit, est une négation de la règle de droit. C'est l'erreur qui crée le droit, c'est-à-dire l'hypothèse dans laquelle on a une croyance erronée dans l'existence d'une situation juridique. On fait prévaloir la situation apparente sur la situation réelle (par exemple, l'art. 1240 C. civ. semble faire application de cette théorie). Les tribunaux ont extrapolé et ont appliqué la théorie de l'apparence, principalement en matière immobilière (cas de l'héritier apparent) pour protéger la personne trompée, au détriment toutefois du droit du propriétaire réel. Pour que la théorie de l'apparence trouve application, l'erreur *commune et invincible* est exigée (*infra* notes ci-après). Depuis 1962, avec la théorie du mandat apparent, seule la notion de croyance légitime est désormais exigée, et non plus l'erreur commune, en raison des relations d'affaires.

126. V. par exemple, CHAPUT (Y.), « L'influence de l'objet social sur les pouvoirs des représentants des sociétés », *JCP N* 1987, p. 304, n° 2 ; MICHA-GOUDET (R.), *op. cit.*, fasc. 9-20.

127. L'erreur n'est pas en elle-même une notion juridique. Il faut entendre par-là « *la situation d'une personne qui se représente inexactement la réalité, soit qu'elle considère comme vrai ce qui est faux, soit qu'elle considère comme faux ce qui est vrai* » : LALANDE, *Vocabulaire technique et critique de la philosophie*, 1951, V° erreur.
L'erreur n'acquiert un caractère juridique que par l'objet auquel elle s'applique. Ainsi, à l'occasion de la conclusion d'un contrat, elle consiste dans l'idée fausse que se fait le contractant de tel élément de celui-ci : TERRÉ (F.), SIMLER (Ph.) et LEQUETTE (Y.), *Les obligations*, Précis Dalloz, 5e éd., 1993, nos 200 et s.

toute protection de la personne morale[128] : le tiers cocontractant peut en effet se prévaloir d'une apparence de conformité à la spécialité statutaire, en arguant d'une rédaction vague de l'objet social. C'est pourquoi il semble difficile de souscrire à l'idée selon laquelle l'erreur légitime est présumée[129].

Si la notion d'erreur légitime constitue un assouplissement jurisprudentiel certain par rapport à la notion d'erreur commune[130], il n'en demeure pas moins qu'une appréciation, bien que subjective, doive reposer sur une caractérisation à la charge de celui qui l'invoque[131].

Dans une espèce ancienne, la Cour de cassation approuva néanmoins la qualification d'erreur légitime, tandis que les juges du fond avaient relevé une clause en vertu de laquelle la société en question « *pouvait agir directement ou indirectement pour le compte d'une autre société, ou pour le compte de tiers, et prendre ainsi tous intérêts et participations dans toutes affaires similaires ou connexes* »[132]. *La pratique multiplie les clauses de style* particulièrement extensives dans la définition de la spécialité statutaire. Des recommandations sont pourtant périodiquement faites pour ne pas tomber dans un excès qui ferait perdre à la spécialité statutaire son sens et sa fonction première[133].

Ainsi, la spécialité légale, quoique plus restreinte dans sa teneur, revêt une force très supérieure à celle de la spécialité statutaire dans la protection de la personne morale, au titre d'un mécanisme d'ordre public de protection.

Enfin, une remarque, qui clôturera le présent chapitre : l'ordre public, en droit des sociétés, ne se cantonne pas à des prohibitions formulées expressément par les lois qui régissent les sociétés. La situation serait alors simple : l'autonomie de la volonté ne serait bridée que par des règles écrites, selon les propos pertinents d'un auteur[134]. Or, la jurisprudence montre que l'ordre public peut trouver également sa source dans des principes généraux plus imprécis, tel le principe d'égalité entre associés ou le respect des droits individuels des associés, soit encore le caractère d'intérêt commun de la société.

---

128. PRIETO (C.), *op. cit.*, p. 89.

129. V. également CHAPUT (Y.), *De l'objet des sociétés commerciales*, Thèse Clermont-Ferrand, 1973, n° 70.

130. L'erreur est dite « commune » lorsque les deux parties ont considéré comme substantielle la qualité sur laquelle l'une d'entre elles a commis une erreur. Toutefois, pour que l'erreur commune soit caractérisée, il n'est nullement requis que les deux parties se soient trompées. L'erreur d'un des contractants suffit dès lors que l'autre a connu l'importance essentielle que revête la qualité défaillante aux yeux de la victime de l'erreur. Il est vrai, selon un auteur, que l'adjectif qualifiant l'erreur prête à confusion. Ce qui est commun, ce n'est pas l'erreur, mais l'intention des parties de considérer telle qualité de la chose comme substantielle : TERRE (F.), SIMLER (Ph.) et LEQUETTE (Y.), *Les obligations*, *op. cit.*, n° 209.

131. GOUBEAUX (G.), *Traité de droit civil – les personnes*, sous la dir. de J. Ghestin, LGDJ, 1989, n° 784.

132. Com., 23 avril 1969, *Bull. civ.* IV, n° 135.

133. LAMY *Sociétés commerciales* 2001 p. 78.

134. SCHMIDT (D.), « Rapport de synthèse au colloque sur la stabilité du pouvoir et du capital dans les sociétés par actions », *RJ Com.* n° spéc. nov. 1990, p. 179.

Finalement, la reconnaissance, par la doctrine, du véritable fondement du principe de spécialité légale, c'est-à-dire l'ordre public, ne pourrait-elle pas constituer l'étape préalable à la consécration, par la jurisprudence judiciaire, du principe de spécialité des personnes morales en tant que principe général du droit ? En effet, fort de la valeur qui serait unanimement, voire quasi-unanimement reconnue à la spécialité légale, la jurisprudence ne serait-elle pas enfin enclin à démontrer que l'ordre public puisse également trouver sa source dans un principe général du droit que constituerait alors le principe de spécialité des personnes morales[135] ?

Ainsi, chacune à leur manière, les spécialités légale et statutaire jouant un rôle important dans la vie de la personne morale, il convient de bien les différencier. En effet, leur vocation respective influe directement sur leur propre nature juridique, nature qu'il importe désormais de préciser au mieux, tant la controverse persiste.

---

135. *Supra* n° 142.

Chapitre 2

UNE NATURE JURIDIQUE CONTROVERSÉE

Parmi les nombreuses natures juridiques proposées (Section 1), aucune ne parut vraiment bien fondée, puisque la doctrine actuelle n'est toujours pas fixée. Néanmoins, un léger courant doctrinal, au rebours de l'évolution du droit positif, tenterait, semble-t-il, d'animer le principe de spécialité d'une véritable force juridique (Section 2).

SECTION 1
LES THÈSES EN PRÉSENCE

Au début du XXe siècle, le débat sur la nature juridique du principe de spécialité des personnes morales fut principalement alimenté par celui sur la personnalité morale (§ 1). Par la suite, si le principe ne sollicita plus guère d'enthousiasme[1], sa nature juridique n'apparut pas moins établie ; actuellement, la doctrine demeure toujours partagée, puisqu'une large majorité refuse d'assimiler la spécialité à une règle de capacité (§ 2).

§ 1 – LE DÉBAT AU DÉBUT DU XXe SIÈCLE

Il convient de présenter les arguments exposés par la doctrine (I), avant de porter une appréciation critique (II).

I. PRÉSENTATION

173. Deux grands courants s'opposèrent avec impétuosité au début du XXe siècle, commandés par le problème de la personnalité morale.

– Les partisans de la fictivité de la personne morale considéraient la spécialité comme une règle de capacité : les personnes morales n'avaient le pouvoir d'agir que dans les limites de leur spécialité, puisque cette capacité résultait d'une pure concession de la loi, afin de leur permettre d'atteindre le but en vue duquel elles avaient été créées. Du fait de leur existence en vue d'un objet déterminé, leur

1. *Supra* n°s 28 s.

destination devait donc fixer la mesure de leurs droits. La loi ne pouvait leur accorder que ce qui leur était indispensable pour réaliser leurs fins légitimes. La capacité ne pouvait leur être concédée qu'en vue d'une destination précise, et dans les limites de leur sphère d'activité. Le principe de spécialité était donc bien une règle de capacité[2].

– En revanche, pour les partisans de la théorie de la réalité fondée sur un anthropomorphisme assez poussé de la personne morale, la spécialité ne pouvait être qu'une règle de bon fonctionnement, sans effet sur sa capacité. La personnalité n'étant pas créée au gré de l'État, la capacité reconnue à telle personne d'accomplir tel ou tel acte juridique était toujours identique. La thèse précédente ne pouvait qu'être repoussée par les défenseurs de la réalité[3].

L'enjeu du débat avait un intérêt pratique certain. En effet, suivant la nature juridique attachée au principe de spécialité, la violation de celui-ci entraînait l'application d'une sanction différente :

– Assimiler la règle de la spécialité à une règle de capacité avait pour conséquence de sanctionner sa violation par une nullité pour cause d'incapacité.

– En revanche, en faire une règle d'une autre nature avait pour conséquence de sanctionner sa violation différemment[4].

Certains auteurs, notamment Bèque, réfutèrent ces deux analyses comme étant « en l'état aussi dénuées de fondement l'une que l'autre »[5].

II. APPRÉCIATION CRITIQUE

174. Les arguments avancés furent critiqués, notamment en raison de leur absence de pertinence.

Bèque souligna qu'aucune conséquence touchant à la nature juridique du principe de spécialité ne pouvait résulter de la fictivité ou de la réalité de la personne

---

2. Cette théorie fut consacrée par le Conseil d'État. La jurisprudence judiciaire parut le plus souvent réfractaire à cette théorie. Pourtant, certains arrêts se prononcèrent dans ce sens (Req., 31 janv. 1893, *D.* 1893, 1, 516). Quant aux auteurs favorables à cette thèse, l'on peut citer, par exemple :

– A. de la PRADELLE, *op. cit.*, p. 16,

– BÉQUET, « De la capacité des fabriques », *Rev. gén. d'adm.* 1869, 3, 27.

3. La conception de la règle de la spécialité comme pure règle de bon fonctionnement, dénuée de caractère juridique, et sans effet sur la capacité de la personne, fut admise par la majorité des tribunaux judiciaires (par exemple, Req., 31 janv. 1893, *S.* 1893, 1, 345). La doctrine fut, en revanche, minoritaire :

– PLANIOL, *op. cit.*

– HAURIOU, *op. cit.*

– NORMAND, *Du principe de la spécialité en matière de dons et de legs*, Thèse Rennes, 1900.

– RIPERT, *Le principe de la spécialité chez les personnes morales du droit administratif et son application en matière de dons et legs*, Thèse Paris, 1906.

4. BÈQUE (F.), *op. cit.*, p. 80 s.

5. *Ibid.*, p. 84.

morale. D'ailleurs, certains auteurs partisans de la théorie de la réalité[6], admettaient fort bien que la spécialité pût être une règle de capacité : telle fut bien la preuve de l'absence de conséquences résultant de la fictivité ou de la réalité de la personne morale. Connaître l'origine de cette capacité, naturelle ou fictive, n'indiquait nullement si la personne morale avait le pouvoir d'accomplir tel ou tel acte juridique.

En outre, une partie de la doctrine estima que l'ouvrage de Michoud apporta un point final à la controverse[7], assertion paraissant néanmoins controuvée en l'état actuel du droit : en effet, même si les plumes doctrinales délaissent à présent les discussions passionnées sur la fiction ou la réalité de la personnalité morale, le débat relatif à la nature juridique du principe de spécialité des personnes morales n'est toujours pas résolu, et une large majorité doctrinale affirme toujours, de manière laconique, que la spécialité ne peut être une règle de capacité.

§ 2 – LA NÉGATION DE LA SPÉCIALITÉ, RÈGLE DE CAPACITÉ[8]

Il convient de présenter les arguments exposés par la doctrine (I), avant de porter une appréciation critique (II).

I. PRÉSENTATION

175. Une partie de la doctrine soutient qu'il n'y a aucune corrélation entre la notion de spécialité et celle de capacité.

Par conséquent, un changement de capacité ne peut entraîner une modification de la spécialité ou réciproquement. Faute de s'être fait une idée claire des notions de spécialité et de capacité, l'on est ainsi tombé dans l'erreur et la confusion régnant dans la théorie de la spécialité :

– **La capacité** d'une personne morale se comprend comme « l'ensemble des actes de gestion (acheter, vendre, hypothéquer, emprunter, ester en justice, recevoir à titre gratuit...) ou des actes d'autorité (pouvoir réglementaire, disciplinaire...) que peuvent valablement accomplir en son nom les organes de cette personne morale »[9]. L'étendue de la capacité ainsi définie diffère d'une catégorie de personnes morales à l'autre, et, souvent, d'une personne morale à l'autre au sein d'une même catégorie[10].

---

6. Par exemple, VIGNON (L.), *op. cit.*, p. 129 et 130.

7. *Supra* n° 27 (introduction générale). SALEILLES montra également que les règles sur la capacité et la spécialité s'expliquaient aussi bien dans la théorie de la fiction que dans celle de la réalité de la personnalité morale (*op. cit.*, p. 318).

8. Parmi les auteurs actuels partisans de cette théorie, l'on pourrait citer :

– BALDOUS (A.), *op. cit.*, p. 432 : « *cette assimilation de l'idée de spécialité à celle de capacité doit être rejeté* ».

– HOUIN (R.), *op. cit.* : « *la spécialité des personnes morales soulève un problème de personnalité et non de capacité* ».

– BÈQUE (F.), *op. cit.*, p. 86 : « *ces notions précisées, il est aisé de se rendre compte que le principe de la spécialité ne saurait être une règle de capacité* ».

9. PLANIOL (M.), *Traité élémentaire de droit civil*, Paris, 1900, t. 1, p. 280 (cité par BALDOUS, *op. cit.*, p. 430).

10. BALDOUS (A.), *op. cit.*, p. 430.

– **En revanche, la spécialité** est « le cercle des buts que peut poursuivre la personne morale au moyen de l'instrument juridique dont elle dispose, et qui constitue sa capacité »[11].

Finalement, la règle de capacité évoque le pouvoir de faire certains actes juridiques, tandis que la spécialité évoque le pouvoir de poursuivre certains buts. Étudier la capacité des personnes morales revient à examiner les actes juridiques qu'elles peuvent conclure, les droits qu'elles peuvent acquérir[12]. Étudier le principe de spécialité revient à vérifier si les actes accomplis par telle personne morale dans telle ou telle circonstance s'expliquent par les nécessités de la réalisation de son objet social[13]. On ne saurait donc substituer au terme de « capacité », doté d'un sens précis, celui de « spécialité » qui pose manifestement un problème différent[14].

176. Refusant d'assimiler la règle de la spécialité à une règle de capacité, la doctrine propose d'autres natures juridiques.

Certains présentent la règle de la spécialité comme une règle de limitation des buts : le principe de spécialité limite la personne morale non dans ses actes juridiques, mais dans les buts qu'elle poursuit. Dès lors, l'acte juridique accompli en dehors de sa spécialité serait nul pour vice de but. Cette limitation de la personne morale dans les buts à poursuivre se pose donc plus en terme de cause qu'en terme de capacité[15].

D'autres la présentent comme une règle de compétence[16] ou encore une règle de limitation des pouvoirs[17].

Cela étant, les démonstrations niant la nature juridique du principe de spécialité en tant que règle de capacité, manquent de conviction.

II. APPRÉCIATION CRITIQUE

177. D'une part, l'on pourrait se demander si la distinction entre capacité et spécialité est bien fondamentale[18].

---

11. BÈQUE (F.), *op. cit.*, p. 86.

12. Par exemple, étudier la capacité d'une association revient à déterminer si une association sans but lucratif peut recevoir des dons ou des legs, et à quelles conditions.

13. Par exemple, si telle société commerciale n'est pas incapable de faire des donations, il convient de vérifier si telle ou telle donation est justifiée par l'objet que la société s'est assigné.

14. BALDOUS (A.), *op. cit.*, p. 433.

15. Telle est la conception de BÈQUE (F.), *op. cit.*, p. 111.

16. BALDOUS (A.) ; ATIAS (Ch.), op. cit., p. 248 s. : « la spécialité détermine une compétence ».

17. Par exemple :

– TEYSSIÉ (B.), *op. cit.*, n° 542 : « *le principe de spécialité est une règle de limitation générale des pouvoirs des organes de gestion des personnes morale* ».

– JEANTIN (M.), *op. cit.*, p. 33 s. : « *le principe de spécialité détermine l'étendue des pouvoirs des représentants légaux de certaines sociétés* ».

18. COULOMBEL se posa la question, mais aussi OMMESLAGHE (P. van), sous Cass. 1re ch., 31 mai 1957, *Rev. crit. de jur. belge* 1958, p. 286.

En effet, il semblerait que « la distinction présente surtout un intérêt conceptuel et didactique »[19]. En pratique, cette proposition aboutirait « à retirer tout effet juridique au principe de spécialité légale[20], et à enlever à peu près toute sanction civile aux articles par lesquels le législateur détermine le cercle des attributions des personnes morales dont il fixe le statut »[21]. Or, comme Michoud le souligna avec pertinence, si le législateur a déterminé avec précision le champ d'activité de chaque personne morale, c'est qu'il avait des raisons pour cela. Ces raisons, analysées précédemment, sont encadrer, canaliser l'activité juridique des personnes morales. En conséquence, « *il faut affirmer la nullité des actes violant le principe de spécialité légale des personnes morales, mais sans en faire une arme intransigeante de lutte contre le développement des personnes morales, comme on a tendu à le faire autrefois* »[22], ce que ne permet pas l'allégation soutenue par ces auteurs.

178. D'autre part, les natures juridiques proposées ne rendent pas compte de la fonction complète de la spécialité.

En premier lieu, la démonstration de la spécialité en tant que règle de limitation de pouvoirs réduit le principe à un seul aspect : la spécialité statutaire. Spécialité légale et spécialité statutaire ne font qu'un, ce qui, à notre avis, est une affirmation controuvée[23].

En second lieu, la construction proposée par Bèque[24] s'avère insuffisante pour donner une force juridique à la spécialité légale : en effet, aujourd'hui, la conception majoritairement dualiste de la cause conduit à confronter la spécialité légale au contrôle de l'existence de la cause, d'une part, à celui de la licéité de la cause, d'autre part[25] :

– S'agissant du premier, la règle impose de contrôler une cause abstraite inhérente à la nature du contrat, sauf en matière d'actes à titre gratuit qui appellent un contrôle de l'intention libérale[26]. Si la cause impulsive et déterminante s'avère fausse ou inexistante, l'acte est annulé pour défaut de cause. Toutefois, cette construction ne confère aucune force juridique à la spécialité légale[27].

– Aussi, il apparaît beaucoup plus opportun de confronter la spécialité légale au contrôle de la licéité de la cause : en effet, la cause illicite ne peut pas être comprise et mise en œuvre indépendamment de l'idée de capacité de jouissance[28].

---

19. OMMESLAGHE (P. van), *op. cit.*, p. 292.

20. D'ailleurs, pour BÈQUE, la règle de spécialité comprise comme une règle de limitation de buts était dépourvue de caractère obligatoire (*supra* n° 50).

21. COULOMBEL (P.), *op. cit.*, p. 217.

22. *Ibid.*

23. *Infra* n°s 194 et s.

24. *Supra* n° 176.

25. TERRÉ (F.), SIMLER (Ph.) et LEQUETTE (Y.), *op. cit.*, n° 313 et s.

26. *Infra* n° 180. Observation étant ici faite que le contrôle de l'intention libérale suppose de rechercher la réalité des motifs qui ont inspiré la libéralité. Ce glissement de la cause objective vers les motifs s'expliquerait par le fait que la sécurité juridique soit un impératif moins fort en matière d'actes à titre gratuit.

27. PRIETO (C.), *op. cit.*, p. 53.

28. *Ibid.*, p. 56.

Cette thèse, qu'il convient désormais de développer, conduit ainsi à rejeter les propositions précédemment émises.

SECTION 2
LA THÈSE RETENUE

179. Considérée dans son ensemble, la spécialité est indéniablement un mode de régulation des actes conclus au nom de la personne morale ; néanmoins, chacune revêt une nature juridique qui lui est propre, résultant de son fondement.

Il importe alors de différencier la nature juridique de la spécialité légale (§ 1), de celle de la spécialité statutaire (§ 2).

§ 1 – LA SPÉCIALITÉ LÉGALE : UNE RÈGLE DE CAPACITÉ ?

En se confortant au plan suivi pour la démonstration du fondement de la spécialité, il importe là aussi, de distinguer la nature juridique de la spécialité légale de droit commun (I) de celle de la spécialité légale plus « étroite » (II).

I. LA SPÉCIALITÉ LÉGALE DE DROIT COMMUN

En raison de son rôle protecteur de la personne morale, la spécialité légale de droit commun serait une règle de limitation de la capacité de jouissance. Autrement dit, c'est parce que la véritable dimension juridique de la spécialité légale de droit commun réside dans la préservation de la vie de la personne morale, au titre d'un mécanisme d'ordre public de protection, ainsi qu'il a été démontré[29], que la nature juridique de ladite spécialité serait une règle de capacité (A). La démonstration ainsi réalisée permettra de dégager la résonance de la règle, sa portée, notamment au regard du droit fiscal (B). En approfondissant encore la réflexion, le principe de spécialité légale ne pourrait-il pas être considéré comme un régulateur de l'existence même de la personne morale, au titre également d'un ordre public de protection (C) ?

A. UNE DÉLIMITATION DE LA CAPACITÉ DE JOUISSANCE

180. Tandis que le droit positif assimile la règle de la spécialité légale à une règle de limitation de pouvoirs, quelques auteurs seulement considèrent que la spécialité légale de droit commun est une « *règle limitant le principe de la pleine capacité de jouissance des personnes morales* »[30].

---

29. *Supra* n° 155 et s.

30. Notamment GUYON (Y.), et PRIETO (C.), *op. cit.*

Observation étant ici faite que parmi les quelques auteurs qui défendent la théorie de la spécialité-règle de capacité, les démonstrations sont divergentes, et aucune solution n'apparaît clairement établie. En effet :

– soit la seule spécialité statutaire est prise en considération. Par exemple, MESTRE (*op. cit.*, p. 173) : « *en vertu du principe de spécialité statutaire limitant la capacité de la*

Pour démontrer le propos, l'on s'appuiera sur une démonstration convaincante effectuée par Madame Prieto[31], celle proposée par Bèque au début du XXe siècle sur la base de l'existence de la cause s'avérant insuffisante pour conférer une force juridique audit principe[32]. En effet, la conception actuelle majoritairement dualiste de la cause conduit à confronter la spécialité légale au contrôle de l'existence de la cause d'une part, et au contrôle de la licéité de la cause d'autre part. Reprenons chacun des termes de l'alternative :

– *S'agissant du contrôle de l'existence de la cause*, la règle de la spécialité impose de contrôler une **cause abstraite** inhérente à la nature du contrat, sauf en matière d'actes à titre gratuit qui appellent un contrôle de l'intention libérale[33]. Il faut entendre par cause abstraite, « *l'intérêt de l'acte juridique pour son auteur qui correspond, lorsqu'il s'agit de vérifier l'existence de ladite cause, à l'effet de droit inhérent à l'acte, considération abstraite plus objective et invariable dans un même type d'acte* »[34]. Or, si la cause impulsive et déterminante s'avère fausse ou inexistante, l'acte est annulé pour défaut de cause. Toutefois, cette construction ne confère aucune force juridique à la spécialité légale. C'est pourquoi, il semble

---

société (...) » ; CHARTIER, (*op. cit.*, p. 77) : « *la capacité des sociétés est simplement limitée par le principe de spécialité. En vertu de ce principe, une société ne peut exercer son activité que dans le cadre de son objet statutaire* » ;

– soit les deux règles de spécialité (légale et statutaire) sont considérées comme une règle de capacité. Par exemple : STARCK, (*op. cit.*, p. 432) : « *le principe de spécialité limite la capacité de jouissance des personnes morales ; il est de portée générale, s'appliquant sans égard à la nature de la personne morale (...). Cette restriction est à la fois légale et statutaire* ».

31. PRIETO (C.), *op. cit.* Tout en démontrant, sous un angle de vue original, que la personnalité juridique était en réalité un instrument au service des besoins des sociétés accomplissant des contrats, Madame PRIETO contribua à redonner une importance certaine au principe de spécialité des personnes morales. Dans sa première partie consacrée à la démonstration de l'ascendant que peut exercer l'intérêt social sur la formation du contrat, elle observa qu'un *souci de protection de la société* dictait un certain infléchissement du pouvoir habituel de contracter dévolu aux représentants légaux. Ainsi, cet infléchissement puiserait sa justification dans trois sources, dont l'une serait caractérisée par le respect du projet sociétaire des associés qu'imposerait le principe de spécialité.

32. *Supra* n° 176. Rappelons que BÈQUE, dans sa thèse, présente la règle de la spécialité comme une règle de limitation des buts : le principe de spécialité limite la personne morale non dans ses actes juridiques, mais dans les buts qu'elle poursuit. Dès lors, l'acte juridique accompli par la personne morale en dehors de sa spécialité serait nul pour vice de but. Cette limitation de la personne morale dans les buts à poursuivre se pose donc en terme de cause, et non en terme de capacité.

33. V. TERRÉ (F.), SIMLER (Ph.) et LEQUETTE (Y.), *Les obligations*, *op. cit.*, n° 313 et s., n° 328 : le contrôle de l'intention libérale suppose de rechercher la réalité des motifs qui ont inspiré la libéralité. Ce glissement de la cause objective vers les motifs s'expliquerait par le fait que la sécurité juridique soit un impératif moins fort en matière d'actes à titre gratuit.

34. V. la notion de cause *in Vocabulaire juridique*, sous la dir. de G. Cornu, *op. cit.*
Par exemple : pour l'acquéreur, il s'agira de l'acquisition de la propriété ; pour le vendeur, ce sera la réception du prix ; dans une société, il s'agira d'un acte en vue de réaliser des bénéfices (ou des économies).
Précision étant ici faite qu'on parle toujours de cause abstraite, objective, mais il s'agit toujours de la cause finale, par opposition à la cause efficiente.

opportun de confronter la spécialité légale plus au contrôle de la licéité de la cause qu'au contrôle de l'existence de la cause : en effet, la cause illicite ne peut être comprise et mise en œuvre indépendamment de la capacité de jouissance, ainsi qu'il va être démontré ci-dessous.

– *S'agissant du contrôle de la licéité de la cause*, la règle impose de contrôler le mobile individuel, concret et variable dans le même type d'acte d'une personne à l'autre[35]. Le recours à la licéité de la cause peut être retenu pour examiner les actes éloignés de la spécialité légale. La licéité de la cause suppose la conformité du contrat à l'ordre public[36], et cette exigence justifie que les mobiles des parties soient scrutés pour chaque acte[37]. Dès lors, la spécialité légale est bien une règle d'ordre public, mais un ordre public de protection ainsi qu'il fut démontré[38]. L'appréciation de l'ordre public que la cause est censée défendre, renvoie à la personne morale, à la conception que l'on s'en fait. Ainsi, l'exigence de la poursuite d'un profit ou d'une économie correspond à la définition d'un intérêt social minimal et irréductible à l'essence de la société, en dehors duquel la société ne mérite plus la qualification de société. Or, cette essence détermine nécessairement la capacité de jouissance *en cas d'attribution de la personnalité juridique*, c'est-à-dire l'aptitude à devenir titulaire d'un droit ou d'une obligation et à l'exercer. L'exigence de la poursuite d'un profit ou d'une économie assignée à la société est bien posée par l'article 1832 du Code civil[39] ; cette exigence peut être admise comme une délimitation de la capacité de jouissance, puisqu'elle a pour fonction, non seulement de protéger la personne morale, mais aussi l'exécution de bonne foi des contrats, et non pas d'entraver son action[40]. En conséquence, « *il semble opportun de mettre en valeur la délimitation de la capacité de jouissance des sociétés et, partant, leur capacité de contracter... car il est bien évident que c'est dans la conclusion de contrats que la spécialité légale sera le plus facilement méconnue* »[41].

Remarque : la démonstration de la spécialité légale – règle de capacité, s'applique à toute personne morale, mais elle a une portée indéniable en matière sociétaire ou même en matière associative, puisque les associations prennent de plus en plus d'importance dans le monde des affaires.

---

35. Par exemple, l'un achète une maison pour l'habiter, l'autre pour la louer, un autre pour la revendre. On parle alors de cause impulsive et déterminante, ou cause concrète, purement subjective, par opposition à la précédente (cause abstraite ou objective).

36. Art. 1133 C. civ. : « La cause est illicite, quand elle est prohibée par la loi, quand elle est contraire aux bonnes mœurs ou à l'ordre public ».

37. Les seules limites apportées par la jurisprudence – principalement en matière sociétaire – à seule fin de ne pas trop malmener la sécurité juridique, tiennent au caractère déterminant du motif, et à la connaissance, par l'autre partie, de ce motif illicite. Toutefois, en matière sociétaire, l'appréciation des motifs d'un acte à titre gratuit passe nécessairement par un contrôle de l'intention libérale, car la sécurité juridique est un impératif moins fort pour les actes à titre gratuit : TERRÉ (F.), SIMLER (Ph.) et LEQUETTE (Y.), *op. cit.*, n° 344.

38. *Supra* n° 155.

39. Art. 1832, al. 1 C. civ. : « La société est instituée par deux ou plusieurs personnes qui conviennent par un contrat d'affecter à une entreprise commune des biens ou leur industrie en vue de partager le bénéfice ou de profiter de l'économie qui pourra en résulter ».

40. V. PRIETO (C.), *op. cit.*, n°s 64 et s.

41. *Ibid.*, n° 69 p. 58.

Bien que le droit positif n'adopte pas la présente conception, ne prenant en considération que la seule spécialité statutaire, l'on peut s'attacher à souligner la portée de l'analyse de la spécialité légale – règle de capacité, notamment en droit fiscal avec la théorie de l'acte anormal de gestion.

B. Portée de l'analyse

181. La théorie de l'acte anormal de gestion pourrait être perçue comme un effet de la qualification juridique du principe de spécialité légale – règle de capacité[42].

L'acte de gestion est réputé anormal lorsqu'il va à l'encontre de la finalité intéressée d'une société. Avant de fournir quelques exemples explicatifs d'actes anormaux de gestion, il pourrait être utile de rappeler le contexte dans lequel la théorie de l'acte anormal de gestion a vocation à s'appliquer :

– Par principe, ni le juge, ni le commissaire aux comptes, ni l'administration fiscale n'ont à s'immiscer dans la gestion de l'entreprise. L'administration fiscale n'est pas habilitée à exercer une mission de contrôleur de gestion. En conséquence, elle n'a pas à se faire juge de résultats médiocres voire désastreux d'une entreprise, ni même de la gestion commerciale ou financière exercée par les dirigeants sociaux[43]. Ceux-ci ont droit à l'erreur. Il appartient néanmoins aux associés de les sanctionner, le cas échéant, mais ce n'est en aucune façon le rôle de l'administration fiscale. Cela étant, il n'appartient pas aux dirigeants sociaux de faire n'importe quoi : leurs activités doivent être dictées par l'intérêt de la société, et non par leur intérêt personnel, ni par l'intérêt d'une personne extérieure à la société. C'est pourquoi la théorie de l'acte anormal de gestion trouve son domaine privilégié dans le fonctionnement des sociétés[44]. L'acte de gestion est donc réputé anormal lorsqu'il va à l'encontre de la finalité intéressée d'une société. *Un premier lien est ainsi fait entre l'intérêt social minimal que postule le principe de spécialité et l'acte anormal de gestion en droit fiscal*[45].

– Essayant de regrouper les nombreux exemples d'actes anormaux de gestion, un auteur[46] a proposé leur classement en trois catégories : d'une part, les dépenses injustifiées dans leur principe, d'autre part, les dépenses exagérées dans leur montant[47], enfin, les manques à gagner[48]. Sont considérées comme injustifiées les

42. PRIETO (C.), *op. cit.*, n°s 73 à 77.

43. « Le fisc n'est pas l'assureur tous risques des fantaisies des dirigeants... » : V. COZIAN (M.), *Les grands principes de la fiscalité des entreprises*, Litec, 3e éd., 1996, doc. 5 : la théorie de l'acte anormal de gestion.

44. En effet, la théorie de l'acte anormal de gestion joue surtout en matière sociétaire où la jurisprudence, en ce domaine, est considérable.

45. PRIETO (C.), *op. cit.*, n°s 73 à 77.

46. COZIAN (M.), *Précis de fiscalité des entreprises*, *op. cit.*, n°s 753 et s.

47. Par exemple, lorsqu'une société consent, au profit de son dirigeant, des avantages directs ou indirects, avec notamment, le problème délicat de la rémunération excessive. *En théorie*, le droit des sociétés est à même d'exercer une sorte de police des rémunérations excessives (les minoritaires peuvent invoquer l'abus de majorité ; des dirigeants peuvent également être condamnés pénalement pour abus de biens sociaux lorsque le niveau des rémunérations était manifestement exagéré. Toutefois, de telles actions punitives restent exceptionnelles. V. COZIAN (M.) et VIANDIER (A.), *Droit des sociétés*, *op. cit.*, n° 685). *En pratique*, c'est le niveau normal ou excessif de la rémunération qui soulève des problèmes,

dépenses qui, dans leur principe, n'ont aucun lien avec l'intérêt de l'entreprise. Il ne paraît donc pas concevable qu'elles soient prises en compte pour la détermination du résultat imposable de la société. Par exemple, une libéralité consentie à un parent ou à un ami du dirigeant de la société, soit encore à une autre société avec laquelle le dirigeant entretiendrait des liens personnels, donc contraire à l'intérêt de l'entreprise, paraît suspecte aux yeux de l'administration fiscale. Par conséquent, le fisc peut considérer cet acte comme lui étant inopposable pour le calcul de l'impôt (acte anormal de gestion)[49]. De même, si une société s'engage comme caution pour une opération étrangère à l'intérêt social, la perte subie à ce titre peut être considérée comme inopposable à l'administration fiscale. Ainsi, tout acte qui accorderait des avantages à des tiers, sans contrepartie, donc contraire à l'intérêt de l'entreprise, paraît suspect aux yeux du fisc[50]. En conséquence, l'administration fiscale peut le considérer comme lui étant inopposable pour le calcul de l'impôt, sur le fondement de la théorie de l'acte anormal de gestion. Toutefois, l'administration fiscale admet que la société puisse rapporter la preuve qu'il répond bien à son intérêt économique. *Un second lien est ainsi établi avec la nullité issue de l'incapacité de jouissance qui, en soi, est susceptible de ratification.*

En résumé, la théorie de l'acte anormal de gestion peut donc être perçue comme une résonance du principe de spécialité légale :

– d'une part, l'acte est réputé anormal lorsqu'il va à l'encontre de la finalité intéressée d'une société (lien entre l'intérêt social minimal que postule le principe de spécialité et l'acte anormal de gestion) ;

– d'autre part, l'administration fiscale admet qu'un acte qualifié par elle d'anormal puisse, sous condition de preuve, répondre en réalité à l'intérêt économique de la société (lien avec la nullité issue de l'incapacité de jouissance qui est susceptible de ratification)[51].

D'ailleurs, la relation étroite entre ces deux notions (acte anormal de gestion et spécialité légale) fut exprimée par un commissaire du Gouvernement, selon les propos ci-après relatés : « *le concept d'acte anormal de gestion est le fruit de l'acclimatation ou de la transplantation en droit fiscal du concept commercial*

---

en raison des critères d'appréciation. L'administration peut commencer par consulter le relevé des frais généraux qui met en évidence le total des rémunérations versées aux dix personnes les mieux rémunérées dans l'entreprise par exemple. Ensuite, elle peut procéder à une confrontation avec des sociétés comparables par la taille, le type d'activité, le chiffre d'affaires. Cela lui permettra de qualifier d'excessive ou non la rémunération versée au dirigeant. La société pourra se défendre en invoquant, par exemple, le talent et l'efficacité de son dirigeant ou encore l'étendue des responsabilités de son dirigeant… En cas de désaccord, la Commission départementale des impôts pourra être saisie.

48. Il y a manque à gagner lorsqu'une entreprise renonce sans contrepartie et sans justification à un profit qu'elle pourrait réaliser. Par exemple, lorsqu'une filiale cède des immobilisations à sa société-mère pour un prix inférieur à leur valeur vénale. Également, lorsqu'une entreprise consent des locations gratuites.

49. COZIAN (M.), « La théorie de l'acte anormal de gestion », *Def.* 1994, art. 35829, n° 9.

50. Sous réserve de ce qui fut dit précédemment à propos des contrats de bienfaisance visés par l'article 1105 C. civ. : *supra* n° 76.

51. PRIETO (C.), *op. cit.*, n° 74.

d'acte non conforme à l'intérêt social »[52]. L'intérêt social dont il est question correspond à l'intérêt minimal contenu dans l'article 1832 du Code civil. C'est donc bien au nom du principe de spécialité – règle de capacité, que devraient être réprimés les actes anormaux de gestion.

En approfondissant encore la réflexion, ne pourrait-on pas, en amont, considérer le principe de spécialité légale comme un régulateur de l'existence même de la personne morale, soit finalement comme **une règle d'existence** même de la personne morale, au titre également de l'ordre public (C) ?

C. Une règle d'existence

182. Au-delà de la nature de règle de capacité ainsi démontrée, la spécialité légale de droit commun ne pourrait-elle pas, en amont, être considérée comme une règle gouvernant l'existence même de la personne morale ?

Soit l'exemple extrême d'une association qui aurait été constituée en vue d'acquérir, pour les revendre, des biens immobiliers. Soit encore, par exemple, une société qui aurait été créée en vue de restaurer les premières poupées Barbie des années 1959, ou de défendre le patrimoine historique du château de Maintenon... Aucune question de capacité de jouissance, c'est-à-dire l'aptitude à devenir titulaire d'un droit n'est en cause : il y a, aux cas d'espèce susvisés, une question d'existence même de la personne morale. Une association dont les statuts font mention d'un tel objet social ne peut exister sur la scène juridique, comme étant en contradiction avec la lettre même de la loi de 1901. Une société pourvue de l'objet social tel que susvisé ne pourra être immatriculée au Registre du commerce et des sociétés, car contraire à l'essence même de l'article 1832 du Code civil. Elle n'aura aucune existence juridique. Si le nombre de personnes morales s'est multiplié, surtout depuis l'essor industriel de la fin du XIXe siècle, elles sont néanmoins limitées quant à leur catégorie, contrairement aux personnes physiques : on ne peut créer de personnes morales hors de l'arsenal législatif existant[53]. On pourrait même dire que les personnes morales sont soumises à un *numerus clausus*, bien que l'expression ne soit pas utilisée pour elles[54], lequel *numerus clausus* n'est pas sans lien avec le principe de spécialité. La personne morale est cantonnée par la spécialité de sa raison d'être, laquelle spécialité implique un *numerus clausus,* dont la raison d'être est l'ordre public, dans le dessein de protéger l'État, mais également les personnes morales contre la puissance que pourraient acquérir certaines d'entre elles devenues impossibles à maîtriser[55].

---

52. RACINE (M.), concl. dans *RJF* 1984, n° 10, p. 563, sous CE 7e, 8e et 9e s/sect. 27 juillet 1984 (cité par COZIAN, *op. cit.*).

53. On en revient alors à la théorie de la fiction de la personne morale. D'ailleurs, « *la somme des dispositions légales expresses, positives ou négatives, réduit l'intérêt pratique de savoir s'il existe, résiduellement, d'autres personnes morales, en dehors de celle que la loi reconnaît. Le résidu, s'il existe, est restreint. Les interventions de la loi marginalisent le débat traditionnel* » (personne morale : fiction ou réalité ?) : CORNU (G.), *Introduction, Les personnes, Les biens, op. cit.*, n° 785.

54. *Infra* nos 304 et s.

55. L'on pourrait être amené à se demander en quoi une société qui poursuivrait un but humanitaire ou qui aurait pour objet de restaurer les premières poupées Barbie, présenterait un

Aussi, si l'exigence de la poursuite d'un profit ou d'une économie, correspondant à la définition d'un intérêt social minimal qui est de l'essence de la société, fut démontrée comme une délimitation de la capacité de jouissance *en cas d'attribution de la personnalité juridique*[56], il ne saurait être question de règle de capacité lorsque la société ne peut exister sur la scène juridique. Le principe de spécialité légale régit donc également l'existence de la personne morale. C'est bien au nom du principe de spécialité légale, qui implique nécessairement un *numerus clausus,* que la société ne peut avoir un objet autre que l'exigence de la poursuite d'un profit ou la réalisation d'une économie. Toute société qui poursuivrait un but humanitaire ou qui aurait pour objet légal de défendre le patrimoine historique du château de Maintenon, pour reprendre l'exemple ci-dessus, serait sanctionnée par la mise en œuvre de la théorie des nullités[57] : elle serait frappée de nullité absolue, car privée d'un organe essentiel à la vie.

En résumé, la spécialité légale de droit commun peut donc être admise, non seulement comme une règle délimitant la capacité de jouissance de la personne morale,

---

danger pour l'État, pour la société en général, soit encore à l'encontre d'autres personnes morales. Il ne s'agit certes là que de simples exemples. Mais, partant du principe que l'imagination des hommes, dans le monde des affaires notamment, est illimitée, il convient, dans notre type de société française, de se prémunir contre d'éventuels débordements, non supposés à l'instant présent.

56. *Supra* n° 180.

57. Faut-il appliquer la théorie de la nullité ou de l'inexistence, à supposer cette seconde notion admise ? V. par exemple, COHENDY, « Des intérêts de la distinction entre l'inexistence et les nullités d'ordre public », *RTD Civ.* 1911, 33 ; SALEILLES, « La distinction entre l'inexistence et la nullité de mariage », *Bull. sté de légis*, 1911, 351 s.

Rappelons que la notion d'inexistence est apparue chez certains auteurs au XIXe siècle, en marge des nullités absolues et des nullités relatives, à propos des nullités du mariage. En effet, confrontés à l'aphorisme *« en matière de mariage, pas de nullité sans texte »,* ces auteurs ont admis la théorie du mariage inexistant pour les cas où le Code civil n'a pas prévu de nullité, et où un élément nécessairement requis à sa validité fait défaut : Req., 12 nov. 1844, *DP* 1845, I, 98 et *S.* 1845, I, 246 : « *le mariage tient trop essentiellement à l'ordre social pour avoir été imprudemment livré à toutes les attaques des mauvaises passions ;* ***la nullité ne peut en être prononcée que sur un texte formel*** *(nous soulignons), et seulement à la requête de ceux que la loi autorise spécialement à invoquer le texte ; c'est pourquoi un chapitre entier est consacré aux demandes en nullité de mariage ; il est composé de vingt-trois articles, et tous les droits y sont prévus ; d'où il résulte que l'article 184, le seul qui admette tous ceux qui y ont intérêt à attaquer un mariage, est essentiellement restrictif et limitatif ; on ne saurait l'étendre d'un cas à un autre* ». En conséquence, il fut jugé qu'il n'y avait pas de nullité du mariage de l'interdit.

Selon ces auteurs, le régime de l'inexistence se distinguerait de celui des nullités, notamment par le fait que l'inexistence n'aurait pas à être prononcée en justice, et serait imprescriptible. Puis la catégorie de l'inexistence fut étendue à tous les actes juridiques, et une distinction fut ainsi établie entre les actes nuls et les actes inexistants. Néanmoins, à partir du début du XXe siècle, la doctrine commença à souligner le résultat incertain auquel pouvait conduire la distinction entre la nullité et l'inexistence. V. *par exemple,* sur cette question où la littérature juridique est plus qu'abondante : COUTURIER (G.), *La confirmation des actes nuls*, Thèse Paris, éd. 1972, préface J. FLOUR ; « Inexistence, nullité et annulabilité en droit civil », *Trav. Assoc. H. Capitant,* t. XIV 1961-1962, spéc. les rapports de J. CHEVALLIER p. 513 et s. et G. DURRY pp. 611 et s.

mais plus encore, comme une règle régissant son existence même, au titre d'un ordre public de protection.

En revanche, les spécialités légales dites « étroites » ne peuvent avoir la même nature juridique, car elles sont mues par un souci d'efficacité économique.

II. LES SPÉCIALITÉS LÉGALES « ÉTROITES »

183. Le législateur entend en effet exercer un pouvoir de direction sur l'activité économique menée par la société étroitement spécialisée[58].

La société ayant un objet étroitement défini par le législateur se voit donc cantonnée dans certains actes. Toute idée de protection de la personne sociétaire étant exclue, cette spécialité ne peut être une délimitation de la capacité de jouissance. Il s'agit de *restrictions ordinaires de droits*, dictées par un intérêt général auquel l'intérêt social s'identifie, au titre d'un mécanisme d'ordre public de direction.

C'est ainsi que la spécialité étroitement définie (bien que légale) et la spécialité statutaire ont en commun de ne point être des règles de limitation de la capacité de jouissance. Toutefois, la spécialité statutaire revêt une nature juridique encore différente des précédentes : elle s'apparenterait à une règle limitant les pouvoirs des dirigeants, affirmation qu'il convient de démontrer.

§ 2 – LA SPÉCIALITÉ STATUTAIRE : UNE RÈGLE DE POUVOIRS ?

Définie par les membres du groupement, la spécialité statutaire pourrait être considérée comme le fondement, mais aussi la limite des pouvoirs de gestion des dirigeants. Cette assertion, indéniable dans l'ordre interne sociétaire (I), apparaît toutefois plus nuancée dans l'ordre externe sociétaire (II).

I. UNE LIMITATION DES POUVOIRS INCONTESTABLE DANS L'ORDRE INTERNE

184. La spécialité statutaire ne satisfait à aucune exigence légale, puisque l'objet est délimité par les membres du groupement lors de la rédaction des statuts.

À l'intérieur de la spécialité légale, la spécialité statutaire assigne des limites à l'action des organes sociaux. La spécialité statutaire fixe l'objet des activités juridiques de la personne morale. Toutefois, les statuts peuvent aller encore plus loin en édictant des dispositions restrictives à l'intérieur même des activités conformes à l'objet statutaire : il s'agit alors d'incapacités statutaires, hypothèses bien différentes de la spécialité statutaire[59].

---

58. *Supra* n° 152.

59. COULOMBEL (P.), *op. cit.*, p. 326 : « *Quand on parle de spécialité statutaire, on vise l'objet des actes juridiques, non la nature de ces actes. On se demande, par exemple, si le gérant d'une société de parfumerie peut passer un marché relatif à du chocolat. Ce n'est pas du tout la même chose que de se demander si le conseil d'administration d'une société peut emprunter, dans le cadre de ses pouvoirs d'administration* » (*supra* n° 105).

Ainsi, la spécialité statutaire ne peut pas être considérée comme une délimitation de la capacité de jouissance, puisque l'intérêt social peut commander une modification de l'objet social statutaire. Elle est « virtuellement fluctuante et dépendante de la seule volonté des associés »[60]. Seul le principe de spécialité légale a la nature de règle de capacité. La spécialité statutaire n'en est pas moins un mode de régulation des actes accomplis au nom de la personne morale. Protégeant incontestablement la personne dans l'ordre interne[61], elle constitue le fondement des pouvoirs attribués aux dirigeants[62]. Corrélativement, elle constitue en même temps la limite de leurs pouvoirs : en effet, c'est uniquement pour poursuivre la réalisation de l'objet social qu'ils ont été choisis. Certains textes le rappellent expressément[63], et la limite de leurs pouvoirs a une valeur générale[64]. En plus, sa méconnaissance par les représentants sociaux est susceptible d'entraîner leur responsabilité.

Ainsi, la spécialité statutaire soulève une question de compétence et non de capacité[65]. Cette règle est donc un moyen de contrôle des pouvoirs des dirigeants par les associés[66]. La question mérite néanmoins d'être nuancée dans les rapports avec les tiers.

II. UNE LIMITATION DES POUVOIRS PLUS NUANCÉE DANS L'ORDRE EXTERNE

185. Dans la jurisprudence antérieure à la réforme de 1966, l'objet social était considéré, à l'égard des tiers, comme une limite stricte aux pouvoirs des dirigeants, exactement comme dans l'ordre interne.

En conséquence, tout acte violant la spécialité statutaire était susceptible d'être annulé[67]. L'ordonnance du 20 décembre 1969[68] a apporté une nuance à la règle de

---

60. PRIETO (C.), *op. cit.*, p. 50.

61. *Supra* n°s 158 et s.

62. PAILLUSSEAU (J.), *La société anonyme, technique d'organisation de l'entreprise*, Sirey, 1967, p. 165.

63. Art. L. 225-35, al. 1 C. com. : « Le conseil d'administration détermine les orientations de l'activité de la société et veille à leur mise en œuvre. Sous réserve des pouvoirs expressément attribués aux assemblées d'actionnaires et dans la limite de l'objet social, il se saisit de toute question intéressant la bonne marche de la société et règle par ses délibérations les affaires qui la concernent ».

Art. L. 225-51 C. com. : « Le président du conseil d'administration représente le conseil d'administration. Il organise et dirige les travaux de celui-ci, dont il rend compte à l'assemblée générale. Il veille au bon fonctionnement des organes de la société et s'assure, en particulier, que les administrateurs sont en mesure de remplir leur mission ».

64. *Lamy Sociétés Commerciales*, 2003, n° 194.

65. CHAPUT (Y.), *op. cit.*, n° 45 : « *si l'assimilation à la capacité doit être rejetée, c'est parce qu'une société par une modification de volonté des associés peut modifier son objet* (...) *La spécialité statutaire soulève non pas une question de capacité, mais de compétence* ».

66. V. les sanctions en cas de violation (*infra* n° 224).

67. CHAPUT (Y.), « L'influence de l'objet social sur les pouvoirs des représentants des sociétés », *op. cit.*

68. *Supra* n° 168.

pouvoirs ainsi démontrée : les sociétés à risques limités (A) se distinguent désormais de celles à risques illimités (B).

A. Les sociétés à risques limités

186. L'ordonnance de 1969 susvisée, mettant la loi de 1966 en harmonie avec la directive européenne du 9 mars 1968 émanant du Conseil des Communautés européennes, a renforcé la protection des tiers au détriment de la société[69].

Les gérants de SARL ou de société en commandite par actions[70], le conseil d'administration et le directeur général dans la société anonyme de type classique[71], le directoire dans celle de type nouveau[72], engagent la personne morale même par des actes excédant l'objet social statutaire. Par conséquent, à l'égard des tiers, l'objet social n'est plus une limite apportée aux pouvoirs des dirigeants. Le régime qui en découle pour les associés est d'autant plus rigoureux qu'aucune clause statutaire ne permet d'éviter que les dirigeants n'engagent la société en cas de dépassement[73].

Exceptionnellement, la spécialité statutaire redevient opposable aux tiers si la société parvient à apporter la preuve que le tiers avec lequel le dirigeant a contracté connaissait le dépassement de l'objet social, ou ne pouvait l'ignorer compte tenu des circonstances. Ainsi, à ce stade seulement, la spécialité statutaire constitue une limite aux pouvoirs des dirigeants, limite toutefois fort ténue en raison de la preuve de la mauvaise foi du tiers demeurant difficile à rapporter[74].

En revanche, dans les sociétés à risques illimités, la spécialité statutaire continue à être une règle de limitation des pouvoirs des dirigeants, y compris à l'égard des tiers.

B. Les sociétés à risques illimités

187. Dans les sociétés en nom collectif et en commandite simple, soit encore dans les sociétés civiles, la spécialité statutaire continue à être une limite aux pouvoirs des dirigeants, y compris à l'égard des tiers[75].

---

69. *Supra* n°s 169 et s.

70. Art. L. 223-18 C. com. et art. L. 226-7 C. com.

71. Art. L. 225-35 C. com. et art. L. 225-56 C. com.
Précision étant ici faite que depuis la loi n° 2001-420 du 15 mai 2001, qui a modifié notamment l'article L. 225-51 C. com., le président du conseil d'administration n'a plus le pouvoir d'engager la société par ses actes qui ne relèveraient pas de l'objet social. Désormais, il n'y a plus que le *directeur général* qui dispose de ce pouvoir : art. L. 225-56, al. 2 C. com. : « *Il représente la société dans ses rapports avec les tiers. La société est engagée même par les actes du directeur général qui ne relèvent pas de l'objet social* (...) ».

72. Art. L. 225-64 C. com.

73. Les clauses statutaires limitant les pouvoirs de ces dirigeants sont inopposables aux tiers : C. com, art. L. 223-18, al. 6 (pour les SARL), L. 225-56, al. 3 (pour les SA classiques), L. 225-64, al. 3 (pour les SA de type nouveau).

74. *Supra* n° 169. Néanmoins, les pouvoirs des dirigeants restent limités dans leurs rapports avec les tiers par les pouvoirs des autres organes de la société (principe de la hiérarchie des pouvoirs sociaux affirmé par la jurisprudence *Motte* en 1946).

75. Art. L. 221-5, al. 1 C. com. : « Dans les rapports avec les tiers, le gérant engage la société par les actes entrant dans l'objet social ».

La priorité donnée aux tiers dans les sociétés à risques limités ne pouvait être étendue aux sociétés à risques illimités pour lesquelles une telle solution aurait été beaucoup trop pénalisante pour les associés. En effet, comme ils sont tenus indéfiniment du passif social, le législateur ne les a point accablés des obligations contractées au nom de la société en violation de l'objet social.

Aussi, la spécialité statutaire joue un rôle important, et ce d'autant plus que les clauses limitant les pouvoirs sont inopposables aux tiers[76]. Elle constitue donc le seul moyen de protéger les associés contre les abus que pourraient commettre les dirigeants. Cela étant, même pour ces sociétés, la limite aux pouvoirs des dirigeants à l'égard des tiers ne doit pas être exagérée :

– d'une part, la Cour de cassation précisa que l'acquisition d'effets de commerce par un dirigeant social était opposable aux tiers « indépendamment de toute référence à l'objet social »[77]. L'idée, en l'espèce, était que l'escompte d'effets n'avait pas besoin d'être prévue par l'objet social, qu'elle ne constituait pas une activité en soi. La Cour de cassation écarta également la possibilité d'invoquer un dépassement d'objet social pour les opérations de gestion financière, même spéculatives[78] ;

– d'autre part, en raison de la théorie de l'apparence, la jurisprudence favorise le tiers cocontractant : la spécialité statutaire ne constituerait donc plus qu'une limite ténue aux pouvoirs des dirigeants sociaux de ce type de sociétés[79].

Force est ainsi de reconnaître que la spécialité statutaire ne doit point être assimilée à la spécialité légale. Règle de pouvoirs pour la première au titre d'une protection statutairement voulue de la personne morale, règle de capacité pour la seconde au titre d'un ordre public de protection, voire plus encore, en amont : la spécialité légale régirait l'existence même de la personne morale, également au titre d'un ordre public. Par ailleurs, toute la démonstration ayant permis de qualifier la spécialité des personnes morales aurait été de moindre utilité si elle n'avait pas eu pour conséquence d'inviter à s'interroger sur les moyens mis en œuvre aux fins de son respect. Référence faite aux propos du professeur Atias, « *la valeur des qualifications se mesure à l'aune de leurs conséquences* »[80] : en effet, une règle de droit ne peut se révéler efficace que si des sanctions idoines lui sont attachées, lesquelles sanctions ne peuvent résulter que d'une qualification clairement établie. Dès lors se présente le second volet de la recherche sur le principe de spécialité des personnes morales, c'est-à-dire l'étude des sanctions applicables en cas de violation de cette règle.

Art. L. 221-5, al. 3 C. com. : « Les clauses statutaires limitant les pouvoirs des gérants qui résultent du présent article sont inopposables aux tiers ».

Art. L 222-2 C. com. : « Les dispositions relatives aux sociétés en nom collectif sont applicables aux sociétés en commandite simple, sous réserve des règles prévues au présent chapitre ».

76. *Supra* n° 171.

77. Com., 1er octobre 1996, *Bull. Joly* 1997, p. 22, note LE CANNU.

78. Com., 7 avril 1998, *supra* n° 170.

79. *Supra* n° 172.

80. ATIAS (Ch.), *Le droit civil*, PUF, coll. Que sais-je, n° 2161, p. 53.

Titre II

SANCTIONS

188. De ce titre succinct émane une double question : comment et par qui le respect de l'application du principe de spécialité des personnes morales peut-il être assuré ?

La réponse, sans doute mieux déterminée pour les personnes morales de droit public, est loin d'être claire en droit privé. Comme l'observa Michoud, un point commun ressort néanmoins de ces deux droits, celui d'une « multiplicité de sanctions qui peuvent servir à maintenir le principe de la spécialité »[1]. Aujourd'hui, multiplicité et absence d'unité pourraient caractériser les sanctions afférentes à la violation du principe de spécialité des personnes morales de droit privé.

À défaut de trouver dans l'arsenal des lois consacrées aux personnes morales de droit privé un système complet de sanctions, il apparaît néanmoins possible de dégager des textes épars, imposés par des nécessités pratiques. Ils viennent ainsi s'ajouter au droit commun, non parfois sans quelques incohérences. Il n'y a d'ailleurs pas lieu de s'étonner de ces désordres qui pourraient s'expliquer tant par l'absence d'une notion précisément établie chez le législateur, que par un caractère et une nature juridique largement controversés, conséquences d'un concept peu clair.

Quoiqu'il en soit, le critère décisif des règles de droit est l'existence de contraintes ou de sanctions diverses chargées de réprimer leur violation (Chapitre 2), contrairement aux autres règles de conduite sociale laissées à la conscience individuelle ou à la pression spontanée[2]. Par ailleurs, des moyens de contrôles, purement administratifs, ont été aménagés préventivement pour certaines personnes morales, notamment celles éveillant la suspicion et la défiance du législateur (Chapitre 1).

---

1. MICHOUD (L.), *op. cit.*, n° 253 p. 174.
2. MAZEAUD (H. et L.), MAZEAUD (J.) et CHABAS (F.), *op. cit.*, p. 9 s. et aussi *supra* n° 135.

Chapitre 1

LES SANCTIONS INDIRECTES : LES CONTRÔLES *A PRIORI*

189. La raison d'être, au demeurant fort ancienne, d'un contrôle administratif préventif, résulte de la spécialité des associations ou des fondations[1].

Dès lors, pour les personnes morales soumises à une étroite tutelle de l'État, la sanction la plus usuelle se trouve :

– soit dans l'exercice même de cette tutelle,

– soit encore dans l'influence qu'exerce l'Administration sur ces personnes morales par les faveurs qu'elle leur accorde et qu'elle peut leur retirer si elles ont une activité autre que celle qui rentre dans leurs statuts primitifs.

Ces contrôles peuvent s'exercer tant lors de la constitution de la personne morale (Section 1) qu'au cours de son existence (Section 2).

SECTION 1 LES CONTRÔLES LORS DE LA CONSTITUTION DE LA PERSONNE MORALE

Deux catégories de procédés veillent préventivement au respect du principe de spécialité :

– **La première** vise la reconnaissance d'utilité publique des fondations et l'utilisation, par certaines personnes morales, de « statuts types » (§ 1).

– **La seconde** a trait aux diverses procédures d'autorisation par lesquelles l'Administration agrée la poursuite de telle ou telle activité dans un cadre déterminé en fonction de l'objet en cause (§ 2).

---

1. *Supra* n°s 93 et s., 150.

§1 – LA RECONNAISSANCE D'UTILITÉ PUBLIQUE DES FONDATIONS ; L'UTILISATION DE STATUTS-TYPES

En droit français, seule la reconnaissance d'utilité publique donne naissance à la fondation, lui permet d'exister sur la scène juridique. Il n'existe donc pas, en tant que tel, de principe de liberté de fondation, puisque l'Administration dispose d'un pouvoir discrétionnaire aux fins de donner juridiquement la vie à toute fondation (I). En outre, l'organisation, non seulement des fondations mais également d'autres personnes morales, se voit imposer un cadre, celui des statuts-types (II).

I. LA RECONNAISSANCE D'UTILITÉ PUBLIQUE DES FONDATIONS

190. Observons préalablement à tout développement qu'il convient de ne pas confondre la reconnaissance d'utilité publique des fondations de celle des associations.

En effet, une association a pour point de départ une collectivité (deux ou plusieurs personnes) qui s'abrite derrière la personnalité morale. En matière de fondation, la reconnaissance d'utilité publique est la *condition d'obtention de la personnalité morale*[2], d'où une procédure différente, axée principalement sur sa spécialité.

191. La procédure administrative, en vue d'obtenir la reconnaissance d'utilité publique, se traduit par un examen rigoureux d'un certain nombre d'éléments.

L'examen de l'Administration, laquelle est représentée par le ministère de l'Intérieur et le Conseil d'État, porte sur les éléments suivants : la précision et la finalité de l'objet, en particulier son caractère d'intérêt général et désintéressé, les statuts, et le montant de la dotation.

La dotation, principale source de financement de la fondation, lui permet de vivre et de faire face à ses obligations. Elle est contrôlée sur de nombreux points :

– Tout d'abord, elle n'a pas pour objet d'être consommée, mais d'être placée, afin de produire des revenus annuels suffisants pour assurer le fonctionnement normal de la fondation, en particulier lui permettre d'accomplir sa mission statutaire, de couvrir ses frais de gestion. Le Conseil d'État en fait une condition essentielle : « *conformément à sa finalité, la dotation doit être d'un montant et d'une nature tels que, dans les circonstances propres à l'affaire, le financement de la fondation paraisse normalement assuré, sa vie durant, en tout état de cause* »[3].

– Ensuite, bien qu'officiellement, l'exigence d'un capital minimum de 5 millions de francs, soit actuellement 750 000 euro, ait été remplacée par une pratique consistant à déterminer le montant de la dotation en fonction du but poursuivi par la fondation, il n'en demeure pas moins qu'il s'agit plus d'un vœu que

---

2. « En matière de fondation, la personne morale représente une fin et le moyen financier de l'atteindre » : CANET, *Le régime des fondations en France*, Livre jubilaire du Conseil d'État (réf. citée *in Le monde associatif*, 92e congrès des notaires de France, 1996, p. 519).

3. POMEY (M.), *op. cit.*, p. 129.

d'une pratique effective[4]. En effet, le Conseil d'État avait préconisé, dans un rapport publié en 1996, plusieurs dispositions aux fins de moderniser et de stimuler le fonctionnement des fondations. Leur application ont néanmoins sans cesse été différées. Cela étant, depuis la loi de 1987 sur le développement du mécénat, la dotation initiale peut être versée en plusieurs fois « *sur une période maximale de cinq ans à compter de la date de publication au Journal officiel du décret qui lui accorde la reconnaissance d'utilité publique* »[5]. Par suite, la loi du 1er août 2003 relative au mécénat, aux associations et aux fondations a porté *de cinq à dix ans* la période pendant laquelle la dotation initiale d'une fondation peut être versée[6]. Observation étant ici faite que, compte tenu des obligations qui pèsent sur les fondations, d'une part, et de l'encadrement strict par le Conseil d'État[7], d'autre part, la possibilité d'étaler le versement de la dotation initiale assouplit un peu leurs conditions de création, sans pour autant créer une révolution incitative à leur multiplication[8]. L'avenir reste encore incertain, par manque de recul sur les nouvelles dispositions législatives.

– Enfin, la dotation peut porter sur toutes sortes d'éléments mobiliers et immobiliers de patrimoine[9], sous une double réserve : d'une part, les éléments en cause doivent permettre d'assurer l'équilibre financier de la fondation, d'autre part, ils doivent respecter le principe de la spécialité tant légale (la poursuite d'un but non lucratif) que statutaire. Toutefois, en raison de l'absence de textes spécifiques[10], de sérieux problèmes d'interprétation peuvent se poser aux juges.

192. La lourdeur de la procédure de reconnaissance d'utilité publique est largement dénoncée, notamment parce qu'elle entraîne des délais de création fort longs[11].

Les notaires critiquent depuis très longtemps la longueur et la lourdeur de la procédure de reconnaissance d'utilité publique pour les fondations, ainsi

---

4. *In Le monde associatif*, 92e congrès des notaires de France, 1996, *op. cit.*, 3e commission, p. 513 s.

5. Art. 18-1 de la loi du 23 juillet 1987.

6. Art. 4 de la loi numéro 2003-709 du 1er août 2003.

7. Le décret en Conseil d'État est prévu par l'article 18 de la loi n° 87-571 du 23 juillet 1987 sur le développement du mécénat. *Supra* n° 85. Sur l'opportunité de l'intervention du Conseil d'État, *supra* n° 151.

8. Cela étant, malgré la loi du 1er août 2003, les conditions de création d'une fondation restent plutôt rigides. *Supra* nos 151 et s.

9. L'affectation de biens en matière de fondation est une *différence essentielle par rapport aux associations* : en effet, tandis que les biens n'ont, pour une association, qu'un caractère accessoire, leur existence constitue une condition *sine qua non* de la création d'une fondation. En outre, s'il n'est pas interdit à une association de posséder, la loi de 1901 a réglementé de façon précise l'étendue de ce droit. En revanche, la fondation jouit, en la matière, d'une liberté quasi totale.

10. Les éléments caractéristiques de la fondation sont la résultante d'une construction jurisprudentielle (*in Le monde associatif*, 92e congrès des notaires de France, 1996, *op. cit.*, 3e commission, p. 542).

11. V. en particulier les critiques formulées par les praticiens lors du 92e congrès des notaires de France, *op. cit.*

que le pouvoir totalement discrétionnaire de l'État[12]. Cette situation contrarie le développement des fondations, et les pénalise considérablement puisqu'elles ne prennent naissance qu'une fois l'utilité publique reconnue par l'État, ce qui nécessite, en moyenne, un délai de un à deux ans. Cette lenteur revêt encore une acuité singulière lorsqu'il s'agit d'un legs à charge de fonder puisque, dans ce cas, toutes les parties prenantes à la succession seront suspendues à la reconnaissance d'utilité publique pour le règlement de la succession. L'enjeu peut représenter une certaine importance à raison des sommes en question. Voilà pourquoi une vacance de l'ordre de deux années est difficilement admissible, sauf à prévoir la nomination d'un administrateur au legs ou à la fondation, ce qui complique davantage la procédure. Concernés directement par le mécanisme lent et lourd de la procédure, les notaires proposèrent, lors du 92e congrès précité, un toilettage de fond du statut des fondations[13]. Par la suite, après l'allègement des règles relatives aux modalités de versement de la dotation initiale, et toujours dans un souci de simplification de la procédure, des mesures réglementaires ont été prévues pour accélérer la reconnaissance d'utilité publique des fondations depuis la loi du 1er août 2003. Un dispositif d'accord tacite devrait réduire la durée de la consultation des différents ministères concernés, afin que les demandes soient traitées dans un délai maximal de six mois[14]. Là encore, faute de recul, il s'avère pour l'instant encore trop tôt pour porter une quelconque appréciation pratique sur ladite mesure.

En outre, certaines personnes morales se voient imposer un cadre assez rigoureux, caractéristique de la volonté des pouvoirs publics d'exercer un contrôle préalable sur leur objet : ce cadre est défini par les statuts-types.

II. L'UTILISATION DE STATUTS-TYPES

193. Il est enseigné que « la constitution de nombreuses personnes morales est subordonnée à leur adoption de statuts-types préétablis par l'autorité

12. La demande écrite de RUP doit être accompagnée d'un certain nombre de pièces exigées par le Conseil d'État, en double exemplaire (la demande de RUP signée par le ou les fondateurs, un exposé indiquant le but de l'œuvre et les services qu'elle peut rendre, l'acte authentique constituant la dotation initiale, un projet de budget pour le premier exercice, 10 exemplaires des statuts sur papier libre dont 3 paraphés à chaque page et signés en dernière page, la liste des membres du Conseil d'administration avec l'indication des nationalité, profession et domicile de chacun des membres). Puis, le fondateur adresse à son choix sa demande, soit au Préfet du département du siège de la fondation, soit directement au Ministère de l'Intérieur. Si le dossier a été déposé en Préfecture, le Préfet le transmet au Ministère de l'Intérieur. Les services du ministère procèdent alors à l'instruction du dossier. Si un dialogue s'instaure entre l'Administration et les fondateurs, il n'en demeure pas moins que *le ministère dispose d'un pouvoir de décision parfaitement discrétionnaire*, puisqu'à la fin de l'instruction, il décide seul de la suite à donner à la demande. Il peut donc refuser de transmettre la demande au Conseil d'État, et mettre de la sorte un terme à la procédure. *Aucun recours n'est possible contre ce refus*, alors que dans le cadre d'un pouvoir discrétionnaire « classique », le juge peut exercer un contrôle restreint.

13. *Supra* n° 151 et *infra* n° 202.

14. COURTOIS (A.), « Mécène *or not* mécène ? », *Def.* du 30 mars 2004, *op. cit.*, p. 409.

administrative », et que ces documents imposent ou proposent à ces personnes « un *modèle d'action* ou un schéma d'organisation »[15].

Ces « modèles d'action » intéressent l'objet propre ou la mission qui leur est impartie. À cet égard, la signification de l'instauration de ces statuts-types est fort claire : ces textes viennent rappeler, parfois préciser, les limites du champ d'action originairement confié aux personnes morales, excepté en matière associative où leur adoption conditionne la reconnaissance d'utilité publique.

C'est ainsi que le procédé des statuts-types est assez caractéristique de la volonté des pouvoirs publics d'exercer un contrôle *a priori* de l'activité et de l'organisation d'un groupement privé.

Selon un auteur[16], « la tutelle par acte-type a pour effet d'indiquer à l'organe sous tutelle un schéma d'action, une règle de conduite très précisément définie et valable de façon uniforme, parfois à l'exclusion de toute autre ». En d'autres termes, *cette technique peut être considérée comme étant au service de l'application du principe de spécialité.*

194. Pour les associations reconnues d'utilité publique, il s'agit sans doute de l'une des conditions les plus importantes posées par le Conseil d'État.

Si le décret du 16 août 1901, en son article 11, prévoit bien que certaines mentions doivent obligatoirement figurer dans les statuts, ces mentions ne sont, en principe, que des rubriques destinées à contenir les caractéristiques et les règles de fonctionnement de l'association (indication du nom, de l'objet, de sa durée...).

Toutefois, en imposant l'adoption de statuts-types comme condition de la reconnaissance d'utilité publique, le Conseil d'État alla bien au-delà[17]. En effet, il élabora un véritable modèle de statuts-types précisant les règles à remplir par l'association (par exemple, avoir un patrimoine limité pour respecter l'absence de but lucratif). En théorie, les statuts-types n'ont qu'une valeur indicative, puisque nul texte ne conféra au Conseil d'État la compétence de procéder à leur approbation préalable à toute reconnaissance d'utilité publique. Néanmoins, la pratique est autre : en effet, l'Administration exige que toute modification au modèle proposé soit justifiée par une note circonstanciée annexée à la demande de reconnaissance[18].

Parfois enfin, sans redéfinir expressément la mission d'un organisme, ni apporter de précision nouvelle à son contenu, les statuts-types peuvent implicitement confirmer la limitation de cette mission, en interdisant audit organisme d'intervenir dans telle ou telle filière. Par exemple, les associations sportives d'établissements d'enseignement se voient refuser, soit toute participation à des discussions, soit

15. RONGÈRE (P.), Thèse citée par BALDOUS, *op. cit.*, p. 506.

16. *Ibid.*, p. 508.

17. *In Le monde associatif*, 92e congrès des notaires de France, 1996, *op. cit.*, 3e commission, p. 354 s.

18. *Ibid.*, p. 355. Toutefois, une association dont les statuts disposaient qu'une seule des deux catégories de membres cotisants avait le droit de vote, fut reconnue d'utilité publique, alors que les statuts-types stipulaient que tous les membres devaient avoir ce droit : TGI Paris, 17 nov. 1987, *RTD Com.* 1988, p. 255, n° 17.

toute manifestation, soit encore tout exercice d'activités quelconques dans les domaines politiques ou religieux.

195. Quant aux fondations, leurs statuts-types furent élaborés par le Conseil d'État pour la première fois en 1893 (Section de l'Intérieur). Ils firent l'objet d'une dernière mise à jour le 1er juin 1966, pour finalement être modifiés par la loi du 1er août 2003.

Tout en ne revêtant ni un caractère réglementaire, ni la force exécutoire d'une décision juridictionnelle, ils suppléent l'absence de réglementation générale en la matière. De fait, ils ne s'imposent pas au Conseil d'État, lequel, en théorie, ne devrait donc pas les imposer aux fondateurs, mais seulement les proposer à titre de modèle aux futures fondations. *Leur caractère obligatoire* fait toutefois l'objet de divergences doctrinales :

– pour les uns, « une fondation n'obtiendra la reconnaissance que si ses statuts sont conformes aux statuts-types »[19] ;

– pour d'autres, bien plus que d'entraver par là la liberté des fondateurs, il s'agit de les aider à y voir clair en un domaine aussi obscur[20] ;

– pour d'autres enfin, « ces statuts énoncent des règles de fond et déterminent les conditions nécessaires à la création d'une fondation. Si certaines dérogations sont admises en pratique, certaines règles en revanche ne souffrent guère d'exception, telle est la règle dite des *trois-tiers* relative à la présence de représentants de la puissance publique au sein du Conseil d'administration »[21].

En vertu de la loi n° 2003-709 du 1er août 2003 relative au mécénat, aux associations et aux fondations, les statuts-types des fondations reconnues d'utilité publique ont été assouplis, permettant une plus grande liberté dans la rédaction. Au mois d'avril 2003, deux modèles émanant du Ministère de l'Intérieur, de la Sécurité intérieure et des Libertés locales, approuvés par le Conseil d'État, établirent qu'une fondation pouvait désormais :

– être gérée, soit par un conseil d'administration[22], soit par un directoire et conseil de surveillance[23] ;

– disposer d'une plus grande liberté dans la composition de ses organes dirigeants ;

– choisir un dispositif dans lequel l'État serait représenté par un commissaire du gouvernement à voix consultative, plutôt que par des membres du conseil d'administration à voix délibérative.

Ladite loi a également autorisé deux catégories supplémentaires de fondations[24] :

---

19. BRICHET (R.), *Juris-Classeur Civil*, « Fondation ».

20. POMEY (M.), *op. cit.*

21. LANGERON (P.), « La tutelle administrative sur les fondations », *RFDA* nov.-déc. 1988 et *Les fondations*, Que sais-je, PUF, 1992, p. 44.

22. Avec un collège des membres de droit incluant l'État ou avec un commissaire du gouvernement.

23. Avec un collège des membres de droit incluant des représentants de l'État ou un commissaire du gouvernement.

24. *Supra* n°s 87 et s.

– **Les fondations dites « fondations à capital consomptible »** : ce type de fondation est destiné à financer un projet à durée déterminée. Une fois le projet réalisé, elle serait autorisée à consommer son capital puis à se dissoudre. Toutefois, la solution ne saurait être admise qu'à la double condition de correspondre à la volonté des fondateurs, d'une part, et d'avoir un objet circonscrit et réalisable dans un temps déterminé, d'autre part[25].

– **Les fondations dites « fondations de flux »** : ce type de fondation permet aux fondateurs de s'engager à verser un certain montant annuel, au lieu de verser un capital de départ. Le dernier des versements doit intervenir au plus tard cinq ans à compter de la publication au *Journal officiel* du décret accordant la reconnaissance d'utilité publique[26]. Une caution bancaire est exigée pour garantir l'irréversibilité de l'engagement.

Précisons que de telles fondations avaient été réclamées par les praticiens, notamment par les notaires lors du 92e congrès à Deauville, en 1996, relatif au *Monde Associatif*[27]. Une fois encore, il est à souhaiter que cet assouplissement en matière fondative soit un encouragement à la création de fondations.

Finalement, les exemples de statuts-types pourraient être multipliés, mais leur pertinence dépend de la force juridique susceptible de leur être attribuée, point qui ne fut pas soulevé par la loi du 1er août 2003 : mise à part leur source réglementaire (décrets, arrêtés ministériels), cette force juridique dépend généralement du caractère « obligatoire » de certaines de leurs dispositions, notamment s'agissant de celles ayant trait à la définition de l'objet des personnes morales étroitement réglementées[28].

À côté de la procédure de reconnaissance d'utilité publique attachée aux fondations, et de l'utilisation de statuts-types par quelques personnes morales, d'autres procédures veillent au respect du principe de spécialité, à titre préventif : ce sont les diverses procédures administratives d'autorisation.

§ 2 – LES PROCÉDURES D'AUTORISATION

196. Elles impliquent le droit, pour l'Administration, de fixer un cadre préétabli à telle personne morale souhaitant intervenir dans le cadre de sa spécialité[29].

Ce procédé tend ainsi à assurer, de façon préventive, le respect du principe de spécialité par les personnes morales concernées. Il convient dès lors d'étudier les conditions générales auxquelles elles sont soumises (I), ainsi que les effets qui leur sont attachés (II).

---

25. Par exemple, la restauration d'un bâtiment historique…

26. Art. 18-1 L. 23 juillet 1987.

27. *Le monde associatif*, *op. cit.*, 4e commission, p. 545 et s. Précision étant encore ici faite que les nouveaux statuts dont s'agit peuvent être consultés sur le site internet du Centre français des fondations : www.centre-français-fondations.org (onglet ACTUALITÉ).

28. *Supra* n° 95.

29. BALDOUS (A.), *op. cit.*, p. 509.

I. LES CONDITIONS DE L'OCTROI DE L'AUTORISATION

Toute autorisation donnée par l'Administration est conditionnelle : elle nécessite de l'organisme bénéficiaire qu'il l'inscrive dans certaines limites. À cet égard, qu'il s'agisse de l'agrément (A) ou de l'habilitation (B), les exigences peuvent néanmoins être diverses.

A. L'AGRÉMENT

197. Les agréments sont aussi nombreux et divers que les textes qui les prévoient, et certaines règles sont spécifiques à chaque type d'association concernée. Il est toutefois possible de dégager des règles communes.

L'agrément est une technique caractéristique du contrôle administratif des associations[30], demeurant difficile à définir. En effet, cette technique, qui résulte de pratiques administratives, « imprécise dès sa naissance, a malheureusement essaimé dans des directions multiples, et constitue à l'heure actuelle l'un des cas les plus remarquables de confusion des esprits et d'enchevêtrements d'idées »[31]. En tout état de cause, l'on ne peut se tromper en disant que « l'agrément est un acte administratif unilatéral et *discrétionnaire* par lequel l'administration accorde certaines prérogatives à son bénéficiaire, sous réserve d'un contrôle accru »[32].

Chaque secteur d'activité, en matière associative, ayant ses propres critères d'agrément, il ne peut être question ici d'en dresser une liste. Seuls les principes généraux méritent d'être relatés dans leurs grandes lignes. Ils ont trait à des *conditions de forme et d'objet* du groupement, à des *conditions de représentativité*, de fonctionnement, d'indépendance par rapport à l'environnement administratif ou politique, et à des *conditions de désintéressement* :

– **s'agissant des conditions de forme et d'objet :** le groupement doit, pour bénéficier éventuellement d'un agrément, être une association dont l'objet, exclusif ou non, est d'intervenir dans un domaine d'activité déterminé, présentant en outre un intérêt particulier pour les pouvoirs publics ;

– **s'agissant des conditions de représentativité :** l'association doit justifier de son importance et de sa raison d'être par la preuve, par exemple, de son affiliation à une fédération agréée, par le nombre de ses adhérents… Il convient de souligner le pouvoir discrétionnaire dont dispose l'Administration ;

– **s'agissant des conditions de désintéressement :** ce critère contient une connotation morale, puisque le principe d'absence de bénéfices ressort directement de la loi de 1901 (principe de spécialité légale). Le désintéressement exigé peut être celui de la gestion de l'association qui doit être administrée par des bénévoles, soit

30. Toutefois, la procédure d'agrément n'est pas spécifique aux associations. Certaines personnes morales de droit privé doivent l'obtenir afin de pouvoir exercer leur activité, comme celle d'agence de voyages. D'autres agréments sont le fait de législations particulières complétant la loi de 1901 (les associations de pêche ou de chasse).

31. GEORGEL, « L'agrément administratif », *AJDA* 1962, p. 467 (cité *in Le monde associatif*, 92e congrès des notaires de France, 1996, *op. cit.*, 3e commission, p. 380).

32. *In Le monde associatif*, 92e congrès des notaires de France, 1996, *op. cit.*, 3e commission, p. 381.

encore par des personnes interposées n'ayant aucun intérêt direct ou indirect dans les activités de l'association ou dans ses résultats[33].

La demande d'agrément est transmise, pour instruction, à l'autorité compétente suivant le domaine d'activité de l'association. L'autorité compétente est, soit la Direction départementale du ministère concerné, soit le Préfet pour les agréments à caractère local, régional ou départemental, soit les services du ministère chargé de ce domaine pour un agrément national. Il convient de souligner que l'instruction ne revêt aucun caractère obligatoire : en effet, elle n'a lieu que si l'Administration en détermine l'utilité[34].

En outre, l'agrément est discrétionnaire : ce n'est pas un droit pour l'association. La plupart des refus sont liés à l'absence de caractère désintéressé de l'activité de l'association. La politique des pouvoirs publics s'est longtemps caractérisée par un octroi libéral, notamment en matière de protection de l'environnement où il suffisait de requérir l'agrément pour l'obtenir[35].

Enfin, dans la pratique, l'agrément est souvent considéré comme un critère de représentativité de l'association, une sorte de « label » propice à devenir un interlocuteur de l'Administration[36].

Quant à l'habilitation, autre technique d'autorisation administrative unilatérale, elle s'avère relativement proche de l'agrément.

B. L'HABILITATION

198. Comme l'agrément, l'habilitation permet au groupement d'exercer une prérogative. L'habilitation lui permet d'agir en justice.

Elle revêt un sens différent selon les auteurs :

– Pour certains, l'habilitation serait une variante de l'agrément : l'habilitation viserait une institution, alors que l'agrément serait donné à une activité. Cette allégation est néanmoins critiquable. En effet, certaines associations ont le pouvoir d'agir en justice alors qu'elles ne sont pas agréées. Inversement, une association agréée n'a pas forcément le pouvoir d'agir en justice. Il paraît donc difficile d'admettre que l'habilitation soit une variante de l'agrément.

– D'autres, en revanche, la considèrent comme une notion bien spécifique qu'ils définissent comme une disposition légale autorisant l'association à avoir un rôle dans la vie judiciaire, à la différence de l'agrément, acte administratif. Or, il résulte de

33. Art. 3-1° du décret 83-303 du 30 avril 1987 sur les associations intermédiaires. L'art. L. 128-1 du Code de la sécurité sociale dispose que « *l'association intermédiaire est une association agréée par l'État* ».

34. La procédure administrative relative à la décision d'agrément n'a été relatée que dans ses grandes lignes. Elle s'apparente à toute décision administrative, susceptible de recours pour excès de pouvoir, moyennant le respect de délais. V. à ce sujet *Le monde associatif*, 92e congrès des notaires de France, 1996, *op. cit.*, 3e commission, p. 381 s.

35. La raison tenait principalement au nombre faible des demandes : *ibid.*, pp. 388 s.

36. *Ibid.*, p. 389.

deux décisions, l'une du Conseil d'État[37], l'autre du Conseil constitutionnel[38], que si les modalités de l'agrément relèvent du décret, le principe même de l'agrément relève de la loi.

Finalement, la définition qu'il conviendrait de retenir de l'habilitation serait celle en vertu de laquelle « *l'habilitation est une disposition légale permettant à une association d'agir en justice, pénalement ou civilement, afin d'obtenir la réparation d'un dommage qu'elle n'a pas directement ou personnellement subi* »[39].

L'habilitation à agir en justice fut accordée par la loi aux associations en fonction de l'évolution des mœurs, et plus généralement, des besoins de la société. En effet, alors que les syndicats professionnels sont aujourd'hui, par nature et à titre général, habilités à agir en justice[40], le législateur considère les associations sans doute trop nombreuses et les intérêts qu'elles représentent trop diversifiés pour leur accorder à titre général le droit d'agir. Aussi, l'habilitation est-elle accordée comme une « prérogative fonctionnelle ». En d'autres termes, le législateur réserve à certaines associations, remplissant des conditions définies, l'habilitation à agir pour la défense des intérêts collectifs qu'elles défendent.

Elle revêt multiples formes, et les conditions de son obtention sont diverses. Elle peut concerner l'action collective à raison de faits constitutifs ou non d'une infraction pénale, mais également l'action en défense collective d'intérêts individuels. Parmi les conditions exigées, on peut noter l'existence d'un objet statutaire précis, sans que cet objet soit systématiquement exclusif.

Ainsi, en définissant les conditions ou l'objet même de l'autorisation, le droit positif permet à l'Administration de tutelle de prévenir les organismes bénéficiaires contre tout manquement au principe de spécialité. Une fois conférée, l'autorisation produit un certain nombre d'effets qui vont, au demeurant, dans le même sens, c'est-à-dire dans celui du respect du principe de spécialité.

II. LES EFFETS D'UNE AUTORISATION OCTROYÉE

199. En contrepartie des avantages divers qu'elle octroie dans l'ordre financier, juridique ou administratif, l'autorisation entraîne, pour la personne morale intéressée, l'obligation de demeurer dans le cadre d'une mission assez strictement déterminée[41].

Les textes sont, à cet égard, formels : par exemple, toute association agréée de lutte contre le cancer doit normalement s'organiser en vue d'être en mesure

---

37. CE, 17 nov. 1961, « Sieur Caujole », *AJDA* 1962, p. 254.

38. Décision n° 77-95, L. 15 février 1977, *Rec. cons. const.* 1977, p. 51.

39. *In Le monde associatif*, 92e congrès des notaires de France, 1996, *op. cit.*, 3e commission, p. 390.

40. Art. L. 411-11 C. trav.

41. BALDOUS (A.), *op. cit.*, p. 513.

d'exercer au minimum les activités prévues aux paragraphes 1er et 2e de l'article L. 312 du Code de la santé publique[42].

Plus précisément, les effets de l'agrément sont multiples, et ne se cumulent pas nécessairement. L'agrément octroyé *peut* conférer à l'association vocation à recevoir des subventions de l'État ou des autres collectivités publiques, mais il ne constitue nullement un droit à recevoir ces subventions[43]. L'agrément peut aussi procurer des avantages fiscaux ou des moyens techniques ou encore, conférer le droit de participer aux organismes consultatifs. En outre, l'agrément peut permettre à certaines associations d'exercer devant toutes les juridictions l'action civile relative aux faits portant un préjudice direct ou indirect aux intérêts collectifs qu'elles représentent.

Quant aux effets de l'habilitation, ils ne sont pas uniformes pour toutes les associations. Ils dépendent à chaque fois du texte qui les a créées. Par exemple, dans le cas de l'habilitation à agir au pénal sous condition de préjudice, toutes les infractions ne peuvent généralement pas être poursuivies : l'association n'est autorisée qu'à poursuivre celles limitativement énumérées[44].

200. Ainsi, l'agrément et l'habilitation seraient présentés comme des instruments efficaces d'un contrôle préventif de l'activité associative.

Ils ne s'apparentent pas aux autres systèmes de contrôle généralement subis. Afin de permettre aux pouvoirs publics, non seulement de surveiller les associations, mais aussi d'apprécier si les conditions d'agrément persistent, l'agrément est consenti pour une durée limitée[45]. Il est rarement octroyé pour une durée illimitée.

À l'évidence, l'un des effets majeurs de l'autorisation est de permettre l'exercice d'un meilleur contrôle des associations : qu'il s'agisse de la licéité de leur objet (association de financement des partis politiques) ou de leur activité, les pouvoirs publics disposent d'un droit de regard sévère lors de leur constitution. Cela étant, elles peuvent être soumises, ainsi que les fondations, à d'autres contrôles au cours de leur existence.

---

42. Arrêté du 2 août 1963 relatif à l'agrément d'un centre de lutte contre le cancer à Clermont-Ferrand, *JO* 13 août 1963, 7487.

43. V. sur la notion de « pouvoir », la subtile distinction effectuée par le professeur JUBAULT à propos de l'article 1294 C. civ. : *Les « exceptions » dans le Code civil, à la frontière de la procédure et du fond, op. cit.*, 2e partie, n° 58 : dans le langage courant, le « pouvoir » vise souvent les deux acceptions de l'autorisation et de la possibilité matérielle. En l'espèce, il importe de distinguer la possibilité matérielle de recevoir des subventions de l'État de l'autorisation conférée par l'État.

44. Parmi de nombreux exemples, l'on pourrait citer celui des associations de protection animale habilitées par la loi n° 76-629 du 10 juillet 1976 lesquelles ne peuvent se fonder que sur les infractions relatives aux sévices et actes de cruauté sur des animaux non sauvages.

45. De une à six années (1 an pour les associations intermédiaires, et 6 ans renouvelables pour les centres de gestion).

SECTION 2
LES CONTRÔLES AU COURS DE L'EXISTENCE DE LA PERSONNE MORALE

201. Les pouvoirs publics jugent nécessaire de s'assurer que certaines associations et fondations ne peuvent, au cours de leur activité, méconnaître les limites dans lesquelles elles ont été primitivement encadrées en vertu du principe de spécialité.

Aussi, le respect de cette règle impose l'aménagement de contrôles préalables relevant de la tutelle administrative, dont l'objet est de prévenir les débordements dont elles pourraient se rendre coupables : l'approbation préalable par l'autorité de tutelle est principalement représentative de ce contrôle *a priori*.

Trois domaines d'activités seront étudiés : les libéralités (§ 1), les subventions et l'appel à la générosité publique (§ 2), les modifications statutaires (§ 3).

§ 1 – LES LIBÉRALITÉS EN FAVEUR DES FONDATIONS OU DES ASSOCIATIONS

Ressource financière de premier ordre pour les associations reconnues d'utilité publique ou les fondations, les libéralités testamentaires demeurent soumises à un contrôle préalable très strict de la part des autorités. Il convient de s'arrêter sur la complexité de la procédure d'autorisation d'accepter une libéralité (I), procédure qui soulève, au demeurant, de nombreuses critiques, en raison de son inadéquation à l'époque actuelle (II).

I. LA LOURDEUR PROCÉDURALE

202. La procédure d'autorisation d'accepter une libéralité à laquelle ces groupements sont soumis, quel que soit le montant, s'apparente à un « véritable parcours d'obstacles »[46].

Tout d'abord, le contrôle administratif s'appuie sur l'article 910 du Code civil[47]. Vient ensuite le décret du 1er février 1896[48] qui dispose en son article 1er, que tout notaire dépositaire d'un testament contenant des libéralités en faveur d'établissements publics ou reconnus d'utilité publique est tenu d'adresser aux représentants des établissements en question, de même qu'au Préfet du lieu d'ouverture de la succession, la copie intégrale des dispositions testamentaires ainsi qu'un état des héritiers connus.

---

46. Selon l'expression de Mme PEZERAT-SANTONI, note sous CE 9e et 10e s/sections réunies, 8 nov. 2000, *Def.* du 15 juin 2000, n° 11, art. 37364 p. 686.

47. En vertu de cet article, toute libéralité en faveur d'établissements d'utilité publique ou reconnus d'utilité publique n'aura d'effet que si elle a été *préalablement autorisée par l'État*. On retrouve l'idée de suspicion de l'État à l'encontre de gratifications au profit d'autrui par des personnes privées qui justifie la raison d'être de cet article (*supra* n° 150).

48. Codifié aux art. R. 23 et R. 36 C. dom. État.

De son côté, le groupement gratifié doit déposer une demande d'autorisation d'accepter le legs auprès du Préfet du lieu de son siège social, accompagnée de diverses pièces, notamment d'une copie du testament certifiée conforme par le notaire dépositaire, ou d'une copie authentique. Depuis le décret du 20 décembre 1994, le Préfet du département du siège du groupement gratifié a seul compétence pour autoriser l'acceptation, quelle que soit la valeur de la libéralité[49]. L'autorisation est soumise à une enquête administrative destinée à vérifier que la libéralité correspond bien à la spécialité du groupement gratifié. Au terme de l'enquête qui peut s'avérer assez longue, la décision prend la forme d'un arrêté préfectoral. Si elle se traduit par un refus, l'arrêté peut faire l'objet d'un contrôle par les voies de recours classiques du droit administratif.

Le contrôle administratif se poursuit encore. En effet, l'article 2 du décret impose au Préfet d'inviter « *les personnes qui lui sont signalées comme héritiers, soit par le notaire, soit par le maire du lieu d'ouverture de la succession, à prendre connaissance du testament, à donner leur consentement à son exécution ou à produire leurs moyens d'opposition* », le tout dans un délai de trois mois prenant effet à la date de la publication de l'avis au *Journal officiel*. Le cercle des héritiers à interpeller est très largement entendu[50], suscitant parfois une recherche longue et onéreuse, ce qui peut freiner considérablement la procédure.

En cas d'opposition de la part de la famille du testateur, un décret en Conseil d'État est obligatoirement requis[51]. Sa décision peut faire l'objet d'un recours gracieux devant le Ministre de l'Intérieur avant d'être examinée par le Conseil d'État statuant cette fois en contentieux[52]. Selon les notaires, de telles oppositions, au demeurant peu rares, peuvent parfois émaner de parents éloignés connaissant fort peu, voire pas du tout, le défunt ; de ce fait, n'étant guère soucieux de respecter ses dernières volontés, ils n'hésitent pas à s'opposer à une libéralité en faveur d'un établissement d'utilité publique, d'où un contrôle administratif parfois sévère pouvant aller à l'encontre de la volonté du testateur, comme peut en témoigner un arrêt récent, certes rare dans son espèce[53], du moins jusqu'à présent.

---

49. Décret n° 94-1119, *JO* 24 déc., p. 18351. Auparavant, le Préfet n'avait compétence qu'en dessous d'une valeur de 5 millions de Francs.

50. Circulaire n° 635 du 9 décembre 1966.

51. Art. 7 de la loi du 4 février 1901, codifié à l'art. L. 19 C. dom. État.

52. Comme le fit remarquer à juste raison un auteur, cette procédure manquerait, semble-t-il, d'équité, puisque le Conseil d'État devient juge de ses propres décisions : CHAPUS (R.), *Droit administratif général*, t. 1, 4e éd., Montchrestien, 1988, n° 960 : « *il paraît naturel de ne pas dissocier l'Administration qui agit et l'Administration qui juge : l'action de juger les affaires est conçue comme un complément de l'action d'administrer. Le système n'en est pas moins contraire à l'équité et au sens de la justice puisqu'il fait l'Administration juge et partie de ses propres causes* ».

53. CE 9e et 10e sous-sections réunies, 8 nov. 2000, *op. cit.* : l'arrêt rejeta une requête en annulation pour excès de pouvoir d'un décret refusant l'autorisation d'accepter un legs universel, « au motif que la situation de famille et de fortune de M. B., héritier au cinquième degré de la testatrice, justifiait l'attribution d'une part de ce legs représentant une aide substantielle. » L'auteur de la note souligna dans cet arrêt, au demeurant rare dans son espèce (le refus d'autorisation d'accepter le legs portait sur la totalité de la somme, alors que la

Voilà pourquoi certains notaires, plus radicaux que d'autres dans leur analyse de la raison d'être de ce contrôle administratif, demandent depuis fort longtemps la suppression pure et simple du décret de 1896.

II. APPRÉCIATION CRITIQUE

203. La lourdeur de la procédure administrative n'a-t-elle pourtant pas pour but de veiller au respect du principe de spécialité, et donc de protéger les droits de la famille du défunt, peut-être un peu trop facilement écartée de la succession par une possible manipulation sur la personne du prémourant ?

Si l'on peut être tenté de répondre par l'affirmative[54], l'on pourrait également être tenté de s'interroger sur son opportunité[55]. Lors du congrès à Deauville en 1996, les notaires dénoncèrent l'inadaptation de cette procédure à l'époque actuelle d'une part, et son inadaptation aux besoins des associations d'autre part :

– **sur le premier point**, c'est-à-dire l'inadaptation de la procédure à l'époque actuelle : il est vrai que la procédure d'interpellation des héritiers correspondait au mode de vie le plus courant, puisque la famille vivait pendant des générations dans un même endroit, facilitant ainsi les recherches d'héritiers. Aujourd'hui, l'interpellation des héritiers devient beaucoup plus difficile en raison de la mouvance des familles, de leur éclatement[56]. Aussi, même aidés par les généalogistes, les notaires rencontrent très souvent d'importantes difficultés ne facilitant guère le déroulement de la procédure ;

– **sur le second point**, c'est-à-dire l'inadaptation de la procédure aux besoins du monde associatif : sans vouloir léser les héritiers potentiels, les groupements en cause sont favorables à une réforme dont l'effet serait de réduire les délais d'instruction, et de permettre une jouissance plus rapide des libéralités octroyées. La réduction du nombre de personnes à interpeller serait l'une des premières réformes à opérer. Néanmoins, si la raison d'être de cette procédure est de permettre à des héritiers potentiels dans le besoin de s'opposer au testament, le résultat est-il vraiment à la hauteur des moyens employés ? L'arrêt précité du Conseil d'État, sans doute rare pour l'instant, peut-être moins dans l'avenir, apporterait bien la preuve contraire.

---

pratique de la « réserve administrative » autorise un partage de la somme entre les héritiers en difficulté et les organismes gratifiés), non seulement la désuétude du décret du 1er février 1896, mais également le poids de l'Administration face à la volonté du testateur détournée de ses intentions réelles, sans que la situation sociale de l'héritier fût véritablement précaire. V. à ce propos DEIS (J.), « Le juge réécrit les testaments », *Dalloz Actualités* du 11 déc. 2000.

54. Rép. min. n° 385, *JO* Sénat, p. 946, question du 25 août 1988 : « Cette procédure lourde a pour but d'éviter de léser un héritier en situation précaire et de lui permettre, aux termes de négociations entre l'administration et l'association gratifiée, de recevoir une aide répondant à une véritable nécessité sociale ».

55. *In Le monde associatif*, 92e Congrès des notaires de France, *op. cit.*, p. 418 : « La procédure est inadaptée à l'époque moderne, aux moyens de l'administration, aux besoins des associations comme au but poursuivi (…) » ; *ibid.*, p. 420 : « Une réforme globale s'impose. Elle doit se traduire par une abrogation pure et simple du décret de 1896 ; le texte en effet ne correspond plus aux données actuelles (…) ».

56. Qui plus est, il peut parfois arriver que certains enfants aient perdu la trace de leurs propres frères ou sœurs.

Aussi, dans son rapport introductif au 92e congrès des notaires de France, M. Souleau, avec le soutien des notaires, préconisa une réforme complète des fondations, tant sur le plan de la procédure d'acceptation des legs, que sur celle nécessaire à la reconnaissance d'utilité publique[57] : « ne pourrait-on créer – législativement – une sorte d'espace de liberté où la constitution et le fonctionnement des fondations seraient laissés à la discrétion des citoyens, qui apprécieraient (...) les besoins d'intérêt général à satisfaire, et les moyens financiers à y affecter ? (...) Cette conception (...) n'éliminerait pas tout contrôle. Mais le contrôle n'interviendrait qu'*a posteriori* », notamment afin de protéger les tiers[58].

Dès lors, une restauration de la valeur juridique de la spécialité légale ne justifierait-il pas ce contrôle *a posteriori* ? Ainsi, l'originalité de la fondation, sa singularité, quant à son existence d'une part, et quant à son fonctionnement d'autre part, n'aurait plus lieu d'être, ce qui encouragerait sans doute son développement. Il ne s'agit donc point tant de remettre en cause le principe de spécialité en lui-même que sa mise en œuvre.

Un deuxième procédé de contrôle administratif s'effectue en matière d'appel à la générosité publique et de subventions.

§ 2 – LA GÉNÉROSITÉ PUBLIQUE ET LES SUBVENTIONS DANS LE MONDE ASSOCIATIF

204. Les modes externes ou internes de financement sont autorisés en matière associative et fondative.

L'association génère une partie de ses propres ressources par les cotisations de ses membres, et, le cas échéant, par les revenus de son activité économique. Toutefois, ces seuls moyens s'avèrent souvent insuffisants, en particulier pour les grandes associations, d'où le recours à la générosité publique (I), voire à des subventions publiques (II), toutes demeurant soumises, en principe, à un étroit contrôle étatique.

I. LE CONTRÔLE DE L'APPEL À LA GÉNÉROSITÉ PUBLIQUE

Le domaine d'intervention des associations s'élargissant, leurs besoins s'accroissent, et les dons sont souvent sollicités, suscitant de ce fait un contrôle administratif, notamment lorsqu'il s'agit de quêtes ou de campagnes nationales.

---

57. *Supra* n° 191.

58. En effet, le statut actuel de la fondation reposant sur une tutelle administrative préalable rigoureuse, ne nécessite pas une protection de la sorte. Or, la suppression de tout contrôle préalable, ou l'instauration d'un espace de liberté dans la constitution et le fonctionnement de toute fondation supposerait nécessairement un encadrement juridique plus complet dans ce contrôle *a posteriori,* puisqu'en matière de fondation, il n'existe aucune protection des tiers à l'instar de celle existant en matière sociétaire, qu'il s'agisse de l'existence de causes de nullité restreintes, des excès de pouvoirs des dirigeants sociaux...

205. En premier lieu, *les quêtes*, en contrepartie desquelles le donateur reçoit un insigne, une vignette…, constituent l'une des principales sollicitations.

Elles ne requièrent aucune autorisation lorsqu'elles sont effectuées dans des lieux privés accessibles au public (salles de spectacles, etc.), relevant du pouvoir de police du Préfet ou du maire. Celui-ci peut les interdire si elles contreviennent à l'ordre public. En revanche, elles sont réglementées par une circulaire du Ministère de l'Intérieur lorsqu'elles sont pratiquées au domicile des particuliers[59], nécessitant alors une autorisation par un arrêté préfectoral qui en fixe les conditions. Enfin, réalisées sur la voie publique, elles sont soumises à une autorisation administrative préalable. Une quête nationale sur tout le territoire français doit être autorisée par le Ministre de l'Intérieur, et une liste annuelle des journées nationales est publiée au Journal officiel avec l'indication des organismes bénéficiaires.

206. En second lieu, *l'appel à la générosité publique* utilise de plus en plus les techniques médiatiques, très souvent sur un plan national.

Les pouvoirs concernés sont intervenus pour en réglementer les conditions, mais aussi afin de permettre aux donateurs de suivre l'utilisation de leurs dons. Ainsi, le bureau de vérification de la publicité recommande l'application de certaines règles d'encadrement de l'appel à la générosité publique. Le but poursuivi est de supprimer, dans l'esprit du public, toute confusion entre les messages des associations ou organismes à vocation humanitaire et ceux des entreprises commerciales associant à la vente de leurs produits ou services une action humanitaire.

Le 20 novembre 1989, de grandes associations se sont contractuellement liées par une charte précisant la déontologie des appels à la générosité publique, laquelle convention adopta les recommandations ci-dessus. En particulier, elle institua un contrôle des comptes par un « censeur » indépendant choisi par chaque association, et soumis à l'agrément du comité. Un conseil de surveillance, dépendant de ce comité, fut chargé de recevoir et d'étudier le rapport des censeurs.

Face à cette évolution, les pouvoirs publics sont également intervenus, afin de soumettre à un certain nombre de conditions tous les organismes faisant appel à la générosité publique[60]. La loi du 7 août 1991 fut malheureusement fort mal accueillie, et soixante sénateurs saisirent le Conseil constitutionnel, se référant à la décision du 16 juillet 1971[61] qui rangea la liberté d'association au nombre des principes fondamentaux reconnus par les lois de la République, et solennellement réaffirmés par le Préambule de la Constitution. Ils estimèrent que le nouveau texte portait atteinte à la liberté d'association ; leur avis ne fut cependant pas partagé par le Conseil[62]. Cela étant, de récents scandales apportèrent la preuve que les débats étaient encore loin d'être clôturés[63].

---

59. Circulaire n° 457 du 20 novembre 1957.
60. Loi n° 91-772 du 7 août 1991.
61. *D.* 1972, p. 685 et 265.
62. Décision 91-299 DC du 2 août 1991, *JO* 6 août 1991, p. 10473.
63. *In Le monde associatif*, 92e Congrès des notaires de France, *op. cit.*, pp. 432 s.

Enfin, à côté de l'appel à la générosité publique, les subventions octroyées aux fondations[64] ou aux associations sont aussi strictement contrôlées, car s'agissant d'aides principalement financières consenties par des personnes publiques à des personnes privées, et représentant annuellement plus de dix-huit milliards d'euro.

II. LES SUBVENTIONS PUBLIQUES

207. En vertu des dispositions de l'article 6 de la loi de 1901, toute association peut recevoir de l'État ou d'une autre personne publique des subventions si elles servent l'intérêt général.

L'octroi d'une subvention n'est jamais spontané : il suppose une demande écrite adressée à la personne devant assurer ce service, accompagnée d'un dossier permettant à l'Administration d'apprécier l'intérêt général de la subvention et de vérifier que les conditions de légalité[65] sont bien remplies. À supposer les conditions générales remplies, l'association n'a pas systématiquement droit à la subvention : en effet, la décision d'octroi ou de refus relève du pouvoir discrétionnaire de l'État ou de la collectivité[66]. Au demeurant, tout refus de subvention donne ouverture au recours contentieux dans un délai de deux mois.

Le bénéfice d'une subvention n'entraîne, en principe, aucune atteinte à la liberté de gestion de l'association. Néanmoins, l'acceptation de fonds publics impose aux associations subventionnées le respect d'obligations (A), lesquelles sont strictement contrôlées (B).

A. Les obligations des associations subventionnées

208. Elles tiennent, en premier lieu, à l'emploi de la subvention.

La collectivité peut octroyer une subvention sous condition de l'affecter, par exemple, à un objet déterminé[67]. En cas de non-respect, l'Administration peut en demander le remboursement, en diminuer le montant ou en refuser le renouvellement. Même en dehors de toute affectation imposée, l'association ne dispose pas d'une totale liberté d'utilisation, y compris dans les limites de son objet statutaire[68]. Le décret du 30 octobre 1935 puis l'ordonnance du 23 septembre 1958[69] imposèrent aux associations subventionnées de justifier auprès des autorités de tutelle de l'emploi des fonds ainsi recueillis. La destination de ces derniers doit

64. *Supra* n° 93.

65. Les critères de légalité ont été le plus souvent dégagés par la jurisprudence. Ils tiennent *à l'association* (la personnalité juridique de l'association bénéficiaire est obligatoire ; parfois, les pouvoirs publics exigent que l'association soit préalablement agréée), et *à l'opération* (par exemple, les subventions de l'État sont accordées pour promouvoir des activités d'intérêt général).

66. Rép. min. n° 11520 : *JOAN* 31 mars 1979, p. 2061 : « il n'existe aucun droit pour une association d'obtenir une aide financière de l'État ou d'une collectivité publique ».

67. CE, 26 nov. 1996, *Ministère de l'Industrie et de l'Aménagement du Territoire*, *Dr. adm.* 1996, n° 553.

68. Par exemple, il lui est interdit de se transformer en caissier en laissant la subvention à la disposition de celui qui l'a accordée pour lui permettre de se constituer des réserves occultes.

69. Ordonnance n° 58.896.

demeurer conforme au but pour lequel ils ont été consentis, c'est-à-dire à la mission d'intérêt général de chaque organisme gratifié. Solliciter et recevoir une subvention, n'est-ce pas aliéner un peu de sa liberté[70] ?

Aussi, la politique des subventions caractérise-t-elle assez bien l'attitude des pouvoirs publics à l'égard du monde associatif[71].

209. Elles tiennent, en second lieu, à l'association même.

Chaque association bénéficiant de subventions publiques doit veiller à la légalité de la désignation de ses administrateurs, et informer l'Administration des modifications statutaires ou des changements d'administrateurs. Chacune d'elles est également tenue de communiquer ses pièces comptables[72]. L'inexécution de cette obligation peut entraîner la suppression de la subvention ou son remboursement. En outre, afin de permettre l'exercice du contrôle sur pièces, elles sont tenues de conserver leurs documents comptables et financiers pendant le délai du contrôle qui est celui de la prescription trentenaire. En pratique, il est néanmoins admis une réduction de la durée de cette obligation à dix années, sauf texte spécial.

En vertu de la loi anti-corruption du 29 janvier 1993[73], toute subvention octroyée dont le montant est supérieur à une somme fixée par décret entraîne pour l'association l'obligation d'établir chaque année un bilan et un compte de résultat. Elle est également tenue de nommer un commissaire aux comptes et un suppléant choisis sur la liste mentionnée à l'article L. 225-219 du Code de commerce[74]. Les associations qui perçoivent des subventions représentant plus de la moitié de leur budget doivent adresser, à la commune qui les subventionne, le bilan de leur dernier exercice, certifié conforme par le président de l'association ou, le cas échéant, par le commissaire aux comptes.

Enfin, le respect des obligations d'emploi (affectation, interdiction de reversement, non-cumul ou restitution des fonds non utilisés) comme celles pesant sur les associations elles-mêmes doit pouvoir être contrôlé par les pouvoirs publics.

B. LE CONTRÔLE PAR LES POUVOIRS PUBLICS

210. Trois sortes de contrôles sont exercées.

Tout d'abord, un contrôle est effectué par la collectivité qui a accordé la subvention. Il est fondé sur l'article 1er du décret du 30 octobre 1935 qui dispose que « *toute association, œuvre ou entreprise ayant reçu une subvention pourra être soumise au contrôle des délégués de la collectivité qui l'accorde* ». Le premier contrôle a été pratiqué lors de la procédure d'octroi[75]. À défaut ou en cas de défaillance de contrôle *a priori*, la collectivité est tenue de verser la subvention accordée.

---

70. *In Le monde associatif*, 92e Congrès des notaires de France, *op. cit.*, 3e commission, p. 447.

71. Suspicion, défiance, crainte.

72. Art. 2 du décret-loi du 30 oct. 1935.

73. Loi n° 93-122 du 29 janvier 1993, *JO* 30 janvier, p. 1588.

74. Antérieurement à la loi de 1993, il suffisait simplement d'un expert-comptable ou d'un comptable agréé.

75. *Supra* n° 207.

Ensuite, un contrôle juridictionnel se fonde sur l'ordonnance 58-596 du 23 septembre 1958 précisant que « *tout organisme subventionné dont la gestion n'est pas assujettie aux règles de la comptabilité publique* » est soumis aux contrôles de la Cour des Comptes aidée, désormais, par des chambres régionales de comptes. Ce contrôle de l'emploi a également pour objet de vérifier que les associations respectent bien les obligations liées à l'obtention de la subvention ainsi que les règles de la comptabilité publique.

Enfin, un contrôle administratif est exécuté par l'Inspection Générale des Finances dont la compétence est fixée par l'ordonnance n° 58-896 du 23 septembre 1958 susvisée. Le contrôle financier des associations doit en outre être fondé, soit sur un arrêté ministériel, soit sur les dispositions d'une convention de subventionnement.

Un troisième procédé de contrôle *a priori* s'exerce lors de la modification des statuts de certaines personnes morales.

§ 3 – LES MODIFICATIONS STATUTAIRES

Deux exemples montrent, à nouveau, la présence importante de l'Administration : les sociétés d'économie mixte d'une part (I), les fondations d'autre part (II).

I. LES SOCIÉTÉS D'ÉCONOMIE MIXTE

211. Les textes précisent, depuis 2002, que chaque modification apportée aux dispositions statutaires des sociétés d'économie mixte est soumise à l'approbation des autorités de tutelle[76].

Par là même, la loi de 2002 soumet les SEM à un contrôle *a priori* pour tout changement éventuel qui affecterait leur objet : il s'agit donc bien, à nouveau, d'une mise en œuvre du principe de spécialité, sans le nommer.

II. LES FONDATIONS

212. Toute modification des statuts d'une fondation est également soumise à une tutelle administrative.

De la compétence du conseil d'administration, une modification de statuts ne peut être envisagée que si les statuts l'autorisent, et si elle s'avère indispensable. Les deux conditions requises sont cumulatives, et non alternatives. La modification statutaire devra aussi s'inspirer, ou à tout le moins, respecter la volonté du ou des fondateurs, à peine de révocation de la libéralité consentie en vue de la constitution[77].

---

76. Art. L. 1524-1, al. 3 CGCT (loi n° 2002-1 du 2 janvier 2002 : « à peine de nullité, l'accord du représentant d'une collectivité territoriale (...) sur la modification portant sur l'objet social, (...) ne peut intervenir sans délibération préalable de son assemblée délibérante approuvant la modification (...) ».

77. La pratique s'inspire par là de l'art. 900-4 C. civ. qui dispose : « *Le juge saisi de la demande en révision peut, selon les cas et même d'office, soit réduire en quantité ou périodicité les prestations grevant la libéralité, soit en modifier l'objet en s'inspirant de*

Les modifications ne prennent effet *qu'après approbation par l'autorité de tutelle*. Cette demande d'approbation est adressée directement au Ministère de l'Intérieur qui instruit la demande selon les mêmes modalités qu'en matière de création.

Le Conseil d'État rend par la suite un avis après avoir vérifié que les deux conditions ci-dessus ont été correctement remplies. À cette occasion, il peut demander que les statuts soient complétés ou encore, il peut exiger une conformité aux statuts-types. L'autorité de tutelle ne peut qu'approuver ou refuser les modifications ; elle ne peut en aucun cas en changer les termes. Un refus doit toujours être motivé, et il peut éventuellement être accompagné d'un retrait de la reconnaissance d'utilité publique. En cas d'accord, l'approbation est donnée par un texte réglementaire, sauf dans le cas d'une fondation créée par une loi[78]. L'acte d'approbation n'a aucun effet rétroactif.

Enfin, le juge administratif ne peut apprécier l'opportunité de la décision : celle-ci relève en effet du pouvoir discrétionnaire du gouvernement. En revanche, le décret d'approbation peut faire l'objet d'un recours pour excès de pouvoir dans les conditions de droit commun.

Ainsi, en raison de la rigoureuse tutelle administrative à laquelle sont soumises les personnes morales du monde associatif[79], préalablement à tout acte, un contrôle *a posteriori* de leurs activités s'avère dès lors quasiment inutile[80]. En revanche, il se révèle d'une grande nécessité pour d'autres personnes morales, afin d'assurer le respect du principe de spécialité transgressé.

---

l'intention du disposant, soit même les regrouper, avec des prestations analogues résultant d'autres libéralités.

Il peut autoriser l'aliénation de tout ou partie des biens faisant l'objet de la libéralité en ordonnant que le prix en sera employé à des fins en rapport avec la volonté du disposant.

Il prescrit les mesures propres à maintenir, autant qu'il est possible, l'appellation que le disposant avait entendu donner à sa libéralité ».

78. La modification relève, dans ce cas, d'une loi, et non d'un règlement.

79. C'est-à-dire les fondations et les associations.

80. Tout contrôle *a posteriori* n'est pourtant pas totalement exclu : il se traduit, dans quelques cas, par des sanctions pénales ou administratives : *infra* n°s 237 et s.

Chapitre 2

LES SANCTIONS DIRECTES : LES CONTRÔLES *A POSTERIORI*

213. Contrairement aux contrôles *a priori*, les sanctions directes assurent la répression de la transgression du principe.

La règle de droit se caractérise, notamment, par son caractère coercitif. En d'autres termes, la violation de la règle de droit suscite immédiatement une sanction de caractère juridique[1], c'est-à-dire « un procédé social destiné à assurer l'application d'une règle de droit en réalisant la répression de ses violations »[2].

Si certains contrôles *a priori* éveillent depuis quelques temps déjà une large critique dans la voie de leur suppression[3], les contrôles *a posteriori* ou sanctions directes ne sont pas pour autant clairement établis. Ainsi, tandis que les sanctions civiles susciteraient un certain nombre de controverses doctrinales et jurisprudentielles (Section 1), les sanctions administratives ou même pénales pouvant être infligées aux personnes morales ayant violé la règle de la spécialité, sembleraient, en revanche, peut-être mieux fixées, mais moins appliquées (Section 2).

SECTION 1 LES SANCTIONS CIVILES

Faute pour le droit positif d'avoir clairement établi la nature juridique du principe de spécialité des personnes morales, l'on se trouve en présence de sanctions incertaines, controversées, s'avérant donc peu utiles, d'où le délaissement de la règle.

Aussi, raisonnant à partir des démonstrations précédentes relatives au fondement et à la nature juridique de la règle de la spécialité, l'on peut, dès lors, classer les sanctions en deux catégories principales :

– d'une part, les sanctions applicables à la violation de toute règle limitant la capacité de jouissance (§ 1),

---

1. *Supra* n°s 135 et 136.

2. CAVARÉ (L.), « L'idée de sanction et sa mise en œuvre en droit international », *RGDIP*, 1937, 388.

3. Par exemple, dans la procédure de reconnaissance d'utilité publique conférant la personnalité morale à la fondation, l'avis du Conseil d'État est-il vraiment nécessaire pour apprécier le but d'intérêt général poursuivi par le fondateur ? *Supra* n°s 202 et 203.

– et d'autre part, les sanctions applicables à la violation de toute règle limitant ou restreignant non seulement les droits, mais aussi les pouvoirs des dirigeants (§ 2).

Tandis que la première catégorie de sanctions se réfère à la violation du principe de spécialité légale de droit commun[4], la seconde se réfère à la violation de la spécialité légale « étroitement définie »[5] et à la violation de la spécialité statutaire[6].

Enfin, raisonnant à partir de la spécialité légale démontrée comme une règle d'existence, en amont de la règle de capacité et de la règle de pouvoir[7], une troisième catégorie de sanctions pourrait désormais être attachée à la violation dudit principe (§ 3).

§ 1 – LA VIOLATION DE LA RÈGLE LIMITANT LA CAPACITÉ DE JOUISSANCE

Tout acte violant le principe de spécialité légale, règle limitant la capacité de jouissance de la personne morale, devrait être sanctionné par une nullité d'un certain type (I)[8]. Toutefois, la pratique des tribunaux retient d'autres sanctions (II).

I. LA NULLITÉ SUSCEPTIBLE DE RATIFICATION

214. La violation d'une règle de capacité est sanctionnée par la nullité relative de l'acte. Or, il fut démontré précédemment que la règle de la spécialité légale de droit commun avait la nature juridique d'une règle limitant la capacité de jouissance de la personne morale. En conséquence, tout acte accompli en violation dudit principe est sanctionné par sa nullité relative.

Prenons l'exemple d'une société ayant signé une remise de dettes au profit de l'une de ses filiales. S'agissant d'un contrat de bienfaisance, la remise de dettes heurte le principe de spécialité légale de la société : en effet, le but de la société, tel que défini par la loi, est la réalisation et le partage d'un profit ou la réalisation d'une économie (art. 1832 du Code civil)[9]. En conséquence, l'acte de remise de dettes pourra être annulé pour avoir transgressé ladite règle. Comme le principe de spécialité légale de droit commun protège un intérêt particulier, notamment celui de la personne morale, la nullité est dite relative. En effet, le régime des incapacités introduit une souplesse conduisant à regimber devant toute position intransigeante qui pourrait entraver le développement des personnes morales[10].

---

4. Règle limitant la capacité de jouissance de la personne morale, fondée sur un ordre public de protection : *supra* n°s 180 et s.

5. Règle édictant une restriction de droits, fondée sur un ordre public de direction : *supra* n° 183.

6. Règle édictant par principe une limitation des pouvoirs des dirigeants : *supra* n°s 184 et s.

7. *Supra* n° 182.

8. Art. 1108 C. civ. : « Quatre conditions sont essentielles pour la validité d'une convention : le consentement de la partie qui s'oblige ; sa capacité de contracter ; un objet certain qui forme la matière de l'engagement ; une cause licite dans l'obligation ».

9. *Supra* n° 76.

10. V. COULOMBEL (P.), *op. cit.*, p. 217 : « *Il faut affirmer la nullité des actes violant le principe de spécialité légale des personnes morales, mais sans en faire une arme intransigeante*

Deux sortes d'effets attachés à la nullité relative peuvent être mentionnés ici :

– **Premier effet** : l'action en nullité ne peut, en principe, être intentée que par la ou les personnes que la loi a voulu protéger en établissant la nullité[11].

– **Second effet** : la nullité est susceptible de ratification[12]. En effet, par référence au régime des incapacités de jouissance, cette nullité n'a plus lieu d'être dès lors que la protection est assurée. C'est pourquoi, celui qu'elle est censée protéger a la faculté de l'effacer par la voie de la ratification[13] : le régime des incapacités de protection le lui permet[14]. Comme l'exprima si bien le professeur Ghestin, « lorsque la règle violée tend à la protection d'intérêts particuliers, les personnes protégées sont suffisamment garanties par le droit de critique qui leur permet de méconnaître l'acte nul. (…) Il n'est pas nécessaire à l'intérêt général que l'acte soit effectivement annulé. Il suffit qu'il puisse l'être ; ce qui explique que la personne protégée peut renoncer à cette faculté si tel est son intérêt. La nullité est

---

de lutte contre le développement des personnes morales, comme on a tendu à la faire autrefois ».

11. Deux observations relatives à la portée de la nullité relative :

Première observation : la nullité relative ne peut être invoquée que par un cercle de personnes (sur la délimitation des personnes pouvant invoquer la nullité, V. TERRÉ (F.), SIMLER (Ph.) et LEQUETTE (Y.), *Les obligations*, *op. cit.*, n° 370).

Toutefois, l'incertitude sur la validité d'un acte ne peut-elle pas s'avérer gênante pour les tiers à l'acte frappé de nullité ? V. JUBAULT (Ch.), *Les « exceptions » dans le Code civil, à la frontière de la procédure et du fond*, *op. cit.*, n° 99.

Seconde observation : « l'ensemble des causes de nullité pour incapacité relève des exceptions purement personnelles au sens de l'article 2012, alinéa 2 du Code civil. En effet, chaque fois, en matière d'incapacité, existe cette intimité purement personnelle entre la nullité et l'auteur de l'acte. La nullité est liée à un élément éminemment subjectif (…). Devrait-on alors considérer que les causes de nullité relative sont, en général, des exceptions purement personnelles ? Encore faudrait-il, peut-être, distinguer les nullités relatives à caractère personnel (vice du consentement), des nullités relatives à caractère plus objectif, notamment celles qui résulteraient d'un formalisme particulier à respecter. Pour ces dernières, l'initiative partagée d'une action en nullité s'envisagerait en effet éventuellement moins mal » : JUBAULT (Ch.), *Les « exceptions » dans le Code civil, à la frontière de la procédure et du fond*, *op. cit.*, n° 61.

12. Art. 1338 C. civ. : « l'acte de confirmation ou ratification d'une obligation contre laquelle la loi admet l'action en nullité ou en rescision, n'est valable que lorsqu'on y trouve la substance de cette obligation, la mention du motif de l'action en rescision, et l'intention de réparer le vice sur lequel cette action est fondée.

À défaut d'acte de confirmation ou ratification, il suffit que l'obligation soit exécutée volontairement après l'époque à laquelle l'obligation pouvait être valablement confirmée ou ratifiée.

La confirmation, ratification, ou exécution volontaire dans les formes et à l'époque déterminées par la loi, emporte la renonciation aux moyens et exceptions que l'on pouvait opposer contre cet acte, sans préjudice néanmoins du droit des tiers ».

13. Sur la délicate distinction effectuée par quelques auteurs, et notamment le Professeur TERRE, entre confirmation, régularisation et réfection, V. TERRÉ (F.), SIMLER (Ph.) et LEQUETTE (Y.), *Les obligations*, *op. cit.*, n°s 373 et s.

14. HOUIN (R.), « Les incapacités », *RTD Civ.* 1947, p. 395 s. Néanmoins, parce qu'il envisageait la spécialité uniquement sous l'angle d'une défiance qu'inspirait la société dans le droit positif, HOUIN rangea la spécialité légale des personnes morales dans la catégorie des fausses incapacités, celles qui étaient mues par un intérêt général de police.

alors relative »[15]. Reprenons, par souci de clarté, l'exemple d'une société ayant conclu un contrat de remise de dettes au profit de l'une de ses filiales : en l'espèce, si la société est bien en mesure de rapporter la preuve que ce contrat préserve et sert ses propres intérêts, même indirectement, la ratification dudit acte s'impose, dans le but de préserver le développement de la personne morale et de sa filiale, le cas échéant[16].

Observation étant ici faite que la sanction de la nullité relative ainsi décrite n'est pas exclusive d'une mise en cause de la responsabilité du représentant légal à l'égard de la personne morale et des associés.

Au demeurant, la solution présentée n'est pas celle retenue par les tribunaux.

II. LA PRATIQUE DES TRIBUNAUX

215. La violation du principe de spécialité n'est présentée, devant les juges, principalement que sous l'angle statutaire.

Ainsi s'expliquerait, d'une part, la confusion régnant entre la spécialité statutaire et la spécialité légale, d'autre part, l'absence de jurisprudence en matière d'annulation d'acte violant la spécialité légale. L'arrêt de la Cour d'appel de Paris rendu en *matière syndicale*[17] en est un premier exemple : en effet, la Cour rappelle les points suivants :

– *en premier lieu*, « **la capacité** de toute personne morale est limitée par le principe de la spécialité selon lequel elle ne peut accomplir valablement les actes qui ne correspondent pas à son objet tel qu'il est **défini par ses statuts** ». Observons que l'arrêt ne spécifie pas le type de spécialité dont il s'agit. Si le premier groupe de mots ferait référence, semble-t-il, à la spécialité légale du syndicat[18], le dernier groupe de mots se réfère incontestablement à la spécialité statutaire. Ainsi, soit la Cour d'appel assimile la spécialité légale à la spécialité statutaire, évinçant totalement la première au profit de la seconde, puisqu'il fut démontré précédemment que la spécialité statutaire ne pouvait être une règle de capacité[19], soit l'arrêt caractérise à nouveau le flou juridique régnant sur le principe de spécialité des personnes morales.

– *En second lieu*, la Cour poursuit en rappelant que « *ce principe*[20] *attribue aux syndicats et unions de syndicats exclusivement pour objet l'étude et la défense des droits ainsi que des intérêts matériels et moraux, tant collectifs qu'individuels, des personnes visées par leurs statuts, et leur interdit des opérations à but uniquement lucratif ou la défense d'intérêts purement privés* ». Or, ne s'agit-il pas là de la manifestation de la spécialité légale propre au syndicat ? La réponse affirmative, au

---

15. GUYON (Y.), *Traité des contrats – les sociétés*, *op. cit.*, n° 371 s.

16. *Supra* n° 76.

17. Paris, 25e ch. A, 25 oct. 1994 (réformation de TGI Paris, 20 janvier 1993, 9e ch.), *D.* 1995, IR, p. 8.

18. Au vu des démonstrations précédentes, seule la spécialité légale serait une règle de limitation de la capacité de jouissance des personnes morales.

19. *Supra* n°s 184 et s.

20. C'est-à-dire celui en vertu duquel « elle ne peut accomplir valablement les actes qui ne correspondent pas à son objet tel qu'il est défini par ses statuts ».

vu des démonstrations précédentes[21] corrobore donc les deux points suivants : d'une part, seule la spécialité statutaire est prise en considération par la jurisprudence, d'autre part, la nature juridique du principe de spécialité n'est pas établie clairement.

Enfin, si la Cour juge, au nom du principe de spécialité, « *qu'une organisation syndicale ne peut valablement se porter caution du remboursement d'un prêt contracté par une société commerciale* », la sanction de cette violation n'en est pas moins exprimée. Comment pourrait-elle d'ailleurs l'être, faute de qualification du principe de spécialité ?

Un second exemple très caractéristique, avec l'affaire du *Savour Club*[22], corrobore l'attitude de la jurisprudence à l'égard de la spécialité légale. Dans cet arrêt, la Cour de cassation met l'accent sur les pouvoirs des dirigeants au détriment de la protection des actionnaires. Un débat sur le terrain de la violation de la spécialité légale n'aurait-il pas mieux sauvegardé les droits des actionnaires ? À cet effet, la société aurait peut-être dû invoquer, en moyen de défense, non point le fait que l'activité spéculative fût éloignée des pouvoirs de son dirigeant, mais plutôt le fait que cette activité spéculative développée par le directeur financier n'avait nullement contribué à la réalisation d'un profit au sens de l'article 1832 du Code civil eu égard aux pertes catastrophiques qui en étaient résultées pour la société ; la violation de la spécialité légale par le dirigeant aurait sans doute été manifeste. En conséquence, la sanction de la violation de la spécialité légale – règle de capacité – étant la nullité relative de l'acte litigieux, la société ainsi que les droits de ses actionnaires auraient peut-être été sauvegardés. Observation étant ici faite que ladite nullité n'excluait pas la mise en cause de la responsabilité du dirigeant, voire sans doute de sa révocation pour faute grave.

Le respect de la spécialité légale, dont la valeur est bien supérieure à celle de la spécialité statutaire, protège donc non seulement la société, mais aussi les tiers, assainissant de la sorte les relations contractuelles. « En tout état de cause, il faut rappeler que le principe de spécialité légale ne peut pas être ignoré des tiers... en vertu de sa nature légale »[23].

Malheureusement, dans les cas, moins rares autrefois qu'à présent, où les tribunaux sont appelés à contrôler si les actes accomplis correspondent à la spécialité légalement définie, l'étude de la jurisprudence révèle qu'ils n'ont recours qu'aux sanctions ci-après, peu efficaces : la responsabilité de la personne morale (A), parfois sa dissolution (B), sanctions en vigueur autrefois, soit encore la disqualification de la personne morale (C), seule sanction qui semblerait être appliquée actuellement.

---

21. *Supra* n°s 72 et s.
22. Com., 7 avril 1998, *supra* n° 170.
23. PRIETO (C.), *op. cit.*, n° 80 p. 65.

A. La responsabilité de la personne morale

216. Deux exemples, plutôt anciens, en matière syndicale, pourraient illustrer la sanction de la mise en cause de la responsabilité de la personne morale en cas de violation du principe de spécialité légale.
Dans un arrêt de la Chambre des requêtes, en 1892, la violation du principe de spécialité légale, sur le fondement de la loi du 21 mars 1884, fut sanctionnée par la mise en cause de la responsabilité de la personne morale. Ainsi, les mesures par lesquelles des syndicats utilisaient la contrainte pour obliger tel ou tel ouvrier à se syndiquer n'avaient « pas pour objet la défense des intérêts professionnels » ; la chambre des requêtes estima que les syndicats pouvaient être redevables de dommages et intérêts[24].
Également, constitua un abus de droit syndical, « *et par suite, une faute justifiant l'allocation de dommages-intérêts* », la limitation édictée par un syndicat départemental de pharmaciens du nombre des stagiaires à admettre dans les pharmacies du département, alors que cette mesure avait « *non point pour objet la défense des intérêts de la profession mais d'empêcher la création d'un trop grand nombre d'officines de pharmacie* »[25].

Les tribunaux pouvaient, en plus, cumuler la sanction ainsi relatée, soit la responsabilité de la personne morale, avec une sanction plus grave : la dissolution de la personne morale.

B. La dissolution de la personne morale

217. À l'instar des autorités de tutelle[26], l'autorité juridictionnelle pouvait, dans certaines hypothèses, dissoudre la personne morale.
Par exemple, encouraient cette sanction les sociétés de secours mutuels[27] qui s'écartaient de leur but spécial en organisant des manifestations de caractère politique ou, plus généralement, qui « *sortaient de leurs conditions de sociétés mutuelles de bienfaisance* »[28].

---

24. Req., 22 juin 1892, *Joost*, *D.* 1892, I, 48 ; Lyon, 2 mars 1894, *Oberté c/ chambre syndicale des tailleurs de cristaux d'Oulins*, *D.* 1894, 2, 305, note PLANIOL ; Montpellier, 20 février 1908, *Blaquière c/ Pioch et Bocquet*, *S.* 1902, 2, 249, note A. MESTRE.

25. Civ., 4 juin 1947, *Syndicat pharmaceutique du département d'Oran c/ Dlle Rossi*, *D.* 1947, 173. Aujourd'hui, cet arrêt n'a plus de sens en raison de l'instauration d'un *numerus clausus* des pharmacies par nombre d'habitants, à l'instar de celui existant pour les études notariales.

26. *Infra* n° 238.

27. Les sociétés de secours mutuels étaient régies par la loi du 1er avril 1898. La première société de secours mutuel fut créée en 1899, par les constructeurs d'automobiles PANHARD et LEVASSOR : en vertu de l'article 1er, « *le but de la Société est de porter secours à tout Sociétaire qui, pour cas de blessures ou de maladies, est forcé de suspendre ses travaux et d'éviter les souscriptions dans les ateliers qui, très souvent, ne soulagent pas suffisamment les nécessiteux* » (Archives Panhard, Musée national de l'Automobile). Par la suite, ces sociétés furent remplacées par les caisses primaires de sécurité sociale qui fonctionnèrent conformément aux prescriptions de la loi du 1er avril 1898 sus-visée.

28. CE, 13 nov. 1874, *St Paul, Lacoste et autres*, *R.* 863 et CE, 23 juillet 1875, Rouzié, *R.* 737.

Pour les mêmes raisons, les juridictions pénales procédèrent à la dissolution d'organisations syndicales empiétant sur les domaines des activités religieuses ou politiques[29].

Enfin, si la violation de la spécialité légale pouvait également être sanctionnée par la disqualification du groupement, seule cette sanction semblerait aujourd'hui subsister.

C. La disqualification de la personne morale

218. Les actions introduites pour dénoncer certaines activités poursuivies par la personne morale comme non conformes à son objet légal amènent la première chambre civile ou la chambre commerciale de la Cour de cassation à disqualifier un groupement, le cas échéant, le faisant passer de la catégorie apparente à la catégorie réelle[30].

Il en est ainsi lorsque, par exemple, des ventes d'objets mobiliers sont réalisées par des personnes morales déclarées comme associations : au lieu d'annuler les actes litigieux, même d'une nullité relative, les juges requalifient alors l'association réalisant des actes de commerce en société commerciale.

Un deuxième exemple avec la section sociale de la chambre civile de la Cour de cassation : celle-ci cassa un jugement du tribunal civil d'Arras qui avait estimé que l'Union syndicale des commerçants d'Arras pouvait exercer en justice la représentation de ses membres, *par le motif que ce groupement ne répondait pas aux exigences des articles 1 et 2 du livre III du Code du travail.* L'Union syndicale en cause fut requalifiée en association[31].

En vertu d'un arrêt rendu par la Chambre sociale de la Cour de cassation, le 8 octobre 1996, il fut jugé que le représentant d'un groupement, auquel pouvait adhérer tout salarié quel que soit son emploi et la branche d'activité dans laquelle il était employé, ne pouvait, en tant que délégué syndical, exercer la représentation ou l'assistance des parties devant le conseil des prud'hommes, l'organisation en question ne répondant pas aux termes de l'article L. 411-2 du Code du travail[32].

Le 16 décembre 1996, la Chambre sociale dénia au comité de défense des commerçants et artisans le droit de représenter un commerçant devant le tribunal des

---

Également, précisons que le droit positif conféra parfois à l'autorité de tutelle un second moyen de sauvegarder le principe de spécialité dans les sociétés de secours mutuels, *en suspendant la décision.* Ce procédé lui permettait de différer l'entrée en application de la décision de l'organe sous tutelle. Par exemple, le dirigeant régional d'une société de secours mutuel, à qui étaient communiqués les décisions des conseils d'administration des caisses locales, pouvait, dans les huit jours, demander à ce que leur exécution soit suspendue lorsque ces décisions paraissaient « contraires à la loi », notamment en cas de méconnaissance des dispositions relatives à l'objet imparti par les textes.

29. Crim., 18 février 1893.

30. Toutefois, ces actions sont beaucoup plus nombreuses en matière de conformité à l'objet statutaire que de conformité à l'objet légal.

31. Civ., 5 juillet 1956, *Bull.* n° 623.

32. Soc., 8 octobre 1996, *Karmous c/ France Bois*, *Bull.* n° 316.

affaires de sécurité sociale, ledit comité n'étant pas un syndicat, ainsi que le soutint le demandeur au pourvoi[33].

Il convient de souligner que le juge judiciaire n'est toutefois pas le seul à être saisi de telles actions : le juge administratif, juge de l'impôt, est également appelé à apprécier la qualité d'une personne morale afin de déterminer le régime fiscal auquel elle doit effectivement être soumise.

Au vu de ces quelques exemples jurisprudentiels, il est aisé de constater que la violation de la spécialité légale n'est donc pas sanctionnée comme une règle de capacité. Une telle reconnaissance de la spécialité légale aurait l'avantage d'assainir la pratique contractuelle[34], de ne pas privilégier à outrance les tiers aux dépens des membres de la personne morale, particulièrement en matière sociétaire où leur protection fut renforcée par l'ordonnance de 1969. Néanmoins, la violation des règles de limitations de droits ou de pouvoirs n'apporte guère plus de satisfaction, puisque la jurisprudence demeure fluctuante.

§ 2 – LA VIOLATION DES RÈGLES RESTRICTIVES DE DROITS OU DE POUVOIRS DES DIRIGEANTS

Qu'il s'agisse de limitations légalement imposées (I) ou statutairement décidées (II), des controverses subsistent.

I. LES VIOLATIONS DE RESTRICTIONS DE POUVOIRS LÉGALEMENT IMPOSÉES

Il convient de distinguer la violation des limitations légales imposées par le législateur au titre de la spécialisation « étroite » de certaines sociétés, d'une part (A), et le non-respect, par un dirigeant, d'une autorisation légale préalable à la conclusion d'un acte grave, d'autre part (B).

A. LA VIOLATION DE L'OBJET LÉGAL D'UNE SOCIÉTÉ « ÉTROITEMENT » SPÉCIALISÉE

219. Les spécialisations « étroites » en matière sociétaire, règles édictant des restrictions de droits, sont mues par un souci de rentabilité économique[35].

Elles se fondent, non sur l'ordre public de protection, mais sur l'ordre public de direction lequel, en cas de violation, suscite l'application de la *nullité absolue*, non susceptible d'une quelconque ratification. En effet, la nullité absolue sanctionnant la transgression d'une règle d'ordre public, mais d'ordre public de direction[36] ayant pour finalité la protection de l'intérêt général, il importe de lui donner un régime qui multiplie les possibilités d'anéantissement d'un contrat conclu en violation de ladite règle : toute personne intéressée peut agir en nullité ; la confirmation est, par

33. Soc., 16 déc. 1996, *Rieu c/ ORGANIC*, *Bull.* n° 456.

34. PRIETO (C.), *op. cit.*, pp. 65 s.

35. *Supra* n°s 152 et s.

36. Sur la notion d'ordre public, *supra* n°s 149 et s.

principe, impossible[37] ; l'action se prescrit par un délai plus long que l'action en nullité relative[38].

La doctrine ne s'est guère prononcée sur la sanction de leur violation. Un auteur[39] proposa de distinguer, dans le silence des textes, **hormis quelques dispositions particulières**[40], entre un dépassement épisodique et un dépassement habituel :

– *le dépassement épisodique* : il devrait entraîner la responsabilité des dirigeants, et la nullité de l'acte. Toutefois, M. Guyon fonde cette solution sur la violation d'une limitation de la capacité de jouissance de la société à certaines activités, ce qui ne correspond pas à la démonstration effectuée pour les spécialités légales étroites[41] ;

– *le dépassement habituel* : il pourrait entraîner « la dégénérescence de la société en société de droit commun ».

Quant à la jurisprudence, elle semblerait favorable à la nullité en cas de violation du principe de spécialité légale, lorsque des textes spécifiques ne la prévoient pas. Ainsi, une société ne saurait conclure avec ses clients des opérations de crédit-bail : il s'agit en effet d'opérations purement bancaires réservées à des établissements de crédit aux termes des articles 1 et 15 de la loi du 24 janvier 1984. Ces contrats

---

37. Sur le domaine de la confirmation, et la possibilité, *à titre d'exception*, de concevoir qu'un contrat nul de nullité absolue puisse être confirmé dès lors que l'intérêt général n'exigerait plus son anéantissement, V. TERRÉ (F.), SIMLER (Ph.) et LEQUETTE (Y.), *Les obligations*, *op. cit.*, n°s 374.

38. L'action en nullité relative se prescrit par 5 ans : art. 1304, al. 1 C. civ. : « Dans tous les cas où l'action en nullité ou en rescision d'une convention n'est pas limitée à un moindre temps par une loi particulière, cette action dure cinq ans ».
Civ. 1re, 24 septembre 2002, *Bull. civ.* I, n° 218 p. 168 ; *Def.* du 15 février 2003, art. 37.664, note J.-L. AUBERT : une question depuis longtemps posée, mais peu débattue, relative aux restitutions consécutives à l'annulation d'un contrat, vient d'être récemment tranchée de manière absolue par la Cour de cassation. Elle souligna fermement l subordination de l'action en répétition de l'indu à l'action en nullité. Dès lors que l'action en nullité est prescrite, l'action en répétition de l'indu ne peut plus être exercée. Autrement dit, l'arrêt souligne que toute demande de restitution fondée sur l'annulation totale ou partielle d'un contrat est irrecevable, dès lors que l'action en nullité dudit contrat est prescrite.

39. GUYON (Y.), « Personnalité morale des sociétés », *Sociétés Traité*, *op. cit.*, fasc. 28-15.

40. Par exemple, les sanctions pénales prévues par l'art. 22 de la loi n° 70-1300 du 31 déc. 1970 modifiée par la loi n° 93-6 du 4 janvier 1993.
Signalons également les conséquences du non-respect de l'objet social des sociétés civiles de placement immobilier (SCPI) décrites dans l'instruction administrative du 1er mars 1996 (BOI 4 H-1-96). Il est rappelé que le non-respect de l'objet social exclusif visé à l'article 1er de la loi du 31 décembre 1970 modifiée, entraîne, s'il y a lieu, remise en cause de la réduction d'impôt pour investissement outre-mer prévue au c/ de l'art. 199 *undecies* et au d/ de l'art. 199 *undecies* A du CGI. Lorsque la SCPI devient passible de l'impôt sur les sociétés, il y a lieu, le cas échéant, de remettre en cause l'application des réductions d'impôt prévues aux art. 199 *decies* E à 199 *decies* G (investissement locatif dans des résidences de tourisme), ainsi que des avantages fiscaux prévus aux e/ f/ et g/ de l'art. 31 du CGI (dispositifs Périssol, Besson et Lienemann) dont les associés de la SCPI ont pu bénéficier. En effet, ce non-respect constitue un cas de rupture de leur engagement de conserver les parts, selon le cas, pendant 9 ou 10 ans. Précisons enfin qu'aucune dérogation ne résulte du décret du 28 janvier 2003 : *supra* n° 101.

41. *Supra* n°s 152 et s.

encourent, le cas échéant, la *nullité absolue*, à condition toutefois que l'objet social soit expressément exclusif. À cet égard, la Cour de cassation[42] rappela que le monopole bancaire protégeait l'intérêt général recouvrant, en conséquence, l'intérêt particulier des crédits preneurs : l'action en nullité de ces derniers était donc parfaitement recevable. Également, la nullité d'un prêt consenti par un établissement de crédit dépourvu d'agrément fut prononcée, au nom de la protection de l'intérêt général, donc de la violation d'un ordre public de direction[43]. Enfin, à titre de dernier exemple, l'on pourrait citer un arrêt de la Cour de cassation rendu en 2001, lequel approuva la Cour d'appel d'avoir prononcé la nullité absolue d'une souscription de parts de société civile de placement immobilier, sur le fondement de l'illicéité du démarchage, se référant à la violation de l'ordre public de direction, et non de protection[44].

La nullité absolue peut être soulevée par tout intéressé, notamment par le cocontractant de la société, contrairement à la nullité relative. Telle est la sanction idoine d'une violation de l'ordre public de direction, propre aux spécialités légales « étroites », contrairement à la nullité relative qui sanctionne la violation de la spécialité légale de droit commun mue par un ordre public de protection[45].

Une autre sanction pourrait être envisagée : elle affecterait la personne morale elle-même. Toutefois, l'idée d'une perte de la personnalité morale paraît excessive[46], et ne s'affirme pas clairement dans le droit positif. Il semblerait plus approprié de retenir la dégénérescence de la société à statut particulier en société de droit commun, outre la perte des avantages fiscaux, ainsi que le proposait M. Guyon. D'ailleurs, la Cour de cassation retint cette solution lors du *dépassement*, même habituel, de la spécialité légale étroite[47].

En tout état de cause, il paraîtrait sans doute préférable de s'en tenir à la nullité absolue des contrats conclus en violation de la règle de la spécialité légale « étroitement » définie. Le caractère de nullité absolue manifeste suffisamment la gravité de la violation d'un ordre public économique de direction[48].

Finalement, si la violation de ces spécialités légales « étroites » paraît assez bien établie par la jurisprudence, il n'en est pas de même en cas de non-respect, par un dirigeant d'une société par actions, de la limitation légalement imposée à ses pouvoirs dans le cadre de la passation d'un acte grave.

---

42. Com., 19 nov. 1991, *RTD.Civ.* 1992, MESTRE, p. 381.
43. Com., 20 oct. 1998, *Bull. civ.* IV, n° 243.
44. Civ. 1re, 15 mai 2001, *Bull. civ.* I, n° 139 ; *D.* 2001, *AJ*, 1879, obs. A. LIENHARD.
45. V. MESTRE (J.), « Obligations et contrats spéciaux », *RTD. Civ.* 1989, p. 301.
46. COULOMBEL (P.), *op. cit.*, p. 219.
47. Soc., 2 juillet 1970, *Bull. civ.* IV, n° 464, p. 380.
48. PRIETO (C.), *op. cit.*, p. 86.

B. La violation de l'autorisation préalable des articles L. 225-35 alinéa 4 et L. 225-68 alinéa 2 du Code de commerce[49]

Le législateur a introduit dans le fonctionnement des sociétés par actions une autorisation préalable à toute garantie consentie par elles pour la dette d'autrui[50]. Les dispositions de cet article sont vivement critiquées, tant sur le plan des modalités d'application (a) que sur celui de la sanction applicable (b)[51].

a) Les modalités d'application

220. Les modalités d'organisation de cette procédure figurant aux articles 89 et 113 du décret du 23 mars 1967 ont pour but d'établir, non sans maladresse, un compromis entre la protection de la société et celle des tiers.

D'une part, le conseil d'administration peut fixer, par engagement, un montant au-delà duquel la garantie de la société ne pourra pas être donnée. D'autre part, il peut autoriser le président à donner des garanties dans la limite d'un montant global. Si la garantie dépasse à elle seule ce montant, le dépassement de la limite fixée ne pourra pas être ignoré. En revanche, si plusieurs garanties ont été données à plusieurs bénéficiaires, il sera difficile, pour un bénéficiaire, de savoir si le plafond a été atteint. En vertu de l'article 89, le dépassement du montant ne lui sera pas opposable.

En conséquence, il apparaît que « cette faculté, par la commodité qu'elle offre, vide l'autorisation de son sens »[52].

Aussi, la loi impose-t-elle au bénéficiaire d'une garantie de s'informer sur l'existence et l'étendue de l'autorisation donnée par le conseil d'administration ou de surveillance : il doit se faire remettre une copie ou un extrait du procès-verbal de la délibération du conseil. Observation étant ici faite que « cette précaution a été recommandée très vite après l'élaboration du texte »[53]. Après un courant largement favorable au bénéficiaire d'une garantie, il semble désormais que s'annonce un retour à un certain formalisme. La consultation du procès-verbal doit être réelle et sérieuse[54], et l'autorisation doit être précise, quant au montant et quant à la date butoir pour sa durée, faute de quoi elle ne pourrait être valable[55].

---

49. Rappelons que les garanties consenties par les sociétés à risques limités pour la dette d'autrui ne peuvent être traitées sur le terrain d'une limitation de la capacité de jouissance, car trop éloignées de la vocation première de la société ; en revanche, elles rentrent dans le cadre de la limitation légale des pouvoirs du représentant. Au demeurant, l'autorisation préalable requise laisse présumer la poursuite d'un profit conformément à l'article 1832 C. civ. : v. *supra* n° 78.

50. *Supra* n° 78.

51. CABRILLAC (M.) et MOULY (Ch.), *Droit des sûretés*, 5e éd., Litec, 1999, n° 121. V. également MOULY, Rapport de synthèse, Aspects contemporains du cautionnement, Colloque Toulouse, Cah. du droit de l'entreprise, 1992 : « *son absence de légitimité doit conduire à réduire sa portée à chaque occasion d'interprétation, et elles sont nombreuses* ».

52. PRIETO (C.), *op. cit.*, n° 94.

53. HÉMARD, TERRÉ et MABILAT, *Les sociétés commerciales*, Précis Dalloz, t. 1, 1972, n° 957.

54. Paris, 22 novembre 1990, *Bull. Joly* 1991, note DOM : il a été jugé « que la mention, par le notaire rédacteur de l'acte, de l'existence d'une délibération conforme ne pouvait suffire à faire la preuve du respect des règles de forme de constatation des décisions du conseil d'administration ».

55. Lyon, 5 octobre 1990, *Bull. Joly* 1991, n. 333.

On constate ainsi que « les autorisations globales entretiennent une certaine opacité »[56], et que la vigilance requise pour ses modalités d'application n'apporte pas vraiment de protection à la société. Plus grave encore serait l'absence de sanction clairement établie, suscitant une controverse énergique.

b) Une sanction controversée

221. Alors qu'un dépassement de l'autorisation ne peut être opposé aux tiers qu'à certaines conditions précisées par les articles 89 et 113 du décret de 1967[57], l'absence d'autorisation, manifestation d'une violation pure et simple de la spécialité, ne serait sanctionnée par aucun texte[58].

Aussi convient-il, dans le silence des textes, de se tourner vers le droit positif : celui-ci écarte la sanction de la nullité *au profit de l'inopposabilité*. Cette sanction a reçu l'approbation de la Cour de cassation[59], ainsi que le soutien d'un large courant doctrinal[60]. La sanction de l'inopposabilité présente, assurément, quelques conséquences avantageuses au profit du bénéficiaire de la garantie, puisqu'elle ne s'attaque pas à l'acte lui-même, mais seulement à ses effets. En laissant subsister l'acte, « l'inopposabilité traduit simplement une inefficacité d'étendue plus ou moins variable à l'égard des tiers »[61]. Le cautionnement n'engage donc pas la société ; toutefois, le dirigeant reste personnellement engagé, en tant que partie au contrat, ce qui préserve les intérêts du cocontractant. Si ce dernier recherchait une garantie de la société à laquelle il ne peut plus prétendre, il conserve néanmoins un garant qui est le dirigeant. L'inopposabilité paraît plus raffinée que la nullité, car elle protège la société, et non le dirigeant[62]. En revanche, si l'absence d'autorisation

---

56. PRIETO (C.), *op. cit.,* n° 97.

57. Le dépassement d'une autorisation, sur son montant, ne peut être opposé au tiers qui n'en a pas eu connaissance, sauf mauvaise foi de sa part révélée par le fait que l'engagement dépassait à lui seul le montant global de l'autorisation.

58. ***Contra*** : certains auteurs ne sont pas d'accord avec cette affirmation. L'absence d'autorisation serait sanctionnée par l'article 113-1, al. 3 ajouté au décret du 23 mars 1967 par le décret du 22 avril 1988 : « *l'absence d'autorisation est inopposable aux tiers, à moins que la société ne prouve que ceux-ci en avaient connaissance ou ne pouvaient l'ignorer* ». Cette argumentation appelle un certain nombre de réserves, en particulier celle en vertu de laquelle « seul l'article 113 correspond au champ d'application de l'article 98 » (désormais l'art. L. 225-35 C. com.) : v. PRIETO (C.), *op. cit.*, n°s 99 et s.

59. Com., 29 janvier 1980, *Rev. soc.* 1981, p. 83, note GUYON ; Com. 11 juillet 1988, *Rev. soc.* 1989, p. 54, note DIDIER et *Bull. Joly* 1988, n° 217, note LE CANNU ; Com., 8 octobre 1991 et 15 octobre 1991, *JCP E* 1991, II, p. 112. *La Cour d'appel de Paris avait manifesté une résistance en retenant la nullité relative* : Paris, 16 décembre 1986, *Bull. Joly* 1987, n. 47, note LE CANNU ; Paris, 31 mars 1989, *D.* 1989, IR, p. 169. Elle semble désormais se résoudre à prononcer l'inopposabilité de l'acte : Paris, 24 avril 1990, *Bull. Joly* 1990, n. 174, note DELEBECQUE ; Paris, 27 février 1992, *RJDA* 6/92, n. 595.

60. Par exemple : GUYON, note sous Com., 29 janvier 1980, DIDIER, note sous Com., 11 juillet 1988, *op. cit.*

61. ROBLOT (R.), « Applications et fonctions de la notion d'inopposabilité en droit commercial », *Mél. Voirin*, p. 710.

62. V. en ce sens LE CANNU, note sous Com., 11 juillet 1988, *op. cit.* ; Lyon, 13 nov. 1996, *D.* 1998, 250, note MICHA-GOUDET et REINHARD : « l'absence de formalité procédant d'une intention de nuire, intention dolosive, l'inopposabilité et la mise en cause du président furent retenues à bon droit ».

relève indiscutablement d'une omission, la sanction la plus idoine serait le prononcé d'une nullité relative ouverte à la société, qui lui permettrait de confirmer ultérieurement la convention critiquée[63].

222. Cela étant, l'inopposabilité apparaît comme une sanction inopportune, en cas d'absence de pouvoir du dirigeant[64], pour deux séries de raisons : l'une tenant au sens même de l'inopposabilité, l'autre tenant au sens de l'article L. 225-35, alinéa 4 du Code de commerce.

1. *Première série d'arguments à l'encontre de l'inopposabilité tenant au sens même de l'inopposabilité* : en effet, l'inopposabilité serait une sanction inopportune, en raison de son domaine d'application, de sa mise en œuvre, et du résultat poursuivi. Reprenons chacun des éléments de l'argumentation :

- **Le domaine de l'inopposabilité :** traditionnellement, elle sanctionne les règles de publicité, d'une part, la fraude, d'autre part, et enfin, elle permet de protéger les tiers qui ont fait confiance à une situation apparente[65]. Or, dans le cadre de l'octroi de garanties par son président, la société ne se heurte à aucun de ces trois problèmes.
- **La mise en œuvre de l'inopposabilité :** elle est demandée par un tiers à l'acte, alors que la nullité relative est invoquée par une partie à l'acte[66]. Or, la société apparaît comme une partie à l'acte, et non comme un tiers.
- **Le résultat poursuivi par l'inopposabilité :** au cas susvisé, la sanction de l'inopposabilité est préférée, car elle permet le maintien du lien contractuel en tenant le dirigeant aux lieu et place de la société. Il s'agit d'une sorte de contrat forcé à titre de sanction. Or, la théorie de l'inopposabilité n'aboutit en principe pas à ce résultat : le contrat subsiste, certes, mais entre les parties originaires qui ont voulu s'engager. Dans l'hypothèse visée, le dirigeant n'a voulu en aucun cas s'engager personnellement, et le bénéficiaire n'a pas recherché la garantie du dirigeant, mais celle de la société. La pratique a bien perçu cette faille en développant des engagements parallèles des dirigeants, à titre personnel[67].

2. *Seconde série d'arguments à l'encontre de l'inopposabilité tenant au sens de l'article L. 225-35 du Code de commerce* : des arguments d'ordre technique pourraient s'ajouter aux précédents. Tout d'abord, la nullité relative est plutôt présentée comme étant la sanction rationnelle et naturelle du défaut de pouvoir[68]. Également, en organisant une répartition légale des pouvoirs d'engager la société

---

63. FALAISE (M.), « La sanction de l'acte irrégulier, distinction entre nullité et inopposabilité », *PA* n° 103 du 27 août 1997, n°s 16 s.

64. V. en ce sens MAZEAUD (H. et L.), MAZEAUD (J.), CHABAS (F.), *Leçons de droit civil – Les obligations*, t. 2, 1er vol., 11e éd. par F. CHABAS, Montchrestien, 1996, n° 295-2.

65. V. en ce sens ROBLOT (R.), *Applications et fonctions de la notion d'inopposabilité en droit commercial, op. cit.*

66. BASTIAN, *Essai d'une théorie générale de l'inopposabilité*, Thèse Paris, 1929, p. 155 : « *le droit de critiquer l'acte appartenant uniquement à un tiers, on est donc bien en présence d'une inopposabilité et non d'une nullité relative* ».

67. LE CANNU, note sous 11 juillet 1988, *op. cit.* : selon lui, toute la difficulté réside dans la formulation de cet engagement qui doit être dénué d'équivoque.

68. V. en ce sens DELEBECQUE (Ph.), note sous Paris, 24 avril 1990, *op. cit.*

à l'égard des tiers, les articles L. 225-35, alinéa 4 et L. 225-68, alinéa 2 du Code de commerce sont des dispositions impératives. Or, l'article L. 235-1, alinéa 2 dudit Code dispose, notamment, que la violation d'une disposition impérative, quelle qu'elle soit, est sanctionnée par la nullité. Il n'est, par conséquent, point requis que la sanction soit réitérée dans chaque disposition impérative[69]. Dès lors, il serait « injuste de reprocher au législateur une carence, en ayant omis de préciser la sanction »[70] assortissant ces articles.

Enfin, il reste que la nullité relative présente des avantages incontestables sur l'inopposabilité : en effet, elle laisse la possibilité au conseil d'administration ou à l'assemblée générale de confirmer l'initiative contractuelle de son président. Cette ratification, effectuée lorsque l'acte n'est pas dépourvu d'une contrepartie ou de la recherche d'un profit, devrait permettre le développement de rapports de confiance entre le président et le conseil d'administration, mais aussi à l'égard des tiers.

Une dernière observation : si un auteur démontra que l'inopposabilité pouvait disparaître par renonciation du bénéficiaire[71], la jurisprudence est, sur ce point, d'une constante qui ne s'est point démentie : elle rejette toute confirmation possible en matière d'inopposabilité à la société[72].

223. Quant à la loi NRE du 15 mai 2001, en faisant subir à la fonction de président du conseil d'administration une restriction spectaculaire de ses pouvoirs, elle n'apporta aucune solution aux critiques qui alimentent depuis si longtemps les plumes doctrinales.

Peut-être les sociétés devraient-elles se tourner davantage vers une pratique contractuelle, fondée sur la transparence et l'exigence de la bonne foi des partenaires, afin de préserver le sens du principe de spécialité, donc l'essence même de la société, et par-là même, dans le but de sauvegarder les contrats ? Une meilleure rédaction de l'acte de garantie de la dette d'autrui serait envisageable, peut-être par une explication claire de l'intérêt que poursuit la société[73]. Il conviendrait dès lors de confier au conseil d'administration la délivrance de ces précisions sur la poursuite d'un profit par la société. Le conseil d'administration conserverait donc le pouvoir de consentir des garanties. *L'autorisation motivée* serait une forme de protection de la société, et son *absence* retrouverait la sanction naturelle de la *nullité* de la garantie. De son côté, le cocontractant ne pouvant ignorer le principe de spécialité légale, aurait la charge d'exiger des précisions sur la recherche du profit envisagé.

---

69. LANGLADE, « Le pouvoir de fournir des sûretés dans les sociétés anonymes », *RTD Com.* 1979, 355.

70. PRIETO (C.), *op. cit.*, n° 102.

71. BASTIAN, *op. cit.*, p. 155.

72. Par exemple, Com., 11 juillet 1988, *op. cit.* ; Com., 11 oct. 1991, *D.* 1991, IR, 252.

73. Par exemple, pour une société mère, il serait indiqué qu'elle accorderait cette garantie en raison des conséquences financières qu'engendrerait pour elle la cessation de paiement de sa filiale ; autre exemple : pour une société qui garantirait son fournisseur, il serait précisé qu'il lui importerait de préserver sa survie en raison de la qualité de production ou de services qui le caractérise sur le marché (v. en ce sens PRIETO, *op. cit.*, n°s 105 s.).

La société aurait l'obligation de lui fournir l'assurance d'une information sincère le mettant à l'abri d'une exception de non-poursuite de profit[74]. En outre, n'est-ce pas là une application du principe de l'exécution de bonne foi des contrats ?

Au final, si les violations de restrictions de pouvoirs *légalement* imposées laissent subsister des incertitudes, celles *statutairement* imposées suscitent également un certain nombre de controverses.

II. LES VIOLATIONS DE LIMITATIONS DE POUVOIRS STATUTAIREMENT DÉCIDÉES

Il importe de distinguer les répercussions de ces violations dans l'ordre interne, d'une part (A), et dans l'ordre externe, d'autre part (B).

A. DANS L'ORDRE INTERNE

224. L'objet social constitue le fondement mais aussi la limite des pouvoirs attribués aux dirigeants de la personne morale.

C'est pour la réalisation de l'objet social que les dirigeants ont été désignés par l'ensemble des associés[75]. Par conséquent, les dirigeants engagent la société par les actes entrant dans l'objet social. Corrélativement, cet objet constitue la limite de leurs pouvoirs[76]. Ainsi, l'acte accompli par le dirigeant qui violerait les limitations statutaires, qu'il s'agisse d'un acte conclu au mépris de l'objet social ou d'un acte passé au mépris de clauses limitatives de pouvoirs, est passible de *deux sanctions* : la *nullité*[77], mais également la *responsabilité civile du dirigeant*[78] lequel, en excédant ses pouvoirs statutairement délimités, a commis une faute envers les associés, éventuellement constitutive d'un juste motif de révocation.

Observation étant ici faite que ces deux sanctions coexisteront rarement[79]. En effet, d'une part, si l'acte est annulé, les associés ne pourront engager la responsabilité du dirigeant, faute de préjudice caractérisé. La perte de confiance que ces derniers pourraient éprouver s'exprimera plutôt par une révocation du dirigeant. D'autre part, la nullité ne pouvant souvent être prononcée dans l'intérêt des tiers, seule la responsabilité du dirigeant sera recherchée, puisque la société subit un préjudice en raison du maintien de l'acte. Éventuellement, une autre responsabilité pourrait être recherchée, telle celle d'un banquier[80], ou encore celle d'un tiers

---

74. V. en ce sens PRIETO, *op. cit.*, n°s 105 s.

75. PAILLUSSEAU (J.), *op. cit.*, p. 165 ; CHAPUT (Y.), *op. cit.*, p. 294 qui indique que « *les dirigeants assument le rôle d'entrepreneur en mettant en œuvre l'objet social* ».

76. *Supra* n° 184.

77. T. Com., Paris, 28 juin 1982, *op. cit. :* la cession de participations qu'une société holding détenait dans le capital d'autres sociétés fut annulée : il s'agissait d'un acte conclu au mépris de clauses limitant les pouvoirs du dirigeant.

78. Art. L. 223-18, al. 4 C. com. (SARL) ; L. 225-56, al. 1 C. com. (pouvoirs les plus étendus dévolus au directeur général d'une société anonyme dans la limite de l'objet social) et L. 225-64, al. 1 C. com. (SA à conseil de surveillance et directoire).

79. *Lamy Sociétés commerciales*, *op. cit.*, n° 194.

80. T. Com. Paris, 19 sept. 1983, *Banque* 1983, p. 1341, obs. MARTIN.

conseiller (notaire, avocat...) qui aurait permis ou facilité la rédaction de l'acte sans vérifier que celui-ci excédait l'objet social.

225. La solution est identique dans le monde associatif, par application de la théorie jurisprudentielle du mandat.

En effet, le dirigeant d'une association est reconnu comme un mandataire du groupement[81]. Ainsi, tout acte accompli par un mandataire qui excède les pouvoirs que lui confère le mandat est *nul*. En d'autres termes, l'association n'est pas engagée par les actes accomplis en dehors de l'objet de ce mandat. La Cour de Versailles a ainsi annulé une acquisition de parts sociales par un président d'association tenu à l'écart de l'opération, alors que les statuts requéraient son autorisation[82].

Comme en matière sociétaire, la responsabilité civile du dirigeant de l'association peut également être mise en cause. Le Tribunal de Grasse a notamment retenu la responsabilité de plusieurs administrateurs d'une association, lesquels avaient engagé une action en justice abusive et totalement étrangère à l'objet statutaire[83]. En outre, la doctrine considère dans un tel cas que la responsabilité ne peut être que extracontractuelle, puisque le contrat n'a pas été formé[84].

Dans l'ordre externe, les sanctions applicables sont beaucoup moins précises que dans l'ordre interne.

B. DANS L'ORDRE EXTERNE

Il importe de distinguer l'acte conclu par le dirigeant au mépris de l'objet social statutaire (a), de celui passé au mépris d'une clause statutaire (b). Les réponses apportées, tant par les textes que par la jurisprudence, invitent nécessairement à s'interroger sur le sens exact de l'inopposabilité et de la nullité (c).

a) L'acte conclu par un dirigeant au mépris de l'objet social statutaire

226. Dans les sociétés à risques limités où la sécurité des tiers fut restaurée par la directive communautaire[85], seule la mauvaise foi prouvée du tiers entraîne la nullité de l'acte[86].

La requête doit être présentée dans un délai de trois ans pour la sécurité du commerce juridique. En outre, la responsabilité personnelle du dirigeant fautif peut être mise en cause, comme dans l'ordre interne.

---

81. Civ. 1re, 5 février 1991, *op. cit.* ; Paris, 21 avril 1986, *Rev. soc.* 1987, p. 90, note ALFANDARI.

82. Versailles, 28 sept. 1989, *op. cit.*

83. TGI Grasse, 7 février 1989, *D.* 1989, II, 570, note LIETVAUX et VEAUX.

84. V. en ce sens JUGLART (M. de), *Cours de droit commercial*, *op. cit.*, nos 1414 et 1415.

85. *Supra* n° 186.

86. Art. L. 223-18, al. 5 C. com., L. 225-35, al. 2 C. com., L. 225-56, al. 2 C. com. et L. 225-64, al. 2 C. com.

Observation : il faut bien distinguer l'acte conclu au mépris de l'objet social, de celui qui entraîne une modification *de facto* de cet objet. Dans le second cas, l'acte du dirigeant constitue une modification des statuts eux-mêmes, relevant de la seule compétence de la collectivité des associés[87].

227. Dans les sociétés à risques illimités, la société est engagée, dans ses rapports avec les tiers, par les actes du dirigeant entrant dans l'objet social[88].

Peut-on, par une interprétation *a contrario*[89] des articles 1849 du Code civil et L. 221-5, alinéa 1 du Code de commerce, affirmer que la société n'est pas engagée lorsque le dirigeant a accompli un acte n'entrant pas dans l'objet social ? Les textes sont muets, et la jurisprudence a, la plupart du temps, reconnu valables les actes passés par un dirigeant, bien que se situant en dehors de l'objet social, se fondant sur la théorie de l'apparence[90]. Selon les propos d'un auteur, « il s'agit essentiellement de questions de fait, auxquelles ne peut s'associer un rédacteur consciencieux n'acceptant de prêter son concours qu'après un examen attentif de la définition de l'objet social dans les statuts ou, éventuellement, dans l'extrait du registre du commerce et des sociétés (…) »[91].

Ainsi, faute de la preuve d'une apparence, la sanction applicable serait la nullité de l'acte étranger à l'objet social, et la société ne serait pas engagée.

Qu'en est-il, dès lors, de la conséquence de la violation, par un dirigeant, d'une clause statutaire limitative de pouvoirs ?

b) L'acte conclu par un dirigeant au mépris d'une clause limitative de pouvoirs

228. Dans les sociétés à risques limités, toute clause statutaire limitant les pouvoirs des dirigeants est inopposable aux tiers.

Les textes sont formels[92]. La sanction est la même si le tiers avait connaissance de telles clauses par la communication des statuts ou par leur publication[93]. Par conséquent, la société est tenue d'exécuter les engagements souscrits en son nom ; la

---

87. *Supra* n° 113.

88. Art. 1849 C. civ. et art. L. 221-5, al. 1 C. com.

89. *A contrario* : « par déduction du contraire » : *Vocabulaire juridique*, G. CORNU, *op. cit.*, v. ce mot.
L'argumentation *a contrario* est délicate à manier. *Vocabulaire juridique*, G. CORNU, *op. cit.*, v. argument *a contrario* : « *Raisonnement consistant à admettre qu'un cas contraire (opposé) à celui que prévoit un texte est exclu par ce texte et soumis à une règle contraire* ». *Qui dicit de uno, de altero negat* : in *Adages du droit français*, *op. cit.*

90. *Supra* n°s 172 et 187.

91. PICARD (J.), « L'acte conclu par un dirigeant avec dépassement de ses pouvoirs : nullité/Inopposabilité », *Dr. soc.* juin 1998, n° 6.

92. Art. L. 223-18, al. 6 C. com., L. 225-56, al. 3 C. com. et L. 225-64, al. 3 C. com.

93. COZIAN (M.) et VIANDIER (A.), *op. cit.*, n° 357 bis ; Mémento Lefebvre, *Sociétés commerciales*, *op. cit.*, n° 878. La jurisprudence est également favorable à cette sanction : Com., 2 juin 1992, *JCP N* 1992, II, 98 ; *RJDA* 1992, n° 8/9, p. 682 ; *Def.* 1992, art. 35412, obs. HONORAT : appelée à se prononcer à l'occasion d'un prêt cautionné consenti à une SARL, sans l'autorisation de l'assemblée générale, la Cour de cassation énonça clairement *l'inopposabilité aux tiers des clauses statutaires limitatives des pouvoirs du gérant*, peu importa, finalement, qu'ils en eussent connaissance ou non.

responsabilité du gérant, du directeur général ou du directoire se trouve également engagée.

En vertu d'une décision de la Cour de cassation[94], la théorie du mandat apparent peut néanmoins participer à la sécurité des transactions, *avec deux réserves* :

– d'une part, la théorie du mandat ne peut se combiner avec les exigences strictes des articles L. 225-35 et L. 225-68 du Code de commerce ;

– d'autre part, le tiers contractant et son conseil (rédacteur ou non) sont tenus de procéder à un minimum de vérifications préalables, notamment la qualité et l'étendue des pouvoirs du représentant. Il s'agit là de l'obligation traditionnelle de renseignement, faisant partie notamment du devoir de conseil du notaire, lequel, faute de l'avoir rempli, se trouve bien souvent assigné en responsabilité[95].

Observation : il convient de prêter une attention certaine en cas de contrat conclu avec une société étrangère. En effet, tout cocontractant français doit avoir conscience des disparités possibles avec d'autres droits des sociétés sur ce point. La Cour de cassation reconnaît clairement que l'appréciation des pouvoirs des dirigeants relève de la loi nationale de la société. Or, un droit étranger peut parfaitement adopter l'opposabilité aux tiers des limitations statutaires. Tel fut le cas, parmi d'autres, d'une société anonyme suisse[96] : la Cour de cassation censura l'arrêt qui avait écarté la demande d'annulation de sûretés consenties par une société de droit helvétique. Il fut reproché à la Cour d'appel de ne pas avoir recherché si les statuts autorisaient le président de son conseil d'administration à constituer des hypothèques, car « *l'étendue des pouvoirs des dirigeants sociaux et l'opposabilité aux tiers des limitations statutaires s'apprécient selon la loi nationale de la société* »[97].

Par conséquent, il importe de vérifier la teneur du droit étranger avant de contracter avec les dirigeants d'une société étrangère, même si le principe de bonne foi devait amener les parties, au stade de la négociation, à une certaine coopération sur la connaissance des systèmes juridiques réciproques[98].

229. Dans les sociétés à risques illimités, les clauses statutaires limitant les pouvoirs des dirigeants sont, comme pour les sociétés à risques limités, inopposables aux tiers[99].

Il est vrai, toutefois, que le gérant peut rencontrer certaines restrictions légales exigeant l'autorisation préalable des associés : par exemple, en cas de modification de l'exercice social, de changement de dénomination… En dehors de ces cas, au demeurant étrangers à la spécialité statutaire, où la nullité ne fait aucun doute, la sécurité des tiers prévaut sur les intérêts des associés. Ainsi, la société est engagée

---

94. Com., 26 nov. 1996, *Rev. soc.* 1997, p. 113, note BARBIERI, *JCP N* 1997, II, p. 538.

95. V. le remarquable ouvrage écrit par POULPIQUET (de J.), *La responsabilité civile et disciplinaire des notaires (de l'influence de la profession sur les mécanismes de la responsabilité)*, préface de P.-A. SIGALAS, LGDJ, Paris, 1974, et notamment le chapitre II/ Titre I/ Livre I : le devoir jurisprudentiel de conseil, p. 85 et s.

96. Com., 21 déc. 1987, *op. cit.* ; Com., 9 avril 1991, *Rev. soc.* 1991, p. 746, note LIBCHABER et *Bull. Joly* 1991, n° 208, note FAUGEROLAS.

97. Com., 19 mai 1992, *Bull. Joly* 1992, n° 244, note FAUGEROLAS.

98. SYNVET (H.), note sous com. 21 déc. 1987, *op. cit.*

99. Art. 1849 C. civ. et L. 223-18, al. 6 C. com.

vis-à-vis des tiers, même pour des actes passés au mépris de dispositions statutaires fixant l'étendue des pouvoirs du dirigeant, peu importe la connaissance ou non par les tiers de ces clauses. Une restriction s'impose néanmoins : les actes concernés doivent rester dans le cadre de l'objet social, d'où l'intérêt, pour le rédacteur des statuts, d'éviter des formules trop générales pour définir l'objet social, lesquelles risquent de rendre beaucoup plus aléatoire la détermination des limites apportées aux pouvoirs du dirigeant.

Comme dans l'hypothèse d'un détournement de pouvoirs, les associés conservent la possibilité de se retourner contre le gérant ayant agi au-delà de la limite de ses pouvoirs[100].

230. En matière associative, la loi n'a prévu aucun garde-fou.

En d'autres termes, toute disposition statutaire restreignant les pouvoirs du président de l'association sont opposables aux tiers, contrairement aux sociétés, et le juge y veille avec beaucoup d'attention. Par conséquent, les actes accomplis en violation des dispositions statutaires sont *annulables*, sur le fondement de la théorie du mandat[101].

Mais lorsque les statuts de l'association restent muets quant aux attributions de son président, celui-ci dispose-t-il alors de tous les pouvoirs à l'égard des tiers pour agir ? En l'absence de texte, la doctrine s'appuie sur un jugement du Tribunal correctionnel de Soissons[102] en vertu duquel « *de façon générale, et en cas de silence des statuts, le président représente de plein droit l'association et notamment en justice. Il peut exercer ses attributions sans aucune consultation ou délibération préalable* ». Précisons néanmoins que cette décision, confirmée par un arrêt du Conseil d'État en 1952[103], paraît relativement isolée.

Un jugement du Tribunal de Grande Instance de Paris rappelle que « *le droit associatif, compte tenu de son caractère contractuel, doit bien faire le départ entre les attributions de l'assemblée générale rassemblant les adhérents, celles du conseil d'administration chargé de façon générale de gérer et administrer l'association, et le président qui est son exécutant* »[104]. Le jugement considère en outre que la qualité de mandataire ne peut donner au président un pouvoir illimité d'agir qui aurait pour conséquence de l'identifier à l'association elle-même.

Ainsi, le fondement contractuel de l'association et la qualité de mandataire du dirigeant incitent à une grande prudence. En pratique, il ne semblerait pas raisonnable de se contenter de la seule signature du président de l'association, notamment pour un acte qui aurait une répercussion importante sur le patrimoine de l'association. La sécurité du contrat exigerait au contraire que le président justifie

---

100. V. en ce sens PICARD (J.), *op. cit.*

101. *Supra* n° 162.

102. T. Corr. Soissons, 30 nov. 1933, *Gaz. Pal.* 1934, I, 307.

103. CE, 4 avril 1952, Mouvement Socialiste d'Unité Française, Rec. CE, p. 209.

104. TGI Paris, 5 juillet 1988, *RTD Com.* 1989, p. 268, note ALFANDARI.

d'une habilitation[105]. En outre, les praticiens déplorent le grand vide de la loi de 1901 sur les relations de l'association avec les tiers, source d'une insécurité quant à l'étendue des pouvoirs de ses représentants, et quant au sort des actes conclus[106].

231. Enfin, s'agissant des fondations, le dispositif existant en matière sociétaire est parfaitement inconnu.

Il est vrai que le statut actuel de la fondation, fondé sur la procédure de reconnaissance par une tutelle administrative rigoureuse ne nécessite sans doute pas une protection des tiers aussi complète[107].

Au final, la frontière entre l'inopposabilité et la nullité apparaît très fragile.

c) « Inopposabilité – nullité – une frontière fragile »[108]

232. En effet, la sanction du dépassement de pouvoirs par le représentant d'une société ressortirait de l'inopposabilité aux associés, avec une étendue et une gravité variables, allant de la nullité absolue à l'inefficacité à l'égard des tiers.

De deux choses l'une :

– Ou bien l'opération litigieuse sera nulle, soit dès l'origine, soit à compter de la déclaration judiciaire de nullité ;

– Ou alors, l'acte litigieux demeurera valable, tout en étant inefficace, mais sans que les associés, étrangers à sa conclusion, puissent être mis en cause.

Il en résulte « un certain degré d'inconfort juridique dont un rédacteur ne peut se satisfaire »[109]. Aussi, tandis qu'en théorie, l'approche entre l'inopposabilité et la nullité susciterait peut-être une différence dans l'appellation et dans la sanction (1), en pratique, « l'inopposabilité n'est qu'un voile pudique de l'inexistence »[110] (2).

1) En théorie, une différence dans l'appellation et dans la sanction[111]

233. Conformément au droit des obligations, l'inopposabilité se différencie de la nullité, notamment au regard des effets de la sanction.

D'une part, l'inopposabilité implique des effets relatifs, puisque le contrat n'est pas entièrement détruit. Il continue à exister tout en étant méconnu des tiers cocontractants. L'acte inopposable n'affecte pas les relations entre les parties. En revanche, la nullité entraîne une destruction totale du contrat, avec un effet rétroactif. La nullité prononcée produit des effets *erga omnes.*

D'autre part, la nature de la sanction agit directement sur la possibilité de régulariser ultérieurement la convention passée au mépris de l'exigence statutaire ou légale[112].

---

105. *In Le monde associatif*, 92e congrès des Notaires de France, *op. cit.*, 1re commission, p. 141.

106. *Supra* n° 163.

107. *Supra* n°s 164, 170 et s.

108. PICARD (J.), *op. cit.*, n° 17.

109. *Ibid.*

110. GAILLARD (E.), note sous A.P., 28 mai 1992, *D.* 1993, 349 s.

111. PICARD (J.), *op. cit.*, n° 26.

112. *Supra* n° 222.

Bien que la thèse de la nullité soit condamnée clairement par la Cour de cassation, une partie de la doctrine souligne combien la différence des effets entre l'inopposabilité et la nullité peut être atténuée.

2) En pratique, « l'inopposabilité n'est qu'un voile pudique de l'inexistence »

234. En effet, l'inopposabilité aboutit, en pratique, à la destruction des principaux effets du contrat[113].

Par exemple, s'agissant d'un bail, c'est-à-dire d'un contrat à exécution successive, même si le représentant de la personne morale n'a pas reçu les pouvoirs requis pour traiter, le contrat peut avoir produit des effets un temps plus ou moins long. Pourtant, la personne morale l'ignore, et la convention ne peut lui être opposée. En pratique, l'inopposabilité aboutit à la destruction du contrat, avec la possibilité d'un recours en dommages-intérêts à l'encontre de l'instigateur, voire du conseiller rédacteur[114].

Un autre exemple, dans le cas d'un contrat conclu et exécuté, telle une cession ou une vente d'un bien consomptible (immeuble concerné par une démolition, une rénovation...). Si la délivrance et la prise de possession ont eu lieu, deux solutions peuvent alors se présenter :

– **Première solution : l'inopposabilité de l'opération assimilée à son inexistence :** toutefois, la situation demeure irréversible, puisque le retour au *statu quo ante* s'avère impossible. Le représentant ne disposant pas des pouvoirs requis pour engager la société, le contrat est donc censé n'avoir pu être régulièrement formé. Néanmoins, le résultat est autre : la nullité ne permet pas de revenir au point de départ, et la faute commise ne peut se traduire que par des dommages-intérêts, accompagnée de la mise en cause de la responsabilité de l'instigateur et du conseiller ;

– **Seconde solution : l'inopposabilité conduisant à la résolution du contrat.** Le *statu quo ante* s'avère également impossible, mais le représentant de la personne morale accepte de reprendre dans le patrimoine de la personne morale le bien ou les droits, avec l'amputation juridique subie. Les dommages-intérêts n'en seront pas moins évoqués[115].

235. Finalement, si la nullité et l'inopposabilité apparaissent, en théorie, comme des sanctions différentes, la distinction pratique se révèle souvent subtile et source de complications.

Certains auteurs n'y voient, d'ailleurs, qu'une seule et même sanction d'une convention irrégulière, sanction dont la gravité dans ses effets serait modulée en fonction de différents facteurs, tels l'apparence, la bonne foi du tiers contractant, la preuve d'une fraude réalisée par le représentant de la personne morale, le préjudice plus ou important pour la société[116]... Puisque sur le plan pratique, l'inopposabilité va se traduire soit par la nullité, soit par l'inexistence de la convention, tout praticien devra, en conséquence, afin d'éviter une pareille situation, doubler d'attention préalablement à la conclusion de tout contrat, en recherchant, non seulement la

---

113. Civ. 1re, 15 juin 1994, *RTD. Civ.* 1995, p. 441, note PATARIN.

114. MALAURIE (Ph.) et AYNÈS (L.), *Les obligations*, Cujas, n° 542.

115. VEAUX (D.), « Contrats et obligations », *Juris-Classeur* Not. Répertoire, fasc. 122/123, nos 28 s. et fasc. 124/125 nos 20 s.

116. PICARD (J.), *op. cit.*, n° 38.

qualification du représentant de la personne morale, mais aussi son habilitation à exercer tel ou tel pouvoir.

Il reste que les auteurs soulignent de plus en plus combien l'inopposabilité est une sanction disproportionnée dans ses effets, et critiquable quant à son fondement[117].

La nullité relative présente des avantages incontestables par rapport à l'inopposabilité pour sanctionner un acte conclu par un dirigeant avec dépassement de ses pouvoirs[118], et protégerait non seulement la personne morale, mais aussi les tiers, avec la possibilité, soit de s'en prévaloir, soit d'une ratification ultérieure si la convention présente un intérêt bénéfique.

Enfin, raisonnant à partir de la spécialité légale démontrée comme une règle d'existence[119], en amont de la règle de capacité et de la règle de pouvoir, une troisième catégorie de sanctions pourrait désormais être attachée à la violation dudit principe (§ 3).

§ 3 – LA VIOLATION DE LA RÈGLE RÉGISSANT L'EXISTENCE DE LA PERSONNE MORALE

236. Toute société qui poursuivrait un but humanitaire par exemple, soit encore une association dont les statuts seraient en contradiction avec la lettre même de la loi de 1901, ne peut avoir d'existence sur la scène juridique[120].

En conséquence, cette personne morale serait sanctionnée par la mise en œuvre de la théorie des nullités[121] : elle serait frappée de nullité absolue, car privée d'un organe essentiel à la vie. L'action en nullité est de neutraliser le but voulu par les parties. Cette action en nullité serait fondée sur l'article 2262 du Code civil en vertu duquel « *toutes les actions, tant réelles que personnelles, sont prescrites par trente ans (...)* »[122]. S'agissant de sanctionner la transgression d'une règle protégeant

---

117. Notamment GAILLARD (E.), *op. cit.*, FALAISE (M.), *op. cit.*, MICHA-GOUDET et REINHARD *op. cit.* (*supra* n° 234).

118. *Supra* n° 222.

119. *Supra* n° 182.

120. Également, l'indivision n'ayant aucune personnalité juridique, la Cour de cassation rappela récemment que devait être cassé l'arrêt ayant accueilli l'action introduite par les indivisaires en validité de congés délivrés par l'indivision. La Cour de cassation se fonda, dans l'attendu de principe, sur l'art. 815-3 C. civ. duquel il résulte que l'indivision n'a pas de capacité juridique : Civ. 3e, 25 avril 2001, *Bull. civ.* III, n° 50 ; *D.* 2001, IR, 1591 ; *JCP* 2001, I, 358, obs. PERINET-MARQUET ; *RTD. civ.* 2002, 130, obs. PATARIN et *Revue juridique Personnes et famille* 2001-9/50, obs. CASEY.

121. Faut-il appliquer la théorie de la nullité ou de l'inexistence, à supposer cette seconde notion admise ? *Supra* n° 182.

122. Ignorant la notion d'inexistence, la jurisprudence, contrairement à la doctrine, considère que les actions en nullité absolue tombent sous le coup de l'article 2262 C. civ. : TERRÉ (F.), SIMLER (Ph.) et LEQUETTE (Y.), *Les obligations*, *op. cit.*, n° 389.
Toutefois, précisons que la question de la spécialité, en tant que règle d'existence, ne s'est jamais posée, ni en doctrine, ni en jurisprudence. *A fortiori*, celle de la sanction y attachée non plus.

l'intérêt général, l'on comprend que le délai soit accru par rapport à la transgression d'une règle protégeant un intérêt particulier. Toutefois, même absolue, l'action en nullité ne peut être ouverte indéfiniment, ceci afin de stabiliser les situations dans l'intérêt du commerce[123]. D'ailleurs, une modification de l'article 2262 du Code civil à été proposée, afin de réduire à dix ans le délai maximal de prescription extinctive[124].

Ainsi, tandis que les sanctions civiles suscitent d'abondantes controverses, faute de correspondre aux besoins du commerce ou à l'équité, d'autres sanctions s'avèreraient, en revanche, mieux établies. Elles ont toutefois une portée plus ou moins grande selon l'organe qui les prononce.

SECTION 2
LES SANCTIONS DIVERSES

Il est possible de trouver dans quelques textes épars, mais aussi dans la pratique administrative, un certain nombre de sanctions applicables en cas de non-respect, par une personne morale de droit privé, du but légal ou statutaire qu'elle doit accomplir. Ces sanctions peuvent être groupées en deux catégories : les sanctions pénales (§ 1) et les sanctions administratives (§ 2).

§ 1 – LES SANCTIONS PÉNALES

237. L'institution, comme le notait Hauriou, peut remettre en cause les actes de ses propres dirigeants qui méconnaîtraient « l'idée d'entreprise » à laquelle ils sont en principe attachés[125].

– **L'exemple des syndicats** pourrait, à ce titre, être mentionné : en vertu de l'article L. 481-1 du Code du travail, « les directeurs ou administrateurs de syndicats ou d'unions de syndicats qui auront commis des infractions à l'article L. 411-1[126] seront punis d'une amende de 25 000 francs. La dissolution du syndicat ou de l'union de syndicats pourra en outre être prononcée à la diligence du procureur de la République »[127]. Ainsi, seul le procureur de la République, et à l'occasion de poursuites pénales fondées sur ce texte, peut demander la dissolution d'un syndicat.

Observation : l'article L. 481-1 du Code du travail ne doit pas être confondu avec l'article 121-2 du nouveau Code pénal, en vertu duquel les personnes morales

---

123. TERRÉ (F.), SIMLER (Ph.) et LEQUETTE (Y.), *Les obligations*, *op. cit.*, n° 389.

124. *In* Rapport annuel de la Cour de cassation 2001, p. 20.

125. HAURIOU (M.), *DA* 1938, 24 : « *à l'intérieur de l'institution, la situation juridique des dirigeants* (...) *est réglée en tenant compte de l'intérêt supérieur du groupe et de l'idée d'entreprise qui l'anime* ».

126. L'article L. 411-1 C. trav. détermine la spécialité légale du syndicat (*supra* n° 72).

127. Loi n° 2001-152 du 19 février 2001 (art. 11), *JO* du 20 février 2001. À ce jour, le texte n'aurait pas, semble-t-il, été mis en conformité avec les dispositions relatives à l'euro.

peuvent faire l'objet de poursuites pénales à raison d'agissements de leurs dirigeants ou administrateurs. En effet, lorsque des poursuites sont exercées contre un syndicat sur le fondement de l'article 121-2 du nouveau Code pénal, sa qualité n'est pas mise en cause. Les agissements reprochés aux dirigeants en vertu de cet article doivent avoir été commis lors de la poursuite de l'objet assigné par la loi aux syndicats. En revanche, lorsque le procureur de la République agit sur le fondement de l'article L. 481-1 du Code du travail, c'est précisément parce que les dirigeants ou administrateurs du syndicat ont contrevenu à l'article L. 411-1 du Code du travail, en poursuivant un objet différent de l'objet légal du syndicat[128].

– **L'exemple de certaines associations**, en particulier celles agréées de chasse, peut être également cité : le bureau de ces associations est habilité à infliger des « sanctions statutaires » (réprimandes, amendes) aux membres ayant commis des violations au règlement de chasse, ou des infractions à leurs statuts[129].

Finalement, les sanctions pénales demeurent d'une relative efficacité dans la mesure où elles dépendent, pour partie, du bon vouloir des organes de l'institution. Aussi est-ce la raison pour laquelle le droit positif confie également à des autorités extérieures à la personne morale, notamment à des autorités administratives, le soin de sanctionner les violations commises, y compris par des personnes morales de droit privé, au principe de spécialité.

§ 2 – LES SANCTIONS ADMINISTRATIVES

L'autorité de tutelle ne se contente pas, pour assurer le respect du principe de spécialité, de mettre en œuvre divers procédés destinés à en prévenir la méconnaissance éventuelle : elle peut également infliger de véritables sanctions aux personnes morales ayant transgressé ledit principe. Les techniques de contrainte mises à sa disposition peuvent porter atteinte, soit aux subventions octroyées (I), soit à l'existence même de la personne morale (II).

I. LA SUPPRESSION DES SUBVENTIONS CONDITIONNELLES

238. Ce moyen de contrainte peut s'avérer beaucoup plus efficace que l'annulation d'une décision ou la mise en cause de la responsabilité d'un dirigeant fautif.

En effet, les subventions octroyées aux associations régulièrement déclarées ou aux fondations, sous réserve de leur utilisation conformément à leur mission, peuvent être supprimées dans le cas contraire, c'est-à-dire si l'organisme bénéficiaire méconnaît les termes de sa mission. Depuis plus d'une trentaine d'années déjà, la pratique témoigne de l'utilisation de cette sanction. Par exemple, en 1972, la subvention de 19 000 Francs jusqu'alors versée à une association

128. V. les arrêts de la chambre mixte du 10 avril 1998 (*supra* n° 80), en particulier l'arrêt rendu par la Cour d'appel de Montpellier le 9 juillet 1997 sur appel du Front National Pénitentiaire de la Police, laquelle fit une fausse application de l'article 121-2 du Code pénal.

129. Décret du 6 oct. 1966, art. 34-12° et art. 35-3°, al. 6.

éducative, « La Vie Nouvelle », par le Secrétaire d'État à la Jeunesse, aux Sports et aux Loisirs fut entièrement supprimée : il lui était reproché *« de faire de la politique et de ne plus répondre à sa définition »*. Le Conseil d'État admit d'ailleurs la légalité de ce type de sanction à l'occasion d'un recours formé par une association sportive agréée, à qui le Secrétaire d'État à l'Enseignement Technique, à la Jeunesse et aux Sports avait retiré l'aide financière dont elle bénéficiait jusqu'alors, *« en raison de ce qu'elle ne limitait son action ni sa propagande aux activités purement sportives »*[130].

Dès lors, la circulaire du 12 août 1987 conféra au ministre ayant autorisé la subvention, le pouvoir de décider de sa suppression et du remboursement des sommes perçues ou employées irrégulièrement.

Enfin, l'article 6 de la loi nouvelle n° 2003-709 relative au mécénat, aux associations et aux fondations, du 1er août 2003, modifiant l'article 238 bis du Code général des impôts, instaura, pour les entreprises, un régime fiscal comparable à celui mis en place pour les particuliers. Désormais, toute opération de mécénat réalisée au cours des exercices ouverts à compter du 1er janvier 2003, par une entreprise relevant de l'IS ou de l'IR dans la catégorie des BIC, BNC ou des BA, donne droit à une réduction d'impôt égale à 60 % du montant des versements effectués. Pour profiter de cette faveur fiscale, les entreprises doivent respecter une condition d'affectation des versements : elles doivent destiner leurs dons aux organismes énumérés aux articles 238 bis 1-2 et 238 bis A du Code général des impôts[131]. Le non-respect de la condition d'affectation des versements serait de nature à rendre l'organisme passible de l'amende fiscale prévue à l'article 1768 *quater* du Code général des impôts, égale à 25 % des sommes ainsi indûment mentionnées sur les reçus ou attestations délivrés[132].

La suppression des subventions conditionnelles s'avère encore plus efficace lorsqu'elle est accompagnée du retrait du titre juridique en vertu duquel la personne

---

130. CE, 25 mai 1962, *Féd. Sportive et gymnique du Travail*, *AJDA* 1962, 641, note HOMONT.

131. Il s'agit de dons effectués au profit :

– *« d'œuvres ou d'organismes d'intérêt général ayant un caractère philanthropique, éducatif, scientifique, social, humanitaire, sportif, familial, culturel ou concourant à la mise en valeur du patrimoine artistique, à la défense de l'environnement naturel ou à la diffusion de la culture, de la langue et des connaissances scientifiques françaises ;*

– de fondations d'entreprises ;

– et de sociétés ou organismes publics ou privés agréés à cet effet et dans la limite de 3,25 ‰ de leur chiffre d'affaires ;

– des fondations ou associations reconnues d'utilité publique ou à des musées de France (répondant aux conditions fixées pour les œuvres ou organismes visés ci-dessus) ;

– d'associations cultuelles ou de bienfaisance autorisées à recevoir des dons et des legs ;

– des établissements publics des cultes reconnus d'Alsace-Moselle ;

– des associations régies par la loi locale maintenue en vigueur dans les départements de la Moselle, du Bas-Rhin et du Haut-Rhin, lorsque leur mission est reconnue d'utilité publique ».

132. Précision étant ici faite que la disposition de faveur fiscale « ne s'applique pas aux organismes qui présentent des œuvres à caractère pornographique ou incitant à la violence » : loi du 1er août 2003 susvisée.

gratifiée peut exercer son activité : en effet, en ce cas, l'existence même de la personne morale est en cause.

II. LA MISE EN CAUSE DE L'EXISTENCE MÊME DE LA PERSONNE MORALE

La jurisprudence, confirmée par de nombreux textes du droit positif, peut sanctionner la violation du principe de spécialité par deux mesures très graves conférant à l'Administration le soin de *retirer l'autorisation* à l'organisme fautif (A), ou bien de *prononcer sa dissolution* (B). Étant entendu que le retrait d'un agrément, s'il n'entraîne pas directement la dissolution de la personne morale agréée, a une conséquence directe sur son existence à terme.

A. LE RETRAIT D'AGRÉMENT

239. Un certain nombre de personnes morales doit obtenir un agrément afin de pouvoir exercer l'activité envisagée ou une activité déterminée présentant un intérêt particulier pour les pouvoirs publics[133].

Cet agrément, au demeurant rarement octroyé pour une durée illimitée, peut être retiré ou suspendu en vertu de textes, notamment pour faute grave ou non-respect des obligations. Par exemple, le Conseil d'État admit le retrait d'agrément, au cas de disparition de l'une des conditions d'obtention[134].

Sous réserve du respect de quelques règles de procédure, la suspension ou le retrait d'agrément, relève du pouvoir discrétionnaire de l'autorité qui l'a accordé. Ceci se comprend aisément en raison de la nature de l'agrément, acte administratif unilatéral *discrétionnaire*[135]. Néanmoins, certains auteurs reprochent que « cette possibilité de retrait laisse une fois de plus place à l'arbitraire »[136]. En effet, comment apprécier la disparition de l'une des conditions de l'agrément, alors que, d'une part, celui-ci n'a pas à être motivé, d'autre part, les conditions de son octroi sont elles-mêmes très subjectives ?

Si un agrément est octroyé sans besoin de justification, son retrait, en revanche, notifié par l'autorité compétente, doit être motivé pour permettre à l'association de se défendre. Par exemple, un arrêté du Secrétariat aux Sports supprimant l'agrément d'Associations de centres-écoles de parachutisme fut annulé, faute par celles-ci d'avoir eu la faculté de présenter leurs observations écrites en défense[137].

Le retrait peut avoir toutefois une conséquence moins grave pour la personne morale, lorsqu'il impose un changement d'activité. Il est, dans ce cas, sans incidence

---

133. *Supra* n°s 196 et s.

134. CE, 25 juillet 1975, *Ministre de l'Intérieur c/ Sieur Richoux*, DS, 1976, p. 463 : « l'exigence d'un agrément comporte nécessairement pour l'autorité qui le donne le pouvoir de le retirer lorsque le titulaire cesse de remplir les conditions mises à son octroi ».

135. *Supra* n° 197.

136. V. en ce sens PRIEUR, « L'agrément des associations de protection de la nature et de l'environnement », *D.* 1978, Chron. p. 143.

137. TA, 30 mars 1989 réf. 379, *Gaz. Pal.* 10-11 janvier 1990, p. 19.

juridique sur l'existence de la personne morale, et n'entraîne pas nécessairement sa dissolution.

B. La dissolution administrative

240. La dissolution administrative est expressément prévue par divers textes, lorsque des personnes morales dépassent les limites de leur activité légale.

Par exemple, les associations sportives ou de jeunesse, *amateurs*, risquent une dissolution, prononcée par le ministre de l'Éducation nationale, dès lors qu'elles méconnaissent leur objet légal. En effet, les associations employant des joueurs et des athlètes professionnels, constituent des entreprises de spectacles sportifs répondant à la qualification d'actes de commerce prévue à l'article L. 110-1 du Code de commerce. À l'égard de ces entreprises jusqu'alors demeurées sous la forme associative, sauf les clubs de football de Lille et de Mulhouse lesquels, en vertu de la loi du 29 octobre 1975, ont adopté la forme de Société d'Économie Mixte, la loi du 16 juillet 1984, abrogeant celle du 29 octobre 1975, impose désormais la forme de Société Anonyme lorsque le groupement sportif, affilié à une fédération, participe habituellement à l'organisation de manifestations sportives payantes qui procurent des recettes d'un montant supérieur à un seuil fixé par décret en Conseil d'État, et emploie des sportifs contre des rémunérations dont le montant global excède aussi un certain chiffre fixé par décret[138].

138. *Supra* n° 64.

CONCLUSION DE LA PARTIE I

241. Cette première partie s'achève sur un constat se présentant comme l'aboutissement de démonstrations qui se voudraient probantes : la valeur juridique indéniable du principe de la spécialité des personnes morales de droit privé.

C'est ainsi, la spécialité apparaît, tantôt comme une règle de capacité fondée sur un ordre public de protection, lorsqu'on évoque la spécialité légale de droit commun, tantôt comme une règle de pouvoirs fondée sur l'ordre public de direction (spécialité légale étroitement définie) ou sur la protection statutairement voulue de la personne morale (spécialité statutaire). Mais plus encore : en amont des règles de capacité et de pouvoirs, la spécialité régirait l'existence même de la personne morale. Ainsi qualifié clairement, le principe de spécialité encourt des sanctions appropriées à chacune d'elle : nullité relative lorsque la règle protégeant un intérêt particulier a été transgressée, nullité absolue lorsque la règle protégeant l'intérêt général a été transgressée. Cela étant, les sanctions applicables ne sont pas pour autant aussi tranchées, et c'est ce qui contribue à montrer toute la richesse attachée à ce principe : sanctions pénales, sanctions administratives même, peuvent venir au secours de la règle violée.

Tout ceci ne peut, finalement, qu'entériner les propos de Bèque tenus au début du XXe siècle qu'il est agréable et opportun de rappeler à nouveau ici : « un jour viendra où le principe de spécialité pourra être reconnu comme la loi fondamentale de la vie juridique des personnes morales ».

La règle de la spécialité légale délaissée par la doctrine et la jurisprudence au profit de la seule spécialité statutaire, permettrait une meilleure application des contrats, une meilleure protection tant de la personne morale que des protagonistes en rapport avec elle, et donc sans doute une amélioration de la vie des affaires. Il est en effet indispensable pour la conduite des affaires de savoir si l'action des personnes morales doit ou non rencontrer certaines bornes. Quant à la description de l'objet statutaire, elle n'en est pas moins importante : tout ce que peut accomplir une personne morale en dehors de cet objet s'avère dangereux, tant pour les membres du groupement que pour les créanciers, puisque tous ont fait confiance à cette personne morale à raison d'une activité déterminée. Ce raisonnement fut d'ailleurs celui suivi en Angleterre à l'effet d'annuler tout acte conclu comme étant *ultra vires*[1].

---

1. Pour la même raison, jusqu'à la loi de 1948 sur les *Companies Act*, l'objet social ne pouvait se modifier que selon une procédure lourde. Actuellement, toute modification reste

Le principe de spécialité, mécanisme protecteur, intervient donc comme régulateur des conflits d'intérêts entre les tiers et la personne morale.

Enfin, non seulement le principe de spécialité des personnes morales n'est en rien désuet voire dépassé, mais bien au contraire, il vit actuellement une transformation notoire en rapport avec l'évolution de la société et de ses besoins, répondant ainsi à des impératifs de bonne gestion commerciale. Il est vrai, malheureusement, que la position du droit positif, incontestablement opposée à cette vision, n'est guère encourageante à porter un regard neuf sur ce « *vieux principe toutefois bien actuel* »[2]. Trop souvent à tort, la doctrine considère que l'admission de dérogations à un principe conduit nécessairement à le dénaturer, à le faire disparaître. Il en est ainsi, par exemple, du principe de l'unité du patrimoine, invoqué comme l'une des justifications au refus de légitimer la loi sur la fiducie. Les adversaires de la fiducie ne manquèrent alors point de souligner que la multiplication des atteintes portées à ce sacro-saint principe le rendrait totalement inefficace. C'est pourquoi les « dérogations » au principe de spécialité – encore vaudrait-il mieux les appeler « assouplissements » – loin d'être attentatoires à sa rigueur, soulignent, bien au contraire, ses facultés d'adaptation aux besoins de l'homme, sa formidable souplesse, et contribuent à le gratifier d'un dynamisme avéré.

La première partie ayant atteint l'objectif assigné de réhabiliter le principe de spécialité des personnes morales, il devient alors intéressant de rechercher l'inspiration qu'il pourrait offrir à la compréhension des techniques fiduciaires : le principe de spécialité, tel qu'il se révèle aux personnes morales selon la démonstration ainsi accomplie, ne pourrait-il pas trouver un autre domaine d'application, en l'occurrence la fiducie, soit plus généralement, les techniques fiduciaires ?

Mécanisme de protection de l'intérêt propre de la personne morale mais aussi de celui des tiers qui traitent avec elle, loin d'être un « vieux » principe déclinant, ne pourrait-il pas revêtir une vigueur encore plus importante dans la vie des affaires, en se déclinant à la fiducie, soit plus généralement aux techniques fiduciaires ? Ainsi se dessine la seconde partie de la thèse qui réalise une transposition de la recherche accomplie, aux techniques fiduciaires.

---

subordonnée à l'un des motifs légitimes énoncés par la loi et soumise au contrôle du tribunal : *supra* n° 43.

2. Expression en reconnaissance au professeur Synvet qui intitula l'un de ses articles « Une vieille question bien actuelle ».

Partie II

TRANSPOSITION AUX TECHNIQUES FIDUCIAIRES

242. Rechercher l'inspiration que le principe de spécialité pourrait offrir à la compréhension de la fiducie suppose de surmonter un obstacle.

Rappelons que la démarche suivie, assurément novatrice, peut surprendre, dans la mesure où elle confronte deux concepts fuyants : d'une part, le principe de spécialité des personnes morales, principe controversé et délaissé tant par la jurisprudence que par la doctrine, et d'autre part, la fiducie, concept difficile à saisir car officiellement ignoré *de lege lata* du droit français. La première partie de la thèse ayant eu pour finalité de dépasser la première résistance, savoir la désuétude du principe de spécialité, il reste désormais à lever le second obstacle évoqué, savoir l'évanescence de la fiducie, préalablement à la poursuite de toute réflexion. Pour cela, la démarche suppose que soit établie, avant tout, l'exacte place qu'occupent les techniques fiduciaires sur la scène juridique, au-delà d'une reconnaissance expresse par la loi (Titre préliminaire).

Par la suite, si l'obstacle pressenti et évoqué de l'évanescence de la fiducie peut être levé, il serait alors permis d'envisager, et c'est l'hypothèse de recherche, qu'un principe de spécialité permettrait d'encadrer les activités fiduciaires, à l'instar du principe de spécialité des personnes morales. Pour cela, il conviendrait, en premier lieu, de partir à la recherche d'arguments propres à justifier l'existence d'un tel principe pour les techniques fiduciaires (Titre I). Enfin, si la recherche s'avérait fructueuse, ne serait-il pas légitime, par voie de conséquence, d'affirmer l'existence d'un principe de spécialité de la fiducie (Titre II) ?

Titre préliminaire

LA PLACE DES TECHNIQUES FIDUCIAIRES EN DROIT FRANÇAIS

243. Il importe de préciser, en raison de l'abondante littérature régnant sur la place juridique depuis près d'une vingtaine d'années, que l'accent ne sera porté ni sur les vertus de la fiducie, ni sur la preuve de l'opportunité de son adoption par le droit français.

L'accomplissement d'une telle étude n'offrirait rien de nouveau car elle ne présenterait qu'un caractère redondant, dépourvue en elle-même d'intérêt pour le présent sujet.

Malgré l'importance accordée par de nombreuses législations au contrat de fiducie, il n'y a pas, en la matière, unanimité. Nombreux sont encore les pays, au nombre desquels figure la France, qui ne connaissent pas un tel mécanisme[1] ou plus exactement, qui tolèrent des opérations fiduciaires sans leur offrir le cadre idoine qu'est le contrat de fiducie : « la fiducie fait penser à un cours d'eau qui coule de manière souterraine dans certains pays et au grand jour dans d'autres »[2].

Ainsi, bien qu'ignorée officiellement du droit français (Chapitre 1), cette institution n'en est pas moins inconnue, surtout depuis une vingtaine d'années où elle revient en force sur le devant de la scène, tant en doctrine que dans la pratique principalement bancaire[3]. En outre, du temps du gouvernement Bérégovoy, un avant-projet de loi fut élaboré en vue de l'introduire dans le droit français[4]. En dépit de fortes oppositions émanant, dès 1991, non seulement du ministère des Finances mais aussi de la Chancellerie pourtant instigatrice, un premier projet de loi fut

---

1. *Supra* n° 44.

2. WITZ (C.), Rapport introductif du Colloque de Luxembourg des 20 et 21 sept. 1984 sur Les opérations fiduciaires : pratiques, validité, régime juridique dans plusieurs pays européens et dans le commerce international, Paris, FEDUCI – LGDJ, 1985, p. 5.

3. *Supra* n° 42.

4. Exposé de présentation rédigé par Mme de Guillenchmidt et M. Chapelle lors d'un colloque présidé par Me GOLDSMITH et organisé par *Legal studies and services limited* à Paris les 5 et 6 déc. 1989, publié avec le texte de l'avant-projet de loi sur la fiducie dans deux revues : GUILLENCHMIDT (J. de) et CHAPELLE (A.), « Trusts, business trusts et fiducie », *PA* 1990, n° 76 du 25 juin 1990, p. 4 et GUILLENCHMIDT (J. de), « Présentation de l'avant-projet de loi relatif à la fiducie », *RDBB* 1990, n° 19 p. 105.

déposé en 1992 sur le bureau de l'Assemblée nationale. Le mécanisme et le fonctionnement de la fiducie appelleront ainsi une étude *de lege ferenda* en contemplation principalement de ce projet (Chapitre 2).

Chapitre 1 – *De lege lata* : la fiducie voilée

Chapitre 2 – *De lege ferenda :* le régime de la fiducie

Chapitre 1

DE LEGE LATA : LA FIDUCIE VOILÉE

Faute d'avoir fait l'objet d'une consécration, tant législative que jurisprudentielle, la fiducie reste inopérante en droit français, c'est-à-dire dépourvue d'effet juridique (Section 1). Toutefois, la qualification de « fiducie » permettra, dans les développements subséquents, de regrouper toutes les techniques fiduciaires visées.

Cela étant, si la fiducie reste une institution ignorée du droit français, les techniques fiduciaires n'en sont pas moins pratiquées. En effet, un certain nombre d'opérations peuvent être qualifiées de fiduciaires, ou encore de « fiducies innomées » selon l'expression propre à M. Witz (Section 2).

SECTION 1

« LA FIDUCIE EST INOPÉRANTE »[1]

244. Un contrat de fiducie conclu *de lege lata* demeure, en droit français, inopérant.

Rien ne l'interdit[2], mais faute de la consécration législative ou jurisprudentielle d'un contrat nommé, l'intérêt reste fort ténu. La fiducie n'est donc pas prohibée, mais elle est dépourvue d'effets. L'objectif essentiel de ce mécanisme, qui est d'isoler une masse de biens dont la protection est assurée par son insaisissabilité, ne peut être atteint en l'état actuel du droit par un contrat de fiducie. Par conséquent, le caractère fiduciaire d'une cession ne pourra pas être opposé à des tiers, même de mauvaise foi : ils pourront poursuivre les créances qu'ils détiennent sur le fiduciaire sur tous les éléments de son patrimoine, y compris ceux détenus ès-qualités de fiduciaire. La fiducie est donc inopérante en ce qu'elle ne permet pas la constitution d'un patrimoine fiduciaire autonome[3].

1. LUCAS (F.-X.), *Les transferts temporaires de valeurs mobilières : pour une fiducie de valeurs mobilières*, Thèse Paris X, 1997, p. 308.

2. WITZ (C.) a démontré dans sa thèse (*La fiducie en droit privé français*, préface de D. Schmidt, Paris, Economica, 1981) que les prétendues atteintes au principe du *numerus clausus* ou à celui de l'unité du patrimoine, par le contrat de fiducie, n'étaient pas décisives.

3. LUCAS (F.-X.), *op. cit.*, p. 308. V. Également une récente étude sur la nature juridique et le régime juridique du patrimoine fiduciaire : KUHN (C.), *Le patrimoine fiduciaire, contribution à l'étude de l'universalité*, Thèse Paris I, décembre 2003.

Un auteur soutint pourtant l'assertion contraire, en démontrant que la protection du patrimoine fiduciaire pouvait être assurée « grâce à l'inaliénabilité en nature ou en valeur qu'implique l'ensemble des applications de la fiducie »[4].

Ainsi, jusqu'à présent, plutôt que de consacrer un contrat de fiducie général et susceptible de recevoir des applications diverses, le législateur préféra pourvoir d'un régime juridique plus ou moins bien déterminé certains contrats[5], laissant un bon nombre d'opérations françaises se dérouler à l'étranger. La fiducie devrait exister en droit français, et ce d'autant plus que la Convention de La Haye du 1er juillet 1985 relative au *trust* et à sa reconnaissance ne pourra être ratifiée par la France qu'à partir du moment où la fiducie, ainsi nommée, aura été intégrée à notre système juridique, reprenant les critères posés[6]. Les milieux d'affaires, parmi lesquels figurent notamment les notaires[7], la réclament depuis plus d'une décennie. Ce contrat recèle une richesse d'applications. Il éviterait sans doute une délocalisation excessive à l'étranger, notamment avec le *trust* anglo-saxon qui constitue une technique de gestion de biens pour le compte d'autrui ne présentant pas d'équivalent en droit français[8], bien qu'on trouve, dans l'arsenal juridique, une technique utilisée à cette fin : le mandat[9].

---

4. WITZ (C.), *op. cit.*, nos 289 s, p. 278 s. Considération faite de la fiducie-libéralité, il est vrai qu'en vertu de la loi n° 91-650 du 9 juillet 1991 portant réforme des voies d'exécution, la stipulation de clauses d'insaisissabilité par un donateur ou un testateur est désormais autorisée (art. 14-3°). Ainsi, une fiducie *de lege lata* destinée à réaliser une donation pourrait être conclue, sans crainte de voir d'éventuels créanciers du fiduciaire saisir les biens mis en fiducie. En revanche, en matière d'actes à titre onéreux, « les clauses d'inaliénabilité soulèvent davantage de difficultés ». D'ailleurs, M. WITZ reconnaît que la loi précitée ne tolère ces clauses *que pour les actes à titre gratuit.*

5. Par exemple, la cession de créances à titre de garantie de la loi Dailly, le contrat de crédit-bail (ou *lease-back*), la pension... (*infra* nos 246 et s.).

6. « *Aux fins de la présente Convention, le terme trust vise les relations juridiques créées par une personne – le constituant – par acte entre vifs ou à cause de mort – lorsque des biens auront été placés sous le contrôle d'un trustee dans l'intérêt d'un bénéficiaire ou dans un but déterminé.*

Le trust présente les caractéristiques suivantes :

a) les biens du trust constituent une masse distincte et ne font pas partie du patrimoine du trustee ;

b) le titre relatif aux biens du trust est établi au nom du trustee et ne font pas partie du patrimoine du trustee ;

c) le trustee est investi du pouvoir et chargé de l'obligation dont il doit rendre compte, d'administrer, de gérer ou de disposer des biens selon les termes du trust et les règles particulières imposées au trustee par la loi » (art. 2 de la Convention de La Haye du 1er juillet 1985).

7. Beaucoup d'autres praticiens, tels les banquiers, les avocats aussi, réclament avec insistance sa consécration législative : v. CERCLES (A.), « Le point de vue du banquier », *RDBB* 1990, n° 19 spécial « fiducie », p. 117.

8. V. à ce sujet, BARRIERE (F.), *La réception du trust à travers la fiducie*, Thèse Paris II, 2001.

9. *Supra* n° 16. Observation étant ici faite que le *trust* comme le mandat repose sur la notion de confiance (tout comme la fiducie). Toutefois, le mandat ne peut pas être assimilé au *trust* de la Convention de La Haye, car le mandataire n'acquiert d'aucune manière la propriété des biens

Toutefois, même si « la fiducie est inopérante » en droit français, il convient de montrer que l'idée ne lui est pas inconnue, et que ce concept fait partie du mode de pensée juridique, qu'il a sa place, comme peuvent en témoigner quelques analyses jurisprudentielles [10] et de nombreux écrits doctrinaux [11]. En effet, les praticiens qualifient un certain nombre d'opérations de « fiducies innommées ».

SECTION 2
LES « FIDUCIES INNOMMÉES »

245. La fiducie se rencontre en droit français uniquement sous la forme d'une institution *innommée*[12], c'est-à-dire n'ayant « reçu de la loi ni dénomination spéciale ni réglementation particulière »[13].

La « fiducie innommée » peut se définir comme un « acte juridique par lequel une personne, le fiduciaire, acquiert d'une autre, le fiduciant, un droit patrimonial, sous des obligations[14] qui en limitent l'exercice »[15]. Cette définition n'est pas sans rappeler celle du *trust* figurant à l'article 2 de la Convention de La Haye[16]. En effet, le *trust* présente trois caractéristiques :

– les biens constituent une *masse distincte* et *ne font pas partie du patrimoine du* ***trustee*** ;

– le titre relatif aux biens mis en *trust* est établi au nom du *trustee* ou d'une personne pour le compte du *trustee* ;

---

que le mandant lui a confiés aux termes du contrat. En vertu du contrat de mandat, le mandant donne le pouvoir au mandataire d'accomplir certains actes à son nom et pour son compte.
Le mandat s'appuie sur une répartition des rôles entre les cocontractants : en cas de conclusion d'un contrat par le mandataire, au nom du mandant, seul le mandant est obligé par cet acte : V. COLLART DUTILLEUL (F.) et DELEBECQUE (Ph.), *Contrats civils et commerciaux*, Précis Dalloz, 5e éd. 2001, n° 628.

10. Par exemple, la jurisprudence a analysé le gage-espèces en une cession fiduciaire de sommes d'argent : Com., 9 avril 1996, *Bull. civ.* IV, n° 165 ; *D.* 1996, II, 399, note LARROUMET ; Com., 3 juin 1997, *Bull. civ.* IV, n° 116 ; *D.* 1998, *S.*, 104, obs. PIEDELIEVRE. Également, sur le gage-espèces : *infra* n° 250.

11. L'on peut citer les derniers ouvrages écrits : FAMILY (R.), *L'acte de fiducie, Etude de droit interne et de droit international privé*, Thèse Paris II, 2000 ; BARRIERE (F.), *La réception du trust à travers la fiducie*, Thèse Paris II, 2001 ; JEULIN-MONFORT (I.), *La fiducie à l'épreuve du principe de spécialité des personnes morales*, Mémoire Diplôme Supérieur du Notariat Paris X, 2002 ; KUHN (C.), *Le patrimoine fiduciaire, contribution à l'étude de l'universalité*, Thèse Paris II, 2003.

12. GRIMALDI (M.) et BARRIÈRE (F.), « La fiducie en droit français », *in* « La fiducie face au trust dans les rapports d'affaires », 15e congrès international de droit comparé, Bristol, 1998, Bruylant-Bruxelles, 1999, n° 2, p. 239.

13. *Vocabulaire juridique*, sous la direction de G. CORNU, ASSOCIATION HENRI CAPITANT, PUF, 2e éd. 1990.

14. En particulier, celle de transférer ce droit, à terme, soit au fiduciant, soit à un tiers bénéficiaire.

15. GRIMALDI (M.) et BARRIÈRE (F.), *op. cit.*, n° 3, p. 239 (pour une autre définition de la fiducie, *supra* nos 1 et 3).

16. *Supra* n° 244.

– le *trustee* est investi du pouvoir, et il est chargé de l'obligation, dont il doit rendre compte, d'administrer, de gérer ou de disposer des biens conformément aux termes du *trust* et aux règles particulières imposées au *trustee* par la loi.

Ainsi, par comparaison, la fiducie innomée du droit français présente deux des trois caractères précités du *trust* :

– D'une part, *l'acquisition d'un droit patrimonial.* En effet, d'un côté, le fiduciaire acquiert du constituant un droit, de l'autre, la Convention prévoit que le titre relatif aux biens du *trust* est établi au nom du *trustee.* Or, toute transmission d'un droit emporte la transmission du titre ;

– D'autre part, le fiduciaire est tenu d'un certain nombre d'obligations relatives au droit transmis, tout comme le *trustee*, investi d'un pouvoir et chargé d'une obligation en vertu de l'article 2 de la Convention.

En revanche, elle ne fait nullement allusion à un patrimoine d'affectation, contrairement aux biens mis en *trust* qui « constituent une masse distincte » indépendante du patrimoine du *trustee.* Il est vrai que la propriété fiduciaire fait souvent l'objet de deux contestations qui sont, au demeurant, loin d'être pertinentes, selon des auteurs[17] :

– tantôt la fiducie est requalifiée par la loi et la jurisprudence en d'autres figures juridiques excluant la propriété fiduciaire[18] ;

– tantôt la fiducie est assimilée à une propriété simulée[19].

Par souci de clarté, l'on pourrait regrouper les « fiducies innommées » en deux catégories : d'une part, celles ne donnant pas lieu à la création d'un patrimoine

---

17. GRIMALDI (M.) et BARRIÈRE (F.), *op. cit.*, n° 3.

18. La fiducie-sûreté est assimilée à un gage renfermant un pacte commissoire (Civ. 1re, 8 juil. 1969, *Rev. crit.* 1970, 75, note Ph. FOUCHARD) ; quant à la fiducie-gestion, elle est assimilée à un mandat (Civ., 26 juil. 1905, *DP* 1906, I, 136 et Grenoble, 19 juil. 1905, *aff. Grande Chartreuse, DP* 1906, 2, 137). Ces deux qualifications sont contestables, car elles dénaturent la catégorie de référence. En effet, un « gage » qui transfère la propriété au créancier, et un « mandat » qui déchoit le mandant de la titularité de ses droits *sont des termes antinomiques* : GRIMALDI (M.) et BARRIÈRE (F.), *op. cit.*, n° 4.

19. Il est prétendu que dans toute fiducie, une contre-lettre exclurait la propriété du fiduciaire. Ainsi, il y aurait déguisement par mensonge sur les effets de l'acte. Le transfert de propriété serait donc simulé parce que contredit par l'obligation de restitution pesant sur le fiduciaire. L'auteur démontre que cette analyse, pourtant soutenue par la jurisprudence (Grenoble, 19 juil. 1905, *op. cit.*, maintenu par Req., 31 juil. 1906, *DP* 1907, I, 478), *est erronée.* En effet, la simulation suppose l'existence de deux actes contradictoires : d'une part, un acte apparent, simulé, destiné aux tiers, qui crée l'apparence trompeuse, et d'autre part, un acte secret qui est une contre-lettre où s'exprime la volonté réelle des parties. Or, ce procédé ne se rencontre pas dans la fiducie du droit français : en effet, la volonté des parties est bien de transférer la titularité des droits au fiduciaire : GRIMALDI (M.) et BARRIÈRE (F.), *op. cit.*, n° 4. En outre, l'analyse soutenue par cette jurisprudence n'est pas sans rappeler l'origine du mécanisme fiduciaire à Rome (*supra* nos 36 et 37).

d'affectation (§ 1), et d'autre part, celles pourvues d'un tel patrimoine (§ 2)[20]. Enfin, un regard fiduciaire porté sur la législation codifiée révèle la présence, en germe, de la fiducie dans le droit français, « tout en se gardant du *pan-fiducisme* qui conduit à déceler partout des opérations fiduciaires »[21] (§3).

§ 1 – LES TECHNIQUES FIDUCIAIRES SANS PATRIMOINE D'AFFECTATION

246. Préalablement à tout développement, il convient de définir, par une première approche, la notion de patrimoine d'affectation[22].

Celui-ci peut se comprendre comme le « nom donné à certaines masses de biens soumises à une affectation spéciale »[23] ou encore comme un « ensemble de biens répondant à la même finalité, notamment ensemble de biens réunis pour servir à une activité déterminée »[24].

Ainsi, un certain nombre de fiducies innommées, qui ne donnent lieu à aucune création de patrimoine d'affectation, parsèment le droit français. L'on peut les regrouper en deux catégories principales : les techniques fiduciaires à des fins de gestion (I) et celles conclues à des fins de sûreté (II). Le critère de classification retenu repose donc sur l'objet de la fiducie, c'est-à-dire ce pour quoi elle a été conclue.

I. LES TECHNIQUES FIDUCIAIRES À FINS DE GESTION

247. Rappelons que la fiducie conclue à des fins de gestion confère au fiduciaire des pouvoirs de gestion d'un bien ou d'un ensemble de biens pendant une période déterminée, conséquences de la titularité d'un droit[25], à charge, pour le fiduciaire, d'en rétrocéder la propriété au fiduciant à l'issue du contrat.

Le droit français connaît un certain nombre de modes de cession temporaire que l'on pourrait qualifier de techniques fiduciaires à des fins de gestion telles que définies ci-dessus. La gestion des valeurs mobilières y fait abondamment appel, comme peut en témoigner l'utilisation, par la pratique, de divers outils : la convention de portage, la vente à réméré, les opérations de mise en pension de titres, le prêt de titres… Les opérations de cession temporaire de valeurs mobilières répondent à de multiples préoccupations : par exemple, le cédant peut avoir besoin de se procurer des liquidités ; ou encore, il peut souhaiter modifier la structure de

---

20. Cette distinction fut opérée par le Professeur M. GRIMALDI, dans l'article précité écrit en collaboration avec M. BARRIÈRE. Pour éviter de dénaturer leurs propos, la présentation des fiducies innommées suivra le plan qu'ils ont adopté.

21. Selon les propos de LUCAS (F.-X.), *op. cit.*, n° 600, p. 306.

22. Pour un développement plus approfondi du patrimoine d'affectation : *infra* n°s 310 et s.

23. V. ce mot *in Vocabulaire juridique.*

24. *Ibid.*

25. Pour une définition précise de la fiducie-gestion, *supra* n° 3.

son bilan pour des raisons comptables ou fiscales[26]. L'on se bornera à ne présenter que le portage, d'une part (A), et la mise en pension de titres, d'autre part (B).

A. Le portage

248. La convention de portage de titres est née de la pratique des affaires[27]. Il s'agit d'une « convention par laquelle une personne, appelée porteur, souscrit ou achète les titres d'une société à la demande d'une autre personne, appelée donneur d'ordre, et s'engage à céder la propriété de ces titres au donneur d'ordre ou à un tiers à l'issue d'un délai déterminé et pour un prix fixé à l'avance »[28]. La cause de la convention réside dans le service rendu par le porteur : par exemple, un service d'arbitrage rendu à des actionnaires dont le désaccord bloque la gestion de la société ; ou encore, il peut s'agit d'un service de relais rendu à un futur investisseur qui n'est pas encore en mesure de financer les titres[29].

Observation étant ici faite que, tandis que la jurisprudence hésiterait à considérer le portage comme une aliénation fiduciaire[30], la majorité de la doctrine, en revanche, n'émettrait aucun doute quant à qualifier cette opération de technique fiduciaire : en effet, le porteur est titulaire des droits attachés aux titres, et il les exerce, toutefois sous la conduite du donneur d'ordre[31].

Un autre mécanisme est utilisé par les opérateurs pour la réalisation d'une cession temporaire de titres : il s'agit des opérations de mise en pension de titres.

B. La mise en pension de titres

249. La mise en pension de titres, issue de la pratique bancaire, a été consacrée par le législateur en 1993.

---

26. V. BLANLUET (G.), *Essai sur la notion de propriété économique en droit privé français – recherches au confluent du droit fiscal et du droit civil*, Thèse Paris II, LGDJ 1999, n°s 273 et s.

27. BAKANG BA BADJANG, « Réflexions sur la convention de portage », *PA* n° 14 du 19 janvier 2001 ; MONASSIER (B.), « Typologie des conventions de portage d'actions », *in* Colloque de Paris, 21 février 1991, *RDBB* 1991, n° 26, p. 119 s. ; LUCAS (F.-X.), « Conventions de portage », *Juris-Classeur, Sociétés Traité*, 1999, fasc. 2128.

28. MONASSIER (B.), *op. cit.*

29. V. GRIMALDI (M.), « La fiducie : réflexions sur l'institution et sur l'avant-projet de loi qui la consacre », *Def.* 1991, art. 35085, p. 905.

30. Paris, 9 juin 1983, *D.* 1984, IR 81, obs. VASSEUR ; TGI Lille, 28 oct. 1986, *RDBB* 1987, II, 55, obs. JEANTIN et VIANDIER ; *Rev. soc.* 1987, 600, note WITZ ; *D.* 1987, 506, obs. VASSEUR.

31. Par exemple GRIMALDI (M.), *op. cit.*, p. 906 ; VASSEUR, note sous Paris, 9 juin 1983 et TGI Lille, 28 oct. 1986, *op. cit.* ;
Contra : CROCQ (P.), *Propriété et garantie*, Thèse Paris II, 1992, Paris, LGDJ, 1995, n°48 et 61 : l'auteur range le portage dans la catégorie des propriétés-garanties non fiduciaires, car « *le bien, objet de la garantie, n'est pas transféré au créancier par le débiteur* (...) » mais par un tiers. Néanmoins, « *la convention de portage de titres peut aussi se transformer en une aliénation fiduciaire dans l'hypothèse où c'est le donneur d'ordre lui-même qui cède les titres au porteur afin de rétablir l'équilibre de son bilan* ». L'auteur se réfère à l'article 2062 C. civ. tel qu'envisagé par le projet de loi du 20 février 1992 relatif à la fiducie.

La mise en pension s'analyse comme une cession aux termes de laquelle le cédant et le cessionnaire s'engagent respectivement et irrévocablement, le premier à reprendre les valeurs, titres ou effets, le second à les rétrocéder, pour un prix et à une date convenus[32]. Avant d'avoir été consacrée par la loi, la pratique bancaire consistait, pour une banque, à obtenir sur le marché monétaire ou auprès d'un organisme de réescompte, une avance de fonds à court terme, moyennant la remise en propriété de ses créances, effets publics ou privés. La loi n° 93-1444 du 31 décembre 1993 portant diverses dispositions relatives à la Banque de France, à l'assurance, au crédit et aux marchés financiers, a consacré ladite pratique en définissant en son article 12 l'opération de pension[33]. Pendant l'exécution du contrat, les revenus attachés aux titres mis en pension et perçus par le cessionnaire sont reversés au cédant. À l'issue du contrat, le cédant restitue le prix initialement reçu, éventuellement augmenté d'une rémunération. Ainsi, le cédant se comporte comme un constituant qui transmet à un fiduciaire la propriété de biens gérés dans son intérêt, et destinés à lui être retournés en fin de contrat. Rappelons d'ailleurs l'exposé des motifs du projet de loi sur la fiducie de 1992 au terme duquel la fiducie est présentée comme « *un cadre juridique à des opérations, telles que le portage ou la mise en pension de titres, qui n'ont pas à ce jour reçu de définition légale* »[34].

Aux côtés des techniques fiduciaires sans patrimoine d'affectation, conclues à des fins de gestion, coexistent d'autres techniques fiduciaires, conclues cette fois, à des fins de sûreté. Également, aucun patrimoine d'affectation ne leur est attaché.

II. LES TECHNIQUES FIDUCIAIRES À FINS DE SÛRETÉ

250. Rappelons que la fiducie conclue à des fins de sûreté confère au fiduciaire la sécurité attachée à la titularité d'un droit[35].

Elle opère un transfert de propriété à titre de garantie, à l'instar, par exemple, de la réserve de propriété. Le débiteur offre à son créancier, en garantie de son engagement, la propriété de certains de ses biens. Toutefois, le créancier garanti trouve sa sûreté dans une propriété acquise, et non dans une propriété retenue[36].

En l'absence de fiducie-sûreté consacré par le législateur, certains auteurs qualifient la pension de titres de technique fiduciaire à fins de garantie (A). Quant aux autres techniques fiduciaires à fins de sûreté les plus notoires, l'on s'attachera à présenter le contrat de crédit-bail (B), le gage-espèces (C) et la cession Dailly (D).

---

32. *In* LAMY, *Droit du financement*, 2003, n° 3496.

33. *Infra* n° 251 pour l'art. 12 de la loi visée.

34. V. pour avoir qualifié la mise en pension de titres de fiducie-gestion : BLANLUET (G.), *Essai sur la notion de propriété économique en droit privé français – recherches au confluent du droit fiscal et du droit civil*, Thèse Paris II, LGDJ 1999, n°s 277 et s.

35. Pour une définition précise de la fiducie-sûreté, *supra* n° 3.

36. GRIMALDI (M.) et BARRIÈRE (F.), *op. cit.*, n° 7.

A. La mise en pension de titres[37]

251. Rappelons simplement que l'article 12 de la loi n° 93-1444 du 31 décembre 1993 susvisée pose la définition suivante.

La mise en pension de titres est l'opération par laquelle une personne morale, un fonds commun de placement ou un fonds commun de créance cède en pleine propriété à une autre personne morale, à un FCP ou à un FCC des valeurs, titres ou effets, et par laquelle le cédant et le cessionnaire s'engagent respectivement et irrévocablement, le premier à reprendre les valeurs, titres ou effets, le second à les rétrocéder, pour un prix déterminé et à une date convenue. La pension de titres peut ainsi apparaître comme un instrument idéal pour fournir une garantie à un emprunt d'espèces du cédant auprès du cessionnaire.

B. Le crédit-bail

252. Le contrat de crédit-bail, appelé encore la cession-bail ou, selon la dénomination anglo-saxonne, le « lease-back », peut être défini ainsi qu'il suit.

Il se caractérise par l'acquisition d'un bien par un crédit-bailleur suivie d'un louage dudit bien au crédit-preneur pour une durée irrévocable[38], louage assorti d'une promesse de vente unilatérale[39]. Le prix à verser pour lever l'option doit tenir compte des loyers versés. Quant à l'objet sur lequel porte le crédit-bail, il peut être soit immobilier (par exemple, un immeuble à usage professionnel), soit mobilier (par exemple, des biens d'équipement, du matériel d'outillage, un fonds de commerce…). Ainsi, le montage ne suppose aucun patrimoine d'affectation. Il fut tout d'abord très utilisé à compter des années soixante comme moyen de financement dans le domaine du matériel d'équipement, puis dans celui de l'immobilier par certains notaires qui se sont spécialisés dans ce type d'opération. Actuellement, le *lease-back* connaît un vif essor dans le domaine informatique[40].

Cela étant, l'analyse du contrat de crédit-bail révèle une certaine complexité. S'il semble comporter un « effet de sûreté »[41], celui-ci n'apparaît qu'au second plan : en effet, le contrat de crédit-bail n'a pas pour finalité la constitution d'une garantie. Le crédit-bailleur conserve sa qualité de propriétaire. Toutefois, il n'a pas vocation à rester propriétaire du bien loué, car la finalité du crédit-bail est que le preneur, au terme du contrat de jouissance, devienne propriétaire. « La propriété, dans cette situation, n'exerce plus sa fonction habituelle (…), elle n'est plus une fin en soi, mais seulement un instrument de crédit »[42].

---

37. Pour avoir qualifié la mise en pension de titres d'aliénation fiduciaire à titre de garantie, v. CABRILLAC (R.) et MOULY, *Droit des sûretés*, 5e éd., Litec, 1999, n° 530 ; GAVALDA et STOUFFLET, *Droit bancaire*, 3e éd., Litec, 1997, n° 658 ; MALAURIE et AYNES, *Les sûretés*, 10e éd., Cujas, 2000/2001, n° 753 ; WITZ (C.), *La fiducie en droit privé français*, Economica, 1981, n° 189.

38. Les parties peuvent néanmoins prévoir des options d'achat intermédiaire.

39. Ce contrat s'oppose à la location-vente où le louage est assorti d'une promesse *synallagmatique* de vente.

40. CROCQ (P.), *op. cit.*, n° 57.

41. MALAURIE (Ph.) et AYNÈS (L.), *Sûretés, publicité foncière*, *op. cit.*, n° 756.

42. *Ibid.*

La technique fiduciaire semble patente dans certaines situations, lorsque, par exemple, un propriétaire, en vue d'obtenir un prêt, transfère la propriété de l'un de ses biens à une société (le prêteur) qui le lui rétrocèdera dans le cadre d'un contrat de crédit-bail. Le *lease-back* reprend également le schéma fiduciaire : en effet, le créancier est un propriétaire fiduciaire disposant d'une propriété affectée et temporaire, employée aux fins de garantie de sa créance[43].

En troisième lieu, considérons la convention de gage-espèces.

C. LE GAGE-ESPÈCES

253. Le gage-espèces se définit par la remise d'une somme d'argent à un créancier au moyen de billets, de pièces ou de monnaie scripturale (inscription sur le compte bancaire du créancier).

Il transmet audit créancier la propriété de cette somme. Il s'agit bien d'une *cession fiduciaire* dans laquelle les deniers, dont la propriété est transférée à titre de garantie, ne forment pas un patrimoine d'affectation, et en vertu de laquelle le créancier sera tenu d'une obligation de restitution si la dette principale est exécutée[44]. Dans le cas contraire, il demeurera définitivement propriétaire de la somme d'argent[45].

Les tribunaux y voient, à tort, un mécanisme de compensation entre la dette principale et l'obligation de restituer pesant sur le créancier[46]. En revanche, si la somme d'argent remise au créancier peut être individualisée en étant, par exemple, versée sur un compte spécial ouvert au nom du constituant et « bloquée » au profit du créancier, il s'agit alors d'un véritable gage[47]. La dépossession du constituant est

---

L'auteur ajoute : « *On dit parfois que le crédit-bailleur a une propriété artificielle, purement juridique, que son espérance est que le bien ne lui soit jamais restitué, que la propriété économique appartient au locataire* ».

Contra : CABRILLAC (M.) et MOULY (Ch.), *Droit des sûretés*, Litec, 6e éd. 2002, n° 535 : sur les divergences quant à l'analyse de la propriété du crédit-bailleur.

43. V. CROCQ (P.), *op. cit.*, n° 42, sur la qualification du *lease-back* en tant que fiducie-sûreté.

44. Cette opinion est néanmoins combattue par un courant doctrinal qui considère le gage-espèces de monnaie scripturale comme un *nantissement* de la créance contre le banquier : SIMLER et DELEBECQUE, *op. cit.*, n° 468 ; DOISE (D.), « Nantissement de monnaie, de compte et de valeurs mobilières », *RJ Com.* 1994, n° spécial nov. p. 30 s.

45. MALAURIE (Ph.) et AYNÈS (L.), *op. cit.*, n° 508, p. 208.

46. Com., 3 juin 1997, *Bull. civ.* IV, n° 165 ; *JCP G* 1997 II, 22891, rap. RÉMERY ; *D.* 1998, 61, note FRANÇOIS. Aux termes de l'arrêt, la Cour de cassation décida :

– que les actes constitutifs de la sûreté (somme productive d'intérêts remise par le client à sa banque) dispensaient la banque, en cas de non-paiement à l'échéance, de son obligation de restituer ;

– que les sommes d'argent étaient devenues la propriété de la banque à titre de garantie ;

– que, dès avant l'ouverture de la procédure collective du débiteur, la créance de la banque se trouvait éteinte par voie d'une compensation conventionnelle. Cette étape de la compensation ne fut utile que pour expliquer que la banque n'avait plus à déclarer sa créance. Si la dette principale n'était pas devenue exigible avant le jugement déclaratif, la banque eût dû déclarer sa créance afin d'éviter son extinction.

47. MALAURIE (Ph.) et AYNÈS (L.), *op. cit.*, n° 508, p. 208. Le régime du gage diffère de celui de la garantie. En effet, la constitution de la garantie n'est pas soumise aux formalités

réalisée par la seule inscription au crédit du compte, et se prolonge par l'indisponibilité de celui-ci.

Quant à la pratique bancaire qui a souvent recours à ce type de convention, elle reste ambiguë, et manque malheureusement de clarté et de rigueur dans l'emploi de certains termes[48] : en effet, que convient-il d'entendre par « *le constituant s'est engagé à affecter à un compte bancaire ouvert dans les livres de BNP PARIBAS la somme de x euro, et à nantir ledit compte bancaire au profit de BNP PARIBAS (...) ?* »[49]. La propriété de la créance est-elle transférée à titre de garantie au bénéficiaire, caractérisant alors une « fiducie-sûreté » ? Ou bien, n'y a-t-il que dépossession du constituant, caractérisant alors l'existence d'un gage ? Ainsi apparaît toute la difficulté de la rédaction d'une convention qui évolue au-dehors de mécanismes parfaitement établis.

Enfin, un quatrième exemple, d'origine législative, est donné par la cession de créances professionnelles à titre de garantie, mécanisme de fiducie-sûreté sur créances[50].

D. LA CESSION DAILLY

254. La cession de créances professionnelles à titre de garantie, dont le régime juridique est défini aux articles L. 313-23 à L. 313-35 du Code monétaire et financier, constitue également une opération de fiducie-sûreté[51].

Dans le but de favoriser les crédits bancaires aux entreprises, la loi *Dailly* est venue réglementer la cession de créances professionnelles à titre de garantie, en vertu de laquelle un professionnel cède, au moyen d'un bordereau, ses créances sur un ou plusieurs professionnels, à un établissement bancaire qui lui consent un crédit.

---

imposées à propos du nantissement de créance : il suffit que l'on puisse prouver d'une manière quelconque que les fonds ont été remis à titre de garantie d'un paiement. Le gage-espèces ne tombe pas sous le coup de la prohibition des pactes commissoires selon la jurisprudence. En d'autres termes, la stipulation d'attribution d'un gage constitué en espèces par le créancier, à défaut de paiement est autorisée : Com., 9 avril 1996, *RTD Civ.* 1996, p. 669, obs. CROCQ ; *RTD Com.* 1996, p. 509, obs. CABRILLAC ; Com. 4 février 2003, *D.* 2003, *AJ*, 1361. En conséquence, en cas d'inexécution par le constituant, des obligations garanties suite au prononcé de l'exigibilité anticipée d'un prêt, le bénéficiaire pourra notifier au constituant, par lettre recommandée avec avis de réception, la réalisation du gage-espèces, le solde créditeur du compte devenant la propriété du bénéficiaire, sans qu'il soit besoin d'aucune autre formalité, ni procédure. Les prérogatives traditionnelles du gagiste (droit de rétention, attribution judiciaire) sont largement absorbées par celles du propriétaire.

48. À titre d'exemple, pour la rédaction d'une convention de gage-espèces, v. Annexe 2.

49. Page 3 de la convention présentée à l'annexe 2.

50. Loi du 2 janvier 1981, telle qu'amendée par la loi du 24 janvier 1984, dite loi Dailly. Désormais, les cessions de créances professionnelles à titre de garantie sont réglementées aux art. L. 313-23 à L. 313-35 C. mon. fin.

51. « *Par une telle cession, le cédant transfère à l'un de ses créanciers la propriété d'une créance lui appartenant et ce, à titre de garantie du paiement d'une dette du cédant que le cédant a, par ailleurs, vis-à-vis du créancier. Il s'agit donc d'une application de la fiducie-sûreté* » : CROCQ (P.), « Cession de créance à titre de garantie », Étude n° 262, *LAMY droit des sûretés*, collection Lamy droit civil, 2002.

Les créances, dont la propriété est ainsi transmise, sont affectées à la garantie du remboursement du crédit, mais elles ne forment pas un patrimoine d'affectation[52]. L'utilisation du concept de propriété-garantie[53] rappelle la *fudicia cum creditore* romaine[54]. Cette forme de garantie connaît un vif succès dans le monde bancaire[55].

Ainsi, si les créances professionnelles connaissent une forme adaptée de la fiducie, grâce à la loi *Dailly*, l'application du modèle fiduciaire à *toute cession de créances* a été « discrètement »[56] reconnue par la Cour de cassation dans un récent arrêt rendu par la première chambre civile le 20 mars 2001 : « *ces clauses, dont il résultait que la société MARANA, dans la limite de ses dettes d'emprunt envers la société SOVAC, avait cédé à celle-ci ses créances locatives, étaient claires et précises, de sorte qu'en statuant comme elle l'a fait, la Cour d'appel les a dénaturées, violant l'article 1134 du Code civil* »[57].

Observation étant ici faite que les opérations juridiques ayant pour objet des choses futures sont admises en droit[58]. En conséquence, la cession de créances à venir ne contrevient pas à notre droit. L'extension de la fiducie-sûreté aux créances futures et non professionnelles serait une évolution logique de l'utilisation de la technique fiduciaire.

D'autres techniques fiduciaires sont également très usitées, notamment celles donnant lieu à la création d'un patrimoine d'affectation.

§ 2 – LES TECHNIQUES FIDUCIAIRES AVEC PATRIMOINE D'AFFECTATION

255. Elles correspondent davantage à l'ensemble des critères posés par l'article 2 susvisé de la Convention de La Haye[59].

Tels sont les cas, notamment, de certaines formes de placement collectif en valeurs mobilières (I), d'opérations de titrisation (II), ou du dépôt d'instruments financiers cotés (III). Enfin, dans un domaine très différent, celui du mécénat ou des opérations à but caritatif, la législation actuelle issue des lois françaises du 23 juillet 1987 et du 4 juillet 1990 n'offre que deux structures spécifiques : la fondation

---

52. GRIMALDI (M.) et BARRIÈRE (F.), *op. cit.*, n° 7.

53. CROCQ (P.), *Propriété et garantie*, Thèse Paris II, et LGDJ, 1995.

54. *Supra* n° 36.

55. Pour un exemple de convention de cession de créances professionnelles à titre de garantie, v. Annexe 3.

56. AYNÈS (L.), « Une discrète consécration de la cession de créances futures à titre de garantie », *D.* 2001, jur., 3110.

57. La Cour d'appel de Montpellier, dans son arrêt du 17 mars 1999, a refusé de reconnaître la validité de la cession.

58. Par exemple, la vente en l'état futur d'achèvement (art. 1601-1 et s. C. civ.) ; ou encore l'hypothèque sur les biens à venir, par exception (art. 2130 C. civ. : « *les biens à venir ne peuvent pas être hypothéqués.*
Néanmoins, si ces biens présents et libres sont insuffisants pour la sûreté de la créance, le débiteur peut, en reconnaissant cette insuffisance, consentir que chacun des biens qu'il acquerra par la suite y soit spécialement affecté au fur et à mesure des acquisitions »).

59. *Supra* n° 244.

d'utilité publique et la fondation d'entreprise. L'une comme l'autre fonctionnent sous le contrôle étroit de l'autorité administrative[60] qui leur permet, en contrepartie, de recevoir des dons et des legs. C'est ainsi que ce mécanisme fort contraignant conduisit non seulement au développement du secteur fiduciaire de la Fondation de France et des fondations sectorielles, mais aussi à revitaliser l'apport associatif auquel nombre de particuliers ou d'entreprises ont recours (IV).

I. LA GESTION COLLECTIVE D'INSTRUMENTS FINANCIERS

256. Depuis une trentaine d'années, les petites et moyennes épargnes se sont considérablement développées.

La gestion individuelle, devenant difficile et coûteuse, d'autant plus que, parallèlement, les marchés sont entrés dans une ère d'internationalisation et de sophistication, laissa la place à une gestion collective des avoirs financiers des particuliers, organisée par le législateur.

Les pays anglo-saxons furent largement précurseurs en ce domaine, puisque dès le XIXe siècle, ils mirent en œuvre des moyens de gestion collective[61]. La France dut attendre l'après-guerre pour être dotée à son tour d'organismes de placement collectif en valeurs mobilières[62]. Ils ont pris la forme de la *société d'investissement*[63] et du *fonds commun de placement*[64]. Dans les deux cas, on retrouve l'idée d'une gestion souveraine des droits d'autrui : en effet, la gestion d'instruments financiers, lesquels représentent l'avoir des épargnants, se fait, soit par la société d'investissement, soit par la société gérant le FCP[65]. Finalement, si la France accumula du retard pour mettre au point des instruments de gestion collective, elle est devenue, dès lors, l'un des pays les mieux pourvus en termes de méthodes et d'outils de gestion d'actifs, derrière les États-Unis et le Japon. La France n'a donc rien à envier au *trust* dans ce domaine. Toutefois, dans certaines situations de gestion collective de valeurs mobilières, l'introduction dans le droit français de la fiducie serait vraiment opportune, afin, d'une part, de conférer à quelques opérations un cadre légal mieux adapté, d'autre part, d'éviter la délocalisation de montages actuellement initiés à l'étranger à l'aide d'un *trust*[66].

Il serait plus exact de dire que ces instruments sont davantage des dérivés du concept fiduciaire – d'où l'appellation de « *techniques fiduciaires* » – qu'une fiducie à proprement parler, puisque les avoirs financiers ne font jamais l'objet d'une

---

60. *Supra* n°s 188 et s.

61. Par exemple, les *common fund trusts*, les *real estate investment trusts* ou *REIT* et les *Unit Trusts*. Cette dernière catégorie, de loin la plus nombreuse, peut prendre quatre formes dont la dernière – les *Venture Capital Trusts* – instaurée par la loi anglaise de finances pour 1995-1996, connaît un grand succès en permettant aux particuliers d'avoir accès au capital de nombreuses sociétés non cotées tout en bénéficiant d'avantages fiscaux, sous certaines conditions toutefois.

62. C'est-à-dire les OPCVM.

63. Créée par une ordonnance du 2 novembre 1946.

64. Par commodité, le fonds commun de placement sera ci-après dénommé « FCP ».

65. GRIMALDI (M.) et BARRIÈRE (F.), *op. cit.*, n° 9 p. 243.

66. V. notamment la thèse de F.-X LUCAS, *op. cit.*

aliénation de type fiduciaire. En effet, dans la société d'investissement, la personne morale reste toujours propriétaire des avoirs financiers puisque l'épargnant actionnaire n'est que le titulaire d'actions représentant une quote-part du capital ; dans le FCP, les avoirs financiers restent indivis entre les épargnants qui donnent au fonds le mandat de les gérer.

La société d'investissement et le FCP sont dotés d'un patrimoine d'affectation : dans le cas de la société d'investissement, il résulte de la création de la personne morale, et dans le cas du FCP, il résulte de la séparation que prévoit la loi entre les actifs du FCP et les actifs des titulaires de parts dans le fonds[67]. Il en est de même pour toutes les opérations de titrisation.

II. LES OPÉRATIONS DE TITRISATION

257. La titrisation est un mécanisme financier récent réalisé par la création des fonds communs de créances[68] issus de la loi française du 23 décembre 1988[69].

Cette technique consiste à céder des créances détenues par un établissement de crédit à un tiers, le FCC, lequel émet, en contrepartie, des valeurs mobilières. Le FCC est une copropriété de valeurs mobilières, *dépourvue de personnalité morale*. En instituant le FCC, le législateur créa derechef une fiducie innommée[70], dans un double but : celui de favoriser le refinancement des établissements de crédit et des établissements d'assurance depuis la réforme du 4 janvier 1993, et celui d'améliorer leurs ratios bilantiels.

Un patrimoine d'affectation résulte de la création du FCC : en effet, les créances, objets d'une « copropriété », sont séparées des patrimoines des souscripteurs, de celui de la société de gestion et de celui du dépositaire. Quant à la gestion des créances, elle est manifestement fiduciaire, puisque celles-ci sont gérées par la société de gestion du FCC comme si elles lui appartenaient[71].

Deux illustrations permettant d'appréhender le système peuvent être présentées :
1. *Exemple d'une titrisation dans le cadre de la réglementation française* : l'Aérospatiale, avec l'une de ses filiales, mit en place une titrisation de certaines de leurs créances dans un cadre strictement français. Elle fit appel, en vertu de la loi de 1988, à un établissement bancaire pour réaliser l'opération, la banque INDOSUEZ. Cette dernière escompta les créances et lança une opération de

---

67. *Ibid.*

68. Par commodité, le fonds commun de créances sera ci-après dénommé « FCC ».

69. L'objectif de cette loi fut de créer un cadre institutionnel et juridique pour réaliser la cession d'un ensemble homogène de créances détenues par un établissement de crédit, et de transformer lesdites créances en titres négociables sur un marché secondaire, pouvant être souscrits par des investisseurs.

70. GRIMALDI (M.) et BARRIÈRE (F.), *op. cit.*, n° 10 p. 244.

71. *Ibid.*

titrisation classique, la COFACE[72] ayant accepté de déléguer sa garantie au FCC qui allait être créé. Si les grandes lignes du montage semblent assez simples, la mise en œuvre, en revanche, suscita de grandes difficultés qui mirent en avant les inconvénients de cette technique française. Ainsi pourrait peut-être s'expliquer la délicate et difficile généralisation de cette pratique, et le recours, de la part des grandes sociétés, aux titrisation internationales, préférant ainsi échapper au cadre légal français contraignant. En effet, face à une réglementation stricte des FCC français, lesquels ne permettent pas d'acquérir des créances commerciales, mais seulement des créances émises soit par des banques, soit par des compagnies d'assurances, soit encore par la Caisse des Dépôts et Consignations, les grands groupes français font appel à l'épargne américaine. Ainsi, au cours d'opérations privées, certaines sociétés réussissent à lever des fonds, sans avoir recours au marché obligataire français, et à améliorer de la sorte la présentation de leur bilan.

2. *Exemple d'une titrisation offshore, c'est-à-dire au moyen d'un trust de droit étranger* : le montage utilisé est le suivant : le groupe français vend à un *trust*[73] ses droits de recevoir des paiements provenant de ses clients. Pour acheter lesdites créances, le *trust* va trouver un financement par le biais de *Special Purpose Vehicules*[74], lesquels vont alors émettre du papier commercial sur le marché américain. Ces papiers jouissent, sur ce marché, d'une bonne notation, et les investisseurs américains en sont friands, même s'ils ne savent pas forcément quelles sont les créances sous-jacentes, contrairement aux investisseurs français. Ce procédé fut utilisé par plus d'une dizaine de groupes, dont Olivetti, Merlin... pour des montants compris, à l'époque, entre cinq et dix milliards de Francs[75].

258. Également, dans l'arsenal des techniques financières importées des États-Unis, la technique de *defeasance* à la française[76] présente des aspects fiduciaires fort intéressants.

Initiée en 1983 par les groupes Exon et Xerox, la *defeasance*[77] est une technique consistant à faire sortir une dette du bilan d'une société, et *à affecter au remboursement de celle-ci* des actifs générant des flux de trésorerie adéquats, ces

---

72. L'Aérospatiale disposait en outre de créances sur le Brésil dont une grande partie était garantie par la société d'assurance, la COFACE.

73. Ce *trust* sera localisé surtout à Jersey, en Irlande ou aux Pays-Bas, pour des raisons fiscales.

74. C'est-à-dire les SPV : entité dont le siège est situé hors du territoire national. Ce SPV joue d'une certaine manière le rôle du fonds commun de créances.

75. Autre exemple, celui du Crédit Lyonnais qui a voulu « titriser » des créances douteuses en 1989.

76. PEZARD (A.), « La *defeasance* », *RDBB* 1989, n° 12, spécial droit de l'ingénierie financière ; FERRY (C. J.), « Défaisance économique et fiducie », *JCP E* 1991, I, 23 et « Le fondement juridique de l'effet comptable de la "défaisance économique" », *JCP E* 1991, I, 92 ; LARROUMET (Ch.), « Sur la réalisation d'une *defeasance* en droit français », *Mél. Breton et Derrida*, Dalloz, 1991, p.193 ; GERMAIN (M.) et NOURY (M.-C.), « La loi du 2 juillet 1996 de modernisation des activités financières », *JCP E* 1997, I, 4022.

77. Le terme de *defeasance* est utilisé pour désigner l'*economic in substance defeasance*, par opposition à la *legal defeasance* dans laquelle les créanciers consentent à la libération du débiteur originaire en acceptant le nouveau débiteur.

actifs étant généralement sortis du bilan de ladite société. La société n'a pas l'obligation de racheter la dette ou de rompre le contrat passé avec le créancier. Autrement dit, « une société transfère le service de l'une de ses dettes à un organisme tiers (un *Trust*) moyennant le service de liquidités ou de titres pour des montants qui permettent, après placement jusqu'aux échéances convenues, d'assurer ce service. La société qui cède ainsi sa dette peut sortir de son bilan les actifs transférés au *trust* »[78]. En réalité, *la dette n'est pas éteinte* ; elle est mise à la charge d'un tiers. « S'il y a une décharge économique de la dette, il n'y a pas pour autant de libération juridique. C'est là l'une des données fondamentales de l'*economic in substance defeasance*[79] qui ne doit pas être perdue de vue lorsqu'il s'agit de transplanter cette institution dans un autre système juridique »[80].

Il s'agit donc principalement d'une technique de gestion de passif, un désendettement économique et non juridique, à l'opposé de la titrisation qui est une technique de gestion d'actif. Afin de comprendre au mieux cette technique fiduciaire, il convient d'en présenter les *caractéristiques principales*, les *objectifs* poursuivis et enfin le *schéma*.

– **Les caractéristiques de la technique de *defeasance* sont les suivantes :** d'une part, l'accord du créancier n'est pas requis, et d'autre part, la dette du débiteur n'est juridiquement pas éteinte. Il importe de ne pas confondre la *defeasance* avec la *legal defeasance* ou *defeasance* « sans recours » qui se caractérise par la nécessité de l'accord du créancier d'une part, et par l'extinction de la dette du débiteur d'autre part[81]. Qu'il s'agisse de l'*economic defeasance* ou de la *legal defeasance*, aucun texte spécifique, tant juridique que fiscal, ne traite du sujet, bien que la validité desdites techniques ait été reconnue en comptabilité des sociétés par un avis du Conseil National de la Comptabilité, en décembre 1988[82]. Tandis que le Trésor, semble-t-il, reste opposé à l'émergence de la *defeasance dans* le secteur public, la *legal defeasance*, en revanche, pourrait s'y appliquer, sous deux réserves :

- l'entité publique doit être clairement et irrévocablement défaite de sa dette ;
- l'opération ne doit pas avoir pour objectif ou seul résultat tangible de contourner la règle qui impose aux collectivités publiques de déposer leurs excédents de trésorerie auprès du Trésor : le traitement de la dette doit être l'objectif poursuivi, la constitution d'un actif pour son remboursement n'en étant que le moyen[83].

– **Les objectifs poursuivis par une opération de *defeasance* (avec ou sans recours) peuvent se grouper selon trois considérations :**

---

78. GOBIN (A.), *op. cit.*, n° 37, p. 320.

79. On pourrait également l'appeler *defeasance* « avec recours ».

80. LARROUMET (Ch.), *op. cit.*, p. 194.

81. Aucun recours ne peut être exercé ultérieurement contre le débiteur.

82. Sources internes à BNP PARIBAS, pôle des « Financements Structurés – BDDF ». L'auteur remercie à nouveau les collaborateurs dudit pôle pour leurs explications claires.

83. Selon des informations internes au groupe BNP PARIBAS, pôle des « Financements Structurés – BDDF ».

- *Une présentation comptable* : la *defeasance* vient améliorer les comptes d'un débiteur en venant déconsolider une dette existante ou en évitant de consolider une dette nouvelle. Ainsi, une amélioration ou une préservation de la capacité d'emprunt peut être mise en exergue à l'égard des tiers, notamment les banques.
- *Une économie de frais financiers nets* : le débiteur, en particulier s'il fait partie du secteur public, peut trouver à une trésorerie structurellement excédentaire, un emploi globalement profitable pour lui, en l'affectant comme actif au remboursement d'une dette.
- *Le réaménagement d'un endettement existant* : une société peut vouloir se « défaire » d'un emprunt au profit d'un nouveau revêtant un taux d'intérêt moins élevé, alors qu'il lui est impossible d'obtenir le consentement du créancier quant à la libération du débiteur originaire.

Le financement de la *defeasance* peut donc s'effectuer par de la trésorerie, un nouvel endettement ou une émission obligataire, une augmentation de capital...

– **Enfin, le schéma d'une opération de *defeasance* peut être le suivant :** l'opération peut être scindée en deux parties, savoir la constitution d'un actif d'une part, et le traitement de la dette d'autre part.

- *La constitution d'un actif* est le point le plus délicat, tant sur le plan financier que sur le plan juridique. **Sur le plan financier**, l'actif doit être adéquat au service de la dette, en ce sens que les flux d'intérêts et de capital qu'il génère doivent correspondre à ceux de la dette. Si une adéquation parfaite ne pouvait être trouvée (monnaie, durée, taux), un actif « par excès » devrait être constitué. L'actif doit également être sûr, en ce sens qu'il doit assurer une sécurité absolue pour le créancier. Ainsi, il devrait être investi, par exemple, en emprunts obligataires émis ou garantis par l'État, soit encore en bons du Trésor, ou même en cash. **Sur le plan juridique**, l'actif sera transféré à un tiers, et géré par un tiers offrant toute garantie de sérieux. Dans cette optique, il doit être indépendant du débiteur[84], et être à l'abri de toute menace de faillite[85]. Le support, que l'on pourrait appeler, par commodité, la « société de *defeasance* », pourrait être une société anonyme française, voire un GIE[86] ou une SNC, pour autant que le débiteur n'en soit pas associé. Faute de disposer d'outil idoine, telle la fiducie, la pratique eut recours au *trust*, avec les inconvénients y attachés, c'est-à-dire celui de placer des actifs dans une entité soumise à une loi étrangère, notamment fiscale, d'où une insécurité certaine. Ainsi, les titres transférés dans le *trust* dont le *trustee*[87] a le *legal ownership*, échapperont aux créanciers personnels du *trustee* (*mécanisme fiduciaire avec création d'un patrimoine d'affectation*). En outre, ils feront l'objet d'un droit exclusif au profit des bénéficiaires, c'est-à-dire les créanciers de l'entreprise, à raison de la dette dont le service a été

84. Le tiers ne saurait, par exemple, être une société de son groupe.

85. Il conviendra, en conséquence, d'éviter que le tiers puisse avoir des créanciers extérieurs à l'opération elle-même.

86. Toutefois, le GIE, dont l'objet social est de faciliter ou de développer l'activité économique de ses membres, voire de l'améliorer, semblerait ne pas trop convenir à la *defeasance* : *supra* n° 66 et s.

87. Celui qui détient les biens en *trust*.

transféré au *trustee*[88]. Cela étant, le support idoine serait une fiducie, *dont l'objet serait limité à l'opération de* ***defeasance***[89], laquelle mettrait en scène, soit trois personnes dans le cas d'une *defeasance* sans recours, le créancier s'y adjoignant, soit deux personnes dans le cas d'une *defeasance* avec recours.

- *Quant à la technique du transfert de la dette*, elle est différente selon que l'on se situe dans une opération de *defeasance* « avec recours » ou dans une opération de *defeasance* « ans recours ». Dans l'hypothèse d'une opération de *defeasance* « avec recours », il s'agit d'un transfert *simplement économique*, pouvant être consacré, par exemple, par un mandat rémunéré d'intérêt commun conféré par le débiteur à la société de *defeasance*. S'il n'y a aucun inconvénient à requérir la participation du créancier à l'opération, celle-ci peut s'opérer sous la forme d'une délégation imparfaite de créances[90]. Le délégant reste toutefois tenu au paiement de sa dette. Le créancier a donc, dès lors, deux nouveaux débiteurs : le débiteur primaire et la société de *defeasance*[91]. Dans l'hypothèse d'une *defeasance* « sans recours », il s'agit d'un transfert à la fois économique et juridique, pouvant être organisé, par exemple, par une délégation parfaite de créances libérant le délégant de sa dette. Dès lors, le créancier n'a plus qu'un seul débiteur : la société de *defeasance*[92].

Objet d'un intérêt soutenu à la fin des années 1980, cette technique ne connut point le succès escompté à la suite de la *defeasance* PSA qui fut présentée comme une opération exemplaire appelée à se développer en France. Aujourd'hui, la technique de *defeasance* est quelque peu en sommeil, souffrant sans aucun doute de l'absence d'instruments juridiques sûrs, *en particulier de la non-consécration de la fiducie*[93]. Tant que la législation française ne mettra pas à la disposition des sociétés

---

88. La première opération de ce type a été réalisée en France par le groupe PSA en 1987. Ses dirigeants souhaitaient réduire son endettement d'un milliard de Francs, ce qui correspondait au montant d'un emprunt obligataire d'une durée de huit ans, émis en 1983 au taux nominal de 11,5 %. Ils ont donc transféré cet emprunt obligataire à un *trust* domicilié aux États-Unis, régi par le droit anglo-saxon. Une autre opération de ce type fut réalisée en 1989 par le Crédit Commercial de France qui s'est débarrassé, au profit d'un *trust* domicilié à Jersey, des deux tiers de ses créances irrécouvrables.

89. L'objet de la fiducie serait ainsi limité par un principe de spécialité applicable aux patrimoines d'affectation : *infra* n°s 332 et s.

90. Rappelons qu'il s'agit d'une convention tripartite selon laquelle le délégant (débiteur) donne au délégataire (créancier) un nouveau débiteur (le délégué, c'est-à-dire la société de *defeasance*).

91. V. art. 1275 C. civ. : « la délégation par laquelle un débiteur donne au créancier un autre débiteur qui s'oblige envers le créancier, n'opère point de novation, si le créancier n'a expressément déclaré qu'il entendait décharger son débiteur qui a fait la délégation ».

92. V. art. 1276 C. civ.

À noter qu'un tel schéma a pu déjà être mis en place dans le secteur public : en l'occurrence, le débiteur était une collectivité locale, le créancier étant le CREDIT LOCAL DE France, et la société de *defeasance*, un GIE. En contrepartie de l'engagement pris par celui-ci d'assurer le service de la dette, la collectivité locale lui a remis la valeur actuelle des échéances en principal et intérêts restant dues.

93. JOSSET (S.), *Les trusts et les fiducies : de leurs utilités et utilisations par les praticiens français*, mémoire DESS, Paris I, 1998, p. 66.

et des banques des institutions mieux adaptées à cette technique, la solution la plus convoitée sera celle offerte par le *trust :* il permet en effet de réaliser sans aucune difficulté une *defeasance* d'un point de vue comptable, alors que dans le système juridique français, ceci n'est possible qu'en utilisant des procédés complexes, sans compter qu'ils peuvent se heurter à la cession de dette. Toutefois, il convient de noter que le groupe BNP PARIBAS, depuis l'été 2004, met en place une technique de *defeasance* ayant comme support, la société en participation. Le mécanisme et les rouages juridiques, encore à l'étude, devraient être présentés par le groupe à la fin de l'année 2004[94], et mis sur la place bancaire dans le courant de l'année 2005.

III. LE DÉPÔT D'INSTRUMENTS FINANCIERS COTÉS

259. Un nouvel exemple de fiducie-gestion innommée est entré sur la scène juridique en 1996.

Le législateur a, en effet, prévu que les titres boursiers déposés par ceux qui donnent des ordres de mouvement auprès des adhérents d'une chambre de compensation, seraient transférés à celle-ci en pleine propriété[95]. La titularité des droits est ainsi transférée à la chambre de compensation, mais ce transfert est *affecté à la finalité du dépôt.* Il s'agit bien d'une fiducie-gestion avec patrimoine d'affectation, puisque nul adhérent d'une chambre de compensation ne peut faire valoir un droit quelconque sur ces dépôts[96].

Ce même article a consacré, en outre, une *fiducie-sûreté*, pareillement innommée, « en prévoyant que les dépôts effectués par les adhérents des chambres de compensation en garantie des positions prises sur un marché réglementé d'instruments financiers sont, eux aussi, transférés en pleine propriété à ces chambres »[97]. Un transfert de « propriété » a ainsi lieu, grevé d'une affectation, mais ici, à titre de garantie, et non plus à la finalité du dépôt[98].

---

94. Sources internes à BNP PARIBAS : le projet est mis en place par le pôle des « Financements Structurés – BDDF », à la demande du pôle *« Factoring ».*

95. Art. 49 de la loi n° 96-597 du 2 juillet 1996 de modernisation des activités financières : « quelle que soit leur nature, les dépôts effectués par les donneurs d'ordre auprès des adhérents ou d'une chambre de compensation, ou effectués par ces adhérents auprès d'une telle chambre en couverture ou *garantie* des positions prises sur un marché réglementé d'instruments financiers, sont transférés en pleine propriété soit à l'adhérent, soit à la chambre concernée dès leur constitution aux fins de règlement, d'une part, du solde débiteur constaté lors de la liquidation d'office des positions, d'autre part, de toute autre somme due soit à l'adhérent, soit à cette chambre ». Selon le sénateur MARINI, il s'agit de « sécuriser le statut juridique des dépôts », dans le droit fil des réformes visant à introduire la propriété-sûreté sur les marchés financiers.

V. GERMAIN (M.) et NOURY (M.-A.), *op. cit.* ; VAUPLANE (H. de), « La couverture des opérations en bourse : une sûreté hybride », *RDBB* nov.-déc. 1998, n° 70, p. 197.

96. GRIMALDI (M.) et BARRIÈRE (F.), *op. cit.*, n° 11.

97. *Ibid.*

98. Un auteur s'interrogea, par ailleurs, sur la nature juridique d'une couverture en bourse : « après avoir passé en revue les catégories traditionnelles de sûretés, il convient d'admettre la création par le législateur en 1996 d'un *nouveau cas de patrimoine d'affectation* (nous soulignons), même si cette qualification laisse de nombreuses questions en suspens » : Hubert de VAUPLANE, *op. cit.*

Enfin, l'un des champs d'expérimentation des mécanismes fiduciaires se trouve dans le domaine des activités charitables non lucratives.

IV. LES FONDATIONS DISTRIBUTIVES ET L'APPORT ASSOCIATIF

260. Pour répondre aux souhaits exprimés si souvent par les particuliers ayant à cœur de s'investir dans une activité de bénévolat associatif, l'Institut La Boétie suggéra, en 1990, la création de la fiducie philanthropique destinée à donner un cadre juridique aux actions d'intérêt général désintéressées[99].

Le but poursuivi par ces instigateurs d'une nouvelle fiducie était de « permettre à la volonté individuelle de s'exprimer dans le secteur non lucratif avec la même force et le même impact que dans les pays étrangers »[100], en assurant transparence, neutralité fiscale et sécurité de gestion. La mise en sommeil de cette technique eut pour conséquence le développement du secteur fiduciaire de la Fondation de France, ainsi que des fondations sectorielles en 1990[101]. Toutefois, ces techniques fiduciaires apparaissant comme des structures relativement pesantes au regard des utilisateurs, d'autres formules sont recherchées, tel l'apport associatif.

261. Dans l'apport associatif, la relation ternaire consubstantielle à la fiducie trouve également toute son efficacité.

Par voie d'apport mobilier ou immobilier, le fiduciant transfère à l'association de son choix ou constituée à cet effet, les moyens de servir un ou plusieurs bénéficiaires de l'activité associative. Ainsi, le secteur du handicap, de la maladie, de la santé, de l'enfance… peuvent bénéficier de ressources affectées avec régularité[102]. La licéité même de l'apport à une association résulte du décret du 16 août 1901, pris en application de la loi du 1901 : en effet, l'apport associatif y est indirectement prévu à l'occasion de sa reprise lors de la liquidation de l'association[103].

Enfin, si l'engouement pour les techniques fiduciaires a pour conséquence que « les fiducies se pratiquent sans la fiducie », il apparaît également possible de jeter un « regard fiduciaire » sur le Code civil, et notamment sur des institutions, pour certaines parfois délaissées mais à l'efficacité éprouvée.

§ 3 – REGARD FIDUCIAIRE SUR LE CODE CIVIL

La lecture de certains articles du Code civil pourrait amener à distinguer des techniques fiduciaires portant sur des outils juridiques délaissés par la pratique notariale (I), de celles portant sur des outils un peu plus utilisés, sans pour autant être d'une pratique courante (II).

---

99. GOBIN (A.), *op. cit.*, n° 25, p. 318.

100. Institut la Boétie - Chantier Philanthropie – « Développer la philanthropie : pour un *trust* à la française », Les Cahiers de l'Institut La Boétie, 4e trimestre 1990.

101. *Supra* n° 89.

102. GOBIN (A.), *op. cit.*, n° 29.

103. LEPELTIER (D.) et STREIFF (Y.), « Associations – Fondations – Congrégations », *Bull. Joly* 1994, p. 135 s.

I. LES TECHNIQUES FIDUCIAIRES QUELQUE PEU DÉLAISSÉES

Il paraît possible de reconnaître, dans quelques articles du Code civil, une sorte de « fiducie nichée »[104], qu'il s'agisse du legs *de residuo* (A), ou encore de la donation secondaire (B).

A. LE LEGS *DE RESIDUO*

262. Le legs *de residuo*[105] constitue une exception notoire au principe de la prohibition des substitutions fidéicommissaires visées par l'article 896 du Code civil[106].

On le trouve défini par l'article 1040 du Code civil qui dispose : « *toute disposition testamentaire faite sous une condition dépendante d'un événement incertain, et telle que, dans l'intention du testateur, cette disposition ne doive être exécutée qu'autant que l'événement arrivera ou n'arrivera pas, sera caduque, si l'héritier institué ou légataire décède avant l'accomplissement de la condition* ». En d'autres termes, le legs *de residuo* est une disposition testamentaire par laquelle le premier gratifié devra transmettre à un bénéficiaire final désigné par le testateur, les biens restant exister à titre de *residuum.* Le premier gratifié n'a pas l'obligation de conserver ; ainsi, l'opération ne présente pas les inconvénients économiques des substitutions[107]. D'une manière générale, et sauf indication contraire par le testateur, le legs *de residuo* est soumis à une double condition pour être valable : la chose léguée doit subsister au décès du premier légataire institué et le second légataire doit être en vie[108].

L'on reconnaît, dans ce mécanisme, une forme de fiducie testamentaire par laquelle un constituant (le défunt) transférerait à un fiduciaire (le légataire) des biens au profit éventuel d'un bénéficiaire (le deuxième légataire)[109]. Observation étant ici faite que si le mécanisme fiduciaire peut être constaté, il ne peut l'être qu'*a posteriori*, à condition d'une part, qu'il existe un *residuum* au décès du fiduciaire conditionnel, d'autre part, que le bénéficiaire final ne soit pas prédécédé.

La particularité du legs *de residuo* est de permettre au premier légataire de disposer de la chose transmise comme il l'entend[110]. Les biens transmis ou, plus exactement, le *residuum* faisant partie du patrimoine de ce premier légataire, constituent une sorte de patrimoine affecté, à l'instar d'un patrimoine fiduciaire. Les biens transmis font partie de son patrimoine, mais ils restent indépendants,

---

104. *Ibid.*, n° 7.

105. Le legs *de residuo* était autrefois appelé legs *de eo quod supererit.*

106. *Supra* n° 39.

107. BUFFETEAU (P.), « Réflexions sur le legs *de residuo* », *Def.* 1993, art. 35626.

108. Civ. 1re, 17 nov. 1971, *Def.* 1972, art. 30150, note BRETON ; *RTD Civ.* 1972, p. 156, note SAVATIER ; *DS* 1972, p. 133, note BRETON : considérant « *sauf indication contraire du disposant, le legs de residuo est soumis à la double condition qu'au décès du premier légataire institué, la chose léguée subsiste, et le second légataire survive* ».

109. *Ibid.*

110. BUFFETEAU (P.), *op. cit.*, n° 5.

à l'instar du patrimoine du *trustee* anglo-saxon. De ce fait, il est insaisissable du seul chef du fiduciaire, et n'entre pas dans sa succession[111].

Force est de constater que la pratique notariale ne fait guère appel à cette technique, pas plus qu'à celle de la *donation secondaire*. La consécration éventuelle de la fiducie contribuerait peut-être à son renouveau[112].

B. La donation secondaire

263. La donation secondaire, appelée parfois « donation à charge de redonner », également fort peu pratiquée par les notaires, n'en est pas moins intéressante sur le plan de la technique juridique.

Elle charge un donataire principal (l'homme de confiance) d'abandonner à une date fixée par le donateur tout ou partie des biens qu'il reçoit au profit du donataire secondaire (le bénéficiaire final). Ainsi, la donation de la totalité des biens au donataire secondaire, même affectée d'un terme, vide la donation principale de tout contenu. Le donataire principal n'est plus qu'un simple intermédiaire, gestionnaire des biens jusqu'à l'arrivée du terme qui donnera son plein effet au transfert de propriété entre le donateur et le donataire secondaire[113]. Ce mécanisme est expressément autorisé par le législateur, aux termes de l'article 1121 du Code civil qui dispose : « *on peut pareillement stipuler au profit d'un tiers, lorsque telle est la condition d'une stipulation que l'on fait pour soi-même ou d'une donation que l'on fait à un autre. Celui qui a fait cette stipulation ne peut plus la révoquer, si le tiers a déclaré vouloir en profiter* », en participant à l'acte de donation par exemple.

Il y a bien là un mécanisme fiduciaire en vertu duquel le donataire principal apparaît comme un simple intermédiaire (le fiduciaire), gestionnaire du patrimoine, jusqu'au terme de la convention qui transfère définitivement la propriété au bénéficiaire final. L'intérêt est principalement fiscal : en effet, le montage se caractérise par une neutralité fiscale, puisque *seule la mutation intervenue entre le donateur et le donataire secondaire est taxable*, quel que soit le lien de parenté entre

---

111. GOBIN (A.), *op. cit.*, n° 8. Une question se pose alors, celle de savoir si le legs *de residuo* peut inclure ou non des biens faisant partie de la réserve héréditaire du premier légataire. Récemment, la jurisprudence, confirmant une tendance doctrinale, défendit la liberté du testateur, condamnant ainsi la thèse en vertu de laquelle ce type de legs ne pouvait porter que sur la quotité disponible des biens du testateur (Nancy, 1re ch., 17 déc. 1992, *Def.* 1993, art. 35584, note GOUBEAUX suivi de Civ. 1re, 2 juin 1993, *JCP N* 1994, p. 148 ; *RTD Civ.* oct.-déc. 1993, p. 865, obs. PATARIN : la Cour d'appel de Nancy eut à trancher le cas d'une mère dont l'enfant infirme ne pouvait avoir de descendance. Par testament, elle laissa tous ses biens à cet enfant, en prévoyant qu'au décès de ce dernier, le *residuum* bénéficierait à l'Association d'aide aux enfants infirmes mentaux de Meurthe-et-Moselle). En vertu de la jurisprudence, le legs *de residuo* peut donc porter sur les biens constituant la réserve du gratifié en première ligne.

112. « Si le législateur se décidait (...) à permettre de constituer la fiducie par voie de testament aussi bien que par acte entre vifs et à autoriser la constitution de cette fiducie au profit d'un héritier réservataire atteint dans ses facultés, selon les conditions visées par l'article 490 du Code civil, afin d'assurer, dans son intérêt, la gestion et l'affectation des biens ainsi transmis (...) » : PATARIN, obs. sous Civ. 1re, 2 juin 1993, *RTD Civ.* oct.-déc. 1993, p. 866.

113. V. CHAPPERT (A.), « Variations fiscales sur les donations secondaires », *Def.* 1994, art. 35679.

le donateur et le donataire principal. Toutefois, pour que le jeu fiscal ne soit pas altéré, il est impératif que le donataire secondaire ait accepté la donation dès l'origine. En effet, toute acceptation qui ne serait pas concomitante à la donation principale entraînerait, dans un premier temps, une liquidation des droits sur la totalité des biens transmis, en faisant abstraction de la donation secondaire, ce qui serait particulièrement néfaste si le premier donataire n'avait aucun lien de parenté avec le donateur (tarification de l'acte au taux de 60 %).

Observation étant ici faite que l'abattement actuel de 46 000 € applicable lors d'un transfert à titre gratuit entre grands-parents et petits-enfants réduit pour partie l'intérêt de la donation secondaire.

Dans l'attente de l'introduction dans notre droit positif d'une fiducie fiscalement protégée, l'utilisation de la donation secondaire à terme, immédiatement acceptée par le donataire secondaire, permettrait de neutraliser fiscalement la période intermédiaire durant laquelle le ou les biens qui en font l'objet sont confiés à une tierce personne chargée de leur gestion, puis de leur remise au bénéficiaire.

Aux côtés de ces deux techniques fiduciaires délaissées par la pratique notariale, coexistent d'autres techniques, auxquelles, en revanche, les notaires recourent un peu plus, sans pour autant les pratiquer couramment.

II. LES TECHNIQUES FIDUCIAIRES MOINS DÉLAISSÉES

La pratique du quasi-usufruit, encore toute récente, bien que l'institution compte plusieurs siècles (A), celle de l'exécuteur testamentaire (B) ainsi que l'acceptation sous bénéfice d'inventaire font également apparaître, en filigrane, une sorte de fiducie organisée par le Code civil.

A. LE QUASI-USUFRUIT

264. L'on doit souligner que le terme de « quasi-usufruit » n'est pas retenu par le Code civil. Dès lors, la notion ne peut être qu'une variante de l'usufruit[114].

L'article 587 du Code civil établit le quasi-usufruit comme un droit équivalent à l'usufruit qui porte sur des choses consomptibles par le premier usage[115]. Pour cette raison, il confère à son titulaire la faculté de les consommer ou de les aliéner « à charge de rendre, à la fin de l'usufruit, soit des choses de la même quantité et qualité, soit leur valeur estimée à la date de restitution ». Ainsi, seule la consomptibilité d'un bien[116] permettrait l'ouverture d'un quasi-usufruit, selon l'article 587 du Code civil.

---

114. V. en ce sens HUBLOT (G.), « Quasi-usufruit : limites et perspectives d'avenir », *Droit et Patrimoine* n° 121, déc. 2003, p. 48 et s.

115. Art. 587 C. civ. : « Si l'usufruit comprend des choses dont on ne peut faire usage sans les consommer, comme l'argent, les grains, les liqueurs, l'usufruitier a droit de s'en servir, mais à la charge de rendre, à la fin de l'usufruit, soit des choses de même quantité et qualité, soit leur valeur estimée à la date de la restitution ».

116. Bien qui se consomme par le premier usage. Les biens consomptibles se subdivisent en deux catégories : ceux consomptibles par nature, c'est-à-dire ceux dont on ne peut faire usage sans les détruire (boissons, denrées), et ceux juridiquement consomptibles, c'est-à-dire ceux pour lesquels leur utilité passe par leur aliénation (monnaie).

La fongibilité du bien ne suffit pas à elle seule[117]. Toutefois, l'article 587, en obligeant le quasi-usufruitier à restituer à la fin de l'usufruit « *des choses de même quantité et qualité* », entretient une confusion des deux notions[118].

À l'origine, le quasi-usufruit n'était cantonné qu'à des choses de faibles valeurs, les fortunes n'étant principalement que foncières. Tel que défini par le Code civil, le quasi-usufruit n'aurait eu qu'un champ d'application limité, s'il n'avait pas été ouvert par la doctrine et par la jurisprudence. C'est ainsi qu'il est désormais admis que le quasi-usufruit puisse également porter sur des *valeurs mobilières*. Mécanisme de type fiduciaire pour certains[119], le quasi-usufruit sur valeurs mobilières a fait l'objet d'un regain d'attention à la suite d'un arrêt rendu par la Cour de cassation[120]. Toutefois, dès lors que le donateur se réserve dans l'acte un quasi-usufruit, l'opération ne peut être assimilée à une fiducie *stricto sensu,* car il ne saurait être à la fois le fiduciant et le fiduciaire. Or, c'est ce vers quoi tend ce type de donation. En revanche, la donation avec démembrement au profit de deux donataires distincts, l'un bénéficiaire d'un quasi-usufruit, l'autre du résiduel, *est constitutive d'une opération fiduciaire*. En effet, elle met en présence un constituant-fiduciant (le donateur), un « fiduciaire » chargé de gérer et de remployer le quasi-usufruit au profit du bénéficiaire final, titulaire de la propriété résiduelle dès l'origine. Il existe bien un patrimoine fiduciaire affecté du chef personnel du « fiduciaire » et non transmissible par voie successorale. Seule l'obligation de restitution, *in fine*, pèse sur la propriété grevée du quasi-usufruit[121].

Utilisé récemment par les praticiens, le quasi-usufruit sur valeurs mobilières n'en doit pas moins être manié avec précaution. Il convient de ne pas omettre la protection des nus-propriétaires[122], soit encore la protection de la réserve héréditaire,

117. La fongibilité est le remplacement d'un bien par un autre équivalent.
« *Ce qui domine l'idée de fongibilité, c'est l'indifférence qu'elle crée entre les biens* » : LAUDE (A.), « La fongibilité », *RTD Com.* 1995, n° 12 p. 313.

118. V. en ce sens l'intéressante analyse de HUBLOT (G.), *op. cit.*

119. Notamment GRIMALDI (M.) et ROUX (J.-F.), « La donation de valeurs mobilières avec réserve de quasi-usufruit », *Def.* 1994, art. 35677, n° 4.

120. Civ. 1re, 2 juin 1993, *Def.* 1993, art. 35638, obs. BUFFETEAU ; *D.* 1993, p. 613, obs. MARTIN : il est à retenir que l'ouverture ainsi offerte par la décision de la Cour de cassation favorise et encourage, à l'occasion de libéralités, la constitution de quasi-usufruit. Toutefois, un auteur (M. GRIMALDI) suggéra qu'un minimum de vigilance devait accompagner de telles institutions (par exemple, une exigence de forme par acte notarié).

121. GOBIN (A.), *op. cit.*, nos 21 à 24.

122. L'inventaire permettra de déterminer sur quelles valeurs le quasi-usufruit portera, et de ce fait, il permettra d'informer les nus-propriétaires de la consistance du patrimoine. Également, la présence d'une garantie adossée à la convention de quasi-usufruit pourrait être une mesure de précaution, même si elle s'avère psychologiquement difficile à mettre en place. Il convient de garantir aux nus-propriétaires la certitude de pouvoir toucher leur créance de restitution au jour de l'extinction de l'usufruit. En effet, il n'est pas rare de voir un usufruitier dilapider tout ou partie du patrimoine liquide, et ne rien laisser d'autre à son décès que des enfants mécontents d'avoir été trop aimables avec leurs parents, voire beau-parents, sans aucun contrôle.
Il apparaît donc indispensable, lorsque la structure du patrimoine ne permettra pas de garantir le paiement de cette créance, par exemple par la présence de biens immobiliers appartenant

dès lors que la succession est principalement composée de liquidités[123]. Aussi, le montage suivant pourrait-il être envisagé, avec les clauses idoines : deux parents retraités effectuent une donation à titre de partage anticipé à leurs enfants communs, portant sur des valeurs mobilières et des biens immobiliers, en stipulant une réserve, à leur profit et au survivant d'eux, du quasi-usufruit des valeurs mobilières données et partagées. Il convient de souligner que l'esprit du quasi-usufruit est d'assurer, aux donateurs, un niveau de vie équivalent à celui qu'ils avaient avant la donation-partage, afin qu'ils puissent faire face aux aléas de la vie, tout en transmettant leur patrimoine en vue de pourvoir à l'installation de leurs enfants[124].

Dès lors se pose la question de la limite du champ d'application du quasi-usufruit : est-il possible de constituer un quasi-usufruit sur un immeuble [125] ? Pour certains, « la réponse en semble être négative. La consomptibilité conventionnelle pourrait être réservée à des biens qui sont par ailleurs fongibles, c'est-à-dire des choses de genre ayant même valeur libératoire (...). Or, pour un bien tel

---

tant à l'usufruitier, pour partie, qu'aux nus-propriétaires, pour le reste, que l'usufruitier fournisse une garantie suffisante. D'ailleurs le législateur de 1804 en était bien conscient, puisqu'il a mis à la charge de l'usufruitier cette obligation. Certes, dans beaucoup de cas, cette garantie ne sera peut-être pas nécessaire. Toutefois, il importe d'être aujourd'hui vigilants en tant que praticiens, compte tenu du nombre de remariages, et de l'existence d'enfants nés de parents différents. Se pose alors la question de savoir sous quelles formes la garantie peut-elle être donnée ? L'on pourrait songer, tout d'abord, au nantissement du portefeuille. La solution peut néanmoins paraître contraire à l'intérêt de l'usufruitier, car son pouvoir de disposer se trouve automatiquement limité. Un nantissement de toute autre créance ou titres de sociétés non cotées pourrait être donné, suivant la structure du patrimoine. Une caution bancaire pourrait, le cas échéant, garantir les nus-propriétaires. Enfin, il s'avère que la garantie hypothécaire, malgré son formalisme et son coût, constituera la garantie royale, à réserver, cependant, pour des créances importantes de restitution.

123. L'apparition du quasi-usufruit lors de l'ouverture de la succession soulèvera une difficulté s'il porte atteinte à la réserve, notamment toutes les fois que, en présence d'enfants, la succession ne sera composée que de liquidités. Ainsi, il conviendra de ne pas conseiller de rédiger une clause de quasi-usufruit dans le cadre d'un testament, sauf à faire porter le quasi-usufruit sur la quotité disponible.

124. Observation étant ici faite que l'article 1438 C. civ. est un outil très avantageux à utiliser lorsqu'il s'agit, pour des parents, de pourvoir à l'établissement autonome de leurs enfants : « *Si le père et la mère ont doté conjointement l'enfant commun sans exprimer la portion pour laquelle ils entendaient y contribuer, ils sont censés avoir doté chacun pour moitié, soit que la dot ait été fournie ou promise en biens de la communauté, soit qu'elle l'ait été en biens personnels à l'un des deux époux.*

Au second cas, l'époux dont le bien personnel a été constitué en dot, a, sur les biens de l'autre, une action en indemnité pour la moitié de ladite dot, eu égard à la valeur du bien donné au temps de la dotation ».

Pour un exemple de donation-partage avec constitution de quasi-usufruit sur des valeurs mobilières : v. Annexe 4.

125. Dans une récente étude publiée dans les mélanges en l'honneur du professeur CATALA, le professeur GRIMALDI s'est interrogé sur ce que serait une donation avec réserve de quasi-usufruit portant sur un immeuble. Il estima que la libéralité devait dégénérer en donation facultative, le donateur se réservant le choix entre remettre un immeuble ou une somme d'argent. V. GRIMALDI (M.), « Les donations à terme », *in Mél. Catala*, Litec, 2001.

qu'un immeuble qui est un bien unique, la fongibilité est exclue »[126]. Pour d'autres, l'immeuble devrait pouvoir faire l'objet d'un quasi-usufruit, assertion à laquelle il paraît difficile de souscrire, pour la raison *supra*[127]. Finalement, il apparaît que la controverse ne pourrait être tranchée que par un arrêt décisif de la Cour de cassation.

Ainsi en pratique, l'outil du quasi-usufruit doit être manié avec précaution. Il doit susciter, préalablement à sa rédaction par le praticien, un certain nombre d'interrogations afin de sécuriser au mieux la stratégie patrimoniale.

Un autre mécanisme juridique, laissant transparaître en filigrane une technique fiduciaire, peut, ci-après, être présenté : il s'agit de l'exécuteur testamentaire.

B. L'EXÉCUTEUR TESTAMENTAIRE

265. Le droit français, dans certaines hypothèses, confie l'administration d'une succession en tout ou partie à un tiers désigné par le *de cujus*.

« L'institution d'un exécuteur testamentaire ne peut être confondue avec le *fideicommis*[128]. L'exécuteur testamentaire est chargé, par le défunt, de surveiller l'exécution de ses dernières volontés. Il est un mandataire du testateur. Il n'est pas un légataire universel chargé de transmettre à d'autres personnes les biens qu'il a reçus. Il n'a pas la propriété de ces biens, même quand le testateur lui a accordé la saisine des meubles. Il est tenu de rendre compte »[129]. Le Code civil ne contient que des dispositions incomplètes et souvent obscures sur l'exécution testamentaire[130]. Aussi, la jurisprudence s'est-elle employée à conforter l'institution.

L'utilité de l'exécuteur testamentaire s'apprécie au cas par cas. Par exemple :

– il peut arriver que les héritiers ou les légataires, chargés en principe d'exécuter les dispositions testamentaires d'un *de cujus*, soient éloignés ou inconnus. Aussi, par crainte que cet éloignement ne rende difficile la transmission de sa succession, le testateur va charger une personne de *confiance* d'exécuter ses dernières volontés[131].

---

126. SAUVAGE (F.), « Les nouvelles frontières du quasi-usufruit », *JCP N* 2000, I, n° 16, p. 691 et s.

127. HUBLOT (G.), *op. cit.* : la démonstration de l'auteur est la suivante : « *la fongibilité est le remplacement d'un bien par un autre équivalent. Or l'équivalent est affaire d'entente. On pourrait très bien prétendre qu'un appartement locatif en vaut bien un autre, lorsque les rendements et situations sont comparables.* (...) *Ainsi le quasi-usufruitier peut-il rendre à son choix la chose ou son équivalent en valeur. Peu importe donc la chose, pourvu qu'on en ait la contrepartie financière* ».

128. *Supra* n°s 39 et s.

129. *Encyclopédie juridique, Répertoire de droit civil* – Publié sous la direction de MM. Vergé et Ripert, Dalloz, Paris, 1951, t. II, v. ce mot.

130. V. art. 1025 à 1034 C. civ. Pour l'historique de l'exécuteur testamentaire, v. par exemple GRIMALDI (M.), « L'exécuteur testamentaire », *Def.* 2000, art. 37086 (extrait de son ouvrage sur *Les libéralités*, Litec, 2000).

131. Par exemple, TGI Seine, 19 mai 1962, *Gaz. Pal.* 1962, 2, p. 222 : « les héritiers vivaient en Hongrie, à l'époque du rideau de fer ».
Observation étant ici faite que l'esprit de l'institution de l'exécuteur testamentaire est attaché à la notion de confiance, à l'instar du *trust* et la fiducie : *supra* n° 36.

– Le *de cujus* peut également craindre que ses héritiers *ab intestat* ou ses légataires universels soient tentés de s'abstenir d'exécuter des legs qui leur causeraient un préjudice, ou soient tentés de dissimuler un testament qui les contrarierait.

Ainsi, le choix d'un exécuteur testamentaire doit se faire de manière réfléchie (1), en raison de la mission particulière dont il est investi (3), conséquence de la nature et des caractères de l'exécution testamentaire (2).

1. Le choix d'un ou plusieurs exécuteurs testamentaires est effectué par le testateur, dans son testament[132]. C'est un choix libre, mais limité : les incapables majeurs et les mineurs ne peuvent remplir cette mission[133]. Observation étant ici faite qu'en l'espèce, on s'éloigne de la théorie du mandat ordinaire qui peut être confié à un mineur, même non émancipé[134]. La raison de cette différence s'explique sans doute par le particularisme du mandat de l'exécuteur lequel, par hypothèse, accomplit sa mission hors de la surveillance de son mandant[135].

2. L'exécution testamentaire peut ainsi être assimilée à un *mandat*, mais un mandat un peu *particulier*. **En premier lieu**, l'exécuteur testamentaire est un *mandataire du testateur*. En conséquence, il n'acquiert nullement, et n'a nulle vocation à acquérir la propriété des biens héréditaires[136]. En cela, il se distingue à la fois du fiduciaire, qui acquiert la propriété des biens héréditaires à charge de les transmettre, et du légataire universel chargé d'exécuter des legs particuliers absorbant l'actif, qui a vocation à la propriété des biens légués à titre particulier. Mandataire du testateur, il ne doit suivre que ses instructions et non celles des légataires auxquels il doit remettre les biens[137] : en effet, il est le mandataire du *de cujus*, et non des héritiers ou des légataires. Il est consenti *intuitus personae*, comme l'est un mandat ordinaire[138]. En conséquence, d'une part, si l'exécuteur refuse sa mission ou décède avant le testateur, un tiers ne saurait lui être substitué ; d'autre part, si l'exécuteur meurt avant l'achèvement de sa mission,

---

132. Art. 1205 C. civ. : « Le testateur pourra nommer un ou plusieurs exécuteurs testamentaires ».
La jurisprudence précise qu'il suffit que l'acte contenant nomination d'un exécuteur testamentaire remplisse les conditions légales pour l'établissement d'un testament : Aix-en-Provence, 30 déc. 1907, *DP* 1908, 2, 103.

133. Art. 1208 C. civ. : « Celui qui ne peut s'obliger, ne peut pas être exécuteur testamentaire ».
Art. 1030 C. civ. : « Le mineur ne pourra être exécuteur testamentaire même avec l'autorisation de son tuteur ou curateur ».

134. Art. 1990 C. civ. : « Un mineur non émancipé peut être chois pour mandataire ; mais le mandant n'aura d'action contre lui que d'après les règles générales relatives aux obligations des mineurs ».

135. GRIMALDI (M.), « L'exécuteur testamentaire », *Def.* 2000, art. 37086, n° 4.

136. Req., 9 avril 1941, *JCP* 1942, II, 2033, note P. VOIRIN : « *La simple qualité d'exécuteur testamentaire attribuée au notaire par délégation spéciale du testateur* (...) ».

137. GRIMALDI (M.), « L'exécuteur testamentaire », *op. cit.*, n° 2.

138. Art. 2003 impl. C. civ. susvisé.

ses pouvoirs ne passent pas à ses héritiers[139] ; enfin, s'il se substitue un tiers, il commet une faute qui justifie sa destitution et qui, le cas échéant, engage sa responsabilité[140]. L'exécution testamentaire charge l'exécuteur d'une obligation de rendre compte[141], comme un mandat ordinaire[142].

En second lieu, l'exécution testamentaire est un *mandat qui présente quelques particularités* par rapport au mandat ordinaire :

- le mandat ordinaire est un contrat[143], alors que l'exécution testamentaire procède d'un acte juridique unilatéral, même si son exécution suppose, comme celle d'un legs, une acceptation[144] ;
- le mandat ordinaire porte sur l'accomplissement d'actes juridiques[145], alors que l'exécution testamentaire inclut souvent l'accomplissement d'actes matériels[146] ;
- le mandat ordinaire s'éteint, en principe, par le décès du mandant[147], alors que l'exécution testamentaire trouve son point de départ dans le décès du « mandant » (testateur) ;
- enfin, le mandat ordinaire est librement révocable par le mandant tout au long de son exécution[148], alors que l'exécution testamentaire, ne produisant ses effets qu'au décès du mandant, devient irrévocable dès le commencement.

3. Quant aux pouvoirs dont l'exécuteur testamentaire est investi, ils peuvent, soit être limités, soit être accrus. Dans la première hypothèse, celle des pouvoirs limités relative à l'exécuteur non saisi, ce dernier n'a qu'un rôle de surveillance.

---

139. Art. 1032 C. civ. : « Les pouvoirs de l'exécuteur testamentaire ne passeront point à ses héritiers ».

140. TGI Seine, 19 mai 1962, préc. : « En se substituant un tiers dans l'accomplissement des fonctions qui lui avaient été confiées intuitus personae par le de cujus, lequel n'avait pas prévu cette possibilité, l'exécuteur testamentaire a commis une faute justifiant sa destitution ».

141. Art. 1031, al. 5 C. civ. : « Ils devront, à l'expiration de l'année du décès du testateur, rendre compte de leur gestion ».

142. Art. 1993 C. civ. : « Tout mandataire est tenu de rendre compte de sa gestion, et de faire raison au mandant de tout ce qu'il a reçu en vertu de sa procuration, quand même ce qu'il aurait reçu n'eût point été dû au mandant ».

143. Art. 1984, al. 2 C. civ. : « Le contrat ne se forme que par l'acceptation du mandataire ».

144. Le caractère unilatéral de l'exécution testamentaire ressort clairement de l'art. 1025 C. civ. susvisé.

145. Art. 1984, al. 1 C. civ. : « Le mandat ou la procuration est un acte par lequel une personne donne à une autre le pouvoir de faire quelque chose pour le mandant et en son nom ».

146. Par exemple, la destruction des papiers intimes du testateur : Civ., 11 juin 1890, *DP* 1890, 1, 324.

147. Art. 2003 C. civ. : « *Le mandat finit,*
par la révocation du mandataire,
par la renonciation de celui-ci au mandat,
par la mort naturelle ou civile, la tutelle des majeurs ou la déconfiture, soit du mandant, soit du mandataire ».

148. Art. 2003 C. civ. susvisé et art. 2004 C. civ. : « Le mandant peut révoquer sa procuration quand bon lui semble, et contraindre, s'il y a lieu, le mandataire à lui remettre, soit l'écrit sous seing privé qui la contient, soit l'original de la procuration, si elle a été délivrée en brevet, soit l'expédition, s'il en a gardé minute ».

Sa mission n'est pas d'exécuter par lui-même le testament, mais de veiller à ce qu'il soit correctement exécuté[149]. Il ne peut en aucune manière appréhender la succession. En revanche, dans la seconde hypothèse relative à l'exécuteur saisi[150], ses pouvoirs peuvent se rapprocher de ceux d'un fiduciaire. Il est habilité à appréhender les biens du *de cujus*. Toutefois, la saisine de l'exécuteur testamentaire est cantonnée aux meubles, voire, sur décision du testateur, à certains d'entre eux[151]. Elle ne permet donc de n'appréhender que les seuls actifs mobiliers en vue de payer les seuls legs mobiliers, notamment de somme d'argent[152]. Ainsi, à la différence du fiduciaire, l'exécuteur testamentaire ne saurait se comporter en véritable propriétaire des biens : le testateur ne peut, par exemple, lui abandonner le soin de décider de l'opportunité d'exécuter les legs. Enfin, en principe, l'exécuteur ne peut pas prendre possession des immeubles, ni s'occuper des legs immobiliers. Par exception toutefois, en l'absence d'héritier réservataire, la jurisprudence permet au testateur d'étendre sa saisine aux immeubles. Toutefois, cette saisine élargie ne confère à l'exécuteur, relativement aux biens immobiliers, que de moindres pouvoirs. En effet, le testateur ne peut autoriser l'exécuteur à les appréhender. Il peut lui permettre de procéder à leur vente, au besoin à l'amiable, puis d'en percevoir le prix pour le distribuer aux ayants droit, mais rien de plus. Aussi, cette extension de la saisine vise le plus souvent à faciliter l'exécution de legs de deniers en l'absence de liquidités suffisantes, soit encore la réalisation d'un partage que la nature des biens rendrait délicat[153].

Finalement, l'exécuteur testamentaire serait une sorte de propriétaire apparent[154]. En cela, il se rapprocherait du fiduciaire, sans y être assimilé, puisque le fiduciaire

---

149. Art. 1031, al. 4 C. civ. : « Ils veilleront à ce que le testament soit exécuté ; et ils pourront, en cas de contestation sur son exécution, intervenir pour en soutenir la validité ».

150. Sur la comparaison de cette saisine avec la saisine légale de l'héritier ou du légataire universel, v. GRIMALDI (M.), *Droit civil – successions*, *op. cit.*, n°s 409 et s. ; sur sa comparaison avec la saisine de l'exécuteur, et sur sa coexistence avec elle, v. GRIMALDI (M.), « L'exécuteur testamentaire », *op. cit.*, n° 8.

151. Art. 1026, al. 1 C. civ. : « *Il pourra leur donner la saisine du tout ou seulement d'une partie de son mobilier ; mais elle ne pourra durer au delà de l'an et jour à compter de son décès* ».
V. également Civ., 11 juin 1890, *préc.* sur la mission de l'exécuteur testamentaire saisi de détruire les papiers intimes du *de cujus.*

152. Observation étant ici faite qu'il s'agit seulement de payer, et non de délivrer les legs mobiliers. Le paiement, qui est la remise du bien légué, est de la compétence de l'exécuteur testamentaire saisi, alors que la délivrance, qui est la reconnaissance juridique du droit du légataire, est de la compétence des successeurs saisis : sur ce point, v. GRIMALDI (M.), *Droit civil – successions*, *op. cit.*, n° 431 et s.
Tout au plus, l'exécuteur testamentaire pourrait intervenir au procès sur la délivrance pour y soutenir la demande du légataire, ainsi que le fit remarquer à juste raison le professeur GRIMALDI.

153. V. en ce sens GRIMALDI (M.), « L'exécuteur testamentaire », *op. cit.*, n° 6.

154. L'exécuteur testamentaire est « non seulement un administrateur de la succession, ayant pleins pouvoirs pour faire respecter les volontés du testateur, mais encore, jusqu'au

acquiert la propriété des biens qui lui sont confiés. *De lege ferenda*, l'exécution testamentaire mériterait d'être encouragée, fort de son utilité, à condition toutefois de rester un mode de transmission volontaire, c'est-à-dire choisi par le *de cujus*, sans prise sur la réserve héréditaire. Sans quoi, l'institution de la saisine, pilier de la transmission successorale, qui laisse aux héritiers, investis de la confiance de la loi, le soin d'assurer le règlement de la succession, serait condamnée au bénéfice du système de la *Common law* qui confie cette mission à un tiers, étranger à l'hérédité[155]. Ce serait un renversement des principes régissant la transmission de la succession[156].

266. Cela étant, sans avoir retouché l'institution de l'exécuteur testamentaire, la proposition de loi portant réforme du droit des successions, présentée le 22 mai 2002[157], insèrerait dans le Code civil un chapitre totalement nouveau dont l'objet principal est la création d'un mandat judiciaire au profit d'un notaire ou de toute autre personne qualifiée, pour prendre les premières mesures d'administration de la succession[158].

L'amendement créerait, dans le Code civil, la section IV du chapitre V du titre 1er du livre troisième, relatif aux « premières mesures conservatoires et d'administration », comprenant les articles 811 à 814-4[159]. En vertu de l'article 812 du Code civil, « *le président du tribunal de grande instance peut désigner, à la demande du successible le plus diligent, un notaire ou toute autre personne qualifiée, à l'effet de représenter l'ensemble des héritiers et légataires* » en vue d'accomplir un certain nombre d'actes, soit plus précisément les premières mesures conservatoires et d'administration. Ainsi, ces nouvelles dispositions pourraient mettre un terme aux difficultés constatées, en pratique, dans l'administration de l'indivision successorale. En effet, actuellement, l'accord de tous les héritiers est requis pour la gestion courante d'une succession. Les dispositions nouvelles remédient à l'absence éventuelle d'accord unanime entre les successibles, en prévoyant la faculté de demander en justice, par l'un ou plusieurs d'entre eux, la nomination d'un notaire ou de toute autre personne qualifiée, chargée de les représenter, à l'effet de pouvoir administrer le patrimoine[160].

---

terme de sa mission, un véritable propriétaire apparent » : *in* 68e Congrès des notaires de France, Vittel, 1971, « Du règlement des successions, méthodes et perspectives », p. 121 et s.

155. Par l'institution du *trust : supra* n° 245.

156. V. en ce sens GRIMALDI (M.), *Droit civil – successions*, *op. cit.*, nos 409 et s.

157. La proposition de loi numéro 309 portant réforme du droit des successions, en date du 22 mai 2002, présentée par les sénateurs MM. Jean-Jacques HYEST et Nicolas ABOUT, poursuit la réforme du droit des successions entamée par la loi du 3 décembre 2001, en reprenant les dispositions adoptées par le Sénat en première lecture ne figurant pas dans ladite loi.

158. V. une très récente étude de la proposition de loi susvisée : MARODON (S.), *La technique fiduciaire dans le règlement des successions en droit anglais : regard sur la proposition de loi du 22 mai 2002*, Mémoire de Maîtrise, Université de La Réunion, juin 2004.

159. Précision étant ici faite que les numéros cités seront ceux qui figureront dans le Code civil si la loi est effectivement votée.

160. Cette disposition est à rapprocher non seulement de l'institution de l'exécuteur testamentaire étudiée (*supra* n° 265), mais aussi du système anglais en vertu duquel des tiers, appelés *personal representatives*, sont chargés du règlement de la succession : dans les successions testamentaires, ces tiers s'appellent des *executor*, et dans les successions

La création de ce mandat judiciaire n'est pas sans rappeler d'une part, l'institution de l'exécuteur testamentaire qui vient d'être présentée[161], et d'autre part, l'institution du *trust* anglo-saxon. Considération faite du *trust*, notons, en premier lieu, qu'il n'existe aucune relation contractuelle dans le *trust,* pas plus que dans le mandat judiciaire de la proposition de loi. En effet, le mandataire qualifié est « désigné » par le président du tribunal de grande instance selon les termes de l'article 812 susvisé. De même, l'origine du *trust* n'est pas un contrat liant les parties, mais un « acte constitutif de *trust* » ou, pour reprendre les termes employés par Sir Arthur Underhill, en vertu d'un *trust,* « une personne, appelée *trustee,* s'engage à administrer la propriété de biens dont elle a le contrôle, au profit de certaines personnes, appelées bénéficiaires, dont éventuellement lui-même »[162]. L'on pourrait noter, en deuxième lieu, que, comme dans le *trust* où une relation triangulaire est mise en évidence entre le constituant ou *settlor,* le bénéficiaire et le *trustee*[163], celle unissant le président du tribunal de grande instance, le mandataire qualifié, et les successibles, pourrait s'y assimiler. Il importe toutefois de préciser que seul le nombre de participants est similaire, car les rapports juridiques qui les unissent ne sont pas identiques[164]. L'on peut également mentionner, en troisième lieu, que dans les deux institutions, les biens mis entre les mains, soit du *trustee*, soit du mandataire qualifié, aux fins de gestion, vont être transférés au profit de bénéficiaires. La mission du mandataire qualifié cesse au bout d'une année « *par l'effet d'une convention d'indivision ou par la désignation d'un notaire pour préparer les opérations de partage* »[165] . Les biens retournent alors dans le patrimoine des héritiers ou légataires. Il en est de même pour le *trust* dont l'acte constitutif prévoit la restitution des biens transférés au *trustee* à des fins de gestion, dans le patrimoine du ou des bénéficiaires. Toutefois, à la différence du *trustee,* il n'appartient pas à titre personnel au mandataire qualifié de transmettre lesdits biens aux bénéficiaires choisis. La mission du mandataire qualifié se limite à leur gestion et à leur administration[166].

Finalement, l'institution du mandataire qualifié, telle qu'elle ressort de la proposition de loi du 22 mai 2002, apparaît comme un subtil mélange entre celle de l'exécuteur testamentaire, et celle du *trust*, imprégnée de technique fiduciaire. Observons néanmoins que les pouvoirs du mandataire qualifié ne sont pas des pouvoirs fiduciaires à proprement parler, en ce sens qu'il n'a pas la propriété des biens qui lui sont confiés, même temporairement. Il n'est nullement fait état, dans la proposition de loi, d'un transfert de propriété au profit du mandataire qualifié, contrairement au *trust* où il y a bien un transfert de propriété des biens appartenant au *settlor* qui s'opère au profit du *trustee*, pendant la durée de sa mission. Toutefois, le mandataire qualifié se comporterait, semble-t-il, comme un propriétaire apparent,

---

ab intestat, ils sont dénommés *administrator.* À l'instar du mandataire qualifié, l'*administrator* est désigné par le Président de la *Family Division* de la *High Court* : JOLOWICZ (J.A), *Droit anglais*, 2e éd., Précis Dalloz, 1992.

161. *Supra* n° 265.

162. *Supra* n° 92 : Philip S. JAMES, *Introduction to English Law*, *op. cit.*

163. Rappelons que le *trustee* est celui qui détient les biens mis en *trust : supra* n° 244.

164. MARODON (S.), *op. cit.*, pp. 47 et s.

165. Art. 813 C. civ.

166. MARODON (S.), *op. cit.*, pp. 47 et s.

à l'instar de l'exécuteur testamentaire, avec la faculté d'accomplir les actes suivants, aux termes de la proposition de loi[167], savoir :

« *1°/ le recouvrement des revenus des biens héréditaires, des fonds détenus pour le compte du défunt et des créances non contestées ;*

2°/ la gestion des valeurs mobilières de la succession, dans la limite prévue par le quatrième alinéa de l'article 456 ;

3°/ la vente à l'amiable des biens périssables de la succession ;

4°/ le paiement des impôts dus par le défunt, des dettes de la succession dont le règlement est urgent, de la pension alimentaire prévue par l'article 767, s'il apparaît toutefois que l'actif successoral dépasse manifestement le passif ;

5°/ tous autres actes conservatoires que le tribunal spécifiera ».

En outre, l'article 814-3 précise, en son alinéa 2, que « *le juge peut confier au notaire mission d'accomplir certains actes conservatoires qu'il spécifie ou de vendre à l'amiable les biens périssables de la succession* ».

Ainsi, si le mandataire qualifié de la proposition de loi de mai 2002 s'inspire quelque peu de la technique du *trust* anglo-saxon, en laissant apparaître un mécanisme fiduciaire, il n'en demeure pas moins que le pas vers une fiducie en tant que telle[168] n'est pas encore franchi. Le droit français est encore réticent pour admettre, tant une propriété « temporaire » que la notion de patrimoine d'affectation telle qu'elle ressort de la fiducie.

Enfin, un dernier mécanisme du droit civil – l'acceptation sous bénéfice d'inventaire – consacré par les articles 793 à 810 du Code civil, laisse également apparaître une technique fiduciaire.

C. L'ACCEPTATION SOUS BÉNÉFICE D'INVENTAIRE

267. L'acceptation sous bénéfice d'inventaire constitue l'une des trois branches de l'option successorale[169].

Elle permet à l'héritier ou au successeur universel de n'être tenu des dettes de la succession que jusqu'à concurrence de la valeur des biens qu'il a recueillis, et d'éviter ainsi la confusion de ses biens personnels et de ceux de la succession[170]. Le bénéfice d'inventaire réalise un véritable isolement des patrimoines, et non pas une simple séparation[171]. Les patrimoines respectifs du successeur et du *de cujus*

---

167. Art. 812 C. civ.

168. C'est-à-dire, une convention ayant pour objet un transfert de la propriété des biens au profit d'un fiduciaire, en un patrimoine séparé, distinct de celui du fiduciaire, avec la mission de gérer et d'administrer lesdits biens pendant un certain temps, aux fins de les retransférer à l'issue de la mission.

169. Lors du décès, les héritiers bénéficient d'une option successorale à trois branches : soit renoncer à la succession, soit l'accepter purement et simplement, soit l'accepter sous bénéfice d'inventaire.

170. V. art. 802 C. civ.

171. Il importe, en effet, de distinguer la notion de séparation des patrimoines de celle de l'isolement des patrimoines : V. notamment GRIMALDI, TERRÉ et LEQUETTE. Si l'isolement des patrimoines entraîne nécessairement leur séparation, la séparation ne réalise

constituent deux masses autonomes ; le but recherché étant de permettre à l'héritier de préserver son patrimoine personnel en cantonnant aux biens de la succession les poursuites éventuelles des créanciers successoraux. En d'autres termes, l'isolement des patrimoines réserve l'actif successoral aux créanciers héréditaires, et l'actif personnel aux créanciers personnels. Selon les propos d'un auteur, « la barrière entre les deux patrimoines est hermétiquement close »[172]. C'est en ce sens que l'on pourrait reconnaître, en filigrane, une technique fiduciaire. Encore convient-il, pour cela, de considérer l'héritier bénéficiaire comme un véritable propriétaire[173]. Le Code civil s'est rallié à cette conception, et a orienté l'interprétation jurisprudentielle[174] : le successeur bénéficiaire est *propriétaire* de l'actif successoral. Par exemple, s'il excède ses pouvoirs en procédant à une aliénation sans respecter les formalités légales, l'acte ne sera pas annulé, car il ne porte pas sur le bien d'autrui[175]. Le successeur bénéficiaire sera déchu du bénéfice d'inventaire[176], conformément au principe de la personnalité des peines où seul le coupable doit être sanctionné. En tant que propriétaire des biens de la succession, il en a la libre gestion, et peut accomplir, notamment, tous les actes

---

pas un véritable isolement des patrimoines. « *À la différence du bénéfice d'inventaire, la séparation des patrimoines n'est donc ni une institution qui isole les patrimoines, ni une institution d'équilibre : chacune des deux catégories de créanciers (créanciers successoraux et créanciers personnels) conserve pour gage les deux actifs, mais, sur l'actif successoral, les créanciers successoraux sont investis d'un droit de préférence* » *(sur les créanciers personnels)* : GRIMALDI (M.), *Successions, op. cit.*, n° 620.

En d'autres termes, lorsqu'il y a séparation de patrimoines, les créanciers successoraux conservent leur droit de saisir les biens personnels. Corrélativement, les créanciers personnels subissent le concours des créanciers successoraux sur l'actif personnel, et ils sont primés, mais non exclus, de l'actif successoral, par les créanciers successoraux.

172. VIALLETON (H.), « À propos d'une évolution possible de la séparation des patrimoines », *JCP* 1942, I, 247.

173. Deux conceptions de l'héritier bénéficiaire sont possibles : soit administrateur des biens d'autrui, soit véritable propriétaire. Si on le considère comme dépourvu de la propriété des biens héréditaires dont il a seulement la charge d'administrer, ses pouvoirs sont alors limités : en effet, le principe est que, sur les biens d'autrui, nul n'a de pouvoir. Si, au contraire, on le considère comme le propriétaire des biens héréditaires, ses pouvoirs sont alors plus étendus : en effet, le principe est que, sur les biens à soi, on a tous les pouvoirs. V. en ce sens, GRIMALDI (M.), *Successions, op. cit.*, n° 567.

174. Req. 18 août 1846, *D.* 1846, 4, 467 : « *l'héritier sous bénéfice d'inventaire est un véritable héritier ; il peut être considéré comme propriétaire des biens de l'hérédité, et l'administration de la succession lui appartient de plein droit* ».

175. Comp. avec l'acte accompli par le tuteur en dehors de ses pouvoirs : Civ. 1re, 10 mars 1998, *Bull. civ.* I, n° 102 ; *Def.* 1998, 1403, obs. MASSIP ; *Dr. Fam.* 1998, n° 80 ; *RTD Civ.* 1998, 656, obs. HAUSER : seul le mineur peut se prévaloir de la *nullité d'un acte* fait par le tuteur sans l'autorisation du conseil de famille.

Comp. également avec l'époux commun en biens qui a accompli un acte en dehors de la limite de ses pouvoirs : art. 1427 C. civ. : « *Si l'un des époux a outrepassé ses pouvoirs sur les biens communs, l'autre, à moins qu'il n'ait ratifié l'acte, peut en demander* ***l'annulation*** ».

176. Art. 801 C. civ. : « *L'héritier qui s'est rendu coupable de recélé, ou qui a omis, sciemment et de mauvaise foi, de comprendre dans l'inventaire des effets de la succession, est déchu du bénéfice d'inventaire* ».

dont la loi ne dit rien[177]. La plénitude de sa propriété est néanmoins altérée par l'obligation légale de rendre compte, tant aux créanciers qu'aux légataires[178]. L'on retrouve ici le mécanisme du mandataire qualifié issu de la proposition de loi de 2002[179] ou celui de l'exécuteur testamentaire[180]. Le compte permet un contrôle de la gestion du bénéficiaire héréditaire, qu'elle soit active ou passive[181]. L'obligation de rendre compte a pour effet de prévenir ou de déceler toute confusion que le bénéficiaire héréditaire aurait laissée se réaliser à son profit entre son patrimoine personnel et celui de la succession.

268. La réforme proposée du droit des successions, enregistrée à la Présidence du Sénat[182] remanie en profondeur le mécanisme de l'acceptation sous bénéfice d'inventaire.

En effet, les dispositions actuelles relatives au bénéfice d'inventaire font l'objet de nombreuses critiques, notamment en raison de leur laconisme, et aussi parce qu'elles sacrifient les intérêts des créanciers aux prérogatives de l'héritier[183]. Voilà pourquoi la première caractéristique de la réforme proposée est de chercher à accroître la protection des créanciers successoraux, par leur information, notamment. La seconde caractéristique du texte est un effort de diversification du régime de l'acceptation sous bénéfice d'inventaire, répondant notamment à la diversité des situations tant familiales que patrimoniales. Le régime a été divisé en deux branches, suivant que le règlement du passif serait apuré par l'héritier[184] ou par un administrateur (notaire ou autre personne qualifiée) nommé par le président du tribunal de grande instance statuant, soit à la demande de l'héritier, soit à la demande de tout intéressé, soit même d'office[185]. La procédure veut que l'héritier rende compte, le cas échéant, de sa propre gestion à l'administrateur, le tout sous la surveillance dudit président[186]. Au terme de sa mission, l'administrateur rendra compte à l'héritier, en présence du président du tribunal de grande instance ; il répondra éventuellement de ses fautes, comme un mandataire[187].

177. Par exemple, il peut « user » des biens successoraux, c'est-à-dire, soit habiter la maison, soit la donner à bail. Hors les aliénations prévues aux articles 805 et 806 C. civ., il peut accomplir des actes de disposition, c'est-à-dire, constituer une hypothèque, ou encore conclure des baux de plus de neuf années.

178. Art. 803, al. 1 et 2 C. civ. : « *L'héritier bénéficiaire est chargé d'administrer les biens de la succession et doit rendre compte de son administration aux créanciers et aux légataires.*
Il ne peut être contraint sur ses biens personnels qu'après avoir été mis en demeure de présenter son compte, et faute d'avoir satisfait à cette obligation ».

179. *Supra* n° 266.

180. *Supra* n° 265.

181. Le compte doit en effet faire état des articles du passif acquittés, et de ceux de l'actif qui y ont été employés.

182. *Supra* n° 266.

183. V. exposé des motifs de la proposition de loi, *op. cit.*

184. Proposition de loi, art. 796 à 805-1 C. civ.

185. Proposition de loi, art. 806 C. civ.

186. Proposition de loi, art. 806-1 à 807-2 C. civ.

187. Proposition de loi, art. 807-1 C. civ.

En devenant ainsi propriétaire des biens héréditaires, l'héritier bénéficiaire, dans le cadre de l'acceptation sous bénéfice d'inventaire, s'apparenterait à un fiduciaire. La proposition de loi va encore plus loin : en effet, alors qu'en l'état actuel du droit, l'héritier bénéficiaire est obligé de vendre aux enchères tous les biens du *de cujus* pour payer les créanciers et les légataires de sommes d'argent, l'apport principal de la proposition de loi est de permettre à l'héritier bénéficiaire de *conserver les biens successoraux*, à condition de dresser un inventaire comportant estimation des éléments de la succession[188]. Quant à l'administrateur chargé de régler le passif, aux termes de la proposition de loi, ce mécanisme est à rapprocher du système anglo-saxon de règlement des successions *ab intestat* : en effet, lorsqu'une personne décède *ab intestat* ou, lorsque son testament ne désigne pas d'exécuteur testamentaire[189], le patrimoine du défunt sera géré par un administrateur de la succession[190] nommé par le président de la *Family Division* de la *High Court of Justice*. Cet administrateur devient alors propriétaire des biens héréditaires.

À l'issue de ce panorama des techniques fiduciaires, sans doute non exhaustif, deux constats pourraient alors s'imposer : en premier lieu, les références légales, jurisprudentielles ou doctrinales, même implicites à la fiducie, montrent que cette technique fait partie de notre mode de pensée, qu'elle a sa place. En second lieu, celui d'une prolifération de contrats spéciaux au schéma fiduciaire indubitable, sans doute excessive et peu souhaitable selon beaucoup de juristes ou praticiens.

Comme le relevait Savatier, la fiducie n'a certes, en droit français, aucune existence indépendante puisque « *elle ne peut se glisser dans notre droit qu'en inconnue et sous le manteau d'une autre institution* »[191]. Si Savatier n'envisageait à l'époque comme manteau que l'hypothèse des libéralités avec charges, il apparaît incontestable aujourd'hui, que « *les esprits se sont éveillés au contact de techniques fiduciaires éprouvées, pratiquées sous l'empire des règles de droit anglo-saxon autant que latin* »[192].

En se référant à présent sur la présentation de la fiducie telle qu'elle ressort du projet de loi déposé sur le Bureau de l'Assemblée nationale le 20 février 1992, il convient de se pencher à présent sur son régime.

---

188. Proposition de loi, art. 797-1, al. 1 C. civ. : « *L'inventaire comporte une estimation des biens, meubles et immeubles, à la date de l'acte, lorsque l'héritier veut conserver en nature tout ou partie des biens dépendant de la succession* ».

189. *Executor.*

190. *Administrator.* V. JOLOWICZ (J.A.), *Droit anglais*, *op. cit.*

191. SAVATIER (R.), « La fiducie en droit français », Travaux de la semaine internationale de droit, Paris, 1937, « La fiducie en droit moderne », *Sirey*, p. 58.

192. GOBIN (A.), *op. cit.*, p. 322.

Chapitre 2

DE LEGE FERENDA : LE RÉGIME DE LA FIDUCIE

269. Le premier projet de loi instituant la fiducie fut déposé le 20 février 1992 sur le bureau de l'Assemblée nationale, par le garde des Sceaux.

Ce texte traduisait une conception large de ce nouveau contrat, permettant son utilisation comme moyen de gestion, comme sûreté et comme technique de transmission. Il comportait un double volet comptable et fiscal adaptant ainsi à ces deux domaines de la législation la nouvelle institution. Ce projet resta en sommeil jusqu'à ce que l'AFEP[1] demanda au Gouvernement de le remettre à l'ordre du jour. Le projet fut donc remis à l'étude à la Chancellerie en 1994, et une version, en date du 3 octobre 1994, transmise au Conseil d'État le 5 décembre 1994, réserva la fiducie aux seules personnes morales. La solution n'emporta pas l'adhésion des rapporteurs du projet, et le texte fut retiré. Une mouture en date du 7 février 1995, émanant également de la Chancellerie, revint sur ce clivage, tout en gardant à l'institution un cadre plus étroit qu'en 1992. Transmise pour avis au Conseil d'État le 20 mars 1995, la discussion s'arrêta là, malgré les *desiderata* exprimés à l'époque par le nouveau Gouvernement[2].

L'étude qui va suivre est celle du projet de loi de 1992, seul parvenu à la connaissance du public[3]. Les projets avortés de 1994 et de 1995, simplifiés quant à leur contenu, n'ont toutefois point bouleversé les règles de structure.

---

1. Association Française des Entreprises Privées.

2. À la suite des élections présidentielles de 1995, un article parut dans la revue *Droit et Patrimoine* du mois de septembre 1995, « La fiducie en question » (Temps fort), *Droit et Patrimoine*, sept. 1995, p. 14 : « *Le débat devrait reprendre (Alain Madelin considérait la fiducie comme l'une des solutions pour faciliter la transmission d'entreprises dans la réforme qu'il avait présentée sous le précédent Gouvernement). Avec l'appui du garde des Sceaux* (cf. *p. 18)* ».
Dans l'interview du mois, la revue relate les propos suivants, tenus par le ministre J. Toubon : « *Sera repris l'examen de la fiducie qui n'avait pu prospérer sous le précédent Gouvernement, notamment en raison des incidences difficilement mesurables de cette nouvelle institution sur notre droit des privilèges et des sûretés. Sachez que c'est un sujet auquel j'attache la plus grande importance. Je suis convaincu que la France doit se doter d'outils juridiques qui la mettent à égalité avec les pays qui sont ses partenaires ou ses concurrents* » : *Droit et Patrimoine*, « L'interview du mois avec Jacques Toubon, ministre de la Justice, garde des Sceaux », sept. 1995, p. 18.

3. Précision étant ici faite que seuls les points susceptibles de trouver un intérêt au regard du principe de spécialité seront évoqués.

Le *mécanisme juridique* retenu par la Chancellerie (Section 1), ainsi que les *modalités de fonctionnement* de la fiducie (Section 2), permettent une présentation des caractéristiques essentielles de la notion.

SECTION 1
LE MÉCANISME RETENU

270. La fiducie est définie par l'article 2062 du Code civil du projet de loi qui dispose :

La fiducie « est un contrat par lequel le constituant transfère tout ou partie de ses biens et droits à un fiduciaire qui, *tenant ces biens et droits séparés de son patrimoine personnel*[4], agit dans un but déterminé au profit d'un ou plusieurs bénéficiaires conformément aux stipulations du contrat ».

Mécanisme à trois personnes qui, à cet égard, pourrait s'apparenter à celui de la stipulation pour autrui[5], la fiducie est avant tout un *contrat* (§ 1) qui comporte un *double objet* (§ 2).

§ 1 – UNE QUALIFICATION CONTRACTUELLE

271. Tandis que le trust des droits anglo-américains naît d'un engagement unilatéral de la seule volonté du « *settlor* » ou encore d'une décision de justice[6], la fiducie résulte d'un contrat.

Il s'agirait d'un contrat spécial : un titre XVI Bis intitulé « *De la fiducie* » aurait alors été inséré dans le Livre III du Code civil, comprenant les articles 2062 à 2070-11. La fiducie est un contrat exprès passé par écrit, précise le projet, elle ne se présume point. Cette qualification contractuelle, qui la rapproche de la *fiducia* romaine[7], semblait « plus conforme à nos traditions, et aussi parce que le fiduciaire doit à un moment quelconque donner son accord à la mission que lui confie le constituant »[8].

Seuls le constituant et le fiduciaire sont parties au contrat, lequel demeure soumis aux règles générales de validité des contrats du Code civil. Il peut s'agir d'une opération à trois personnes si le bénéficiaire du contrat est un tiers, ou à deux personnes lorsque le constituant est lui-même bénéficiaire, ou lorsque le fiduciaire est bénéficiaire dans l'unique hypothèse de la fiducie-sûreté.

---

4. Cette partie de phrase ne figurait pas dans l'avant-projet de loi. Les rédacteurs hésitaient encore à mentionner l'existence d'un patrimoine d'affectation.

5. La fiducie peut aussi être un mécanisme à deux personnes, selon que le constituant ou le fiduciaire est le bénéficiaire. Néanmoins, il y a toujours trois rôles à distribuer.

6. *Constructive trust.*

7. *Supra* n°s 35 s.

8. GUILLENCHMIDT (J. de), « Les Assises de la fiducie », Journées d'études de la FNUJA, *Gaz. Pal.* 1er et 2 juil. 1992, p. 16.

Le contrat impose un certain nombre de mentions obligatoires[9] qui concernent l'indication des biens et droits transmis, la mission du fiduciaire et l'étendue de ses pouvoirs, la désignation des bénéficiaires ou les règles de leur désignation, l'indication du sort des biens à la fin de la fiducie[10], la durée de la fiducie limitée à 99 ans[11], et l'exigence d'un écrit[12]. Une question se pose concernant la dernière formalité : peut-elle être considérée comme une condition de forme ou comme une condition de preuve ? « Contrairement à ce qui est d'habitude admis dans le silence de la loi, il serait préférable d'y voir une *condition de forme*, la lourdeur et la durée du mécanisme s'accommodant mal d'un accord informel »[13].

L'article 2062 indique également le double objet de ce contrat.

§ 2 – LA DUALITÉ DE L'OBJET DU CONTRAT DE FIDUCIE

L'objet du contrat de fiducie est un transfert de biens et de droits (I), à charge pour celui qui les recueille d'accomplir une mission (II).

I. UN TRANSFERT DE BIENS ET DE DROITS

272. La fiducie opère un transfert du patrimoine du constituant[14] à celui du fiduciaire.

Deux éléments caractéristiques peuvent être dégagés :

– **D'une part**, l'existence d'un transfert qui a pour conséquence l'impossible cumul de la qualité de constituant avec celle de fiduciaire. Il y a donc ici une limitation par rapport aux possibilités du *trust* qui permet au *settlor* de se déclarer *trustee* au projet d'un bénéficiaire[15].

---

9. Projet de loi, art. 2063 C. civ.

10. Il s'agit d'une information essentielle, ne serait-ce que pour l'application du dispositif fiscal qui fut, au demeurant, fort critiqué.

11. Il est difficile de concevoir une fiducie-sûreté ou une fiducie-gestion pour le compte du fiduciant ayant une telle durée. La règle pourrait se comprendre au seul cas de la fiducie-libéralité. Cette hypothèse fut écartée lors du dernier projet, excepté au profit d'une œuvre philanthropique. D'ailleurs, le droit français ne connaît-il pas, avec la fondation, une fiducie-libéralité innommée à caractère philanthropique qui est perpétuelle (*supra* n°s 87 et s.) ? Le *trust* est également enserré dans une certaine durée ; aucune limitation n'est toutefois imposée pour les *charitable trusts, trusts* créés dans un but d'intérêt public.

12. Le dernier projet supprima l'exigence de la forme notariée dans le cas de la fiducie-transmission à titre gratuit, préférant « différer les utilisations les plus larges de la transmission à titre gratuit pour qu'un diagnostic précis puisse être établi quant à leurs conséquences sur le droit des libéralités » (exposé des motifs du projet du 20 mars 1995).

13. BÉNABENT (A.), « La fiducie : analyse d'un projet de loi lacunaire », *JCP N*, 1993, p. 275.
Contra : JAUFFRET-SPINOSI (C.), *op. cit.* : un écrit est exigé « *comme règle de preuve et non comme règle de validité du contrat* ».

14. Aux termes du projet de loi, cette appellation fut préférée à celle de « fiduciant ».

15. JAUFFRET- SPINOSI (C.), « Trust et fiducie », *Mél. Alain Sayag*, Paris, Litec, 1997, p. 333.

– **D'autre part**, le transfert ayant lieu du patrimoine du constituant à celui du fiduciaire, ce dernier ne peut s'engager envers un constituant à acquérir un bien d'autrui, à le gérer, puis à le transférer au bout d'un certain temps. De ce fait, certaines conventions de portage ne rentrent pas dans le champ d'application de l'article 2062 : par exemple, lorsque le porteur (fiduciaire éventuellement) rend un service de discrétion, il ne tient pas les actions du donneur d'ordre (constituant éventuellement), mais du tiers auquel celui-ci ne veut ou ne peut les acheter[16].

273. L'article 2062 vise également l'objet de l'obligation portant sur « tout ou partie » des « biens et droits » du constituant.

Le projet prévoit seulement que les biens et droits d'un constituant peuvent être mis en fiducie. Il ne précise rien de plus. Dans le système de la *Common law,* tout bien ou tout droit peut être mis en *trust*, qu'il s'agisse de créances, de biens mobiliers ou immobiliers… Il semblerait que la Chancellerie ait eu une vue aussi large. Une limite résulte toutefois de l'exposé des motifs aux termes duquel la fiducie ne transfère pas une universalité avec une masse active et une masse passive, mais seulement des actifs.

Personne physique ou personne morale, le fiduciaire[17] devient, par le contrat de fiducie, propriétaire fiduciaire des biens mis en fiducie. Toutefois, le texte ne vise pas un transfert de propriété, sans doute à dessein, puisqu'il s'agit d'un droit de propriété spécifique[18] : le fiduciaire devient propriétaire desdits biens, mais son droit est limité par les obligations nées du contrat à l'égard du constituant et du bénéficiaire[19].

II. L'ACCOMPLISSEMENT D'UNE MISSION

274. L'accomplissement d'une mission par le fiduciaire constitue la cause du contrat, son mobile en quelque sorte.

En vertu de l'article 2062, alinéa 1, le fiduciaire a la charge d'agir « dans un but déterminé » au profit du constituant ou d'un tiers bénéficiaire. D'ailleurs, les articles 2067[20] et 2070-1[21] mentionnent l'existence de cette mission. Elle s'avère

---

16. GRIMALDI (M.), « La fiducie : réflexions sur l'institution et sur l'avant-projet de loi qui la consacre », *op. cit.*, n° 32.

17. Lors des discussions, certains avaient avancé l'idée que seule une personne morale pourrait être fiduciaire. La Chancellerie ne retint pas cette limitation : tant les personnes physiques que les personnes morales pourront recevoir des biens en fiducie, sous réserve toutefois de quelques conditions (projet de loi, art. 2066 C. civ.).

18. GRIMALDI (M.), *op. cit.*, n°s 11 et s. : « *la propriété fiduciaire n'est pas la propriété ordinaire. (…) Elle n'en a ni le contenu, ni tous les caractères* ».

19. « Certains avant-projets avaient défini la fiducie comme un contrat *transférant la propriété de biens ou de droits.* L'article 2062 ne précise plus qu'il s'agit d'un transfert de propriété. La rédaction de cet article est curieusement prudente » : JAUFFRET-SPINOSI (C.), *op. cit.*, p. 336.

20. Projet de loi, art. 2067 : « Le fiduciaire doit exécuter personnellement sa *mission* (…) ».

21. Projet de loi, art. 2070-1 : « Le fiduciaire exerce sa *mission* dans le respect de la confiance du constituant ».

essentielle : d'une part, elle caractérise la propriété fiduciaire en général comme une *propriété finalisée*[22], et d'autre part, elle révèle l'opération que les parties ont en vue[23].

Toutefois, le projet ne parle pas du contenu de cette mission. Aussi serait-ce ici le domaine de la liberté contractuelle sous réserve de l'ordre public de la matière concernée[24] : la mission du fiduciaire pourra être, soit de conserver les biens à titre de garantie, soit d'agir au mieux des intérêts pécuniaires d'un mineur, soit encore de procéder à la transmission de l'entreprise confiée en fiducie…

Le projet distingue seulement le bénéficiaire de la mission qui peut être :

– soit le constituant lui-même[25] : il s'agit des diverses fiducies-gestion pour le compte du constituant, telles les conventions de portage, du moins celles faisant partie du cadre légal[26] ;

– soit un tiers : il peut s'agir de la fiducie-libéralité, ou de la fiducie-sûreté avec entiercement dans l'hypothèse où le fiduciaire n'est pas le créancier, ou encore de diverses fiducies-gestion où le fiduciaire tient lieu d'intermédiaire (opérations de *defeasance*, transfert d'un bien au fiduciaire à charge de le remettre en paiement à un créancier du constituant[27]…) ;

– soit le fiduciaire : cette mission ne se conçoit que dans la fiducie-sûreté sans entiercement, où le fiduciaire recueille le bien pour sûreté de sa créance[28] (opérations de pension[29], cession Dailly[30]).

Le mécanisme de la fiducie ayant été présenté dans ses grandes lignes, il sied désormais de s'interroger sur ses modalités de fonctionnement.

SECTION 2
LES MODALITÉS DE FONCTIONNEMENT

Les modalités de fonctionnement du contrat de fiducie invitent à porter l'accent sur quatre points principaux : l'exécution de la mission du fiduciaire (§ 1), la protection des tiers qui peuvent se sentir menacés (§ 2), la modification possible ou non dudit contrat (§ 3), ainsi que les limites que la fiducie pourrait éventuellement rencontrer (§ 4).

---

22. Ou encore « propriété (…) simple instrument au service d'une finalité » : MALAURIE (Ph.) et AYNÈS (L.), *Les biens*, *op. cit.*, n° 757.

23. GRIMALDI (M.), « La fiducie : réflexions sur l'institution et sur l'avant-projet de loi qui la consacre », *op. cit.*, n° 34.

24. *Ibid.*, n° 35.

25. Projet de loi, art. 2062, al. 2 : « le constituant peut être le bénéficiaire ».

26. *Supra* n°s 248, 272.

27. *Supra* n° 258.

28. GRIMALDI (M.), « La fiducie : réflexions sur l'institution et sur l'avant-projet de loi qui la consacre », *op. cit.*, n° 35.

29. *Supra* n°s 249, 251.

30. *Supra* n° 254.

§ 1 – L'EXÉCUTION DE LA MISSION DU FIDUCIAIRE

La gestion du patrimoine fiduciaire met en jeu deux principes qui doivent se combiner : en premier lieu, la disparition du pouvoir de gestion du constituant sur les biens qui sortent de son patrimoine ; en second lieu, les pouvoirs du fiduciaire sur ces biens qui forment une masse à part de son patrimoine personnel (I). En outre, sa mission, assortie d'un certain nombre d'obligations (II), est passible de sanctions (III).

I. LES POUVOIRS DU FIDUCIAIRE

275. L'article 2068[31] édicte au profit du fiduciaire une présomption de pouvoirs à l'égard des tiers, laquelle n'est pas sans rappeler celle édictée en matière de sociétés à responsabilité limitée[32].

Cela étant, le fiduciaire n'acquiert pas obligatoirement tous les pouvoirs d'un propriétaire. L'étendue de ses pouvoirs, tant d'administration que de disposition[33] relève de la liberté contractuelle. Si la convention peut assurément les lui conférer tous[34], le plus souvent, ceux-ci sont limités. Enfin, les pouvoirs conférés au fiduciaire sont des pouvoirs perdus, puisqu'ils ne sont nullement conservés par le constituant. La libre circulation du bien mis en fiducie risque donc de se trouver entravée, créant de ce fait une situation de mainmorte[35].

Les biens mis en fiducie vont former un patrimoine à part, séparé du patrimoine personnel du fiduciaire[36], caractérisant ainsi l'existence d'un patrimoine d'affectation[37]. Cette masse de biens séparés ne pourra être saisie par les créanciers personnels du fiduciaire, lesquels n'ont aucun droit sur ces biens. L'on se rapproche notamment, par-là, du mécanisme de l'acceptation sous bénéfice d'inventaire aux termes de laquelle les créanciers successoraux ne peuvent saisir les biens personnels du bénéficiaire héréditaire[38].

Si le fiduciaire est en redressement judiciaire, les biens ne feront pas partie de l'actif ; de même, si le fiduciaire, personne physique, décède, ils ne feront point partie de sa succession. Les biens ne pourront être saisis que par les créanciers de la fiducie dont la créance est née à l'occasion de la conservation ou de la gestion de la

---

31. Projet de loi, art. 2068 C. civ. : « Dans ses rapports avec les tiers, le fiduciaire est réputé disposer des pouvoirs les plus étendus sur les biens et droits objet du contrat, à moins qu'il ne soit démontré que les tiers avaient connaissance de la limitation de ses pouvoirs ».

32. *Supra* n° 169.

33. Projet de loi, art. 2063-2° : « il définit la mission du fiduciaire, ainsi que l'étendue de ses pouvoirs d'administration et de disposition ».

34. Par exemple, les fonds communs de placement : *infra* n° 319.

35. GRIMALDI (M.), « La fiducie : réflexions sur l'institution et sur l'avant-projet de loi qui la consacre », *op. cit.*, n° 15, n°s 48 s.

36. Projet de loi, art. 2062, al. 1 : la fiducie transfère des biens et droits « à un fiduciaire qui, tenant ces biens et droits séparés de son patrimoine personnel (...) ».

37. *Infra* n°s 310 et s.

38. *Supra* n° 267.

fiducie[39]. Toutefois, si un tiers s'est emparé d'un ou plusieurs biens mis en fiducie, de manière injustifiée, le fiduciaire a le pouvoir de prendre des mesures conservatoires : par exemple, le fiduciaire aura la possibilité de les revendiquer entre les mains du tiers. Afin de ne point priver le patrimoine fiduciaire de toute protection, ce pouvoir ne peut lui être refusé, sauf à permettre au constituant ou au bénéficiaire d'intervenir à titre exceptionnel en vertu de l'article 1116 du Code civil[40].

Cela étant, si le fiduciaire, en tant que « propriétaire » des biens mis en fiducie, dispose de pouvoirs les plus étendus à l'égard des tiers, l'exécution de sa mission n'est pas pour autant affranchie de quelques obligations.

II. LES OBLIGATIONS DU FIDUCIAIRE

276. La fiducie est un contrat soumis au droit commun des obligations, mais il revêt également certains caractères particuliers : il repose sur des relations de confiance entre le constituant et le fiduciaire.

Le contrat de fiducie est ainsi marqué par un très fort *intuitus personae* : « le fiduciaire exerce sa mission dans le respect de la confiance du constituant »[41]. Dans le droit anglo-saxon, l'ensemble des « devoirs fiduciaires » pesant sur les dirigeants de sociétés ont été précisés par la jurisprudence depuis de nombreuses années[42]. En revanche, « dire aujourd'hui que la fiducie est un contrat de confiance n'apporte pas grand chose, mais peut-être la jurisprudence se fondera-t-elle sur cette notion de confiance pour imposer aux fiduciaires certaines règles de conduite qui seront propres à ce type de relations contractuelles »[43], à l'instar du droit anglais qui précisa les devoirs du *trustee*.

Quoi qu'il en soit, cette idée de confiance justifie l'obligation pesant sur le fiduciaire de rechercher uniquement l'intérêt du bénéficiaire, à l'instar de l'obligation pesant sur le *trustee*, ou même de l'obligation pesant sur le bénéficiaire héréditaire dans le cadre de l'acceptation sous bénéfice d'inventaire[44] : « le fiduciaire

---

39. Projet de loi, art. 2069, al. 2 : « Sans préjudice des droits des créanciers du constituant titulaires d'un droit de suite attaché à une sûreté publiée antérieurement au contrat de fiducie et hors le cas de fraude aux droits des créanciers du constituant, les biens transférés au fiduciaire ne peuvent être saisis que par les titulaires de créances nées de la conservation ou de la gestion de ces biens par le fiduciaire ».

40. Art. 116 C. civ. : « *Le dol est une cause de nullité de la convention lorsque les manœuvres pratiquées par l'une des parties sont telles, qu'il est évident que, sans ces manœuvres, l'autre partie n'aurait pas contracté.*
Il ne se présume pas, et doit être prouvé ».
Sur ce point, v. GRIMALDI (M.), « La fiducie : réflexions sur l'institution et sur l'avant-projet de loi qui la consacre », *op. cit.*, n° 48.

41. Projet de loi, art. 2070-1, al. 1 C. civ.
Cet *intuitus personae* caractérise la fiducie dans son essence : *supra* n°s 36 s. Le *trust* fut aussi, à l'origine, placé sous la notion de confiance (*to trust* : faire confiance).

42. TUNC (A.), *op. cit.*, n° 106, et *Le droit américain des sociétés anonymes*, Economica, 1985, n° 75.

43. JAUFFRET-SPINOSI (C.), *op. cit.*, p. 335.

44. V. art. 802 C. civ. et *supra* n° 267.

doit prendre toutes mesures propres à éviter la confusion des biens et droits transférés ainsi que des dettes s'y rapportant, soit avec ses biens personnels, soit avec d'autres biens fiduciaires »[45]. Le fiduciaire doit également exécuter sa mission « personnellement »[46]. Par conséquent, il ne peut la sous-traiter. Le texte l'autorise seulement à « déléguer l'accomplissement de certains actes à une personne restant sous son contrôle et sa responsabilité », tel un mandataire spécial, ou un locataire de services.

En outre, le fiduciaire est tenu d'une obligation de restitution ou de transmission des biens fiduciaires, obligation qui est de l'essence de la fiducie, mais qui n'apparaît point dans sa définition. Seuls deux textes la prévoient implicitement[47].

Enfin, une mauvaise exécution de sa mission rend le fiduciaire passible de certaines sanctions.

III. LES SANCTIONS ET LA RESPONSABILITÉ DU FIDUCIAIRE

277. « *Si le fiduciaire manque gravement à ses devoirs ou met en péril les intérêts qui lui sont confiés* »[48], sa responsabilité peut être mise en cause par le constituant ou par les bénéficiaires ayant subi un préjudice.

Il convient de souligner que, sur ce dernier point, la fiducie déroge à l'effet relatif des conventions de l'article 1165 du Code civil, prenant l'apparence, sans y être assimilée, d'une stipulation pour autrui. « Les manquements graves aux devoirs » s'apprécient au regard des dispositions de l'acte de fiducie et des obligations mises à la charge du fiduciaire. Il peut également s'agir de devoirs « non écrits » dans l'acte, telle l'obligation de loyauté qui résulte directement de la confiance dont le fiduciaire est investi. La mise en péril des intérêts confiés peut être la conséquence du manquement aux devoirs.

Outre la condamnation à des dommages et intérêts à laquelle s'expose le fiduciaire, le projet prévoit une intervention spécifique du juge à la demande du constituant ou des bénéficiaires[49]. Celui-ci, sans toutefois disposer de pouvoirs aussi étendus que le juge britannique, peut désigner un administrateur provisoire aux biens qui aura pour mission de gérer les biens sous le contrôle du juge jusqu'à ce qu'une solution définitive soit trouvée. Le juge peut décider, le cas échéant, de mettre fin à

---

45. Projet de loi, art. 2069, al. 1.

46. Projet de loi, art. 2067.

47. D'une part, l'article 2062-4° range parmi les mentions obligatoires du contrat « *les conditions dans lesquelles les biens et droits doivent être représentés ou transmis aux bénéficiaires* » ; d'autre part, l'article 2070-11 dispose que « *lorsque la fiducie prend fin, et en l'absence de bénéficiaires pour quelque cause que ce soit, les biens et droits subsistants font retour au constituant ou à ses ayants cause* ».

48. Projet de loi, art. 2070-1, al. 2.

49. Projet de loi, art. 2070-1, al. 2 : « (...) le constituant ou les bénéficiaires peuvent demander en justice la nomination d'un administrateur provisoire ou le remplacement du fiduciaire. Ils peuvent également demander qu'il soit mis fin à la fiducie. La décision judiciaire faisant droit à la demande emporte de plein droit le dessaisissement du fiduciaire ».

la fiducie[50] : sa décision emporte le dessaisissement automatique du fiduciaire, afin que les biens mis en fiducie ne restent pas « sans maître ». Il convient de souligner l'importance, dans le contrat de fiducie, de la tutelle du juge investi d'une mission régulatrice. Observation étant ici faite que ce mécanisme est à rapprocher du mécanisme de l'acceptation du bénéfice d'inventaire réorganisé par la proposition de loi de 2002 portant réforme du droit des successions[51].
Enfin, si le fiduciaire dissipe ou détourne frauduleusement les biens fiduciaires, il encourt une incrimination spécifique, celle de l'abus de confiance en vertu d'un nouvel article qui compléterait l'article 408 du Code pénal[52]. Ainsi, le détournement de biens remis en fiducie susceptible d'être pénalement sanctionné marque à nouveau l'originalité de la « propriété fiduciaire ». En effet, un propriétaire ordinaire ne saurait être pénalement sanctionné pour abus de confiance de ses propres biens.

De plus, toutes les cessions fiduciaires doivent s'accompagner des meilleures garanties pour les tiers, dans leurs rapports avec la fiducie ou plutôt avec le fiduciaire ès-qualités, puisque au vu du projet, la fiducie n'a pas de personnalité juridique. Bien que la sécurité absolue n'existe pas, et que « dans le domaine de la fraude, l'imagination des hommes est illimitée »[53], des précautions doivent être prises afin d'éviter des utilisations déviantes de la fiducie.

§ 2 – LA PROTECTION DES TIERS

278. Deux grandes catégories de tiers méritent une protection particulière : d'une part, les créanciers du constituant de la fiducie, et d'autre part, les créanciers ainsi que les ayants cause du fiduciaire.
S'agissant des créanciers du constituant, ils peuvent redouter qu'une fiducie soit conclue en fraude de leurs droits. S'agissant des créanciers du fiduciaire, ils peuvent appréhender un détournement de la finalité de l'acte fiduciaire par le fiduciaire lui-même qui agirait alors dans son propre intérêt. La protection de ces deux catégories de tiers nécessite ainsi la distinction de deux périodes : tandis que les premiers doivent plutôt être protégés lors de la conclusion de la fiducie (I), la protection des seconds s'avère nécessaire au cours de son fonctionnement (II).

---

50. Cette disposition n'est pas sans rappeler l'article 220-1 C. civ. du régime primaire impératif applicable aux époux. C'est l'*intuitus personae* inhérent au contrat de fiducie qui justifie la résolution éventuelle de la fiducie. En effet, la spécificité du contrat de fiducie repose sur la confiance de celui qui confie une mission, le constituant ; *de même, le mariage de deux personnes repose sur la confiance.*

51. *Supra* n° 268.

52. En vertu d'un futur article 408-1 C. pén. auquel serait adjoint le contrat de fiducie, « le fiduciaire qui détournera les biens de l'usage pour lequel ils lui ont été remis, sera passible de sanctions correctionnelles ».

53. GUILLENCHMIDT (J. de), « Présentation de l'avant-projet de loi relatif à la fiducie », *RDBB*, 1990, n° 19, p.105.

I. LORS DE LA CONCLUSION DE LA FIDUCIE

279. Comment protéger les créanciers du constituant contre une réduction de leur gage résultant du transfert de biens et droits du patrimoine du constituant à celui du fiduciaire ?
Considérés comme des *penitus extranei,* c'est-à-dire des tiers absolus, les créanciers du constituant sont les plus difficiles à protéger. Ils peuvent en effet ignorer ce contrat, sauf lorsque la fiducie porte sur des biens dont la mutation est soumise à publicité. Aussi, la loi met-elle à leur disposition plusieurs armes :

– **Le droit de suite pour les créances antérieures** : en vertu de l'article 2069 du projet, la fiducie n'est pas opposable aux droits des créanciers du constituant titulaires d'un droit réel assorti d'un droit de suite sur le bien. En d'autres termes, le titulaire d'une hypothèque inscrite antérieurement à la conclusion du contrat de fiducie, conserve son droit de suite en cas de mise en fiducie ultérieure de l'immeuble.

– **La fraude** telle que conçue à l'article 2069 du projet est liée à **l'action paulienne** consacrée par l'article 1167 du Code civil, qui leur permet d'attaquer la fiducie créée par leur débiteur en fraude de leurs droits. En cas de succès de cette action, la fiducie doit leur être déclarée inopposable. La réparation peut aussi se faire par l'allocation de dommages et intérêts en réparation du préjudice subi, ce qui ne remet nullement en cause l'acte de fiducie.

– Enfin, **d'éventuelles procédures en annulation d'une fiducie constituée pendant la période suspecte** sont également possibles, c'est-à-dire entre la date de l'ouverture de la faillite et celle de la cessation des paiements. Le projet prévoit l'adjonction d'un 8e alinéa à l'article 107 de la loi du 25 janvier 1985[54] disposant que « tout acte de fiducie sera annulé s'il est effectué après la cessation de paiements ». Il s'agit d'une nullité impérative anéantissant rétroactivement l'acte. Toutefois, si l'acte de fiducie a été conclu dans les six mois précédant la date de cessation des paiements, la nullité ne sera que facultative, la fraude du constituant devant être prouvée.

Donc, frauduleuse, la fiducie sera inopposable aux créanciers du constituant, et les biens mis en fiducie réintégreront le patrimoine du constituant où ils pourront être saisis par ces créanciers ; conclue en période suspecte en garantie d'une dette antérieure, elle sera anéantie rétroactivement.

Également, certains tiers peuvent se sentir menacés au cours du fonctionnement de la fiducie.

II. AU COURS DU FONCTIONNEMENT DE LA FIDUCIE

Le fonctionnement de la fiducie peut constituer une menace à l'encontre non seulement des droits des créanciers du fiduciaire (A), mais aussi de ceux de ses ayants cause (B).

---

54. Actuellement, il s'agit de l'art. L. 621-107 C. com.

A. LA PROTECTION DES CRÉANCIERS DU FIDUCIAIRE

280. Les créanciers du fiduciaire peuvent être abusés par la solvabilité apparente que le fiduciaire peut tirer des biens et des droits mis en fiducie.

En effet, d'une part, les biens sont au nom du fiduciaire – conséquence de l'effet translatif de la fiducie, et d'autre part, il en assure la gestion avec des pouvoirs pouvant être ceux d'un véritable propriétaire[55]. Aussi, afin d'éviter que certains créanciers ne lui consentent un crédit sur la foi d'un gage seulement apparent, l'article 2070 dispose : « Lorsque la fiducie porte sur des droits et des biens dont la mutation est soumise à publicité, celle-ci doit mentionner le nom du fiduciaire ès-qualités ».

Toutefois, dans l'hypothèse où la mutation des biens mis en fiducie n'est point requise, les créanciers ne risquent-ils pas d'être de la même manière abusés ? Une publicité obligatoire du contrat de fiducie ne devrait-elle pas être instituée ? Une réponse négative pourrait éventuellement être apportée, uniquement dans l'hypothèse d'une fiducie-sûreté, au regard de la restauration du principe d'opposabilité sans publicité du droit conféré au créancier en matière de propriété-garantie[56].

B. LA PROTECTION DES AYANTS CAUSE DU FIDUCIAIRE

281. Les ayants cause du fiduciaire peuvent craindre un excès de pouvoir de leur auteur, par exemple l'aliénation d'un bien à leur profit, au mépris d'une clause d'inaliénabilité figurant dans le contrat de fiducie.

Si, dans un tel cas, le fiduciaire engage sa responsabilité à l'égard du constituant comme du bénéficiaire[57], qu'en advient-il de la validité de l'acte d'aliénation et de son opposabilité aux tiers ayants cause du fiduciaire ? Faute de dispositions clairement exprimées dans le projet, quelques réponses pourraient être formulées, au regard de *deux hypothèses* :

---

55. GRIMALDI (M.), « La fiducie : réflexions sur l'institution et sur l'avant-projet de loi qui la consacre », *op. cit.*, n° 52.

56. CROCQ (P.), *op. cit.*, n°s 330 à 351 : dénonçant le raisonnement en vertu duquel tel droit est opposable si telle condition est remplie, l'auteur estime qu'il s'agit là d'une mauvaise présentation du problème de l'opposabilité des droits. Selon lui, « *tout droit, quel qu'il soit, est, par principe, opposable aux tiers* ». L'opposabilité fait partie de la définition de la notion de droit subjectif. Tandis que le principe est celui de l'opposabilité de tout droit subjectif conféré au créancier, indépendamment de toute formalité de publicité, les sûretés réelles traditionnelles constituent, en revanche, une exception notoire : l'opposabilité suppose une publicité, qu'il s'agisse de la dépossession (en matière mobilière) ou de l'organisation d'une publicité légale (en matière immobilière). Son raisonnement se parachève par la démonstration de l'évolution législative, *en matière de propriétés-garanties, marquée par un retour au principe de l'opposabilité sans publicité*. Cette évolution se fit en trois étapes : tout d'abord, la reconnaissance d'une opposabilité liée classiquement à la publicité légale en matière de crédit-bail, en 1967 ; ensuite, la consécration de l'opposabilité aux tiers sans l'accomplissement d'une formalité de publicité dans le cas de la réserve de propriété, en 1980 ; enfin, l'opposabilité *erga omnes* avec la cession DAILLY, indépendamment de toute publicité, qu'elle qu'en soit la forme.

57. *Supra* n° 277.

– **1re hypothèse : la mutation du bien aliéné est soumise à une mesure de publicité** : l'article 2068[58] assure aux ayants cause des droits en principe inattaquables, sous réserve de leur bonne foi. Le projet ne donne une définition de la bonne foi qu'au travers de son contraire, la mauvaise foi, qui est considérée comme « la connaissance de la limitation des pouvoirs du fiduciaire »[59]. Mais comment prouver cette mauvaise foi ? Comment prouver que les tiers avaient en réalité la connaissance de la limitation des pouvoirs du fiduciaire ? La publicité peut-elle éventuellement être constitutive d'une telle preuve ? Aucune réponse n'étant apportée par le projet, l'on peut alors se référer aux opinions doctrinales, divergentes :

- *Pour les uns*, il conviendrait de se référer au droit commun des sociétés où la publicité n'est pas constitutive de la mauvaise foi : « l'illégitimité de la croyance ne saurait résulter de la seule connaissance de la fiducie, et moins encore de la seule possibilité de la connaître (en raison de sa publicité). Conformément au droit commun, le tiers est réputé de bonne foi »[60]. La portée de cette présomption est vaste, puisque le texte vise les pouvoirs « les plus étendus », donc ceux d'un propriétaire. D'un point de vue pratique, comme la mauvaise foi paraît plutôt malaisée à rapporter, cette présomption confère ainsi une grande sécurité à ces tiers, les dissuadant « d'exiger du fiduciaire des justifications qui seraient de nature à paralyser l'exercice de ses pouvoirs réels »[61]. Cela étant, la protection des tiers n'est-elle pas excessive, au détriment de l'existence même de la fiducie, malgré la possibilité qu'offre l'article 2070-1, alinéa 2 ?

- *Pour d'autres*[62], cette allégation est contestable : tout d'abord, l'article 2070 dispose que, dans cette hypothèse, la publicité doit mentionner le nom du fiduciaire ès-qualités. Une telle mention n'implique pas nécessairement la publication de la clause d'inaliénabilité. Toutefois, elle résultera, la plupart du temps, de l'acte lui-même. Ainsi, la signification par acte d'huissier d'une cession de créances informera le débiteur de la cession, de son caractère fiduciaire, et de l'existence d'une éventuelle clause d'inaliénabilité[63]. Il en est de même en matière de publicité foncière où l'article 28-2 du décret du 4 janvier 1955 prévoit la publicité des clauses d'inaliénabilité stipulées dans un acte distinct, à peine d'inopposabilité. Par conséquent, tout tiers qui acquerrait un bien mis en fiducie, soumis à publicité, au mépris d'une clause d'inaliénabilité, serait censé connaître cette inaliénabilité : *il ne pourrait donc pas être protégé.*

En cas d'inaliénabilité devant être publiée à peine d'inopposabilité, une question se pose alors : est-ce que le tiers acquéreur ayant publié son acquisition, tout en sachant que le bien acquis était inaliénable, sera préservé, si la clause d'inaliénabilité n'a pas été publiée ? Il apparaîtrait loisible de raisonner par analogie à la jurisprudence relative à la vente d'un même immeuble à deux

---

58. *Supra* n° 275.

59. Projet de loi, art. 2068.

60. En particulier, GRIMALDI.

61. *Ibid.*

62. Notamment FERRY (C.-J.), « La fiducie-gestion du projet de loi de mai 1992 : quelques questions théoriques et leur enjeu pratique », *PA* 14 oct. 1992, n° 124.

63. Art. 1690 C. civ.

acquéreurs successifs, lorsque le second acquéreur a publié le premier alors qu'il avait connaissance de la première vente : l'aliénation opérée par le fiduciaire sera, par conséquent, inopposable au constituant et au bénéficiaire qui seront ainsi protégés, au détriment du tiers acquéreur.

En conséquence, selon ce courant doctrinal[64], tout tiers qui acquerra du fiduciaire, au mépris d'une clause d'inaliénabilité, un bien mis en fiducie soumis à publicité, sera censé connaître cette inaliénabilité. Il ne sera donc pas protégé par la présomption de pouvoirs de l'article 2068.

– **2e hypothèse : la mutation du bien aliéné ne fait l'objet d'aucune mesure de publicité :** le problème de l'opposabilité de l'aliénation par le fiduciaire en violation du contrat de fiducie devient plus complexe. *Deux situations sont à distinguer* :

- Si le fiduciaire a révélé sa qualité à l'ayant cause acquéreur, la présomption de l'article 2068 s'appliquera, profitant ainsi à celui qui, tout en connaissant la qualité de fiduciaire de son cocontractant, crut agir dans la limite de ses pouvoirs. Donc *toute sécurité est garantie à ce tiers*, par l'opposabilité, à son égard, de l'aliénation, à condition que la preuve de sa mauvaise foi ne soit pas rapportée. Cela étant, la responsabilité du fiduciaire ayant outrepassé ses pouvoirs sera mise en cause à l'égard des acteurs de la fiducie (constituant et bénéficiaire).
- Si le fiduciaire n'a pas révélé sa qualité, le droit commun des clauses d'inaliénabilité s'appliquera. Le tiers acquéreur tenant son droit d'un « véritable propriétaire » (le fiduciaire)[65], l'article 2279 du Code civil ne pourra jouer son rôle acquisitif[66]. Dès lors, que l'acquéreur soit de bonne ou de mauvaise foi, la nullité de l'acte d'aliénation pourra être prononcée. De ce fait, le bien retournera dans le patrimoine du fiduciaire dans l'attente du remplacement judiciaire de ce dernier ou de la nomination d'un administrateur provisoire[67]. Seule la réunion des conditions exigées pour que soit mise en œuvre la théorie de l'apparence pourrait sauver l'aliénation au profit du tiers.

Ainsi, en résumé, lors de la conclusion de la fiducie, le projet semblerait protéger efficacement les créanciers du constituant dont la fiducie pourrait réduire le gage : frauduleuse, la fiducie leur est inopposable, conclue au cours de la période suspecte en garantie d'une dette antérieure, elle est nulle. Quant aux créanciers personnels du

64. Notamment FERRY (C.-J.), *op. cit.*

65. Malgré la spécificité de son droit de propriété, le fiduciaire est tout de même considéré comme un véritable propriétaire. L'hypothèse ne peut être celle de l'article 2279 C. civ. qui vise une acquisition *a non domino.*

Contra : GRIMALDI (M.), *op. cit.*, n° 53 : il semblerait que l'auteur considère que la présomption de l'art. 2279 du Code civil puisse s'appliquer au tiers-acquéreur d'un fiduciaire : « *si les deux présomptions bénéficient à celui qui, ignorant l'existence de la fiducie, a cru acquérir d'un propriétaire ordinaire, celle de l'art. 2068 profite en outre à celui qui savait traiter avec un fiduciaire - mais qu'il croyait agir dans la limite de ses pouvoirs* ».

66. L'article 2279 du Code civil trouve en effet application lorsqu'un tiers a acquis un bien mobilier *a non domino,* persuadé qu'il s'agissait d'un véritable propriétaire.

67. Projet de loi, art. 2070-1, al. 2.

fiduciaire risquant d'être abusés, au cours du fonctionnement de la fiducie, par la solvabilité apparente que celui-ci tire du patrimoine fiduciaire, la publicité de la fiducie organisée par le projet viendrait à leur secours, du moins pour partie seulement, car elle gagnerait à être précisée, notamment la sanction applicable. En revanche, la situation des ayants cause du fiduciaire manque de clarté sur deux points : la détermination de la mauvaise foi, et la sanction applicable en cas de mauvaise foi prouvée[68].

Qu'en est-il à présent de la modification éventuelle du contrat de fiducie ? Est-elle envisageable ou tout simplement prohibée ?

§ 3 – LA MODIFICATION DU CONTRAT DE FIDUCIE

282. En premier lieu, il semblerait qu'une modification conventionnelle du contrat de fiducie ne soit pas prohibée.
À défaut de texte contraire, il conviendrait d'admettre cette possibilité qui requiert, toutefois, l'accord du bénéficiaire, sous deux réserves :

– s'agissant de la durée, le contrat de fiducie ne paraît pas pouvoir être prolongé au-delà du seuil de 99 ans : en effet, il est précisé que ce maximum court « à compter de la date du contrat »[69], ce qui paraît impliquer que ce point de départ demeure immuable[70] ;

– s'agissant de l'identité du bénéficiaire, elle ne peut être modifiée[71].

283. En deuxième lieu, le projet de loi permet une modification par le juge, dans deux hypothèses :

– d'une part, si « le fiduciaire manque gravement à ses devoirs ou met en péril les intérêts qui lui sont confiés », le juge peut désigner un administrateur provisoire ou même un nouveau fiduciaire, ce qui dessaisit le fiduciaire initial[72] ;

– d'autre part, dans l'hypothèse d'une fiducie-libéralité, et si les changements de circonstances justifient une révision des charges, « le fiduciaire peut demander la révocation ou la révision du contrat de fiducie dans les conditions des articles 900-1 à 900-8 »[73].

284. En troisième lieu, la fiducie peut se trouver modifiée légalement dans son assiette, par restriction, dans le cas particulier d'une fiducie-libéralité qui excèderait la quotité disponible du constituant[74].

---

68. *Infra* n° 292.

69. Projet de loi, art. 2063-5°.

70. BÉNABENT (A.), « La fiducie, analyse d'un projet de loi lacunaire », *JCP N*, 1993, n° 18, p. 277.

71. Projet de loi, art. 2064 : « *Lorsque le contrat de fiducie a pour objet la transmission de biens et de droits à un ou des bénéficiaires autres que le constituant, la désignation de ce ou ces bénéficiaires ne peut être modifiée* ».

72. Projet de loi, art. 2070-1, al. 2.

73. Projet de loi, art. 2070-9.

74. Projet de loi, art. 2070-3 : « *La fiducie ne peut porter atteinte aux droits des héritiers réservataires. Si, lors du décès du constituant, la valeur des biens et droits transférés au*

Au décès du constituant, ses héritiers peuvent faire reconstituer leur réserve héréditaire en exerçant l'action en réduction sur les biens mis en fiducie. Les règles d'exercice de cette réduction sont précisées aux articles 2070-3 et suivants du projet.

Au final, l'on pourrait émettre deux séries d'observations :

– **En premier lieu**, parmi les personnes interrogées préalablement à l'élaboration du projet de 1994, l'une d'elles manifesta le souhait de voir varier en cours de contrat la finalité d'une fiducie : « (...) il faut indiquer que la finalité d'une fiducie peut varier en cours de contrat (par exemple, la transformation possible en fiducie-sûreté). » Le texte (celui de 1994) est trop fermé, notamment l'article 2064 qui dispose : « si le contrat de fiducie est *conclu à des fins de garantie*... ». À la place, l'on pourrait dire :

- À l'article 2062 nouvel alinéa 2 « que la finalité conférée à une fiducie peut être modifiée, soit par l'effet d'une disposition à cet effet dans le contrat initial, soit par une disposition nouvelle convenue avec le fiduciaire ».
- À l'article 2064 : « si le contrat de fiducie *opère* à des fins de garantie... » : on se situe au jour où la question se pose et non à l'origine (*id.* 2070-2, 2062-3)[75].

Ses *desiderata* ne furent toutefois point retenus, ni dans le projet de 1994, ni dans celui de 1995. En effet, la Chancellerie tenait à ce que le contrat de fiducie soit limité dans son objet[76]...

– **En second lieu,** les possibles modifications tant judiciaire que légale prévues dans l'hypothèse de la fiducie-libéralité n'ont pas été reprises ultérieurement, puisque la fiducie-libéralité fut supprimée, excepté au profit d'œuvres philanthropiques.

Enfin, la fiducie est perçue par certains opposants à son introduction comme un danger pour quelques principes essentiels du droit français.

§ 4 – LES LIMITES

Parmi ces principes, certains pourraient être menacés par la fiducie elle-même (I), tandis que d'autres pourraient, en revanche, menacer l'essor du contrat de fiducie (II).

I. PRINCIPES ÉVENTUELLEMENT CONTRARIÉS PAR LA FIDUCIE

285. En premier lieu, la fiducie-gestion pourrait, semble-t-il, inquiéter deux sortes de principes[77].

---

fiduciaire excède la quotité disponible, la fiducie est réductible suivant les règles applicables aux donations entre vifs, sous les particularités prévues aux articles 2070-5, 2070-7 et 2070-8 ».

75. Observations de J.-P. LE GALL adressées le 17 novembre 1994 à Mme de GUILLENCHMIDT.

76. Sources internes à la Chancellerie.
N'apercevrait-on pas, dans cette objection, un embryon de « principe de spécialité » ?

77. GRIMALDI (M.) et BARRIÈRE (F.), *op. cit.*, n° 22.

D'une part, elle place le fiduciant ou le bénéficiaire dans une situation comparable à celle d'un incapable représenté.

Or, pour les majeurs, il n'existe d'incapacité que décidée et contrôlée par le juge, garant des libertés individuelles.

D'autre part, elle heurte le principe de la libre circulation des biens. Néanmoins, cette atteinte ne serait guère totale, car le contrat de fiducie n'a pas pour conséquence de rendre tous les biens mis en fiducie inaliénables. Ensuite, la fiducie étant par nature temporaire, la circulation des droits et des biens qui aurait pu disparaître, réapparaîtra lors du dénouement de la fiducie. Enfin, le recours au juge permettrait sans doute de sanctionner les cas d'inaliénabilité abusive.

286. En second lieu, la fiducie-sûreté pourrait aboutir à contourner certaines règles impératives des procédures collectives.

D'une part, comme elle peut être réalisée à tout moment, et n'est primée par aucune autre, elle pourrait perturber la protection que l'entreprise trouve dans la suspension des poursuites individuelles. De plus, elle pourrait bouleverser la hiérarchie des intérêts établie par le législateur pour la sauvegarde de certains jugés prioritaires, notamment les créances de salaires. Cela étant, ce risque de perturbation ne doit à nouveau pas être exagéré en raison de quelques infléchissements qui existent déjà dans le droit des procédures collectives, telle la réserve de propriété.

D'autre part, la fiducie-sûreté pourrait également empêcher la protection du débiteur si elle permet, dans quelques hypothèses, l'attribution de la propriété ordinaire de la chose affectée en garantie de paiement au créancier impayé, sans aucune formalité[78].

À nouveau, ce risque ne doit pas être exagéré, car toute disposition contraire peut être insérée dans le contrat de fiducie. Ensuite, la jurisprudence a, depuis quelques années, interprété de manière plutôt libérale la prohibition du pacte commissoire[79]. Enfin, « les autres sûretés fondées sur la propriété éludent allègrement cette prohibition »[80].

Finalement, si l'atteinte portée par la fiducie à ces principes ne semble que superficielle, n'existerait-il pas, en revanche, d'autres principes qui pourraient menacer son essor ?

---

78. Projet de loi, art. 2065 : « *Lorsque le contrat de fiducie conclu à des fins de garantie n'en a pas disposé autrement, la valeur du bien transféré au fiduciaire doit, en cas de défaillance du débiteur, être déterminée à dire d'expert, sauf s'il s'agit de sommes d'argent, de créances, de valeurs mobilières ou de contrats cotés sur un marché organisé* ». Également, l'article 2062, al. 3 contourne implicitement la règle de l'interdiction du pacte commissoire : « *Lorsque la fiducie est conclue à des fins de garantie, le fiduciaire peut être le bénéficiaire dans les conditions fixées au contrat* ».

79. Par exemple, la jurisprudence valide le pacte commissoire qui est conclu postérieurement à la constitution de la sûreté : Civ. 3e, 14 janvier 1971, *Bull. civ.* III, n° 30.

80. GRIMALDI (M.) et BARRIÈRE (F.), *op. cit.*, n° 22.

II. PRINCIPES CONTRARIANT ÉVENTUELLEMENT LA FIDUCIE

287. Les principes d'ordre public, régissant les domaines où la fiducie aurait vocation à se déployer, pourraient-ils constituer un frein à son essor ?

Considération faite de la démonstration, en première partie, du rôle de l'ordre public[81], du moins l'ordre public de protection, une réponse négative pourrait se profiler. En effet, il paraît inconcevable que la fiducie se développe sans l'existence d'un certain nombre de limites, comme d'ailleurs toute institution ou tout contrat. La jurisprudence rappela plusieurs fois le principe selon lequel, à l'intérieur d'une double limite constituée par les principes généraux et les règles impératives, tout ce qui n'est pas interdit est permis[82]. Aussi, le texte du projet de loi réserve, dès l'article 2062, le respect de l'ordre public propre à chaque matière dans laquelle une fiducie serait constituée[83]. Loin de restreindre l'essor de la fiducie, ces principes d'ordre public la circonscriraient au mieux, dans un but de protection des parties en cause, et du contrat de fiducie lui-même.

Ainsi, une fiducie-gestion pour le compte du constituant serait nulle, si certaines règles d'ordre public du droit des sociétés n'étaient pas respectées : par exemple, une fiducie-gestion qui aurait pour effet de garantir l'exécution d'une convention de vote illicite serait nulle ; ou encore, une fiducie-gestion qui viserait à éluder une interdiction de devenir associé dans telle ou telle société serait également nulle. Ces règles d'ordre public ont leur raison d'être, et protègent la personne morale même, ainsi que le contrat de fiducie.

En revanche, certaines règles d'ordre public pourraient peut-être enrayer l'essor de la fiducie :

– **Par exemple, en matière de gestion des biens des incapables**, dont le régime est réglé de façon impérative par le Code civil. La part de fiducie dans ce domaine ne pourra être que résiduelle, alors que dans les pays de *Common law*, il s'agit de l'un des domaines privilégiés du *trust*. En effet, les droits anglo-américains ne comportent pas de législation aussi minutieuse[84] ;

– **Un autre exemple relatif aux règles d'ordre public de la faillite** : dans la législation actuelle, elles ne permettent pas à d'autres personnes que les mandataires de justice de représenter le débiteur ou les créanciers, alors qu'il est fait appel à un *trustee* dans certaines hypothèses de la *bankruptcy* anglaise ;

– **Un dernier exemple, relatif aux règles successorales** : il eut d'ailleurs pour conséquence le retrait de la fiducie-libéralité en 1994 et en 1995, remettant à une

---

81. *Supra* n° 149 et s.

82. Com., 3 juin 1986, *D.* 1987, 95, note DAIGRE ; CJCE 19 novembre 1996, *Bull. Joly* 1997, § 41 p. 121, note M. LUBY ; *RTD Civ.* 1996, 151, obs. MESTRE.

83. Projet de loi, art. 2062, al. 4 : « *la fiducie est soumise aux règles ci-après énoncées sans préjudice des dispositions particulières d'ordre public propres à la matière concernée* ».

84. GUILLENCHMIDT (J. de), « La France sans la fiducie ? », *RJ Com.* 1991, n° 2-1-1, p. 59.

date ultérieure l'étude du compromis entre les règles impératives du droit des successions et la technique de la fiducie-libéralité[85].

Au final, si le XXIe siècle ne s'ouvrit point sur la consécration législative ou jurisprudentielle d'un contrat général de fiducie susceptible de recevoir diverses applications, ne serait-ce pas la multiplication de tous ces mécanismes fiduciaires qui aurait affaibli « l'idéal fiduciaire[86] » ? Il semble que non. Au contraire, la prolifération des techniques fiduciaires dans notre droit montre que « le mouvement de consécration de la fiducie est déjà inscrit dans notre *corpus* juridique »[87], et qu'il convient de le suivre. La consécration de la notion ne constituerait pas une révolution, mais une nouvelle naissance en fonction de l'évolution sociétaire, une renaissance[88]. Les praticiens la réclament, soutenus activement par la doctrine[89].

Toutefois, l'étude de la fiducie *de lege ferenda* fit ressortir certains soucis éventuels de fonctionnement, non seulement quant à l'exécution de la mission du fiduciaire, mais aussi quant à la protection des tiers. C'est pourquoi, considération faite du rôle précédemment révélé du principe de spécialité des personnes morales, il devient alors intéressant de se demander si un principe de spécialité ne pourrait pas être un régulateur du monde fiduciaire, afin de remédier aux difficultés de fonctionnement du contrat de fiducie.

---

85. La plupart des pays de *Common law* ne connaissent pas notre système de réserve héréditaire, sanctionnée par l'action en réduction ; ils conservent ainsi intacte la liberté du testateur.

86. Expression empruntée à M. LUCAS, *op. cit.*, p. 310, n° 608.

87. KUHN (C.), *Le patrimoine fiduciaire, contribution à l'étude de l'universalité*, *op. cit.*, n° 9.

88. *Supra* n°s 35 et s.

89. Chez les praticiens, v. l'entretien avec M. R. GENTY, *in* Sociologie du patrimoine – la réalité de la règle de l'unicité du patrimoine (dans la perspective de la fiducie) – ANNEXES, juillet 1995, *op. cit.* : « *dans le cadre plus précis du monde des finances, l'adoption de la fiducie serait un terme heureux au développement exponentiel des lois. Elle serait facteur d'unification, et donc de simplification* ».
Entretien avec Me B. MONASSIER, *ibid.* : « *je pense qu'il est aujourd'hui absolument nécessaire que ce projet aboutisse, car si la France ne fournit pas aux grandes entreprises les outils dont elles ont besoin, l'ouverture des frontières leur permettra d'aller faire ces opérations dans les pays qui possèdent ces outils.* (...) *Je pense que la fiducie est souhaitable. Une institution de ce type est réclamée par le notariat depuis le congrès des notaires à Deauville en 1975. Je pense qu'il s'agit d'une possibilité très riche dont nous voyons quelques utilisations aujourd'hui mais qui en révèlera beaucoup d'autres quand elle aura été livrée à la pratique et aux praticiens* ».
Quelques exemples doctrinaux les plus récents : LUCAS (F.-X.), *op. cit.*, p. 313 n° 610 : « *il n'est pas déraisonnable d'imaginer quelle physionomie pourrait revêtir le contrat de fiducie de droit français pour démontrer qu'il pourrait offrir un cadre idéal aux opérations de transfert temporaire de valeurs mobilières et pour envisager les applications qu'il serait susceptible de recevoir en la matière* ».
KUHN (C.), *op. cit.*, n°s 635 et 636 : « *L'analyse de la technique fiduciaire témoigne de la richesse de notre corpus qui n'a pas besoin de s'inspirer du trust anglo-saxon pour organiser une technique de gestion similaire* (...) *La fiducie doit sortir de l'ombre* ».

Une telle réflexion incite désormais à rechercher des arguments propres à justifier l'existence (ou non) d'un principe de spécialité attaché aux techniques fiduciaires, à l'instar de celui des personnes morales.

Titre I

RECHERCHES DE JUSTIFICATIONS D'UN PRINCIPE DE SPÉCIALITÉ (COMME CELUI DES PERSONNES MORALES)

Rechercher les raisons qui justifieraient l'existence d'un principe de spécialité qui se déclinerait aux techniques fiduciaires invite à examiner deux points essentiels :

- en premier lieu, quel serait l'intérêt, pour les techniques fiduciaires, de recevoir un tel principe (Chapitre 1) ? ;
- en second lieu, s'il apparaissait assurément opportun de soumettre les techniques fiduciaires à cette règle, il conviendrait de rechercher, selon toute logique, dans la fiducie, l'existence d'éventuelles manifestations de la spécialité (Chapitre 2).

Pour cela, il importe de souligner que les fruits de cette recherche menée avec précaution seront présentés non sans quelque circonspection en raison de la nouveauté.

Chapitre 1

OPPORTUNITÉ

288. Plusieurs difficultés firent obstacle à la consécration de la fiducie en tant que telle en droit français, ce que nul n'ignore.

Il n'est point question ici de relater tous les problèmes auxquels se heurta le projet de loi, ni les diverses et nombreuses propositions émises pour tenter de les résoudre. Seuls quelques-uns seront présentés, au regard de la recherche à accomplir.

Il est logique que la fiducie ne pourra séduire, et son attrait être perdurable, que si toutes les opérations fiduciaires s'accompagnent des meilleures garanties, tant à l'égard des acteurs que des tiers. Même si, « dans le domaine de la fraude, l'imagination des hommes est illimitée »[1], un garde-fou aux débordements éventuels qu'elle pourrait connaître ne serait sans doute pas inconséquent. Or, il fut démontré en première partie que le principe de spécialité des personnes morales était une règle protectrice d'intérêts divergents, un régulateur de ces intérêts, et finalement, de la vie des affaires. Ce principe ne peut certes pas apparaître comme une règle salvatrice de tous les maux dont pourraient souffrir les techniques fiduciaires, mais il pourrait peut-être contribuer à en éviter quelques-uns.

C'est ainsi qu'il est permis de s'interroger sur les bienfaits d'un principe de spécialité attaché à la fiducie, dans le but de protéger non seulement le contrat de fiducie et, *a fortiori,* l'existence même de la fiducie (Section 1), mais aussi les intérêts divergents en jeu (Section 2).

SECTION 1
UNE MEILLEURE PROTECTION DE LA FIDUCIE

Une éventuelle spécialité légale attachée à la fiducie, à l'instar de celle révélée aux personnes morales, ne pourrait-elle pas constituer un outil protecteur de la fiducie ? Reconnaître son éventuelle nécessité (§ 2) impose de dégager, au préalable, le mal dont la fiducie pourrait souffrir (§ 1).

---

1. Pour reprendre les propos de Mme J. de GUILLENCHMIDT *in* « Présentation de l'avant-projet de loi relatif à la fiducie », *op. cit.*, p. 105 (*supra* n° 277).

§ 1 – LA POSITION DU PROBLÈME

Les termes du projet de loi demeurent assez imprécis quant à la finalité précise de la fiducie[2], pouvant engendrer, de ce fait, soit un risque de fraude (I), soit un risque de requalification du contrat de fiducie (II), donc une perte de son attrait.

I. LE RISQUE DE FRAUDE

289. À défaut de but clairement déterminé, un contrat de fiducie pourrait viser à dissimuler l'étendue d'une participation dans une société[3], et à contourner, par conséquent, les obligations d'information prévues par la loi pour assurer la transparence du marché financier[4].

Certes, le projet dispose, pour empêcher une telle dissimulation, que, lorsque la fiducie porte sur des actions, le fiduciaire et le bénéficiaire sont alors présumés agir de concert pour l'application des textes qui imposent une obligation d'information à ceux qui, « agissant seul ou de concert » détiennent une certaine fraction du capital social[5]. Ne serait-il pas pourtant plus simple d'imposer, lors de la conclusion d'un contrat de fiducie, une indication claire du but poursuivi ?

En outre, la qualification d'un contrat par les parties ne lie pas le juge. Voilà pourquoi, selon le contenu et le but du contrat de fiducie, ce dernier pourrait être requalifié.

II. LE RISQUE DE REQUALIFICATION

« Qualifier un contrat, c'est rechercher son but, sa cause »[6].

Selon le contenu et le but du contrat de fiducie, celui-ci court le risque d'être requalifié par le juge, par exemple, *soit en mandat, soit encore en convention de prête-nom.*

290. Le risque de requalification d'une fiducie-gestion en mandat.

En vertu de l'article 2063-2° du projet, le contrat de fiducie doit définir, notamment, à peine de nullité, « *la mission du fiduciaire ainsi que l'étendue de ses pouvoirs d'administration et de disposition* ». Cela suppose la détention, par le fiduciaire, d'un certain pouvoir. Qu'en adviendra-t-il si, dans sa gestion des biens mis en fiducie, le fiduciaire n'est que le simple exécutant de la volonté du constituant ou du tiers bénéficiaire ? Ceci peut aisément se concevoir pour des opérations simples, telle une fiducie-gestion ayant pour objet de permettre au

---

2. L'art. 2062, al. 1 C. civ. issu du projet de loi dispose, sans aucune autre précision : « (...) *un fiduciaire qui, tenant ces biens et droits séparés de son patrimoine personnel, agit dans un but déterminé* (...) ».

3. Il s'agit de l'une des possibles applications de la convention de portage : GRIMALDI (M.), « La fiducie : réflexions sur l'institution et sur l'avant-projet de loi qui la consacre », *op. cit.*, n° 3, p. 905.

4. Art. L. 233-6 et s. C. com. (anciennement art. 356 s. de la loi du 24 juillet 1966).

5. Un article aurait alors été adjoint à la loi de 1966, soit l'article 356-1-3 (L. 233-7 C. com.).

6. TERRÉ (F.), *La qualification en droit privé*, LGDJ, 1957, p. 232.

fiduciaire de payer une dette du constituant au moyen des revenus du portefeuille de créances ou de titres transmis. Dans ce cas, il sera normal que le contrat prévoie les dates des encaissements, ainsi que des paiements faits au bénéficiaire. En revanche, dès lors que la complexité de l'opération implique un certain pouvoir d'appréciation[7], la suppression de ce pouvoir au profit du constituant ou du tiers bénéficiaire fait courir un risque de requalification en mandat. Il en sera surtout ainsi si le contrat stipule que le fiduciaire doit recevoir périodiquement des instructions, ou demander l'autorisation du constituant avant de prendre une décision[8]. Dans de telles circonstances, le risque de requalification sera grand, et pourra émaner soit des créanciers du constituant, soit des créanciers du bénéficiaire, selon que les directives données au fiduciaire proviennent des premiers ou des seconds. En effet, ces créanciers auront intérêt à ce que le bien soit réintégré dans le patrimoine de leur débiteur. Outre la saisie par les uns ou les autres des créanciers ainsi cités, la requalification en mandat permettra aux tiers traitant avec le fiduciaire de considérer ce dernier comme un mandataire, et donc de requérir le paiement de leur créance au mandant (le constituant ou le tiers bénéficiaire selon le cas).

La requalification en mandat pourrait également intervenir lorsque le fiduciaire se sera dépouillé de ses prérogatives au profit du constituant ou du tiers bénéficiaire, puisque être propriétaire pour le compte d'autrui implique nécessairement un abandon du bénéfice (profits, jouissance…) que procure la propriété[9].

291. Le risque de requalification d'une fiducie-gestion en convention de prête-nom.

La convention de prête-nom est un terme générique pouvant prendre la forme de deux catégories de contrats, du moins lorsque sa finalité est la conclusion d'un contrat de vente par le prête-nom :

– Soit il peut s'agir d'un mandat occulte entre l'acquéreur fictif (prête-nom) et l'acquéreur véritable (mandant). En ce cas, la propriété est transférée automatiquement dans le patrimoine du second, bien que le prête-nom déclare au vendeur acheter en son nom et pour son propre compte ;

– Soit il peut s'agir d'une convention par laquelle l'acquéreur fictif s'engage à retransférer instantanément la propriété à l'acquéreur véritable. Le double transfert que cette convention engage explique sa rareté, pour des raisons principalement fiscales. En réalité, ne s'agirait-il point d'un mandat occulte sans représentation[10] aux termes duquel rien n'empêcherait un « retransfert » de propriété différé ?

---

7. Par exemple, pour la gestion d'un fonds de commerce.

8. Aux États-Unis, il n'est pas rare que les tribunaux requalifient des *business trusts* en sociétés au motif que le *trust deed* ne laisse que peu de pouvoir au *trustee*, ce dernier se trouvant alors dans la position d'un mandataire social. En outre, la requalification d'un *trust* en mandat n'est pas rare non plus.

9. V. en ce sens FERRY (C.-J.), *op. cit.*, p. 15 s.

10. Cette expression peut paraître choquante dans la mesure où la représentation est de l'essence même du mandat. Sur le plan pratique, elle indique que le « mandataire » devient propriétaire du bien qu'il achète à charge de le retransférer à celui pour le compte de qui il agit : V. en ce sens FERRY (C.-J.), *op. cit.*, p. 15.

Le projet permettrait ainsi à la convention de prête-nom de prendre une troisième forme : celle d'une fiducie. Le fiduciaire recevrait mission d'acquérir un bien pour le compte d'un tiers, sans lui indiquer sa qualité de fiduciaire. À la fin du contrat de fiducie, la propriété serait transférée au tiers bénéficiaire. L'on peut reconnaître ici le portage d'actions à fins de discrétion[11].

Si la fiducie constitue le contrat idéal pour réaliser des portages de titres de société, il n'en demeure pas moins que l'indication du but du contrat doit être claire : elle détermine sa qualification. C'est pourquoi, si la fiducie a pour seul but d'obtenir le consentement du vendeur en interposant un tiers, la requalification en convention de prête-nom paraît fort probable. Encore faut-il que la fiducie soit établie, ce qui risque d'être difficile, notamment lorsque l'obligation de déclaration prévue par l'article L. 233-7 du Code de commerce[12] ne s'impose ni au porteur ni au donneur d'ordre. Cette requalification éventuelle aurait pour conséquence que les tiers pourront, à leur gré, considérer soit le fiduciaire, soit le bénéficiaire de la fiducie comme étant le propriétaire du bien en cause, et ce depuis l'acquisition par le fiduciaire. En outre, le vendeur pourrait invoquer le dol par réticence, soit encore l'erreur sur la personne sur le fondement des articles 1109 et 1110 du Code civil.

Ainsi, le besoin de reconnaître une spécialité légale clairement déterminée ne sauvegarderait-elle pas davantage la fiducie, sans pour autant supprimer l'obligation d'information requise le cas échéant ?

§ 2 – LA NÉCESSITÉ D'UNE « SPÉCIALITÉ LÉGALE »

Consultés lors des travaux préparatoires aux différents projets, les notaires (I) et les praticiens de la Chambre de commerce et d'industrie de Paris (II) manifestèrent le souhait que l'objet de la fiducie, sa finalité, soit légalement défini.

N'était-ce point se référer, en quelque sorte, à une sorte de « principe de spécialité légale de la fiducie »[13], comme celui des personnes morales ? Il était naturellement hors de question de pouvoir l'affirmer, puisque le projet de loi ne dota point la fiducie de la personnalité morale.

I. LES PROPOSITIONS DU CONSEIL SUPÉRIEUR DU NOTARIAT

292. Aux termes d'observations adressées à la Chancellerie en 1995, le Conseil supérieur du Notariat exprima plusieurs souhaits, notamment afférents au domaine réservé à la fiducie.

---

11. *Supra* n° 247.

12. Anciennement, l'article 356-1 de la loi de 1966. Le projet prévoyait l'adjonction de la fiducie à l'article 356-1-3 présumant que lorsque certains liens existeraient entre deux personnes, celles-ci seraient présumées agir de concert et donc soumises à la déclaration (*supra* n° 287).

13. Rappelons que c'est toujours avec prudence que ces termes sont employés.

« Il conviendrait, non seulement que le texte fixe avec précision le domaine de la fiducie[14], mais aussi la cantonne expressément dans deux domaines ».

Retenant ainsi l'hypothèse d'une fiducie limitée à la gestion et à la garantie, à l'exclusion de la fiducie-transmission, le Conseil Supérieur du Notariat formula, sur le projet de texte qui lui fut soumis, la proposition ci-après retranscrite : « aux termes d'un nouvel article 2062, *la fiducie est un contrat par lequel un constituant transfère,* ***en vue de leur gestion ou à titre de garantie****, tout ou partie de ses biens et droits à un fiduciaire qui, les tenant séparés de son patrimoine personnel, agit au profit du constituant, conformément aux stipulations du contrat.*

(*alinéa 2 :* sans changement) *La fiducie est soumise aux règles ci-après énoncées, sans préjudice des dispositions particulières d'ordre public, propres à la matière concernée.*

Elle ne peut être utilisée au moyen notamment d'une stipulation pour autrui aux fins de transmission à des tiers, tant des biens fiduciaires que de leurs fruits et produits. Toute convention contraire est réputée non écrite »[15].

Ce contrat resterait dans l'intérêt du constituant, même en cas de fiducie-sûreté. La définition proposée satisferait aux caractéristiques du portage soit « financier », soit « acquisition », ainsi qu'aux caractéristiques du bordereau Dailly en cas de transfert à titre de garantie. Elle permettrait également la technique de la *defeasance* ou de la titrisation dans le cadre d'une délégation, par le constituant, de sa créance sur le fiduciaire.

Le Conseil supérieur du Notariat précisa aussi l'importance de prévoir l'indication de la cause du contrat de fiducie : ceci permettrait de déterminer aisément le type de fiducie dont il est question, ainsi que les règles juridiques et fiscales applicables. Aux termes d'un article 2063-2° ainsi modifié, « *il (le contrat de fiducie) définit la* ***cause*** *du contrat, la mission du fiduciaire, ainsi que l'étendue de ses pouvoirs d'administration et de disposition* ».

Quant à la Chambre de commerce et d'industrie de Paris, ses propositions rejoignirent celles du Conseil supérieur du Notariat.

---

14. Le projet de 1995 qui fut soumis préalablement au Conseil Supérieur du Notariat ne réglementait pas la fiducie-transmission. De plus, aucun texte ne prévoyait la mise en œuvre de la fiducie-libéralité au regard du droit successoral et des libéralités.

« *S'agissant de l'utilisation de la fiducie comme mode de transmission à titre gratuit, il a paru opportun d'en limiter, dans un premier temps, la portée aux seules personnes morales à but non lucratif et poursuivant la réalisation d'une œuvre d'intérêt général. Une telle utilisation s'inscrit dans des mécanismes déjà connus comme les fondations ou le mécénat,* (...) » : v. exposé des motifs des projets de loi de 1994 et de 1995 (inédits), déposés seulement pour avis sur le bureau du Conseil d'État. Le Conseil supérieur du notariat approuva par-là la volonté des pouvoirs publics nouvellement exprimée.

15. Observations adressées le 3 février 1995 (donc quatre jours avant la transmission du 3e projet, pour avis, au Conseil d'État : *supra* n° 269) par Jean-Pierre DELPEUCH, Directeur des Affaires Juridiques du Conseil supérieur du Notariat à Pierre CELLARD, magistrat, Bureau de droit commercial, Direction des affaires civiles et du Sceau (inédit).

II. LES PROPOSITIONS DE LA CHAMBRE DE COMMERCE ET D'INDUSTRIE DE PARIS

293. Interrogée sur l'avant-projet de loi de 1990 remanié en 1994, elle proposa une approche nécessairement plus dynamique, selon elle, de la fiducie[16].

Contrairement aux projets qui lui furent présentés, il lui sembla plus judicieux « pour donner à ce mécanisme toute sa dimension, de l'instituer pleinement à la fois en tant qu'outil de gestion et à titre de sûreté ». Elle ajouta que le dynamisme de cette structure n'atteindra l'effet escompté que par l'affirmation claire de son objet, c'est-à-dire d'un côté la fiducie-gestion qui confère les pouvoirs de gestion d'un propriétaire, de l'autre, la fiducie-sûreté qui garantit la sécurité d'un créancier. Le texte doit faire apparaître, d'une part, les règles communes, d'autre part, les règles propres à la fiducie-gestion et à la fiducie-sûreté.

À l'évidence, le souci principal des praticiens fut de déterminer légalement l'objet de la fiducie, dans le but de « conférer à cet outil toute sa dimension ». Il s'agirait bien, au final, de reconnaître, sans aveu péremptoire, l'existence d'une « spécialité légale » attachée à la fiducie.

Ainsi, tandis qu'une sorte de « spécialité légale » de la fiducie s'avérerait nécessaire pour esquiver des risques de requalification ou de certaines dissimulations, il importe à présent de se demander si une autre sorte de « spécialité » ne pourrait pas protéger davantage les divers intérêts en jeu.

SECTION 2
UNE MEILLEURE PROTECTION DES INTÉRÊTS EN JEU

Une éventuelle « spécialité statutaire »[17] attachée à la fiducie, à l'instar de celle révélée aux personnes morales, ne pourrait-elle pas pallier le risque d'un déséquilibre entre les intérêts à protéger ? Selon le plan précédemment suivi, la reconnaissance de l'hypothétique nécessité d'une « spécialité statutaire » attachée à la fiducie (§ 2) requiert d'exposer préalablement la situation dont pourrait pâtir le dynamisme même de la fiducie (§ 1).

---

16. Rapport présenté par Bruno ROBINE au nom de la Commission juridique de la Chambre de Commerce et d'Industrie de Paris, et adopté à l'assemblée générale du 18 juillet 1996.

17. L'expression de « spécialité statutaire » peut paraître choquante en l'espèce puisque la fiducie *de lege ferenda* est dépourvue de statuts. Elle sera néanmoins conservée, en écho à la spécialité statutaire des personnes morales.

§ 1 – LA POSITION DU PROBLÈME

294. La fiducie peut être l'instrument de missions variées pour lesquelles le fiduciaire devra passer des actes d'administration ou de disposition, et à l'occasion desquels celui-ci n'est pas à l'abri d'excéder ses pouvoirs.

Or, cet excès de pouvoirs peut susciter deux sortes de difficultés. Il peut en effet s'avérer préjudiciable, dans l'ordre « interne » (c'est-à-dire entre les acteurs de la fiducie), mais aussi à l'égard de ses ayants cause :

– **Première difficulté** : la définition des pouvoirs du fiduciaire pourrait être source de contentieux entre les acteurs de la fiducie. Ceux-ci pourront agir sur le fondement de l'article 2070-1, alinéa 2 du Code civil, soit encore sur celui de l'article 408-1 du Code pénal[18] en cas de détournement frauduleux des biens mis en fiducie. Toutefois, le contentieux, conséquence d'un manquement grave aux devoirs du fiduciaire, écrits ou non écrits telle l'obligation de loyauté résultant directement de la confiance dont il est investi, ou de la mise en péril des intérêts qui lui ont été confiés, ne pourra être dénoué que par l'interprétation de la volonté des parties. Cette interprétation devra tenir compte de deux points :

1. la nature de la mission confiée au fiduciaire, mais aussi l'étendue de ses pouvoirs, car il est naturel que celui-ci soit investi des pouvoirs nécessaires à l'accomplissement de sa tâche[19],
2. la théorie générale de la fiducie, et notamment la spécificité de la « propriété » fiduciaire.

– **Seconde difficulté** : la définition des pouvoirs du fiduciaire peut aussi être source de contentieux à l'égard des tiers, en raison de la présomption légale plutôt lacunaire édictée par l'article 2068[20] du Code civil résultant du projet : « *dans ses rapports avec les tiers, le fiduciaire est réputé disposer des pouvoirs les plus étendus sur les biens et droits objet du contrat, à moins qu'il ne soit démontré que les tiers avaient connaissance de la limitation de ses pouvoirs* ».

Cette présomption de pouvoirs semblerait, certes, conférer aux tiers de bonne foi des droits inattaquables. Si elle s'explique par l'idée que seuls les acteurs de la fiducie doivent supporter les conséquences d'un excès de pouvoirs de la part du fiduciaire, *la protection des tiers n'est-elle pas excessive* ? En outre, la rédaction de l'article 2068, qui rappelle d'ailleurs étonnamment les quelques articles issus de l'ordonnance de 1969 applicables aux sociétés à responsabilité limitée, laisse subsister peut-être encore plus de doutes qu'en matière sociétaire :

- d'une part, le projet ne se prononce pas sur la teneur de la mauvaise foi, contrairement en matière sociétaire ;
- et d'autre part, aucune sanction n'est édictée en cas de mauvaise foi prouvée. Aussi, l'aliénation d'un bien mis en fiducie par un fiduciaire, au profit d'un acquéreur de mauvaise foi, ne peut-elle avoir pour conséquence, en l'état du

---

18. *Supra* n° 277.
19. GRIMALDI (M.), *op. cit.*, n° 50.
20. *Supra* n° 281.

projet, que la mise en cause de la responsabilité du fiduciaire et son remplacement éventuel. Mais quel est le sort de l'acte ?

Aussi, pour remédier à ces deux séries de difficultés, la reconnaissance d'une sorte de « spécialité statutaire » ne s'avèrerait-elle pas nécessaire ?

§ 2 – LA NÉCESSITÉ D'UNE « SPÉCIALITÉ STATUTAIRE »

295. La reconnaissance d'une « spécialité statutaire » pourrait se justifier en tant que règle de limitation des pouvoirs du fiduciaire.

Elle devrait être clairement définie pour chaque fiducie conclue, tant par le contenu de la mission du fiduciaire que par la détermination de l'étendue de ses pouvoirs.

Dans « l'ordre interne », c'est-à-dire entre les acteurs de la fiducie, la référence à la « spécialité statutaire » pourrait constituer une arme supplémentaire entre les mains du constituant ou du bénéficiaire contre des débordements éventuels de la part du fiduciaire, à condition toutefois que sa violation soit assortie d'une sanction clairement établie. Ainsi, si la spécialité statutaire a pour fonction, *dans l'ordre interne sociétaire*, de protéger essentiellement la personne morale par le rôle dévolu à certaines clauses statutaires ou par la possibilité d'une rédaction large des statuts[21], elle pourrait également protéger la fiducie, et donc chacun de ses acteurs, en tant que règle de limitation des pouvoirs du fiduciaire. Toutefois, un principe édicté ne peut être efficace que s'il est assorti d'une sanction claire. Aussi, reconnaître la nécessité d'une sorte de « spécialité statutaire » attachée à la fiducie ne peut avoir un intérêt que si sa violation ajoute une garantie supplémentaire aux intérêts à protéger.

Dans « l'ordre externe », c'est-à-dire dans les rapports des acteurs de la fiducie à l'égard des tiers, elle pourrait également jouer le rôle de régulateur des intérêts en cause, mieux peut-être qu'en matière de sociétés à risques limités où la protection des tiers a sans doute été trop favorisée[22]. Il conviendrait, toutefois, que le contenu de la mauvaise foi soit précisé, ainsi que la sanction et le sort de la fiducie en cas de mauvaise foi prouvée[23].

Ainsi, la protection des intérêts en jeu pourrait être rééquilibrée au profit du constituant ou du bénéficiaire, et donc au profit du contrat de fiducie lui-même. En effet, un acte d'aliénation conclu par un fiduciaire pourrait tout à fait mettre en péril l'avenir même de la fiducie ; mettre en cause la responsabilité du fiduciaire ou le remplacer, ne sera pas toujours une solution idoine. Il apparaîtrait avantageux que les acteurs bénéficient de plusieurs armes dissuasives contre d'éventuels débordements, armes qui n'entraveraient nullement le fonctionnement de la fiducie.

S'il paraît, en conséquence, opportun d'astreindre la fiducie à un éventuel principe de spécialité tant « légale » que « statutaire », il convient alors de partir à la

---

21. *Supra* n°s 158 et s.
22. *Supra* n°s 168 et s.
23. *Infra* n° 335.

recherche d'éventuelles manifestations de cette règle, aux techniques fiduciaires, comme pour les personnes morales.

Chapitre 2

MANIFESTATIONS

296. Effectuer une recherche des manifestations de la spécialité à l'instar de celles révélées aux personnes morales nécessitera à nouveau beaucoup de circonspection dans les propos subséquents.

En dépit d'éventuelles contestations que pourrait provoquer une telle prospection, le danger demeure mesuré en raison de l'apparition, en filigrane, lors de la présentation du régime de la fiducie, de certains traits de cette règle.

Considération faite du plan suivi en première partie, il importe de partir à la recherche de deux sortes de manifestations de la spécialité :

– d'une part, existe-t-il, dans la fiducie, des manifestations de la spécialité à l'instar de celles révélées à l'ensemble des personnes morales (Section 1) ? ;

– d'autre part, peut-on trouver, dans la fiducie, des manifestations de la spécialité à l'instar de celles révélées à quelques personnes morales choisies, soit en l'occurrence l'existence d'une spécialité légale et/ou statutaire (Section 2) ?

SECTION 1
LA RECHERCHE DES MANIFESTATIONS COMMUNES À L'ENSEMBLE DES PERSONNES MORALES

Les techniques fiduciaires, soit encore la fiducie *de lege ferenda*, ne semblerait-elle pas liée au principe de spécialité ? L'on pourrait s'interroger : en effet, la fiducie ferait-elle apparaître, comme la personne morale, une *affectation de moyens* (§ 1) au service d'une *activité déterminée* (§ 2) ?

§ 1 – UNE AFFECTATION DE MOYENS ?

297. Selon le projet de loi, l'article 2062 du Code civil définit la fiducie comme un « contrat par lequel le constituant *transfère tout ou partie de ses biens et droits à un fiduciaire* qui, tenant ces biens et droits séparés de son patrimoine personnel, agit dans un but déterminé (...) »[1].

1. *Supra* n° 270.

Cela étant, le fait de transférer des biens et droits à une personne agissant dans un but déterminé, n'est-ce pas également soumettre un ou plusieurs de ces biens ou droits à un usage déterminé ? En d'autres termes, le fait de transférer des biens et droits à une personne agissant dans un but déterminé, n'est-ce pas *affecter des biens à une activité spécifique* ?

Une réponse assurément affirmative s'imposerait. L'affectation est au cœur du mécanisme fiduciaire[2] : « la propriété fiduciaire se découvre propriété affectée »[3]. L'affectation permet d'expliquer la création du patrimoine fiduciaire[4], et de qualifier un mécanisme de gestion pour autrui que représentent les techniques fiduciaires.

L'affectation n'est d'ailleurs pas une notion étrangère à notre droit. La notion d'affectation se trouve, par exemple, dans l'indivision : la masse indivise est destinée à la satisfaction de l'intérêt collectif. L'affectation des biens indivis justifie l'application d'un régime juridique unique. L'on trouve également la notion d'affectation dans le régime de la communauté légale réduite aux acquêts : l'affectation des biens communs et des biens propres est révélée par le législateur. La communauté est exploitée dans l'intérêt commun des deux époux[5], tandis que les masses propres sont exploitées dans l'intérêt individuel de leur titulaire[6]. Rapprochons-nous, pour la suite du raisonnement, de la personne morale : celle-ci se caractérise par une affectation de biens voire de moyens au service d'une ou plusieurs activités, manifestation de sa spécialité, ainsi qu'il a été démontré en première partie[7]. Ainsi, si l'affectation de biens à une personne morale paraît conditionnée par le principe de spécialité, il semblerait que l'affectation de biens en une masse séparée du patrimoine personnel du fiduciaire puisse également être conditionnée par un principe de spécialité. En effet, quelle est la différence entre une fondation, acte unilatéral aux termes duquel des biens, droits ou ressources sont affectés irrévocablement à une activité philanthropique, et un contrat de fiducie, en vertu duquel une masse de biens est également affectée à un usage déterminé[8] ? Si la première est soumise au principe de spécialité des personnes morales, la seconde ne l'est point puisqu'elle n'a pas la personnalité morale. Néanmoins, en pratique, le résultat étant identique, ne serait-il pas légitime de poser comme nouvelle règle,

---

2. V. JEULIN-MONFORT (I.), *La fiducie à l'épreuve du principe de spécialité des personnes morales*, Mémoire Diplôme supérieur du Notariat, nov. 2002, n° 299 p. 198 et s.

3. Une opinion similaire a été émise dans une très récente thèse présentée en déc. 2003 : KUHN (C.), *op. cit.*
L'emploi de l'expression « propriété affectée » exprime bien la situation du fiduciaire dont la qualité de propriétaire est accessoire à l'opération juridique envisagée, c'est-à-dire, soit une opération de gestion, soit de sûreté.

4. *Infra* n°s 310 et s.

5. Art. 1421 C. civ. : « *Chacun des époux a le pouvoir d'administrer seul les biens communs et d'en disposer, sauf à répondre des fautes qu'il aurait commises dans sa gestion* ». Observation étant ici faite que les actes de gestion sont présumés respecter l'affectation commune de la masse et l'intérêt des deux époux.

6. V. pour plus de détails, GUINCHARD (S.), *L'affectation des biens en droit privé français*, *op. cit.*

7. *Supra* n°s 51 et s.

8. Observation étant ici faite qu'aux termes du projet de loi, la fiducie est un contrat. Mais rien ne s'opposerait à la consécration d'une fiducie, acte unilatéral de volonté (par exemple, dans un testament).

dans un schéma prospectif, que l'affectation de biens en une masse séparée soit également conditionnée par un principe de spécialité ?

En outre, le transfert des biens et droits à un fiduciaire ne s'effectuerait-il pas dans un but déterminé, c'est-à-dire limité à certaines activités ?

§ 2 – UNE LIMITATIONS DE BUTS ?

298. La propriété des biens du constituant d'une fiducie est transférée à un fiduciaire.

Autrement dit, le transfert de « propriété » des biens du constituant de la fiducie est limité par l'affectation qu'il donne aux biens et aux droits. L'appropriation connaît un but, et un but déterminé[9]. Si le fiduciaire agit dans un but déterminé (fiducie à fins de gestion, fiducie à fins de sûreté, soit encore fiducie à fins de transmission le cas échéant), ce but est nécessairement limité à certaines activités. Or, il a été démontré pour les personnes morales que l'affectation à un usage déterminé ne signifiait pas autre chose que borner l'activité aux buts prévus et déterminés par l'affectation, c'est-à-dire, limiter à des buts précis[10]. Le patrimoine fiduciaire créé par le fiduciant afin de constituer l'objet du contrat de fiducie est destiné à être transmis au fiduciaire dans un but déterminé. Il n'a comme vocation que de réaliser l'opération envisagée.

En conséquence, si la fiducie se caractérise par une affectation de biens et droits à un usage déterminé entraînant de ce fait une limitation de buts, la parenté à nouveau confirmée avec la personne morale[11] pourrait corroborer le fait que la spécialité soit également inhérente à la fiducie. L'affectation de moyens à une activité et la limitation de buts ayant été démontrées précédemment comme des manifestations de la spécialité, communes à l'ensemble des personnes morales.

En outre, d'autres manifestations de la spécialité propres à quelques personnes morales choisies ne se révèleraient-elles pas à la fiducie ?

SECTION 2
LA RECHERCHE D'AUTRES MANIFESTATIONS DE LA SPÉCIALITÉ

Dans la première partie de la thèse, il fut démontré que la loi imposait à chaque personne morale, d'une part, le respect d'un champ d'activité limité, et d'autre part, qu'une spécialisation par l'effet des statuts venait compléter la précédente, « comme une limitation au second degré »[12]. Ainsi, à l'instar des personnes morales de droit

---

9. La détermination du but ressort clairement de l'article 2062 du projet de loi.

10. *Supra* n° 52.

11. *Supra* n°s 3 à 5.

12. *Supra* n°s 59 et s.

privé, la fiducie ne dévoilerait-elle pas l'existence d'une spécialité légale (§ 1) et peut-être statutaire (§ 2) ?

§ 1 – LA RECHERCHE D'UNE « SPÉCIALITÉ LÉGALE »

299. Le projet reste évasif sur la détermination d'un champ d'activité que la loi assignerait à la fiducie[13].

En vertu du projet, rappelons que l'article 2062 du Code civil dispose que « *le constituant transfère tout ou partie de ses biens et droits à un fiduciaire à charge pour celui-ci d'agir,* ***dans un but déterminé,*** *au profit de bénéficiaires ou du constituant lui-même* ». Ainsi, la fiducie se caractérise par un double objet : un *transfert de biens et droits* à charge pour celui qui les recueille d'*accomplir une mission.* L'accomplissement de cette mission détermine donc l'activité légale fiduciaire, au demeurant caractérisée par une grande liberté puisqu'il pourra s'agir d'une mission, soit au bénéfice d'un tiers (fiducie-libéralité, fiducie-sûreté avec entiercement, diverses fiducie-gestion), soit au bénéfice du constituant (par exemple, les diverses fiducies-gestion pour le compte du constituant), soit au bénéfice du fiduciaire (par exemple, les fiducies-sûreté sans entiercement)[14].

Cette mission constitue la cause du contrat, son mobile en quelque sorte. Ainsi, tandis que la spécialité légale d'une société se détermine par la réalisation et le partage de bénéfices, ou encore la réalisation d'économies qui profiteront à chacun des membres, la spécialité légale de la fiducie pourrait alors se définir, par exemple, par la conservation de biens à titre de garantie (fiducie-sûreté), ou encore par la constitution d'une œuvre philanthropique (fiducie-gestion).

Deux remarques pourraient être formulées :

– **D'une part**, l'objet légal de la fiducie est très largement défini par le projet, ce qu'ont dénigré les praticiens interrogés[15], contrairement, par exemple, à la fiducie luxembourgeoise consacrée par un règlement du Grand-Duché du 19 juillet 1983 qui servit de parangon au législateur libanais[16] en 1996. À l'instar de la fiducie luxembourgeoise, le contrat fiduciaire libanais, mécanisme réservé aux professionnels de la finance et du crédit, est réservé aux seules opérations entrant dans l'objet social nécessairement limité des entreprises soumises au contrôle de la banque du Liban[17]. Observation étant ici faite qu'une récente loi luxembourgeoise du 27 juillet 2003, relative au *trust* et aux contrats fiduciaires[18], définit désormais le contrat de fiducie en termes généraux, en son article 5, ainsi qu'il suit : « *un contrat fiduciaire au sens du présent titre est un contrat par lequel une personne, le*

13. *Supra* n°s 289 et s.

14. *Supra* n° 274.

15. *Supra* n°s 292 et s.

16. Le 6 juin 1996, le législateur libanais édicta une loi sur le développement des marchés financiers et des contrats fiduciaires.

17. AL-MOUDABER (C.), *Les fiducies islamiques et libanaises*, Mémoire DEA Paris I, 1997, p. 21.

18. Loi du 27 juillet 2003, Trust et contrats fiduciaires, Mémorial A. n° 124 du 3 sept. 2003.

fiduciant, convient avec une autre personne, le fiduciaire, que celui-ci, sous les obligations déterminées par les parties devient propriétaire de biens formant un patrimoine fiduciaire ».

– **D'autre part**, le projet français semble bien loin de l'infinité de possibilités d'exploitation louées par la doctrine anglaise au sujet du *trust*. Est-ce néanmoins souhaitable ? Ne conviendrait-il pas, au contraire, de bien circonscrire la fiducie, et d'instaurer une « fiducie à la française », puisque nos institutions sont fort éloignées du système de *Common law* ?

Finalement, si une certaine « spécialité légale » se révèle à la fiducie, de manière incomplète cependant, n'est-il pas également possible d'entrevoir quelques manifestations d'une sorte de « spécialité statutaire » ?

§ 2 – LA RECHERCHE D'UNE « SPÉCIALITÉ STATUTAIRE »

Peut-on retrouver, dans les techniques fiduciaires, l'existence d'un « objet statutaire », comme pour les personnes morales (I) ?

Le cas échéant, cet « objet statutaire » pourrait-il se caractériser par une certaine souplesse, une certaine élasticité telle que caractérisée chez certaines personnes morales (II) ?

I. UN OBJET STATUTAIRE ?

300. La doctrine définit l'objet social comme le but principal poursuivi par une personne morale, soit encore comme l'ensemble des activités déterminées par le pacte social que la personne morale peut exercer en vue de réaliser l'objet légal[19].

L'objet social statutaire constitue le fondement mais aussi la limite des pouvoirs des dirigeants sociaux. Ainsi, par déclinaison aux techniques fiduciaires, tandis que le contenu de la mission du fiduciaire relèverait plutôt de la spécialité légale, l'étendue de ses pouvoirs pourrait relever d'une sorte de spécialité statutaire en vertu de l'article 2063-2° du Code civil résultant du projet[20]. Ainsi, chaque fiducie serait circonscrite par une « spécialité statutaire » qui lui serait propre ; autrement dit, chaque fiduciaire aurait des pouvoirs bien déterminés au sein du contrat, en fonction non seulement de la mission légale impartie, mais aussi de chaque mission propre octroyée au fiduciaire en cause.

Enfin, peut-on retrouver, dans le fonctionnement de la fiducie, la caractéristique essentielle de la spécialité statutaire propre aux personnes morales, c'est-à-dire sa souplesse, son élasticité ?

---

19. *Supra* n° 103.

20. Cet article dispose : « il [le contrat de fiducie] définit la mission du fiduciaire, ainsi que *l'étendue de ses pouvoirs d'administration et de disposition* ».

II. UN OBJET STATUTAIRE SOUPLE ?

301. Liberté de rédaction des statuts, consécration de la non-intangibilité de l'objet statutaire : telles sont les principales caractéristiques de la souplesse de la spécialité statutaire des personnes morales ainsi qu'il a été précédemment démontré[21].

En matière de fiducie, l'étendue des pouvoirs d'administration comme de disposition du fiduciaire[22] relève de la *liberté contractuelle* (pour les personnes morales, on parlerait de liberté statutaire). En outre, le contrat de fiducie dévoile la possibilité d'être modifié dans certaines circonstances[23]. Il apparaîtrait alors loisible de déceler une souplesse manifeste de cette « spécialité statutaire ».

Au final, la détermination de l'étendue des pouvoirs du fiduciaire pourrait être considérée comme une manifestation d'une « spécialité statutaire » de la fiducie, à l'instar de celle des personnes morales. En l'espèce, elle serait définie non plus par les associés, mais par les acteurs de la fiducie, notamment par le constituant et le bénéficiaire, soit encore par le constituant et le fiduciaire si le constituant est également bénéficiaire de la fiducie.

Ainsi, l'opportunité de l'application d'un principe de spécialité à la fiducie ayant été démontrée d'une part, des manifestations de ce principe ayant été retrouvées par transposition aux techniques fiduciaires d'autre part, n'y aurait-il pas là des arguments favorables à légitimer **l'affirmation de l'existence d'un principe de spécialité de la fiducie ?**

---

21. *Supra* n°s 111 et s.
22. Projet de loi, art. 2063, al. 1-2° C. civ.
23. *Supra* n°s 282 et s.

Titre II

AFFIRMATION D'UN PRINCIPE DE SPÉCIALITÉ DE LA FIDUCIE ?

L'affirmation de l'existence éventuelle **d'un principe de spécialité de la fiducie** appelle une démarche supplémentaire essentielle, celle de s'interroger sur la nature de ce principe et les sanctions qui lui sont attachées.

En écho à la démarche entreprise dans la première partie, la réflexion portera sur la nature que ce principe pourrait revêtir (Chapitre 1). Il conviendra ensuite de s'interroger sur son régime, c'est-à-dire les sanctions dont il pourrait être assorti (Chapitre 2).

Chapitre 1

NATURE

302. La similitude décelée entre la fiducie et la personne morale[1] permet d'alléguer, en d'autres termes, que la fiducie n'est ni tout à fait une personne morale, ni tout à fait autre qu'une personne morale.

L'assertion invite à réfléchir, au regard de ces deux propositions, sur la nature que pourrait alors revêtir un principe de spécialité de la fiducie, soit plus généralement un principe de spécialité des techniques fiduciaires.

En vertu de la seconde proposition, si la fiducie n'est pas tout à fait autre qu'une personne morale – c'est-à-dire quasiment une personne morale – ne serait-il point légitime, en conséquence, d'entrevoir dans les manifestations de la spécialité ainsi décelées **une variété du principe de spécialité des personnes morales ?**

Toutefois, en vertu de la première proposition, puisque la fiducie n'est pas tout à fait une personne morale, ne serait-il alors pas plus fondé de pressentir, au travers desdites manifestations de la spécialité, **une variété d'un nouveau principe de spécialité applicable,** non plus aux personnes morales, mais aux techniques fiduciaires, **soit plus généralement aux patrimoines d'affectation ?**

En d'autres termes, soit le principe de spécialité de la fiducie pourrait être une variété du principe de spécialité des personnes morales (Section 1) ; soit, si la fiducie est une espèce dans le genre des patrimoines d'affectation, il pourrait constituer une variété d'un nouveau principe de spécialité applicable aux patrimoines d'affectation (Section 2).

---

1. *Supra* n° 5.

Également, v. GRIMALDI (M.) et REYNIS (B.), « Brèves réflexions d'avant-congrès sur le patrimoine professionnel », *Def.* 1987, art. 33947 : « *La personne morale n'est plus seulement, comme à ses origines, l'apanage d'un groupement ayant un intérêt propre, distinct des intérêts individuels de chacun de ses membres. Elle est aussi une technique de scission du patrimoine d'un individu unique* ».

SECTION 1
UNE VARIÉTÉ DU PRINCIPE DE SPÉCIALITÉ DES PERSONNES MORALES ?

Le principe de spécialité de la fiducie sera une variété du principe de spécialité des personnes morales – soit en d'autres termes, une espèce dans le genre du principe de spécialité des personnes morales – à condition d'établir que la fiducie est une espèce dans le genre des personnes morales. Cette première hypothèse invite alors nécessairement à « *confronter les adversaires de la personnalité morale et **faire de la fiducie une personne morale*** »[2] (§ 1). Si cette solution paraît concevable, elle n'en semblerait pas moins inopportune (§ 2).

§ 1 – LA FIDUCIE, PERSONNE MORALE

303. Lors de l'élaboration de l'avant-projet de loi sur la fiducie, il importe de rappeler l'alternative qui se présentait[3] : soit ériger la fiducie en personne morale, ce qui revenait à admettre une nouvelle personne morale dans le *corpus* juridique, soit reconnaître et consacrer la notion de patrimoine d'affectation – la technique du trust des systèmes de Common law ayant été délibérément écartée[4]. Le but recherché, tant par la personne morale que par le patrimoine d'affectation, étant de prévenir un risque de confusion entre les biens issus du patrimoine personnel du fiduciaire et ceux issus de sa « propriété fiduciaire »[5]. En effet, si un créancier venait à saisir les biens du fiduciaire – parmi lesquels les biens mis en

---

2. CANTIN CUMYN (M.), « L'avant-projet de loi relatif à la fiducie, un point de vue civiliste d'outre-atlantique », *D.* 1992, 14e cahier, Chron. XXIII, p. 120.

3. Je remercie à nouveau Mme Sylvie CECCALDI et M. Pierre CELARD – magistrats, respectivement, en 1996, à la Direction du Bureau des Affaires civiles et du Sceau de la Chancellerie, et à celle du Bureau du Droit commercial de la Chancellerie – de permettre de relater le débat de l'époque (fiducie-personne morale ou fiducie-patimoine d'affectation) auquel j'ai pu assister au cours du stage effectué à la Chancellerie.

4. Rappelons que la technique du *trust* des systèmes de *Common law* consiste à distinguer deux propriétés distinctes : d'une part, la *legal property* ou *legal interest* qui appartient au *trustee* et à laquelle sont attachés le titre et les pouvoirs, d'autre part, l'*equitable property* ou *equitable interest* qui appartient au *beneficiary* ou *cestui que trust* et à laquelle sont attachés l'émolument, la valeur et la richesse.
Le délaissement de cette technique s'explique simplement par l'ignorance, en droit français, de la distinction entre l'*Equity* et la *Common law* – fondement du système juridique anglo-américain – et dont la transposition est inconcevable. Comme le relevait un auteur, il faut conclure à « l'impossibilité juridique de constituer un *trust* anglo-saxon sous l'empire de la loi française » : MOTULSKY, « De l'impossibilité juridique de constituer un *trust* anglo-saxon sous l'empire de la loi française », *Rev. crit. DIP* 1948, p. 451 s.

5. Il sied simplement de rappeler les termes de l'article 2092 C. civ. en vertu duquel « *quiconque s'est obligé personnellement, est tenu de remplir son engagement sur tous ses biens mobiliers et immobiliers, présents et à venir* ».

fiducie, non isolés – la fiducie n'aurait présenté alors aucun attrait, d'où son développement sans aucun doute compromis[6].

Reprenons la première branche de l'alternative, c'est-à-dire **la création d'une nouvelle personne morale –** première technique possible pour prévenir la confusion des patrimoines. Le patrimoine de cette nouvelle personne morale, distinct du patrimoine personnel du fiduciaire, accueillerait alors les biens fiduciaires. Cette technique de séparation des patrimoines est d'ailleurs déjà utilisée par une seule personne physique depuis l'introduction de l'entreprise unipersonnelle à responsabilité limitée en 1985.

Pour ériger la fiducie en personne morale, l'on pourrait envisager deux possibilités : soit la création, par le législateur, d'une nouvelle personne morale intégrée dans l'arsenal juridique (I), soit la reconnaissance d'une personne morale conventionnelle, hors de l'arsenal juridique existant (II).

Reprenons l'une après l'autre ces deux hypothèses.

I. LA FIDUCIE, PERSONNE MORALE LÉGALE[7]

303 bis. En vertu de cette première hypothèse, le législateur érigerait la fiducie en une nouvelle personne morale légalement opposable.

Celle-ci s'intègrerait dans le *corpus* juridique aux côtés de la société, de l'association, de la fondation, des fonds de garantie, etc. La fiducie serait alors une nouvelle espèce dans le genre des personnes morales.

Mais dans ce cas, le mécanisme d'immatriculation, dont ne pourrait être affranchie cette nouvelle personne morale, serait sans aucun doute une entrave à la facilité de création d'une fiducie recherchée par les instigateurs. Aussi convient-il d'écarter cette première hypothèse de la fiducie, personne morale légalement consacrée, certes envisageable mais dépourvue d'intérêt, pour réfléchir à la possibilité d'une fiducie, personne morale conventionnelle, hypothèse inédite et beaucoup plus intéressante.

II. LA FIDUCIE, PERSONNE MORALE CONVENTIONNELLE ?

303 ter. L'on pourrait en effet s'interroger sur la possibilité d'ériger la fiducie en personne morale hors de l'arsenal juridique existant.

La fiducie serait alors considérée comme une nouvelle personne morale **conventionnellement** reconnue, existant en tant que telle, et dépourvue du lourd formalisme actuel imposé par le législateur[8]. Si cette hypothèse ne manque pas

---

6. L'une des causes de disparition de la *fiducia* romaine dès la fin de l'époque classique fut notamment l'absence de dédoublement de la propriété : v. GIFFARD (A.-E), *op. cit.*, p. 89 et *supra* n°s 38 et 39 (introduction générale).

7. Seule hypothèse émise, semble-t-il, lors de l'élaboration de l'avant-projet de loi sur la fiducie.

8. Ainsi, à côté des sociétés, des fondations, des associations... – personnes morales créées par le législateur – il existerait d'autres entités, les fiducies, dotées conventionnellement de la personnalité morale.

d'attrait pour les intéressés, elle pourrait toutefois se heurter à un obstacle, celui du principe du *numerus clausus* des personnes morales, dont on rappellera le fondement (A).

Cela étant, afin de lever éventuellement ledit obstacle, une réflexion sera menée sur l'actualité du principe du *numerus clausus* des personnes morales (B).

A. LE *NUMERUS CLAUSUS*[9] DES PERSONNES MORALES : UN ARGUMENT DIRIMANT ?

304. Évoquer le principe du « *numerus clausus* des personnes morales »[10] pourrait surprendre dans la mesure où cette expression est plus couramment employée dans le domaine des droits réels que dans celui des personnes morales[11].

En vertu dudit principe, il est interdit aux parties, voire à une partie, de créer conventionnellement une personne morale non prévue par le législateur.

L'on peut comprendre la raison pour laquelle seul le législateur peut créer une personne morale, en raisonnant à partir de la justification du *numerus clausus* en matière de droits réels, a fortiori en matière de sûretés réelles[12].

305. Quel est donc le fondement du *numerus clausus* des droits réels ?

Par souci d'ordre en matière de droits réels, le législateur de 1804 – suite à l'évolution de la notion de propriété qui commença au XVIe siècle – affirma l'exclusivité de la propriété dont l'élément le plus important était le *jus disponendi,* l'*abusus* de la chose[13]. En conséquence, le *numerus clausus* des droits réels se justifiait aisément : « le *numerus clausus* des droits réels a pour effet de protéger la propriété, en rendant impossible la constitution de droits susceptibles de la vider de sa substance »[14]. Ainsi, « l'esprit du législateur fut de respecter l'égalité civile des personnes et de préserver l'absoluité du droit de propriété »[15].

---

9. Du latin, nombre fermé. À l'origine, « limitation discriminatoire » : *Dictionnaire de la langue française*, LITTRÉ.

10. *Supra* n° 182.

11. L'on retrouve également dans la vie courante le principe du *numerus clausus* pour les officines de pharmaciens par exemple, soit encore pour les offices notariaux.

12. Le premier des arguments justifiant le principe du *numerus clausus* des sûretés réelles, ou plus exactement des garanties réelles, pour reprendre les termes employés par M. CROCQ (*op. cit.*, p. 189 et 190) à l'issue de sa démonstration, est celui du caractère lui-même limitatif du nombre des droits réels : s'il est impossible de créer un nouveau droit réel, il est impossible *a fortiori* de créer une nouvelle garantie réelle.

13. Art. 537, al. 1 C. civ. : « *les particuliers ont la libre circulation des biens qui leur appartiennent, sous les modifications établies par les lois* ». Pour l'évolution historique de la notion de propriété, l'on se réfèrera à l'ouvrage ci-après : JUBAULT (Ch.), *Bail rural et usufruit, contribution à l'étude des droits réels immobiliers*, Thèse Paris II, 1994 ; également, v. PATAULT (A.-M.), *Introduction historique au droit des biens*, PUF, Coll. Droit fondamental, 1989 ; v. aussi les bibliographies indiquées dans les ouvrages de JUBAULT (Ch.), *op. cit.* et de CROCQ (P.), *op. cit.*, note 1 p. 193 de l'ouvrage.

14. FOËX (B.), *Le numerus clausus des droits réels en matière mobilière*, Coll. Juridique Romande, Payot, Lausanne, 1987, n° 16 p. 31.

15. JUBAULT (Ch.), *op. cit.*

Le principe du *numerus clausus* s'oppose, par conséquent, à l'admission, sous le nom de propriété, d'un droit réel qui ne soit susceptible de conférer « une plénitude de prérogatives au moins potentielle sur un bien »[16].

Quant au *numerus clausus* des « garanties réelles », principe affirmé par la doctrine[17], il a pour fondement les articles 2092, 2093 et 2094 du Code civil, lesquels garantissent l'indivisibilité du patrimoine du débiteur et son corollaire, le principe d'égalité des créanciers chirographaires. Tous les biens répondent de toutes les dettes, et ils en répondent de la même manière. Par conséquent, s'il n'est pas plus permis à un débiteur de conférer, en dehors des prévisions de la loi, un droit de préférence sur l'un de ses biens à un créancier, il ne lui est pas davantage possible d'affecter spécifiquement tel bien à telle dette et non à telle autre[18]. Les dispositions légales susvisées étant impératives, seul le législateur peut y déroger, mais certainement pas un ou plusieurs individus.

En résumé, égalité, protection, sont donc les termes à retenir propres à justifier la raison d'être du principe du *numerus clausus* des droits réels. À partir de ce raisonnement, l'on peut comprendre et expliquer le fondement du nombre limité de personnes morales imposé par le législateur.

306. Poursuivons alors le raisonnement, par déclinaison aux personnes morales : comment le *numerus clausus* des personnes morales peut-il se justifier ?

Le législateur a toujours été empreint d'une grande suspicion à l'égard des personnes morales[19]. La personnalité morale fut animée par la sempiternelle oscillation entre la théorie de la réalité, accusant un anthropomorphisme parfois exagéré, et celle de la fiction. Ces hésitations ainsi nourries eurent pour conséquence une difficulté évidente à définir la notion même de personne morale, définition qui ne figura d'ailleurs jamais dans le Code civil. Sans retracer toute l'évolution de l'attitude du législateur à l'égard des personnes morales, laquelle dépasserait largement le cadre de la présente réflexion[20], il s'avère néanmoins possible de dégager trois courants principaux :

1. **Au XIXe siècle**, des formes d'action collective furent consacrées sous la pression de l'opinion publique qui rejeta l'individualisme révolutionnaire. Par la suite, toute grandeur ayant ses périls, l'État s'inquiéta de la puissance acquise par certaines personnes morales. C'est ainsi qu'elles rencontrèrent dans leur vie une

---

16. CROCQ (P.), *op. cit.* p. 193.

17. LARROUMET (Ch.), *Droit civil – Introduction à l'étude du droit privé*, t. I, Economica, 1995, n° 54 ; MAZEAUD (H. et L.), MAZEAUD (J.) et CHABAS (F.), *Leçons de droit civil : sûretés et publicité foncière*, t. III, vol. 1, 7e éd. par Yves PICOD, Montchrestien, 1999, n° 5.

18. CROCQ (P.), *op. cit.*, p. 189, n° 235.

19. À rapprocher également de *supra* n° 182.

20. En outre, un bon nombre d'auteurs éminents l'ont fort bien retracée (par exemple, SALEILLES, MICHOUD, PLANIOL) : v. la bibliographie, non exhaustive, *supra* n° 24.

accumulation d'entraves étatiques : contrôle administratif rigoureux, immixtion du législateur dans la formation de leur volonté, ou encore surveillance de l'opportunité de leurs actes.

2. **À la fin du XIXe siècle**, une idée installée depuis longtemps dans les esprits parvint enfin à maturation : celle de soustraire les groupements privés au régime du bon plaisir de l'État, et de substituer à l'autorisation préalable de leur création, une réglementation légale déterminant à l'avance les conditions à remplir pour devenir une personne morale.

3. Un nouveau courant émergea, au terme duquel l'attitude étatique finit par se faire moins rigoureuse à l'égard des personnes morales, prenant toutefois en considération le but intéressé ou non[21].

Finalement, autorisation préalable ou réglementation légale, le résultat est identique : la suspicion et la méfiance du législateur à l'encontre des personnes morales ne permettent pas que celles-ci puissent exister en tant que telles, par le fait d'une seule convention entre les parties, avec toutes les conséquences y attachées. Ce *numerus clausus* des personnes morales est donc mû par un certain ordre public dans le dessein de protéger l'État, mais également les personnes morales contre la puissance éventuelle que pourraient prendre certaines d'entre elles devenues impossibles à maîtriser[22].

Cela étant, de même que le principe du *numerus clausus* des droits réels fut largement remis en cause[23], il est permis de s'interroger sur la pertinence, à l'heure

---

21. « *Vis-à-vis des associations à but de gain, l'État n'a jamais eu de méfiance (...). Pour les associations à tendance idéale il y a quelque chose de plus : l'État a toujours cru nécessaire de les soumettre à une certaine surveillance* » : MICHOUD (L.), *op. cit.*, p. 276.

22. Est-ce par anthropomorphisme exagéré ? Les principes révolutionnaires peuvent-ils être applicables aux personnes morales ? La réponse est vaste (*supra* n° 156 et n° 182).

23. Si le principe du *numerus clausus* en matière de droits réels est en effet vivement contesté par la jurisprudence depuis le XIXe siècle, (Jurisprudence Caquelard, Req., 13 fév. 1834, *DP* 1834, I, p. 218 ; *GAJC* par F. TERRÉ et Y. LEQUETTE, Dalloz, 10e éd. 1994 p. 265 n° 60), il l'est tout autant par une partie de la doctrine. Pour ces auteurs, non seulement le principe n'est pas, en droit français, celui d'un *numerus clausus* des droits réels, mais au contraire, celui de la liberté de création des droits réels nouveaux. Cette conclusion se déduit des pouvoirs les plus étendus reconnus au propriétaire sur sa chose, aux termes de l'article 544 du Code civil, ainsi que de la faculté consacrée par l'article 686 C. civ. de créer librement des servitudes. Dans ces conditions, rien ne s'oppose à ce que des parties réalisent « *un démembrement temporaire du droit de propriété en un droit de propriété grevé d'une charge réelle et un droit réel sur la chose d'autrui* » : V. CROCQ (P.), *op. cit.*, p. 195 n° 242, démembrement auquel se réduit la distinction que l'auteur opère entre la propriété de la valeur et la propriété de l'utilité.
V. également JUBAULT (Ch.), *op. cit.*, qui a remis en cause le principe du *numerus clausus* des droits réels, et notamment le titre préliminaire de la seconde partie de sa thèse – l'obsolescence du principe de la limitation légale du nombre de droits réels – l'auteur démontra en effet que si l'histoire de la propriété expliqua le souci d'ordre du législateur de 1804 en matière de droits réels, par le respect de l'égalité civile des personnes notamment,

actuelle, du *numerus clausus* des personnes morales. Peut-on vraiment considérer qu'il joue encore son rôle de protecteur de la personne morale, voire de gardien de l'ordre public étatique ?

B. L'ACTUALITÉ DU *NUMERUS CLAUSUS* DES PERSONNES MORALES

307. *Numerus clausus* et principe de spécialité des personnes morales. Si l'histoire de la personne morale expliqua le souci du législateur de faire respecter l'ordre public, la meilleure expression, tant de l'ordre public de protection que de la protection de la personne morale elle-même ne se trouve-t-elle pas dans la valeur juridique qu'il convient d'attacher au principe de spécialité des personnes morales ? Certes, l'on pourrait arguer que le principe de spécialité légale des personnes morales implique nécessairement le *numerus clausus* des personnes morales[24]. Cela étant, l'on peut poursuivre plus loin la réflexion en affirmant désormais, en s'appuyant sur les démonstrations faites en première partie, que le principe de spécialité des personnes morales peut être, à lui seul, le gardien de l'ordre public[25]. La valeur juridique démontrée du principe de spécialité des personnes morales contribuerait ainsi à supprimer l'intervention directe de l'État. En conséquence, un *numerus clausus* des personnes morales s'avèrerait inutile, comme faisant double emploi avec le principe de spécialité des personnes morales[26].

En conclusion, il s'avère que le principe du *numerus clausus* des personnes morales n'est pas un obstacle dirimant à l'établissement de la fiducie, personne morale conventionnelle. Finalement, si l'hypothèse de la fiducie – personne morale conventionnelle – paraît concevable, elle n'en demeure pas moins inopportune.

§ 2 – UNE SOLUTION ENVISAGEABLE, MAIS INOPPORTUNE

Pour démontrer que le principe de spécialité de la fiducie pourrait être une variété du principe de spécialité des personnes morales, il faut démontrer au préalable qu'une telle qualification de fiducie comme personne morale serait une technique envisageable (I). Toutefois, parce qu'elle contredit le génie propre des fiducies, cette solution semble inopportune (II).

---

cette dernière est assurée par le jeu de trois paramètres gardiens de l'ordre public de la propriété : durée du droit de jouissance, cessibilité et qualification autoritaire le cas échéant. *Le* numerus clausus *est alors inutile.*

24. *Supra* n° 182.

25. Il a été en effet démontré en première partie que la véritable dimension juridique de la spécialité légale résidait dans la préservation de la vie sociale, au titre d'un mécanisme classique de l'ordre public de protection. L'ordre public, du moins l'ordre public de protection, constitue le véritable fondement du principe de spécialité légale : *supra* n°s 155, 156, 172.

26. À l'appui de l'inutilité du *numerus clausus* des personnes morales, rappelons que la voie est ouverte depuis quelques années déjà à la contractualisation du droit des affaires et à la diminution, voire à la suppression de l'interventionnisme étatique en matière économique.

I. LES ARGUMENTS D'ORDRE PRATIQUE À L'APPUI DE LA SOLUTION

308. La qualification de la fiducie – personne morale conventionnelle – peut être justifiée par des arguments d'ordre pratique.

En effet, l'évolution de la personnalité morale, tant dans la vie des affaires (A) qu'en jurisprudence (B), pourrait participer à la reconnaissance d'une nouvelle personne morale conventionnellement opposable.

A. L'ÉVOLUTION DE LA PERSONNALITÉ MORALE DANS LA PRATIQUE DES AFFAIRES

309. Depuis la réforme de 1978, on assiste à un dynamisme croissant des groupements dépourvus d'une personnalité morale légalement opposable, mais néanmoins dotés de tous ses attributs.

Tels sont les cas, parmi d'autres, des sociétés en participation, des indivisions, des sociétés ou des groupements d'intérêt économique qui, avant leur immatriculation, peuvent avoir une activité reconnue. Les fondations « abritées et sectorielles » de la loi de 1990 d'une part[27], les fondations non reconnues d'utilité publique d'autre part, peuvent également avoir une activité juridique reconnue. Même si certains de ces groupements sont réglementés, le législateur ne les contrôle pas pour autant[28].

Ces quelques exemples montrent que la personnalité morale *légalement opposable* n'assure pas à elle seule l'efficacité de l'action collective, puisque des groupements non immatriculés peuvent exercer également une activité. L'on pourrait donc les qualifier de « personnes morales conventionnelles ».

Un autre argument d'ordre pratique, participant à la reconnaissance de la personne morale conventionnelle, peut être extrait d'une jurisprudence assez récente.

B. L'ÉVOLUTION JURISPRUDENTIELLE DE LA PERSONNALITÉ MORALE

309 bis. C'est à propos d'un arrêt rendu par la chambre sociale de la Cour de cassation en 1986 qu'un auteur[29] a émis l'hypothèse de la coexistence de personnes morales de fait avec des personnes morales déclarées ou immatriculées.

Rappelons les termes de l'arrêt susvisé : « la Cour d'appel a légalement justifié sa décision de condamnation d'un syndicat non déclaré à des dommages et intérêts pour exercice abusif du droit de grève, en constatant que celui-ci avait clairement manifesté son *existence de fait*, et ne pouvait donc, pour se soustraire à ses obligations, se prévaloir de l'inobservation des formalités qui lui incombaient. »

La portée de l'arrêt mérite d'être précisée, et il faut noter que la chambre sociale utilise une formule prudente. Elle ne dit pas que le syndicat non déclaré jouit de la personnalité morale. Elle constate, de manière plus nuancée, que ce groupement « *a manifesté son existence de fait et ne peut se prévaloir de l'inobservation des formalités qui lui incombaient pour se soustraire à ses obligations* ».

---

27. *Supra* n° 89.

28. Par exemple, la société en participation : art. 1871 à 1873 C. civ.

29. GUYON (Y.), note sur Cass. soc., 21 juillet 1986, *Rev. soc.* 1987, p. 43.

Une première idée peut être dégagée : l'arrêt paraît se rattacher à la théorie de la capacité passive, laquelle permet à tout adversaire d'un groupement dépourvu de personnalité morale d'agir tout de même contre ce groupement, sans être tenu d'assigner chacun de ses membres[30]. Cette théorie évite que des groupements non déclarés jouissent d'une impunité de fait inadmissible.

Une seconde idée peut être formulée : le rapprochement avec l'arrêt *Bendix*[31] peut aussi laisser penser qu'il s'agit d'un mouvement plus profond. La personnalité morale redeviendrait une réalité que le juge ne pourrait pas méconnaître. Aux côtés des personnes morales déclarées ou immatriculées[32] et donc légalement opposables, il y aurait des « *personnes morales de fait* », pour reprendre l'expression du professeur Guyon, soit encore des « personnes morales conventionnelles ». Mais selon lui, ces entités ne jouiront pas de tous les attributs de la personnalité morale : on voit mal, notamment, comment ledit syndicat pourrait avoir un patrimoine, ce qui ne serait pas le cas de la fiducie – personne morale conventionnelle.

Au final, s'il apparaît juridiquement concevable d'ériger la fiducie, soit en une nouvelle personne morale légale, soit en une « personne morale de fait » nommée encore « personne morale conventionnelle », il ne semble pas opportun de retenir la solution de la fiducie, personne morale.

II. L'INOPPORTUNITÉ DE LA FIDUCIE, PERSONNE MORALE

309 ter. Même si l'on vient d'établir qu'il est techniquement envisageable d'ériger la fiducie en personne morale, il faut néanmoins admettre que cette proposition ne doit pas être retenue, car la fiducie a son génie propre ainsi qu'il va être démontré.

En effet, ériger la fiducie en une personne morale, soit légale, soit conventionnelle, revient à nier l'indéniable et irréductible spécificité des techniques fiduciaires. Il n'est pas de la nature des fiducies d'avoir et de jouir d'une personnalité morale quelle qu'elle soit : c'est là la quintessence de leur intérêt.

---

30. COUPET (L.), *L'action en justice des personnes morales de droit privé*, Thèse Aix, 1974.

31. Paris, 10 juin 1986, *Rev. soc.* 1986, Somm. 458 ; *JCP E* 1986, II, 14781, note TEYSSIE et VIANDIER : dans l'affaire *Bendix*, la Cour de Paris a admis la *recevabilité de l'action en justice d'un comité de groupe*, alors pourtant que la loi du 28 octobre 1982 ne reconnaît pas la personnalité morale de ces organes représentatifs du personnel. La Cour se justifie de la manière suivante : elle reprend mot pour mot la définition de la personnalité morale donnée en 1954. *L'on constate donc un véritable retour à la réalité* de la théorie de la personnalité morale, puisqu'un simple groupement de fait jouit, sinon de l'entière personnalité morale, au moins de la principale conséquence attachée à celle-ci, savoir la *capacité d'ester en justice*.

32. En droit anglais, quatre moyens sont reconnus pour créer une personne morale : la *Common law*, une autorisation du Parlement, une charte royale, soit encore la prescription lorsqu'il est présumé qu'une charte royale a été accordée mais que celle-ci a été perdue.

Encore autrement formulé : la caractéristique substantielle de la fiducie est de permettre une atteinte à l'unité et à l'indivisibilité du patrimoine, sans création d'un être moral nouveau. Quoique des arguments aient pu être avancés pour qualifier la fiducie de personne morale, ce rattachement serait inopportun et même plus, peu concevable, car il supposerait la négation des techniques fiduciaires.

En conséquence, la fiducie n'étant pas une espèce dans le genre des personnes morales, on ne qualifiera pas le principe de spécialité de la fiducie d'espèce dans le genre du principe de spécialité des personnes morales. Autrement dit, le principe de spécialité de la fiducie ne sera pas une variété du principe de spécialité des personnes morales.

Dès lors que le principe de spécialité[33] susceptible de régir la fiducie ne peut être une variété du principe de spécialité des personnes morales, s'en inspirerait-il, il faut envisager l'autre solution possible, à savoir, qu'il pourrait être une variété d'un nouveau principe de spécialité, applicable **aux patrimoines d'affectation**.

SECTION 2
UNE VARIÉTÉ D'UN NOUVEAU PRINCIPE DE SPÉCIALITÉ APPLICABLE AUX PATRIMOINES D'AFFECTATION ?

Le principe de spécialité de la fiducie sera une variété d'un nouveau principe de spécialité applicable aux patrimoines d'affectation – soit en d'autres termes, une espèce dans le genre du « principe de spécialité des patrimoines d'affectation » – à condition d'établir que la fiducie est une espèce dans le genre des patrimoines d'affectation.

Cette seconde hypothèse suppose évidemment la consécration, par le droit français, du patrimoine d'affectation, ce qui permettrait de qualifier clairement le patrimoine fiduciaire affecté à l'exécution de la fiducie de *patrimoine d'affectation* (§ 1). Au regard du droit positif actuel, mais également du projet de loi sur la fiducie, cette solution apparaît plus opportune, entraînant, en conséquence, la possible affirmation d'un principe de spécialité de la fiducie, variété d'un nouveau principe de spécialité applicable au patrimoine d'affectation (§ 2).

Cette riche réflexion invite toutefois à un rappel préalable de la théorie du patrimoine d'affectation, au demeurant non encore consacrée par le droit français (§ préliminaire).

---

33. Sur ses manifestations, *supra* n° 296.

PARAGRAPHE PRÉLIMINAIRE : L'ÉVOLUTION DOCTRINALE DE LA THÉORIE DU PATRIMOINE D'AFFECTATION

310. La conception en vertu de laquelle tous les biens et toutes les charges forment une masse unique, qui répond à la théorie de l'unicité du patrimoine, fut l'objet de vives critiques dès la fin du XIXe siècle, en raison de son caractère abstrait, factice.

En effet, certains juristes français et belges n'ayant jamais accepté le principe dégagé par Zachariae[34], élaboré ensuite par Aubry et Rau[35], se tournèrent vers une conception plus conforme au droit positif, inspirée du droit allemand : la théorie du patrimoine d'affectation. Cette thèse eut pour objectif de concilier la division du patrimoine avec les grands principes du droit civil. La théorie moderne du patrimoine d'affectation (II) ne peut toutefois se comprendre plus aisément qu'une fois exposée la théorie allemande des patrimoines sans sujet (I).

I. LA DOCTRINE ALLEMANDE

311. L'idée de patrimoine sans sujet fut développée en Allemagne par Brinz et Bekker[36].

Ces juristes allemands élaborèrent une théorie selon laquelle le fondement du patrimoine n'était pas dans la personne, mais dans le but. Ces patrimoines autonomes, appelés *Zweckvermögen* (patrimoines à but) et *Sondervermögen* (patrimoines séparés), n'appartenaient ni à la collectivité des associés, ni à une personne morale, mais à leur propre destination, n'ayant, par conséquent comme sujet, que leur affectation. Ainsi, les juristes allemands élaborèrent leur théorie sur le fondement de l'admission des droits sans sujet. S'éloignant de la doctrine classique, la cohésion n'était donc plus basée sur la personne mais sur l'affectation commune des éléments, soit en d'autres termes, sur le but commun existant entre les divers éléments affectés du patrimoine[37].

---

34. Karl Salomo ZACHARIÆ Von LIGENTHAL (1769-1843), jurisconsulte et publiciste allemand, entreprit, dès 1808 l'étude du Code Napoléon et publia la première édition d'un manuel de droit civil français (*Handbuch des Französischen civilrechts*). S'inspirant des réflexions des auteurs français qui le précédèrent, il bâtit une théorie du patrimoine juridique : MICHAUD, *Biographie universelle*, t. 45 (article rédigé par AUBRY).

35. Les français Charles AUBRY (1803-1883) et Charles RAU (1805-1883), s'ils présentèrent dans une première étape leur manuel comme une traduction du manuel de ZACHARIÆ, ils affirmèrent très rapidement leur indépendance. Dès le quatrième volume de la première édition concernant le patrimoine, ils annoncèrent dans la préface que leur manuel était une œuvre personnelle dont ils assumaient l'entière responsabilité. Ce ne fut pourtant que dans leur quatrième édition qu'ils se détachèrent complètement de l'ouvrage du jurisconsulte allemand, édition dans laquelle leur théorie du patrimoine prit toute son ampleur : MICHAUD, *ibid.*

36. BRINZ élabora le premier cette théorie qui fut admise et présentée sous un jour nouveau par BEKKER : v. SALEILLES (R.), *op. cit.*, p. 477 et SPETH (F.-H.), *op. cit.*, p. 21 s.

37. SALEILLES (*op. cit.*, p. 477 et 478) en dégagea la raison : « *on se rendait compte qu'il était tout aussi impossible de maintenir au profit des membres individuels d'un groupe personnifié leurs droits individuels, à titre purement nominal, que de feindre l'existence d'un nouveau sujet irréel* ».

Après une période d'enthousiasme, Saleilles rapporta que la théorie allemande devait être abandonnée en raison des nombreux dangers qu'elle représentait pour les personnes morales. En effet, il reprochait à la théorie allemande de concevoir la personnalité d'une manière seulement patrimoniale, c'est-à-dire de servir uniquement à la gestion d'un patrimoine et d'être « *incapable (...) d'expliquer, non seulement les relations personnelles entre associés, mais l'activité personnelle de l'association en dehors de toute gestion patrimoniale, et par suite incapable de s'appliquer à de pures collectivités qui n'auraient pas de patrimoine* »[38]. Saleilles la critiqua également par le fait qu'elle dissociait les droits collectifs, de la personne même des associés, mettant ainsi à l'écart la responsabilité personnelle des associés[39]. Enfin, la théorie de Brinz mettait en péril la conception même du droit individuel, outre la création d'un danger dans son application aux personnes morales. L'absolutisme de la thèse allemande conduisait à exiger, à l'instar de la théorie de la fiction de la personnalité morale, l'intervention de l'État[40].

Entendue et comprise ainsi, la théorie de Brinz et de Bekker s'avérait tout aussi insuffisante que celle de l'unité du patrimoine.

Au vu de ces considérations, les juristes modernes souhaitèrent apporter un équilibre entre ces deux conceptions : leur doctrine fut en effet présentée en France et en Belgique sous la forme plus atténuée des patrimoines d'affectation.

II. LES DOCTRINES FRANÇAISE ET BELGE

312. Si la théorie allemande des droits sans sujet fut reprise en France par quelques auteurs[41], sans grand succès, ce fut Saleilles qui introduisit le premier la conception du patrimoine d'affectation.

Tout son discours fut fondé sur cette notion qui constituait l'élément essentiel de sa conception de la personnalité morale. Quoique abondamment étayée, sa théorie n'eut pas le succès escompté, la sacro-sainte théorie de l'unité du patrimoine étant trop ancrée dans les esprits. Dans la lignée de Saleilles, Henri Gazin proposa, dans sa thèse consacrée à la critique de la théorie classique, le patrimoine d'affectation comme justification à l'autonomie du patrimoine[42]. Selon cet auteur, le patrimoine existe lorsqu'il y a affectation d'une masse de biens à un but ; ce but sera, soit la liquidation des biens, soit leur conservation, soit leur administration. Bien que sa

---

38. SALEILLES (R.), *op. cit.*, p. 481.

39. *Ibid.*

40. SALEILLES (R.), *op. cit.*, p. 484 : « *un patrimoine d'affectation suppose une affectation imposée du dehors ; elle ne peut l'être que par voie d'autorité. Toute affectation collective ne peut venir que de l'État* ».

41. Notamment en droit public, par DUGUIT, avec son école du Droit objectif (*Traité de droit constitutionnel*, 3e éd., t. 3, p. 209 s. : « *le patrimoine n'est pas autre chose que l'affectation socialement protégée d'une certaine quantité de richesses à un but déterminé* » ; en droit privé, on peut mentionner l'ouvrage de PLASTARA (G.), *La notion juridique de patrimoine*, Thèse, Paris, 1903.

42. GAZIN (H.), *Essai critique sur la notion de patrimoine dans la doctrine classique*, Thèse Dijon, 1910.

théorie ne manqua point d'attrait, la principale lacune qui lui fut reprochée fut d'avoir omis de déterminer la nature du but ou de l'intérêt devant être à la source de l'affectation[43].

Dès le milieu du XXe siècle, la plupart des auteurs de grands traités nuancèrent leur position et optèrent pour une conception intermédiaire entre la thèse classique et la théorie allemande. Un exemple de cette évolution, au demeurant surprenant, pourrait être apporté par Eismein dans la sixième édition du traité d'Aubry et Rau : tout en reprenant le dogme classique du patrimoine en vertu duquel celui-ci est le corollaire de la personnalité, donc unique et indivisible, l'auteur reconnut que cette théorie comportait néanmoins d'importantes dérogations en droit français, au point qu'il apparaissait loisible de s'interroger sur son bien-fondé[44]. En réalité, Eismein alla encore plus loin dans sa critique de la théorie classique en manifestant clairement son ouverture pour le patrimoine d'affectation[45], et ceci à l'intérieur même du traité d'Aubry et Rau !

Par ailleurs, la thèse de Roger Percerou mériterait une certaine attention[46]. En effet, même s'il n'a point effectué une analyse du patrimoine d'affectation en tant que tel, il en proposa l'adoption comme critère de la personnalité morale[47], rejoignant en ce sens la théorie développée par Saleilles pour qui la notion

---

43. GUINCHARD (S.), *op. cit.*, n° 389, p. 335.

44. « *La pratique des fondations et des sociétés a habitué les esprits à l'existence d'un patrimoine sans qu'il y ait pour titulaire une personne physique. (...) Dès lors, n'étant pas axé sur une personne physique, le patrimoine distinct d'une fondation ou d'une société apparaît nécessairement comme une masse de biens affectée à la poursuite d'un certain but* » : AUBRY (C.) et RAU (C.), *Cours de droit civil français*, 6e éd. par P. EISMEN, t. 9, Litec, 1953, n° 575.

45. AUBRY (C.) et RAU (C.), *Cours de droit civil français*, 6e éd. par P. EISMEN, t. 9, Litec, 1953, n° 575, p. 313 : « On répugne encore en France, à admettre qu'un patrimoine existe sans avoir pour sujet une personne, physique ou morale. Cependant, les concepts de personne morale et de patrimoine se recouvrent à peu près exactement. Et l'idée d'un but à atteindre, d'une œuvre à réaliser, peut, comme l'idée d'individu, fournir la base d'un concept de rassemblement. Si l'on en vient, comme il est possible, à admettre qu'un commerçant puisse, sans mettre son entreprise en société, faire des biens qu'il y affecte, et des dettes nées au cours de son exploitation, *une masse indépendante de sa fortune civile* (nous soulignons), il faudra, ou accueillir l'idée d'un patrimoine sans sujet, ou admettre la possibilité d'une personne morale du type des sociétés commerciales sans qu'il y ait pluralité d'exploitants, ou enfin admettre le dédoublement de la personnalité physique ».
En 1985, lors de la création de l'EURL, ce fut la seconde idée qui prospéra, au détriment de la consécration du patrimoine d'affectation.

46. PERCEROU (R.), *La personne morale de droit privé, patrimoine d'affectation*, Thèse Paris, 1951.

47. « Cette notion [le patrimoine d'affectation] ne saurait être autre chose qu'un critère technique de l'organisme Personne morale exerçant une activité économique propre au regard des tiers. En ce sens, nous nous séparons de la construction Allemande qui veut trouver dans le « Patrimoine d'affectation » une masse de biens soumise, comme telle, à un régime juridique spécial (...). Seule peut être retenue, selon nous, de la théorie germanique, l'idée de définir techniquement la Personne morale par ses éléments objectifs, par la notion de *Patrimoine d'affectation* » : PERCEROU (R.), *op. cit.*, p. 185.

d'affectation était inhérente à la personne morale. Bien que son approche soit loin d'être inintéressante, elle susciterait quelques critiques, « *puisque l'autonomie patrimoniale peut exister sans le support de la personnalité morale* »[48].

313. Enfin, à la même époque, la théorie de l'affectation reçut, en Belgique, l'adhésion d'un plus grand nombre d'auteurs.

La thèse de Frédéric H. Speth, publiée en 1957, mériterait d'être soulignée, car cet ouvrage, bien que vieux d'un demi-siècle, présenta une approche complète et très novatrice de la question du patrimoine d'affectation, concluant sur le nécessaire équilibre à réaliser entre la thèse classique d'Aubry et rau et celle de l'affectation[49]. Ayant eu pour but principal de doter l'entreprise d'une seule personne d'un statut juridique indépendant, elle n'en constitue pas moins une apologie de la division des patrimoines.

Finalement, l'opposition entre les partisans de la théorie classique du patrimoine et ceux du patrimoine d'affectation revient à l'opposition de conceptions sur la façon dont le passif doit grever l'actif. Ainsi, le patrimoine se définit essentiellement à travers le droit de gage général du créancier ; cela se comprend aisément puisque le patrimoine est, avant toute chose, non pas tant l'émanation d'une personne, mais bien l'assiette du droit de gage général des créanciers. Quelle que soit la puissance du lien entre le patrimoine et son titulaire, l'unicité du patrimoine est une notion entièrement tournée vers les tiers, à travers ce droit de gage[50]. La théorie classique avait pour objectif de réprimer les abus du passé et d'exprimer « les exigences de l'honnêteté dans les affaires : on doit payer ses dettes sur tous ses biens »[51]. En fin de compte, les différents théoriciens du patrimoine d'affectation permirent ce constat en vertu duquel rien ne s'opposait à ce que certains biens fussent affectés exclusivement ou par priorité, à la garantie de certaines dettes, contrairement à la théorie classique.

Cette conception paraîtrait ainsi en harmonie avec le droit positif, permettant d'ériger *en patrimoine d'affectation*, le patrimoine fiduciaire affecté à l'exécution de la fiducie.

§ 1 – LE PATRIMOINE FIDUCIAIRE, PATRIMOINE D'AFFECTATION

314. Lors de l'élaboration de l'avant-projet de loi sur la fiducie, ce fut cette technique, par préférence à la personnalité morale, qui emporta l'adhésion des rédacteurs.

---

48. BOUCHARD (Ch.), *op. cit.*, p. 220.

49. SPETH (F.-H.), *op. cit.*

50. « Le concept d'unicité du patrimoine n'est évoqué que par les ayants droit, notamment les héritiers, les créanciers, l'État. L'unicité est une notion externe invoquée par les tiers alors qu'il n'y a pas d'unicité interne au patrimoine » : Entretien ROUGER (M.), Président du Tribunal de commerce de Paris, in Sociologie juridique du patrimoine, La réalité de la règle de l'unicité du patrimoine (dans la perspective de la fiducie), *op. cit.*, ANNEXES.

51. MALAURIE (Ph.) et AYNÈS (L.), *Sûretés, publicité foncière*, *op. cit.*, n° 12.

Aux termes de l'avant-projet, la masse séparée fut considérée comme une sorte de patrimoine d'affectation, l'actif se composant des biens fiduciaires, le passif étant représenté par certaines dettes exécutoires sur ces biens. Toutefois, la proposition de l'avant-projet de faire des biens transférés au fiduciaire une masse séparée à l'intérieur de son patrimoine personnel, ne correspondait pas vraiment à la conception du patrimoine d'affectation, dans le sens utile qui était celui d'un patrimoine sans sujet de droit[52] ; en outre, la fiducie ne transférait pas une universalité avec une masse active et une masse passive, mais seulement des actifs.

Finalement, si *l'avant-projet* resta timide quant à ériger nommément la masse fiduciaire en patrimoine d'affectation[53], *le projet* de 1992, gravit une marche supplémentaire en modifiant l'article 2062 : « *la fiducie est un contrat par lequel un constituant transfère tout ou partie de ses biens et droits à un fiduciaire qui,* ***tenant ces biens et droits séparés de son patrimoine personnel****, agit dans un but déterminé (...)* ». Il s'agit bien d'un patrimoine d'affectation, les biens étant affectés à la réalisation d'un but, et non plus à une personne. En outre, l'exposé des motifs se référa très clairement à la notion de patrimoine d'affectation[54].

Toutefois, aucun des projets de lois sur la fiducie ne parvint à un résultat satisfaisant pour doter la France d'un mécanisme comparable au *trust* anglo-saxon ou à la fiducie romano-germanique, liechtensteinoise, luxembourgeoise, voire japonaise, québécoise ou même islamique et libanaise. Un certain nombre d'obstacles émanèrent tant des milieux juridiques que des professionnels, avec une large prééminence pour les premiers.

Parmi les raisons juridiques de son retrait, l'une fera tout particulièrement l'objet du développement ci-dessous, eu égard à son importance, celle de la contradiction du projet législatif à un dogme important de notre droit, *le principe de l'unicité du patrimoine*.

Si cet argument, au demeurant largement controversé, semblerait *a priori* mal fondé (I), l'ignorance de l'existence de ce principe par les acteurs économiques contribuerait sans doute davantage à l'élargissement de la théorie française du patrimoine, afin d'y admettre le patrimoine d'affectation (II).

---

52. CANTIN-CUMYN (M.), *op. cit.*, n° 14.

53. Avant-projet – art. 2062 C. civ. : « *la fiducie est un contrat par lequel un constituant transfère tout ou partie de ses biens et droits à un fiduciaire à charge pour celui-ci d'agir dans un but déterminé* ». Il faut se reporter, par la suite, à l'article 2067, al. 1 de l'avant-projet : « *les biens et droits transférés au fiduciaire forment une masse séparée dans son patrimoine* ». Cela étant, le terme « *patrimoine d'affectation* » n'est jamais employé.

54. « La fiducie – Exposé des motifs du projet de loi », *Bull. Joly* 1992, p. 380 : « *Les biens transférés vont former un patrimoine séparé, distinct du patrimoine personnel du fiduciaire. Les biens ne pourront être saisis ni par les créanciers du constituant, ni par ceux, personnels, du fiduciaire.* ***Il s'agit donc d'un patrimoine d'affectation*** *(nous soulignons). C'est l'originalité essentielle de ce nouveau contrat qui peut être conclu aux fins les plus diverses, regroupées généralement autour de trois fonctions, celles de gestion, de sûreté et de libéralité* ».

I. L'ATTEINTE AU PRINCIPE D'UNICITÉ DU PATRIMOINE : UN ARGUMENT *A PRIORI* MAL FONDÉ

Lors de la présentation de son projet sur la fiducie, la Chancellerie fut prise de certains scrupules en raison de ce qu'il n'était pas sans heurter des principes essentiels en droit français, en particulier le principe de l'unicité du patrimoine[55]. Cela étant, le principe de l'unicité du patrimoine entraîna aussi des incertitudes similaires lorsqu'il s'est agi de mettre en place les procédures ayant trait au surendettement[56].

C'est pourquoi, si beaucoup de théoriciens virent dans la fiducie une nouvelle atteinte au principe d'unité du patrimoine vidant une fois de plus cette théorie de toute sa signification, d'autres, en revanche, tentèrent de justifier son admission par le droit français[57]. Aussi, l'atteinte au principe de l'unicité du patrimoine semblerait non seulement limitée (A), mais encore, elle resterait possible en l'état actuel du droit (B).

A. UNE ATTEINTE LIMITÉE

315. En premier lieu, à la lecture de l'article 2092 du Code civil et « en vertu du bon sens », une personne répond de ses engagements uniquement sur les actifs dont elle est riche[58].

Il semble qu'il faille comprendre le terme « richesse » comme la propriété définitive d'un bien. Or, le fiduciaire, sorte de propriétaire « temporaire », n'est pas riche des biens du patrimoine fiduciaire ; il ne les détient pas pour son propre compte, mais pour celui d'autrui. Il ne porte donc pas atteinte aux droits de ses créanciers personnels. « En vérité, si l'on devait rechercher une atteinte au principe de l'unicité du patrimoine, ce serait du côté du constituant ou du bénéficiaire qu'il faudrait se tourner »[59], puisque l'un ou l'autre met effectivement à l'écart dans un autre patrimoine les biens dont il est riche.

---

55. L'atteinte au principe de l'impossibilité d'une propriété pour autrui fut soulevée non seulement par les juristes de la Chancellerie, mais aussi par certains parlementaires : entretien GOYET (Ch.), professeur, *in* Sociologie juridique du patrimoine, La réalité de la règle de l'unicité du patrimoine (dans la perspective de la fiducie), *op. cit.*, ANNEXES : « *Cet obstacle tenant au droit de la propriété est riche d'enseignements sociologiques, dans la mesure où le rôle de la propriété comme garantie, par ailleurs établi en doctrine (v.* CROCQ, *op. cit.), ne fait plus guère difficulté en pratique, en raison notamment de l'utilisation très courante de la clause de réserve de propriété* ».

56. « Synthèse de droit patrimonial de la famille », p. 36, in Sociologie juridique du patrimoine, ANNEXES, *op. cit.* : « *le principe de l'unité du patrimoine imprègne encore tant les textes que les esprits* ».

57. Entretien GOYET (Ch.), professeur, in Sociologie juridique du patrimoine, *ibid.* : « *Au lieu de remettre en cause les principes, on s'emploie, à chaque occasion, à stériliser une par une chacune de leurs conséquences. Au lieu de rechercher des logiques nouvelles, on s'installe délibérément dans l'incohérence. Cette méthode me paraît profondément regrettable* ».

58. GRIMALDI (M.) et BARRIÈRE (F.), *op. cit.*

59. *Ibid.*

316. En second lieu, l'atteinte à l'assiette du droit de gage général par la fiducie ne peut se concevoir que si le patrimoine est considéré dans sa fonction économique et financière de garantie.

Or, en réalité, la ligne de tension ne se situe pas vraiment dans une défense abstraite d'un droit de gage général réduit depuis bien longtemps à une peau de chagrin, mais plutôt dans la défense des intérêts du créancier et du débiteur. L'opposition entre ces deux types de personnes autour du droit de gage général est plus complexe encore. En effet, si la fiducie a pour fin la gestion des biens, aboutissant, en conséquence, à une division des patrimoines sans création de personne juridique, les créanciers du constituant-fiduciant risqueront fort de s'inquiéter du rétrécissement de l'assiette du droit de gage général. Ainsi, *la fiducie-gestion s'avère favorable au débiteur* dont les biens pourront fructifier sans qu'il en prenne la charge, ou lorsqu'il s'en révèlera incapable.

En revanche, en cas de *fiducie-sûreté* qui entraîne une division des patrimoines, donc un rétrécissement identique à celui sus-visé, celle-ci serait sans doute approuvée par les créanciers. Cela se comprend aisément, puisqu'il s'agirait alors d'une nouvelle forme de sûreté qui leur serait profitable et dont les banquiers seraient sans doute les premiers bénéficiaires[60].

La conception patrimoniale diffère, et même s'oppose, suivant le cas de fiducie en cause : fiducie-gestion, fiducie du débiteur et fiducie-sûreté, fiducie du créancier[61].

En fin de compte, cette atteinte à l'unicité du patrimoine par la perspective de la fiducie, bien que comportant des limites, existe néanmoins, mais elle semblerait possible.

B. Une atteinte possible

317. Tout d'abord, il y aurait, « au regard de ce principe, quelque hypocrisie à accabler le patrimoine affecté et à blanchir la personnalité morale »[62].

La personnalité morale permet en effet à une personne physique de ne pas engager tous ses biens par toutes ses dettes, et donc d'éluder *de facto* l'unicité du patrimoine[63]. Au fond, le résultat escompté est le même, que le fiduciaire agisse au

---

60. Un avis contraire fut pourtant soutenu par GENTY, Directeur de la Banque de France : « *il n'est pas certain que la fiducie-sûreté soit un modèle idéal pour le maintien du droit de gage des créanciers. Les modèles traditionnels sont peut-être suffisants et la fiducie obligerait les banquiers à augmenter leur coût de crédit. De plus, l'engagement d'un immeuble ne correspond pas au montant du prêt même en utilisant la technique fiduciaire : l'immeuble devient indisponible. Les banquiers risquent d'engager leur responsabilité dans des montages qui permettent de détourner les règles du droit de propriété* » : entretien avec R. GENTY, *in* Sociologie juridique du patrimoine, La réalité de la règle de l'unicité du patrimoine (dans la perspective de la fiducie), *op. cit.*, ANNEXES.

61. Observation ici faite que cette opposition radicale entre créancier et débiteur, mise en exergue par la loi du 25 janvier 1985, est une *spécificité française*, le droit anglo-saxon ayant une conception moins belliqueuse des choses.

62. GRIMALDI (M.), *op. cit.*, p. 919.

63. GRIMALDI (M.) et REYNIS (B.), *op. cit.*

travers d'une personne morale dont il serait l'unique membre, ou sur un patrimoine affecté. Pourquoi donc rejeter le patrimoine affecté, alors que la personnalité morale, qui limite pareillement le gage des créanciers, est admise[64] ?

318. Ensuite, « *il apparaît que le principe de l'unicité du patrimoine n'aurait de réalité, au sens sociologique du terme, que pour les juristes ayant fait leurs études dans les facultés de droit* »[65].

À ce propos, une équipe de recherche du laboratoire de sociologie juridique de l'université de Panthéon-Assas, sous la direction des professeurs François Terré et Marie-Anne Frison-Roche, remit à la Chancellerie, en juillet 1995, et dans la perspective de la fiducie, un rapport général accompagné d'annexes contenant un certain nombre d'entretiens accordés par des juristes praticiens de professions diverses[66]. Aux termes de ce travail considérable, il pourrait alors être loisible de conclure au mal-fondé dudit argument, en raison, notamment, de deux types d'atteintes au dogme classique que connaît le droit des affaires : les atteintes à la conception théorique de l'unicité du patrimoine (a) mais également les atteintes à la fonction pratique[67] (b).

a) Les atteintes à la conception théorique de l'unicité du patrimoine

Contrairement à ce que l'on pourrait entendre, de prime abord, les fondations de la construction patrimoniale sont uniquement doctrinales[68]. Ni le Code civil, ni aucun autre statut ne renferment une définition de la notion de patrimoine, puisque c'est la doctrine, dont au premier plan Aubry et Rau, à travers la traduction du traité de Zachariae, qui a construit la théorie et en a tiré les conséquences[69]. Aussi, cette artificielle corrélation entre le patrimoine et la personnalité pourrait justifier, entre autre, non seulement la dissociation du patrimoine et du titulaire personnifié (1), mais aussi l'existence d'une titularité de plusieurs patrimoines (2).

1) « La dissociation du patrimoine et du titulaire personnifié »

319. La pratique des affaires a consacré l'existence de patrimoines sans titulaires personnifiés.

---

64. GRIMALDI (M.) et BARRIÈRE (F.), *op. cit.*

65. *In* Sociologie juridique du patrimoine, t. 1, *op. cit.*, p. 10.

66. Il s'agit du rapport plusieurs fois cité au cours de la présente thèse : Sociologie juridique du patrimoine : la réalité de l'unicité du patrimoine (dans la perspective de la fiducie.

67. Pour éviter de dénaturer les propos de l'équipe de recherche, le plan choisi par elle sera, pour partie seulement, repris : « Synthèse de droit des affaires », ANNEXES, p. 4 s.

68. AUBRY (C.) et RAU (C.), *Cours de droit civil français*, 6e éd. par P. EISMEN, t. 9, Litec, 1953, n° 573 p. 333 s.

69. « *On y retrouve les habitudes doctrinales d'élaboration des concepts, puisqu'il s'agit tout d'abord d'établir le lien entre la personne et l'ensemble de ses biens, droits et dettes puis, une fois acquise l'existence du patrimoine comme universalité juridique, projection de la personne, d'en tirer, par déduction, toutes les conséquences techniques, notamment l'unicité du patrimoine* » : *in* Sociologie juridique du patrimoine, t. 1, *op. cit.*, p. 68 (*supra* n° 310).

Tel est le cas, parmi d'autres, du fonds commun de placement ou de créances[70]. Il se définit par un « ensemble de valeurs mobilières sur lequel les souscripteurs exercent directement et concurremment un droit réel de propriété. En raison de la concurrence des droits, on parle de copropriété »[71]. Cet ensemble n'est pas doté de la personnalité morale, et la gestion en est, au demeurant, assurée par une société de gestion. La volonté d'échapper aux inconvénients de la personnalité morale explique le recours à la notion de copropriété entre souscripteurs d'un fonds commun de placement ou d'un fonds commun de créances. En vertu du principe de l'unicité du patrimoine, n'étant pas une personne morale, il ne devrait pas être titulaire d'un patrimoine. Pourtant, l'étude des dispositions législatives montre qu'il dispose d'une relative autonomie juridique, de sorte que le patrimoine est dissocié de la personnalité : en effet, un patrimoine se trouve isolé au profit du fonds commun. Une corrélation existe entre l'actif et le passif, et cette universalité est bien distincte du patrimoine de chacun des protagonistes, qu'il s'agisse de celui des souscripteurs ou de celui du gestionnaire[72].

Plus qu'une atténuation du droit de propriété[73], ne s'agit-il pas d'une véritable indépendance du patrimoine du fonds commun, indépendance qui se concrétise dans les dispositions de l'article 27 de la loi du 23 décembre 1988 : « *les créanciers dont le titre résulte de la conservation ou de la gestion n'ont d'action que sur les actifs* ». Le droit de suite des créanciers est donc bien circonscrit, puisque le fonds commun ne répond que de sa propre gestion, que de ses propres dettes.

320. La pratique des affaires consacra également l'existence de personnes morales dépourvues de patrimoines.

Tels sont les cas, parmi d'autres, des *sociétés de quirataires*, ou encore de la *masse des obligataires*[74]. La société de quirataires ou copropriété de navire était une forme très ancienne d'exploitation maritime, par laquelle plusieurs propriétaires achetaient en commun un navire, divisé en un certain nombre de parts ou quirats. Aujourd'hui encore, cette forme d'exploitation continue à être usitée, et en raison du coût élevé des bâtiments de mer, les quirataires sont souvent des sociétés par actions[75]. La société de quirataires n'est ni une copropriété ordinaire, ni une indivision, puisque chaque quirataire effectue des apports mis en commun en vue d'une exploitation lucrative ; en outre, ils participent aux bénéfices et aux pertes, et ils sont animés

---

70. Tandis que le premier gère des valeurs mobilières, le second gère des créances détenues par un établissement de crédit ou par la Caisse des dépôts et consignations. Le transfert des créances est représenté par des parts : c'est la technique de titrisation (*supra* n°s 253 et 254).

71. BONNEAU (T.), « Les fonds communs de placement, les fonds communs de créances et le droit civil », *RTD.Civ.* 1991, p. 23 s.

72. *Ibid.*

73. Assertion émise par des auteurs, notamment CHARTIER (T.), « Les nouveaux fonds communs de placement », *JCP* 1980, I, 3001, n° 32.
En revanche, VIANDIER reconnaît tout de même que le patrimoine d'affectation pourrait être un fondement envisageable : « Les nouveaux fonds communs de placement », *Rev. soc.* 1980, p. 241.

74. *Supra* n° 4 et n° 51.

75. « Synthèse de droit des affaires », *in* Sociologie du patrimoine, ANNEXES, *op. cit.*, p. 9.

d'un *affectio societatis* indéniable. Par conséquent, non seulement tous les éléments du contrat de société se retrouvent, mais cette société est dotée de la personnalité morale. Toutefois, elle est singulière, car les quirataires, au lieu de disposer d'un droit de créance sur la société, sont copropriétaires du navire, c'est-à-dire qu'ils disposent d'un droit réel sur le navire. On constate donc que la société n'efface point la copropriété des quirataires. Aussi, l'on peut légitimement s'interroger sur l'existence même d'un patrimoine de la société de quirataires. En effet, dès lors que les quirataires sont restés copropriétaires du navire, ils n'ont pu faire apport que de la **jouissance** de leurs droits afin de permettre l'exploitation en commun.

La masse des obligataires, qui réunit les obligataires d'une même émission pour la défense de leurs intérêts communs, est également dotée de la personnalité morale[76]. Pourtant, le législateur ne lui a attribué aucun patrimoine, ce qui ne fut pas sans soulever quelques récriminations doctrinales, contre lesquelles d'autres répliquèrent que « l'attribution de la personnalité à la masse des obligataires s'imposait pour lui permettre d'agir en justice et d'être représentée »[77].

Ainsi, si la dissociation du patrimoine et du titulaire personnifié montre l'artificielle corrélation entre le patrimoine et la personnalité[78], la conception théorique de l'unicité du patrimoine se trouve également ébranlée par la consécration législative d'une titularité de plusieurs patrimoines : il faut entendre par là qu'une personne est à la tête de plusieurs patrimoines, selon trois exemples développés ci-après.

2) « Une titularité de plusieurs patrimoines »

321. En premier lieu, l'entreprise unipersonnelle à responsabilité limitée, instituée par la loi du 11 juillet 1985[79], se présente comme une entreprise à forme sociale composée d'un unique associé : une personne physique se trouve donc à la tête de deux patrimoines.

L'idée directrice des instigateurs de cette nouvelle forme de société était de créer un patrimoine professionnel de l'entrepreneur individuel, un patrimoine affecté à l'entreprise, seul soumis aux aléas de la vie des affaires ; « la protection du patrimoine personnel ou familial en consacrant l'autonomie patrimoniale de l'entreprise, (...) et la nécessité d'une unité économique ont donc essentiellement guidé le choix d'une structure sociale unipersonnelle qui, pourtant, transgresse la théorie de l'unité et de l'intangibilité patrimoniales *en instituant un patrimoine d'affectation* »[80].

---

76. Art. L. 228-46, al. 1 C. com. : « *Les porteurs d'obligations d'une même émission sont groupés de plein droit pour la défense de leurs intérêts communs, en une masse qui jouit de la personnalité civile* ».

77. MERLE (Ph.), *op. cit.*, n° 340.

78. Faut-il considérer que le lien privilégié entre le patrimoine et la personne se trouve brisé, ou alors que la notion de patrimoine est vidée de sa substance ?

79. La loi du 11 juillet 1985 créa aussi l'exploitation agricole à responsabilité limitée (EARL) en droit rural.

80. Nous soulignons ; CHAMPAUD (C.), « L'entreprise unipersonnelle à responsabilité limitée », *RTD Com.* 1979, 579.

322. En deuxième lieu, le cas particulier du fonds de commerce, dont la nature juridique n'a pas été fixée par le législateur en 1909, mériterait d'être souligné[81].

Force est en effet de constater que le fonds de commerce n'entre guère dans le cadre de la théorie classique du patrimoine : il n'a été pourvu d'aucune personnalité juridique[82], et pourtant, en cas de cession, il constitue une masse active et passive ; des droits spéciaux sont accordés à ceux dont la créance est née de l'activité commerciale du débiteur[83]. S'il donne l'apparence d'être, dans certaines circonstances, un patrimoine autonome[84], encore faudrait-il, pour que cela devienne une réalité, que l'affectation d'éléments actifs au règlement du passif soit possible. Bien que le Doyen Roger Houin ait pu parler d'une sorte de « *phénomène de spécialisation du passif commercial* » lié au fonds, son affirmation serait à nuancer, car les dispositions invoquées à l'appui de cette spécialisation peuvent être justifiées sans le recours à la théorie de l'affectation[85].

En conséquence, s'il apparaît peut-être hâtif d'affirmer que le fonds de commerce représente une atteinte globale au principe de l'unicité du patrimoine en

81. La notion de patrimoine d'affectation aurait pour origine la controverse née au XIXe siècle à propos de la nature juridique du fonds de commerce.

82. V. LE FLOCH (M.), *Le fonds de commerce*, LGDJ, 1986, n°s 87 et s.

83. « Synthèse de droit des affaires », *in* Sociologie juridique du patrimoine, ANNEXES, *op. cit.*, p. 14.

84. La loi du 17 mars 1909 a élargi le contenu de la cession du fonds : d'une part, pour pallier l'obstacle à la continuité du fonds provoqué par l'intransmissibilité des créances avec le fonds, la pratique organisa la cession des contrats indispensables à l'activité commerciale, démarche qui reçut l'assentiment du législateur et de la jurisprudence. D'autre part, l'intransmissibilité de principe frappant les dettes fut aussi atténuée par la transmission devenue possible des dettes de l'apporteur du fonds à la société (L. 17 mars 1909, art. 7, al. 5), par la transmission devenue également possible de la dette d'impôt due par le cédant au cessionnaire (art. 1684 CGI), et par le maintien des contrats en cours (art. L. 122-12 C. trav.).

85. V. L. 144-7 C. com. (anc. art. 8 loi du 20 mars 1956) : la loi de 1909 s'oppose à ce que le fonds puisse répondre de son propre passif, tout comme elle dispose que tout créancier du vendeur peut faire opposition au paiement du prix sans distinction entre les créanciers civils et commerciaux. Ces solutions, conformes à l'article 2092 C. civ., souffrent néanmoins d'exceptions, dont l'ancien article 8 de la loi du 20 mars 1956, devenu l'art. L. 144-7 C. com. en vertu duquel le loueur du fonds sera tenu solidairement et pendant un délai de six mois à compter de la publication du contrat de location-gérance, des dettes contractées par le locataire-gérant à l'occasion de l'exploitation du fonds.

Cette disposition se justifie de deux façons : 1) soit parce que le fonds ne doit pas être dissocié du patrimoine de son titulaire, ce qui a pour effet de maintenir le dogme de l'unicité du patrimoine ;

2) soit parce qu'il s'agit d'une affectation « réelle » du fonds au règlement du passif commercial du gérant, ce qui a pour conséquence de heurter directement l'article 2092 C. civ., et donc de porter atteinte audit principe, puisque le locataire-gérant « s'est obligé personnellement » à ses risques et périls.

l'état actuel du droit positif[86], la consécration du patrimoine d'affectation pourrait apporter une clarification à sa nature juridique[87].

323. En troisième lieu, l'existence de la fortune de mer présente, du point de vue de la titularité de plusieurs patrimoines, une donnée originale dans le droit positif[88].

En vertu des articles 58 et suivants de la loi n° 67-5 du 3 janvier 1967, modifiée par celle du 21 décembre 1984 portant statut des navires et autres bâtiments de mer[89], il est prévu que le propriétaire du navire ait la possibilité de limiter sa responsabilité à l'égard des créanciers maritimes. En effet, un fonds est constitué, et « *affecté exclusivement au règlement des créances auxquelles la limitation de responsabilité est opposable* ». Il faut remonter à l'Ordonnance de Colbert de 1681 pour trouver l'idée d'un actif affecté au passif maritime : l'armateur n'offre pas à ses créanciers maritimes son patrimoine général, mais sa fortune de mer composée du navire et du fret. Donnée classique du droit maritime, la fortune de mer se caractérise désormais sous la forme d'un fonds destiné exclusivement au paiement des créances maritimes, ainsi que l'article 62, alinéa 3 de la loi du 3 janvier 1967 en dispose : « *Après la constitution du fonds, aucun droit ne peut être exercé, pour les mêmes créances, sur d'autres biens du propriétaire par les créanciers auxquels le fonds est réservé, à condition que le fonds de limitation soit effectivement disponible au profit du demandeur* ». Ainsi, l'actif maritime désintéresse les créanciers dont la créance serait née à l'occasion de l'exercice de l'activité dont s'agit[90].

---

86. « Synthèse de droit des affaires », *in* Sociologie juridique du patrimoine, *op. cit.*, ANNEXES, p. 15.

87. V. en ce sens GUYON (Y.), *Droit des affaires*, 10e éd., Economica, 1998, n° 644 : « *faut-il abandonner la théorie de l'unicité du patrimoine et accepter, à titre de principe, que les biens affectés à une activité professionnelle, commerciale ou civile, soient soumis à un statut différent de celui applicable au patrimoine personnel et familial ? Le contexte socio-économique actuel inciterait à admettre cette dissociation, déjà en partie opérée dans les faits – **la théorie du fonds de commerce s'en trouverait sensiblement clarifiée*** ».

88. LARROUMET (Ch.), *In* Introduction au droit civil, Cours de première année du DEUG de droit – Paris II, 1989-1990.

89. Les dispositions de la loi du 21 décembre 1984 s'inscrivent dans le cadre de la Convention du 19 novembre 1976 de Londres sur la limitation de la responsabilité en matière de créances maritimes.

90. « *L'institution de la limitation de responsabilité de l'armateur est « l'une des plus fondamentales et des plus originales du droit maritime »* (P. BONASSIES). *Elle est cependant souvent critiquée. Déjà, sur le plan technique, lorsqu'il s'agit de se prononcer sur les caractères de la faute inexcusable qui est de nature à priver l'armateur de la limitation de responsabilité, les tribunaux ne prêtent guère attention à l'aspect particulier de cette faute. En effet, d'après la Convention de Londres (1976), ce n'est que dans l'hypothèse où l'on prouve que le dommage résulte d'un fait ou d'une omission personnels, commis avec l'intention de provoquer un tel dommage, ou commis témérairement et avec conscience qu'un tel dommage en résulterait probablement, que l'armateur ne peut se prévaloir de la limitation de responsabilité. Il est donc nécessaire de prouver la faute inexcusable et personnelle de l'armateur, ce qui vise, logiquement, et concrètement, la seule faute du président ou du directeur général de la compagnie* (...).
En outre, si le principe même de la limitation de responsabilité n'est pas toujours compris, l'institution mérite cependant d'être défendue, car le commerce maritime reste une activité

Enfin, s'il est reconnu à la conception traditionnelle de l'unicité du patrimoine une fonction protectrice des créanciers, le droit des affaires tolère que quelques atteintes lui soient portées.

b) Les atteintes à la fonction pratique

Qu'il s'agisse de la clause de réserve de propriété ou du crédit-bail (1), d'un certain nombre d'opérations financières (2), de l'apport partiel d'actifs, de l'apport en nature (3), ou encore du récent principe de l'insaisissabilité de la résidence principale de l'entrepreneur (4), ces techniques constituent des atteintes à la fonction pratique de l'unicité du patrimoine : elles cherchent effectivement à échapper à la principale conséquence de l'unicité du patrimoine, c'est-à-dire le droit de gage général d'un créancier sur les biens de son débiteur.

1) La clause de réserve de propriété et le crédit-bail

324. La clause de réserve de propriété est une clause en vertu de laquelle le vendeur conserve la propriété d'un bien jusqu'au complet paiement de son prix.

La vente avec réserve de propriété se rapproche d'une aliénation fiduciaire : « d'une part, il y a vente avec réserve de propriété et, d'autre part, aliénation fiduciaire par laquelle la propriété de la chose vendue est affectée à la garantie de la créance concernée »[91].

325. En matière de crédit-bail, mobilier ou immobilier, la société de crédit-bail conserve la propriété du bien financé, tandis que le crédit-preneur en a l'utilité.

Du fait de cette dissociation du droit de propriété[92], on constate une atteinte de plus à la fonction pratique de la théorie classique. Juridiquement, dans le patrimoine du vendeur, le bien ne répond pas de ses dettes[93].

2) Les opérations financières

326. Parmi d'autres techniques, celles de la cession temporaire de titres peuvent être considérées comme portant atteinte à la théorie classique de l'unicité du patrimoine.

Elles ne font certes pas appel à deux patrimoines distincts puisque le titre disparaît d'un patrimoine pour, dans le même laps de temps, intégrer un autre patrimoine. Toutefois, la consistance du droit de gage général des créanciers est modifiée, par la seule volonté du débiteur. Une doctrine rigoureuse considère en effet comme appauvrissement, au sens de l'action paulienne, la substitution de

---

périlleuse et surtout indispensable à l'intérêt général, ce qui explique que ceux qui y participent bénéficient de compensations » : DELEBECQUE (Ph.), « Le droit maritime français à l'aube du XXIe siècle », in *Études* offertes à P. CATALA, *Le droit privé français à la fin du XXe siècle*, Litec, 2001, p. 939 et s.

91. Obs. SOINNE, sous Com., 15 mars 1988, *Gaz. Pal.* 1988, p. 244 s.

92. Elle rejoint la distinction opérée par P. CROCQ dans sa thèse précitée entre la propriété de la valeur et celle de l'utilité.

93. *Supra* n° 249.

numéraire à un bien corporel. C'est dans ces termes que l'on peut parler d'atteinte à l'unicité du patrimoine.

À titre d'exemples, **la vente à réméré d'obligations,** qui est une technique contractuelle utilisée entre les établissements de crédits et les OPCVM, en vertu de laquelle l'une des parties cède à l'autre des obligations tout en se réservant la possibilité de racheter ces titres à un prix de rachat convenu par avance et égal au prix de vente majoré d'intérêts[94] ; soit encore, **le prêt de titres,** qui est une convention par laquelle une personne (le prêteur) transfère momentanément la propriété des titres qu'elle détient moyennant rémunération, au profit d'une autre personne (l'emprunteur), à charge pour cette dernière de les restituer à une date convenue.

3) L'apport partiel d'actif et l'apport en nature

327. L'apport partiel d'actif se présente comme un apport de certains biens fait par une société à une autre société déjà existante ou qui se constitue à cet effet.

Il peut porter, soit sur un bien isolé, soit sur « des éléments actifs et passifs d'une branche d'activité susceptible de fonctionner par ses propres moyens »[95]. Le régime juridique des apports partiels d'actifs, soumis par la Cour de cassation depuis 1988 et 1991 au régime des scissions, est assorti de conséquences venant bousculer la théorie de l'unicité du patrimoine. Ces deux arrêts furent au demeurant fortement critiqués[96], car « la survie de la société apporteuse est inconciliable avec un transfert universel de patrimoine »[97].

328. L'apport en nature réalise la transmission d'un bien ou la jouissance de celui-ci, à la société, en contrepartie d'une ou plusieurs parts sociales ou actions attribuées à l'apporteur.

Il apparaît que le régime des apports en nature peut être considéré comme le révélateur d'une atteinte au principe de l'unicité du patrimoine dans la mesure où les biens échappent aux créanciers de l'apporteur.

Enfin, la loi n° 2003-721 du 1er août 2003 pour l'initiative économique a apporté une exception notoire au principe de l'unicité du patrimoine[98].

---

94. Art. 1659 C. civ. : « *La faculté de rachat ou de réméré est un pacte par lequel le vendeur se réserve de reprendre la chose vendue, moyennant la restitution du prix principal et le remboursement dont il est parlé à l'article 1673* ».

95. GUYON (Y.), *Droit des affaires*, *op. cit.*, n° 638.

96. Com., 16 fév. 1988, *RDBB* 1988, n° 8, p. 130, obs. VIANDIER ; *JCP E* 1988, I, 15177, obs. VIANDIER et CAUSSAIN ; Com., 5 mars 1991, *Bull. Joly* 1991, n° 5, p. 500, note JEANTIN ; *RDBB* 1991, n° 25, p. 102, obs. VIANDIER.

97. JEANTIN (M.), « La transmission universelle de patrimoine », *Mél. Derrupé*, Litec, 1991, p. 287 s.

98. Loi n° 2003-721 du 1er août 2003, *JO* du 5 août 2003, p. 13449 ; PECQUEUR (O.), « L'insaisissabilité de la résidence principale de l'entrepreneur », *Droit et Patrimoine* n° 121 – décembre 2003, p. 34 et s. ; PIEDELIEVRE (S.), « L'insaisissabilité de la résidence principale de l'entrepreneur individuel, Loi n° 2003-721 du 1er août 2003 pour l'initiative économique », *JCP G*, 2003, I, 165 ; AUTEM (D.), « l'insaisissabilité de la résidence principale de l'entrepreneur individuel », *Def.* du 15 mars 2004, p. 327.

4) L'insaisissabilité de la résidence principale de l'entrepreneur

329. Aux termes de la loi du 1er août susvisée, l'entrepreneur individuel peut désormais déclarer sa résidence principale insaisissable.

Ladite loi a introduit dans le titre II du Livre V du Code de commerce, un chapitre VI intitulé « De la protection de l'entrepreneur individuel et du conjoint », qui permet désormais à tout entrepreneur individuel de soustraire sa résidence principale à d'éventuelles poursuites de ses créanciers. Elle répond aux demandes des milieux professionnels qui réclament, depuis bien longtemps, une séparation entre leur patrimoine professionnel et personnel. L'on retrouve l'idée même de patrimoine dit « d'affectation » qui ferait l'objet d'une déclaration et porterait « *sur tous les éléments actifs et passifs de l'exploitation, c'est-à-dire sur l'ensemble des biens que, par décision de gestion, le chef d'entreprise individuelle accepte de garder affectés à son entreprise, et sur le montant des capitaux permanents (...) que le dirigeant accepte de maintenir comme garantie de stabilité des fonds propres à ses partenaires financiers* »[99].

L'idée n'a pas été réalisée par la loi du 1er août 2003. La solution retenue ne vise à protéger qu'un seul bien, la résidence principale de l'entrepreneur. Les dispositions ont pour but, ainsi qu'il est dit dans l'exposé des motifs, de « *réduire la prise de risque de l'entrepreneur individuel pour lequel aucune distinction n'est établie entre le patrimoine professionnel et le patrimoine privé* », en lui permettant de « *déclarer insaisissables par ses créanciers professionnels les droits qu'il détient sur l'immeuble où est fixée sa résidence principale* ». Observons que la procédure demeure une faculté offerte au débiteur, puisque celui-ci « *peut* » déclarer l'insaisissabilité. Il s'agit d'une démarche volontaire, facultative, et non imposée, ce qui est conforme au principe de la libre disposition de ses biens[100].

La protection ainsi instituée s'applique aux entrepreneurs en nom propre, lesquels ne bénéficient pas de la protection conférée par une forme sociétaire qui leur permet de limiter, le cas échéant, leur responsabilité financière à l'exercice de leur activité professionnelle.

Le dispositif déroge expressément au principe des articles 2092 et 2093 du Code civil aux termes desquels « *les biens du débiteur sont le gage commun de ses créanciers* ». Ainsi, la notion d'activité est prise en considération, puisqu'elle sert à distinguer les créanciers dont la créance est née à l'occasion de l'activité professionnelle du débiteur, des autres créanciers. La première catégorie de créanciers ne pourra donc saisir le bien immobilier, résidence principale de leur débiteur, si ce dernier a déclaré son insaisissabilité[101].

---

99. Audition de Maître Jacques BARTHELEMY sur le patrimoine d'affectation du 9 avril 1996 (inédit) : rapport transmis à la Chancellerie.

100. L'article L. 526-3 C. com. offre au déclarant la possibilité de renoncer à la protection de sa résidence principale. Dans ce cas, cette renonciation est « *soumise aux mêmes conditions de validité et d'opposabilité* » que la déclaration initiale.

101. Observation étant ici faite que dans la mesure où la déclaration d'insaisissabilité devra faire l'objet d'une publication au bureau des hypothèques compétent, l'article L. 526-2 C. com. impose qu'elle soit « *reçue devant notaire sous peine de nullité* ». L'exigence d'acte

Ainsi, sans aller jusqu'à la consécration de la théorie du patrimoine d'affectation, la loi du 1er août 2003 susvisée vient encore bouleverser la conception théorique de l'unicité du patrimoine.

En fin de compte, il est aisé de constater que le patrimoine d'affectation, sans être nommément consacré, poursuit son chemin[102]. Ainsi, en l'état actuel du droit positif, l'atteinte au principe d'unicité du patrimoine que constitue le patrimoine fiduciaire ne pourrait plus, semble-t-il, être un argument fondé. En outre, prégnante chez ceux qui ont suivi des études classiques de droit, idée fixe chez certains universitaires qui ont pour office de l'enseigner ou de l'étudier, la théorie de l'unicité du patrimoine semble totalement ignorée des acteurs économiques qui n'ont pas suivi le *cursus* de la faculté de droit.

II. L'IGNORANCE DU PRINCIPE D'UNICITÉ DU PATRIMOINE PAR LES ACTEURS ÉCONOMIQUES : UN ARGUMENT FAVORABLE

330. L'enquête menée par l'équipe de recherche du laboratoire de sociologie juridique de l'Université du Panthéon-Assas (Paris II) montra, tant chez le gestionnaire que chez le financier, voire même chez certains notaires, « le développement d'une conception instrumentale de patrimoines multipliés, leur définition étant limitée à des masses malléables d'actifs »[103].

En effet, le patrimoine est représenté, tantôt en termes d'activité et de travail, du côté de l'entrepreneur, tantôt comme un ensemble de biens disponibles qu'il s'agit de manier au mieux, du côté du financier. Du côté du notaire qui pratique des activités de conseils juridiques et financiers, sa conception du patrimoine réunit les deux précédentes[104]. La fiducie serait alors nécessairement la bienvenue[105]. Il convient de

---

authentique n'a pas manqué d'engendrer des polémiques entre les avocats et les notaires. Rappelons néanmoins que l'exigence d'acte authentique est la règle commune en matière de publicité foncière, en vertu de l'article 4 du décret du 4 janvier 1955.

102. Toutefois, le droit des procédures collectives révèle le point d'arrêt aux troubles de la théorie classique, puisqu'il conserve au principe de l'unité du patrimoine sa fonction protectrice, en particulier lorsqu'il permet au Tribunal initialement saisi d'étendre la procédure de redressement judiciaire à une ou plusieurs personnes, en cas de fictivité de la société à l'encontre de laquelle la procédure a été ouverte ou de confusion des patrimoines. Cette extension est *d'origine légale* (L. 624-1 C. com. – anc. art. 178 : extension du redressement judiciaire d'une société aux associés tenus indéfiniment et solidairement ; L. 624-5 C. com. – anc. art. 182 : extension à tout dirigeant de droit ou de fait ayant abusé de ses fonctions) mais aussi *jurisprudentielle* (cas classiques de fictivité d'une société et de confusion des patrimoines) : V. pour plus de détails, GUYON (Y.), *op. cit.*, nos 1402 s.

103. *In* Sociologie juridique du patrimoine, vol. 1, *op. cit.*, p. 11.

104. Entretien BELLARGENT (G.) et DELPEUCH (J.-P.), notaires, *in* Sociologie juridique du patrimoine, *op. cit.*, ANNEXES : « *on peut définir le patrimoine comme l'ensemble des biens qui appartiennent à une personne physique ou morale. Nous nous référons toujours à l'analyse classique du patrimoine, reflet de la personne. Il faut en mesurer les conséquences, notamment successorales : le successeur continue la personne du défunt, le mort saisit le vif. C'est là un principe fondamental du droit français.* (…) *Cette définition juridique est à distinguer d'une autre définition qui procède d'une analyse plus économique. Les notaires sont en effet conseil en gestion du patrimoine et s'occupent alors de l'articulation des biens, des avoirs et des dettes.*

remarquer que les personnes interrogées, bien que juristes, ne poursuivaient aucune activité universitaire. Aussi, s'ils ne perdent point tout contact avec la documentation juridique, celle-ci est de nature pratique. Néanmoins, la transmission et la conservation de ce type de références doctrinales, voire de « dogme »[106], demeurent acquises, même s'il s'agit de reprocher, parfois, à l'Université de bloquer toute évolution et toute réforme[107]. Pour ces quelques praticiens interrogés, « le patrimoine se conjugue assez naturellement au pluriel ». En effet, un décalage très net apparaît entre la notion juridique de patrimoine qui s'accroche à l'unicité, et la notion courante de patrimoine qui tend aisément vers la pluralité, et vers ce que la doctrine désignerait comme un patrimoine d'affectation. Ainsi, le fonds de commerce, auquel le droit n'accorde point le statut de patrimoine[108], est pourtant ressenti comme tel par l'entrepreneur[109], et ce d'autant plus qu'il ne relève d'aucune technique juridique telle que la personnalité morale. Il participe de ce fait plus aisément de la nature des choses[110].

En outre, un sentiment d'injustice à l'égard de l'unicité du patrimoine se dégage chez les praticiens interrogés. En effet, il est évident qu'un entrepreneur accepte difficilement qu'une voie d'exécution puisse atteindre un bien qu'il considère

---

L'effet de levier à partir des dettes peut être un moyen d'enrichissement. Le patrimoine, c'est, sous cet angle, l'ensemble des moyens que l'on peut utiliser pour s'enrichir. Dans ce cas, on se place dans une perspective de gestion, visant à la valorisation et à l'accroissement des biens ».

105. Entretien B. MONASSIER, notaire, *in* Sociologie juridique du patrimoine, *op. cit.*, ANNEXES : « *Pour moi,* ***l'unicité du patrimoine est une hérésie*** *qui est née dans la tête d'AUBRY et RAU, mais ce principe n'existe ni en fait, ni en droit. (...) Je ne comprends pas le principe de l'unicité du patrimoine. (...) Je ne vois que des inconvénients à cette règle. (...) Je souhaite donc* ***la création d'un patrimoine d'affectation****, comme je l'avais demandé en 1984. (...) Je pense donc que ce projet de loi sur la fiducie est une brèche de plus dans le principe de l'unicité du patrimoine, mais étant opposé à ce principe, je trouve cela tout à fait normal* ».

106. Le dogme pourrait se définir comme une affirmation qui s'impose normativement sans avoir à se justifier. La preuve du fondement n'a pas à être rapportée dans le sens d'une quelconque justification. Les dogmes juridiques sont en quelque sorte à l'argumentation juridique ce que sont les postulats mathématiques aux raisonnements mathématiques. Ils en sont un moteur.

107. Entretien J.-M. OUDOT, notaire, *in Sociologie juridique du patrimoine, op. cit.*, ANNEXES : « *(...) il serait possible d'adopter le patrimoine d'affectation. Tous les professionnels concernés semblent le vouloir,* ***et ce depuis longtemps, dans la profession notariale notamment****. Mais la réticence semble être venue de l'Université, dont l'esprit des membres est formé au droit romain. La puissance de l'Université, en raison notamment de son prestige, même s'il est aujourd'hui moins sensible, a été longtemps un obstacle à la prise en considération d'une possibilité de réformer l'état du droit en la matière* ».

108. *Supra* n° 322.

109. Entretien PÉZARD (A.), conseiller juridique du Directeur du Trésor, *in* Sociologie juridique du patrimoine, ANNEXES, *op. cit.* : « *le droit des affaires est moins attaché à la théorie de l'unicité. Le fonds de commerce est un bien détachable* ».

110. Entretien GOYET (Ch.), Professeur, in Sociologie juridique du patrimoine, ANNEXES, *op. cit.* : « *le patrimoine d'affectation était déjà sous-jacent et en gestation dans la théorie classique du fonds de commerce comme patrimoine inachevé. Si on devait l'admettre, contrairement à la société qui est une solution optative, il aurait vocation à être un régime général qui s'imposerait pour toute activité. Son organisation relèverait de l'esprit des régimes matrimoniaux, notamment pour la constitution de masses* ».

comme appartenant à sa famille[111]. Il convient toutefois de souligner que la loi *Madelin*[112] a pris en compte pour la première fois cette distinction à propos des sûretés.

331. En fin de compte, « *le patrimoine d'affectation fiduciaire ne bouleverserait pas les principes fondamentaux du droit civil* »[113].

Il convient en effet de souligner que l'éventuelle consécration du patrimoine d'affectation ne remettrait point en cause le principe d'unicité du patrimoine, et affirmerait encore moins son obsolescence, contrairement à un certain courant doctrinal qui n'a de hâte que de ranger dans un « grenier » quelques principes, piliers de notre droit. Il paraît impossible de concevoir un système se dispensant de tels principes, et de tels dogmes. En pratique, on ne peut guère se passer des dogmes, et ce « parce qu'ils permettent l'interprétation par référence à la réalisation du droit »[114]. Si le dogme de l'unicité du patrimoine était délaissé, il conviendrait d'en substituer un autre, sauf à souffrir une certaine imprévisibilité des solutions particulières[115].

Par conséquent, il deviendrait opportun, non de supprimer, *mais d'adapter le principe classique aux nouveaux besoins*, de lui donner une nouvelle vie en consacrant le patrimoine d'affectation, lequel semble plus proche de l'évolution actuelle du droit français que la solution précédente[116]. Celui-ci contribuerait peut-être à rendre une certaine homogénéité à la personne morale. En effet, l'évolution de la personnalité morale évoquée précédemment impose désormais un constat, celui de l'épanouissement juridique des groupements qui, à l'heure actuelle, ne passe plus nécessairement par le moule de la personnalité morale.

Ainsi, si agir supposait la personnalité juridique, il n'y aurait pas de groupement sans personnalité juridique. Or, précisément, l'étude du droit positif nous enseigne le

---

111. Entretien MONASSIER (B.), notaire, in Sociologie juridique du patrimoine, ANNEXES, *op. cit.* : « *Je pense qu'aujourd'hui les gens ne supportent pas que, pour des raisons économiques qui leur sont tout à fait étrangères et qu'ils ne maîtrisent pas du tout, ils risquent de déposer leur bilan, et vont peut-être perdre leur domicile ou leur voiture. Les femmes le supportent encore moins, car elles préservent la famille, et se considèrent comme une sorte de gardien du foyer.* (...) *Le principe de l'unicité du patrimoine est donc une hérésie sociologique mais aussi une hérésie économique* ». Les nouvelles dispositions de la loi du 1er août 2003 en faveur de la protection de la résidence principale devront être appréciées. Cela étant, ne risqueront-elles pas de freiner l'octroi des crédits nécessaires au démarrage ou au développement de l'activité professionnelle ? En effet, pour la plupart des entrepreneurs, la résidence principale constitue, au moins au commencement de l'activité, le principal bien pouvant garantir les emprunts accordés par les établissements de crédit : v. en ce sens PECQUEUR (O.), *op. cit.*

112. *Infra* n° 331.

113. GRIMALDI (M.) et BARRIÈRE (F.), *op. cit.*, p. 248, n° 16.

114. *In* Sociologie juridique du patrimoine, *op. cit.*, p. 66.

115. « D'une façon générale, il faut passer par les principes, c'est le seul moyen d'avoir une analyse juridique exhaustive de ce qu'est le patrimoine » : Entretien ROUGER (M.), Président du Tribunal de commerce de Paris, *in Sociologie juridique du patrimoine*, ANNEXES, *op. cit.*

116. *Supra* nos 303 et s. : la fiducie, personne morale.

contraire. Il n'y a donc pas que la personnalité qui puisse assurer l'efficacité de l'action collective. D'autres structures offrent des mécanismes intéressants, tel le patrimoine d'affectation[117]. En outre, que reste-t-il de la personne morale traditionnelle avec le développement, notamment de l'EURL, des fondations, des fonds de garantie[118], etc. ? En d'autres termes, s'il apparaît opportun d'introduire dans le Code civil un article consacrant cette institution, quelques conditions particulières seraient néanmoins à prévoir. La fiducie n'en serait ainsi qu'une déclinaison.

Plusieurs propositions ont été faites dans ce sens[119], dont les plus récentes au cours de l'année 1996 qui ne furent pas portées toutefois à la connaissance du public. Elles émanèrent de la *Chambre de commerce et d'industrie de Paris*, à l'occasion d'un avis qu'elle rendit sur les projets de loi relatifs à la fiducie de 1992 et de 1995. En outre, faute pour la fiducie d'avoir été consacrée, Jean-Pierre Raffarin, Ministre à l'époque des Petites et Moyennes Entreprises, du Commerce et de l'Artisanat, transmit au garde des Sceaux, Jacques Toubon, un projet de loi instituant le patrimoine d'affectation, sorte de tremplin pour la fiducie. Bien que *le projet de loi Raffarin* sombra malheureusement dans l'oubli à la suite du changement gouvernemental, celui-ci peut être brièvement relaté dans ses grandes lignes :

– Il fut la continuation du rapport Barthélémy (avis du Conseil économique et social des 27 et 28 avril 1993), lequel proposait l'organisation du statut du travailleur indépendant et la promotion de l'entreprise individuelle autour du patrimoine d'affectation.

– Il constitua également la continuation de la loi *Madelin* du 11 février 1994 inspirée du rapport Barthélémy, laquelle fit comme si le patrimoine d'affectation existait[120].

– Le ministre Raffarin estima ainsi qu'une consécration législative de la théorie du patrimoine d'affectation serait une dernière étape dans le droit des entreprises, **et un tremplin pour l'ultime but qui est de légaliser la fiducie**.

Finalement, il semblerait que notre droit, ou plutôt les esprits juridiques, soient quasiment prêts à accueillir et à consacrer la théorie du patrimoine d'affectation. Ainsi, un nouveau principe de spécialité pourrait être affirmé, applicable au

---

117. V. notamment en ce sens notamment la thèse de Charlaine BOUCHARD (Ch.), *op. cit.* ***Contra*** : COHET (F.), *Patrimoine et entreprise*, Thèse Grenoble II, novembre 1993 : « *le patrimoine d'affectation ne peut pas prospérer en France, car la technique d'affectation patrimoniale passe par le moule de la personnalité juridique dès qu'on veut lui donner une certaine importance* ».
On laissera toutefois à chacun le soin de former son propre jugement.

118. V. notamment les analyses de J. PAILLUSSEAU et de V. SIMONART qui proposèrent une nouvelle analyse de la personnalité morale, ainsi que Ch. BOUCHARD qui a justifié l'activité des sociétés de personnes québécoises dépourvues de la personnalité morale par le recours à la théorie du patrimoine d'affectation : *Supra* n° 3.

119. Notamment en doctrine, par AUSSEDAT en 1974 : « Société unipersonnelle et patrimoine d'affectation », *Rev. soc.* 1974, 221 ; par Me DAUBLON en 1984 : « Entreprise et patrimoine d'affectation », *Def.* 1984, art. 33182, p. 3.

120. L'art. 47a de cette loi confère la priorité aux biens professionnels pour les cautionnements.

patrimoine d'affectation – ce dernier requérant logiquement une consécration préalable – et au sein duquel le principe de spécialité de la fiducie serait une variété.

§ 2 – UNE SOLUTION OPPORTUNE

L'affirmation d'un principe de spécialité de la fiducie, ou plus généralement des techniques fiduciaires, qui prendrait place au sein d'un nouveau principe de spécialité des patrimoines d'affectation, semble une conséquence logique des démonstrations antérieures (recherche fructueuse de l'opportunité et de manifestations d'une spécialité attachée à la fiducie).

Si le nouveau principe de spécialité présente de nombreux traits analogues à celui applicable aux personnes morales, il n'en demeure pas moins différent. Aussi conviendrait-il d'essayer de le qualifier, à l'instar de la qualification opérée pour les personnes morales. L'effort de qualification portera tant sur la spécialité légale (I) que sur la spécialité statutaire (II) ainsi révélées.

I. L'ESSAI D'UNE QUALIFICATION DE LA « SPÉCIALITÉ LÉGALE » DE LA FIDUCIE

332. La règle de la spécialité légale, inhérente à la fiducie ou aux techniques fiduciaires, pourrait alors se définir ainsi qu'il suit :

Principe en vertu duquel une masse de biens et droits serait affectée, par le constituant-fiduciant au regard de la loi, à une fonction de gestion (fiducie-gestion) ou de sûreté (fiducie-sûreté).

Serait-il permis de la considérer comme une règle de capacité ? En l'espèce, il apparaît difficile, voire impossible de raisonner sur la fiducie en elle-même puisque le projet ne l'a dotée d'aucune personnalité juridique. Il conviendrait donc de s'intéresser au fiduciaire ès-qualités puisque le constituant-fiduciant est dessaisi de tout pouvoir par suite de la transmission des biens fiduciaires. Contrairement au constituant, le fiduciaire n'est pas placé dans la situation d'un incapable, mais sa *capacité de contracter serait alors limitée* à la conclusion d'une fiducie-gestion ou d'une fiducie-sûreté. Un raisonnement par analogie avec la spécialité légale, règle de limitation de la capacité des personnes morales permettrait alors de confronter la spécialité légale au contrôle de la licéité de la cause du contrat de fiducie[121]. La licéité de la cause suppose la conformité du contrat à l'ordre public, et cette exigence justifierait que l'on scrute les mobiles des parties pour les actes conclus dans le cadre de la fiducie. Donc, la spécialité légale posée par l'article 2062 du projet serait une règle d'ordre de public de protection, protégeant le patrimoine fiduciaire, et finalement la fiducie elle-même[122].

---

121. *Supra* n° 180.

122. *Supra* n°s 289 et s. : « *une meilleure protection de la fiducie* » par la nécessité d'une spécialité légalement définie.

Observation étant ici faite que si le fiduciaire, ou même le constituant, *est une personne morale*[123], sa capacité sera alors doublement limitée par le principe de spécialité légale :

– *le fiduciaire* : il devra respecter sa mission légalement déterminée dans le cadre du contrat de fiducie, laquelle devra également être compatible avec la spécialité légale de la personne morale fiduciaire ;

– *le constituant* : la conclusion d'un contrat de fiducie devra entrer dans le cadre de sa mission légalement définie en tant que personne morale.

Comment à présent peut-on essayer de qualifier la spécialité statutaire ?

II. L'ESSAI D'UNE QUALIFICATION DE LA « SPÉCIALITÉ STATUTAIRE » DE LA FIDUCIE

333. La « spécialité statutaire » serait définie au sein de chaque contrat de fiducie par une détermination précise de l'étendue des pouvoirs du fiduciaire.

À l'instar de la spécialité statutaire des personnes morales en général, ou mieux, des sociétés en particulier, elle serait considérée comme une limite et un fondement aux pouvoirs du fiduciaire, eu égard à son rôle de protection des intérêts en présence[124], au moins dans « l'ordre interne » c'est-à-dire entre les acteurs de la fiducie.

Par ailleurs, dans « l'ordre externe », c'est-à-dire à l'égard des tiers, son rôle de protection en tant que règle de pouvoir supposerait quelques précisions quant à la *preuve de la mauvaise foi*. Il est indéniable que la rédaction de l'article 2068 du projet présente une certaine similitude avec celle de l'article L. 225-35, alinéa 2 du Code de commerce. Aussi, ne pourrait-on pas imaginer un ajout à l'article 2068 qui préciserait la teneur de cette mauvaise foi, soit :

« *dans ses rapports avec les tiers, le fiduciaire est réputé disposer des pouvoirs les plus étendus sur les biens et droits objets du contrat de fiducie, à moins qu'il ne soit démontré que les tiers avaient connaissance de la limitation de ses pouvoirs,* ***ou qu'ils ne pouvaient l'ignorer compte tenu des circonstances, la publication de la fiducie pouvant constituer un commencement de preuve*** » ?

Le Conseil supérieur du notariat et la Chambre de commerce et d'industrie de Paris proposèrent d'ailleurs de mieux informer tout intéressé de l'existence de la fiducie en insérant dans l'article 2068 l'alinéa suivant : « *le fiduciaire doit tenir informé de sa qualité tout intéressé, selon des modalités déterminées par décret (notamment la mention de la qualité de fiduciaire sur tous documents de gestion de patrimoine)* ». Cette indication renforcerait sans doute la preuve de la mauvaise foi, et contribuerait à étoffer le sens de cette « spécialité statutaire ».

---

123. Les projets postérieurs à celui de 1992 ont retenu que le constituant *ne pouvait être qu'une personne morale*. Le but visé (et avoué) était d'interdire des fiducies transmission à titre gratuit.

124. *Supra* n°s 295 et s. : « *une meilleure protection des intérêts en jeu* » par la nécessité d'une spécialité statutaire applicable à la fiducie.

En outre, certains praticiens, consultés au cours de l'élaboration des projets ultérieurs à 1992, estimèrent que l'admission législative d'un mécanisme de division du patrimoine telle que la fiducie devait s'accompagner d'un système public et performant de publicité[125]. Il pourrait s'agir éventuellement d'un registre des contrats, l'ampleur des renseignements qui y seraient portés devant être déterminée avec mesure[126].

Réfléchir sur la nature d'un principe de spécialité de la fiducie serait, comme en matière de personnalité morale, d'une utilité moindre si cette réflexion n'invitait pas à s'interroger sur les moyens possibles pour en assurer le respect. Ainsi apparaît le second et dernier volet de la thèse proposée, c'est-à-dire les sanctions qui pourraient être appliquées en cas de violation de la règle, conséquences directes de la nature ainsi déterminée.

---

125. Entretien DUCOROY (G.), expert-comptable, *in* Sociologie juridique du patrimoine, La réalité de la règle de l'unicité du patrimoine (dans la perspective de la fiducie), ANNEXES, *op. cit.*, et p. 54 du vol. 1 : « *bien sûr, rien n'empêche de lege ferenda, de créer des masses de biens affectées à un objet ou une activité déterminée. Mais il semble alors nécessaire de préserver les droits des tiers en leur assurant des* ***garanties sérieuses d'information*** ».

Entretien NAHUM (V.), créateur et dirigeant d'entreprise, *ibid.* : « (...) *l'abandon du principe de l'unicité du patrimoine nécessiterait la mise en place* ***d'un système efficace de publicité*** ».

Entretien GENTY (R.), Directeur de la Banque de France (en 1995), *ibid.* : « *la fiducie, telle qu'elle est présentée dans le projet de loi, est trop opaque. Ce manque d'informations va générer des conflits entre l'application du droit des biens et le droit des obligations* ».

Entretien BOYREAU (L.), avoué près la cour d'appel de Bordeaux, *ibid.* : « *notre première réaction à l'égard de la fiducie, c'est de la considérer comme un instrument de fraude.* ***Sa transparence devra être efficacement assurée par des moyens de publicité*** ».

126. Entretien LALUET (E.), avocat à Strasbourg, *ibid.* : « *il faudrait constituer un registre* ad hoc *des contrats de fiducie. À l'heure actuelle, on peut imaginer un registre consultable sur le territoire français. On peut, par contre, limiter les droits d'investigation, quant au contenu du contrat, le créancier devant alors s'adresser au débiteur pour le connaître.* ***La publicité ne doit donc viser que l'existence****, le contenu n'étant révélé qu'avec l'accord du constituant* ».

Chapitre 2

SANCTIONS

Ce dernier développement invite à s'interroger sur les sanctions qui pourraient être appliquées en cas de non-respect du but légalement défini dans le contrat de fiducie (Section 1), mais également en cas de dépassement, par le fiduciaire, de ses pouvoirs limitativement énumérés dans ledit contrat (Section 2).

SECTION 1
LA VIOLATION DE LA RÈGLE LÉGALE

334. À titre de remarque préliminaire, contrairement aux personnes morales, la fiducie met en présence trois rôles :

le constituant, le fiduciaire et le bénéficiaire. Ces rôles peuvent toutefois être tenus par deux personnes, selon que le constituant ou le fiduciaire est le bénéficiaire. Les sanctions peuvent ainsi être applicables, soit au constituant seul ou au constituant-bénéficiaire (conclusion d'un contrat de fiducie dans un but de détourner, par exemple, les règles de la donation), soit au fiduciaire (détournement de ses pouvoirs définis dans le contrat).

Rappelons les sanctions applicables à la fiducie en vertu du projet de loi :

– une sanction propre à la fiducie : la nullité, si l'une des mentions obligatoires, notamment la définition de la mission du fiduciaire, fait défaut (art. 2063) ;

– des sanctions relatives aux causes de nullité des contrats en général[1] : en vertu de l'article 2062, alinéa 4, « la fiducie est soumise aux règles ci-après énoncées sans préjudice des dispositions particulières d'ordre public propres à la matière concernée ».

335. Cela étant, *quid* de la responsabilité éventuelle du constituant ayant conclu un contrat de fiducie dans un but autre que celui légalement déterminé, et *quid* de la validité du contrat de fiducie ?

Le texte du projet fut totalement elliptique sur ces points, et ce d'autant plus que l'objet légal de la fiducie ne fut point déterminé. Toutefois, la définition de la

---

1. C'est-à-dire, vices du consentement, incapacité, illicéité ou immoralité de l'objet ou de la cause de l'opération fiduciaire.

mission du fiduciaire dans le contrat permettra au juge d'apprécier sa responsabilité en vérifiant que les actes qu'il a accomplis sont bien conformes à cette mission.

Quant au sort du contrat de fiducie, il serait loisible de transposer ce qui a été démontré dans la première partie à ce propos : en effet, si l'on admet que la spécialité légale posée par l'article 2062 puisse être une règle d'ordre public de protection, par déclinaison de la règle applicable aux personnes morales, sa violation devrait, en conséquence, entraîner la nullité relative de tout acte qui n'entrerait pas dans le cadre, soit de la fiducie-gestion, soit de la fiducie-sûreté. Cette nullité serait susceptible de ratification, conformément au droit commun, par les acteurs de la fiducie (c'est-à-dire y compris le bénéficiaire si celui-ci n'est pas en même temps le fiduciant-constituant).

La référence à la licéité de la cause justifierait la nullité relative, comme pour la violation de la spécialité légale des personnes morales, bien que cette sanction n'ait pas été retenue par les tribunaux puisque la violation du principe de spécialité des personnes morales ne se présente principalement devant les juges que sous l'angle statutaire[2].

L'on peut également observer que le droit libanais, qui légitima le contrat de fiducie en 1996, est également laconique sur ce point : aucune sanction n'a été prévue lorsqu'un tel contrat a été exécuté *en violation de l'objet défini légalement.* L'article 17 de la loi se contenta d'édicter des sanctions pénales à l'encontre du fiduciaire contrevenant. Aussi, en l'absence de jurisprudence, le contrat irrégulier évoluerait-il sous l'empire du droit commun[3] ? Si la réponse paraît indéniable pour certains, elle est loin de l'être pour d'autres[4].

Enfin, il convient désormais de s'interroger sur les sanctions qui pourraient être applicables en cas d'excès de pouvoir commis par le fiduciaire.

---

2. *Supra* n° 215.

3. AL-MOUDABER (C.), *op. cit.*, p. 21.

4. Finalement, n'est-il pas plutôt satisfaisant à l'esprit de constater que dans certains pays étrangers qui ont consacré la fiducie, le système semble souffrir de quelques imperfections ? Celles-ci pourraient justifier quelque attente supplémentaire à la consécration de la fiducie par le droit français.
Existe-t-il toutefois un système juridique parfait ? Nul doute que la perfection n'est point de ce monde. Cela étant, « *l'impossibilité de faire un droit parfait n'exclut pas de perfectionner le droit (...)* » : MALAURIE (Ph.), « L'effet pervers des lois », *Mél. Gérard Cornu*, PUF, 1994, p. 316, n° 18.

SECTION 2
LA VIOLATION DE LA LIMITATION DES POUVOIRS DU FIDUCIAIRE

336. En cas d'excès de pouvoir commis par le fiduciaire, la règle ne peut être identique à celle retenue lorsqu'un dirigeant de société a dépassé ses pouvoirs statutairement définis.

En effet, alors qu'un tiers ne peut jamais invoquer la violation de pouvoirs par un dirigeant[5], le bénéficiaire d'une fiducie, qui, lorsqu'il n'est pas le constituant, n'est point partie au contrat, se voit accorder le droit d'agir en justice contre un fiduciaire négligent ou défaillant. Ce droit d'invoquer le contrat par un tiers n'est, d'ailleurs, qu'une application de la stipulation pour autrui. L'article 2070-1 du Code civil résultant du projet dispose à cet égard :

« *le fiduciaire exerce sa mission dans le respect de la confiance du constituant.*

Si le fiduciaire manque gravement à ses devoirs ou met en péril les intérêts qui lui sont confiés, le constituant ***ou les bénéficiaires*** *peuvent demander en justice la nomination d'un administrateur provisoire ou le remplacement du fiduciaire. Ils peuvent également demander qu'il soit mis fin à la fiducie. La décision judiciaire faisant droit à la demande emporte de plein droit le dessaisissement du fiduciaire* ».

Le juge n'est donc pas démuni face au non-respect, par le fiduciaire, des termes de sa mission. Il peut désigner un administrateur provisoire, remplacer le fiduciaire, mettre fin au contrat, voire, ce qui est plus remarquable, réviser le contrat de fiducie[6]. L'on peut rapprocher la présente disposition de celle de la proposition de loi portant réforme du droit des successions, afférente à la nomination d'un mandataire qualifié par le tribunal de grande instance[7].

Le juge peut aussi retenir la responsabilité civile du fiduciaire pour inexécution de ses obligations contractuelles, et le condamner au paiement de dommages et intérêts à hauteur du dommage subi par le bénéficiaire. En outre, cette responsabilité pourrait être retenue aussi sur le fondement de la *violation de la spécialité statutaire ainsi déterminée*.

La responsabilité pénale du fiduciaire peut aussi être retenue, si les conditions sont réunies, du chef de l'incrimination spécifique « d'abus de confiance fiduciaire » prévue par le projet de loi. Cela étant, l'abus de confiance fiduciaire risque d'être fort délicat à prouver pour sanctionner un usage des biens fiduciaires contraire à l'intérêt des bénéficiaires ou à des fins personnelles, par un fiduciaire[8]. À l'instar des dispositions pénales sanctionnant le non-respect de la spécialité statutaire d'un

---

5. Sous réserve de rares exceptions (*supra* n°s 166 et 167).

6. Projet de loi de 1992, art. 2070-9 C. civ.

7. *Supra* n° 266. Précisons néanmoins qu'un mandataire judiciaire n'est pas nommé en remplacement de celui qui ne gèrerait pas correctement la succession.

8. Projet de loi de 1992, art. 59 (disposition qui aurait été insérée dans le NC. pén. après l'article 408) ; *supra* n° 294.

syndicat[9], une sanction similaire, soit en l'occurrence une condamnation pécuniaire, pourrait être imaginée en l'espèce, venant s'ajouter à l'abus de confiance fiduciaire.

337. Il importe de rappeler enfin que le projet de loi sur la fiducie ne se prononça ni sur la validité et l'opposabilité aux tiers de la fiducie en cas de mauvaise foi caractérisée, ni sur la notion de mauvaise foi[10].

Dans ce cas, l'acte serait-il nul ou inopposable ? Le risque de retrouver des controverses similaires à celles énoncées pour les sociétés, en raison de la sanction sibylline, n'est certainement pas à exclure[11]. C'est pourquoi la transposition pure et simple de la sanction de la violation de la spécialité statutaire des sociétés s'avèrerait ici dangereuse.

En conséquence, il conviendrait peut-être d'établir deux points :

– d'une part, il importerait sans doute de définir la notion de mauvaise foi, puisque des controverses furent soulevées à propos de la rédaction du projet de loi[12]. Se référer au droit commun des sociétés pourrait conférer une protection démesurée au tiers, ruinant la valeur du contrat de fiducie. Aussi, il pourrait être légalement prévu que la publicité de la fiducie soit, notamment, constitutive de la preuve de la connaissance, par le fiduciaire, de l'existence de la fiducie, ce qui n'exclurait pas d'autres moyens de preuve ;

– d'autre part, il importerait de prévoir la sanction en cas de mauvaise foi prouvée, ainsi qu'en cas de violation de la « spécialité statutaire », c'est-à-dire lorsque le fiduciaire aurait outrepassé ses pouvoirs « statutairement » déterminés. Si la nullité relative présente des avantages incontestables par rapport à l'inopposabilité, avantages qui furent évoqués dans la première partie[13], cette sanction ne serait-elle pas, néanmoins, inappropriée dans quelques cas de fiducie-gestion où le contrat aurait subi un commencement d'exécution ? Ne serait-il pas opportun, en conséquence, d'opérer une distinction entre la fiducie-gestion, passible d'une inopposabilité, et la fiducie-sûreté, passible de nullité relative ?

---

9. *Supra* n° 248.

10. *Supra* n° 237.

11. *Supra* n°s 226 et s.

12. *Supra* n°s 281 et 295.

13. *Supra* n° 235.

CONCLUSION DE LA PARTIE II

338. Finalement, au regard de la place qu'occupe la fiducie innommée d'une part, de l'opportunité de l'application d'un principe de « spécialité légale » et « statutaire » d'autre part, et enfin des manifestations de ces spécialités à la fiducie, la voie semblerait ouverte à l'affirmation d'un principe de spécialité de la fiducie, déclinaison d'un nouveau principe de spécialité applicable aux patrimoines d'affectation.

Le premier pas reste néanmoins à franchir, c'est-à-dire la reconnaissance de la légitimité du patrimoine d'affectation. Par voie de conséquence, le second pas serait plus aisé à effectuer, puisqu'il consisterait en la consécration de la fiducie, ainsi que le souhaitait M. Raffarin, à l'époque ministre des Petites et Moyennes Entreprises[1]. Si la fiducie voit le jour en France, ce que beaucoup de juristes ou de praticiens espèrent tant depuis plus d'une vingtaine d'années, la démonstration de l'adaptabilité du principe de spécialité des personnes morales aux techniques fiduciaires parachèverait la démonstration du remarquable dynamisme dont ce principe est empreint, source d'une grande richesse au sein des relations contractuelles.

Ainsi, loin de brider l'essor de la fiducie, le principe de spécialité reconnu et mieux circonscrit autour de la fiducie contribuerait également au dynamisme de cette dernière. La fiducie ainsi conçue se situerait dans le prolongement de la contractualisation du droit des affaires, de l'optimisation de la gestion de l'entreprise, courants amorcés depuis 1994 (loi *Madelin*, consécration de la société anonyme à forme simplifiée…).

---

1. Il estima que le projet de loi sur le patrimoine d'affectation qu'il élabora en 1996 constituait l'étape ultime dans le droit des entreprises, et un tremplin pour le but qui était de légaliser la fiducie : *in* Exposé des motifs du Projet de loi sur le patrimoine d'affectation (inédit) adressé par le ministre des Petites et Moyennes Entreprises, du Commerce et de l'Artisanat (J.-P. RAFFARIN), à la Chancellerie le 6 mai 1996.

CONCLUSION GÉNÉRALE

339. « ***Le notionnel momifie ; il convient, dans la science juridique comme dans toutes les disciplines de l'esprit, de placer les concepts sous la dépendance étroite du réel, donc de les réviser*** »[1].

C'est pourquoi, si la révision des principes théoriques n'est pas faite à la lumière de cette évolution, ces mêmes principes resteront bien en deçà de leur fonction et deviendront sclérosés, entraînant de ce fait l'inefficacité du système juridique dont ils font partie. Pour reprendre les propos de l'auteur belge Speth[2], « *ce n'est pas l'homme qui doit se plier au droit, mais le droit qui doit tenir compte des besoins de l'homme (...)* ». Il apparaît donc opportun de renouveler les approches classiques, de les adapter aux besoins nouveaux.

Cet enseignement général d'ajuster le droit à la réalité a ainsi conduit, dans la recherche effectuée sur le principe de spécialité des personnes morales, à tenter de revaloriser au mieux cette théorie, à la redéfinir en fonction du droit positif. En effet, élaborée à une époque de lutte entre les pouvoirs laïc et ecclésiastique, sa fonction n'est plus similaire aujourd'hui, et pourtant, il paraît indéniable qu'elle constitue, aux côtés des théories de la personnalité morale et du patrimoine, un pilier de notre droit, à condition toutefois d'être considérée avec un regard neuf. D'ailleurs, soucieux de renouveler les approches classiques de la théorie de la personnalité morale, ce fut bien un tel labeur qu'entreprirent tout d'abord Saleilles, puis Coulombel. D'autres auteurs[3] ont poursuivi, plus récemment, la restauration minutieuse de cette théorie, la personnalité morale ressemblant à un vieil édifice majestueux dont il convient de ne point bouleverser la structure, mais de l'adapter à l'environnement. Chacun apporte sa pierre, contribuant ainsi à sa manière au renouvellement des théories, ce qui ne signifie nullement leur suppression.

Ainsi, dans cette idée – sans pour autant prétendre que la présente thèse est à la mesure de celle de Saleilles ou de Coulombel – le principe de spécialité des personnes morales requiert également un nettoyage, un dépoussiérage : non

---

1. MORIN (G.), « Le problème des sources du droit positif », *Annuaire de l'Institut international de philosophie du droit et de sociologie juridique*, Sirey, 1934, p. 68.

2. SPETH (F.-H.), *op. cit., supra* Introduction générale.

3. Dernièrement, l'ouvrage de Ch. BOUCHARD (*op. cit.*) présenta une approche de la personnalité morale en rapport avec l'évolution de la société, dans le cas particulier de la province québécoise : la personnalité morale n'étant plus une condition d'efficacité de l'action collective, elle démontra que le recours au patrimoine d'affectation était une explication plus satisfaisante, notamment pour justifier l'action des sociétés de personnes au Québec.

seulement l'application de la règle de la spécialité légale, ignorée par la doctrine et la jurisprudence au profit de la seule spécialité statutaire, permettrait une meilleure application des contrats, une meilleure protection tant de la personne morale que des protagonistes en rapport avec elle, mais elle semblerait indispensable pour la conduite des affaires. En outre, la valeur de la spécialité statutaire devrait être clairement reconnue, sans être assimilée à la spécialité légale, chacune ayant leur propre fonction, leur propre nature juridique (règle de capacité pour la spécialité légale, voire règle d'existence même de la personne morale, règle de pouvoir pour la spécialité statutaire), assortie de sanctions idoines. Il est en effet indispensable de savoir si l'action des personnes morales doit ou non rencontrer certaines bornes, et si ses organes détiennent le pouvoir exclusif de tout faire ou non. Nombre de pratiques, par exemple celle du *dumping*[4], seraient ainsi évitées, ce qui assainirait, pour partie, le monde des affaires.

La revalorisation du principe de spécialité des personnes morales contribuerait peut-être au vaste mouvement de contractualisation opéré depuis quelques temps déjà, et à supprimer l'intervention du législateur dans un domaine qui devrait, en fin de compte, lui rester étranger. Également, ne pourrait-t-on pas prévoir une dimension européenne au principe de spécialité, dans le cadre de l'éventuelle société européenne dont les milieux juridiques parlent tant[5] ?

340. Finalement, la possibilité pour la fiducie de recevoir un principe de spécialité comme celui des personnes morales contribuerait à montrer le dynamisme dont ce dernier est empreint.

En effet, non seulement le principe de spécialité des personnes morales n'est point enterré, mais son mécanisme peut servir de parangon à un éventuel principe de spécialité applicable aux patrimoines d'affectation en général, dont les techniques fiduciaires seraient une déclinaison. Les garanties que le contrat de fiducie pourrait offrir s'en trouveraient renforcées. Savoir dans quel but clairement déterminé une fiducie est conclue, pallier les risques de fraude, protéger les intérêts de chacun des protagonistes, connaître exactement l'étendue des pouvoirs du fiduciaire, telles seraient, notamment, les garanties que pourrait présenter la reconnaissance d'un principe de spécialité applicable à la fiducie.

Si la démonstration que cette institution serait prête à recevoir un tel principe pourrait peut-être paraître par trop prétentieuse, ne serait-il pourtant point permis d'espérer, sans fatuité ni vanité, et au regard des belles paroles d'Ihering, que « les

---

4. En français, il s'agit de la vente à perte, largement pratiquée mais non sanctionnée, ce qui fausse le jeu de la concurrence. Or cette pratique est contraire au principe de spécialité légale de la société notamment.

5. *En droit public*, ce problème fut soulevé par S. RODRIGUES (« Actualité du principe de spécialité des entreprises publiques », *RFDA* 1994, p. 1146), à la suite d'une décision du Conseil de la concurrence refusant de sanctionner une éventuelle atteinte prise en tant que telle au principe de spécialité en droit public : Cons. conc. déc. n. 93-D-15 confirmé par la Cour d'appel de Paris, 10 février 1994, *BOCCRF* 8 mars 1994, p. 83 : la Cour d'appel a déclaré, à propos de la spécialité d'EDF-GDF qu'était « *inopérante, à cet égard, l'allégation selon laquelle la violation du principe de spécialité constitue, en soi, un abus de position dominante* ».

premiers efforts tentés pour introduire des idées nouvelles peuvent échouer devant la résistance de la jurisprudence, mais leur triomphe finit toujours par être assuré »[6] ?

341. Il demeure que l'insertion, voire la consécration de la fiducie et du patrimoine d'affectation, en droit français, ne ferait que traduire une réalité nettement établie.

Les individus distinguent de plus en plus entre leur vie professionnelle et leur vie personnelle. La tendance récalcitrante à admettre que des biens ressentis comme « biens personnels » soient mis en corrélation et garantissent une activité professionnelle s'accentue. En conséquence, l'existence d'un terrain favorable à l'admission des mécanismes de la fiducie ou du patrimoine d'affectation est manifeste, du moins dans les catégories socioprofessionnelles concernées, qu'il s'agisse d'entrepreneurs, de praticiens ou de techniciens non-juristes.

Considération faite de quelques pays où la fiducie fut instaurée sans aucun recours législatif, le problème de l'opportunité, en France, d'une intervention législative en ce domaine reste à résoudre. Si pendant un siècle, depuis le milieu du XIXe, les préférences des juristes français se détournèrent de la loi pour se reporter sur la jurisprudence parée de tant de vertus, à l'heure actuelle, le mouvement s'est inversé : une certaine lassitude du droit jurisprudentiel se fait jour, en même temps qu'un regain d'intérêt pour la législation, au point que l'on en vient à parler d'inflation législative[7]. Toutefois, ainsi que le soutint avec raison le professeur Malaurie dans son écrit en hommage au Doyen Cornu, « *tout le droit, mais particulièrement le droit civil, est un art difficile, notamment parce que les lois produisent souvent quelques effets pervers, et ce qu'il y a de plus difficile, c'est de légiférer* »[8].

Or depuis longtemps, les milieux d'affaires se plaignent du caractère trop contraignant du droit des sociétés. Ils souhaitent une déréglementation ou une simplification. Aussi, faut-il vraiment faire une loi de plus, une « *mauvaise* » loi de plus ainsi que pourrait l'exprimer le Doyen Carbonnier[9], à moins de respecter « *les vertus nécessaires à l'art législatif et à la vie juridique (...) que sont l'humilité, la lucidité, la patience, la prudence, l'énergie et surtout l'esprit juste* »[10] ? Ou alors, ne pourrait-on pas imaginer l'introduction de la fiducie en droit français par une Convention, à l'instar de la Convention de La Haye ?

---

6. IHERING, *L'esprit du droit romain*, trad. O. de Menlenaere, 1874, t. IV, § 63, p. 133.

7. CARBONNIER (J.), *Essais sur les lois*, 2e éd., *Rép. du notariat Defrénois*, 1995, p. 307 (chap. 7).

8. MALAURIE (Ph.), « L'effet pervers des lois », *Mél. Gérard Cornu*, PUF, 1994, p. 309.

9. « *Il n'y a qu'à faire une loi de plus. Et on la fait. Il faudrait beaucoup de courage à un gouvernement pour refuser cette satisfaction de papier à son opinion publique* » : CARBONNIER (J.), *Essais sur les lois*, *op. cit.*, p. 312.

10. MALAURIE (Ph.), « L'effet pervers des lois », *op. cit.*, n° 18.

ANNEXE 1
EXEMPLE DE CONVENTION DE GAGE-ESPÈCES

30 avril 2003

NANTISSEMENT DE COMPTE BANCAIRE

Entre
XXX
Constituant
Et
BNP PARIBAS
Bénéficiaire

Agissant tant pour son propre compte qu'au nom et pour le compte du CREDIT LYONNAIS, de la SOCIETE NANCÉIENNE VARIN BERNIER et de la SOCIÉTÉ GÉNÉRALE

ENTRE LES SOUSSIGNÉES :

XXX, société anonyme au capital de ____________ EURO, dont le siège social est situé _______________, immatriculée au registre du commerce et des sociétés de __________sous le numéro __________,

Représentée par M ____________________, dûment habilité aux fins de la présente Convention,

Ci-après dénommée le « **Constituant** »,

D'UNE PART,

ET

BNP PARIBAS, société anonyme au capital de 1 791 759 649 EURO, dont le siège social est situé 16 boulevard des Italiens – 75009 PARIS, immatriculée au registre du commerce et des sociétés de PARIS sous le n° 662 042 449,

Représentée par M ____________________, dûment habilité aux fins de la présente Convention,

Ci-après dénommée le « **Bénéficiaire** »,

D'AUTRE PART,

Le **Constituant** et le **Bénéficiaire** étant ci-après dénommés ensemble les « **Parties** ».

IL EST PRÉALABLEMENT EXPOSÉ QUE :

(A) Le Constituant a signé en date du 30 janvier 2003 avec BNP PARIBAS une convention de prêt (ci-après « la Convention de Prêt ») aux termes de laquelle cette dernière a consenti au Constituant un prêt d'un montant global de ____________ EUROS (ci-après « le Prêt »), divisé en une Tranche A d'un montant de ______________ EUROS et en une Tranche B d'un montant de ____________ EUROS, et destiné à financer _____________.
BNP PARIBAS assure les fonctions d'Arrangeur et d'Agent du Prêt.

(B) BNP PARIBAS a proposé à la SOCIETE NANCÉIENNE VARIN BERNIER, au CRÉDIT LYONNAIS et à la SOCIÉTÉ GÉNÉRALE de participer au Prêt, ce que ces dernières ont accepté. Leur participation au Prêt a été formalisée par la signature, en date de ce jour, de trois Actes de Substitution de Contractant.

(C) Il est précisé que la Convention de Prêt a été modifiée par un avenant 1 en date du 1er avril 2003 (ci-après « l'Avenant 1 »), un avenant 2 en date du 7 avril 2003 (ci-après « l'Avenant 2 »), un avenant 3 en date du 14 avril 2003 (ci-après « l'Avenant 3 »), et un avenant 4 en date du 30 avril 2003 (ci-après « l'Avenant 4 ») dont les Parties se dispensent de rappeler ici le contenu, chacune d'elles déclarant en avoir parfaite connaissance.

(D) Aux termes de l'Avenant 4, et afin de garantir les obligations contractées par le Constituant aux termes de la Convention de Prêt, le Constituant s'est engagé à affecter à un compte bancaire ouvert dans les livres de BNP PARIBAS la somme de __________ EUROS, et à nantir ledit compte bancaire (ci-après « le Compte Nanti ») au profit de BNP PARIBAS, tant pour son propre compte que pour le compte du CRÉDIT LYONNAIS, de la SOCIÉTÉ NANCÉIENNE VARIN BERNIER et de la SOCIÉTÉ GÉNÉRALE ainsi que tout(s) autre(s) établissement(s) de crédit qui leur serai(en)t totalement ou partiellement substitué(s) conformément aux stipulations de l'Article 19 de la Convention de Prêt.

CECI EXPOSÉ, IL EST CONVENU CE QUI SUIT :

ARTICLE 1 – DÉFINITIONS

Les termes et expressions commençant par une majuscule utilisés dans la présente convention auront la signification suivante ou, à défaut, la même signification que lorsqu'ils sont définis dans la Convention de Prêt :

« Banque(s) »	désigne BNP PARIBAS, le CRÉDIT LYONNAIS, la SOCIÉTÉ NANCÉIENNE VARIN BERNIER et la SOCIÉTÉ GÉNÉRALE, ainsi que tout(s) autre(s) établissement(s) de crédit qui leur serai(en)t totalement ou partiellement substitué(s) conformément aux stipulations de l'Article 19 de la Convention de Prêt ;
« Convention »	désigne la présente convention de nantissement de compte bancaire ;
« Convention de Prêt »	désigne la convention de prêt conclue entre le constituant et le bénéficiaire en date du 30 janvier 2003, ainsi que ses Avenants 1, 2, 3 et 4, tel que précisé dans le préambule ;
« Compte Nanti »	désigne le compte bancaire ouvert au nom du constituant dans les livres de BNP PARIBAS, Groupe de Troyes – 53 rue du Général de Gaulle – 10000 TROYES, sous les références suivantes : _________
« Nantissement »	désigne le nantissement par le constituant du solde créditeur du Compte Nanti en faveur du Bénéficiaire, pour compte commun des banques ;
« Obligations Garanties »	désigne l'ensemble des obligations de paiement du Constituant au titre de la Convention de Prêt :
« Prêt »	désigne le prêt d'un montant global de ______ EUROS consenti par les banques au Constituant ;

Les titres et sous-titres utilisés dans la présente Convention ne doivent avoir aucune incidence sur son interprétation. Les renvois faits dans les présentes à des articles doivent s'entendre, à moins qu'il n'en soit spécifié autrement, de renvois à des articles de la présente Convention.

ARTICLE 2 – NANTISSEMENT

2.1 Le Constituant affecte en nantissement au profit du Bénéficiaire, qui l'accepte, le solde créditeur du Compte Nanti, conformément aux dispositions des articles 2073 et suivants du Code civil et des articles L. 521-1 et suivants du Code de commerce, pour sûreté du paiement des Obligations Garanties.

2.2 Le présent Nantissement n'emporte pas novation ; il s'ajoute aux garanties et sûretés de toute nature dont bénéficie ou bénéficiera le Bénéficiaire au titre des Obligations Garanties, tant pour son propre compte que pour le compte des Banques.

ARTICLE 3 – RÉALISATION DU NANTISSEMENT

3.1 Le Constituant et le Bénéficiaire reconnaissent expressément que l'article 2078 du Code civil ne s'applique pas au présent Nantissement, ce dernier portant sur une créance de somme d'argent. En conséquence, en cas d'inexécution par le Constituant des Obligations Garanties suite au prononcé de l'exigibilité anticipée du Prêt intervenant conformément aux stipulations de la convention de Prêt, le Bénéficiaire pourra notifier au Constituant, par lettre recommandée avec avis de réception, la réalisation du Nantissement, le solde créditeur du Compte Nanti devenant, sans qu'il soit besoin d'aucune autre formalité ni procédure, la propriété du Bénéficiaire. Dès l'envoi de la notification susvisée, le Bénéficiaire pourra virer le solde créditeur du Compte Nanti au crédit de tout compte de son choix.

3.2 La réalisation par le Bénéficiaire du présent Nantissement éteindra à due concurrence les Obligations Garanties.

ARTICLE 4 – ENREGISTREMENT – SIGNIFICATION

4.1 Le Nantissement ne sera opposable au Constituant qu'après que la présente Convention ait été dûment enregistrée puis signifiée au Constituant par acte d'huissier, conformément aux dispositions des articles 2074 et 2075 du Code civil.

4.2 Toutes les formalités d'enregistrement et de signification seront effectuées à la seule diligence du Bénéficiaire.

4.3 Tous les droits de timbre et d'enregistrement ainsi que tous les frais de signification se rapportant à la présente Convention seront à la charge exclusive du Constituant qui s'y oblige.

ARTICLE 5 – MAINLEVÉE

Le Bénéficiaire signera et remettra au Constituant, à réception d'une demande écrite de ce dernier intervenant le _________ au plus tôt, un acte de mainlevée du Nantissement déchargeant le Constituant de l'ensemble de ses obligations au titre de la Convention, lors qu'il n'existe ou ne subsiste pas, au jour de la réception de la demande écrite du Constituant, de Cas de défaut au titre de la Convention de Prêt, dûment notifié comme tel par le Bénéficiaire au Constituant.

ARTICLE 6 – NOTIFICATIONS

Toute notification entre les Parties au titre des présentes sera adressée par télécopie (confirmée par lettre simple ou recommandée avec avis de réception, si nécessaire) et remise ou adressée à la Partie à laquelle elle est destinée, à l'adresse ci-dessous :

Au Constituant XXX

____

____

Au Bénéficiaire BNP PARIBAS
BDDF – Financements Structurés
CLD 08B1
9 boulevard des Italiens – 75 002 PARIS
Télécopie :

Ou à toute autre adresse qui serait ultérieurement notifiée par l'une des Parties à l'autre Partie.

La date à laquelle une notification par courrier sera réputée valablement faite sera celle de sa réception effective par le destinataire, c'est-à-dire la date figurant sur l'avis de réception. Toute notification effectuée par télécopie sera réputée valablement faite à la date figurant sur la confirmation de transmission de ladite télécopie ;

ARTICLE 7 – DIVERS

7.1 Tous les droits conférés au Bénéficiaire par la présente Convention ou par tout autre document livré en exécution ou à l'occasion de la présente Convention, comme les droits découlant de la loi, sont cumulatifs et pourront être exercés à tout moment.

7.2 Le fait pour le Bénéficiaire de ne pas exercer un droit ou de l'exercer tardivement, ne saurait constituer une renonciation à ce droit, et l'exercice d'un seul droit ou son exercice partiel n'empêchera pas le Bénéficiaire de l'exercer à nouveau dans l'avenir, ou d'exercer tout autre droit.

7.3 Au cas où une disposition des présentes est ou deviendrait illégale, nulle ou inopposable, ceci ne portera pas atteinte à la licéité, à la validité ou à l'opposabilité des autres dispositions des présentes.

ARTICLE 8 – DROIT APPLICABLE – ATTRIBUTION DE COMPÉTENCE

8.1 La présente Convention est régie par le droit français.

8.2 Les parties conviennent expressément de porter tout différend se rapportant à la présente Convention devant le tribunal de Commerce de PARIS.

Fait à PARIS, le 30 avril 2003
En quatre (4) exemplaires originaux
Dont un (1) pour l'enregistrement
Et un (1) pour signification à BNP PARIBAS

ANNEXE 2
CONVENTION CADRE DE CESSION DE CRÉANCES PROFESSIONNELLES À TITRE DE GARANTIE

CONTRAT-CADRE DE CESSION DE CRÉANCES PROFESSIONNELLES À TITRE DE GARANTIE

(soumise aux dispositions des articles L. 313-23 à L. 313-35 du Code monétaire et financier)

en date du 16 décembre 2002

ENTRE

XXX

en sa qualité de Cédant

ET

la BANQUE YYY

en sa qualité de Cessionnaire

TABLE DES MATIÈRES

ENTRE LES SOUSSIGNÉES :

XX, société _________ au capital de _________ Euros, dont le siège social est situé _______________, immatriculée au Registre du Commerce et des Sociétés de ________ sous le numéro ___________,

Représentée par __________, dûment habilité aux fins des présentes,

Ci-après dénommée le « Cédant »,

D'UNE PART,

ET

La BANQUE YY, société anonyme au capital de ____________ Euros, dont le siège social est situé _________________, immatriculée au Registre du Commerce et des Sociétés de __________ sous le numéro ___________,

Représentée par ________________, dûment habilité aux fins des présentes,

Ci-après dénommée « le Cessionnaire »,

D'AUTRE PART,

IL EST PRÉALABLEMENT EXPOSÉ CE QUI SUIT :

Aux termes d'un acte en date du __________ dont un Pro Forma est joint en Annexe 1 aux présentes (ci-après dénommé la « Convention de Crédit »), le Cessionnaire a consenti au Cédant un crédit revolving confirmé à trois (3) ans (ci-après dénommée « le Crédit ») d'un montant maximum autorisé égal à un million cinq cent mille (1 500 000) Euros, destiné à financer ses besoins en fonds de roulement.

Pour sûreté du paiement au Cessionnaire de toute somme due à quelque titre que ce soit au titre de la Convention de Crédit, le Cédant s'est notamment engagé à céder au Cessionnaire, à titre de garantie et, pour la première fois à la première Date de Tirage, des créances professionnelles détenues sur des personnes morales françaises, à hauteur d'un montant égal à tout moment à 120 % de l'encours du Crédit.

CECI EXPOSÉ, IL EST CONVENU CE QUI SUIT :

1. DÉFINITIONS - INTERPRÉTATION

1.1 Définitions

(a) Les termes et expressions définis dans la Convention de Crédit et utilisés dans la présente Convention auront, sauf si le contexte l'exige autrement, le sens qui leur est donné dans la Convention de Crédit.

(b) Aux fins de la présente Convention, et sauf si le contexte justifie une autre interprétation, les termes et expressions ci-dessous doivent s'entendre comme suit :

« Bordereau de l'article L. 313-23 du Code monétaire et financier »	Désigne tout acte de cession de créances professionnelles établi par le Cédant au profit du Cessionnaire en exécution de la présente Convention, conformément aux dispositions des articles L. 313-23 à L. 313-35 du Code monétaire et financier et dont un modèle figure en Annexe 2.
« Compte du Cédant »	Désigne le compte ouvert au nom du Cédant dans les livres de la BANQUE YY sous les références suivantes : Code Banque : _____ Code Agence : _____ Numéro de compte : ___________
« Compte Cession DAILLY »	Désigne le compte ouvert au nom du Cessionnaire dans les livres de la BANQUE YY sous les références suivantes : Code Banque : _____ Code Agence : _____ Numéro de compte : ___________ Clé RIB : __
« Convention »	Désigne la présente convention cadre de cession de créances professionnelles à titre de garantie, soumise aux dispositions des articles L. 313-23 à L. 313-35 du Code monétaire et financier, ainsi que ses Annexes, tel qu'elle pourra être amendée, modifiée, complétée ou reformulée dans le futur.

« Convention de Crédit »	Désigne la Convention de Crédit conclue en date du __________ entre le Cédant et le Cessionnaire, dont un Pro Forma figure en Annexe 1.
« Créances Cédées »	Désigne l'ensemble des créances professionnelles détenues par le Cédant sur les Débiteurs Cédés, qui seront cédées en vertu de l'article 12.1 de la Convention de Crédit et qui feront chacune l'objet d'une cession selon les formes des articles L. 313-23 à L. 313-34 du Code monétaire et financier, en exécution de la Convention de Crédit et de la Convention.
« Crédit »	Désigne le crédit d'un montant maximum autorisé d'un million cinq cent mille (1 500 000) Euros, consenti par le Cessionnaire au Cédant aux termes de la convention de Crédit.
« Débiteur(s) Cédé(s) »	Désigne le(s) débiteur(s) du Cédant au titre de chacune des Créances Cédées.
« Sommes Garanties »	Désigne l'ensemble des sommes, en principal, intérêts, intérêts de retard, commissions, frais et accessoires, dues par le Cédant au Cessionnaire au titre de la Convention de Crédit.

1.2 Interprétation

(A) Les titres des articles sont utilisés uniquement à titre indicatif et n'affecteront en aucun cas l'interprétation de la Convention.

(B) Aux termes de la Convention, et sauf si le contexte l'exige autrement :

– La référence à une personne englobe ses cessionnaires et successeurs successifs ;

– La référence à un document vise ce document, tel qu'il pourra être amendé, remplacé par voie de novation ou complété.

2. CESSION

2.1 Pour sûreté et garantie du paiement et remboursement des Sommes Garanties et conformément aux dispositions des articles L. 313-23 à L. 313-35 du Code monétaire et financier, le Cédant s'engage à céder les Créances Cédées au Cessionnaire.

2.2 À cet effet, le Cédant s'engage à remettre au Cessionnaire, pour chacune des Créances Cédées, l'original d'un Bordereau de l'article L. 313-23 du Code monétaire et financier conforme au modèle figurant en Annexe 2 aux présentes ; à chaque Bordereau sera annexée une copie certifiée conforme de chacun des contrats dont résultent les Créances Cédées détaillées dans ledit Bordereau de l'article L. 313-23 du Code monétaire et financier.

2.3 À compter de la remise de chaque Bordereau de l'article L 313-23 du Code monétaire et financier, le Cédant s'interdit de modifier les droits du Cessionnaire au titre des Créances Cédées, sans l'accord préalable et écrit de ce dernier, notamment en modifiant ou en restreignant l'objet ou les droits afférents aux Créances Cédées à l'encontre des Débiteurs Cédés.

3. EFFETS DE LA CONCLUSION DE LA CONVENTION

La conclusion de la Convention ne peut en aucun cas être interprétée comme un engagement de la part du Cessionnaire vis-à-vis du Cédant de mettre à la disposition du Cédant tout ou partie du Crédit consenti en vertu de la Convention de Crédit. Toutes les conditions relatives à la mise à disposition du Crédit figurent dans la Convention de Crédit et doivent être cumulativement respectées, indépendamment des stipulations de la Convention.

4. EFFETS DE LA REMISE D'UN BORDEREAU DE L'ARTICLE L. 313-23 DU CODE MONÉTAIRE ET FINANCIER

4.1 Chaque cession de Créances Cédées effectuée en vertu de la Convention emporte de plein droit transfert de la pleine propriété des Créances Cédées au Cessionnaire, à compter de la date apposée par ce dernier sur chaque Bordereau de l'article L. 313-23 du Code monétaire et financier. Chaque cession de Créances Cédées effectuée en vertu de la Convention emporte également de plein droit le transfert au profit du Cessionnaire de l'ensemble des sûretés afférentes aux Créances Cédées.

Chacune des cessions effectuées en vertu de la Convention se matérialisera par la remise par le Cédant au Cessionnaire d'un Bordereau de l'article L. 313-23 du Code monétaire et financier concernant une ou plusieurs Créances Cédées. Chaque Bordereau de l'article L. 313-23 du Code monétaire et financier remis par le Cédant en vertu de la Convention devra précisément identifier les Créances Cédées concernées, et comporter l'ensemble des mentions impératives requises par les articles L. 313-23 à L. 313-35 du Code monétaire et financier et l'ensemble de la réglementation en vigueur.

4.2 De convention expresse, le Cessionnaire aura toujours la faculté après examen des Créances Cédées portées sur le Bordereau de l'article L. 313-23 du Code monétaire et financier, de refuser certaines créances proposées à titre de cession. En cas de refus, le Cessionnaire supprimera du Bordereau de l'article L. 313-23 du Code monétaire et financier les créances rejetées et en modifiera en conséquence le total ; il adressera alors au Cédant un double du Bordereau de l'article L. 313-23 du Code monétaire et financier ainsi modifié.

5. RECOUVREMENT PAR LE CÉDANT

5.1 Tant que la cession des Créances Cédées n'aura pas été notifiée dans la forme prévue à l'article 6, et sous réserve d'une application des stipulations des articles 6 et 7, le Cédant pourra continuer à être l'interlocuteur des Débiteurs Cédés en exigeant directement auprès d'eux le paiement de toute somme due au titre des Créances Cédées sur le Compte du Cédant, les sommes reçues par le Cédant l'étant alors pour le compte du Cessionnaire.

5.2 Sans préjudice de la possibilité pour le Cessionnaire d'engager seul des procédures à l'encontre des Débiteurs Cédés en cas de non-paiement des Créances Cédées à leur échéance, le Cessionnaire donne, par les présentes, mandat au Cédant pour engager aux frais du Cédant les procédures que le Cédant estimerait, le cas échéant, utiles à l'encontre des Débiteurs Cédés aux fins de recouvrement des Créances Cédées.

5.3 Il est également convenu que toutes les sommes qui seraient recouvrées à l'occasion d'une procédure engagée à l'encontre d'un Débiteur Cédé ou à l'occasion d'un accord intervenu avec un Débiteur Cédé le seront pour le compte du Cessionnaire qui en est le propriétaire, le Cédant n'étant autorisé à utiliser ces sommes que dans les conditions prévues à l'article 5.1 et tant qu'il n'aura pas été fait application des stipulations des articles 6 et 7.

6. RECOUVREMENT PAR LE CESSIONNAIRE

Le Cessionnaire se réserve la possibilité de notifier, à tout moment, aux Débiteurs Cédés, les cessions de créances intervenant en vertu de la Convention, selon le modèle de lettre de notification figurant en Annexe 3 aux présentes, conformément aux dispositions de l'article L. 313-28 du Code monétaire et financier. Dans ce cas, les Débiteurs Cédés seront tenus de s'acquitter de leurs dettes directement auprès du Cessionnaire. Le Cédant s'oblige dès lors à :

(a) confirmer, à première demande du Cessionnaire, à chacun des Débiteurs Cédés, que le règlement de l'ensemble des Créances Cédées par le Débiteur Cédé concerné doit être effectué sur le Compte Cession DAILLY, étant entendu que tout paiement reçu par le Cédant après réception de la notification mentionnée au présent article ne le sera qu'en sa qualité de mandataire du Cessionnaire pour le recouvrement des Créances Cédées ;

(b) faire remise immédiate au Cessionnaire, des instruments de paiement ou des sommes qu'il aurait ainsi reçues, en fournissant au Cessionnaire toutes indications utiles que ce dernier pourrait lui demander aux fins de recouvrer les Créances Cédées.

Les frais afférents à la notification des cessions de créances faites par le Cessionnaire aux Débiteurs Cédés seront supportés par le Cédant.

Tout paiement reçu par le Cédant après réception de l'une ou l'autre des notifications mentionnées au paragraphe ci-dessus ne le sera qu'en sa qualité de mandataire du Cessionnaire pour le recouvrement des Créances Cédées et le Cédant s'oblige à faire remise immédiate au Cessionnaire, des instruments de paiement ou des sommes qu'il aurait ainsi reçues, en fournissant au Cessionnaire toutes indications utiles que ce dernier pourrait lui demander aux fins de recouvrer les Créances Cédées.

7. AFFECTATION DES SOMMES RECOUVRÉES

7.1 Tant que la notification mentionnée à l'Article 6 ne sera pas intervenue, les sommes recouvrées par le Cédant pour le compte du Cessionnaire en vertu du Contrat seront affectées au remboursement et paiement des Sommes Garanties dans l'ordre de priorité convenu entre les Parties à l'article __ (« Imputation des paiements ») de la Convention de Crédit.

7.2 Après la notification mentionnée à l'Article 6, les sommes recouvrées par le Cessionnaire en vertu de la Convention seront affectées au remboursement et paiement de l'intégralité des Sommes Garanties. Toutes les sommes recouvrées par le Cessionnaire au-delà du montant des Sommes Garanties, s'il y en a, seront immédiatement reversées au Cédant.

8. DURÉE

8.1 La Convention entre en vigueur au jour de sa signature.

8.2 La cession des Créances Cédées en vertu de la Convention cessera de produire ses effets à la date à laquelle l'intégralité des Sommes Garanties aura irrévocablement et définitivement été payée ou remboursée.

9. RESPONSABILITÉS

Sauf s'il en a été stipulé autrement aux termes de la Convention :

(a) le Cédant restera tenu de l'exécution de l'intégralité de ses obligations (s'il y a lieu) au titre des contrats cédés en vertu de la Convention de Crédit ;

(b) Conformément à l'article L. 313-24 du Code monétaire et financier, le Cédant sera tenu solidairement du paiement des Créances Cédées par les Débiteurs

Cédés, étant bien entendu précisé que le Cédant restera intégralement tenu, conformément aux termes de la Convention de Crédit, de l'ensemble des Sommes Garanties qui n'auraient pas fait l'objet d'un paiement effectif par les Débiteurs Cédés ;

(c) l'exercice par le Cessionnaire de l'un quelconque de ses droits au titre de la Convention ne déliera pas le Cédant de ses obligations au titre des Créances cédées en vertu de la Convention de Crédit ;

(d) le Cessionnaire n'encourra aucune obligation ou responsabilité au titre des Créances Cédées, ni ne sera dans l'obligation d'exécuter des engagements ou obligations incombant au Cédant au titre desdits contrats ou d'entreprendre une action en recouvrement quelconque.

10. DÉCLARATIONS ET GARANTIES

Le Cédant déclare et garantit au Cessionnaire, à ce jour et à chaque date de remise d'un Bordereau de l'Article L. 313-23 du Code monétaire et financier en vertu du Contrat, ce qui suit :

(a) il est une société régulièrement constituée et existant valablement selon le droit français ;

(b) les obligations du Cédant au titre de la Convention sont constitutives d'un engagement légal, valable et obligatoire du Cédant, conformément à ses termes, sous réserve des dispositions législatives et réglementaires affectant de façon générale les droits des créanciers ;

(c) la signature et l'exécution de la Convention et de chaque Bordereau de l'article L. 313-23 du Code monétaire et financier ne nécessitent aucune autorisation, avis ou approbation quelconque qui n'ait déjà été obtenue ;

(d) chaque cession effectuée en vertu de la Convention n'affecte en rien la nature et l'étendue de tout engagement et de toute garantie qui ont pu et peuvent être fournis par ailleurs par le Cédant au Cessionnaire auxquels chaque cession effectuée en vertu de la Convention s'ajoute.

11. ENGAGEMENTS DU CÉDANT

11.1 Le Cédant s'engage envers le Cessionnaire, pendant toute la durée de la Convention, sauf accord préalable et écrit du Cessionnaire :

(a) à domicilier sur le Compte du Cédant le paiement de l'ensemble de ses factures clients faisant l'objet d'une cession de créances professionnelle à titre de garantie en vertu de la Convention de Crédit ;

(b) à ne pas céder, transférer ou autrement disposer ou permettre ou consentir que soit cédé, transféré ou qu'il soit disposé de l'une quelconque des Créances

Cédées ou de l'un quelconque de ses droits au titre d'un contrat cédé au bénéfice de tiers autre que le Cessionnaire ;

(c) ne pas compromettre ou transiger, ni renoncer, même partiellement, au bénéfice des Créances Cédées ainsi qu'aux droits, sûretés et garanties accessoires aux Créances Cédées ;

(d) ne pas modifier la nature, le rang ou l'assiette des sûretés et autres garanties accessoires aux Créances Cédées ;

(e) ne pas effectuer de négociation d'aucune sorte ou disposer des instruments de paiement quels qu'ils soient qui lui auront été remis par les Débiteurs Cédés en paiement des Créances Cédées dès lors que le Cessionnaire lui aura fait la demande de conserver ces instruments de paiement.

11.2 Le Cédant s'engage en outre envers le Cessionnaire, pendant toute la durée de la Convention de Crédit et de la Convention :

(a) à exécuter toute mesure ou à signer tout document ou acte requis ou qui pourra être requis par le Cessionnaire, en vue d'établir la preuve, de constituer, préserver ou d'obtenir l'exécution forcée de toute cession effectuée en vertu de la Convention et de chaque Bordereau de l'article L. 313-23 du Code monétaire et financier y afférent ;

(b) à remettre les Bordereaux de l'article L. 313-23 du Code monétaire et financier, conformément à l'article 2 de la Convention.

12. STIPULATIONS GÉNÉRALES

12.1 Il est convenu que la Convention ne préjudicie ou ne limite et ne préjudiciera ou ne limitera en aucune manière les autres droits et recours du Cessionnaire envers le Cédant et qu'il n'affecte et ne pourra affecter ni la nature, ni l'étendue de tous engagements et de toutes garanties auxquels il s'ajoute ou s'ajoutera et qui ont pu ou pourront par ailleurs être contractés ou concédés par le Cédant au profit du Cessionnaire.

12.2 Le non-exercice ou l'exercice tardif par le Cessionnaire d'un quelconque droit ou recours ou d'une quelconque option au titre de la Convention ne pourra pas être considéré comme constituant une renonciation de sa part à l'exercice dudit droit ou recours ou de ladite option. Ne sera pas non plus considéré comme une renonciation l'exercice isolé ou partiel d'un quelconque droit ou recours ou d'une quelconque option, un tel exercice ne préjugeant en rien de l'exercice renouvelé ou futur desdits droits, recours ou options ou de tout autre droit. Aucune renonciation par le Cessionnaire ne sera valable si elle n'est pas expressément faite par acte écrit faisant spécifiquement référence à la Convention.

12.3 Au cas où une quelconque stipulation de la Convention serait considérée comme nulle ou inopposable ou le deviendrait par l'effet d'une loi quelconque ou en raison de l'interprétation qui lui serait donnée par une quelconque juridiction, la Convention serait interprétée comme si elle ne contenait pas ladite disposition et l'invalidité de ladite disposition n'affectera pas la validité de toutes autres stipulations de la Convention qui resteront par ailleurs légales et valables et demeureront pleinement en vigueur.

12.4 Le Cessionnaire n'assumera aucune responsabilité envers le Cédant ou ses ayants cause à titre particulier ou universel à raison de l'exercice tardif ou du non-exercice des droits et prérogatives qui lui sont conférés en vertu de la Convention.

12.5 Le Cessionnaire ne devra supporter une perte quelconque découlant de l'exercice d'un droit ou privilège en vertu de la Convention, exception faite des pertes qui résulteraient d'une faute dolosive de sa part.

13. SUCCESSEURS ET AYANTS-DROITS

13.1 Tous les droits, privilèges et options consentis au Cessionnaire aux termes de la Convention profiteront aux successeurs, cessionnaires et ayants-droits du Cessionnaire, et tous les termes, conditions, promesses, déclarations et garanties et engagements du Cédant au titre de la Convention lieront ses successeurs, cessionnaires et ayants-droits dans les mêmes termes que le Cédant, étant entendu et convenu toutefois que :

(a) le Cédant ne pourra céder ses droits ou déléguer ses obligations aux termes de la présente Convention sans le consentement préalable et écrit du Cessionnaire, et

(b) le Cessionnaire pourra céder ses droits et obligations au titre de la présente Convention à tout tiers, dans les conditions prévues à l'Article __ de la Convention de Crédit.

13.2 En cas de transfert de tout ou partie de ses droits et obligations dans les conditions prévues à l'article __ de la Convention de Crédit, le Cessionnaire réserve expressément, ce que le Cédant accepte, l'intégralité de ses droits et privilèges découlant de la présente Convention afin que, conformément aux dispositions de l'article 1278 du Code civil, ceux-ci profitent au bénéficiaire du transfert.

14. NOTIFICATIONS

14.1 Toutes notifications au titre de la Convention devront être adressées aux parties par télécopie comme suit :

Au Cédant : XX

____

____

À l'attention de : ____________
Télécopie : ____________

Au Cessionnaire : BANQUE YY

____

____

____

À l'attention de : ____________
Télécopie : ____________

Ou à toute autre adresse que les parties indiqueraient au titre du présent Article.

14.2 Toutes communications effectuées au titre de la Convention seront censées avoir été reçues par la partie destinataire à la date indiquée sur le relevé de confirmation de transmission de la télécopie, tel qu'il aura été conservé par la partie émettrice.

15. LOI APPLICABLE ET JURIDICTION

15.1 La Convention et chaque Bordereau de l'article L. 313-23 du Code monétaire et financier y afférent, seront régis par le droit français.

15.2 Tout litige relatif à la Convention sera de la compétence du tribunal de Commerce de Paris. Les stipulations qui précèdent n'affectent pas le droit du Cessionnaire, de prendre toute mesure conservatoire ou d'exécution devant tout autre tribunal du lieu de situation de l'un des Débiteurs Cédés.

Fait à _______, le _________
En deux (2) exemplaires originaux

XX	*BANQUE YY*
En qualité de Cédant	**En qualité de Cessionnaire**
Représentée par :	Représentée par :
____________	____________

ANNEXE A

PRO FORMA DE LA CONVENTION DE CRÉDIT

ANNEXE B

MODÈLE DE BORDEREAU DE L'ARTICLE L. 313-23 DU CODE MONÉTAIRE ET FINANCIER

ACTE DE CESSION DE CRÉANCES PROFESSIONNELLES À TITRE DE GARANTIE

(soumis aux dispositions des articles L. 313-23 à L 313-34
du Code monétaire et financier)

Entreprise cédante : **XX**, société ________ au capital de _______ Euros, dont le siège social est situé ______________, immatriculée au Registre du Commerce et des Sociétés de ___________ sous le numéro ___________,

Représentée par __________ dûment habilité aux fins des présentes.

Établissements de crédit cessionnaire : **BANQUE YY**, société ________ au capital de _________ Euros, dont le siège social est situé, _______________, immatriculée au Registre du Commerce et des Sociétés de ________ sous le numéro ___________,

Représentée par ___________, dûment habilité aux fins des présentes,

Le présent acte est établi en vertu d'une convention cadre de cession de créances professionnelles à titre garantie en date du __________ (« la Convention ») dont une copie figure en Annexe A aux présentes. Les termes et expressions définis dans la Convention et utilisés au présent acte auront, sauf si le contexte l'exige autrement, le sens qui leur est donné dans la Convention.

Cet acte de cession est destiné à garantir l'ensemble Sommes Garanties dues par le Cédant au titre de la Convention de Crédit.

Désignation du Débiteur Cédé	Désignation du Contrat donnant Naissance à la créance cédée	Montant ou évaluation du montant de la créance cédée	Lieu de paiement prévu	Échéance
	.... (dont une copie figure en Annexe B au présent acte)		Compte du Cédant : Code Banque : _____ Code Agence : _____ N° Cpte : ___________ Clé RIB : __	

XX *(Date apposée par la BANQUE YY)*

(Signature)

ANNEXE B (1)

au Bordereau de l'article L. 313-23 du Code monétaire et financier

Copie certifiée de la Convention Cadre de cession de créances professionnelles à titre garantie en date du ___________.

ANNEXE B (2)

au Bordereau de l'article L. 313-23 du Code monétaire et financier

Copie certifiée conforme du (ou des) contrat(s) cédé(s).

ANNEXE C

MODÈLE DE NOTIFICATION

(BANQUE YY)

Débiteur
Cédé
(Adresse)

Objet: Acte de notification de cession de créances professionnelles à titre de garantie intervenue en date du _________

Messieurs,

Dans les conditions prévues par les articles L. 313-23 à L. 313-34 du Code Monétaire et Financier, la société XX, société _______ au capital de _______ Euros, dont le siège social est situé _______________, immatriculée au Registre du Commerce et des Sociétés de _____________ sous le numéro ___________ a cédé à notre Établissement, par acte de cession de créances professionnelles en date du _______ (« le Bordereau »), dont une copie figure ci-joint, la (ou les) créance(s) *[description de la (ou des) créances(s) reprenant les mentions du Bordereau]* dont vous êtes débiteur (« la (ou les) Créance(s) »).

Conformément aux dispositions de l'article L. 313-28 du Code monétaire et financier qui vous sont opposables, vous voudrez bien cesser d'effectuer, à compter de la présente notification, tout paiement au titre de la (ou des) Créance(s) objet(s) du Bordereau ci-joint au profit de la société XX et, en conséquence, diriger lesdits paiements directement sur le compte ouvert dans les livres de la BANQUE YY, sous les références suivantes :

Code Banque : _____

Code Agence : _____

Numéro de Compte : ___________

Clé RIB : __

ANNEXE 3
EXEMPLE DE DONATION-PARTAGE AVEC CONSTITUTION DE QUASI-USUFRUIT

JC 277 BJ / IJ

L'AN MIL NEUF CENT QUATRE VINGT-DIX HUIT,

Et le **vingt-sept février**

Maître J ________, notaire associé de la Société civile professionnelle dénommée « _______________ » titulaire d'un Office notarial à la résidence _________________

A RECU, à la requête des parties ci-après identifiées le présent acte contenant :

DONATION à titre de PARTAGE ANTICIPÉ et CONSTITUTION de QUASI-USUFRUIT

<u>DONATEUR</u>

Monsieur T _____________ et Madame L _____ son épouse, demeurant ensemble à __________

Ci-après désigné LE DONATEUR

<u>DONATAIRES</u>

1ent/ Madame T _________

2ent/ Monsieur T ________

3ent/ Madame T _________

Ci-après désignés LE DONATAIRE

DONATION À TITRE DE PARTAGE

LES DONATEURS ont, par les présentes, par référence à l'article 1438 du Code civil et en vue de l'établissement de leurs enfants, fait donation entre vifs à titre de partage anticipé, conformément aux dispositions des articles 1075 et suivants du Code civil, à leurs trois enfants ci-dessus nommés, qualifiés et domiciliés, et seuls présomptifs héritiers chacun pour un TIERS, DONATAIRES aux présentes pour même quotité, qui acceptent expressément, de :

La NUE-PROPRIÉTÉ pour y réunir l'USUFRUIT dans les conditions ci-après indiquées, du BIEN ci-après désigné :

DÉSIGNATION

ARTICLE UN

CENT VINGT SIX (126) parts à trois mois de la SPCI « ______ » gérée par la société de gestion des SPCI du groupe____ dont le siège social est à PARIS _______, valorisées au 31 décembre 1997 à MILLE TROIS CENT SOIXANTE QUINZE Francs la part, soit : CENT SOIXANTE TREIZE MILLE DEUX CENT CINQUANTE Francs (173 250,00 Francs) arrondi à CENT SOIXANTE TREIZE MILLE DEUX CENT Francs (173 200,00 Francs).

ARTICLE DEUX

QUATRE VINGT SEIZE (96) parts de la SPCI immobilière privée 2, dont le siège social est à PARIS __________, valorisées au 31 décembre 1997 à HUIT CENT Francs la part, soit : SOIXANTE SEIZE MILLE HUIT CENT Francs (76 800,00 Francs).

ARTICLE TROIS

A/ De l'immeuble dont dépend le BIEN

B/ Du BIEN

LOT NUMÉRO CINQUANTE DEUX (52)

LOT NUMÉRO CENT CINQUANTE CINQ (155)

Tels que ces biens ont été désignés aux termes de l'état descriptif de division ci-après énoncé, avec tous immeubles par destination pouvant en dépendre.

ÉTAT DESCRIPTIF – RÈGLEMENT DE COPROPRIÉTÉ

ARTICLE QUATRE

ARTICLE CINQ

EFFET RELATIF

URBANISME – DISPENSE

Attendu la nature, la situation et la destination du BIEN donné, LE DONATAIRE déclare s'être renseigné personnellement auprès des services compétents sur les dispositions d'urbanisme applicables audit BIEN, et avoir dispensé le notaire soussigné de requérir, afin de l'annexer aux présentes, un certificat d'urbanisme, déchargeant ledit notaire et LE DONATEUR de toutes responsabilités à ce sujet.

PARTAGE ENTRE LES DONATAIRES

De même suite, LES DONATAIRES, avec le concours et sous la médiation des DONATEURS, ont procédé de la manière suivante au partage des biens à eux donnés.

MASSE DES BIENS À PARTAGER

Évaluation

ATTRIBUTIONS

PROPRIÉTÉ-JOUISSANCE

LES DONATAIRES copartagés auront, au moyen des présentes et à compter de ce jour, la propriété des BIENS à eux donnés et attribués.

Ils n'en auront toutefois la jouissance qu'à compter du jour du décès du survivant des DONATEURS, ces derniers faisant réserve, à leur profit et au profit du survivant d'eux, pour en jouir pendant leur vie et celle dudit survivant, sans réduction au décès du prémourant, de l'usufruit de tous les biens compris au présent partage anticipé.

Cette jouissance s'exercera, soit par la prise de possession réelle, soit par la perception des loyers, selon qu'à cette époque, LE BIEN sera, soit occupé par LE DONATEUR, soit loué à un tiers.

Au cas où LE BIEN serait occupé en totalité ou en partie par LE DONATEUR, ses héritiers ou représentants disposeraient d'un délai de quatre mois à compter du jour du décès pour en livrer la jouissance au DONATAIRE sans indemnité.

CONDITION D'EXERCICE DE L'USUFRUIT RESERVÉ

LE DONATEUR jouira de l'usufruit réservé « en bon père de famille » aux charges de droit, mais avec dispense de fournir caution. Il veillera à la conservation du BIEN, ne pourra en changer la nature ou la destination, et devra avertir LE DONATAIRE de tous empiètements, revendications et actions émanant de tiers quelconques, et susceptibles d'affecter les droits du DONATAIRE.

LE DONATEUR devra continuer l'assurance contre l'incendie et autres risques, et en acquitter exactement les primes. Toutefois, la police d'assurance devra faire l'objet d'un avenant au nom du DONATEUR pour l'usufruit, et du DONATAIRE pour la nue-propriété, la garantie devra être au minimum de la valeur de reconstruction, et il sera stipulé qu'en cas de sinistre, l'indemnité sera affectée en priorité à la reconstruction ou à la réparation du BIEN, sauf accord contraire des parties.

Il acquittera, jusqu'à extinction de l'usufruit, les impôts, contributions et charges de toute nature, autres que les charges extraordinaires. Il maintiendra LE BIEN en bon état de réparation d'entretien, afin de le laisser en fin de jouissance au moins dans l'état où il se trouve actuellement tel qu'il résulte des énonciations ci-dessus.

De son côté, LE DONATAIRE devra pendant toute la durée de l'usufruit respecter les droits de l'usufruitier, effectuer sans délai les grosses réparations qui deviendraient nécessaires, et acquitter les charges extraordinaires pesant sur le nu-propriétaire.

RESERVE DE QUASI-USUFRUIT

De convention expresse entre les parties, et en application des articles 852 et 857 du Code civil, Monsieur et Madame T ______ , DONATEUR, font réserve, à leur profit et au survivant d'eux, du quasi-usufruit des valeurs mobilières ci-dessus données et partagées.

En conséquence, et par dérogation à l'article 578 du Code civil, LE DONATEUR n'est pas tenu de conserver en nature les valeurs mobilières présentement données et partagées. Il peut, au contraire, en disposer dans les conditions prévues à l'article 587 du Code civil : comme un propriétaire, sans avoir à demander l'autorisation des DONATAIRES, mais à charge de restitution en fin d'usufruit selon les modalités définies ci-après.

CONDITIONS DU QUASI-USUFRUIT

1) Jouissance : en qualité de quasi-usufruitier, LE DONATEUR conservera la jouissance des titres présentement donnés et partagés jusqu'au décès du dernier des DONATEURS, époque à partir de laquelle elle profitera aux DONATAIRES. Il est expressément convenu que les dividendes et intérêts mis en distribution à compter du jour du décès du dernier des DONATEURS appartiendront intégralement aux DONATAIRES.

2) Pouvoirs de gestion et de disposition du DONATEUR : tant à l'égard des tiers, et notamment auprès du dépositaire des valeurs mobilières, et des collectivités émettrices des titres précités, le DONATEUR demeure investi du pouvoir de gérer librement le portefeuille de valeurs mobilières et de disposer des titres qui y figurent actuellement ou qui leur seront subrogés.

Toutefois, LE DONATEUR s'interdit de nantir les titres donnés et partagés, ou ceux qui leur seront subrogés.

3) Compte des valeurs soumises au quasi-usufruit : pour faciliter l'établissement du compte de fin d'usufruit, LE DONATEUR s'oblige à maintenir sur un compte spécial ouvert dans tout établissement de son choix, les titres soumis au quasi-usufruit.

Il notifiera sans tarder aux DONATAIRES, tout changement dans la désignation du compte. Seuls figureront à ce compte les titres soumis au quasi-usufruit, et notamment :

– les titres ci-dessus désignés,

– les titres qui, à la suite d'aliénations, seront subrogés aux titres cédés du fait du réinvestissement de prix de cession,

– les sommes et valeurs revenant aux nus-propriétaires tels que les lots provenant de tirages au sort lors de l'amortissement d'obligations, les actions distribuées aux actionnaires à la suite d'incorporation au capital de réserves, bénéfices, primes d'émission, les actions provenant de l'exercice du droit préférentiel de souscription, à concurrence de la valeur des droits de souscription.

Les intérêts et dividendes, mêmes payés en actions, les valeurs soumises au quasi-usufruit, ainsi que les titres qui seraient acquis en remploi de ces intérêts et dividendes devront être virés sans délai à un autre compte du DONATEUR.

4) Information aux DONATAIRES : pour permettre la détermination de l'objet de la restitution en fin d'usufruit, les DONATAIRES seront informés de toute opération réalisée sur les titres figurant au compte, telle que vente, virement de compte à compte. LE DONATEUR s'engage à donner toutes instructions utiles à cette fin à la société détentrice des titres. En outre, chaque année, LE DONATEUR établira ou fera établir par ladite société, un état mentionnant :

– les valeurs aliénées et celles qui ont été acquises en remplacement,

– les valeurs qui accroissent au portefeuille selon les indications mentionnées.

5) Remploi du prix de cession des titres aliénés : afin de rendre possible, en fin d'usufruit, la restitution du portefeuille à laquelle il est tenu, selon les modalités ci-

après stipulées, LE DONATEUR s'oblige à remployer intégralement le prix de cession des valeurs aliénées en titres nouveaux de son choix.

Ces stipulations n'entraînent aucune obligation à l'encontre de l'établissement teneur du compte ou des collectivités émettrices des titres de veiller à la réalisation des remplois de fonds.

RESTITUTION EN FIN D'USUFRUIT

1) Titres existants ou subrogés : en fin d'usufruit, les DONATAIRES seront pleinement propriétaires des titres figurant au compte spécial précité, ou à celui qui le remplacerait, et pourront les revendiquer. En raison de l'obligation incombant au DONATEUR de détenir sous un compte spécifique les titres soumis à son quasi-usufruit, les titres nouveaux qui figureront à ce compte à la fin de l'usufruit seront réputés subrogés à des titres aliénés au cours de la période d'usufruit, ou provenir des accroissements mentionnés précédemment, et seront donc la propriété des DONATAIRES.

Les DONATAIRES justifieront à l'établissement teneur du compte de l'extinction de l'usufruit, notamment par la simple production d'un acte de décès du dernier des DONATEURS.

2) Titres aliénés et non remplacés : pour les titres que LE DONATEUR aura aliénés sans réinvestir le prix de cession en l'achat de nouvelles valeurs, les droits des DONATAIRES seront reportés sur leur contre-valeur. En conséquence, les DONATAIRES seront titulaires contre LE DONATEUR ou sa succession, d'une créance déterminée en principe comme suit :

– si ces titres figurent encore à une cote officielle, la somme due sera de leur valeur au jour où l'usufruit a pris fin.

Toutefois, il est expressément convenu que la créance de restitution ne pourra être moindre que la valeur en pleine propriété à ce jour des titres non remplacés.

PAIEMENT DE LA CRÉANCE DE RESTITUTION

Pour se libérer des sommes aux DONATAIRES, les ayants droit du DONATEUR disposeront d'un délai expirant dans les trois mois de la cessation de l'usufruit.

CHARGES ET CONDITIONS DU PARTAGE ANTICIPÉ

INTERDICTION D'ALIÉNER

RÉSERVE DU DROIT DE RETOUR
CONDITION DE NE PAS ATTAQUER LE PARTAGE

DÉCLARATIONS

DÉCLARATIONS FISCALES

AVERTISSEMENT DU NOTAIRE AUX PARTIES

PUBLICITÉ FONCIÈRE

POUVOIRS

ÉLECTION DE DOMICILE
AFFIRMATION DE SINCÉRITÉ

DONT ACTE

Comprenant :

FAIT en l'Étude du notaire soussigné, les jour, mois et an susdits.

BIBLIOGRAPHIE

I – OUVRAGES GÉNÉRAUX, TRAITÉS

ATIAS (Ch.), *Le droit civil*, PUF, coll. Que sais-je, n° 2161.
ATIAS (Ch.), *Les personnes, les incapacités*, 1re éd., PUF, 1985.
AUBRY (C.) et RAU (C.), *Cours de droit civil français*, 6e éd. par P. Eismein, t. 9, Litec, 1953.
BLANCHOT (A.), *Droit pénal spécial*, Les Cours de droit, Paris II, 1993.
BRAIBANT (G.) et STIRN (B.), *Le droit administratif français*, 5e éd., Presses de sciences po. et Dalloz 1999.
CABRILLAC (M.) et MOULY Ch.), *Droit des sûretés*, 4e éd., 5e éd. et 6e éd., Litec, 1997, 1999 et 2002.
CARBONNIER (J.), *Droit civil, les personnes*, t. 1, Thémis, PUF, 1999.
CHAMPENOIS (G.) et FLOUR (J.), *Les régimes matrimoniaux*, 2e éd., Paris, A. Colin, 2001.
CHAPUS (R.), *Droit administratif général*, t. 1, 4e éd., Paris, Montchrestien, 1988.
CHARTIER (Y.), *Droit des affaires – sociétés commerciales*, t. 2, Thémis, PUF, 1985 et 1990.
COLLART DUTILLEUL (F.) et DELEBECQUE (Ph.), *Contrats civils et commerciaux*, Précis Dalloz, 5e éd., 2001.
CORNU (G.), *Droit civil – Introduction, Les Personnes, Les Biens*, 10e éd., Paris, Montchrestien, 2001.
COZIAN (M.), *Les grands principes de la fiscalité des entreprises*, 3e éd. Litec, 1996.
COZIAN (M.), *Précis de fiscalité des entreprises*, Litec, 1995-1996 (19e éd.) et 1998 (20e éd.).
COZIAN (M.) et VIANDIER (A.), *Droit des sociétés*, 10e éd., Litec, 1997.
CUQ (E.), *Manuel des institutions juridiques des Romains*, 2e éd., LGDJ, 1928.
CUQ (E.), *Études sur le droit babylonien*, Paris, 1929.
DIDIER (P.), *Droit commercial*, t. 1, PUF, 1970.
FOYER (J.), *Droit international privé*, Paris, Masson, 1987.
FOYER (J.), *Le régime matrimonial à l'épreuve du temps et des séparations conjugales* (sous la dir. de J. FOYER et C. LABRUSSE-RIOU), Paris, Economica, 1986.
FROMONT (M.) et RIEG (A.), *Introduction au droit allemand*, t. III.
GAUDEMET (M.), *Cours de droit romain*, Les cours de droit, 1953-1954.
GAUDEMET (M.), *Droit privé romain*, Montchrestien, 1998.
GAVALDA (Ch.) et STOUFFLET (J.), *Droit bancaire*, 3e éd., Litec, 1997.
GÉNY (F.), *Méthode d'interprétation et sources en droit privé positif – Essai critique*, préface de P. Saleilles, 2e éd., 1919

GÉNY (F.), *Science et technique en droit privé positif*, t. 1, 1939.
GHESTIN (J.), *Traité de Droit civil – Introduction générale*, 3e éd., LGDJ, 1990.
GIFFARD (A.-E.), *Droit romain et ancien droit français (Obligations)*, 5e éd., Précis Dalloz, 1958.
GIRARD (F.), *Manuel élémentaire de droit romain*, Paris, Rousseau, 8e éd. par F. Senn, 1929.
GOUBEAUX (G.), *Traité de droit civil – les personnes*, sous la direction de J. Ghestin, Paris, LGDJ, 1989.
GRIMALDI (M.), *Droit civil – successions*, 4e éd., Litec, 1996.
GUYON (Y.), *Droit des affaires*, 10e éd., Economica, 1998.
GUYON (Y.), *Traité des contrats - les sociétés*, sous la direction de J. Ghestin, 4e éd., LGDJ, 1999.
HAURIOU (M.), *Précis de droit administratif et de droit public*, 6e éd. et 11e éd.
HÉMARD (J.), TERRÉ (F.) et MABILAT (P.), *Les sociétés commerciales*, t. 1 et t. 3, Précis Dalloz, 1972 et 1978.
HILAIRE (J.), *Introduction historique au droit commercial*, Collection droit fondamental, PUF, 1986.
IHERING (R. von), *Esprit du Droit romain*, trad. O. de Menlenaere, t. IV, 2e partie, 1874.
JAMES (Ph. S.), *Introduction to English Law, Butterworths*, 1976.
JEANTIN (M.), *Droit des sociétés*, 3e éd., Montchrestien, 1994.
JOLOWICZ (J.A), *Droit anglais*, 2e éd., Précis Dalloz, 1992.
JUGLART (M. de), et IPPOLITO (B.), *Traité de droit commercial/les sociétés*, vol. 2, 1re et 2e parties, 3e éd., Paris, Montchrestien, 1980-1982.
JUGLART (M. de), et IPPOLITO (B.), *Cours de droit commercial*, vol. 2, 10e éd. refondue par J. Dupichot, Paris, Montchrestien, 1999.
LARROUMET (Ch.), *Droit civil – Introduction à l'étude du droit privé*, 3e éd., Economica, 1998.
LAUBADÈRE (A. de), VÉNÉZIA (J.-C.) et GAUDEMET (Y.), *Traité de droit administratif*, t. 1, 15e éd., LGDJ, 1999.
LEPOINTE (G.), *Droit romain et Ancien Droit français (les Biens)*, Précis Dalloz, 1958.
LÉVY-BRUHL (H.), *Histoire juridique des sociétés de commerce en France aux XVIIe et XVIIIe siècles*, Paris, Montchrestien, 1938.
LÉVY-BRUHL (H.), *Nouvelles études sur le très ancien droit romain*, Recueil Sirey, 1947.
MALAURIE (Ph.) et AYNÈS (L.), *Droit civil - Les successions, les libéralités*, par Ph. Malaurie, 4e éd., Cujas, 1998.
MALAURIE (Ph.) et AYNÈS (L.), *Les obligations*, Cujas, 1998.
MALAURIE (Ph.) et AYNÈS (L.), *Sûretés, publicité foncière*, 10e éd., Cujas, 2000/2001.
MALAURIE (Ph.) et AYNÈS (L.), *Les contrats spéciaux*, 8e éd., Cujas, 1994.
MALAURIE (Ph.) et AYNÈS (L.), *Les biens*, Defrénois, 6e éd., 2003.
MARTY (G. et RAYNAUD (P.), *Leçons de droit civil - les personnes*, t. I, 2e vol., 2e éd., Sirey, 1967.
MAY (G.), *Éléments de droit romain à l'usage des étudiants des facultés de droit*, 8e éd., Librairie de la soc. du recueil général des lois et des arrêts, 1904.

MAZEAUD (H.), MAZEAUD (L.), MAZEAUD (J.) et CHABAS (F.), *Leçons de droit civil - Introduction à l'étude du droit*, t. 1, vol. 1, 11e éd. par F. Chabas, Montchrestien, 1996.

MAZEAUD (H.), MAZEAUD (L.), MAZEAUD (J.) et CHABAS (F.), *Leçons de droit civil - Les obligations*, t. 2, vol. 1, 11e éd. par François Chabas, Montchrestien, 1996.

MAZEAUD (H.), MAZEAUD (L.), MAZEAUD (J.) et CHABAS (F.), *Leçons de droit civil : sûretés et publicité foncière*, t. 3, vol. 1, 7e éd. par Yves Picod, Montchrestien, 1999.

MERLE (Ph.), *Droit commercial - Sociétés commerciales*, 5e éd., Dalloz, 1996.

MESTRE (J.), *Droit commercial*, 24e éd., LGDJ, 1999.

MICHAUD-QUANTIN (P.), *Universitas, expression du mouvement communautaire dans le Moyen Age latin*, Librairie philosophique URIN, 1970.

MONIER (R.), *Manuel élémentaire de droit romain*, 6e éd., t. 1, Domat-Montchrestien, Paris, 1947.

PLANIOL (M.), *Droit civil*, t. III, 1905, p. 698.

PLANIOL (M.) et RIPERT (G.), *Traité de droit civil*, t. 1, 7e éd., Paris, LGDJ, 1915.

PLANIOL (M.) et RIPERT (G.), *Traité élémentaire de droit civil*, t. 3, 7e éd., Paris, LGDJ, 1918.

PLANIOL (M.) et RIPERT (G.), *Traité pratique de droit civil français – Les personnes*, t. I, 2e éd., par R. Savatier et J. Savatier, Paris, LGDJ, 1952.

POTHIER (R. J.), *Traité des personnes*, éd. Buguet, titre VII – Des communautés.

PUTMAN (E.), *Droit des affaires*, IV – Moyens de paiement et de crédit, Paris, PUF, 1995.

RIPERT (G.) et ROBLOT (R.), *Traité de droit commercial*, t.1, 17e éd. par M. Germain et L. Vogel, Paris, LGDJ, 1998.

SALEILLES (R.), *De la personnalité juridique, histoire et théories – vingt cinq leçons d'introduction à un cours de droit civil comparé sur les personnes juridiques*, 2e éd., Rousseau & C., 1922.

SÉRIAUX (A.), *Droit des obligations*, Collection Droit fondamental, 1992.

SIMLER (Ph.) et DELEBECQUE (Ph.), *Droit civil : les sûretés, la publicité foncière*, 2e éd., Précis Dalloz, 1995.

STARCK (B.), *Introduction au droit*, par H. Roland et L. Boyer, 3e éd., Litec, 1990.

TERRÉ (F.), SIMLER (Ph.) et LEQUETTE (Y.), *Les obligations*, Précis Dalloz, 5e éd. 1993.

TEYSSIÉ (B.), *Droit civil, les personnes*, 5e éd., Litec, 2000.

TUNC (A.), *Le droit américain des sociétés anonymes*, Economica, 1985.

TUNC (A.), *Le droit anglais des sociétés anonymes*, 4e éd., Economica, 1997.

VAREILLES SOMMIERES (Marquis de), *Les personnes morales*, Paris, LGDJ, 1919.

WITZ (C.), *Droit privé allemand*

II - RÉPERTOIRES, OUVRAGES PRATIQUES

ASSOCIATION HENRI CAPITANT, *Vocabulaire juridique*, sous la dir. de G. Cornu, 4e éd., PUF, mai 2003.

BAILLY (R.), *Dictionnaire des synonymes*, Larousse, 1947.

BARRAINE, *Nouveau dictionnaire de droit et de sciences économiques*, LGDJ, 1974.

Dictionnaire de la Langue Française, LITTRÉ.

Dictionnaire du notariat – Répertoire général de droit civil et fiscal avec formules, par les rédacteurs du Journal des Notaires et des Avocats, 5e éd., Paris, 1929.

Encyclopédie juridique, Répertoire de droit civil – Publié sous la direction de MM. Vergé et Ripert, Dalloz, Paris, 1951.

Juris-Classeur, Sociétés Traité, 2003.

Juris-Classeur Civil, Fondations ; *Contrats et obligations*, 2003.

Juris-Classeur Notarial, Répertoire.

LALANDE, *Vocabulaire technique et critique de la philosophie*, 1951.

LAMY, *Droit des sûretés*, 2002.

LAMY, *Droit du financement*, 2003.

LAMY, *Sociétés Commerciales*, 2003.

MICHAUD, *Biographie universelle*, t. 45.

Mémento pratique Francis Lefebvre, Sociétés commerciales, 2003.

Mémento pratique Francis Lefebvre, Fiscal, 2004.

PUTMAN (E.), *Grands arrêts du droit des affaires*, Paris, Dalloz, 1995.

Répertoire civil Dalloz 1992.

Répertoire de Droit civil, publié sous la direction de G. Ripert et d'E.Vergé, t. III, Paris, Dalloz, 1953.

ROBERT (P.), *Dictionnaire alphabétique et analogique de la langue française*, 1974.

ROLAND (H.) et BOYER (L.), *Adages du droit français*, Litec, 3e éd.

III – MONOGRAPHIES, MÉMOIRES, THÈSES

AL-MOUDABER (C.), *Fiducies islamiques et libanaises : un panorama comparatiste*, mémoire DEA, Paris I, 1997.

AUQUE (F.), *Les baux commerciaux*, LGDJ, 1996.

BALDOUS (A.), *Le principe de spécialité en droit administratif français*, thèse Aix, 1974.

BARRIERE (F.), *La réception du trust à travers la fiducie*, thèse Paris II, 2001.

BASTIAN (D.), *Essai d'une théorie générale de l'inopposabilité*, thèse Paris, 1929.

BEN AISSA (M. S.), *Le principe de la spécialité et les établissements publics économiques en droit tunisien et en droit français*, mémoire DEA, Centre d'études, de recherches et de publication de la faculté de droit et des sciences politiques économiques de Tunis, 1974.

BENOIST (P.), *Les dons et legs à personnes morales et le principe de la spécialité*, thèse Paris, LGDJ, 1938.

BÈQUE (F.), *La théorie générale de la spécialité des personnes morales*, thèse Grenoble, 1908.

BLANLUET (G.), *Essai sur la notion de propriété économique en droit privé français – Recherches au confluent du droit fiscal et du droit civil*, thèse Paris II, LGDJ, 1999.

BOUCHARD (Ch.), *La personnalité morale démythifiée : étude de droit comparé franco-québécois sur les notions de personnalité morale et de patrimoine d'affectation*, thèse Laval, LGDJ (Presses de l'Université de Laval), 1997.

BRAND (D.), *La protection élargie de la marque de haute renommée au-delà des produits identiques et similaires*, thèse Lausanne, 1985.

BRICE, *On the doctrine of Ultra Vires*, 1840.

CAFFAREL (D.), *Dans quelle mesure une fondation, personne privée, peut-elle participer au financement de l'activité d'une personne publique, à titre de financement d'appoint ?*, mémoire Maîtrise, Université de La Réunion, juin 2003.

CARBONNIER (J.), « Essais sur les lois », 2e éd., *Rép. du notariat Defrénois*, 1995.

CHAPUT (Y.), *De l'objet des sociétés commerciales*, thèse Clermont-Ferrand, 1973.

CHÉTY (M.), *La nature juridique du principe de spécialité chez les personnes morales*, thèse Paris, 1914.

COULOMBEL (P.), *Le particularisme de la condition juridique des personnes morales de droit privé*, thèse Nancy, 1949, Langres – Imprimeries modernes 1950.

COUPET (L.), *L'action en justice des personnes morales de droit privé*, thèse Aix, 1974.

COUTURIER (G.), *La confirmation des actes nuls*, thèse Paris, éd. 1972, préface J. Flour.

CROCQ (P.), *Propriété et garantie*, thèse Paris II, 1992, Paris, LGDJ, 1995.

DABIN (J.), *Le droit subjectif*, Dalloz, 1952.

DAVIES (B. J.), *Alteration of a Company Object Clause and the Ultra Vires Doctrine*, 1974.

DELVOLVÉ (P.), *Les délégations de matières en droit public*, thèse Toulouse, 1930.

DONDERO (B.), *Les groupements dénués de personnalité juridique*, thèse Paris I sous la direction du Professeur LE NABASQUE.

DUCLOS (J.), *L'opposabilité (essai d'une théorie générale)*, Bibl. de dr. privé, t. CLXXIX, LGDJ, 1984.

FAMILY (R.), *L'acte de fiducie – Étude de droit interne et de droit international privé*, thèse Paris II, 2000.

FARJAT (G.), *L'ordre public économique*, thèse Dijon, 1963.

FARRAR (J.H.) et POWLES (D.G.), *The effect of Section 9 of the European Communities Act 1972 on English company law*, 1973.

FERSTENBERT (J.), *Recherche sur la notion juridique de spécialité des personnes publiques*, thèse Paris II, 1976.

FOËX (B.), *Le numerus clausus des droits réels en matière mobilière*, Coll. Jurid. Romande, Payot, Lausanne, 1987.

GAZIN (H.), *Essai critique sur la notion de patrimoine dans la doctrine classique*, thèse Dijon, 1910.

GÉNY (F.), *Étude sur la fiducie : de la responsabilité des locataires envers le bailleur en cas d'incendie de la chose louée (dr. rom.)*, thèse Nancy, 1884-1885.

GLARD (I.), *De la fiducie*, thèse Rennes, 1893-1894, Paris, A. Rousseau, 1894.

GOWER (L.C.B.), *Modern Company Law*, London, 1969, p. 83 et s.

GRUA (F.), *L'acte gratuit en droit commercial*, thèse Paris I, 1978.

GUINCHARD (S.), *L'affectation des biens en droit privé français*, thèse Paris, 1974, LGDJ, 1976.

HAYTON (D. J.), *The Law of Trusts, London*, Sweet & Maxwell, 1989.

JACQUELIN (R.L.D.), *De la fiducie (dr. rom.) : de la juridiction administrative dans le droit constitutionnel*, thèse Paris, 1890-1891.

JEULIN-MONFORT (I.), *La fiducie à l'épreuve du principe de spécialité des personnes morales*, Mémoire Diplôme Supérieur du Notariat, Paris X, 2002.

JOSSET (S.), *Les trusts et les fiducies : de leurs utilités et utilisations par les praticiens français*, Mémoire DESS, Paris I, 1998.

JUBAULT (Ch.), *Bail rural et usufruit, contribution à l'étude des droits réels immobiliers*, thèse Paris II, 1994.

KUHN (C.), *Le patrimoine fiduciaire, contribution à l'étude de l'universalité*, thèse Paris I, décembre 2003.

LANGERON (P.), *Les fondations*, Que sais-je, PUF, 1992.

LE FLOCH (M.), *Le fonds de commerce*, LGDJ, 1986.

LE NABASQUE (H.), BOUSSIER (F.) et RICHEN (F.), *La transmission de l'entreprise familiale*, Paris, Dalloz, 1992.

LUCAS (F.-X.), *Les transferts temporaires de valeurs mobilières : pour une fiducie de valeurs mobilières*, thèse Paris X, préface de Louis Lorvellec, LGDJ, 1997.

MALAURIE (Ph.), *L'ordre public et le contrat (Étude de droit civil comparé : France, Angleterre, URSS)*, thèse Paris, 1951.

MARMION (N.), *Étude sur les lois d'ordre public en droit interne*, thèse Paris, 1924.

MARODON (S.), *La technique fiduciaire dans le règlement des successions en droit anglais : regard sur la proposition de loi du 22 mai 2002*, Mémoire Maîtrise, Université de La Réunion, juin 2004.

MICHOUD (L.), *La théorie de la personnalité morale et son application au droit français*, 2 vol., 2e et 3e éd., par Louis Trotabas, LGDJ, 1924 et 1932 (la 1re éd. date de 1909).

NORMAND (J.), *Du principe de la spécialité en matière de dons et de legs*, thèse Rennes, 1900.

PAILLUSSEAU (J.), *La société anonyme, technique d'organisation de l'entreprise*, Sirey, 1967.

PERCEROU (R.), *La personne morale de droit privé, patrimoine d'affectation*, thèse Paris, 1951.

PLASTARA (G.), *La notion juridique de patrimoine*, thèse, Paris, 1903.

POMEY (M.), *Traité des fondations d'utilité publique*, Sirey, 1980.

POULPIQUET (de J.), *La responsabilité civile et disciplinaire des notaires (de l'influence de la profession sur les mécanismes de la responsabilité)*, préface de P.-A. Sigalas, LGDJ, Paris, 1974.

PRADELLE (A. de la), *Théorie et pratique des fondations perpétuelles*, Paris, 1895.

PRIETO (C.), *La société contractante*, thèse Aix-Marseille, 1994.

REYMOND (C.), *Essai sur la nature et les limites de l'acte fiduciaire*, thèse Lausanne, 1948, Montreux, Ganguin et Laubscher SA, 1948.

RIPERT (H.), *Le principe de la spécialité chez les personnes morales du droit administratif et son application en matière de dons et legs*, thèse Paris, 1906.

RIVÉRO (J), *Le régime des entreprises nationalisées et l'évolution du droit administratif*, Archives de Philosophie du droit, 1952.

ROUBIER (P.), *Théorie générale du Droit*, Sirey, 1951, n° 2 p. 14.

SÉRIAUX (A.), *Les personnes*, 2e éd. refondue, Que sais-je, PUF, 1997.

SIMONART (V.), *La personnalité morale en droit privé comparé*, thèse Bruxelles, coll. Université Libre de Bruxelles, Bruxelles - Bruylant, 1995.

SOURIOUX (J.-L.) et LERAT (P.), *Le langage du droit*, PUF, 1975.
SOUSI (G.), *Les associations*, Dalloz, 1985.
SPETH (F.-H.), *La divisibilité du patrimoine et l'entreprise d'une personne*, Paris, LGDJ, 1957.
TERRÉ (F.), *La qualification en droit privé*, LGDJ, 1957.
VIGNON (L.), *Le principe de la spécialité et les êtres collectifs*, thèse Paris, 1903.
WEDDERBURN, *The Death of Ultra Vires*, 1966.
WITZ (C.), *La fiducie en droit privé français*, thèse Paris, 1980, Economica, 1981, préface de D. Schmidt.

IV - ARTICLES, CHRONIQUES

AUDINET (J.), « La protection judiciaire des fins poursuivies les associations », *RTD Civ.* 1955, p. 213 s.
AUSSEDAT (J.), « Société unipersonnelle et patrimoine d'affectation », *Rev. soc.* 1974, 221.
AUTEM (D.), « L'insaisissabilité de la résidence principale de l'entrepreneur individuel », *Def.* du 15 mars 2004, p. 327 et s.
AYNES (L.), « Une discrète consécration de la cession de créances futures à titre de garantie », *D.* 2001, jur., 3110.
BAKANG BA BADJANG, « Réflexions sur la convention de portage », *PA* n° 14 du 19 janvier 2001.
BARON (E.) et DELSOL (X.), « Les fondations reconnues d'utilité publique et d'entreprise », Paris, éd. Juris-service, 1992, p. 54 s.
BÉNABENT (A.), « La fiducie, analyse d'un projet de loi lacunaire », *JCP N*, 1993, p. 275s.
BÉQUET (L.), « Personnalité civile des diocèses, fabriques et consistoires », *Rev. gén. adm.* 1886, III, p. 27.
BERTREL (J.-P.), « La gestion de trésorerie au sein des groupes de sociétés », *RJDA* 7/92, chron. p. 539.
BEZARD (P.), BISSARA (Ph.), BLANQUET (F.), CHAMPAUD (C.), COURET (A.), DIDIER (P.), FOYER (J.), RANDOUX (D.), SAINTOURENS (B.), BOULOC (B.), DAIGRE (J.-J.), SERLOOTEN (P.) et VATINET (R.), « Le changement de millénaire et le droit des sociétés », *Rev. Soc.* 2000, p. 55 et s.
BISSARA (Ph.), « L'intérêt social », *Rev. soc.* 1999, p. 5 s.
BONNEAU (T.), « Les fonds communs de placement, les fonds communs de créances, et le droit civil », *RTD Civ.* 1991, p. 23.
BOULANGER (J.), « Principes généraux du droit et droit positif », *Mél. G. Ripert*, LGDJ, 1950, t. 1, p. 51 s.
BOULOC (B.), « Le principe de la spécialité en droit pénal international », *Mél. Holleaux*, Litec, Paris, 1990, 7.
BRAIBANT (G.), « L'arrêt *Syndicat général des ingénieurs conseils* et la théorie des principes généraux du droit », *EDCE*, 1962, p. 67.
BRENOT (V.) et DAMBRINE (A.-C.), « Les lois de privatisation et la diversification des entreprises publiques », in *Les Echos* du 31/03/2003.
BUFFETEAU (P.), « Réflexion sur le legs *de residuo* », *Def.* 1993, art. 35626.

BUREAU (D.), « La loi relative aux nouvelles régulations économiques ; aspects de droit des sociétés », *Bull. Joly* 2001, p. 553 et s.

CANTIN CUMYN (M.), « L'avant-projet de loi relatif à la fiducie, un point de vue civiliste d'outre-atlantique », *D.* 1992, 14e cahier, Chron. XXIII, p. 120.

CAVARÉ (L.), « L'idée de sanction et sa mise en œuvre en droit international », *RGDIP*, 1937, 388.

CERCLES (A.), « Le point de vue du banquier », *RDBB* 1990, n° 19 spécial « fiducie », p. 117.

CHAMPAUD (C.), « Les groupements et organismes sans personnalité juridique en droit commercial français », *in* Travaux de l'ASSOCIATION HENRI CAPITANT, t. XXI, 1974, p. 119.

CHAMPAUD (C.), « L'entreprise unipersonnelle à responsabilité limitée », *RTD Com.* 1979, p. 579.

CHAMPAUD (C.), « Mort et résurrection du trust en droit français », *La Vie Judiciaire* du 26 nov. au 2 déc. 1990, n° 2329, p. 1.

CHAPPERT (A.), « Variations fiscales sur les donations secondaires », *Def.* 1994, art. 35679.

CHAPUT (Y.), « L'influence de l'objet social sur les pouvoirs des représentants des sociétés », *JCP N* 1987, p. 304 n° 2.

CHARTIER (T.), « Les nouveaux fonds communs de placement », *JCP* 1980, I, 3001, n° 32.

COHENDY (C.), « Des intérêts de la distinction entre l'inexistence et les nullités d'ordre public », *RTD Civ.* 1911, 33.

CORNU (G.), « Le règne discret de l'analogie », *Mél. Colomer*, Litec 1993, p. 129 et s.

COURTOIS (A.), « Mécène or not Mécène ? », *Def.* 30 mars 2004, art. 37898.

COZIAN (M.), « La théorie de l'acte anormal de gestion », *Def.* 1994, art. 35829, n° 9.

DAIGRE (J.-J.), « Loi du 15 mai 2001 relative aux nouvelles régulations économiques, Aspects de droit financier et de droit des sociétés », *JCP G* 2001, Actualités, p. 1253.

DAUBLON (G.), « Entreprise et patrimoine d'affectation », *Def.* 1984, art. 33182, p. 3.

DEIS (J.), « Le juge réécrit les testaments », *Dalloz Actualités* du 11 déc. 2000.

DELEBECQUE (Ph.), « Le droit maritime français à l'aube du XXIe siècle », *in Études offertes à P. Catala, Le droit privé français à la fin du XXe siècle*, Litec, 2001, p. 939.

DOISE (D.), « Nantissement de monnaie, de compte et de valeurs mobilières », *RJ Com.* 1994, n° spé. nov., 30 s.

DOUENCE (J.-C.), « La spécialité des personnes publiques en droit administratif français », *RDP* 1972, 753.

DURAND (P.), « L'évolution de la condition juridique des personnes morales de droit privé », *Études offertes à G. RIPERT, Le droit privé français au milieu du XXe siècle*, 1950, p. 138s.

FALAISE (M.), « La sanction de l'acte irrégulier, distinction entre nullité et inopposabilité », *PA* n° 103 du 27 août 1997, n°s 16 s.

FERRY (C. J.), « Défaisance économique et fiducie », *JCP E* 1991, I, 23.

FERRY (C. J.), « Le fondement juridique de l'effet comptable de la "défaisance économique" », *JCP E* 1991, I, 92.

FERRY (C. J.), « La fiducie-gestion du projet de loi de mai 1992 : quelques questions théoriques et leur enjeu pratique », *PA* 14, oct. 1992, n° 124.

FOUCAUD (A. de), « Le point de vue du chef d'entreprise sur la fiducie », *RDBB*, 1990, p. 111 s.

FREYRIA (Ch.), « La personnalité morale à la dérive », *Mél. Breton et Derrida*, Dalloz, 1991, p. 121.

GAVALDA (Ch.), « Les crédits intra-groupe », *RDBB* sept-oct. 1991, p. 168.

GEORGEL (J.), « L'agrément administratif », *AJDA* 1962, p. 467.

GERMAIN (M.) et NOURY (M.- C.), « La loi du 2 juillet 1996 de modernisation des activités financières », *JCP E* 1997, I, 4022.

GHESTIN (J.), « L'ordre public, notion à contenu variable en droit privé français », *in Les notions à contenu variable en droit, Travaux du Centre national de recherches de logique*, Bruxelles, 1984, p. 77 et s.

GOBIN (A.), « Fiducies sans la fiducie », *JCP N* 1994, I, 315.

GRIMALDI (M.), « La fiducie : réflexions sur l'institution et sur l'avant-projet de loi qui la consacre », *Def.* 1991, art. 35085 p. 897 et art. 35094 p. 961.

GRIMALDI (M.), « L'exécuteur testamentaire », *Def.* 2000, art. 37086 (extrait de son ouvrage sur *Les libéralités*, Litec, 2001).

GRIMALDI (M.), « Les donations à terme », *in Mél. Catala*, Litec, 2001.

GRIMALDI (M.) et BARRIÈRE (F.), « La fiducie en droit français », *in* La fiducie face au trust dans les rapports d'affaires, 15e congrès international de droit comparé, Bristol, 1998, Bruylant - Bruxelles, 1999, n° 2 p. 239.

GRIMALDI (M.) et REYNIS (B.), « Brèves réflexions d'avant congrès sur le patrimoine professionnel », *Def.* 1987, art. 33947, p. 587.

GRIMALDI (M.) et ROUX (J.-F.), « La donation de valeurs mobilières avec réserve de quasi-usufruit », *Def.* 1994, art. 35677.

GUILLENCHMIDT (J. de), « Présentation de l'avant-projet de loi relatif à la fiducie », *RDBB* 1990, n° 19, p. 105.

GUILLENCHMIDT (J. de), « La France sans la fiducie ? », *RJ Com.* 1991, p. 49 s.

GUILLENCHMIDT (J. de), « Les Assises de la fiducie, Journées d'études de la FNUJA », *Gaz. Pal.* 1er et 2 juil. 1992, p. 16.

GUILLENCHMIDT (J. de) et CHAPELLE (A.), « Trusts, business trusts et fiducie », *PA* 1990, n° 76 du 25 juin 1990, p. 4.

GRUA (F.), « Le cautionnement réel », *JCP* 1984, I, 3767.

GUYON (Y.), « La fraternité dans le droit des sociétés », *in* « Le bicentenaire de la Révolution française », *Rev. soc.* 1990, p. 439.

HOUIN (R.), « Les incapacités », *RTD Civ.* 1947, p. 395.

HUBLOT (G.), « Quasi-usufruit : limites et perspectives d'avenir », *Droit et Patrimoine* n° 121, déc. 2003, p. 48 et s.

JACQUELIN (R.), « De la fiducie », Paris, 1891.

JACQUIGNON (L.), « Éléments d'une étude des finances et de la gestion des entreprises nationalisées », *AJDA* septembre 1967, p. 446-447.

JAUFFRET- SPINOSI (C.), « Trust et fiducie », *Mél. Alain Sayag*, Paris, Litec, 1997, 329s.

JEAMMAUD (A.), « *Fraus omnia corrumpit* », *D.* 1997, Chron. p. 19.

JEANTIN (M.), « La réforme du droit des sociétés par la loi du 4 janvier 1978 », *D.* 1978, Chron., 173.

JEANTIN (M.), « Commentaire de la loi du 31 décembre 1990 », *JCP G*, 1991, I, 3504 et *JCP E*, p. 213 s.

JEANTIN (M.), « La transmission universelle de patrimoine », *Mél. Derrupe*, Litec, 1991, p. 287 s.

JUBAULT (Ch.), « Les "exceptions" dans le Code civil, à la frontière de la procédure et du fond », *PA* des 15, 16 et 17 janvier 2003.

JULLIOT de la MORANDIERE (L.), « L'ordre public en droit privé interne », *in Études Capitant*, 1939, p. 381 et s.

LANGERON (P.), « La tutelle administrative sur les fondations », *RFDA* nov.-déc. 1988.

LANGLADE (J.-P.), « Le pouvoir de fournir des sûretés dans les sociétés anonymes », *RTD Com.* 1979, 355.

LAPOYADE - DESCHAMPS (Ch.), « Un contrat au service de l'entreprise : le sponsoring », *Mél. Derrupe*, Litec, Paris, 1991, p. 125 s.

LARROUMET (Ch.), « Sur la réalisation d'une *defeasance* en droit français », *Mél. Breton et Derrida*, Dalloz, 1991, p.193.

LAUDE (A.), « La fongibilité », *RTD com.* 1995, n° 12 p. 313.

LE NABASQUE (H.), « Commentaire des principales dispositions de la loi du 15 mai 2001 sur les nouvelles régulations économiques intéressant le droit des sociétés », *PA* n° 134 du 6 juillet 2001.

LEPELTIER (D.) et STREIFF (Y.), « Associations – Fondations – Congrégations », *Bull. Joly* 1994, p. 135 s.

LOSCHAK (D.), « Les problèmes juridiques posés par la concurrence des services publics et des activités privées », *AJDA* 1971, p. 261 s.

LUCAS (F.-X.), « Les régulations économiques nouvelles sont arrivées ! », *Dr. Soc.* juillet 2001, p. 3.

MALAURIE (Ph.), « Nature juridique de la personnalité morale », *Def.* 1990, art. 34848 n° 12.

MALAURIE (Ph.), « L'effet pervers des lois », *Mél. Gérard Cornu*, PUF, 1994, p. 309 s.

MERLE (E.), « L'entrée en vigueur des dispositions de la loi « NRE » relatives aux sociétés commerciales », *PA* n° 101 du 22 mai 2001.

MESTRE (J.), « Obligations et contrats spéciaux », *RTD Civ.* 1989, p. 301.

MESTRE (J.) et VELARDOCCHIO (D.), « Les réformes du droit des sociétés commerciales dans la loi « nouvelles régulations économiques » du 15 mai 2001 », *Bull. actu* ; *Lamy soc. com.*, juin 2001, p. 11.

MODERNE (F.), « Les bénéficiaires ou titulaires de droits fondamentaux », *in Annuaire International de Justice Constitutionnelle*, VII-1991, Economica, 1993.

MONASSIER (B.), « Typologie des conventions de portage d'actions », in Colloque de Paris, 21 février 1991, *RDBB* 1991, n° 26, p. 119 s.

MORIN (G.), « Le problème des sources du droit positif », *Annuaire de l'Institut international de philosophie du droit et de sociologie juridique*, Sirey, 1934, p. 68.

MOTULSKY (H.), « De l'impossibilité juridique de constituer un "*trust*" anglo-saxon sous l'empire de la loi française », *Rev. crit. DIP* 1948, p. 451 s.

MOULY (Ch.), « Rapport de synthèse, Aspects contemporains du cautionnement », Colloque de Toulouse, *Cahiers du droit de l'entreprise*, 1992.

NISHIZAWA (M.), « L'état actuel du trust (*Shintaku*) en droit japonais », *RDAI*, 1990, 7.

OLIVIER (H.), « La spécialité des personnes morales en droit anglais des sociétés – évolution de la doctrine de l'*ultra vires* », *Rev. (belge) dr. inter. et dr. comp.* 1977, p. 53 s.
PAILLUSSEAU (J.), « Le droit moderne de la personnalité morale », *RTD Civ.* oct.-déc. 1993, 705.
PANCRACIO (J.-P.), « D'un prétendu principe de spécialité des entreprises publiques », *Quot. Jur.* n° 126-127, 10-13 nov. 1984.
PECQUEUR (O.), « L'insaisissabilité de la résidence principale de l'entrepreneur », *Droit et Patrimoine* n° 121 – décembre 2003, p. 34 et s.
PERROCHON (S.), « Halte au détournement de la cession judiciaire d'entreprise », *D.* 1990, chron. 252.
PEZARD (A.), « La *defeasance* », *RDBB* 1989, n° 12, spécial droit de l'ingénierie financière.
PICARD (J.), « L'acte conclu par un dirigeant avec dépassement de ses pouvoirs : nullité/Inopposabilité », *Dr. soc.* juin 1998, n° 6.
PIEDELIEVRE (S.), « L'insaisissabilité de la résidence principale de l'entrepreneur individuel », Loi n° 2003-721 du 1er août 2003 pour l'initiative économique, *JCP G*, 2003, I, 165.
PRIEUR (M.), « L'agrément des associations de protection de la nature et de l'environnement », *D.* 1978, Chron. p. 143
RANDOUX (D.), « La spécialisation des sociétés », *Mél. Weill*, Dalloz-Litec, 1983, p. 471 s.
REIGNÉ (Ph.), « Les valeurs mobilières émises par les associations », *Rev. soc.* 1989, 1.
RIALS (S.), « Les incertitudes de la notion de constitution sous la Ve République », *RDP* 1984, p. 588.
RIPERT (G.), « L'ordre économique et la liberté contractuelle », *in Études Gény*, 1939, t. II, p. 347 et s.
RIVÉRO (J.), « Le régime des entreprises nationalisées et l'évolution du droit administratif », *in Archives de philosophie du droit*, Sirey, 1952, 14 (p. 147).
ROBLOT (R.), « Applications et fonctions de la notion d'inopposabilité en droit commercial », *Mél. Voirin*, p. 710 s.
RODRIGUES (S.), « Actualité du principe de spécialité des entreprises publiques », *RFDA* 1994, p. 1146.
SAINTOURENS (B.), « Les sociétés d'exercice libéral », *Rev. soc.* 1991, p. 707.
SAINTOURENS (B.), « Les réformes du droit des sociétés par la loi relative aux nouvelles régulations économiques », *Def.* n° 24 du 30 décembre 2001, p.1465 s.
SALEILLES (R.), « La distinction entre l'inexistence et la nullité de mariage », *Bull. sté de légis*, 1911, 351 et s.
SAUVAGE (F.), « Les nouvelles frontières du quasi-usufruit », *JCP N* 2000, I, n° 16, p. 691 et s.
SCHMIDT (D.), « Rapport de synthèse au colloque sur la stabilité du pouvoir et du capital dans les sociétés par actions », *RJ Com.* n° spéc. nov. 1990, p. 179.
SIORAT (L.), « La notion d'affectation en matière domaniale », *RDP* 1958, p. 866 s.
STREIFF (B.), « Commentaire de la loi du 4 juillet 1990 », *Bull. Joly* 1990, n° 259.
TAQUET (F.), « La loi sur les nouvelles régulations économiques – L'amélioration des conditions d'information des comités d'entreprise », *JCP G* 2001, Aperçu rapide, p. 1357.

TERRÉ (F.), « La distinction de la société et de l'association en droit français », *Mél. Secretan*, p. 325.
TIMSIT (G.), « La spécialité des entreprises publiques », *Études de droit public*, Cujas, 1964, p. 475 s.
TRIGEAUD (J.-M.), « Le droit ou l'éternel retour », *Mél. Terre*, 1999.
VALERY (J.), « Comment s'est formée la théorie de la personnalité morale des sociétés commerciales », *Recueil d'études sur les sources du droit en l'honneur de F. Gény*, t. 1, Paris, Librairie Duchemin, 1977, p. 101.
VAUPLANE (H. de), « La couverture des opérations en bourse : une sûreté hybride », *RDBB* nov.-déc. 1998, n° 70, p. 197.
VIALLETON (H.), « À propos d'une évolution possible de la séparation des patrimoines », *JCP* 1942, I, 247.
VIANDIER (A.), « Sociétés et loi « NRE » », Francis Lefebvre, n° 510 ;
VIANDIER (A.), « Les nouveaux fonds communs de placement », *Rev. soc.* 1980, p. 241.
VIARD (C.), « À propos de la loi du 1er août 2003 relative au mécénat, aux associations et aux fondations », *PA* n° 11 du 15 janvier 2004, p. 14 à 19.

V – JURISPRUDENCE, NOTES, AVIS

2004

– Com., 5 octobre 2004 – Rejet – n° de pourvoi : 03-15709. Sources : CRIDON Nord-Est – La Lettre électronique du Conseil Supérieur du Notariat du mardi 4 janvier 2005.

2003

– Civ. 3e, 28 mai 2003, *Sté Mica c/ SCI La Diane, Droit et Patrimoine* déc. 2003, p. 94, note CHAUVEL.

– Com., 4 février 2003, *D.* 2003, *AJ*, 1361.

– Civ. 1re, 28 janvier 2003, *AJ* 2003, 148, obs. F.B.

2002

– Com., 13 novembre 2002, *Bull. civ.* IV, n° 161 ; *RTD Civ.* 2003, 128, obs. CROCQ ; *RDC* 2003, obs. GRIMALDI.

– Civ. 1re, 24 septembre 2002, *Bull. civ.* I, n° 218 p. 168 ; *Def.* du 15 février 2003, art. 37.664, note AUBERT.

– Civ. 1re, 15 mai 2002, *D.* 2002, 1780, note BARBEROT ; *RTD. Civ.* 2002, 546 et s., obs. CROCQ.

2001

– Civ. 1re, 15 mai 2001, *Bull. civ.* I, n° 139 ; *D.* 2001, *AJ*, 1879, obs. A. LIENHARD.

– Civ. 3e, 25 avril 2001, *Bull. civ.* III, n° 50 ; *D.* 2001, IR, 1591 ; *JCP* 2001, I, 358, obs. PERINET-MARQUET ; *RTD. civ.* 2002, 130, obs. PATARIN et *Revue juridique Personnes et famille* 2001-9/50, obs. CASEY.

– Civ. 1re, 20 mars 2001, *D.* 2001, jur., 3110, note AYNÈS.

2000

– CE 9e et 10e sous-sections réunies, 8 nov. 2000, *Def.* 2001, art. 37364, p. 686, note SANTONI.

– Civ. 1re, 6 juillet 2000, *D.* 2001, S. 1506, obs. DELMAS SAINT-HILAIRE.

1999

– Com., 19 janvier 1999, *D.* 1999, 331, 2e espèce, note L. BORÉ.

1998

– Com., 20 oct. 1998, *Bull. civ.* IV, n° 243.

– Ch. mixte, 10 avril 1998, 3 arrêts, *D.* 1998, IR, 126 et *Dr. soc.* 565, note Ph. de CAIGNY, *in* Rapport de la Cour de cassation 1998, La Documentation française 1999, p. 59 s.

– Com., 7 avril 1998, *SA Le Savour Club c/ BFCE, Bull. Joly* 1998, p. 1068, note DAIGRE ; *Dr. soc.* juin 1998, n° 97, p. 18, note HOVASSE.

– Civ. 1re, 10 mars 1998, *Bull. civ.* I, n° 102 ; *Def.* 1998, 1403, obs. MASSIP ; *Dr. Fam.* 1998, n° 80 ; *RTD.civ.* 1998, 656, obs. HAUSER.

– Com., 10 mars 1998, *Rev. soc.* 1998, 307, note BARBIERI.

1997

– CE, 9 juillet 1997, *Soc. Maison Balland-Brugneaux*, CJEG 1997, 400, concl. BERGERIE et *AJDA* 1998, p. 616, note LICHÈRE.

– Montpellier, 9 juillet 1997, *D.* 1997, p. 469, note TOURNIER.

– Com., 3 juin 1997, *Bull. civ.* IV, n° 165 ; *JCP* 1997, *G*, II, 22891, rap. RÉMERY ; *D.* 1998, 61, note FRANÇOIS.

– Com., 3 juin 1997, *Bull. civ.* IV, n° 116 ; *D.* 1998, *S.*, 104, obs. PIEDELIEVRE.

– Civ. 2e, 6 mai 1997, *JCP E* 1997, II, 983, note T. BONNEAU ; *D.* 1998, Somm. 186, note HALLOUIN ; *Bull. Joly* 1997, 989, note DAIGRE.

1996

– CAA Bordeaux, 31 déc. 1996, *Juris-Data* n° 049373, *Dr. fisc.* mai 1997, n° 19, comm. n° 539 p. 652 .

– Soc., 16 décembre 1996, *Rieu c/ ORGANIC*, *Bull.* n° 456.

– CE, 26 novembre 1996, Ministère de l'Industrie et de l'Aménagement du Territoire, *Dr. adm.* 1996, n° 553.

– Com., 26 novembre 1996, *Rev. soc.* 1997, p. 113, note BARBIERI, *JCP N* 1997, II, p. 538.

– CJCE, 19 novembre 1996, *Bull. Joly* 1997, § 41 p. 121, note LUBY ; *RTD Civ.* 1996, 151, obs. MESTRE.

– Crim., 14 novembre 1996, *JCP G* 1997, II, 22850, note BORÉ.

– Lyon, 13 novembre 1996, *D.* 1998, 250, note MICHA-GOUDET et REINHARD.

– Com., 7 novembre 1996, *Bull. civ.* III, n° 420, p. 520.

– Soc., 8 octobre 1996, *Karmous c/ France Bois*, *Bull.* n° 316.

– Com., 1er octobre 1996, *Bull. Joly* 1997, p. 22, note LE CANNU.

– Paris, 24 septembre 1996, *D.Aff.* 1996, 1189.

– Versailles, 10 mai 1996, *D.* 1996, Som. 249, obs. SERRA.

– Com., 9 avril 1996, *RTD Civ.* 1996, p. 669, obs. CROCQ ; *RTD Com.* 1996, p. 509, obs. CABRILLAC ; *Bull. civ.* IV, n° 165 ; *D.* 1996, II, 399, note LARROUMET.

– Com., 30 janvier 1996, *Bull. civ.* 1996, IV, n° 32 ; *D.Aff.* 1996, 257.

1995

– TGI Paris, 29 novembre 1995, *D.* 1996, 578, 2e espèce, note R. MARTIN.

– Versailles, 17 mai 1995, *D.* 1997, Somm. 73, obs. T. MASSIS.

– Com., 16 mai 1995, BOCCRF, 16 juin 1995, p. 197.

– Paris, 14 mars 1995, *Juris-Data* n° 020325.

– Paris, 27 janvier 1995, *Bull. Joly* 1995, 334, note STENNER et *RTD Com.* 1995, 802, note JEANTIN.

1994

– Com., 15 novembre 1994, *RJDA* 1994, n° 1312.

– Com., 8 novembre 1994, *Bull. civ.* IV, 1994, n° 325 ; *Contr. conc. consomm.* 1995, n° 6, obs. VOGEL ; *D.* 1995, Som., 209, obs. SERRA ; *JCP E* 1995, I, 492, n° 1, obs. VOGEL.

– Paris, 25e ch. A, 25 oct. 1994 (réformation de TGI Paris, 20 janvier 1993, 9e ch.), *D.* 1995, IR, p. 8.

– Com., 18 oct. 1994, *Dr. soc.* 1995, comm. 15 ; *JCP N* 1995, II, p. 617 ; *Bull. Joly* 1994, p. 1330, note SAINTOURENS ; *RTD Com.* 1995, p. 141.

– Avis CE, 7 juillet 1994, *CJEG* 1995, p. 164 ; *Grands avis du Conseil d'État*, p. 405, comm. VIGOUROUX.

– Paris, 5 juillet 1994, *D.* 1995, Somm. 263, obs. T. MASSIS ; *D.* 1996, 578, 1ère espèce, note MARTIN.

– Civ. 1re, 15 juin 1994, *RTD.Civ.* 1995, p. 441, note PATARIN.

– TA Paris, 25 mai 1994, Chambre synd. des sociétés d'études techniques et d'ingénierie, *RFDA* 1994, p. 157, concl. contraires PLOUVIN, note SABLIÈRE.

– Com., 1er mars 1994, *Rev. soc.* 1994, 502, note DERRUPÉ.

– Com., 18 janvier 1994, *RDC* 1994, 265, obs. CHAVANNE.

1993

– Civ. 1re, 2 juin 1993, *Def.* 1993, art. 35638, obs. BUFFETEAU ; *D.* 1993, p. 613, obs. MARTIN. *JCP N* 1994, p. 148 ; *RTD Civ.* oct.-déc. 1993, p. 865, obs. PATARIN.

– Com., 4 mai 1993, *RJDA* 8-9/1993, n° 702.

– Paris, 4 mai 1993, *Bull. Joly* 1993.

– Com., 9 mars 1993, *RJDA* 4/1993, n° 323 ; *JCP E* 1993, II, 448.

– Civ. 1re, 10 fév. 1993, *Bull.civ.* I, n° 65.

– Com., 26 janvier 1993, Liaisons juridiques et fiscales du 11 mars 1993, p. 2.

1992

– Nancy, 1re ch., 17 déc. 1992, *Def.* 1993, art. 35584, note GOUBEAUX.

– Paris, 23 juillet 1992, *JCP E* 1992, pan. p. 452.

– Com., 2 juin 1992, *JCP N* 1992, II, 98 ; *RJDA* 1992, n° 8/9, p. 682 ; *Def.* 1992, art. 35412, obs. HONORAT.

– AP, 28 mai 1992, *D.* 1993, 349s, note GAILLARD.

– Com., 19 mai 1992, *Bull. Joly* 1992, n° 244, note FAUGEROLAS.
– Paris, 27 février 1992, *RJDA* 6/92, n. 595.
– Civ. 3e, 26 février 1992, *Gaz. Pal.* 8 décembre 1992.

1991

– Com., 19 novembre 1991, *RTD Civ.* 1992, MESTRE, p. 381.
– Com., 11 octobre 1991, *D.* 1991, IR, 252.
– Com., 8 octobre 1991 et 15 octobre 1991, *JCP E* 1991, II, p. 112.
– Com., 9 avril 1991, *Rev. soc.* 1991, p. 746, note LIBCHABER ; *Bull. Joly* 1991, n° 208, note FAUGEROLAS.
– Com., 5 mars 1991, *Bull. Joly* 1991, n° 5, p. 500, note JEANTIN ; *RDBB* 1991, n° 25, p. 102, obs. VIANDIER.
– Civ. 1re, 5 février 1991, *Bull. civ.* I, n° 45.

1990

– Com., 18 décembre 1990, *Bull. Joly* 1991, 60.
– Paris, 22 novembre 1990, *Bull. Joly* 1991, note DOM.
– Com., 23 octobre 1990, *JCP* 1991, II, 21684, note LARROUMET ; *Bull. Joly* 1991, note JEANTIN et *Rev. soc.* 1991, p. 86, note DELEBECQUE.
– CE, 21 octobre 1990, *Église apostolique arménienne*, *D.* 1990, IR, 95.
– Lyon, 5 octobre 1990, *Bull. Joly* 1991, n. 333.
– Paris, 24 avril 1990, *Bull. Joly* 1990, n. 174, note DELEBECQUE.
– Paris, 22 mars 1990, *Rev. arbitrage* 1991, p. 123.

1989

– Soc., 27 novembre 1989, *Bull. civ.* 1989, V, n° 544.
– Versailles, 28 septembre 1989, *Bull. Joly* 1989, p. 992, note JEANTIN.
– Com., 27 septembre 1989, *JCP G* 1989, IV, 375, note GATUMEL.
– Com., 18 juillet 1989, *RTD Com.* 1990, 36, note CHAMPAUD et *Rev. soc.* 1990, 598, note CHAPUT.
– Paris, 28 juin 1989, *JCP E* 1990, II, 15832, note PETEL.
– Paris, 31 mai 1989, *Bull. Joly* 1990.
– Paris, 31 mars 1989, *D.* 1989, IR, p. 169.
– TA ,30 mars 1989 réf. 379, *Gaz. Pal.* 10-11 janvier 1990, p. 19.
– Besançon, 24 mars 1989, *Gaz. Pal.* 1989, 2, 799, note MARTIN-SERF.
– Paris, 7 mars 1989, *D.* 1989, IR, 120 et *JCP E* 1990, I, 15923, n° 5-2, obs. MONEGER.
– TGI Grasse, 7 février 1989, *D.* 1989, II, 570, note LIETVAUX et VEAUX.

1988

– Civ. 3e, 3 novembre 1988, *Bull. civ.* III, n° 153, p. 83.
– Com., 11 juillet 1988, *D.* 1988, IR, 236 ; *PA* 30 janvier 1989, note MORETTI ; *Rev. soc.* 1989, p. 54, note DIDIER ; *Bull. Joly* 1988, n° 217, note LE CANNU.
– TGI Paris, 5 juillet 1988, *RTD Com.* 1989, p. 268, note ALFANDARI.
– Versailles, 5 mai 1988, *D.* 1988, IR, 171.
– Civ. 1re, 20 avril 1988, *JCP* 1989 ; II, 21229, note MONIGER.
– Com. 15 mars 1988, *Rev. soc.* 1988, p. 415, note GUYON ; *Gaz. Pal.* 1988, p. 244 s., obs. SOINNE.

– Com. 16 fév. 1988, *RDBB* 1988, n° 8, p. 130, obs. VIANDIER ; *JCP E* 1988, I, 15177, obs. VIANDIER et CAUSSAIN.

– Com. 19 janvier 1988, *JCP G* 1989, I, 3385, note BRICHET.

– Com. 12 janvier 1988, *Rev. soc.* 1988, 263, note Y. CHAPUT, *Bull. civ.* IV, n° 24.

1987

– Com., 21 déc. 1987, *Rev. soc.* 1988, p. 398, note SYNVET, et *Rev. crit. internat. priv.* 1989, p. 346, note JOBARD-BACHELLIER.

– TGI Paris, 17 novembre 1987, *RTD Com.* 1988, p. 255, n° 17.

– Civ. 1re, 22 juillet 1987, *Bull. civ.* n° 258.

– Paris, 23 juin 1987, *Rev. soc.* 1988, somm. 293.

1986

– Paris, 16 décembre 1986, *Bull. Joly* 1987, n. 47, note LE CANNU.

– TGI Lille, 28 octobre 1986, *RDBB* 1987, II, 55, obs. JEANTIN et VIANDIER ; *Rev. soc.* 1987, 600, note WITZ ; *D.* 1987, 506, obs. VASSEUR.

– Cass. soc., 21 juillet 1986, *Rev. soc.* 1987, p. 43, note GUYON.

– Paris, 10 juin 1986, *Rev. soc.* 1986, Somm. 458 ; *JCP E* 1986, II, 14781, note TEYSSIE et VIANDIER.

– Paris, 21 avril 1986, *Rev. soc.* 1987, p. 90, note ALFANDARI.

1985

– CE, 23 octobre 1985, *Comm. de Blaye-les-Mines*, *DA* 1985, p. 297.

– Com., 25 juin 1985, *Bull. Joly* 1985, 295 ; *Rev. soc.* 1985, p. 829, note STORCK.

– CE, 1er février 1985, *Asso. chr. Les témoins de Jéhovah*, *RDP*, 1985, 483, concl. DELON.

1984

– Civ. 3e, 24 octobre 1984, *JCP* 1985, II, 20474, note BOCCARA ; *Rev. dr. imm.* 1985, p. 294, obs. DERRUPÉ et BRIÈRE de l'ISLE.

– CE, 28 septembre 1984, *Cons. rég. de l'ordre des architectes de Bourgogne*, *DA* 1984, p. 309.

– Paris, 30 avril 1984, *RTD Civ.* 1985, p. 730, note J. MESTRE.

– Com., 7 mars 1984, *Sté Cine Le Joncour c/ Directeur général des impôts*, *Gaz. Pal.* 1984, pan. jurispr. p. 168 ; *Rev. soc.* 1984, note JEANTIN ; *Def.* 1984, art. 33406, note JADAUD, *RD Com.* 1984, p. 684, obs. ALFANDARI et JEANTIN.

– Com., 7 mars 1984, *JCP N* 1986, II, 12, note C. DAVID.

1983

– T. Com., Paris, 19 sept. 1983, Banque 1983, p. 1341, obs. MARTIN.

– Paris, 9 juin 1983, *D.* 1984, IR 81, obs. VASSEUR.

– Grenoble, 31 mai 1983, *RJ Com.* 1983, p. 379, note J. MESTRE.

– Civ. 1re, 15 février 1983, *Bull. civ.*, I, n° 61.

1982

– T. Com., Paris, 28 juin 1982, *JCP G* 1983, II, 14033, note A. VIANDIER ; *RJ Com.* 1983, p. 99, note J. MESTRE ; *Rev. soc.* 1983, p. 596, note BÉGUIN.

1981

– Paris, 16 décembre 1981, *JCP E*, n° 10 du 8 mars 1984, suppl. *Cah. dr. entr.* 1/1984, 31 et s.

– Com., 17 mars 1981, *Rev. soc.* 1982, 24, note SOUSI ; *RDC* 1982, 713, obs. DERRUPÉ.

– Paris, 10 mars 1981, *PIBD* 1981, 3, 130.

1980

– Colmar, 14 mai 1980, *Rev. soc.* 1984, 340, note SOUSI.

– Marseille co., 8 avril et 28 août 1980, *RDC* 1980, 110 et 590 ; *Rev. soc.* 1980, 827 ; *Rev. soc.* 1982, 339, note PLAISANT.

– Com., 29 janvier 1980, *Rev. soc.* 1981, p. 83, note GUYON.

1979

– Com., 2 juillet 1979, *Rev. soc.* 1980, p. 769, note RANDOUX.

– Com., 29 janvier 1979, *Bull. civ.* IV, n° 35.

1978

– Civ. 1re, 5 avril 1978, *Bull. civ.* I, n° 151.

– Rennes co., 31 janvier 1978, *Rev. soc.* 1978, 778, note PLAISANT.

1975

– CE, 25 juillet 1975, *Ministre de l'Intérieur c/ Sieur Richoux*, *D.* 1976, p. 463.

– Com., 12 mai 1975, *Rev. soc.* 1975, 694, note GUILBERTEAU.

– Civ. 3e, 18 février 1975, *D.* 1975, 366, note GUYON ; *Gaz. Pal.* 1975, 2, 435, note BRAULT.

1971

– Civ. 1re, 17 nov. 1971, *Def.* 1972, art. 30150, note BRETON ; *RTD. Civ.* 1972, p. 156, note SAVATIER ; *DS* 1972, p. 133, note BRETON.

– CE, 20 oct. 1971, *RD sanit. soc.* 1972, 209, concl. BERNARD, obs. LAVAGNE.

– Civ. 3e, 14 janvier 1971, *Bull. civ.* III, n° 30.

1970

– Soc., 2 juillet 1970, *Bull. civ.* IV, n° 464, p. 380.

– Com., 13 mai 1970, *D.* 1970, 644.

– CE, 29 avril 1970, *Soc. Unipain*, *AJDA* 1970, 430, concl. BRAIBANT ; *RDP* 1970, 1423, note WALINE.

– T. Com., Paris, 23 février 1970, *JCP* 1970, II, 16355, note GUYON ; *D.* 1970, 44, note GUYENOT.

1969

– Com., 8 juillet 1969, *JCP* 1970, II, 16155 bis, note J.A

- Civ. 1re, 8 juillet 1969, *Rev. crit.* 1970, 75, note FOUCHARD.
- Com., 23 avril 1969, *Bull. civ.* IV, n° 135.
- Com., 4 mars 1969, *JCP G* 1969, II, 15949, note GUYON ; *D.* 1969, p. 687.

1968

- T. Corr. Clermont-Fd, 12 janvier 1968 et Annecy, 26 avril 1968, *RSC* 1969, p. 396, obs. LEGAL.

1965

- T. Com., Seine, 8 mars 1965, *Féd. nat. des cinémas français c/ ORTF*, *JCP* 1965, II, 14208, note LYON-CAEN.

1964

- CE, 20 novembre 1964, *Ville de Nanterre*, *AJDA* 1964, p. 705 et Leb. p. 563.

1962

- CE, 25 mai 1962, *Féd. Sportive et gymnique du Travail*, *AJDA* 1962, 641, note HOMONT.
- TGI Seine, 19 mai 1962, *Gaz. Pal.* 1962, 2, p. 222.

1961

- CE, 17 novembre 1961, *Sieur Caujole*, *AJDA* 1962, p. 254.
- Com., 18 avril 1961, *Gaz. Pal.* 1961, 2, p. 15 ; *GAJCom.* p. 225, n° 69, obs. HOUIN.

1960

- Civ., 21 novembre 1960, *JCP* 1961, 12015, note VOIRIN.

1959

- CE, 26 juin 1959, *Syndicat général des ingénieurs conseils, D.* 1959, 545 ; *S.* 1960, 202, note DRAGO.
- Paris, 10 janvier 1959, *Ann. prop. ind.* 1959, 126.

1958

- Com., 24 novembre 1958, *Bull. civ.* 1958, IV, n° 400.

1957

- Cass. 1re chambre, 31 mai 1957, *Rev. crit. de jurisprudence belge*, 1958, p. 286, note VAN OMMESLAGHE.

1956

- Civ., 5 juillet 1956, *Bull.* n° 623.

1952

- CE, 4 avril 1952, *Mouvement Socialiste d'Unité Française*, Rec. CE, p. 209.

1951

- CE, 13 juillet 1951, *Thiriez et a.*, *D. social* 1952, p. 149, note PERSONNAZ.

1947

– Civ., 4 juin 1947, *Syndicat pharmaceutique du département d'Oran c/ Dlle Rossi*, *D.* 1947, 173.

1941

– Req., 9 avril 1941, *JCP* 1942, II, 2033, note P. VOIRIN.

1936

– CE, 24 juillet 1936, *Bureau de bienfaisance de Saint-Léonard*, *R.* 856.

1934

– Civ., 20 juin 1934, *Cie de voies ferrées économiques du Poitou*, *D.* 1935, I, 49, note WALINE.

– T. Corr. Soissons, 30 novembre 1933, *Gaz. Pal.* 1934, I, 307.

1932

– Req., 6 mai 1932, *DH* 1932, p. 347.

1918

– CE, 3 mai 1918, *Larrieu*, Rec. 405 ; *S.* 1920, III, note HAURIOU.

1914

– Ch. réun., 11 mars 1914, *Caisse rurale de Manigod, DP* 1914, I, 257, note L.S.

1913

– Ch. réun., 5 avril 1913, *DP* 1914, 1, 65, note NAST ; *S.* 1920, 1, 49, note MESTRE.

1908

– Crim., 24 décembre 1908, *Bull.* 53.

– CE, 26 décembre 1908, *Comm. de Saint-Vallier*, *S.* 1909, 3, 81, 2e espèce, concl. TEISSIER, note HAURIOU.

– Crim., 29 mai 1908, *D.* 1909, 1, 28.

– Montpellier, 20 février 1908, *Blaquière c/ Pioch et Bocquet*, *S.* 1902, 2, 249, note A. MESTRE.

1907

– Aix-en-Provence, 30 déc. 1907, *DP* 1908, 2, 103.

1906

– Req., 31 juil. 1906, *DP* 1907, I, 478.

1905

– Civ., 26 juil. 1905, *DP* 1906, I, 136 et Grenoble, 19 juil. 1905, *aff. Grande Chartreuse, DP* 1906, 2, 137 ; *DP* 1907, 1, 478 et *S.* 1908, 1, 185.

1903

– CE, 22 mai 1903, *Caisse des écoles du 6e arrondissement de Paris*, *S.* 1905, 3, 33, 1re espèce, note HAURIOU.

1895

– Crim., 22 février 1895, *Bull.* 65.

1894

– Req., 26 novembre 1894, *D.* 1895, 1, 59, note THALLER.
– Cass., 26 mai 1894, *S.* 1895, 1, 217.
– Lyon, 2 mars 1894, *Oberté c/ chambre syndicale des tailleurs de cristaux d'Oulins*, *D.* 1894, 2, 305, note PLANIOL.

1893

– Cass., 31 janvier 1893, *S.* 1893, 1, 345.
– Cass., 31 janvier 1893, *D.* 1893, 1, 516.

1892

– Req., 22 juin 1892, *Joost*, *D.* 1892, I, 48.

1890

– Civ., 11 juin 1890, *DP* 1890, 1, 324.

1888

– Req., 11 juin 1888, *S.* 1890, 1, p. 516 et *Rev. soc.* 1888, p. 460.

1875

– Cass., 14 juin 1875, *S.* 1875, 1, 467.

1874

– CE, 13 novembre 1874, *St Paul, Lacoste et autres*, *R.* 863 et CE, 23 juillet 1875, *Rouzié*, *R.* 737.

1852

– Cass., 11 mars 1852, *S.* 1852, 1, 124.

1846

– Req., 18 août 1846, *D.* 1846, 4, 467.

1845

– Tribunal Douai, 11 février 1845, *S.* 1845, 2, 273.

1844

– Req., 12 nov. 1844, *DP* 1845, I, 98 et *S.* 1845, I, 246.

VI – COLLOQUES, RAPPORTS, TRAVAUX

– Rapport annuel de la Cour de cassation 2001.

– Associations, Œuvre collective sous la direction d'Élie ALFANDARI, et la coordination de Ph.-H. DUTHEIL, Dalloz, 2000, p. 943 et s.

– Consultation du cabinet d'avocats Stibbe Simont Monahan Duhot & Giroux en date du 27 décembre 1999 sur le principe de spécialité et la production d'électricité.

– La Documentation française 1999, par Ph. de CAIGNY.

– La fiducie face au trust dans les rapports d'affaires,

– 15e Congrès international de droit comparé, Bristol, 1998, Bruylant – Bruxelles, 1999.

– Rapport de la Cour de cassation 1998,

– Rapport présenté par Bruno ROBINE au nom de la Commission juridique de la Chambre de Commerce et d'Industrie de Paris, et adopté à l'assemblée générale du 18 juillet 1996.

– Le monde associatif, 92e Congrès des Notaires de France, Deauville, 12-15 mai 1996.

– Rapport de Maître Jacques BARTHELEMY sur le patrimoine d'affectation du 9 avril 1996 (inédit) : document de la Chancellerie (inédit).

– Sociologie juridique du patrimoine : la réalité de la règle de l'unicité du patrimoine (dans la perspective de la fiducie),

– Rapport général remis à la Chancellerie (+ annexes), sous la responsabilité de M.-A. FRISON-ROCHE et de F. TERRÉ, Paris, Laboratoire de sociologie juridique de l'Université de Panthéon-Assas (Paris II), 2 vol., 1995.

– Rapport de Maître Jacques BARTHÉLÉMY *in* Avis du Conseil économique et social des 27 et 28 avril 1993 : document de la Chancellerie (inédit ?).

– La fiducie et ses applications dans plusieurs pays européens (Allemagne, Angleterre, Liechtenstein, Luxembourg, Suisse).

– Colloque organisé par le Centre d'études juridiques françaises de l'université de la Sarre sous la direction scientifique de C. WITZ, le 29 novembre 1990, *Bull. Joly* 1991 n° 4 bis.

– Développer la philanthropie : Pour un trust à la française, Institut la Boétie – Chantier Philanthropie, *Les Cahiers de l'Institut La Boétie*, 4e trimestre 1990.

– La fiducie ou du trust dans les droits occidentaux francophones,

– 3e Colloque de Luxembourg des 10-12 mai 1989, organisé par la section luxembourgeoise de l'IDEF, *RJPIC* 1990, 44 / n° 2, Le Vésinet.

– Les opérations fiduciaires : pratiques, validité, régime juridique dans plusieurs pays européens et dans le commerce international.

– Colloque de Luxembourg des 20 et 21 septembre 1984, sous la direction scientifique C. WITZ, préface de B. OPPETIT, Paris, FEDUCI – LGDJ, 1985.

– Les groupements et organismes sans personnalité juridique en droit commercial français.

– Travaux de l'Association Henri CAPITANT, t. XXI, 1974.

– Du règlement des successions, méthodes et perspectives.

– 68e Congrès des notaires de France, Vittel, 1971.

– Inexistence, nullité et annulabilité en droit civil.

– Travaux de l'ASSOCIATION HENRI CAPITANT, t. XIV, 1961-1962, spéc. les rapports de J. CHEVALLIER p. 513 et s. et G. DURRY p. 611 et s.
– Rapports de la Commission de vérification des comptes des entreprises publiques
– 7e - 8e - 9e rapports, 1962 à 1964.
– Projet de révision du Code civil, art. 1er.
– Travaux de la commission de révision du Code civil, t. 3, 1947-1948, 339.
– La fiducie en droit moderne,
– Travaux de la semaine internationale de droit de Paris, Association Henri CAPITANT des juristes de la langue française, Paris, 1937.
– Archives Panhard, Musée national de l'Automobile (Automobile Club de France – Paris).

CHANCELLERIE :
– Projet de loi sur le patrimoine d'affectation (inédit) adressé par le ministre des Petites et Moyennes Entreprises, du Commerce et de l'Artisanat (J.-P. RAFFARIN), à la Chancellerie le 6 mai 1996.
– 3e Projet de loi en date du 7 février 1995 instituant la fiducie, transmis au Conseil d'État le 20 mars 1995 (inédit).
– 2e Projet de loi en date du 3 octobre 1994 instituant la fiducie, transmis au Conseil d'État en décembre 1994 (inédit).
– Avant-projet de loi en date du 1er juillet 1991 et projet de loi en date du 19 février 1992 instituant la fiducie (*Bull. Joly* 1992, p. 381).

DOC. SÉN :
– Session ordinaire 2001-2001, enregistrée à la Présidence du Sénat le 22 mai 2002 : proposition de loi portant réforme du droit des successions, n° 309, présentée par MM. Jean-Jacques HYEST et Nicolas ABOUT.
– *JO* déb. Sénat, 2 février 1995, n° 8532.
– session ordinaire 1989-1990, n° 213-327-345, spéc. p. 38, Rapport LAFFITE.

DOC. AN :
– 20 février 1992, n° 2583 (projet de loi instituant la fiducie).
– 1987, n° 1368, p. 24, Rapport MIGNON (H.).

RÉP. MIN :
– n° 8532, *JO* déb. Sénat, 2 février 1995.
– n° 44492, *JO* du 25 mai 1992, *RDC* 1992, 580, obs. DERRUPÉ.
– n° 385, *JO SEN.* du 25 août 1988, p. 946.
– n° 11520, *JOANQ.* 31 mars 1979, p. 2061.
– 13 sept. 1977, *Rev. soc.* 1977, 773.

INDEX ALPHABÉTIQUE

(Les numéros renvoient aux paragraphes et visent également les notes de bas de pages afférentes aux paragraphes)

TABLE DES MATIÈRES

(*Les chiffres renvoient aux numéros des pages*)

PARTIE II
TRANSPOSITION AUX TECHNIQUES FIDUCIAIRES

Ouvrages parus récemment dans la même collection

Tome 270. - LE BARS (Th.) : *Le défaut de base légale en droit judiciaire privé*. Préface de J. Héron. 1997.
Tome 271. - MOINE (I.) : *Les choses hors commerce : une approche de la personne humaine juridique*. Préface de E. Loquin. 1997.
Tome 272. - FAUVARQUE-COSSON (B.) : *Libre disponibilité des droits et conflits de lois*. Préface de Y. Lequette. 1996.
Tome 273.- GATSI (J.) : *Le contrat-cadre*. Préface de M. Béhar-Touchais. 1996.
Tome 274.- LOISEAU (G.) : *Le nom, objet d'un contrat*. Préface de J. Ghestin. 1997.
Tome 275.- KONDYLI (I.) : *La protection de la famille par la réserve héréditaire en droits français et grec comparés*. Préface de P. Catala. 1997.
Tome 276.- DEBOISSY (F.) : *La simulation en droit fiscal*. Préface de M. Cozian. 1997.
Tome 277.- PARDOEL (D.) : *Les conflits de lois en matière de cessions de créances et opérations analogues*. Préface de P. Lagarde. 1997.
Tome 278.- BORÉ (L.) : *La défense des intérêts collectifs par les associations devant les juridictions administratives et judiciaires*. Préface de G. Viney. 1997.
Tome 279.- ROUMY (F.) : *L'adoption dans le droit savant du XIIe siècle au XVIe siècle*. Préface de A. Lefebvre-Teillard. 1998.
Tome 280.- DOUET (F.) : *Contribution à l'étude de la sécurité juridique en droit fiscal interne français*. Préface de B. Néel. 1997.
Tome 281.- REIGNÉ (P.) : *La cause efficiente dans le droit des contrats*. Préface de B. Audit. Non paru.
Tome 282.- RADÉ (C.) : *Droit du travail et responsabilité civile*. Préface de J. Hauser. 1997.
Tome 283.- LUCAS (F.-X.) : *Les transferts temporaires de valeurs mobilières. Pour une fiducie de valeurs mobilières*. Préface de L. Lorvellec. 1997.
Tome 284.- MIRABAIL (S.) : *La rétractation en droit privé français*. Préface de J.-P. Marty. 1997.
Tome 285.- MENJUCQ (M.) : *La mobilité des sociétés dans l'espace européen*. Préface de P. Le Cannu. 1997.
Tome 286.- MILHAC (O.) : *La notion de condition dans les contrats à titre onéreux*. Préface de J. Ghestin. 2001.
Tome 287.- MOLFESSIS (N.) : *Le Conseil constitutionnel et le droit privé*. Préface de M. Gobert. 1997.
Tome 288.- SERINET (Y.-M.) : *Les régimes comparés des sanctions de l'erreur, des vices cachés et de l'obligation de délivrance de la vente*.
Tome 289.- Sous la dir. de G. VINEY : *L'indemnisation des accidents médicaux*. Actes du colloque organisé par le Centre de droit des obligations de l'Université de Paris I (Panthéon-Sorbonne) le 24 avril 1997. Avant-propos de G. Viney. 1997.
Tome 290.- GRATALOUP (S.) : *L'enfant et sa famille dans les normes européennes*. Préface de H. Fulchiron. 1998.
Tome 291.- PETIT (F.) : *La notion de représentation dans les relations collectives du travail*. Préface de P. Rodière. 2000.
Tome 292.- CUTAJAR-RIVIÈRE (Ch.) : *La société écran*. Essai sur sa notion et son régime juridique. Préface de P. Diener. 1998.
Tome 293.- LEBEL (Ch.) : *L'élaboration du plan de continuation de l'entreprise en redressement judiciaire*. Non paru.
Tome 294.- JACOB (F.) : *Le constitut ou l'engagement autonome de payer la dette d'autrui à titre de garantie*. 1998.

Tome 295.- MICHAS BEGUERIE (S.) : *Régimes privés de retraites. Perspectives comparative et européenne.* Préface de A. Lyon-Caen. 1998.
Tome 296.- NEUVILLE (S.) : *Le plan en droit privé.* Préface de C. Saint-Alary-Houin. 1998.
Tome 297.- SILHOL (B.) : *Le chômage partiel.* Préface de A. Cœuret. 1998.
Tome 298.- PATAUT (E.) : *Principe de souveraineté et conflits de juridictions.* Préface de P. Lagarde. 1999.
Tome 299.- TUFFERY (J.-M.) : *Ebauche d'un droit de la consommation.* La protection du chaland sur les marchés toulousains aux XVIIe et XVIIIe siècles. Préface de J. Calais-Auloy. 1998.
Tome 300.- CADOU (E.) : *La distribution de la presse.* Préface de J. Ghestin. 1998.
Tome 301.- BOUCOBZA (X.) : *L'acquisition internationale de société.* Préface de P. Fouchard. 1998.
Tome 302.- SCHOLASTIQUE (E.) : *Le devoir de diligence des administrateurs de sociétés. Droits français et anglais.* Préface de A. Tunc. 1998.
Tome 303.- MONSALLIER (M.-C.) : *L'aménagement contractuel du fonctionnement de la société anonyme.* Préface de A. Viandier. 1998.
Tome 304.- CHANTELOUP (H.) : *Les quasi-contrats en droit international privé.* Préface de M.-L. Niboyet. 1998.
Tome 305.- CHEN (L.) : *Problèmes de droit international privé concernant les personnes physiques étrangères en Chine.* Préface de P. Lagarde. 1998.
Tome 306.- KARIMI (A.) : *Les clauses abusives et l'abus de droit.* Préface de P. Simler. 2001.
Tome 307.- JOUFFIN (E.) : *Le sort des contrats en cours dans les entreprises soumises à une procédure collective.* Préface de C. Gavalda. 1998.
Tome 308.- COSTA (M.-L.) : *Le crédit documentaire. Etude comparative.* Préface de H. Lesguillons. 1998.
Tome 309.- RACINE (J.-B.) : *L'arbitrage commercial international et l'ordre public.* Préface de P. Fouchard. 1999.
Tome 310.- GUINERET-BROBBEL DORSMAN (A.) : *La GmbH et Co. KG allemande et la « commandite à responsabilité limitée » française : une illustration de la liberté contractuelle en droit des sociétés ?* Préface de M. Fromont. 1998.
Tome 311.- ROCHFELD (J.) : *Cause et type de contrat.* Préface de J. Ghestin. 1999.
Tome 312.- CHABOT (G.) : *Des distorsions entre droit civil et droit fiscal en droit successoral.* Préface de R. Le Guidec.
Tome 313.- BLANLUET (G.) : *Essai sur la notion de propriété économique en droit privé français. Recherches au confluent du droit fiscal et du droit civil.* Préface de P. Catala. 1999.
Tome 314.- COIPEL-CORDONNIER (N.) : *Les conventions d'arbitrage et d'élection de for en droit international privé.* Préface de M. Fallon. 1999.
Tome 315.- AUGUET (Y.) : *Concurrence et clientèle.* Préface de Y. Serra. 2000.
Tome 316.- GJIDARA (S.) : *L'endettement et le droit privé.* Préface de A. Ghozi. 1999.
Tome 317.- MAGNIER (V.) : *Rapprochement des droits dans l'Union européenne et viabilité d'un droit commun des sociétés.* Préface de P. Didier. 1999.
Tome 318.- JEULAND (E.) : *La substitution de personne dans un rapport d'obligation.* Préface de L. Cadiet. 1999.
Tome 319.- TAYLOR (S.) : *L'harmonisation communautaire de la responsabilité du fait des produits défectueux. Étude comparative du droit anglais et du droit français.* Préface de G. Viney. 1999.
Tome 320.- BERTHIAU (D.) : *Le principe d'égalité et le droit civil des contrats.* Préface de J.-L. Sourioux. 1999.
Tome 321.- MALECKI (C.) : *L'exception d'inexécution.* Préface de J. Ghestin. 1999.
Tome 322.- LITTY (O.) : *Inégalité des parties et durée du contrat. Étude de quatre contrats d'adhésion usuels.* Préface de J. Ghestin. 1999.
Tome 323.- BRENNER (C.) : *L'acte conservatoire.* Préface de P. Catala. 1999.
Tome 324.- BOUSSOUGOU-BOU-MBINE (F. L.) : *La pénétration des idées communautaires dans les régimes séparatistes.* Préface de P. Simler. 1999.
Tome 325.- CHALVIGNAC (F.) : *La rédaction d'un acte juridique : le bail commercial.* Préface de J.-P. Marty. 1999.
Tome 326.- SAUPHANOR (N.) : *L'influence du droit de la consommation sur le système juridique.* Préface de J. Ghestin. 2000.

Tome 327.- GUTMANN (D.) : *Le sentiment d'identité. Etude de droit des personnes et de la famille.* Préface de F. Terré. 2000.
Tome 328.- BLÉRY (C.) : *L'efficacité substantielle des jugements civils.* Préface de P. Mayer. 2000.
Tome 329.- ALBIGES (C.) : *De l'équité du droit privé.* Préface de R. Cabrillac. 2000.
Tome 330.- LEKKAS (G.) : *L'harmonisation du droit des offres publiques et la protection de l'investisseur.* Préface de A. Viandier. 2001.
Tome 331.- LECOURT (B.) : *L'influence du droit communautaire sur la constitution de groupement.* Préface de Y. Guyon. 2000.
Tome 332.- DEFFERRARD (F.) : *La suspicion légitime.* Préface de F. Bussy. 2000.
Tome 333.- DELMAS SAINT-HILAIRE (Ph.) : *Le tiers à l'acte juridique.* Préface de J. Hauser. 2000.
Tome 334.- DILOY (C.) : *Le contrat d'agence commerciale en droit international.* Préface de L. Peyrefitte. 2000.
Tome 335.- LE GAC-PECH (S.) : *La proportionnalité en droit privé des contrats.* Préface de H. Muir-Watt. 2000.
Tome 336.- SEFTON-GREEN (R.) : *La notion d'obligation fondamentale : comparaison franco-anglaise.* Préface de J. Ghestin. 2000.
Tome 337.- STOFFEL-MUNCK (Ph.) : *L'abus dans le contrat.* Préface de R. Bout. 2000.
Tome 338.- BEAUGENDRE (S.) : *Contrat d'assistance et activité d'assurance.* Préface de F. Collart-Dutilleul. 2000.
Tome 339.- DIDIER (Ph.) : *De la représentation en droit privé.* Préface de Y. Lequette. 2000.
Tome 340.- CHEN (Ch.W.) : *Apparence et représentation en droit positif français.* Préface de J. Ghestin. 2000.
Tome 341.- CUNIBERTI (G.) : *Les mesures conservatoires portant sur des biens situés à l'étranger.* Préface de H. Muir-Watt. 2000.
Tome 342.- MASQUEFA (C.) : *La restructuration.* Préface de B. Teyssié. 2000.
Tome 343.- DARMAISIN (S.) : *Le contrat moral.* Préface de B. Teyssié. 2000.
Tome 344.- DEPADT-SEBAG (V.) : *La justification de l'article 1386 du Code civil.* Préface de J. Huet. 2000.
Tome 345.- DOUVRELEUR (O.) : *Droits de la défense et pratiques anticoncurrentielles en droit français.* Préface de C. Gavalda. 2000.
Tome 346.- ABDELGAWAD (W.) : *Arbitrage et droit de la concurrence.* Préface de E. Loquin, 2001.
Tome 347.- BRIERE (C.) : *Les conflits de conventions internationales en droit privé.* Préface de P. Courbe. 2001.
Tome 348.- CASHIN-RITAINE (E.) : *Les cessions contractuelles de créances de sommes d'argent dans les relations civiles franco-allemandes.* Préface de F. Ranieri. 2001.
Tome 349.- BOUYEKA (A.) : *La provision : essai d'une théorie générale en droit français.* Préface d'A. Bénabent. 2001.
Tome 350.- MERCAT-BRUNS (M.) : *Vieillissement et droit à la lumière du droit français et du droit américain.* Préface d'A. Lyon-Caen. 2001.
Tome 351.- ZATTARA (A.-F.) : *La dimension constitutionnelle et européenne du droit de propriété.* Préface de R. Cabrillac. 2001.
Tome 352.- HENRY (M.) : *L'indépendance de l'arbitre.* Préface de M. Mayer. 2001.
Tome 353.- GANNAGE (L.) : *La hiérarchie des normes et les méthodes du droit international privé.* Préface d'Y. Lequette. 2001.
Tome 354.- BELLISSENT (J.) : *Contribution à l'analyse de la distinction des obligations de moyens et des obligations de résultat. A propos de l'évolution des ordres de responsabilité civile.* Préface de R. Cabrillac. 2001.
Tome 355.- PETERKA (N.) : *Les dons manuels.* Préface de P. Catala. 2001.
Tome 356.- ANDRÉ (C.) : *Le fait du créancier contractuel.* Préface de G. Viney. 2002.
Tome 357.- CLAVEL (S.) : *Le pouvoir d'injonction extraterritorial des juges pour le règlement des litiges privés internationaux.*
Tome 358.- AUDIT (M.) : *Les conventions transnationales entre personnes publiques.* Préface de P. Mayer. 2002.

Tome 359.- RAIMON (M.) : *Le principe de l'unité du patrimoine en droit international privé.* Préface de G. Khairallah. 2002.
Tome 360.- D'ALTEROCHE (B.) : *De l'étranger à la seigneurie à l'étranger au Royaume XIe-XVe siècle.* Préface de A. Lefebvre-Teillard. 2002.
Tome 361.- El HUSSEINI BEGDACHE (R.) : *Le droit international privé français et la répudiation islamique.* Préface de J. Foyer. 2002.
Tome 362.- CAMOUS (E.) : *Règlements non-juridictionnels des litiges de la consommation.* Préface de J. Calais-Auloy. Avant-propos de L. Boy. 2002.
Tome 363.- TORRE-SCHAUB (M.) : *Essai sur la construction juridique de la catégorie de marché.* Préface de A. Lyon-Caen. 2002.
Tome 364.- DELICOSTOPOULOS (C.) : *L'encadrement processuel des autorités de marché en droits français et communautaire.* Préface de S. Guinchard. Avant-propos de A.-M. Slaughter. 2002.
Tome 365.- CACHARD (O.) : *La régulation internationale du marché électronique.* Préface de P. Fouchard. 2002.
Tome 366.- FIN-LANGER (L.) : *L'équilibre contractuel.* Préface de C. Thibierge. 2002.
Tome 367.- LIPINSKI (P.) : *La liquidation dans le régime de séparation de biens.* Préface de G. Champenois. 2002.
Tome 368.- CAGNOLI (P.) : *Essai d'analyse processuelle du droit des entreprises en difficulté.* Préface de T. Le Bars. 2002.
Tome 369.- KONTOGEORGOPOULOU (P.) : *La conception juridique de l'emploi comme risque. Réflexions à la lumière du licenciement pour motif économique.* 2002.
Tome 370.- BAHMAEI (M.) : *L'intervention du juge étatique des mesures provisoires et conservatoires en présence d'une convention d'arbitrage en droit français, anglais et suisse.* 2002.
Tome 371. – LASSERRE-KIESOW (V.) : *La technique législative. Etude sur les codes civils français et allemand.* Préface de M. Pédamon. 2002.
Tome 372.- OURY-BRULÉ (M.) : *L'engagement du codébiteur solidaire non intéressé à la dette.* Préface de Cl. Ferry. 2002.
Tome 373.- EZRAN-CHARRIÈRE (N.) : *L'entreprise unipersonnelle dans les pays de l'Union européenne.* Préface de J. Foyer. 2002.
Tome 374.- CONVERT (L.) : *L'impératif et le supplétif dans le droit des* sociétés *– Étude de droit comparé Angleterre – Espagne – France.* Préface de B. Saintourens. 2003.
Tome 375.- TOMASI (M.) : *La concurrence sur les marchés financiers. Aspects juridiques.* Préface de J.-B. Blaise. 2002.
Tome 376.- CUMYN (M.) : *La validité du contrat suivant le droit strict ou l'équité : étude historique et comparée des nullités contractuelles.* Préface de J. Ghestin. 2002.
Tome 377.- PAUL (F.) : *Les choses qui sont dans le commerce au sens de l'article 1128 du Code civil.* Préface de J. Ghestin. 2002.
Tome 378.- SCHILLER (S.) : *Les limites de la liberté contractuelle en droit des sociétés – Les connexions radicales.* Préface de F. Terré. 2002.
Tome 379.- LEDOUX (P.) : *Le droit de vote des actionnaires.* Préface de P. Merle. 2002.
Tome 380.- CHABAS (C.) : *L'inexécution licite du contrat.* Préface de J. Ghestin, avant-propos de D. Mazeaud. 2002.
Tome 381.- HAKIM (N.) : *L'autorité de la doctrine civiliste française au XIXe siècle.* Préface de M. Vidal. 2002.
Tome 382.- NOBLOT (C.) : *La qualité du contractant comme critère légal de protection.* Préface de F. Labarthe. 2002.
Tome 383.- GAVIN-MILLAN (E.) : *Essai d'une théorie générale des contrats spéciaux de la promotion immobilière.* Préface de J.-L. Bergel. 2003.
Tome 384.- TORBEY (K.) : *Les contrats de franchise et de management à l'épreuve du droit des sociétés – Etude de droit français et de droit libanais.* Préface de Ph. Merle. 2002.
Tome 385.- GAMET (L.) : *Les contrats de travail conclus au titre des dispositifs publics de mise à l'emploi.* Préface de J.-M. Béraud. 2002.
Tome 386.- CONAC (P.-H.) : *La régulation des marchés boursiers par la Commission des Opérations de Bourse (COB) et la Securities and Exchange Commission (SEC).* Préface de Y. Guyon. 2002.

Tome 387.- DEMOULIN-AUZARY (F.) : *Les actions relatives à l'État des personnes en droit romano-canonique médiéval.* 2004.
Tome 388.- CORNELOUP (S.) : *La publicité des situations juridiques – Une approche franco-allemande du droit interne et du droit international privé.* Préface de P. Lagarde. 2003.
Tome 389.- GRYNBAUM (L.) : *Le contrat contingent. L'adaptation du contrat par le juge sur habilitation du législateur.* Préface de M. Gobert. 2004.
Tome 390.- CHENUT (C.-H.) : *Le contrat de consortium.* Préface de A. Bénabent. 2003.
Tome 391.- DREYER (E.) : *Le dépôt légal – Essai sur une garantie nécessaire au droit du public à l'information.* Avant-propos de G. Cohen-Jonathan. Préface de B. Beignier. 2003.
Tome 392.- LE BARS (B.) : *Les associations de défense d'actionnaires et d'investisseurs.* Préface de Y. Guyon. 2004.
Tome 393.- THOMASSET-PIERRE (S.) : *L'autorité de régulation boursière face aux garanties processuelles fondamentales – Spécificités de droit administratif répressif en matière boursière et procès équitable.* Préface de F. Ferrand. 2003.
Tome 394.- REBAI (A.) : *La vente d'immeuble à construire en droit tunisien.* Préface de P. Jestaz. 2003.
Tome 395.- TRAIN (F.-X.) : *Les contrats liés devant l'arbitre du commerce international.* Préface de I. Fadlallah. 2003.
Tome 396.- BERNAULT (C.) : *La propriété littéraire et artistique appliquée à l'audiovisuel.* Préface de A. Lucas. 2003.
Tome 397.- NSOULI (M. M.) : *Recherche dur les critères d'une banque centrale moderne – Étude comparative entre la Banque du Liban, la Banque de France et la Banque centrale européenne.* Préface de D. Legeais. 2003.
Tome 398.- FROMION-HEBRARD (B.) : *Essai sur le patrimoine en droit privé.* Préface de Grimaldi.
Tome 399.- HIEZ (D.) : *Étude critique de la notion de patrimoine en droit privé actuel.* Préface de P. Jestaz. 2003.
Tome 400.- ROBINE (D.) : *La sécurité des marchés financiers face aux procédures collectives.* Préface de P. Le Cannu. 2003.
Tome 401.- DELICOSTOPOULOS (I.) : *Le procès civil à l'épreuve du droit processuel européen.* Préface de S. Guinchard. 2003.
Tome 402.- PEGLOW (K.) : *Le contrat de société en droit allemand et en droit français comparé.* Préface de J.-B. Blaise. 2003.
Tome 403.- GELOT (B.) : *Finalités et méthodes objectives d'interprétation des actes juridiques.* Préface de Y. Flour. 2003.
Tome 404.- SANCHEZ CORDERO (J.) : *Les biens culturels précolombiens. Leur protection juridique.* Préface de M. Grimaldi. 2004.
Tome 405.- VACRATE (S.) : *La société créée de fait, essai de théorisation.* Préface de H. Lécuyer. 2003.
Tome 406.- KONE (M.) : *Le nouveau droit commercial des pays de l'OHADA : une comparaison avec le droit français.* Préface de B. Saintourens. 2003.
Tome 407.- BOSKOVIC (O.) : *La réparation du préjudice en droit international privé.* Préface de P. Lagarde. 2003.
Tome 408.- LOKIEC (P.) : *Contrat et pouvoir, essai sur les transformations du droit privé des rapports contractuels.* Préface de A. Lyon-Caen. 2004.
Tome 409.- BAYARD-JAMMES (F.) : *La nature juridique du droit du copropriétaire immobilier. Analyse critique.* Préface de D. Tomasin. 2003.
Tome 410.- BARUCHEL (N.) : *La personnalité morale en droit privé. Éléments pour une théorie.* Préface de B. Petit. 2004.
Tome 411.- MEKKI (M.) : *L'intérêt général et le contrat. Contribution à une étude de la hiérarchie des intérêts en droit privé.* Préface de J. Ghestin. 2004.
Tome 412.- LIMBACH (F.) : *Le consentement contractuel à l'épreuve des conditions générales des contrats. De l'utilité du concept de la déclaration de volonté.* Préface de C. Witz. 2004.
Tome 413.- GAREIL (L.) : *L'exercice de l'autorité parentale.* Préface de L. Leveneur. 2004.
Tome 414.- DANIS-FATÔME (A.) : *Apparence et contrat.* Préface de G. Viney. 2004.

Tome 415.- PRADEL (X.) : *Le préjudice dans le droit de la responsabilité.* Préface de P. Jourdain. 2004.
Tome 416.- DEVERS (A.) : *Le concubinage en droit international privé.* Préface de H. Fulchiron. 2004.
Tome 417.- THEOCHAROPOULOU (G.) : *Les établissements bancaires et les prises de participations en droit français et en droit hellénique.* Préface de P. Merle. 2004.
Tome 418.- PAPANDRÉOU-DETERVILLE (M.-F.) : *Le droit anglais des biens.* Avant-propos de C. Witz. Préface de G. Samuel. 2004.
Tome 419.- LAITHIER (Y.-M.) : *Étude comparative des sanctions de l'inexécution du contrat.* Préface de H. Muir Watt. 2004.
Tome 420.- SCHERER (M.) : *Le nom en droit international privé.* Préface de P. Lagarde. 2004.
Tome 421.- PÉRÈS-DOURDOU (C.) : *La règle supplétive.* Préface de G. Viney. 2004.
Tome 422.- NAJJAR (N.) : *L'arbitrage dans les pays arabes face aux exigences du commerce international.* Préface de E. Gaillard. 2004.
Tome 423.- FONGARO (E.) : *La loi applicable à la preuve en droit international privé.* Préface de B. Beignier et J. Foyer. 2004.
Tome 424.- MOREL-MAROGER (J.) : *Les opérations de banque en droit international privé.* Préface de P. Mayer.
Tome 425.- AZZI (T.) : *Recherche sur la loi applicable aux droits voisins du droit d'auteur en droit international privé.* Préface de H. Gaudemet-Tallon. 2005.
Tome 426.- WINTGEN (R.) : *Étude critique de l'opposabilité : les effets du contrat à l'égard des tiers en droit français et allemand.* Préface de J. Ghestin. 2004.
Tome 427.- SIMON (F.-L.) : *Le juge et les autorités du marché boursier.* Préface de P. Merle. 2004.
Tome 428.- BORGHETTI (J.-S.) : *La responsabilité du fait des produits. Étude de droit comparé.* Préface de G. Viney. 2004.
Tome 429.- LEBOIS (A.) : *Le droit de location des auteurs et titulaires de droits voisins.* Préface de A. Lucas. 2004.
Tome 430.- PEROZ (H.) : *La réception des jugements étrangers dans l'ordre juridique français.* Préface de H. Gaudemet-Tallon. 2005.
Tome 431.- KESSLER (G.) : *Les partenariats enregistrés en droit international privé.* Préface de P. Lagarde. 2004.
Tome 432.- BAKOUCHE (D.) : *L'excès en droit civil.* Préface de Michelle Gobert. 2005.
Tome 433.- LEMAIRE (S.) : *Les contrats internationaux de l'Administration.* Préface de ce P. Mayer. 2005.
Tome 434.- CARDUCCI (G.) : Lex specialis *et* lex generalis *des contrats internationaux.*
Tome 435.- MOULOUL (A.) : *Le régime juridique des sociétés commerciales dans l'espace OHADA : l'exemple du Niger.* Préface de P. Delebecque. 2005
Tome 436.- DESCAMPS (O.) : *Les origines de la responsabilité pour faute personnelle dans le Code civil de 1804.* Préface de A. Lefebvre-Teillard. 2005.
Tome 437.- MAS (F.) : *La conclusion des contrats du commerce électronique.* Préface de M. Vivant. 2005.
Tome 438.- PERRU (E.) : *L'impayé.* Préface de G. Goubeaux. 2005.
Tome 439.- HASCHKE-DOURNAUX (M.) : *Réflexion critique sur la répression pénale en droit des sociétés.* Préface de P. Le Cannu. 2005.
Tome 440.- MOJUYÉ (B.) :*Le droit des produits dérivésfinanciers (swaps, options, futures...) en France et aux États-Unis.* Préface de C. Jauffret-Spinosi. 2005.
Tome 441.- LUCAS-PUGET (A.-S.) : *Essai sur la notion d'objet du contrat.* Préface de M. Fabre-Magnan. 2005.
Tome 442.- JAULT (A.) : *La notion de peine privée.* Préface de F. Chabas. 2005.
Tome 443.- LECLERC (O) : *Le juge et l'expert. Contribution à l'étude des rapports entre le droit et la science.* Préface de A. Lyon-Caen. 2005.
Tome 444.- BOUTONNET (M.) : *Le principe de précaution en droit de la responsabilité civile.* Préface de C. Thibierge. 2005.
Tome 445.- CHAABAN (R.) : *La caducité des actes juridiques. Étude de droit civil.* Préface de Y. Lequette. 2006.

Tome 446.- BACHAND (F.) : *L'intervention du juge canadien avant et durant un arbitrage commercial international.* Préface de G. Goldstein. 2005.
Tome 447.- LAVEFVE-LABORDERIE (A.-S.) : *La pérennité contractuelle.* Préface de C. Thibierge. 2005.
Tome 448.- BECQUET (S.) : *Le bien industriel.* Préface de T. Revet. 2005.
Tome 449.- BONNET (D.) : *Cause et condition dans les actes juridiques.* Préface de P. de Vareilles-Sommières. 2005.
Tome 450.- GAU-CABÉE (C.) : *Droits d'usage et Code civil. L'invention d'un hybride juridique.* Préface de J. Poumarède. 2006.
Tome 451.- LEQUETTE (S.) : *L'authenticité des œuvres d'art.* Préface de J. Ghestin. 2006.
Tome 452.- POULET (L.) : *Transaction et protection des parties.* Préface de Y. Lequette. 2005.
Tome 453.- VIGNERON (S.) : *Étude comparative des ventes aux enchères publiques mobilières.* Préface de G. Samuel et G. Vernandet. 2006.
Tome 454.- ASCENSI (L.) : *Du principe de la contradiction.* Préface de L. Cadiet. 2006.
Tome 455.- GOURDON (P.) : *L'exclusivité.* 2006.
Tome 456.- BOURASSIN (M.) : *L'efficacité des garanties personnelles.* Préface de V. Brémond et M.-N. Jobard-Bachellier. 2006.
Tome 457.- WILLIATTE-PELLITTERI (L.) : *Contribution à l'élaboration d'un droit civil des événements aléatoires dommageables.* 2006.
Tome 458.- BLANC-JACOB (B.) : *Le congé dans le bail immobilier urbain.* Préface de Ph. Delebecque et Avant-propos de J.-L. Aubert. 2006.
Tome 459.- RIZZI (A.) : *La protection des créanciers à travers l'évolution des procédures collectives.* Préface de C. Champaud. 2006.
Tome 460.- MOULY-GUILLEMAUD (C.) : *Retour sur l'article 1135 du Code civil. Une nouvelle source du contenu contractuel.* Préface de D. Ferrier, Avant-propos de C. Atias et R. Cabrillac. 2006.
Tome 461.- MEYER (N.) : *L'ordre public en droit du travail. Contribution à l'étude de l'ordre public en droit privé.* Préface de J. Pelissier. 2006.
Tome 462.- OUAISSI (H.) : *Les incidences des restructurations d'entreprise sur la situation collective des salariés.* Préface de B. Teyssié. 2006.
Tome 463.- POILLOT (E.) : *Droit européen de la consommation et uniformisation du droit des contrats.* Préface de P. de Vareilles-Sommières. 2006.
Tome 464.- CHARDEAUX (M.-A.) : *Les choses communes.* Préface de G. Loiseau. 2006.
Tome 465.- JOLY-PASSANT (E.) : *L'écrit confronté aux nouvelles technologies.* 2006.
Tome 466.-CHOLET (D.) : *La célérité de la procédure en droit processuel.* Préface de G. Gudicelli-Delage. 2006.
Tome 467.- CHANTEPIE (G.) : *La lésion.* Préface de G. Viney. 2006.
Tome 468.- NEYRET (L.) : *Atteintes au vivant et responsabilité civile.* Préface de C. Thibierge. 2006.
Tome 469.- EMERICH (Y.) : *La propriété des créances. Approche comparative.* Préface de F. Zénati. 2006.
Tome 470.- BOULOGNE-YANG-TING (C.) : *Les incapacités et le droit des sociétés.* Préface de G. Virassamy. 2006.
Tome 471.- TOSI (I.) : *Acte translatif et titularité des droits.* Préface de M.-L. Mathieu-Izorche. 2006.
Tome 472.- GUÉGAN-LÉCUYER (A.) : *Dommages de masse et responsabilité civile.* Préface de P. Jourdain, Avant-propos de G. Viney. 2006.
Tome 473. – SHI (J.) : *La codification du droit civil chinois au regard de l'expérience française.* Préface de D. Marty.2006.
Tome 474. – BÉLANGER (L.) : *La condition de survie et l'acte juridique.* Préface de P. Delmas Saint-Hilaire. 2007.
Tome 475. – ETIENNEY (A.) : *La durée de la prestation.* Préface de T. Revet. 2007.
Tome 476. – ASUNCION PLANES (K. de la) : *La réfaction du contrat.* Préface de Y. Picod. 2006.
Tome 477. – TRAULLÉ (J.) : *L'éviction de l'article 1382 du Code civil en matière extracontractuelle.* Préface de P. Jourdain. 2007.
Tome 478. – MEADEL (J.) : *Les marchés financiers et l'ordre public.* Préface de M. Germain. 2007.

Tome 479. – TURENNE (S.) : *Le juge face à la désobéissance civile en droits américain et français comparés.* Préface de C. Spinosi. 2007.
Tome 480. – FORRAY (V.) : *Le consensualisme dans la théorie générale du contrat.* 2007.
Tome 481. – MOISSINAC-MASSENAT (V.) : *Les conflits de procédures et de décisions en droit international privé.* Préface de H. Muir Watt. 2007.
Tome 482. – MONTAS (A.) : *Le quasi-contrat d'assistance. Essai sur le droit maritime comme source de droit.* Préface de Y. Tassel. 2007.
Tome 483. – MINIATO (L.) : *Le principe du contradictoire en droit processuel.* Préface de B. Beignier. 2007.
Tome 484. – GENICON (T.) : *La résolution du contrat pour inexécution.* Préface de L. Leveneur. 2007.
Tome 485. – DISSAUX (N.) : *La qualification d'intermédiaire dans les relations contractuelles.* Préface de C. Jamin. 2007.
Tome 486. – LE GALLOU (C.) : *La notion d'indemnité en droit privé.* Préface de A. Sériaux. 2007.
Tome 487. – JEULIN (I.) : *Les techniques fiduciaires à l'aune du principe de spécialité des personnes morales.* Préface de C. Jubault. 2007.
Tome 488. – HECQUET (M.) : *Essai sur le dialogue social européen.* Préface de B. Teyssié. 2007.

L.G.D.J. – E.J.A.
31, rue Falguière, 75741 Paris Cedex 15
N° éditeur : 4234
dépôt légal : septembre 2007

Achevé d'imprimer par Corlet Numérique - 14110 Condé-sur-Noireau
N° d'Imprimeur : 42600 - *Imprimé en France*